新完譯

十八史略

下卷(下)

| 北宋 · 南宋 |

陳起煥 譯註

鎏金仿古銀簋(유금방고은궤, 남송)

明文堂

◘ 趙匡胤(조광윤, 北宋 太祖)

◘ 趙光義(조광의, 北宋 太宗)

◘ 趙佶(조길, 北宋 徽宗)

◘ 趙構(조구, 南宋 高宗)

▲ 昭憲太后(소헌태후) 杜氏(두씨)
北宋 太祖와 太宗의 母后

▲ 成吉思汗(칭기스 칸, 元 太祖)

▲ 王安石(왕안석)

▲ 朱熹(주희)

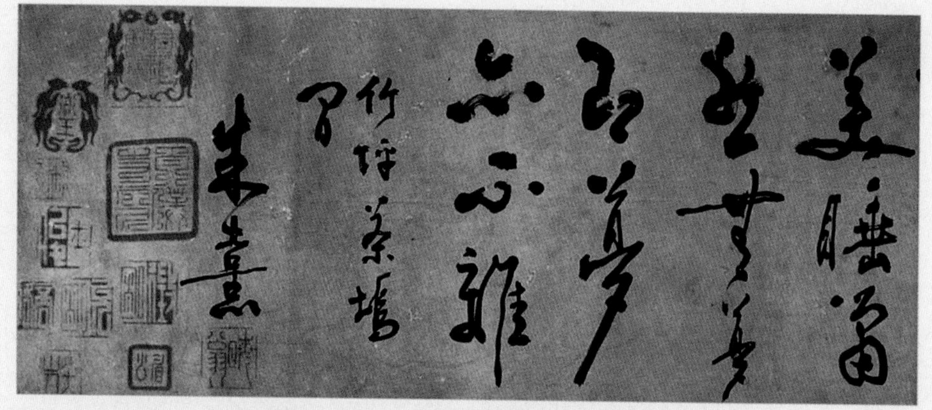

주희의 글씨 〈蓬戶手卷(봉호수권)〉 眞迹(진적)

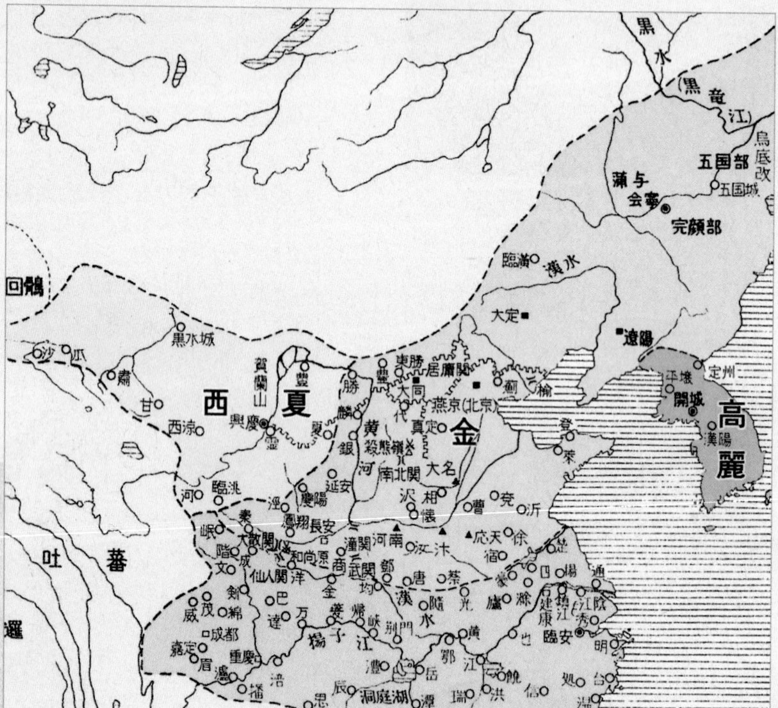

南宋(남송) · 金(금) 시대

新選明文東洋古典大系

新完譯

十八史略

下卷(下)

北宋 · 南宋

陳起煥 譯註

鎏金仿古銀簋(유금방고은궤, 남송)

明文堂

譯者 序文

바른 역사 공부

흔히 '文史哲은 不分家' 라고 말한다. 文學, 史學, 哲學은 모든 공부의 기초로 同一한 분야라 할 수 있고 同時에 학습해야 하며 同心으로 연찬해야 할 하나의 지향점이며 목표이다.

배움 길을 걷는 사람이라면 文學으로 감성 순화와 직관을 얻고, 역사를 통해 통찰과 지혜를 터득하며, 哲學(經學)으로 思惟(사유)와 함께 주관을 굳건히 해야 한다. 그러하기에 역사상 유명한 시인은 누구라도 史書를 읽었으며, 역사가도 시를 읊고 명문장의 저술을 남겼고, 朱子같은 經學者도 史書를 남겼다.

이를 본다면, 文史哲은 과거는 물론 현재와 미래에서도 여전히 유용한 융합된 학문의 진수라 할 수 있다.

그러나 중국은 물론 우리나라에서도 훌륭한 시인이나 유명한 문장가는 많지만 저명한 역사가는 많지 않다고 한다. 唐 나라의 劉知幾(유지기)는 《史通》이라는 명저를 남긴 사람이다. 유지기는 "史家라면 응당 才, 學, 識의 3가지 特長을 갖추어야 한다."고 말하였다.

여기서 才는 문학적 재능, 學은 깊이 있는 학문, 識은 역사를 보는 바른 인식이라 할 수 있다. 역사가는 才學을 겸비한 바탕 위에 역사의 시비를 가리고 바르게 이해할 수 있는 식견을 갖추어야 하기에 史家가 文士보다 많을 수가 없을 것이다.

사실, 지난 역사를 읽고 공부하여 정확하고 많은 지식을 축적하기도 쉽지 않지만, 여러 저술과 방대한 史料를 취사선택하여 진실에 가까우며 공정하게 평가하고 서술하는 일은 결코 쉬운 일이 아니다.

역사를 배우는 사람은 우선 부지런한 공부로 역사적 지식을 축적하면서 史實을 직시하며 義를 추구하여야 한다. 거기에 문장력을 바탕으로 공정한 기록이나 서술을 남겨야 할 것이다. 이러한 과정은 역사공부에 대한 熱情과 바른 인식을 위한 사명감이 없다면 이룰 수 없을 것이다. 우리가 文史哲을 함께 공부하는 목적은 그것이 역사를 바르게 인식하는 빠른 길이기 때문이다.

꽃피는 마을을 찾아서

教學相長을 생활신조로 생활했다지만, 필자는 여전히 배움길을 걸어가야만 하는 사람이다. 駑馬十駕(노마십가)*라는 말처럼 勤學만이 필자가 살아갈 방편이며, 勉學해야만 청송처럼 山嶺에 우뚝 설 수 있다고 믿지만 가끔 흔들리는 나를 발견하고 자책한다.

그전에 필자의 공부과정을 바탕으로 《史記講讀》을 明文堂에서 출간했었다. 또 《史記人物評》으로 역사 인물에 대한 나름대로의 평가를 시도해 보았었다. 그리고서는 소설문학에 관심을 갖고 몇 권의 저서를, 그리고 《三國演義 原文 註解》를 통해 同學들에게 원전을 읽도록 도움을 주려고 했다. 또한 《논술로 읽는 論語》를 집필하여 젊은이의 孔子에 대한 이해를 도왔다.

필자가 《十八史略》 上卷과 《十八史略》 中卷(上)을 강술하신 故 玄玉 張基瑾 박사님의 뒤를 이어 역주 작업을 계속하는 것은 狗尾續貂(구미속초)*와 같다고 생각하였다. 새로운 史書의 집필도 아니고 이미 널리 읽혀지고 있는 《十八史略》의 譯註 작업이지만 천학둔재인 필자에게 이것도 쉬운 일이 아닐 것이다.

---

* 駑馬十駕(노마십가) ; 노마도 열흘을 달리면 준마가 하루에 갈 길을 갈 수 있음. 재주가 없는 사람도 노력하면 재주있는 사람과 어깨를 나란히 할 수 있음. 一駕(일가)는 말이 수레를 달고 하루를 달리는 일, 十駕(십가)는 10일을 달리는 일을 뜻함. 駑 둔할 노. 걸음이 느린 말. 재능이 없고 미련하다. 駕 멍에 가. 수레에 말을 매다. 천자의 수레. 수레를 타고 말을 어거하다. 다스리다. 능가하다.

그러나 필자는 더 열심히 새롭게 공부할 수 있는 기회로 생각하고 부단한 노력과 열성이라면 가능할 것이며 필자의 공부 경험으로 후학의 면학을 도울 수 있다면 이 또한 '좋은 일'이라고 생각하였다.

목마른 사람에게 물 한 그릇을 주려면 나는 물 한 통을 미리 준비해야 한다. 더 열심히 노력하여 한 통의 물을 준비하면서 한 그릇을 떠서 後學들에게 주는 것도 의미 있는 일이라 생각하였다. 구미속초일지언정 하기로 했다면(一做) 끝까지 해야만 한다(二不休).

'산에 산, 물에 물이라 길이 없는 듯하더니
(山重水複疑無路)
버들 무성하고 꽃이 핀 곳에 또 마을이 있네.
(柳暗花明又一村)'

이 시를 읊은 宋나라의 시인은 변화를 위한 노력을 했고 새로운 길과 마을을 보았다. 나는 이 시인이 그랬던 것처럼 꽃이 환하게 핀 마을까지 쉬지 않고 걸어야 한다.

나의 一善을 위하여 그리고 새로운 地境에 도착하도록 나는 힘쓸 것이다.

2013년 4월
진기환

---

* 狗尾續貂(구미속초) ; 담비 꼬리가 모자라 개 꼬리로 이음. ㉠官爵(관작)을 함부로 줌. ㉡훌륭한 것에 보잘 것 없는 것이 뒤따름. 故事 晉代(진대)에 司馬倫(사마륜)의 黨(당)이 모두 높은 벼슬에 올라 奴卒(노졸)까지도 작위를 받았으므로, 近臣(근신)들의 冠(관)을 장식하는 담비의 꼬리가 부족하여 개 꼬리를 사용하였다는 고사에서 온 말. 貂續(초속). 狗 개 구. 개. 貂 담비 초. 족제비과의 동물. 모피는 값지고 귀중하며, 꼬리를 冠(관)의 장식으로 사용하였다.

〖일러두기〗

1 이제까지 출간된 《新完譯 十八史略》은 다음과 같다.
《新完譯 十八史略》(上) ; 古代 ~ 秦의 통일과 멸망까지
《新完譯 十八史略》 中卷(上) ; 前漢 ~ 後漢.
《新完譯 十八史略》 中卷(下) ; 三國 ~ 魏晉南北朝 ~ 隋(수)
《新完譯 十八史略》 下卷(上) ; 唐 ~ 五代
이번의 《新完譯 十八史略》 下卷(下) ; 北宋과 南宋의 역사를 중심으로 遼, 金과 元의 역사를 포함하고 있다.

2 《十八史略》의 原文은 通史의 시대구분에 따라 편과 장을 나누었다. 매 편의 머리에는 【時代 槪觀】을 설명하고 【主要 年表】를 만들어 그 시대 전체에 대한 이해를 도왔다.

3 原 《十八史略》의 原文은 왕조와 통치자, 연대순으로 서술되어 있는데 필자는 그 원문의 서술을 그대로 두고 다만 서술 내용에 따라 단락을 지었다.

4 번역은 원문의 단락 내용을 원문의 문장에 맞춰 직역하였다. 原文과 직역을 대조하며 읽으면 한문 문장의 틀을 이해할 수 있다.

5 어구 설명 은 단락의 내용을 문장에 따라 해석하고 어려운 한자의 뜻풀이와 문법적 설명, 또 이해를 위한 年代나 보충설명을 추가하였다. 한문 독해에서 필요한 문법적 설명이나 특히 부사, 접속사나 助詞 등을 설명했다.
아울러 人名이나 地名에 나오는 僻字(벽자)를 풀이했다. 그

리고 여러 音訓과 거기에 해당하는 우리말을 보충했다. 또 人物에 대해서는 생존연대나 재위연대를 추가했다. 地名에 대해서는 그 위치가 대략 어디쯤인지 이해할 수 있도록 현재 중국의 지명을 보충했다. 단, 인명이나 지명의 중국어 발음은 다루지 않았다.

6 《十八史略》은 《자치통감》의 요약인 《少微 通鑑節要》를 원전으로 요약한 책이라서 왕조와 帝位의 교체나 정치적 업적을 중심으로 서술한 책이다. 여기에는 경제나 사회, 문화에 관한 내용이 매우 적다. 따라서 그 시대나 서술 내용과 연관이 된 【참고】자료를 보탰다.
필자의 【참고】자료는 그 시대와 인물이나 역사적 사건, 문화적 성취나 후세에 대한 영향이나 역사적 意義를 설명하여 독자들이 흥미를 갖고 읽을 수 있도록 필자가 심혈을 기울여 보충하였다. 이 【참고】의 목차를 따로 만들어 쉽게 재활용할 수 있도록 도왔다.

7 본서의 내용과 관련이 있는 많은 삽화 자료를 삽입하여 독자들의 이해와 흥미를 갖도록 하였다.

8 본서의 말미에 주요한 인물이나 사건, 왕조 이름이나 지명에 대한 색인을 첨부하였다.

9 본서의 최초 편찬 목적은 史書의 原文 讀解能力의 增進이다. 따라서 본서에서는 漢字(한글)식으로 표기하였으며 2번, 3번 나오는 경우에는 한글 음을 생략하기도 하였다.

차례

제18편 • 南宋의 건국과 멸망 / 485

제17편 北宋의 건국과 멸망

〔時代 概觀〕

唐나라 환관에 의한 황제 옹립과 폐위는 황제 전제권의 몰락이었으며, 지방에 주둔한 절도사의 군사력에 대한 통제력 상실은 중앙집권적 통치권의 소멸이었다. 이러한 상황에서 당의 멸망을 재촉한 것은 黃巢(황소)의 난(874~884년)이었다.

결국 당 멸망(907년) 후 절도사에 의한 건국과 통치는 五代(907~960년) 十國 시대라는 혼란으로 이어졌다. 五代의 혼란을 수습하고 전 중국을 통일한 나라는 趙匡胤(조광윤)의 宋(北宋)이었다.

960년, '陳橋驛(진교역)의 兵變'이라는 무혈 쿠데타로 北周의 선양을 받은 조광윤은 '술자리에서 절도사들이 兵權을 반납(杯酒釋兵權 배주석병권)' 하게 한 뒤, 황제권의 강화와 함께 十國의 혼란을 수습하기 시작하여 南唐을 멸망시켰다. 태조의 뒤를 이은 송 태종(太宗, 趙光義)은 978년에 吳越(오월)을 병합하여 남방 통일을 완성하고 연이어 979년에 北漢을 멸망시켜 전 중국의 통일을 완수하였다.

宋에서는 당나라 쇠약과 멸망 그리고 五代의 혼란을 교훈 삼아 국가 통치의 여러 제도를 정비할 수밖에 없었다. 곧 당 말기에서 5대 전 기간에 걸친 악폐에서 벗어나기 위하여 절대적인 군주독재권의 확립과 강력한 중앙집권적 행정체제를 도입하고 실행한다. 절도사의 발호를 막기 위하여 중앙군을 강화하면서 지방 주둔군을 약화시켰고 文官에게 군사 지휘권을 부여하는 등 극도의 文治主義 정책은 결과적으로 국방력의 약화를 초래했다.

北宋을 내내 괴롭힌 遼(요)는 거란족이 세운 나라였다. 916년 耶律阿保機(야율아보기)는 칭제하면서 중국식 왕조 세습권을 확립하였고 五代의 後梁과 後唐을 자주 침략하였다. 거란의 耶律德光(태종)은 石敬瑭(석경당)을 도와 後晋(936~947년)의 건국을 도운 대가로 지금의 北京 일대인 燕雲 16주를 차지하여 長城 이남으로 진출에 성공하였고 이후 본격적으로 북송과 대립하였다. 요는 나중에 자기 땅에서 성장한 여진족의 金에 의해 1125년에 멸망한다.

西夏(서하)는 羌族(강족)의 한 갈래인 黨項族(당항족)의 李元昊(이원호)가 1038년에 稱帝하면서 興慶府(흥경부=今 寧夏自治區의 銀川)에 도읍한 나라로 1044년 북송과 和議를 수립하였지만 자주 북송을 괴롭혔다. 물론 遼와 서하의 충돌도 있었지만 요와 북송과 서하 삼국은 정립하면서 세력균형을 이루기도 하였다. 이러한 균형은 북송이 해마다 지불하는 막대한 양의

歲幣(세폐, 은과 비단)가 그 바탕이었다. 이처럼 국방력이 약한 북송은 굴욕적인 유화정책을 펴면서 존립할 수밖에 없었다.

물론 그러한 세폐를 공급할만한 경제적 발전은 있었다. 본서에는 북송의 경제적 발전에 관한 기록은 없지만 북송시대의 경제적 발전과 다방면에 걸친 문화적 발전은 唐의 번영을 훨씬 능가했다.

북송 말기에 여진족의 金(금)나라가 강성해지자 북송은 금과 연합하여 遼나라를 치면서 거란족에게 빼앗겼던 燕雲十六州를 수복하려 했지만 金의 침입으로 북송은 멸망한다(1127년, 정강의 변).

이에 趙構(조구)는 1127년에 즉위하며(高宗) 송 왕조를 부활하고 뒤에 臨安府〈杭州(항주)〉에 定都하는데, 이를 汴京(변경, 開封)에 도읍했던 조광윤의 송나라와 구분하여 南宋(1127~1279년 존속)이라 부른다.

북송의 문치주의는 곧 문신관료체제의 구축이었다. 이를 위해 다수의 관료가 필요하게 되었으며 讀書人 곧 士大夫들이 새로운 지배계층으로 대두하였다. 그러나 송대의 관료제도는 관리의 수가 너무 많아 고비용에 비효율적이었으며 군사제도 역시 숫자에 비해 전투능력이 형편없었다.

북송시대의 안정적인 文臣의 지배체제 확립과 전국적인 통일정책은 경제발전의 좋은 여건을 마련해 주었다. 북송시대에는 농업과 수공업뿐만 아니라 상업의 발달과 화폐경세세제의 정착으로 도시와 해외무역의 발달을 촉진시켰다. 송대 상공업의 발달은 경제발전을 선도하면서 서민문화의 발달을 이룩하였다.

북송시대에는 이민족의 압박이 심했기 때문에 문화적으로는 복고적이면서도 국수적인 경향이 강하게 나타났다. 北宋과 南宋을 막론하고 대외적으로는 무력했지만 송대 경제적 발전과 번영은 문화의 모든 면에서 새로운 성과와 발전을 이룩하였다. 송대 新儒學(性理學)의 성립과 발전은 이러한 국내외 정치상황과 경제발전과 깊은 연관속에서 朱熹(주희, 朱子)에 의해 성리학이 완성된다.

송대에는 문학에서 古文 운동의 성공과 함께 詩文學이 크게 융성하였는데 특히 새로운 詩歌의 형식으로 '詞(사)'가 성행하는데 이를 일반적으로 '宋詞'라고 지칭한다. 詞는 본래 노래의 가사로써 당나라 때부터 창작되기 시작하여 이미 晩唐(만당)과 五代에 새로운 詩歌로서의 風格과 形式이 갖추어졌고 송대에 뛰어난 작가들이 많이 나와 송나라를 대표하는 문학형식으로 자리를 잡았다.

宋은 역사적으로 趙宋(조광윤의 송나라)이라 하여 東晋 다음에 건국된 南朝의 宋〈건국자, 劉裕(유유)〉, 곧 劉宋(유송)과 구별한다. 宋은 北宋이 167년, 남송이 153년을 존속하여 총 320년(960~1279년)을 존속했었다.

【참고】 北宋과 南宋의 비교

내 용	北 宋	南 宋
개국	서기 960년	1127년
건국자	태조 趙匡胤(조광윤)	고종 趙構(조구)
건국 배경	陳橋驛의 兵變	북송멸망 후 稱帝
도읍	卞京(변경, 東京)	臨安(杭州)
재위 군주	9대	9대
멸망	1127년, 靖康之變 (정강지변)	1279년, 崖山海戰 (애산해전)
멸망 군주	欽宗〈흠종, 趙桓(조항)〉	衛王〈위왕, 趙昺(조병)〉
멸망시킨 나라	金(여진족)	元(몽고족)
존속기간	167년	153년

【主要 年表】

서기	帝位	주요 내용	비고
960	太祖	陳橋驛의 兵變, 조광윤 칭제.	
961		石守信 등 兵權 혁파.	
975		南唐 병합.	
976	太宗	태종 즉위.	
979		北漢멸망, 통일완성, 遼 정벌.	
986		2차 거란 정벌, 패전.	
1004	眞宗	遼와 澶淵(전연)의 맹 체결.	
1022	仁宗	인종 즉위(~1063 재위).	
1038	西夏	李元昊 칭제, 서하 건국.	
1041		북송과 전투에서 대승.	
1044		북송과 화친 성립.	
1067	神宗	神宗 즉위(~1085 재위).	
1069		王安石 新法 시행.	
1076		王安石 정계 은퇴.	
1084		司馬光《資治通鑑》완성.	
1085	哲宗	哲宗 즉위, 태후 섭정.	
1086		王安石의 新法 모두 폐지.	
1094		新法 전면 부활.	
1100	徽宗	휘종 즉위.	
1102		원우당적비 건립, 花石綱 시작.	
1115	金	阿骨打(아골타) 칭제, 金 건국.	
1118	徽宗	宋-金 海上의 盟 체결.	
1120		방랍의 난(~1021).	
1125	欽宗	金 ; 遼(요)를 멸망, 欽宗(흠종) 즉위.	
1127		靖康의 변, 북송 멸망.	

제1장 北宋의 건국과 제도의 정비

1) 북송의 건국

(1) 宋太祖皇帝, 姓趙氏, 名匡胤, 其先涿人也. 相傳, 爲漢京兆尹廣漢之後. 父弘殷, 爲洛陽禁衛將校. 生匡胤於甲馬營, 赤光滿室, 營中異香一月. 人謂之香孩兒營. 少從辛文悅學, 文悅嘗夢邀駕, 乃匡胤也. 周世宗時, 掌軍政凡六年, 士卒服其恩威, 數從征伐立大功. 世宗一日於文書篋中, 得一本書. 曰, 點檢作天子. 時張永德爲點檢, 世宗乃遷之, 而易以匡胤. 世宗殂, 恭帝卽位之明年, 命領宿衛, 禦契丹. 時主少國危, 中外始有推戴之議.

宋 태조 황제의 성은 조씨이고, 이름은 광윤이며 그의 선조들은 탁주 사람이었다. 전하는 바에 의하면, 漢의 경조윤이었던 조광한의 후손이라고 한다. 부친인 조홍은은 낙양의 금위장교였었다. 아들 광윤이 갑마영에서 태어날 때 붉은 빛이 집안에 가득했었고, 특이한 향내가 한 달간이나 남아있었다. 사람들은 이를 '향해아영' 이라 불렀다.

(조광윤은) 젊어 신문열에게 배웠는데, 어느 날 신문열이

꿈에 어가를 맞이했는데 (어가에 탄 사람이) 바로 조광윤이었다. 광윤은 五代(오대) 후주 세종 때, 군정을 6년 동안 주관했었는데, 사졸들이 그의 은혜와 권위에 복종했고 여러 번 정벌에 참여하여 큰 공을 세웠었다.

세종이 하루는 문서 상자 속에서 책 한 권을 찾아냈는데 거기에는 '점검이 천자가 된다.'라고 쓰여 있었다. 당시에 장영덕이란 사람이 전전도 점검이었었는데, 세종은 그를 다른 자리로 이동시키고 대신 조광윤을 임명했다. 세종이 죽고, 공제가 즉위한 다음 해에 조정은 광윤에게 숙위가 되어 거란을 방어하라는 명을 받았다. 그때 군주(공제)는 어리고 나라는 위기에 처해 내외에서 (조광윤을) 천자로 추대해야 한다는 의논이 나왔다.

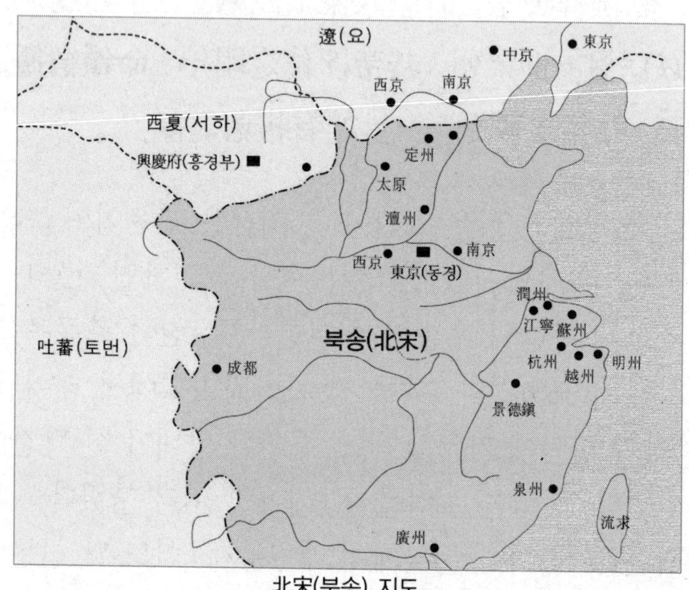

北宋(북송) 지도

어구 설명

○ 宋太祖皇帝, 姓趙氏, 名匡胤, 其先涿人也. 相傳, 爲漢京兆尹廣漢之後. 父弘殷, 爲洛陽禁衛將校. 生匡胤於甲馬營, 赤光滿室, 營中異香一月. 人謂之香孩兒營. : 宋 太祖 皇帝의 姓은 趙氏이고, 名은 匡胤(광윤)이며 그의 선조들은 涿州(탁주) 사람이었다. 전하는 바에 의하면, 漢의 서울(京兆)의 長官(장관)이었던 趙廣漢의 후손이라고 한다. 父親인 趙弘殷은 洛陽의 禁衛將校(금위장교)였었다. 아들 匡胤이 甲馬營에서 태어날 때 붉은 빛이 집안에 가득했었고, 특이한 향내가 한 달간이나 남아있었다. 사람들은 이를 香孩兒營(향해아영)이라 불렀다.

– 宋 ; 北宋(960~1127년) + 南宋(1127~1279년). 趙匡胤(조광윤) ; 927年 生, 재위 960~976년.

– 匡 바로 잡을 광. 胤 이을 윤, 맏아들 윤. 祖籍(조적) ; 조상의 본적. 涿 들을 탁. 땅이름 탁. 涿州(탁주) ; 今 河北省의 지명.

– 京兆尹(경조윤) ; 京兆는 漢의 三輔(삼보)의 하나로 지금의 陝西省(섬서성) 安県(안현)의 땅. 尹은 그의 長官(장관). 수도 長安(장안)의 행정책임자. 趙廣漢(조광한) ; 《漢書》 75권, 〈趙尹韓張兩王傳〉 참고. 趙弘殷(조홍은) ; 趙匡胤(조광윤)과 趙匡義(조광의)의 부친. 騎馬(기마)와 弓射(궁사)에 능했던 직업군인.

– 甲馬營(갑마영) ; 부대 이름. 夾馬營(협마영)이라는 기록도 있음. 孩 어린아이 해. 자식. 孩兒(해아) ; 어린아이. 夾 ①낄 협. 끼다. 끼워넣다. ㊍ 갑. ②손잡이 협. ㊍ 겹. 칼자루. 곁. 좁다.

○ 少從辛文悅學, 文悅嘗夢邀駕, 乃匡胤也. 周世宗時, 掌軍政凡

六年, 士卒服其恩威, 數從征伐立大功. : 젊어 辛文悅(신문열)에게 배웠는데, 어느 날 신문열이 꿈에 어가를 맞이했는데 (어가에 탄 사람이) 바로 조광윤이었다. 後周 世宗 때, 軍政을 6년 동안 주관했었는데, 士卒들이 그의 은혜와 권위에 복종했고 여러 번 征伐에 참여하여 大功을 세웠었다.

- 辛 매울 신. 성씨. 辛文悅(신문열) ; 人名. 행적 미상. 邀 맞을 요. 오는 것을 기다리다. 駕 멍에 가. 수레.
- 後周(후주) ; 國名. 951년 郭威(곽위) 건국 ~ 960년 멸망. 後周 世宗(후주 세종) ; 名 柴榮(시영). 954~959 재위.
- 掌 손바닥 장. 관장하다. 凡 무릇 범. 다. 합계.

○ 世宗一日於文書篋中, 得一本書. 日, 點檢作天子. 時張永德爲點檢, 世宗乃遷之, 而易以匡胤. : (後周의) 世宗이 하루는 文書 상자에서 책 한 권을 찾아냈는데 거기에는 '點檢(점검)이 天子가 된다.' 라고 쓰여 있었다. 그때 張永德이란 사람이 點檢이었었는데, 世宗은 그를 이동시키고 조광윤을 임명했다.

- 篋 상자 협. 세종이 거란을 치고 귀환하는 도중에 책 상자를 발견했다고 한다. 點檢(점검) ; 官名. 殿前都點檢(전전도점검)의 줄임. 天子를 侍衛(시위=천자를 곁에서 모시고 밤낮없이 지키다.)하고 扈從(호종=임금이 탄 수레를 호위하여 따름. 임금을 수행하는 사람.)하는 직위.
- 張永德(장영덕) ; 後周 건국자인 郭威의 사위. 戰功을 세워 世宗에 의해 點檢에 임명. 뒷날 趙匡胤에 의해 侍中에 임명.

○ 世宗殂, 恭帝卽位之明年, 命領宿衛, 禦契丹. 時主少國危, 中外始

有推戴之議. : 世宗이 죽고, 恭帝가 卽位한 明年에 宿衛가 되어 契丹을 방어하라는 명령을 받았다. 그때 군주는 어리고 나라는 위기에 처해 내외에서 (조광윤을) 천자로 추대해야 한다는 의논이 나왔다.

– 殂 죽을 조. 恭帝(공제) ; 名, 柴宗訓(시종훈). 후주 세종의 子, 7세 즉위. 宿衛(숙위) ; 천자를 호위하는 군사. 近衛부대. 親衛軍(친위군).

– 禦 막을 어. 契 맺을 계. 종족이름 글. 契丹(거란) ; 몽고족의 한 갈래. '글단' 이라 읽지 않고 거란으로 읽는다.

– 中外(중외) ; 중앙과 지방, 朝廷의 內外. 推 옮길 추. 밀다. 천거하다. 戴 머리에 일 대, 떠받들 대.

(2) 大軍旣出, 軍校苗訓, 見日下復有一日, 黑光相盪, 指曰, 此天命也. 夕次陳橋驛, 軍士聚議, 先立點檢爲天子, 然後北征. 還列待旦, 點檢醉臥不知也. 黎明軍士擐甲執兵, 直叩寢門曰, 諸將無主, 願策大尉爲天子. 點檢驚起披衣, 則相與扶出, 被以黃袍, 羅拜呼萬歲. 擁上馬南行, 拒之不可. 乃攬轡誓諸將, 整軍自仁和門入, 秋毫無所犯. 恭帝遂禪位, 以所領節鎭, 爲宋州歸德軍, 故國號曰宋.

광윤이 거느린 대군이 수도를 출발한 뒤, 장교인 묘훈은 하늘을 쳐다보니까, 태양 아래 또 하나의 태양이 있어 서로 검은 빛을 내뿜는 것을 보고 묘훈은 "이는 천명이다." 라고 말했다. 그날 저녁 진교역에 주둔한 뒤 군사들은 모여 의논하였는데 먼저 점검인 조광윤을 천자로 옹립한 뒤에 북으로 거란을 정벌해야 한다고 하였다.

(군사들은) 둥글게 줄을 지어 날이 밝기를 기다렸는데, 점검(조광윤)은 지난밤 술에 취해 잠이 들어 모르고 있었다. 날이 밝자 군사들은 갑옷을 입고 병기를 들고서 바로 침소의 문을 두드리며 말했다. "우리들에게 의지할 분이 없는데 태위를 모셔 천자로 삼고자 합니다." 조광윤이 놀라 일어나 옷을 입자, 곧 함께 부축하고 나와 황포를 입히고 줄을 지어 절을 하며 만세를 불렀다.

조광윤을 옹립하여 말에 태우고 남행하는데 이를 막을 수가 없었다. (조광윤은) 말고삐를 잡고 여러 장수와 약속을 한 뒤, 군사를 정돈하여 인화문을 통해 수도에 들어갔는데 조금도 법을 어기는 일이 없었다. 공제는 곧 선위를 했고 (조광윤이) 거느린 부대가 宋州의 귀덕군이었기에 국호를 宋이라 하였다.

어구 설명

○ 大軍旣出, 軍校苗訓, 見日下復有一日, 黑光相盪, 指曰, 此天命也. 夕次陳橋驛, 軍士聚議, 先立點檢爲天子, 然後北征. : 大軍이

수도를 출발한 뒤, 軍校인 苗訓(묘훈)은 태양 아래 또 하나의 태양이 있어 서로 검은 빛을 내뿜는 것을 보고 "이는 천명이다."라고 말했다. 그날 저녁 陳橋驛에 주둔한 뒤 軍士들이 모여 의논하였는데 먼저 點檢인 조광윤을 天子로 옹립한 뒤에 북으로 거란을 정벌해야 한다고 하였다.

– 軍校(군교) ; 將校. 苗 싹 묘. 새끼. 성씨. 苗訓(묘훈) ; 人名. 趙匡胤(조광윤) 軍中의 日官〈일관 = 달력에 관한 일을 맡아보는 벼슬아치. 天文(천문)을 맡은 벼슬아치〉. 행적 미상. 日下復有一日(일하부유일일) ; 태양 아래쪽에 또 하나의 태양이 있다. 태양은 황제를 상징.

– 盪 씻을 탕. 흔들리다. 부딪히다. 次 ; 버금 차. 차례. 유숙하다. 진영. 임시 거처. 陳橋驛(진교역) ; 開封(개봉) 동북방 40여리에 있던 驛館(역관).

– 聚 모일 취. 聚議(취의) ; 모여 의논하다. 點檢(점검) ; 관직명. 조광윤을 지칭. 北征(북정) ; 북으로 원정하다.

○ 還列待旦, 點檢醉臥不知也. 黎明軍士擐甲執兵, 直叩寢門曰, 諸將無主, 願策大尉爲天子. 點檢驚起披衣, 則相與扶出, 被以黃袍, 羅拜呼萬歲. : (군사들은) 둥글게 줄을 지어 날이 밝기를 기다렸는데, 點檢(점검 = 조광윤)은 취해 잠이 들어 모르고 있었다. 날이 밝자 軍士들은 갑옷을 입고 병기를 들고서 바로 침소의 문을 두드리며 말했다. "우리들에게 의지할 분이 없는데 大尉(대위 = 조광윤)를 모셔 天子로 삼고자 합니다." 조광윤이 놀라 일어나 옷을 입자, 곧 함께 부축하고 나와 황포를 입히고 줄을 지어 절을

하며 만세를 불렀다.

– 還列(환열) ; 둥글게 열을 짓다. 조광윤의 숙소를 호위하다. 待 기다릴 대. 旦 ; 아침 단. 待旦(대단) ; 날이 밝기를 기다리다.

– 醉 취할 취. 醉臥(취와) ; 취해 잠들다. 黎 검을 여(려). 많다. 녘. 무렵. 黎明(여명) ; 동틀 무렵. 밝아오는 새벽. 먼동이 틀 무렵.

– 擐 입을 환. 갑옷 등을 몸에 걸치다. 執兵(집병) ; 무기를 손에 쥐다. 叩 두드릴 고. 寢門(침문) ; 침소의 출입문.

– 策 채찍 책. 지팡이. 계책. 세우다. 驚 놀랄 경. 披 입을 피. 옷을 입다. 被 이불 피. 덮다.

– 袍 겉옷 포. 黃袍(황포) ; 누런 겉옷. 천자의 옷. 黃은 中央의 土色, 天子의 색. 이후 천자는 엷은 황색 웃옷을 입게 되었다. 羅拜(나배) ; 줄을 지어 절을 하다.

○ 擁上馬南行, 拒之不可. 乃攬轡誓諸將, 整軍自仁和門入, 秋毫無所犯. 恭帝遂禪位, 以所領節鎭, 爲宋州歸德軍, 故國號曰宋. : 조광윤을 옹립하여 말에 태우고 南行하는데 이를 막을 수가 없었다. (조광윤은) 말고삐를 잡고 여러 장수와 약속을 한 뒤, 군사를 정돈하여 仁和門을 통해 수도에 들어갔는데 조금도 법을 어기는 일이 없었다. 恭帝는 곧 선위를 했고 (조광윤이) 거느린 부대가 宋州의 歸德軍(귀덕군)이었기에 國號를 宋이라 하였다.

– 擁 안을 옹. 擁衛(옹위=부축하여 호위함)하다. 攬 잡을 남(람). 轡 고비 비. 誓 맹세할 서 ; 약속을 한 내용. 나를 천자로 삼는다면, 내 명령을 잘 지켜라. 첫째, 지금 서울에는 황태후와 천자가 계시다. 태후와 어리신 황제를 놀라시게 하거나 범해서는

안된다. 둘째, 대신들은 다 내 동료들이다. 결코 범해서는 안된다. 끝으로 창고에 들어있는 것은 나라의 재물이다. 이것을 함부로 손대면 안된다. 이 명령 지키는 사람은 상줄 것이요, 범하는 자는 처벌할 것이다. 모든 장수들은 굳게 맹세하라고 했다. 毫 가는 털 호.

– 秋毫(추호) ; 털갈이 하는 짐승의 가는 털. 극히 미세한 것. 秋毫無犯(추호무범) ; 군기가 매우 엄정하여 백성들에게 해를 끼치는 일이 없음.

– 恭帝(공제) ; 後周 世宗의 아들. 遂 이룰 수. 마침내. 節鎭(절진) ; 符節(부절)을 받아 거느리는 군대.

– 宋州(송주) ; 睢陽(휴양, 今 河南省 商丘市). 당시 조광윤은 宋州 歸德軍節度使를 겸하고 있었다. 나중에 宋州는 應天府(응천부)로 승격되었다.〈거란의 침입을 막으라고 출정시킨 군사가 陳橋驛에서 回軍하였으니, 이는 일종의 항명이며 정권 탈취에 성공하였으니, 이는 쿠데타이다. 이를 '陳橋驛(진교역)의 兵變(병변)'이라 부른다.〉

(3) 卽位之初, 欲陰察羣情, 頗爲微行. 或諫毋輕出, 上曰, 帝王之興, 自有天命. 周世宗見諸將方面大耳者, 皆殺之. 我終日侍側, 不能害也. 微行愈數, 曰, 有天命者, 任自爲之, 不汝禁也. 中外讋服. ○ 昭義節度使李筠, 故周宿將, 反於澤州. 上命石守信討

之, 尋親征, 筠自焚死, 澤 · 潞平. ○ 淮南節度使李重進, 周祖之甥也. 亦反, 上命石守信討之, 尋親征. 重進自焚死, 淮南平. ○ 荊南高寶融卒, 弟寶勗代之. ○ 南唐泉州留從效稱藩.

(태조 조광윤은) 즉위 초에 백성들의 정황을 몰래 살피려고 자주 미행을 하였다. 누군가가 경솔하게 행차해서는 안 된다고 말하자, 태조가 말했다. "제왕의 흥기는 천명이 있어야 한다. 후주의 세종은 네모진 얼굴에 귀가 큰 장수를 보면 모두 죽였었다. 나는 종일 옆에서 시중을 들었지만 나를 해칠 수는 없었다." 그리고 태조는 미행은 더 많이 하면서 말했다. "천명을 받은 자가 있다면 그 뜻대로 하게 맡겨 두어야지 너희들이 금할 수 없는 것이다." 내외가 모두 두려워하며 복종했다.

○ 소의절도사인 이균은 후주의 노장이었는데 택주에서 반란을 일으켰다. 태조는 석수신에게 토벌하라 명한 뒤 곧 친정에 나서니 이균은 스스로 불에 타 죽었고 택주와 노주는 평정되었다.

○ 회남절도사인 이중진은 후주 태조(郭威)의 생질이었다. 그 또한 반기를 들자, 태조는 석수신에게 토벌케 하면서 이어 친정에 나섰다. 이중진도 스스로 분사하였고 회남은 평정되었다.

○ 형남국의 고보융이 죽고, 아우 고보욱이 뒤를 이었다.
○ 남당 천주의 유종효가 귀순해서 번신을 자칭했다.

어구 설명

○ 卽位之初, 欲陰察羣情, 頗爲微行. 或諫毋輕出, 上曰, 帝王之興, 自有天命. 周世宗見諸將方面大耳者, 皆殺之. 我終日侍側, 不能害也. 微行愈數, 曰, 有天命者, 任自爲之, 不汝禁也. 中外讋服.
: (태조는) 卽位 初에 백성들의 정황을 몰래 살피려고 자주 미행을 하였다. 누군가가 경솔하게 행차해서는 안 된다고 말하자, 태조가 말했다. "帝王의 興起(흥기)는 天命이 있어야 한다. 周의 世宗은 네모진 얼굴에 귀가 큰 장수를 보면 모두 죽였었다. 나는 종일 옆에서 시중을 들었지만 나를 해칠 수는 없었다." 그리고 미행은 더 많이 하면서 말했다. "천명을 받은 자가 있다면 그 뜻대로 하게 맡겨 두어야지 너희들이 금할 수 없는 것이다." 中外(內外)가 모두 두려워하며 복종했다.

- 陰 그늘 음. 몰래. 밖으로 노출되지 않은. 察羣情(찰군정) ; 백성들의 정황을 살피다. 頗 자못 파. 자주.

- 微 작을 미. 미천한. 몰래. 微服은 平服. 微行(미행) ; 미복으로 디니다. 暗行(암행)하다. 임금이 예사 옷을 입어 남이 알아보지 놋하게 하고 다님. 毋 말 무. 禁止辭(금지사).

- 輕出(경출) ; 경솔하게 나다니다. 方面大耳者(방면대이자) ; 네모진 얼굴에 큰 귀를 가진 자. 貴人之相. 天子가 될 人相.

- 侍側(시측) ; 곁에서 모시다. 愈數(유삭) ; 더욱 잦았다. 더

자주. 任自爲之(임자위지) ; 자기 마음대로 하게 맡겨 두다. 혹 천자가 될 운명의 사람이 있다면 그 사람 마음대로 행동하게 방임해도 좋다는 자신감의 표출.

- 不汝禁也(불녀금야) ; 너희가 금할 수 없는 것이다. 汝 너 여. 讋 두려워할 섭. 慴(두려울 섭)과 同. 讋服(섭복) ; 두려워 순종하다.

○ 昭義節度使李筠, 故周宿將, 反於澤州. 上命石守信討之, 尋親征, 筠自焚死, 澤·潞平. 淮南節度使李重進, 周祖之甥也. 亦反, 上命石守信討之, 尋親征. 重進自焚死, 淮南平. : 昭義節度使인 李筠은 옛 後周의 노장이었는데 澤州(택주)에서 반란을 일으켰다. 태조는 石守信에게 토벌하라 명한 뒤 곧 親征에 나서니 李筠은 스스로 焚死(분사)했고 澤州(택주)와 潞州(노주)는 평정되었다. 淮南節度使인 李重進은 後周 太祖의 생질이었다. 그 또한 반기를 들자, 태조는 石守信에게 토벌케 하면서 이어 親征에 나섰다. 李重進도 스스로 焚死하였고 淮南은 평정되었다.

- 昭義節度使(소의절도사) ; 今 山西省 동남부와 河北省 西南部를 관할하던 절도사. 澤潞(택로)절도사라고도 불렀다.

- 筠 대나무 균. 宿將(숙장) ; 老將. 경험이 많은 지휘관. 澤州(택주) ; 今 山西省의 晉城. 수도 개봉부의 서북쪽 인근.

- 石守信(석수신, 928~984년) ; 北宋 初 大將. 절도사들의 軍權을 태조에게 위임하는 '杯酒釋兵權(배주석병권)' 의 한 사람. 재물욕심이 많았다. 釋 풀 석. 기뻐할 역.

- 尋 찾을 심. 곧 얼마 안 있다가. 焚 불사를 분. 焚死(분사) ;

자기 몸을 불살려 죽음. 潞 강 이름 노. 山東 지역의 지명. 李重進(이중진) ; 後周 太祖인 郭威(곽위)의 여동생의 아들이니, 곧 후주 태조의 생질.

– 淮南(회남) ; 지금 江蘇省 揚州 일대. 淮河(회하)의 남쪽 지방.

○ 荊南高寶融卒, 弟寶勗代之. 南唐泉州留從效稱藩. : 荊南國의 高寶融(고보융)이 죽고, 아우 고보욱이 뒤를 이었다. 南唐 泉州의 留從效가 귀순해서 藩臣(번신)을 자칭했다.

– 荊南(형남) ; 十國 중 하나<高季興(고계흥) 건국, 924~963년 존속>. 南平 또는 北楚라고도 불렀음. 지금의 湖北省 江陵, 公安 일대를 지배.

– 勗 힘쓸 욱. 南唐(남당) ; 十國의 하나. 先主 李昪(이변) 건국, 937~975년 존속. 中主 李璟(이경), 後主 李煜(이욱)이 통치. 江南國이라고도 불렀음. 경제 문화적으로 번영했던 나라.

– 泉州(천주) ; 今 福建省의 地名. 留從效(유종효) ; 人名. 藩 울타리 번. 藩國. 稱藩(칭번) ; 藩臣(번신, 속국의 신하)을 자칭하다.

(4) 建隆二年, 南唐主李景, 遷都于南昌, 以其子從嘉守建康. 景殂, 從嘉立, 更名煜. ○ 上旣誅筠 · 重進, 召樞密直學士趙普問曰, 吾欲息天下兵, 爲國家長久計, 其道何如. 普言, 唐季以來, 帝王數易, 由節鎭太重, 君弱臣强而已. 今莫若稍奪其權, 制其錢

轂, 收其精兵, 則天下自安. 又言, 殿前帥石守信等, 皆非統御才, 宜授他職. 上悟, 召守信等, 宴酣屛左右謂曰, 我非爾曹之力不至此. 然終夕未嘗安枕也. 居此位者, 誰不欲爲之.

건륭 2년에, 남당의 왕인 이경은 남창으로 천도하면서 아들 이종가에게 옛 서울인 건강을 지키게 하였다. 이경이 죽고, 아들 이종가가 즉위하면서 이름을 煜(욱)으로 바꾸었다.

태조(趙匡胤)가 이균과 이중진의 반란을 토벌하고서는 추밀직학사인 조보를 불러 물었다. "나는 천하의 병란을 종식시키고 국가가 장구할 수 있는 계책을 펴려 하는데 그 길은 무엇인가?" 조보는 "唐 말기 이후에 五代(오대)에 들어온 이래 제왕이 자주 바뀐 것은 절도사 진영은 너무 강대해졌고 제왕의 권위는 약하고 신하의 힘은 강했기 때문입니다. 이제 절도사의 권한을 점점 탈취하고 그 경제권을 제재하고 그들의 정병을 회수만 할 수 있다면 천하는 저절로 안정될 것입니다."라고 대답했다.

(조보는) 또 "친위대의 장수인 석수신 등은 모두 통어할 수 있는 사람이 아니니 의당 다른 직책을 제수하여야 할 것입니다."라고 했다. 태조는 느낀 바 있어 석수신 등을 불러 잔치가 무르익자 종자들을 물리치고 말했다. "나는 자네들의 조력이 아니었다면 이 자리에 올 수 없었다. 그러나 밤이 새

도록 편안히 잠을 잔 적이 없었다. 이 자리에 있는 자라면 그 누구도 천자의 지위에 오르고 싶은 사람은 없을 것이오."

어구 설명

○ 建隆二年, 南唐主李景, 遷都于南昌, 以其子從嘉守建康. 景殂, 從嘉立, 更名煜. : 建隆 2年에 南唐의 왕인 李景은 南昌으로 천도하면서 아들 李從嘉(이종가)에게 建康을 지키게 하였다. 이경이 죽고, 아들 이종가가 즉위하면서 이름을 煜(욱)으로 바꾸었다.

– 建隆(건륭) 二年 ; 태조의 연호. 서기 961년. 南昌(남창) ; 今江西省의 地名.

– 煜 빛날 욱. 李煜(이욱) ; 南唐 後主. 재위 937~978년. 南唐滅亡(멸망) 뒤에 北宋에 포로로 잡혀와 생을 마감. 中國에서 손꼽히는 詞人(사인=시가나 문장을 잘 짓는 사람), '詞中之帝(사중지제)' 라는 평가를 받고 있음.

○ 上旣誅筠 · 重進, 召樞密直學士趙普問曰, 吾欲息天下兵, 爲國家長久計, 其道何如. 普言, 唐季以來, 帝王數易, 由節鎭太重, 君弱臣强而已. 今莫若稍奪其權, 制其錢穀, 收其精兵, 則天下自安. : 태조가 이균과 이중진의 반란을 토벌하고서는 樞密直學士인 趙普를 불러 물었다. "나는 天下의 兵亂을 종식시키고 國家가 長久할 수 있는 계책을 펴려 하는데 그 길은 무엇인가?" 조보는 "唐 말기 이후 五代에 들어온 이래 帝王이 자주 바뀐 것은 절도사 진영은 너무 강대해졌고 제왕의 권위는 약하고 신하의 권력은 강했기 때문입니다. 이제 절도사의 권한을 점점 탈취하고 그 경제권

을 제재하고 그들의 정병을 중앙에 직속시켜 놓으면(회수만 할 수 있다면) 천하는 저절로 안정될 것입니다."라고 대답했다.

– 召 부를 소. 趙普(조보, 922~992년) ; 字 則平(칙평). 태조~태종 3차례 宰相에 임용. 何如(하여) ; 어떤. 어찌해야 하는가?

– 季 끝 계. 말년. 唐季(당계) ; 당 말기. 數 자주 삭. 易 바뀔 역. 節鎭(절진) ; 절도사의 군 진영.

– 太重(태중) : 너무 무겁다. 너무 강하다. 莫若(막약) ; ~하는 것만 못하다. ~하는 것이 낫다. 莫如와 같음.

– 稍 벼 줄기 끝 초. 점점. 錢穀(전곡) ; 돈과 곡식. 경제권.

○又言, 殿前帥石守信等, 皆非統御才, 宜授他職. 上悟, 召守信等, 宴酣屛左右謂曰, 我非爾曹之力不至此. 然終夕未嘗安枕也. 居此位者, 誰不欲爲之. : (조보는) 또 "殿前帥(전전수)인 石守信 等은 모두 統御(통어)할 수 있는 사람이 아니니 의당 다른 직책을 제수하여야 할 것입니다."라고 했다. 태조는 느낀 바 있어 석수신 등을 불러 잔치가 무르익자 종자들을 물리치고 말했다. "나는 자네들의 조력이 아니었다면 이 자리에 올 수 없었다. 그러나 밤이 새도록 편안히 잠을 잔 적이 없었다. 이 자리에 있는 자라면 그 누구도 천자의 지위에 오르고 싶은 사람은 없을 것이오."

– 殿前帥(전전수) ; 殿前都指揮使(전전도지휘사). 親衛隊(친위대) 장수. 統御(통어) ; 거느리고 제어하다. 황제의 통제를 거부할 사람이다. 宜 마땅할 의.

– 宴 잔치 연. 술자리. 酣 술 즐길 감. 술자리가 무르익다. 屛 병풍 병. 가리다. 물리치다. 爾 너 이. 曹 무리 조. 관아.

– 爾曹(이조) ; 자네들, 너희들. 終夕(종석) ; 밤이 새도록. 未嘗(미상) ; 일찍이 ~한 적이 없다. 아직까지 ~하지 못하다.
– 誰不欲爲之(수불욕위지) ; 누구나 이 자리에 욕심이 없을 것이다.

(5) 守信等頓首曰, 陛下何爲出此言. 天命已定, 誰敢有異心. 上曰, 汝曹雖無異心, 如麾下之人欲富貴何. 一旦以黃袍加汝之身, 雖不欲爲, 其可得乎. 皆頓首泣曰, 臣等愚不及此. 惟陛下哀矜, 指示可生之途. 上曰, 人生如白駒過隙. 所爲好富貴者, 不過欲多積金錢, 厚自娛樂, 使子孫無貧乏耳. 汝曹何不釋去兵權, 出守大藩, 擇便好田宅, 爲子孫計. 多置歌童舞女, 日飮酒相安, 不亦善乎. 皆拜謝曰, 陛下念臣等至此, 所謂生死而肉骨也. 明日皆稱疾請罷.

石守信 등이 머리를 숙여 황공히 하며 말했다. "폐하께서는 왜 이런 말씀을 하십니까? 천명이 이미 정해졌는데 누가 감히 두 마음을 품겠습니까?" 태조는 "자네들이야 비록 두 마음이 없다지만 휘하의 부하가 부귀를 누리려 한다면 어찌 하겠는가? 어느 날 (천자의) 누런 옷이 그대 몸에 걸쳐진다면 비록 하고 싶지 않더라도 그럴 수 있겠는가?"

라고 말했다. 그러자 모두가 머리를 조아리고 울며 말했다. "우리들은 어리석어 거기까진 생각 못했습니다. 바라건대, 폐하께서 우리를 불쌍히 여기시어 우리가 살 길을 가르쳐 주시기 바랍니다."

태조가 말했다. "인생이란 흰 망아지가 문틈을 달려가듯 짧은 것이다. 부귀를 바라는 까닭은 금전을 많이 쌓아두고 마음껏 즐기며 자손들로 하여금 궁핍하지 않게 살려는 것에 지나지 않는다. 그대들은 병권을 내놓고 큰 제후국에 나가 지키면서 좋은 땅과 집을 골라 자손을 위한 방책을 왜 마련하지 않는가? 歌童과 舞女(무녀)들을 많이 거느리고 날마다 술 마시며 편히 사는 것 또한 좋지 않은가?"

(이에) 모두가 절을 올리며 감사하며 말했다. "폐하께서 우리들을 이처럼 생각해 주시니, 이른바 속담에 죽은 사람을 살려 주고 뼈에 살을 붙여 주시는 것입니다." 다음 날에 모두 질병을 이유로 파직을 요청했다.

어구 설명

○ 守信等頓首曰, 陛下何爲出此言. 天命已定, 誰敢有異心. 上曰, 汝曹雖無異心, 如麾下之人欲富貴何. 一旦以黃袍加汝之身, 雖不欲爲, 其可得乎. 皆頓首泣曰, 臣等愚不及此. 惟陛下哀矜, 指示可生之途. : 石守信 等이 頓首(돈수)하며 말했다. "陛下(폐하)께서는 왜 이런 말씀을 하십니까? 天命이 이미 정해졌는데 누가 감히

두 마음을 품겠습니까?" 태조는 "자네들이야 비록 두 마음이 없다지만 휘하 부하가 부귀를 누리려 한다면 어찌 하겠는가? 어느 날 (천자의) 누런 옷이 그대 몸에 걸쳐진다면 비록 하고 싶지 않더라도 그럴 수 있겠는가?"라고 말했다. 그러자, 모두가 머리를 조아리고 울며 말했다. "우리들은 어리석어 거기 까진 생각 못했습니다. 바라건대, 폐하께서 우리를 불쌍히 여기시어 우리가 살 길을 가르쳐 주시기 바랍니다."

- 頓 조아릴 돈. 頓首(돈수) ; 머리를 숙이다. 何爲出此言(하위출차언) ; 왜 이런 말을 하십니까?
- 汝曹雖無異心(여조수무이심) ; 너희들이야 다른 마음이 없다지만. 如 같을 여. 다음의 何에 연결되어 '어찌하겠는가?'
- 麾 대장기 휘. 一旦(일단) ; 어느 아침. 어느 때. 잠시. 아직 일어나지 않은 가정을 나타냄. 雖不欲爲(수불욕위) ; 비록 원하지 않더라도.
- 其可得乎(기가득호) ; 아마 그럴 수 있겠는가? 矜 불쌍히 여길 긍.

○ 上曰, 人生如白駒過隙. 所爲好富貴者, 不過欲多積金錢, 厚自娛樂, 使子孫無貧乏耳. 汝曹何不釋去兵權, 出守大藩, 擇便好田宅, 爲子孫計. 多置歌童舞女, 日飮酒相安, 不亦善乎. : 태조가 말했다. "人生이란 白駒(백구)가 문틈을 달려가듯 짧은 것이다. 富貴를 바라는 까닭은 金錢을 많이 쌓아두고 마음껏 즐기며 자손들로 하여금 궁핍하지 않게 살려는 것에 지나지 않는다. 그대들은 병권을 내놓고 큰 제후국에 나가 지키면서 좋은 땅과 집을 골라 자손을 위한 방책을 왜 마련하지 않는가? 歌童(가동)과 舞女(무녀)들을 많

이 거느리고 날마다 술 마시며 편히 사는 것 또한 좋지 않은가?"

– 駒 망아지 구. 隙 틈 극. 구멍. 白駒過隙(백구과극) ; 망아지가 문틈을 달려가다. 아주 짧은 시각. 白駒를 햇볕으로 해석하기도 함. 《莊子 知北遊》에 실려 있음.

– 厚自娛樂(후자오락) ; 마음껏 스스로 즐기는 것. 乏 가난할 핍. 貧乏(빈핍) ; 가난. 窮乏(궁핍).

– 何不(하불) ; 왜 ~하지 않는가? 釋 풀 석. 놓다. 釋去兵權(석거병권) ; 병권을 내놓다. 藩 울타리 번. 藩國. 제후국.

– 不亦善乎(불역선호) ; 또한 좋지 아니한가? 매우 좋은 것이다. 不亦樂乎(불역낙호) ; 기쁘지 아니한가?

○ 皆拜謝日, 陛下念臣等至此, 所謂生死而肉骨也. 明日皆稱疾請罷. : (이에) 모두가 절을 올리며 감사하며 말했다. "陛下(폐하)께서 우리들을 이처럼 생각해 주시니 이른바 속담에 죽은 사람을 살려 주고 뼈에 살을 붙여 주시는 것입니다." 明日에 모두 병을 이유로 파직을 요청했다. 〈이를 '杯酒釋兵權(배주석병권 ; 잔에 부은 술이 병권을 놓다.)' 이라 한다.〉 杯酒(배주) ; 잔에 부은 술. 釋 풀 석. 그만두다. 버리다.

– 生死肉骨(생사육골) ; 죽은 것을 되살리고 뼈에 살을 붙여주다. 크나큰 은혜를 입다.

(6) ○ 趙普薊人, 遇上於滁州, 用爲節度掌書記. 上卽位後, 專與謀議, 倚信之. ○ 女眞貢馬. ○ 回鶻

·于闐來貢. ○ 建隆三年, 泉州留從效卒. 衙將陳洪進, 推張漢思領軍務. ○ 定難節度使周西平王李彝興貢馬. ○ 武平·武安鎭帥周行逢卒, 子保權領軍府. 衡州太守張文表作亂, 起兵據潭州, 保權表請救于宋. ○ 荊南高寶勗卒, 兄子繼冲代之. ○ 高麗來貢.

○ 조보는 계주 출신으로 태조와 저주에서 처음 만났는데 태조는 조보를 절도장서기로 삼았었다. 태조가 즉위한 뒤에 전적으로 그와 의논하며 의지하고 신뢰하였다.

○ 여진에서 말을 바쳤다.

○ 위구르와 우전이 조공했다.

○ 건륭 3년, 천주의 유종효가 죽었다. 아장(친위대의 장수)인 진홍진이 장한사를 천거하여 군무를 맡아보게 했다.

○ 정난절도사인 후주 서평왕 이이흥이 말을 바쳤다.

○ 무평과 무안진의 장수 주행봉이 죽고, 아들 주보권이 군부를 통솔했다. 형주태수인 장문표가 난을 일으켜 기병하며 담주를 점거하니 주보권이 宋나라에 表를 올려 구원을 요청했다.

○ 형남의 고보욱이 죽고, 그 형의 아들인 고계충이 대를 이었다.

○ 고려가 조공했다.

어구 설명

○ 趙普薊人, 遇上於滁州, 用爲節度掌書記. 上卽位後, 專與謀議, 倚信之. : 趙普는 薊州(계주) 출신으로 태조와 滁州(저주)에서 만났는데 태조는 조보를 節度掌書記로 삼았었다. 태조가 즉위한 뒤에 전적으로 그와 의논하며 의지하고 신뢰하였다.

- 薊 삽주(풀 이름) 계. 今 河北省의 地名. 　滁 강 이름 저. 今 安徽省(안휘성)의 地名. 　節度掌書記(절도장서기) ; 節度使의 비서관. 절도사의 우두머리. 　倚 기댈 의. 의지하다.

○ 女眞貢馬. 回鶻 · 于闐來貢. : 女眞에서 말을 바쳤다. 위구르와 우전이 조공했다.

- 女眞(여진) ; 만주 일대에 살던 肅愼(숙신), 挹婁(읍루)로 불리던 민족. 南北朝時期에는 勿吉(물길. '몰길' 로 읽기도 한다), 唐代에는 靺鞨(말갈)이라 불리다가 遼(요)와 金시대 이후 '女眞' 으로 불렸다. 우리나라에서는 女眞(고려시대) 또는 '野人' (조선 초기)이라 불리다가 조선 중기 이후 '胡人' 으로 통칭했다.

- 貢 바칠 공. 　鶻 송골매 골. 　回鶻(회골) ; 몽고족의 한 갈래. 보통 回紇〈회흘, 돌궐어로 단결을 의미하는 Uyghur(위구르)의 漢字 音譯.〉로 기록. 本書에서는 '위구르' 로 번역한다. 北狄(북적)의 후예.

- 闐 가득할 전. 　于闐(우전, 于寘) ; 서역에 살던 종족 이름 겸 왕국 이름. 인종과 언어가 거의 위구르 족에 동화되었다고 한다. 北狄(북적)의 후예.

○ 建隆三年, 泉州留從效卒. 衙將陳洪進, 推張漢思領軍務. 定難節

度使周西平王李彝興貢馬. 武平·武安鎭帥周行逢卒, 子保權領軍府. 衡州太守張文表作亂, 起兵據潭州, 保權表請救于宋. : 建隆 3年, 泉州의 留從效(유종효)가 죽었다. 衙將(아장)인 陳洪進이 張漢思를 천거하여 軍務를 맡아보게 했다. 定難節度使인 後周 西平王 李彝興(이이흥)이 말을 바쳤다. 武平과 武安鎭의 장수 周行逢이 죽고, 아들 周保權(주보권)이 軍府를 통솔했다. 衡州太守인 張文表가 亂을 일으켜 起兵하며 潭州를 점거하니 주보권이 宋나라에 表〈표=임금에게 올리는 書狀(서장). 어떤 내용을 일정한 형식과 순서에 따라 보기 쉽게 만든 것〉를 올려 구원을 요청했다.

– 建隆(건륭) 三年 ; 서기 962년. 泉州(천주) ; 今 福建省의 지명. 宋 및 元代에 '東方第一大港'으로 번성했었다.

– 留從效(유종효, 906~962년) ; 송이 건국되자 藩臣을 자청했었다. 衙 마을 아. 관아.

– 定難節度使(정난절도사) ; 西夏 지역의 절도사. 難 어지러울 난. 나무 우거질 나. 잎 무성해지는 나. 근심 난. 周西平王(주서평왕) ; 後周의 西平王. 彝 떳떳할 이.

– 周行逢(주행봉) ; 人名. 十國의 하나인 楚(초, 907~951년 존속. 長沙에 도읍하여 湖南省 일대를 지배한 나라. 馬殷(마은)이 건국했기에 長楚 또는 南楚라 칭함.)의 절도사로 나라가 멸망했어도 그 지역 일대를 장악하고 있었다.

– 衡 저울 형. 衡州(형주) ; 今 湖南省의 지명. 潭州(담주) ; 今 湖南省 長沙(장사)의 옛 이름.

○ 荊南高寶勗卒, 兄子繼冲代之. 高麗來貢. : 荊南의 高寶勗(고보

욱)이 죽고, 그 兄의 아들인 高繼冲(고계충)이 대를 이었다. 高麗가 朝貢했다.

– 荊南(형남) ; 五代十國의 하나. 高季興(고계흥)이 건국. 924~963년 존속. 南平, 또는 北楚라 불림. 今 湖北省의 江陵, 公安 일대를 지배.

– 高麗(고려) ; 당시 光宗(949~975년) 재위 중. 廣評侍郎(광평시랑) 李興祐(이흥우)를 사신으로 宋에 보냈다.

(7) ○ 乾德元年, 命慕容延釗等, 會周保權, 討張文表. 師出江陵, 高繼冲出降, 荊南平. 延釗至湖南, 文表先已敗死. 保權聞宋師下荊南, 懼而拒守. 師進討之, 獲保權, 湖南平. ○ 二年, 宰相范質 · 王溥 · 魏仁浦, 乞罷. 質等周朝舊相也. 自唐以來, 宰相惟面奏大政事, 餘號令 · 刑賞 · 除拜, 但入熟狀. 質等自以前朝大臣, 稍存形跡. 每事具箚子進呈, 退批所得聖旨. 同列皆書字以志之, 奏御之多始此. 質等旣罷, 以趙普同平章事.

○ 건덕 원년, 모용연쇠 등에게 명해서 주보권의 군사와 함께 연합해서 장문표를 토벌토록 했다. 토벌군이 강릉에 이르자, 고계충이 성을 나와 항복했고 형남은 평정되었다.

모용연쇠가 호남에 이르렀을 때, 장문표는 (주보권과 싸워) 이미 패사했었다. 주보권은 宋의 군사가 형남까지 내려온 것을 알고 두려워 성에서 저항하였다. 송의 군사가 이를 토벌(성을 함락시킴)하여 주보권을 생포하니 호남도 평정되었다.

○ 건덕 2년, 재상인 범질, 왕부, 위인포 등이 사직을 요청했다. 범질 등은 후주 때부터 재상이었다. 唐 이래로 큰 정사는 재상들이 직접 상주하였지만 그 외의 명령이나 형벌과 포상, 관직 임명 등은 재상들의 합의로 의결한 뒤 문서를 올렸었다. 범질 등은 앞 왕조의 대신들이어서 약간은 옛 형식을 따르는 것이 있었다. 매사에 문서를 갖춰 올리고 내려오는 회답을 통해 황제의 뜻을 알아 처리했다. 같은 재상들이 모두 자기 이름을 써서 의견을 아뢰었기에 이로부터 상주하는 문서가 많아지기 시작했다. 범질 등이 사직하였기에 태조는 조보를 동평장사로 삼았다.

어구 설명

○ 乾德元年, 命慕容延釗等, 會周保權, 討張文表. 師出江陵, 高繼冲出降, 荊南平. 延釗至湖南, 文表先已敗死. 保權聞宋師下荊南, 懼而拒守. 師進討之, 獲保權, 湖南平. : 乾德 元年(963년), 慕容延釗(모용연쇠) 등에게 명해서 周保權(주보권)과 함께 張文表를 토벌토록 했다. 토벌군이 江陵에 이르자, 高繼冲(고계충)이 성을 나

와 항복했고 荊南은 평정되었다. 모용연쇠가 湖南에 이르렀을 때, 장문표는 (주보권과 싸워) 이미 敗死했었다. 周保權은 宋의 군사가 荊南까지 내려온 것을 알고 두려워 城에서 저항하였다. 송의 군사가 이를 토벌하여 주보권을 생포하니 湖南도 평정되었다.

- 乾 하늘 건. 周易 64괘 중 첫 번째 卦名. 마를 건. 乾德(건덕) ; 하늘의 덕. 여기서는 宋 태조의 2번째 연호(963~968년).
- 釗 사람 이름 쇠. 힘쓰다. 慕容延釗(모용연쇠) ; 山南東道節度使. 江陵(강릉) ; 今 湖北省 중남부 지명.
- 湖南(호남) ; 洞庭湖(동정호) 以南, 唐代 설치한 湖南觀察使에서 유래. 懼 두려울 구. 獲 얻을 획. 잡다.

○ 二年, 宰相范質 · 王溥 · 魏仁浦, 乞罷. 質等周朝舊相也. 自唐以來, 宰相惟面奏大政事, 餘號令 · 刑賞 · 除拜, 但入熟狀. : 건덕 2년, 宰相인 范質(범질), 王溥(왕부), 魏仁浦(위인포) 등이 사직을 요청했다. 범질 등은 후주 때부터 재상이었다. 唐 이래로 大政事는 재상들이 직접 상주하였지만 그 외의 號令이나 형벌과 포상, 관직 임명 등은 재상들의 합의로 의결한 뒤 문서를 올렸었다.

- 范 풀 이름 범. 성씨. 范質(범질, 911~964) ; 後周와 北宋 初의 大臣, 재상. 溥 넓을 부. 王溥(왕부, 922~982년) ; 後周 太祖, 世宗, 恭帝, 北宋 太祖까지 兩代 四朝의 宰相 역임.
- 魏仁浦(위인포, 911~969년) ; 北宋 初年에 右僕射(우복야) 역임.
- 乞罷(걸파) ; 직책의 사임을 요청하다. 餘 남을 여. ~ 외의. 刑賞(형상) ; 형벌이나 포상.
- 除拜(제배) ; 除는 현직 관리의 이동이나 승진. 拜는 신임 관

리의 임명. 관직에 임명하다.

– 熟 익을 숙. 상세히 생각하다. 熟狀(숙장) ; 관청에서 決議한 내용을 적은 문서.

○ 質等自以前朝大臣, 稍存形跡. 每事具箚子進呈, 退批所得聖旨. 同列皆書字以志之, 奏御之多始此. 質等旣罷, 以趙普同平章事. : 범질 등은 前朝의 대신들이어서 약간은 옛 형식을 따르는 것이 있었다. 每事에 문서를 갖춰 올리고 내려오는 회답을 통해 황제의 뜻을 알아 처리했다. 같은 재상들이 모두 자기 이름을 써서 의견을 아뢰었기에 이로부터 상주하는 문서가 많아지기 시작했다. 범질 등이 사직하였기에 태조는 趙普를 同平章事로 삼았다.

– 稍 점점 초. 작다. 약간. 跡 자취 적. 形跡(형적) ; 전부터 내려온 형식. 箚 찌를 차. 箚子(차자) ; 황제에게 올리는 보고서.

– 批 칠 비. 비답. 상소에 대한 임금의 회답. 품평하다. 旨 맛있을 지. 뜻, 내용. 聖旨(성지) ; 황제의 의향.

– 同列(동열) ; 같은 지위. 같은 급. 書字以志之(서자이지지) ; 書字(자신의 이름을 쓰다)하여 의견을 아뢰다. 奏 아뢸 주. 상주하다.

– 御 거느릴 어. 올리다. 奏御(주어) ; 문서로 보고하다.

– 同平章事(동평장사) ; 同中書門下平章事의 줄임. 국정 전반을 주관하는 재상. 北宋에서는 同中書門下平章事가 政事를 주관하고, 知樞密院事(지추밀원사, 樞密事)는 兵權을 장악하여 이를 '二府' 라 불렀다. 度支(탁지), 鹽鐵(염철), 戶部(호부)는 三司로 재정을 담당하였다. 宋에서는 황제 독재권이 강하여 재상의 권한은 唐代에 비해 약했다.

(8) ○ 命王全斌伐蜀. 乾德三年, 蜀相李昊, 勸蜀主孟昶出降, 蜀亡. 前蜀王氏之亡也, 降表亦昊所草. 蜀人夜書其門曰, 世修降表李家. ○ 初上命宰相, 擇前代未有年號, 以改今元. 及是得蜀鑑, 乃有乾德四年鑄字. 怪之召問, 學士竇儀曰, 昔僞蜀王衍有此號. 上歎曰, 宰相須用讀書人. ○ 五年, 五星聚奎. 先是周顯德中, 竇儼 · 楊徽之 · 盧多遜, 同爲諫官. 儼善推步, 嘗曰, 丁卯歲五星聚奎, 自此天下太平. 二拾遺見之, 儼不預也. 至是果然. ○ 夏州李彛興卒, 子光叡領軍務.

○ (태조는) 왕전빈에게 후촉을 토벌하게 했다. 건덕 3년에, 후촉의 재상인 이호는 蜀의 後主 맹창에게 나가 투항할 것을 권했고 이때 촉은 망했다. 前蜀의 왕씨가 망할 때에도 항복하는 글은 이호가 기초했었다. 蜀의 어떤 사람이 밤에 그 집 대문에 '대대로 항복하는 문서나 쓰는 이씨 집' 이라고 써 놓았다.(그를 비웃었다.)

○ 그 전에 태조가 재상(조보)에게 명해서 전대에 사용하지 않은 좋은 연호를 택하라 하여 현재의 연호로 바꾸었었다. 이때 촉에서 만든 거울을 획득했었는데 거기에 '乾德四年' 이라는 글이 새겨 있었다. (태조가) 이상히 생각하며 물었더니 학사인 두의가 "옛날 참칭한 후촉의 왕연이 이

연호를 썼다."고 대답하였다. 태조는 "재상은 꼭 독서인(학문이 있는 사람)을 등용해야 한다."며 탄식했다.

○ 건덕 5년에, 五星이 奎星(규성) 있는 곳에 모였다. 이보다 앞서 後周의 현덕 연간에 두엄, 양휘지, 노다손이 함께 간관이 되었었다. 두엄은 천문에 뛰어났었는데, 일찍이 "정묘년에 오성이 규성에 모일 것이며 이로부터 천하는 태평할 것이다. 두 분 습유는 이를 보겠지만 나는 보지 못할 것이다."라고 말했었다. 이때에 과연 그러했다.

○ 하주의 이이흥이 죽고, 아들 이광예가 군무를 통솔했다.

어구 설명

○ 命王全斌伐蜀. 乾德三年, 蜀相李昊, 勸蜀主孟昶出降, 蜀亡. 前蜀王氏之亡也, 降表亦昊所草. 蜀人夜書其門曰, 世修降表李家. : (태조는) 王全斌에게 後蜀을 토벌하게 했다. 乾德 3年에, 후촉의 재상인 李昊(이호)는 蜀의 後主 孟昶(맹창)에게 出降(출항)할 것을 권했고 이때 촉은 망했다. 前蜀의 王氏가 망할 때에도 항복하는 글은 이호가 기초했었다. 蜀人이 밤에 그 집 대문에 '대대로 항복하는 문서나 쓰는 이씨 집' 이라고 써 놓았다.

– 斌 빛날 빈. 王全斌(왕전빈, 908~976년) ; 後蜀을 평정한 武將.

– 蜀(촉) ; 後蜀(934~965년 존속, 孟蜀) ; 十國之一. 孟知祥(맹지상)이 건국.

– 昶 밝을 창. 後主 孟昶(맹창, 재위 934~965년) 때 멸망. 맹창의 왕비 花蕊夫人(화예부인)은 詩人으로도 유명했던 미인.

– 前蜀(전촉, 907~925년 존속) ; 王建(왕건)이 건국한 十國之一. 今 四川, 湖北, 貴州, 雲南 일부 지역을 지배.

– 草 풀 초. 시작하다. 초를 잡다(起草). 草案. 世修降表李家(세수항표이가) ; '대대로 항복하는 문서나 쓰는 李家.'

○ 初上命宰相, 擇前代未有年號, 以改今元. 及是得蜀鑑, 乃有乾德四年鑄字. 怪之召問, 學士竇儀曰, 昔僞蜀王衍有此號. 上歎曰, 宰相須用讀書人. : 그 전에 태조가 宰相(趙普)에게 명해서 前代에 사용하지 않은 연호를 택하라 하여 현재의 연호로 바꾸었었다.(建隆 → 乾德) 이때 촉에서 만든 거울을 획득했었는데 거기에 '乾德四年'이라는 글이 새겨 있었다. (태조가) 이상히 생각하며 물었더니 學士인 竇儀(두의)가 "옛날 참칭한 후촉의 왕연이 이 연호를 썼다."고 대답하였다. 태조는 "재상은 꼭 독서인을 등용해야 한다."며 탄식했다.

– 今元(금원) ; 현재의 연호. 蜀鑑(촉감) ; 蜀에서 만든 거울. 鑄 쇠를 부어 만들 주. 竇 구멍 두. 성씨.

– 僞蜀(위촉) ; 정통성이 없는 촉 왕조. 衍 넘칠 연. 王衍(왕연) ; 前蜀의 王. 須 모름지기 수. 마땅히.

– 讀書人(독서인) ; 독서를 많이 하여 학식이 풍부한 사람.

○ 五年, 五星聚奎. 先是周顯德中, 竇儼 · 楊徽之 · 盧多遜, 同爲諫官. 儼善推步, 嘗曰, 丁卯歲五星聚奎, 自此天下太平. 二拾遺見之, 儼不預也. 至是果然. : 건덕 5年에, 五星이 奎星 있는 곳에 모였다. 이보다 앞서 後周의 顯德 연간에 竇儼(두엄), 楊徽之(양휘지), 盧多遜(노다손)이 함께 諫官(간관)이 되었었다. 두엄은 天文에 뛰

어났었는데, 일찍이 "丁卯歲(정묘세)에 五星이 奎星에 모일 것이며 이로부터 天下는 太平할 것이다. 두 분 拾遺(습유)는 이를 보겠지만 나는 보지 못할 것이다."라고 말했었다. 이때에 과연 그러했다.

- 建德 五年(서기 967년).
- 五星聚奎(오성취규) ; 五星이 奎星에 모이다. 이는 文運이 융성할 징조. 五星 ; 木, 火, 土, 金, 水星. 聚 모일 취. 奎 별 이름 규. 奎星 ; 文章을 주관하는 西方의 星座.(28수(宿)의 하나로 서쪽에 있다. 16개의 별이 모여있는 것인데, 문장을 맡은 星座(성좌)라고 함.)
- 先是(선시) ; 이보다 앞서. 顯德(현덕) ; 後周 世宗의 연호(954~ 959년). 儼 의젓할 엄. 徽 아름다울 휘. 遜 겸손할 손.
- 諫官(간관) ; 천자의 잘못을 간하는 벼슬.
- 推步(추보) ; 日月星辰의 운행을 추측해 알다. 卯(묘) ; 넷째 地支 묘.
- 自此(자차) ; 이로부터. 拾遺(습유) ; 관직명. 천자의 過失을 모아 諫하는 직책. 不預(불예) ; 참여하지 못하다. 預(미리 예. 참여하다.)는 與(참여할 여).
- 果然(과연) ; 생각한대로. → 果不其然(과불기연) ; 과연. 아니나 다를까.

○ 夏州李彛興卒, 子光叡領軍務. : 夏州의 李彛興(이이흥)이 죽고, 아들 이광예가 군무를 통솔했다.

- 夏州(하주) ; 지금의 陝西省(섬서성) 서쪽의 옛 지명. 彛 떳떳할 이. 彛는 彝의 속자. 叡 밝을 예.

【참고】 亡國 美人의 詩와 사랑

❖ 花蕊夫人(화예부인, ?~976년)은 后蜀의 后主인 孟昶(맹창)의 貴妃인데 姓은 徐氏였다. 본래 歌妓(가기) 출신으로 姿色(자색)이 아름다웠으며 특히나 五代 十國 시기의 女詩人으로 〈花蕊夫人宮詞〉를 남겼다.

맹창의 총애를 받은 화예부인은 특히 芙蓉(부용)과 牡丹(모란)을 좋아하였기에 맹창은 성도의 온 성 안에 부용화와 모란을 대대적으로 심게 하였다. 이에 화예부인은 '낙양의 모란이 천하에 제일〈洛陽牡丹甲天下(낙양모란갑천하)〉이라 하지만 이제부터는 성도의 모란이 낙양보다 좋을 것〈成都牡丹甲洛陽(성도모란갑낙양)〉.' 이라고 말했다고 한다. 〈참고 ; 지금의 중국 洛陽市는 해마다 4월에 洛陽牡丹花會를 개최하고 있으며, 成都市는 芙蓉城(부용성)으로 불리기도 한다.〉

태조 조광윤의 명을 받은 장수 왕전빈은 후촉을 정벌하러 출정하여 무자비하게 성을 함락시키면서 화예부인의 미모를 탐해 화예부인을 내놓지 않으면 온 성 안의 사람을 다 죽이겠다고 공표했었고 맹창의 항복을 받았다. 마침 태조 조광윤의 특명을 받은 曹彬(조빈)이 도착하여 후주 맹창과 화예부인을 개봉으로 압송했고 화예부인은 조광윤의 후궁이 되었다.

965년에 주색에 빠져 나라를 망친 후주 孟昶(맹창)이 宋에 투항하자, 화예부인은 亡國 後의 悲憤(비분)을 詩로 읊었다.

君王이 城 위에 항복 깃발을 세웠는데
깊은 宮 안에서 이 몸이 어찌 알리오.

십사만 명 모두 갑옷을 벗어 던지며
더욱이 단 한 명의 男兒도 없었다오.

君王城上竪降旗　妾在深宮哪得知,
군 왕 성 상 수 항 기　첩 재 심 궁 나 득 지

十四萬人齊解甲　更無一個是男兒.
십 사 만 인 제 해 갑　갱 무 일 개 시 남 아

- 竪는 豎의 속자로 더벅머리 수. 세우다. 哪 어찌 나. 어느. 驚歎(경탄). 疑問(의문) 등을 나타낸다. 齊 가지런할 제. 똑같이. 모두. 更 다시 갱. 재차. 또.

전설에 의하면, 화예부인은 趙匡胤(조광윤)의 후궁이 된 뒤에도 孟昶을 그리면서 孟昶이 활을 들고 사냥하는 그림을 그려 놓고 몰래 제사를 지냈다고 한다. 어느 날 조광윤이 그 그림을 보고서는 그 사람이 누구냐고 물었다.

이에 화예부인은 "이분은 아들을 점지해 주는 張仙(장선)이신데 촉의 사람들은 다 알고 있습니다."라고 거짓말을 했다. 이후로 張仙은 중국 민간 신앙에서 아들을 점지해 주는 神으로 널리 유포되었다고 한다. 뒷날, 화예부인은 조광윤이 죽던 해에 조광윤을 따라 사냥에 나갔다가 조광윤의 동생 趙光義가 쏜 화살에 맞아 죽었다고 한다.

花蕊夫人(화예부인)

2) 太祖 ; 체제 정비

(1) ○ 開寶元年, 北漢主劉鈞殂, 養子繼恩立. 郭無爲弑之, 而立其同母弟繼元, 皆異姓子也. ○ 雷德驤判大理寺, 官屬與堂吏, 附會宰相, 擅增減刑名. 德驤憤惋, 直詣講武殿奏之. 幷言, 趙普强市人第宅, 聚斂財賄. 上怒叱曰, 鼎鐺尙有耳, 汝不聞趙普吾之社稷臣乎. 引柱斧擊折其二齒, 命曳出黜之. ○ 二年, 命曹彬等伐北漢. 尋親征攻太原, 城久不下. 頓兵百草池, 中暑雨, 軍中疾疫, 詔班師.

○ 개보 원년에, 北漢의 왕 유균이 죽자, 양자인 유계은이 즉위하였다. 곽무위가 유계은을 시해하고 같은 어머니 소생의 아우인 유계원을 옹립하였는데 모두 성씨가 다른 아들이었다.

○ 뇌덕양은 대리시의 책임자였는데 그의 아래 관리들이 재상부의 관리들과 함께 재상의 뜻에 따라 마음대로 형량을 무겁게나 가볍게 처리하였다. 뇌덕양은 분개하여 곧바로 강무전에 가서 이를 태조에게 아뢰었다. 그러면서 조보는 강제로 남의 집을 사들이고 재물이나 뇌물을 거둬들인다고 아뢰었다. 태조는 화가 나서 꾸짖었다. "솥이나 냄비도 귀가 있는데 너는 조보가 나에게는 사직의 중신이란 말

도 못 들었느냐?" 그리고는 수정 도끼로 때려 뇌덕양의 이빨 2개를 부러뜨리고 끌어내게 한 뒤에 좌천시켰다.

○ 개보 2년에, 조빈 등에 명하여 北漢을 정벌케 했다. 곧이어 태조가 친히 태원성을 공격했지만 오래도록 함락시키지 못했다. 그래서 백초지라는 곳에 장기전을 벌일 차비로 주둔했었지만 여름비를 만나고 군중에 전염병이 돌아 조서를 내려 회군케 하였다.

어구 설명

○ 開寶元年, 北漢主劉鈞殂, 養子繼恩立. 郭無爲弒之, 而立其同母弟繼元, 皆異姓子也. : 開寶 元年에, 北漢의 왕 劉鈞(유균)이 죽자, 養子인 劉繼恩(유계은)이 즉위하였다. 郭無爲(곽무위)가 유계은을 시해하고 그의 同母弟(동모제=같은 어머니 형제 아우)인 劉繼元을 옹립하였는데 모두 성씨가 다른 아들이었다.

- 開寶(개보) ; 송 태조의 3번째 연호(968~976년). 北漢(북한, 951~979년) ; 五代十國時 山西省 北部에 있던 나라. 951年에 5代의 後漢이 後周의 郭威(곽위)에게 멸망하자, 後漢 高祖인 劉知遠(유지원)의 동생인 河節度使 劉崇(유숭)이 太原에서 稱帝하면서 건국한 나라.

- 鈞 30근 균, 고를 균. 劉鈞(유균) ; 후한의 2번째 군주. 954~968년 재위. 郭無爲(곽무위) ; 人名.

○ 雷德驤判大理寺, 官屬與堂吏, 附會宰相, 擅增減刑名. 德驤憤

惋, 直詣講武殿奏之. 幷言, 趙普强市人第宅, 聚斂財賄. 上怒叱曰, 鼎鐺尙有耳, 汝不聞趙普吾之社稷臣乎. 引柱斧擊折其二齒, 命曳出黜之. : 雷德驤(뇌덕양)은 大理寺의 책임자였는데 그의 아래 관리들이 재상부의 관리들과 함께 재상의 뜻에 따라 마음대로 형량을 무겁게나 가볍게 처리하였다. 뇌덕양은 분개하여 곧바로 講武殿(강무전)에 가서 이를 태조에게 아뢰었다. 그러면서 趙普(조보)는 강제로 남의 집을 사들이고 재물이나 뇌물을 거둬들인다고 아뢰었다. 태조는 화가 나서 꾸짖었다. "솥이나 냄비도 귀가 있는데, 너는 조보가 나에게는 사직의 중신이란 말도 못 들었느냐?" 그리고는 수정 도끼로 때려 뇌덕양의 이빨 2개를 부러뜨리고 끌어내게 한 뒤에 좌천시켰다.

– 驤 말이 머리를 들 양. 달리다.　雷德驤(뇌덕양) ; 人名.　判(판) ; 판가름할 판. 나누다. 겸직하다. 고관이 그보다 낮은 직을 겸임하다. 판관은 판사.

– 大理寺(대리시) ; 재판과 감옥의 업무를 담당하는 관청.　寺 내시 시. 관청.　屬 무리 속. 이을 촉.　官屬(관속) ; 屬吏(속리=벼슬아치. 하급 관리). 役人(역인=일꾼. 종. 남의 부림을 받는 사람).

– 堂吏(당리) ; 政事堂 곧 宰相府의 하급 관리.　附會(부회) ; 이치에 어긋난 말이나 이론을 억지로 끌어다 맞추다. 뜻을 왜곡하다.

– 擅 멋대로 할 천.　增減刑名(증감형명) ; 刑量이나 죄명을 늘리거나 줄이다.　憤 성낼 분.　惋 한탄할 완.

– 詣 이를 예. 나아가다.　幷言(병언) ; 덧붙여 말하다.　市 저잣거리 시. 사들이다.　第宅(제택) ; 집.

– 聚斂(취렴) ; 거둬들이다.　財賄(재회) ; 뇌물.　叱 꾸짖을 질.

鼎 솥 정. 발이 셋이고 귀(손잡이)가 두 개 있는 솥.

– 鐺 쇠사슬 당. 솥 쟁. 鼎鐺(정쟁) ; 정(큰 솥)과 쟁(작은 솥, 냄비).

– 尙 오히려 상. 바라다. 社稷臣(사직신) ; 사직을 떠받치는 신하. 나라의 重臣. 汝不聞(여불문) ~ 乎(호) ; 너는 ~을 듣지 못했느냐? 의문문. 솥에도 귀가 있고, 너도 귀가 있으면서 이런 말도 못 들었느냐? 趙普를 일방적으로 두둔한 말임.

– 斧 도끼 부. 柱斧(주부) ; 황제의 자리 옆에 있는 수정으로 만든 작은 도끼. 曳 끌 예. 黜 물리칠 출. 좌천시키다.

○ 二年, 命曹彬等伐北漢. 尋親征攻太原, 城久不下. 頓兵百草池, 中暑雨, 軍中疾疫, 詔班師. : 개보 2년에, 曹彬 等에 명하여 北漢을 정벌케 했다. 곧이어 태조가 친히 太原을 공격했지만 오래도록 성을 함락시키지 못했다. 그래서 군사를 百草池(백초지)에 장기전을 벌일 목표로 주둔했었지만 여름비를 만나고 軍中에 전염병이 돌아 조서를 내려 회군케 하였다.

– 彬 빛날 빈. 文質을 다 갖춘 모양. 太原(태원) ; 北漢의 都城. 今 山西省의 省都(성도), 별칭 龍城. 中國의 優秀旅游(우수여유) 도시, 國家園林 도시, 國家歷史文化 도시.

– 不下(불하) ; 함락되지 않다. 頓 조아릴 돈. 멈추다. 주둔하다. 屯(둔)과 通, 駐屯(주둔)하다. 中 ; 맞다. 만나다.

– 暑 더울 서. 暑雨(서우) ; 무더운 여름철 장맛비. 疾 병 질. 疫 돌림병 역. 班 나눌 반. 돌이키다. 班師(반사) ; 군사를 되돌아오게 하다.

(2) ○ 上自卽位, 或微行幸功臣之家, 不可測. 趙普每退朝, 不敢脫衣冠. 一夕大雪, 普意上不復出矣. 久之聞叩門聲, 異甚, 亟出, 則上立雪中. 普惶恐迎拜, 卽普堂, 設重裀地坐, 熾炭燒肉, 普妻行酒. 上以嫂呼之. 普從容問曰, 夜久寒甚, 陛下何以出. 上曰, 吾睡不能著. 一榻之外, 皆他人家也. 故來見卿. 普曰, 陛下少天下邪, 南征北伐, 此其時也. 願聞成算所向. 上曰, 吾欲取太原.

○ 태조는 즉위한 뒤로 가끔 은밀히 행차하여 공신의 집을 찾아다녔는데 전혀 예측할 수 없었다. 조보는 조정에서 퇴청한 뒤에도 늘 의관을 벗지 못하였다. 어느 날 저녁 큰 눈이 내려 조보는 태조가 외출하지 않을 것이라 생각하였다. 한참 뒤에 문을 두드리는 소리를 듣고 심히 이상하다 생각하며 빨리 나가보니 태조가 눈 속에 서 있었다.

조보는 황공히 맞이하여 안채에 모시고, 방석을 여럿 포개어 자리를 만들며 숯불을 피우고 고기를 구우며 조보의 처가 술을 권했다. 태조는 조보의 처를 형수(누님)라 호칭했다. 조보가 조용히 물었다. "밤이 깊었고 날은 매우 찬데, 폐하께서는 어이하여 나오셨습니까?"

태조가 말했다. "나는 눈을 붙일 수가 없소! 침상 밖이 모두 남의 집 같아서 경을 보러 왔소." 조보는 "폐하께서는 천하가 좁다고 생각하십니까? 남정북벌을 해야 하는데 지금이 그때입니다. 폐하께서 갖고 계신 뜻을 듣고 싶습니다."라고 말했다. 태조는 말했다. "나는 北伐(북벌)을 해서 太原(태원)을 차지하고 싶소."

어구 설명

○ 上自卽位, 或微行幸功臣之家, 不可測. 趙普每退朝, 不敢脫衣冠. 一夕大雪, 普意上不復出矣. 久之聞叩門聲, 異甚, 亟出, 則上立雪中. : 태조는 즉위한 뒤로 가끔 은밀히 행차하여 공신의 집을 찾아다녔는데 전혀 예측할 수 없었다. 趙普는 退朝(퇴조=조정에서 퇴근함)한 뒤에도 늘 衣冠을 벗지 못하였다. 어느 날 저녁 큰 눈이 내려, 조보는 태조가 외출하지 않을 것이라 생각하였다. 한참 뒤에 문을 두드리는 소리를 듣고 심히 이상하다 생각하며 빨리 나가보니 태조가 눈 속에 서 있었다.

- 或 혹 혹. 아마, 약간, 가끔. 微行(미행) ; 微服(미복=신분을 감추기 위한 복장)으로 나가다. 몰래 다니다. 幸 다행 행. 바라다. 임금의 行次.

- 不可測(불가측) ; 헤아리지 못하다. 예측할 수 없다. 久之(구지) ; 얼마 후, 오랜 뒤에(時久也).

- 叩 누드릴 고. 異甚(이심) ; 심히 이상하다고 생각하면서. 亟 빠를 극. 급히.

○ 普惶恐迎拜, 卽普堂, 設重裀地坐, 熾炭燒肉, 普妻行酒. 上以嫂呼之. 普從容問曰, 夜久寒甚, 陛下何以出. : 趙普는 惶恐히 맞이

하여 안채에 모시고 방석을 포개어 자리를 만들고 숯불을 피우고 고기를 구우며 조보의 처가 술을 권했다. 태조는 조보의 처를 형수라 호칭했다. 조보가 조용히 물었다. "밤이 깊었고 날은 매우 찬데, 폐하께서는 어이하여 나오셨습니까?"

– 惶 두려워할 황. 惶恐(황공) ; 황공해 하다. 황공히. 迎拜(영배) ; 높은 분을 맞이하다. 卽普堂(즉보당) ; 조보의 內堂에 나아가다. 조보의 안 자리에 앉다. 裀 요 인. 까는 침구. 방석.

– 熾 성할 치. 불길이 세다. 燒 사를 소. 燒肉(소육) ; 고기를 굽다. 불고기. 行酒(행주) ; 술을 권하다. 嫂 형수 수.

– 從容(종용) ; 자연스럽고 태연한 모양. 조용히 부드럽게 말하는 모양. 침착하고 서두르지 않음.

– 夜久寒甚(야구한심) ; 밤은 깊었고 날은 매우 춥다. 甚 심할 심, 무엇 심.

○ 上日, 吾睡不能著. 一榻之外, 皆他人家也. 故來見卿. 普日, 陛下少天下邪, 南征北伐, 此其時也. 願聞成算所向. 上日, 吾欲取太原. : 태조가 말했다. "나는 눈을 붙일 수가 없소! 침상 밖이 모두 남의 집 같아서 경을 보러 왔소." 조보는 "폐하께서는 天下가 좁다고 생각하십니까? 南征北伐(남정북벌)을 해야 하는데 지금이 그때입니다. 폐하께서 갖고 계신 뜻을 듣고 싶습니다."라고 말했다. 태조는 "나는 太原을 차지하고 싶소!"라고 했다.

– 睡 잠 잘 수. 著 분명할 저. 붙일 착. 着과 通(예, 著手 = 着手). 榻 걸상 탑. 잠자리. 침대.

– 皆他人家也(개타인가야) ; 모두 남의 집이다. 중국에 十國의 나

라들이 아직 통일되지 않았다. 따라서 중앙의 명령이 미치지 못했다. 태조는 이것을 가리켜 '침대 밖은 남의 집 같다.' 고 한 것이다.
- 陛下少天下邪(폐하소천하야) ; 폐하께서는 天下가 좁다고 생각하십니까? 陛 섬돌 폐, 높은 곳에 오르는 계단 폐. 邪 간사할 사. 어조사 야. 의문이나 감탄을 나타냄. 耶(야)와 같음.
- 此其時也(차기시야) ; 지금이 그때입니다. 成算(성산) ; 성취할 수 있는 가능성. 이미 세운 계획.
- 吾欲取太原(오욕취태원) ; 太原을 차지하고 싶다. 우선 北漢을 없애고 싶다. 太原(태원)은 北漢(북한)의 서울.

(3) 普默然, 良久曰, 非臣所知也. 太原當西北二邊, 使一擧而下, 邊患我獨當之. 何不姑留以俟削平諸國. 彼彈丸黑子之地, 將何所逃. 上笑曰, 吾意正爾, 姑試卿耳. 於是用師荊湖, 繼取西川. 嘗裍北漢諜者, 語北漢主鈞曰, 君家與周氏世仇, 宜不屈. 今我與爾無所閒, 何爲困此一方之人. 鈞遣諜者復命曰, 河東土地兵甲, 不足當中國之什一, 區區守此, 蓋懼漢氏之不血食也. 上哀其言, 終鈞之世, 不以大軍北伐. 及繼元立, 始用兵.

조보는 잠자코 한참 있다가 말했다. "신이 잘 아는 것은 아닙니다. 太原은 서쪽과 북쪽 두 변경에 해당하는데, 가령 단번에 평정한다면 변경의 걱정거리를 우리 혼자 막아야 합니다. 잠시 남겨 두어 다른 나라들을 평정한 뒤를 기다리는 것이 좋을 것입니다. 그 작은 땅덩어리가 어디로 숨겠습니까?" 태조가 웃으면서 말했다. "내 뜻도 꼭 그러한데 잠시 일부러 경의 생각을 알아보았을 뿐이요."

그리하여 군사를 내어 형남과 호남, 이어서 서천을 차지했다.

그 전에 (태조는) 첩자를 보내어 북한의 왕 유균에게 전하게 했다. "그대의 나라와 後周는 대대로 원수였기에 의당 굴복할 수 없었을 것이다. 이제 우리와는 틈이 벌어질 이유가 없는데, 왜 하동의 백성들을 곤궁하게 하는가?" 유균도 첩자를 보내 뜻을 전하게 했다. "하동의 토지와 군사는 송나라의 10분의 일을 감당하기에도 부족하지만 구구히 여기를 지키는 것은 北漢의 조상들에 대한 제사가 끊어지는 것을 걱정하기 때문이다."

태조는 그 말을 가엽게 여기어 유균이 죽을 때까지는 대군으로 북벌하지 않았다. 유균이 죽고 계원이 즉위하자, 태조는 비로소 용병했다.(군사를 일으켰다.)

어구 설명

○ 普默然, 良久曰, 非臣所知也. 太原當西北二邊, 使一擧而下, 邊

患我獨當之. 何不姑留以俟削平諸國. 彼彈丸黑子之地, 將何所逃. 上笑曰, 吾意正爾, 姑試卿耳. 於是用師荊湖, 繼取西川. : 趙普는 잠자코 한참 있다가 말했다. “臣이 잘 아는 것은 아닙니다. 太原은 西와 北쪽 두 변경에 해당하는데, 가령 단번에 평정한다면 변경의 걱정거리를 우리 혼자 막아야 합니다. 잠시 남겨 두고 다른 나라들을 평정한 뒤를 기다리는 것이 좋을 것입니다. 그 작은 땅덩어리가 어디로 숨겠습니까?” 태조가 웃으면서 말했다. “내 뜻도 꼭 그러한데 일부러 경을 떠본 것이요.” 그리하여 군사를 내어 荊南(형남)과 湖南(호남) 이어서 西川을 차지했다.

– 默 잠잠할 묵. 默然(묵연) ; 말이 없는 모양. 良久(양구) ; 매우 오래, 한참 있다가.

– 太原當西北二邊(태원당서북이변) ; 太原(北漢)은 (우리의) 서쪽과 북쪽 두 변경을 막고 있다. 서북쪽의 이민족의 침입을 막아주는 방파제 역할을 하고 있다는 뜻.

– 使 하여금 사. ~에게 ~하게 하다. 가령, 만약에. 一擧(일거) ; 한 번의 행동. 일거에, 단번에.

– 邊患(변환) ; 변경의 걱정거리. 이민족의 침입. 何不(하불) ; 왜 ~ 하지 않는가? 姑 시어미 고. 잠시, 잠깐.

– 俟 기다릴 사. 削 깎을 삭. 빼앗다. 削平(삭평) ; 평정하다.

– 彼 저 피. 저 사람. 삼인칭. 彈 탄알 탄. 탄알을 쏘는 활. 작은 덩어리. 둥근 알맹이. 튕기다. 彈丸(탄환) ; 탄환. 비좁은 땅.

– 黑子(흑자) ; 검은 점. 사마귀. 黑 검을 흑. 子는 접미사〈예, 帽子(모자), 倚子의자〉. 또 일부의 동사나 형용사 뒤에 붙어 사람

을 뜻함.〈예, 矮子(왜자) ; 난쟁이〉.

－ 彈丸黑子之地(탄환흑자지지) ; 지극히 좁은 땅. 將何所逃(장하소도) ; 어디로 도망가겠습니까? 어디에 숨겠습니까?

－ 正 ; 부사로 쓰였음. 마침. 꼭. 爾 너 이. 그것. 이와 같다. 이러하다. 正爾(정이) ; 바로 이와 같다.

－ 耳 귀 이. ~일 뿐이다. 따름이다. 단정 어미.

－ 於是(어시) ; 그래서. 그리하여. 用師(용사) ; 用兵하다. 動兵하다.

－ 荆 가시나무 형. 여기서는 荆南〈高繼冲(고계충)〉. 湖 ; 湖南〈周保權(주보권)〉. 西川(서천) ; 後蜀〈孟昶(맹창)〉.

○ 嘗因北漢諜者, 語北漢主鈞日, 君家與周氏世仇, 宜不屈. 今我與爾無所間, 何爲困此一方之人. 鈞遣諜者復命日, 河東土地兵甲, 不足當中國之什一, 區區守此, 蓋懼漢氏之不血食也. : 그 전에 (태조는) 諜者를 보내어 北漢의 왕 劉鈞(유균)에게 전하게 했다. “그대의 나라와 後周는 대대로 원수였기에 의당 굴복할 수 없었을 것이다. 이제 우리와는 틈이 벌어질 이유가 없는데, 왜 하동의 백성들을 곤궁하게 하는가?” 유균도 첩자를 보내 뜻을 전하게 했다. “河東의 土地와 군사는 송나라의 10분의 1을 감당하기에도 부족하지만 區區히 여기를 지키는 것은 北漢의 조상들에 대한 제사가 끊어지는 것을 걱정하기 때문이다.”

－ 因 말미암을 인. 이어받다. ~을 통해서. 諜 염탐할 첩. 諜者(첩자) ; 間諜, 間者, 細作. 北漢主鈞(북한주균) ; 北漢의 劉鈞(유균), 954~968년 재위.

– 君家(군가) ; 北漢의 왕실. 周氏(주씨) ; 後周. 仇 원수 구. 閒 틈 간,사이 간. 間의 本字. 사이를 두다 . 이간하다. 한가할 한.
– 無所閒(무소간) ; 틈이 벌어질 이유가 없다. 何爲(하위) ; 왜 ~하는가?
– 一方之人(일방지인) ; 한쪽의 사람들. 여기서는 北漢이 차지하고 있는 河東의 백성들. 復命(복명) ; 다시 전하다.
– 兵甲(병갑) ; 군사. 中國(중국) ; 宋나라. 什一(십일) ; 10분의 1. 區區(구구) ; 작다. 사소하다. 근소한 모양.
– 蓋 덮을 개. 어쩌면, 아마도. 위에서 말한 것을 이어받아 이유나 원인을 설명. 懼 두려울 구. 걱정하다.
– 血食(혈식) ; 희생물을 바쳐 제사를 지내는 일. 자손이 이어져 제사가 끊어지지 않음. 不血食(불혈식) ; 제사가 끊어짐.

○ 上哀其言, 終鈞之世, 不以大軍北伐. 及繼元立, 始用兵. : 태조는 그 말을 가엽게 여기어 유균의 생이 끝날 때까지 대군으로 北伐하지 않았다. 유균이 죽고 繼元(계원)이 즉위하자, 비로소 用兵했다.
– 哀 슬플 애. 애도하다. 가엽게 여기다. 不以大軍北伐(불이대군북벌) ; 大軍으로 北伐하지 않다. 繼元(계원) ; 北漢의 劉繼元. 968~979 재위.

(4) ○ 是歲, 契丹弑其主述律, 號穆宗. 迎立其伯父兀欲之子明記, 更名賢. ○ 三年, 命潘美伐南漢. 四

年, 克廣州, 劉鋹降, 南漢亡. ○ 六年, 交趾丁璉, 上表求內附. 詔以爲靜海節度使 · 安南都護. ○ 趙普罷相, 領河陽三城節度. 普沉毅果斷, 以天下爲己任. 嘗欲除某人爲某官, 上不用. 明日又奏之, 上怒裂其奏. 普徐拾以歸, 補綴以進. 上悟乃可之.

○ 이 해에 거란의 황제 술률이 시해되었는데, 술률의 시호, 즉 묘호는 목종이라고 했다. 그의 큰아버지 올욕의 아들 명기를 영립하였는데 명기는 이름을 현으로 바꾸었다.

○ 개보 3년, 반미에게 명하여 南漢을 정벌케 하였다. 개보 4년에, 광주를 점령하자 그 임금 유창은 항복했고, 남한은 멸망했다.

○ 개보 6년에, 交趾(교지)의 丁璉(정련)이 표를 올려 내부(속국이 됨)하겠다고 요청했다. 조서를 내려 정련을 정해절도사 겸 안남도호로 삼았다.

○ 조보를 재상에서 해임하고 하양 3성의 절도사로 삼았다. 조보는 침착하며 굳은 의지에 과단성이 있었고, 천하의 일을 자신의 임무로 생각하였다. 그 전에 어떤 사람을 어떤 관직을 제수하려 했으나 황제가 등용하지 않았다. 다음 날 다시 상주하니 황제가 화를 내며 상주문을 찢어버렸다. 조보는 천천히 주워가지고 돌아와 붙여가지고 다시 올렸다. 황제가 깨닫고서 허가하였다.

어구 설명

○ 是歲, 契丹弑其主述律, 號穆宗. 迎立其伯父兀欲之子明記, 更名賢. : 이 해에 거란의 황제 耶律述律(야율술률)이 시해되었는데, 술률의 시호 즉 묘호는 穆宗(목종)이라고 했다. 그의 큰아버지 올욕의 아들 明記를 영립하였는데 明記는 이름을 賢으로 바꾸었다.

- 是歲(시세) ; 開寶 2년(969년). 述 지을 술. 글로 표현하다.
- 穆 화목할 목. 遼 穆宗(요 목종) ; 재위 951~969년, 술과 살인, 사냥만을 좋아했던 폭군으로 알려졌다. 39세에 내시에 의해 피살.
- 兀 우뚝할 올. 明記(명기) ; 耶律明記〈야율명기(耶律賢, 遼景宗)〉 ; 在位 969~982년.

○ 三年, 命潘美伐南漢. 四年, 克廣州, 劉鋹降, 南漢亡. 六年, 交趾丁璉, 上表求內附. 詔以爲靜海節度使 · 安南都護. : 개보 3년, 潘美(반미)에게 명하여 南漢을 정벌케 하였다. 개보 4년에, 廣州를 점령하자 그 임금 劉鋹(유창)은 항복했고, 南漢은 멸망했다. 개보 6년에, 交趾의 丁璉(정련)이 上表하여 內附하겠다고 하였다. 조서를 내려 정련을 靜海節度使(정해절도사) 겸 安南都護(안남도호)로 삼았다.

- 潘美(반미, 925~991년). 南漢(남한) ; 917~971년 존속. 十國의 하나. 劉龑(유엄) 선국. 現 廣東, 廣西, 海南省 및 越南 北部 일부를 지배. 鋹 예리할 창.
- 趾 발 지. 交趾(교지) ; 今 월남 北部 紅河(홍하) 유역 일대.
- 璉 제기 이름 련(연). 丁璉(정련) ; 월남 丁朝(정조)의 開國者

인 丁部領의 長子. 內附(내부) ; 속국이 되다. 來附하다.
- 安南(안남) ; 越南(월남 = 베트남)의 다른 이름.

○ 趙普罷相, 領河陽三城節度. 普沉毅果斷, 以天下爲己任. 嘗欲除某人爲某官, 上不用. 明日又奏之, 上怒裂其奏. 普徐拾以歸, 補綴以進. 上悟乃可之. : 趙普를 재상에서 해임하고 河陽三城의 節度使로 삼았다. 조보는 침착하며 굳은 의지에 과단성이 있었고, 天下의 일을 자신의 임무로 생각하였다. 그 전에 어떤 사람을 어떤 관직을 제수하려 했으나 황제가 등용하지 않았다. 다음 날 다시 상주하니 황제가 화를 내며 상주문을 찢어버렸다. 조보는 천천히 주워가지고 돌아와 붙여가지고 다시 올렸다. 황제가 깨닫고서 허가하였다.
- 罷相(파상) ; 재상의 직위를 해임하다. 河陽三城(하양삼성) ; 河北 三鎭 곧 盧龍(노룡), 盛德(성덕), 魏博(위박)절도사의 진영.
- 沉 가라앉을 침. 沈의 俗字. 毅 굳셀 의. 果斷(과단) ; 決斷.
- 以A爲B ; A를 B라 생각하다. 以天下爲己任(이천하위기임) ; 天下의 일을 자신의 할 일로 생각하다. 除 섬돌 제. 덜다. 벼슬을 내리다(除授).
- 徐 천천히 할 서. 拾 열(10) 십. 주울 습. 補綴(보철) ; 풀로 붙이다. 悟 깨달을 오.

(5) 又有立功當遷官者, 上素嫌其人不與, 普力請下. 曰, 朕固不與奈何. 普曰, 刑賞天下之刑賞, 安

得以私喜怒專之. 上不聽起, 普隨之. 上入宮, 普立宮門不去, 上卒可之. 普常設大甕於閤後, 表疏意不可者, 投其中焚之, 其多得謗以此. 雷德驤之子又訐之, 上始疑普. 先是雖置參知政事以副普, 不宣制, 不押班, 不知印, 不升政事堂. 至是始詔二參政, 升政事堂同議政, 更知印 · 押班與普齊. 未幾普遂罷, 薛居正 · 呂餘慶等, 其後繼爲相.

또 功을 세워 당연히 관직을 올려 줄 사람이 있는데 태조가 평소에 싫어하여 허락하지 않자, 조보는 강력히 하명을 요청했다. (태조가) "짐이 끝까지 허락하지 않으면 어찌하겠는가?"라고 말했다. 조보는 "형벌과 포상은 천하를 위한 형벌과 포상인데, 어찌 사적인 희노에 따라 마음대로 할 수 있겠습니까?"라고 말했다. 황제가 허락지 않고 일어나자 조보는 황제를 따라갔다. 황제가 내전으로 들어가자, 조보는 방문 밖에 서서 돌아가지 않자 태조는 마침내 허락하였다.

조보는 늘 재상부 뒤에 큰 항아리를 놓아두고 표문이나 상소의 글이 불가하다고 생각되는 것은 그 안에 던져 태워버렸는데 이 때문에 비방을 많이 받았다. 뇌덕양의 아들이 또 (조보의) 비리를 들춰내자 태조도 조보를 비로소 의심했다.

이에 앞서 참지정사를 두어 조보를 돕게 하였지만, (조보는) 황제의 지시를 널리 알리지도 않고, 관리 서열을 정해주지도 않았고, 재상 직인을 관장하지도, 또 정사당에 나가지도 않았다. 이에 처음으로 2명의 참지정사에게 조서를 내려 정사당에 나아가 같이 정사를 의논케 하고 관인을 관리하고 관리 석차를 정하는데 조보와 동등하게 처리하라 하였다. 얼마 안 있어 조보가 해임되자, 설거정과 여여경 등이 뒤를 이어 재상이 되었다.

어구 설명

○ 又有立功當遷官者, 上素嫌其人不與, 普力請下. 曰, 朕固不與奈何. 普曰, 刑賞天下之刑賞, 安得以私喜怒專之. 上不聽起, 普隨之. 上入宮, 普立宮門不去, 上卒可之. : 또 功을 세워 당연히 관직을 올려 줄 사람이 있는데 태조가 평소에 싫어하여 허락하지 않자, 조보는 강력히 하명을 요청했다. (태조가) "朕이 끝까지 허락하지 않으면 어찌하겠는가?"라고 말했다. 조보는 "형벌과 포상은 천하를 위한 형벌과 포상인데, 어찌 私的인 喜怒에 따라 마음대로 할 수 있겠습니까?"라고 말했다. 황제가 허락지 않고 일어나자 조보는 황제를 따라갔다. 황제가 내전으로 들어가자, 조보는 방문 밖에 서서 돌아가지 않자 태조는 마침내 허락하였다.

- 遷 옮길 천. 嫌 싫어할 혐. 不與(불여) ; 허락하지 않다. 朕 나 짐. 固 ; 굳이. 단호히. 끝까지.

– 奈 어찌 내. 奈何(내하) ; 어찌 하다. 어찌 하겠는가?(反問).

– 安 ; 어디(장소를 묻는 대명사). 어떻게, 어찌(反問을 나타내는 의문 부사). 安得(안득) ; 어디에서 ~을 얻겠는가? 어찌 ~할 수 있는가?(그럴 수 없음을 강조.)

– 專 오로지 전. 마음대로 하다. 隨 따를 수. 따라가다. 入宮(입궁) ; 內殿의 방으로 들어가다.

○ 普常設大甕於閤後, 表疏意不可者, 投其中焚之, 其多得謗以此. 雷德驤之子又訐之, 上始疑普. : 趙普는 늘 재상부 뒤에 큰 항아리를 놓아두고 표문이나 상소의 글이 不可하다고 생각되는 것은 그 안에 던져 태워버렸는데 이 때문에 비방을 많이 받았다. 雷德驤(뇌덕양)의 아들이 또 (조보의) 비리를 들춰내자 태조도 조보를 비로소 의심했다.

– 甕 독 옹. 항아리. 閤 쪽문 합. 누각. 높다란 집. 여기서는 재상부의 건물. 表(표) ; 表文〈표문 = ① 임금 또는 朝廷(조정)에 올리던 글의 한 가지. ② 文章(문장)〉. 疏 트일 소. 上疏文.

– 謗 헐뜯을 방. 訐 들추어낼 알. 비방하다. 疑 물을 의. 의심하다.

○ 先是雖置參知政事以副普, 不宣制, 不押班, 不知印, 不升政事堂. 至是始詔二參政, 升政事堂同議政, 更知印 · 押班與普齊. 未幾普遂罷, 薛居正 · 呂餘慶等, 其後繼爲相. : 이에 앞서 비록 參知政事를 두어 조보를 돕게 하였는데 (조보는) 황제의 지시를 널리 알리지도 않고, 관리 서열을 정해주지도 않았고, 재상 직인을 관장하지도, 또 정사당에 나가지도 않았다. 이에 처음으로 2명의 참

지정사에게 조서를 내려 政事堂에 나아가 같이 정사를 의논케 하고 관인을 관리하고 관리 석차를 정하는데 조보와 동등하게 처리하라 하였다. 얼마 안 있어 조보가 해임되자, 薛居正(설거정)과 呂餘慶(여여경) 등이 뒤를 이어 재상이 되었다.

- 參知政事(참지정사) ; 唐代에 처음 설치. 북송에서는 宰相의 權力을 분할하기 위해 同平章事(재상, 간칭 平章) 아래에 參知政事(간칭 參知, 또는 參政)를 두었는데, 말하자면 副재상격이었다. 나중에는 재상과 거의 동격의 권한을 행사하게 된다.
- 副 버금 부. 보조 직무를 수행하는 사람. 副普(부보) ; 趙普의 일을 도와주다. 不宣制(불선제) ; 制(황제의 말, 制詔)를 널리 알리지 않다.
- 押 누를 압. 押印(압인, 도장을 찍다). 不押班(불압반) ; 조회하는 관리들 서열을 정하다. 不知印(부지인) ; 재상의 관인을 관장하다.
- 政事堂(정사당) ; 재상부. 至是(지시) ; 이렇게 되자. 參政(참정) ; 參知政事. 이때에 참지정사는 명목 뿐이고 실권이 없어서 아무런 효과가 없었다. 同議政(동의정) ; 같이 정사에 관해 의논하다.
- 普齊(보제) ; 조보가 대등하게 권한을 행사하다. 未幾(미기) ; 얼마 안 있어.
- 薛 맑은 대 쑥 설. 姓氏. 薛居正(설거정, 912~981년) ; 18년간 재상 역임. 《五代史(舊)》 편찬.

(6) ○ 七年, 命曹彬伐江南. 初上屢遣使, 喩江南國主李煜入朝, 不至. 乃以彬及潘美等討之, 戒以切勿暴略生民, 務廣威信, 使自歸順, 不須急擊. 取匣劍授彬曰, 副將而下, 不用命者斬之, 美以下皆失色. 自王全斌平蜀多殺人, 上每恨之. 彬性仁厚, 故專任焉. 先是江南樊若水, 擧進士不第. 上書言事, 不報. 乃釣魚采石江上, 以繩度江廣狹, 詣闕陳策. 上用其言, 令荊南造大艦, 爲浮梁以濟師, 至是用之, 不差尺寸.

○ 개보 7年, 조빈에게 명하여 江南國(남당)을 정벌케 했다. 그 전에 태조는 사신을 여러 번 보내 강남국의 왕 이욱에게 입조할 것을 권유했으나 입조하지 않았었다. 이에 조빈과 반미 등을 보내 강남국을 토벌케 하면서 절대로 백성들에게 포악한 짓이나 노략질을 하지 말고 위엄과 신의를 널리 베풀어 스스로 귀순케 하고 격렬한 공격도 하지 말라고 훈계하였다. 태조는 칼이 든 상자를 조빈에게 주면서 "부장 이하 명을 어기는 자는 참수하라."고 명령하니, 반미 이하 모두가 두려워 낯빛이 변했다. (그 전에) 왕전빈이 후촉을 멸할 때 많은 사람을 죽였던 일을 태조는 늘 후회했었다. 조빈은 천성이 인자하고 후덕했기에 전적으로 일임한 것이었다.

이에 앞서 강남 사람 번약수는 진사과 과거시험에 응하였으나 급제하지 못했었다. 또 글을 올려 정사를 논했으나 회답을 받지도 못했었다. (번약수는) 채석의 강에서 낚시를 하면서 줄로 강의 넓고 좁은 곳을 측정했었는데 이때 도성에 와서 대책을 건의했다. 태조는 그 건의를 받아들여 형남에서 큰 배를 건조하게 하여 부교를 만들어 군사를 건너게 하였는데 이때 실제로 써보니 조금도 차이가 나지 않았다.

어구 설명

○ 七年, 命曹彬伐江南. 初上屢遣使, 喩江南國主李煜入朝, 不至. 乃以彬及潘美等討之, 戒以切勿暴略生民, 務廣威信, 使自歸順, 不須急擊. 取匣劍授彬曰, 副將而下, 不用命者斬之, 美以下皆失色. 自王全斌平蜀多殺人, 上每恨之. 彬性仁厚, 故專任焉. : 開寶(개보) 7年, 曹彬(조빈)에게 명하여 江南國(南唐)을 정벌케 했다. 그 전에 태조는 여러 번 사신을 보내 江南國의 왕 李煜(이욱)에게 入朝할 것을 권유했으나 입조하지 않았었다. 이에 조빈과 潘美(반미) 등을 보내 강남국을 토벌케 하면서 절대로 백성들에게 포악한 짓이나 노략질을 하지 말고 위엄과 신의를 널리 베풀어 스스로 歸順(귀순)케 하고 격렬한 공격도 하지 말라고 훈계하였다. 태조는 검이 든 상자를 조빈에게 주면서 "副將 이하 명을 어기는 자는 참수하라."고 명령하니, 潘美(반미) 이하 모두가 두려워 낯빛이 변했다. (그 전에) 王全斌(왕전빈)이 후촉을 멸할 때 많은 사

람을 죽였던 일을 태조는 늘 후회했었다. 조빈은 천성이 인자하고 후덕했기에 전적으로 일임한 것이었다.

- 江南은 南唐이 손아귀에 넣고 있었는데, 後晋(후진)의 高祖(고조) 石敬塘(석경당) 때에, 李昪(이변)이 절도사가 되어 이 지방을 맡아가지고는 왕을 僭稱(참칭)하고부터 3대에 걸쳐 937~975년 존속, 주위를 침략하고 부국강병을 꾀하여 강한 나라로 한때 웅거하였다. 十國之一(십국지일), 定都 金陵. 屢 창 루(누). 자주. 屢次(누차). 遣 보낼 견. 喩 깨우칠 유. 권유하다.

- 煜 빛날 욱. 戒 경계할 계. 타이르다. 暴略(포략) ; 포악한 짓과 노략질. 務廣威信(무광위신) ; 위엄과 신의를 널리 내보이다.

- 急擊(급격) ; 격렬한 공격. 匣 상자 갑. 궤. 匣劍(갑검) ; 검이 들어있는 상자. 斬 벨 참. 王全斌(왕전빈) ; 후촉을 멸망시킨 장수.

- 每 매양 매. 늘, 항상, 자주, 종종.

○ 先是江南樊若水, 擧進士不第. 上書言事, 不報. 乃釣魚采石江上, 以繩度江廣狹, 詣闕陳策. 上用其言, 令荊南造大艦, 爲浮梁以濟師, 至是用之, 不差尺寸. : 이에 앞서 江南 사람 樊若水(번약수)는 進士科에 응시하였으나 급제하지 못했었다. 또 上書하여 정사를 논했으나 회답을 받지도 못했었다. (번약수는) 采石(채석)의 江에서 낚시를 하면서 줄로 강의 넓고 좁은 곳을 측정했었는데 도성에 와서 대책을 건의했다. 태조는 그 건의를 받아들여 형남에서 큰 배를 선조하게 하여 부교를 만들어 군사를 건너게 하였는데 이때 실제로 써보니 조금도 차이가 나지 않았다.

– 樊 울타리 번. 樊若水(번약수) ; 人名. 不第(부제) ; 급제하지 못하다. 上書言事(상서언사) ; 국정을 논하는 글을 올리다.
– 不報(불보) ; 회답을 받지 못하다. 釣 낚시 조. 采石(채석) ; 安徽省의 지명. 金陵(금릉, 今 南京市)으로 도강할 수 있는 나루.
– 繩 줄 승. 새끼 줄. 度 법도 도. 잴 탁. 江 ; 長江. 狹 좁을 협. 陳策(진책) ; 대책을 건의하다.
– 荊南(형남) ; 高季興이 건국한 나라(924~963년). 여기서는 江陵 일대의 지칭. 艦 싸움배 함.
– 浮梁(부량) ; 浮橋(부교). 梁(량) ; 橋梁(교량). 濟 건널 제.

(7) ○ 八年, 曹彬圍金陵急. 李煜遣徐鉉入貢, 求緩兵. 鉉言, 煜以小事大, 如子事父. 其說累數百, 上曰, 爾謂父子, 爲兩家可乎. 鉉不能對還. 尋復至奏言, 江南無罪. 辭氣益厲, 上怒按劍曰, 不須多言. 江南亦有何罪. 但天下一家. 臥榻之側, 豈容他人鼾睡乎. 鉉惶恐而退. 金陵受圍, 自春徂冬, 勢愈窮蹙. 彬終欲降之. 累遣人告煜曰, 某日城必破, 宜早爲之所.

○ 8년, 조빈은 금릉을 포위하고 압박하였다. 李煜(이욱)은 서현을 宋朝(송조)에 보내 조공하면서 군사를 철수해

달라고 요청했다. 서현은 이욱의 적은 나라가 事大하는 것은 아들이 아버지를 모시는 것 같다고 말했다. 그 말을 여러 번 말하자, 태조가 말했다. “너는 부자라고 말하는데 부자가 두 집에 살아야 하는가?” 서현은 대답을 못하고 돌아갔다.

얼마 안 있다가 다시 와서 강남국은 죄가 없다고 말했다. 언사가 점점 높아지자, 태조는 화가 나서 칼을 잡으면서 말했다. “여러 말 할 필요가 없다. 강남국인들 무슨 죄가 있겠느냐? 그러나 천하는 한집안이다. 내 침대 곁에서 타인이 코를 골며 자는 것을 어찌 용납하겠는가?” 서현은 두려워하며 급히 물러갔다.

금릉이 포위되어 봄에서 겨울에 이르자, 형세는 막다른 지경이 되었다. 조빈은 끝까지 항복시키려고 하였다. 여러 번 사람을 보내 이욱에게 말했다. “며칠에는 꼭 성을 함락시킬 것이니 응당 할 일을 빨리 하시오.”

어구 설명

○ 八年, 曹彬圍金陵急. 李煜遣徐鉉入貢, 求緩兵. 鉉言, 煜以小事大, 如子事父. 其說累數百. 上曰, 爾謂父子, 爲兩家可乎. 鉉不能對還. : 8년(서기 975년), 曹彬(조빈)은 金陵(금릉)을 포위하고 압박하였다. 李煜(이욱)은 徐鉉(서현)을 보내 入貢하면서 군사를 철수해 달라고 요청했다. 서현은 李煜의 적은 나라가 事大하는 것

은 아들이 아버지를 모시는 것 같다고 말했다. 그 말을 여러 번 말하자, 태조가 말했다. "너는 父子라고 말하는데, 父子가 두 집에 살아야 하는가?" 서현은 대답을 못하고 돌아갔다.

– 金陵(금릉) ; 당시 江南國(南唐)의 都邑(서울). 煜 빛날 욱. 鉉 솥 귀 현. 緩 느릴 완. 늦추다. 느슨하게 하다.

– 其說累數百(기설누수백) ; 그 말을 여러 번 거듭하다. 爾 너 이.

○ 尋復至奏言, 江南無罪. 辭氣益厲, 上怒按劍曰, 不須多言. 江南亦有何罪. 但天下一家. 臥榻之側, 豈容他人鼾睡乎. 鉉惶恐而退. : 얼마 안 있다가 다시 와서 강남국은 죄가 없다고 말했다. 언사가 점점 높아지자 태조는 화가 나서 칼을 잡으면서 말했다. "여러 말할 필요가 없다. 강남국인들 무슨 죄가 있겠느냐? 그러나 천하는 한집안이다. 내 침대 곁에서 타인이 코를 골며 자는 것을 어찌 용납하겠는가?" 서현은 두려워하며 급히 물러갔다.

– 尋 찾을 심. 얼마 안 있어. 辭氣(사기) ; 말하는 억양. 厲 갈 여(려). 사나울 려. 按劍(안검) ; 칼을 잡다.

– 不須多言(불수다언) ; 여러 말을 할 필요가 없다. 榻 걸상 탑. 臥榻(와탑) ; 침대. 側 곁 측. 臥榻之側(와탑지측) ; 침대 곁. 세력범위.

– 豈(기) ~ 乎(호) ; 어찌 ~하겠는가? 鼾 코를 골 한. 睡 잠잘 수.

○ 金陵受圍, 自春徂冬, 勢愈窮蹙. 彬終欲降之. 累遣人告煜曰, 某日城必破, 宜早爲之所. : 金陵이 포위되어 봄에서 겨울에 이르자

형세는 막다른 지경이 되었다. 조빈은 끝까지 항복시키려고 하였다. 여러 번 사람을 보내 이욱에게 말했다. "며칠에는 꼭 성을 함락시킬 것이니 응당 할 일을 빨리 하시오."

– 受圍(수위) ; 포위를 당하다. 徂 갈 조. 이르다. 愈 나을 유. 더욱. 蹙 오그라들 축. 窮蹙(궁축) ; 곤궁하여 어찌할 도리가 없다.
– 宜早爲之所(의조위지소) ; 응당 빨리 할 바를 하다.

(8) 一日彬忽稱疾. 諸將來問, 彬曰, 彬之疾非藥能愈. 諸公若共爲信誓, 破城不妄殺一人, 則彬病愈矣. 諸將皆許諾, 焚香約誓. 翌日城陷, 煜出降, 南唐亡. 捷書至, 上泣曰, 宇縣分割, 民受其禍. 攻城之際, 必有橫罹鋒鏑者, 可哀也. 彬還, 舟中惟圖籍衣衾. 閤門通其榜子曰, 奉敕江南幹事回, 其不伐如此. ○ 九年, 吳越王錢俶來朝. 辭歸, 上賜以黃袱, 封緘甚固, 曰, 途中宜密觀. 及啓之, 皆羣臣乞留俶章疏. 俶感懼.

하루는 曹彬(조빈)이 갑자기 병이 났다고 하였다. 여러 장수들이 문병을 할 때 조빈이 말했다. "나의 병은 약으로 고칠 수는 없소. 여러분 모두가 성을 함락시킬 때, 한 사람이라도 함부로 죽이지 않겠다고 진심으로 약속한다면 나의 병은 나을 것이오." 모든 장수들이 허락하면서 향을 피워 서약하였다. 다음 날 성은 함락되었고, 李煜(이욱)은 성을 나와 항복했고, 南唐(남당)은 망했다.

첩서가 도착하자, 태조가 눈물을 흘리며 말했다. "나라의 고을을 나눠 가지려 할 때 백성들은 화를 입는다. 성을 공격할 때 틀림없이 칼이나 화살에 억울하게 재앙을 당한 자 있었을 것이니 안타까운 일이로다."

조빈이 귀환했는데, 배에는 도서나 문서 옷가지와 이불뿐이었다. 조빈은 작은 문으로 궁에 들어가 보고하면서 명함에는 "칙명을 받아 강남에 가서 일을 마치고 돌아왔습니다."라고 적었으니, 이처럼 공을 자랑하지도 않았다.

개보 9년, 오월왕 전숙이 내조하였다. 돌아가려고 인사를 할 때 태조는 단단히 봉함한 황색 보자기를 내려 주면서 말했다. "가는 도중에 꼭 은밀히 열어보시오." 전숙이 열어보니, 전부 여러 신하들이 전숙을 붙잡아 두라고 올린 상소문이었다. 전숙은 감격하면서도 두려웠다.

어구 설명

○ 一日彬忽稱疾. 諸將來問, 彬曰, 彬之疾非藥能愈. 諸公若共爲信誓, 破城不妄殺一人, 則彬病愈矣. 諸將皆許諾, 焚香約誓. 翌日城陷, 煜出降, 南唐亡. : 하루는 曹彬이 갑자기 병이 났다고 하였다. 여러 장수들이 문병을 할 때 조빈이 말했다. "나의 병은 약으

로 고칠 수는 없소. 여러분 모두가 성을 함락시킬 때, 한 사람이라도 함부로 죽이지 않겠다고 진심으로 약속한다면 나의 병은 나을 것이오." 모든 장수들이 許諾(허락)하면서 향을 피워 서약하였다. 다음 날 성은 함락되었고, 李煜(이욱)은 성을 나와 항복했고, 南唐은 망했다.

– 忽 소홀히 할 홀. 갑자기. 稱疾(칭질) ; 병이 났다고 핑계를 대다. 信誓(신서) ; 진심으로 맹서하다.

– 妄殺(망살) ; 함부로 죽이다. 約誓(약서) ; 서약하다. 翌 다음날 익.

– 南唐(남당) ; 937~975년 존속. ; 先主 李昪(이변, 原名 徐知誥) 건국, 中主 李璟(이경)과 後主 李煜(이욱) 3대. 수도 金陵. 경제, 문화적으로 번영했던 十國의 하나.

○ 捷書至, 上泣曰, 宇縣分割, 民受其禍. 攻城之際, 必有橫罹鋒鏑者, 可哀也. 彬還, 舟中惟圖籍衣衾. 閤門通其榜子曰, 奉敕江南幹事回, 其不伐如此. : 捷書(첩서)가 도착하자, 태조가 눈물을 흘리며 말했다. "나라의 고을을 나눠 가지려 할 때 백성들은 화를 입는다. 성을 공격할 때 틀림없이 칼이나 화살에 억울하게 재앙을 당한 자 있었을 것이니 안타까운 일이로다." 조빈이 귀환했는데, 배에는 도서나 문서 옷가지와 이불뿐이었다. 조빈은 작은 문으로 궁에 들어가 보고하면서 榜子(방자)에는 "칙명을 받아 강남에 가서 일을 마치고 돌아왔습니다."라고 적었으니, 이처럼 공을 자랑하지도 않았다.

– 捷 이길 첩. 捷書(첩서) ; 승전보고서. 宇 집 우. 천하. 宇

縣(우현) ; 천하의 모든 郡縣. 際 사이 제.

– 橫 가로 횡. 아마도. 난폭하다. 불길한. 뜻밖의. 罹 근심 이. 병에 걸리거나 재난을 당하다. 鋒 칼끝 봉. 鏑 화살촉 적.

– 圖籍(도적) ; 圖書나 文書. 책. 衾 이불 금. 閤 쪽문 합. 閤門(합문) ; 궁중의 작은 문. 榜子(방자) ; 관직과 성명을 쓴 명함.

– 敕 조서 칙. 幹 줄기 간. 맡아서 처리하다. 伐 칠 벌. 죽이다. 자랑하다.

○ 九年, 吳越王錢俶來朝. 辭歸, 上賜以黃袱, 封緘甚固, 曰, 途中宜密觀. 及啓之, 皆羣臣乞留俶章疏. 俶感懼. : 개보 9년, 吳越王(오월왕) 錢俶(전숙)이 來朝하였다. 돌아가려고 인사를 할 때 태조는 단단히 봉함한 황색 보자기를 내려 주면서 말했다. "가는 도중에 꼭 은밀히 열어보시오." 전숙이 열어보니, 전부 여러 신하들이 전숙을 붙잡아 두라고 올린 상소문이었다. 전숙은 감격하면서도 두려웠다.

– 開寶(개보) 九年 ; 서기 976년. 吳越國(오월국) ; 五代十國의 하나. 錢鏐(전류)가 907년 건국. 978년까지 존속. 錢塘(전당, 杭州)에 도읍. 지금의 浙江省(절강성)과 江蘇省 동남부 지역을 지배.

– 錢俶(전숙) ; 吳越 國王. 재위 947~978년. 袱 보자기 복. 緘 봉할 함. 封緘(봉함) ; 봉하다. 묶어 매다.

– 途中(도중) ; 길을 가다가. 길에서. 啓 열 계. 章疏(장소) ; 上疏〈임금에게 글을 올림, 또는 그 글. 奏疏(주소)〉.

(9) ○ 上如西京, 謁宣祖安陵. ○ 夏四月, 郊. 都民垂白者相謂曰, 我輩少經離亂, 不圖, 今日復覩太平天子儀衛, 有泣下者. ○ 上欲留都洛陽, 羣臣咸諫. 上曰, 吾且都長安, 晉王叩頭曰, 在德不在險. 上曰, 吾將西遷者, 欲據山河之勝, 而去冗兵. 晉王之言固善, 今姑從之, 不出百年, 天下民力殫矣. 乃還大梁.

○ 태조가 西京(낙양)에 행차하여 아버지 宣祖(선조)의 안릉을 참배하였다.

○ 여름인 4월에 교제를 지냈다. 도성의 백성 중 노인들이 서로 "우리들은 젊어서부터 병란을 겪었는데, 오늘 태평천자의 행차를 다시 볼 수 있으리라고는 생각지도 못했다."고 말하면서 눈물을 흘리는 사람도 있었다.

○ 태조는 낙양을 도읍으로 하고 머물려는 뜻이 있었는데, 군신들이 모두 간했다. 태조는 "나는 차라리 장안에 도읍하고 싶다."고 말하자, 아우 진왕이 머리를 조아리며 말했다. "(사직의 안위는 제왕의) 덕에 있는 것이지 험한 산천에 있지 않습니다." 태조가 말했다. "내가 서쪽으로 천도하려는 것은 산하의 지세를 이용하여 많은 병력을 줄이고 싶은 것이다. 진왕의 말이 정녕 맞는 말이기에 지금 그 말에 따르겠지만 백 년이 지나지 않아 온 백성들의 재력은 다 소모될 것이다." 태조는 곧 大梁(개봉)으로 돌아왔다.

어구 설명

○ 上如西京, 謁宣祖安陵. 夏四月, 郊. 都民垂白者相謂日, 我輩少經離亂, 不圖, 今日復覩太平天子儀衛, 有泣下者. : 태조가 西京(낙양)에 행차하여 宣祖의 安陵을 참배하였다. 夏 四月에 郊祭를 지냈다. 도성의 백성 중 노인들이 서로 "우리들은 젊어서부터 병란을 겪었는데, 오늘 太平天子의 행차를 다시 볼 수 있으리라고는 생각지도 못했다."고 말하면서 눈물을 흘리는 사람도 있었다.

– 如 같을 여. 따르다. 가다.　西京(서경) ; 洛陽. 북송의 도읍 大梁(開封, 지금 河南省)은 東京이라 했고, 낙양을 西京이라 했다.

– 謁 아뢸 알. 참배하다.　宣祖(선조) ; 宋 태조 趙匡胤(조광윤)의 부친 趙弘殷(조홍은)을 추존한 묘호. 태조 즉위 전에 죽었다.

– 郊 성 밖 교. 성 밖 50리를 近郊(근교)라 함. 하늘과 땅에 올리는 제사. 郊祭.　垂白者(수백자) ; 백발을 늘어트린 사람. 老人. 垂 드리울 수. 물체가 위에서 아래로 처져서 늘어지다.

– 離 떼놓을 이(리). 거치다. 당하다.　離亂(이난) ; 兵亂을 당하다.　不圖(부도) ; 생각하지 못하다.　覩 볼 도.　儀衛(의위) ; 의식에 참여하는 호위병. 天子의 행렬.

○ 上欲留都洛陽, 羣臣咸諫. 上日, 吾且都長安, 晉王叩頭日, 在德不在險. 上日, 吾將西遷者, 欲據山河之勝, 而去冗兵. 晉王之言固善, 今姑從之, 不出百年, 天下民力殫矣. 乃還大梁. : 태조는 洛陽을 도읍으로 하고 머물려는 뜻이 있었는데, 羣臣들이 모두 諫했다. 태조는 "나는 차라리 長安에 도읍하고 싶다."고 말하자, 晉王

이 머리를 조아리며 말했다. "(사직의 안위는 제왕의) 덕에 있는 것이지 험한 산천에 있지 않습니다." 태조가 말했다. "내가 서쪽으로 천도하려는 것은 山河의 지세를 이용하여 많은 병력을 줄이고 싶은 것이다. 晉王의 말이 정녕 맞는 말이기에 지금 그 말에 따르겠지만 백 년이 지나지 않아 온 백성들의 재력은 다 소모될 것이다." 태조는 곧 대량으로 돌아왔다.

- 留都洛陽(유도낙양) ; 都邑을 洛陽으로 하고 머물다. 咸 다 함. 모두. 晉王(진왕) ; 趙光義. 태조의 아우. 叩 두드릴 고. 叩頭(고두) ; 머리를 땅에 대다.
- 在德不在險(재덕부재험) ; 나라의 안위는 제왕의 德에 있지 山川의 險固〈험고=험(다니기에 위태롭다)하고 견고함.〉에 있지 않다. 西遷(서천) ; 서쪽으로 도성을 옮김.
- 冗 쓸데없을 용. 무익하다. 남아돌다. 宂(용)과 같음. 冗兵(용병) ; 남아도는 병사. 殫 다할 탄. 수도인 大梁은 사방이 트인 곳이라 수도 방비에 많은 군사가 필요하고, 그 군사를 유지하려면 백성들의 財力이 다 소모될 것이라는 뜻.

(10) ○ 上崩, 在位十七年. 改元者三, 曰建隆·乾德·開寶, 壽五十. 上仁孝豁達, 有大度. 陳橋之變, 迫於衆心, 洎入京師, 市不易肆. 嘗一日罷朝, 坐便殿不樂者久之, 左右請其故, 上曰, 爾謂爲天子容易

邪. 適乘快指揮一事而誤, 故不樂耳. 嘗宴近臣紫雲樓下, 祻論及民事, 謂宰相曰, 愚下之民, 雖不分菽麥, 藩侯不爲撫養, 務行苛虐, 朕斷不容之.

태조가 붕어했는데, 17년을 재위했다. 개원은 3번 하였는데, 건륭, 건덕, 개보였고, 나이는 50세이었다. 태조는 어질고 효도하면서도 성격이 활달하였으며 도량이 넓었다. 진교역의 병변 이후 여러 사람의 추대에 의해 황제가 되었지마는 도성(서울)에 들어온 뒤로 시장 상인들은 점포를 바꾸지 않았다.(인심이 안정되었다.)

전에, 어느 날 조회를 마친 뒤 편전에 울적하게 오랫동안 앉아 있어 측근들이 까닭을 물었더니, 태조가 말했다. "너희들은 천자 노릇하기가 쉽다고 말하겠지? 좋은 기분대로 일을 처리하다가 그르쳤기에 기분이 울적할 뿐이다."

전에 근신들과 자운루에서 연회를 하다가 백성들을 다스리는 이야기가 나왔는데, 태조가 재상에게 말했다. "비록 숙맥을 구분하지 못하는 어리석은 아래 백성들일지라도 번진의 절도사가 보살피지 않고 가혹한 학정을 일삼는다면 짐은 결코 용납하지 않을 것이다."

어구 설명

○ 上崩, 在位十七年. 改元者三, 曰建隆 · 乾德 · 開寶, 壽五十. 上

仁孝豁達, 有大度. 陳橋之變, 迫於衆心, 洎入京師, 市不易肆. : 태조가 붕어했는데, 17년을 재위했다. 改元은 3번 하였는데, 建隆, 乾德, 開寶였고, 나이는 50이었다. 태조는 仁孝하면서도 성격이 활달하였으며 도량이 넓었다. 진교역의 병변 이후 衆人의 추대에 의해 도성에 들어온 뒤로 시장 상인들은 점포를 바꾸지 않았다.

– 崩 무너질 붕. 天子의 죽음. 北宋 태조는 開寶 9年(976년) 가을의 갑작스런 죽음은 수수께끼로 남았다.

– 在位 十七年 ; 960~976년. 豁 뚫린 골 활. 갈라지다. 豁達(활달) ; 성격이 명랑하다. 도량이 넓다.

– 陳橋之變(진교지변) ; 陳橋驛의 兵變. 迫於衆心(박어중심) ; 衆人의 마음에 따라서. 洎 적실 계. ~에 이르다. 미치다(及과 같음).

– 肆 방자할 사. 시장의 점포. 市不易肆(시불역사) ; 시장의 상인들은 점포를 바꾸지 않았다. → 치안이 안정되었다.

○ 嘗一日罷朝, 坐便殿不樂者久之, 左右請其故, 上曰, 爾謂爲天子容易邪. 適乘快指揮一事而誤, 故不樂耳. : 전에, 어느 날 조회를 마친 뒤, 편전에 울적하게 오랫동안 앉아 있어 측근들이 까닭을 물었더니 태조가 말했다. "너희들은 天子 노릇하기가 쉽다고 말하겠지? 좋은 기분대로 일을 처리하다가 그르쳤기에 기분이 울적할 뿐이다."

– 罷朝(피조) ; 조회가 파한 뒤. 爾 너 이. 容易(용이) ; 쉽다. 쉬운. 適 갈 적. 따르다. 乘快(승쾌) ; 즐거운 기분에 따라.

※ 다른 기록에 의하면, 陳橋 兵變 後에 "아침부터 前殿에서 一事를

처리하다가 우연히 실수를 했는데, 이를 史官이 꼭 기록하겠다고 해서 기분이 울적하다."라고 환관에게 말했다고 한다. 아마 이 말이 사실에 가까울 것이다.

○ 嘗宴近臣紫雲樓下, 因論及民事, 謂宰相日, 愚下之民, 雖不分菽麥, 藩侯不爲撫養, 務行苛虐, 朕斷不容之. : 전에 近臣들과 紫雲樓(자운루) 아래에서 연회를 하다가 백성들을 다스리는 이야기가 나왔는데 태조가 재상에게 말했다. "비록 숙맥을 구분하지 못하는 어리석은 아래 백성들일지라도 번진의 절도사가 보살피지 않고 가혹한 학정을 일삼는다면 짐은 결코 용납하지 않을 것이다."

- 宴 잔치 연. 菽 콩 숙. 麥 보리 맥. 不分菽麥(불분숙맥) ; 콩과 보리를 구분 못하다. 愚昧(우매)한 바보. 이런 사람을 숙맥이라고 한다.

- 藩侯(번후) ; 지방 절도사를 '울타리와 같은 제후(諸侯=藩侯)'라 호칭. 撫 어루만질 무. 苛 매울 가. 虐 사나울 학.

(11) 開寶初, 修京城及大內, 營繕畢. 上坐寢殿令洞開諸門. 皆端直軒豁, 無有壅蔽. 裍謂左右曰, 此如我心. 少有邪曲, 人皆見之矣. 平蜀之後, 嘗擇其兵百餘, 爲川班殿直. 郊禮行賞, 以御馬直扈從, 特增給. 川班擊登聞鼓, 援例陳乞. 上怒曰, 朕之所與,

卽爲恩澤, 豈有例邪. 斬其妄訴者四十餘人, 餘悉配隷諸軍, 遂廢其直.

개보 초에, 경성(서울의 성)과 황궁을 수리하고 고치는 일이 끝났다. 태조는 침전에 앉아 모든 문을 활짝 열어 놓게 하였다. 모든 것이 바르고 곧으며 탁 트여 막히거나 가린 것이 없었다. 그러자 좌우 근신들에게 말했다. "이는 나의 마음과 같다. 조금이라도 마음이 삐뚤어지면 사람들이 다 보아 알 것이다."

후촉을 평정한 뒤에, 그 군사 백여 명을 선발하여 천반전직이라는 부대를 만들었었다. 교례를 지내고 행상할 때, 어마직은 호종한 공로로 급여를 특히 더 주었다. 천반의 다른 군졸들이 등문고를 치고 어마직과 같은 예로 더 줄 것을 요구하였다. 태조가 노하며 말했다. "짐이 주는 것은 은택인데, 어찌 선례라 할 수 있는가?" 그 중 함부로 직소한 자 40여 명을 참수하고 나머지는 모두 다른 군에 나누어 예속케 하고 천반전직을 폐지하였다.

어구 설명

○ 開寶初, 修京城及大內, 營繕畢. 上坐寢殿令洞開諸門. 皆端直軒豁, 無有壅蔽. 因謂左右曰, 此如我心. 少有邪曲, 人皆見之矣. : 개보 초에, 경성과 황궁을 수리하고 고치는 일이 끝났다. 태조는

침전에 앉아 모든 문을 활짝 열어 놓게 하였다. 모든 것이 바르고 곧으며 탁 트여 막히거나 가린 것이 없었다. 그러자 좌우 근신들에게 말했다. "이는 나의 마음과 같다. 조금이라도 마음이 삐뚤어지면 사람들이 다 보아 알 것이다."

– 開寶(개보) ; 서기 968~976년. 京城(경성) ; 都城(수도. 서울의 성). 大內(대내) ; 皇居, 皇宮. 이때 大는 존칭. 繕 (옷 같은 것을) 기울 선. 수리하다.

– 營繕(영선) ; 건축물을 새로 짓거나 보수하다. 畢 마칠 필. 洞 골짜기 동. 통할 통. 통달하다. 洞開(통개) ; 활짝 열다.

– 端 바를 단. 軒 추녀 헌. 豁 트인 골짜기 활. 壅 막을 옹. 막히다. 蔽 덮을 폐. 가리다. 邪曲(사곡) ; 옳지 않거나 구부러지다. 마음이 삐뚤어지다.

○ 平蜀之後, 嘗擇其兵百餘, 爲川班殿直. 郊禮行賞, 以御馬直扈從, 特增給. 川班擊登聞鼓, 援例陳乞. 上怒曰, 朕之所與, 卽爲恩澤, 豈有例邪. 斬其妄訴者四十餘人, 餘悉配隸諸軍, 遂廢其直. : 後蜀을 평정한 뒤에, 그 군사 백여 명을 선발하여 川班殿直(천반전직)이라는 부대를 만들었었다. 郊禮(교례)를 지내고 行賞을 할 때, 御馬直(어마직)은 호종한 공로로 급여를 특히 더 주었다. 川班의 다른 군졸들이 登聞鼓(등문고)를 치고 어마직과 같은 예로 더 줄 것을 요구하였다. 태조가 노하며 말했다. "짐이 주는 것은 은택인데, 어찌 선례라 할 수 있는가?" 그 중 함부로 직소한 자 40여 명을 참수하고 나머지는 모두 다른 군에 나누어 예속케 하고 殿直을 폐지하였다.

– 平蜀之後(평촉지후) ; 後蜀을 평정한 뒤에. 川班殿直(천반전직) ; 四川의 군인으로 궁전을 숙직하는 부대.

– 郊禮行賞(교례행상) ; 교제(하늘에 제사지냄)를 지낸 다음 施賞(시상)을 하다. 御馬直(어마직) ; 天子를 호위하는 기병. 扈 뒤따를 호. 扈從(호종) ; 천자를 호위하다.

– 川班(천반) ; 사천 출신 將卒. 登聞鼓(등문고) ; 신문고. 백성의 억울한 사정을 직소하는 북. 황제에게 직접 호소할 때 치는 북. 援例陳乞(원예진걸) ; 御馬直(어마직) 군사들과 같은 대우를 해 달라고 요구하다.

– 豈有例邪(기유예야) ; 어찌 선례가 될 수 있겠는가? 悉 다실. 모두. 配隸(배예) ; 나누어 예속시키다.

(12) 內臣有逮事後唐者. 上問. 莊宗英武定天下, 享國不久何也. 其人言其故, 上撫髀嘆曰, 二十年夾河戰爭, 取得天下, 不能用軍法約束, 誠爲兒戲. 朕今撫養士卒, 不吝爵賞. 苟犯吾法, 惟有劍耳. 五代以來, 藩鎭强盛, 上以漸削之. 罷諸節鎭, 專用儒臣, 分理郡國, 以革節鎭之橫. 又置諸州通判, 以分剌史之權, 自是諸侯勢輕, 禍難不作. 專務愛養民力, 罷卻貢獻, 禁進羨餘. 常衣澣濯之衣, 寢殿靑布綠葦簾. 晩節好讀書, 嘗歎曰, 堯舜之世, 四凶之罪, 止

於投竄, 何近代法網之密邪.

환관 중에 전에 後唐의 莊宗(李存勗)을 섬긴 자가 있었다. 태조가 그 환관에게 물었다. "장종은 뛰어난 무예로 천하를 차지하였으나 나라를 오래 유지 못한 이유는 무엇인가?" 그 사람이 그 연유를 설명하자, 태조는 허벅지를 치며 탄식하며 말했다. "이십 년이나 황하를 사이에 두고 梁(양)과 싸워 천하를 차지하였는데 군법과 약속을 지키지 못하였으니 참으로 아이 장난과 같은 것이다. 짐은 지금 장졸을 기르고 위무하는데 작위와 상을 아끼지 않았다. 그러나 나의 군법을 어기는 자 있다면 오직 칼이 있을 뿐이다."

五代 이래로, 번진이 강성했기에 태조는 점차 그 세력을 삭감하였다. 각 절도사의 진영을 혁파하고 유신(학자)들을 전적으로 등용하며 군국을 세분하여 통치케 하여 절도사 진영의 횡포를 고쳐나갔다. 또 각 주에 통판을 두어 武人인 자사의 권한을 분할하니 이로부터 절도사들의 세력이 약화되어 환난이 일어나지 않았다. 오직 백성들을 돌보는데 힘을 쓰게 하였고 지방의 공물 헌상을 없애며 잉여금의 진상도 금지시켰다.

(태조는) 옷을 세탁해서 입었고, 침전에는 푸른 헝겊을 댄 녹색 갈대 주렴을 달았다. 만년에는 독서를 좋아하였는데, 언젠가는 "요순시대에 四凶의 죄도 멀리 내쫓고 말았는데 요즈음의 법망은 왜 조밀(복잡)한가?"라고 탄식했었다.

어구 설명

○ 內臣有逮事後唐者. 上問. 莊宗英武定天下, 享國不久何也. 其人言其故, 上撫髀嘆曰, 二十年夾河戰爭, 取得天下, 不能用軍法約束, 誠爲兒戲. 朕今撫養士卒, 不吝爵賞. 苟犯吾法, 惟有劍耳. : 환관 중에 전에 後唐부터 섬긴 자가 있었다. 태조가 그 사람에게 물었다. "莊宗은 뛰어난 무예로 천하를 차지하였으나 나라를 오래 유지 못한 이유는 무엇인가?" 그 사람이 그 연유를 설명하자, 태조는 장딴지를 치며 탄식하며 말했다. "이십 년이나 황하를 사이에 두고 싸워 천하를 차지하였는데 軍法과 約束을 지키지 못하였으니 참으로 아이 장난과 같은 것이다. 짐은 지금 將卒을 기르고 위무하는데 작위와 상을 아끼지는 않았다. 그러나 나의 군법을 어기는 자 있다면 오직 칼이 있을 뿐이다."

- 內臣(내신) ; 宦官(환관). 逮 미칠 체. 잡다. 莊宗(장종) ; 五代 後唐(923~937년 존속)의 건국자인 李存勗(이존욱, 재위 923~937). 이존욱은 前蜀을 멸망시키며 武勇을 자랑했지만 스스로 광대로 분장을 하고 연극을 공연하기도 했다. 놀기를 좋아했고 사냥을 즐기고 결단력이 없어서 그 명령이 백성을 감복시키지 못했고, 또 賞(상)을 대중없이 주었기 때문이라고 했다.

- 撫 어루만질 무. 髀 넓적다리 비. 撫髀(무비) ; 넓적다리를 치다. 감탄하는 동삭. 嘆 탄식할 탄.

- 夾 낄 협. 夾河(협하) ; 황하를 사이에 두다. 二十年夾河戰爭(20년협하전쟁) ; 이존욱은 자신의 세력을 키워 後梁을 대신하여 後唐을 세울 때까지 20년 가까운 대립기간이 있었다.

– 誠 정성 성. 진실로. 참으로. 兒戱(아희) ; 어린애 장난. 吝 아낄 인(린). 인색하다. 苟 진실로 구. 가령, 만일, 함부로.

○ 五代以來, 藩鎭强盛, 上以漸削之. 罷諸節鎭, 專用儒臣, 分理郡國, 以革節鎭之橫. 又置諸州通判, 以分刺史之權, 自是諸侯勢輕, 禍難不作. 專務愛養民力, 罷卻貢獻, 禁進羨餘. : 五代 以來로, 藩鎭(번진)이 强盛했기에 태조는 점차 그 세력을 삭감하였다. 각 절도사의 진영을 혁파하고 儒臣들을 전적으로 등용하며 郡國을 세분하여 통치케 하여 절도사 진영의 횡포를 고쳐나갔다. 또 각 州에 通判을 두어 자사의 권한을 분할하니 이로부터 절도사들의 세력이 약화되어 환난이 일어나지 않았다. 오직 백성들을 돌보는데 힘을 쓰게 하였고 지방의 공물 헌상을 없애며 剩餘金(잉여금)의 진상도 금지시켰다.

– 藩鎭(번진) ; 절도사의 진영. 漸 물 적실 점. 차차. 削 깎을 삭. 分理(분리) ; 分治. 革 가죽 혁. 고치다.

– 橫 가로 횡. 횡포. 전횡. 通判(통판) ; 송 太祖는 藩鎭 세력을 약화시키기 위해서 각 州에 權知軍州使를 두었고 그 아래 通判을 두어 각 州의 行政을 보좌케 하였다. 刺史(자사)의 副官(부관).

– 諸侯(제후) ; 절도사. 罷 그칠 파. 卻 물리칠 각. 貢獻(공헌) ; 지방 貢物(공물)을 獻上(헌상)하다. 羨 부러워할 선. 묘 안의 통로 연. 나머지. 美(넓을 이)와 다름. 羨餘(선여) ; 나머지. 잉여.

○ 常衣澣濯之衣, 寢殿青布綠葦簾. 晩節好讀書, 嘗歎曰, 堯舜之世, 四凶之罪, 止於投竄, 何近代法網之密邪. : (태조는) 옷을 세탁해서 입었고, 침전에는 푸른 헝겊을 댄 녹색 갈대 주렴을 달았다.

만년에는 독서를 좋아하였는데 언젠가는 "요순시대에 四凶의 죄도 멀리 내쫓고 말았는데 요즈음의 법망은 왜 조밀한가?"라고 탄식했었다.

- 衣 옷 의. 옷을 입다. 澣 빨래할 한. 濯 씻을 탁. 葦 갈대 위. 簾 발 염(렴). 주렴.

- 節 마디 절. 節氣. 時. 晩節(만절) ; 晩年. 四凶(사흉) ; 舜(순)임금 때의 네 사람의 악인. 傳說로 내려오는 上古時代에 舜임금이 내쫓은 四方의 凶神. 곧 共工(공공) · 驩兜(환도) · 鯀(곤) · 三苗(삼묘). 《書經》과 《左傳》의 기록이 서로 다르지만 일반적으로 共工〈공공=①堯(요)임금 때 治水(치수)를 담당했던 벼슬. ②舜(순)임금 때 百工(백공)의 일을 맡았던 벼슬. ③天神(천신)의 이름〉, 驩兜(환도=말에 씌운 투구), 鯀(곤=물고기 이름 곤. 큰 물고기, 禹王의 父), 三苗〈삼묘=중국의 남방에 있던 나라 이름. 湖南(호남)의 岳陽(악양). 湖北(호북)의 武昌(무창). 江西(강서)의 九江(구강) 一帶(일대)를 말함〉를 지칭한다.

- 投 던질 투. 버리다(棄). 竄 숨을 찬. 숨기다. 달아나다. 내치다. 投竄(투찬) ; 먼 곳으로 내쫓다.

- 近代(근대) ; 요즈음. 網 그물 망. 密 빽빽할 밀. 촘촘하다. 친하다. 비밀(의). 何(하) ~邪(야) ; 어찌 ~한가?

(13) 削平諸國, 必招之, 不至而後用兵. 及其旣降, 皆不加戮, 禮而存之, 終其世. 嘗幸武成王廟, 觀從

祀有白起, 指曰, 起殺已降, 不武, 命去之. 周恭帝封鄭王, 後遷于房州. 上以辛文悅長者, 俾爲房州守. 恭帝先上三年. 始卒, 上發哀輟朝十日, 還葬如禮. 上初入京時, 周韓通死節, 追贈優厚. 王彦昇棄命專殺, 終身不授節鉞. 受禪之際倉卒, 未有恭帝禪制, 學士陶穀出諸懷中, 上薄之. 穀久在翰林, 頗怨望. 上曰, 吾聞學士草制, 依樣畫葫蘆耳, 何勞之有. 卒不登之政府.

(태조는) 여러 나라를 평정하면서 먼저 사신을 보내서 입조를 권하고 응하지 않으면 뒤에 용병(군사를 내어 침)했다. 일단 투항했다면 누구든 죽이지 않고 예로 대하면서 살게 하여 생을 마치도록 했다. 그 전에 무성왕의 묘당에 행차하여 합사된 장군 중에 秦(진)의 白起(백기)가 포함된 것을 보고 "백기는 항복한 사람도 죽였으니 武德(무덕)이라 할 수 없다."고 지적하며 치우게 했다.

(태조는) 후주 공제를 鄭王에 봉했다가 뒤에 방주로 옮겨 살게 했다. 태조는 유학자 신문열이 후덕하다 생각하여 방주의 태수로 임명했었다. 공제는 태조보다 3년 먼저 죽었다. 공제가 죽자, 태조는 발상하고 10일간 철조(政事를 보지 않았다)했으며 (황제의) 예에 따라 세종의 능 곁에 매장했다.

태조가 처음 입경할 때, 후주의 한통은 죽어 절의를 지켰는데 뒤에 후하게 추증했다. 왕언승은 태조와의 약속을 저버리고 함부로 살인하였기에 죽을 때까지 절도사에 임명하지 않았다. 태조가 선양을 받을 때 창졸간에 공제의 선양하는 조서를 준비하지 못했는데 학사인 도곡이 미리 준비하여 품 안에서 꺼냈는데 태조는 그를 각박한 사람이라 여겼다. 도곡은 오랫동안 한림원에 근무하면서 자못 태조를 원망했다. 태조는 "내가 알기로는 학사가 조서를 쓸 때에 양식 그대로 보고 베껴 작성하면 된다 하니, 무슨 어려움이 있겠는가?"라고 말했다. 도곡은 끝내 정부의 요직에 오르지 못했다.

어구 설명

○ 削平諸國, 必招之, 不至而後用兵. 及其旣降, 皆不加戮, 禮而存之, 終其世. 嘗幸武成王廟, 觀從祀有白起, 指曰, 起殺已降, 不武, 命去之. : (태조는) 여러 나라를 평정하면서 먼저 사신을 보내어 入朝를 권하고 응하지 않으면 뒤에 用兵(군사를 내어 침)했다. 일단 투항했다면 누구든 죽이지 않고 예로 대하면서 살게 하여 생을 마치도록 했다. 그 전에 武成王의 묘당에 행차하여 합사된 장군 중에 秦의 白起가 포함된 것을 보고 "백기는 항복한 사림도 죽였으니 武德이라 할 수 없다."고 지적하며 치우게 했다.

– 削平(삭평) ; 平定하다. 戮 죽일 륙. 終其世(종기세) ; 천수를 누리도록 해 주다. 武成王廟(무성왕묘) ; 周, 太公望의 廟堂.

– 從祀(종사) ; 陪祀(배사=윗대의 조상 어른들을 제사 지내다.). 合祀〈합사=함께 제사 지냄. ㉠天神地祇(천신지기)를 한곳에 모셔 제사 지냄. ㉡대대의 조상을 한곳에 모셔 제사 지냄〉. 白起(백기, ?~前257년) ; 전국시대 秦의 대장군. 30여 년간 주변 여러 나라의 70여 성을 공격 탈취하는 혁혁한 무공을 세우면서 백만 명을 도륙했다고 한다. 때문에 그의 별호가 人屠(인도, 인간 도살자)였다.

○ 周恭帝封鄭王, 後遷于房州. 上以辛文悅長者, 俾爲房州守. 恭帝先上三年. 始卒, 上發哀輟朝十日, 還葬如禮. : 後周 恭帝를 鄭王에 봉했다가 뒤에 房州로 옮겨 살게 했다. 태조는 辛文悅이 長者라 생각하여 房州의 太守로 임명했었다. 恭帝는 태조보다 3년 먼저 죽었다. 공제가 죽자, 태조는 발상하고 10일간 輟朝(철조)했으며 (황제의) 禮에 따라 世宗의 능 곁에 매장했다.

– 周恭帝(주공제) ; 後周의 마지막 恭帝. 名 柴宗訓(자종훈). 開寶 6년(973년)에 20세에 급사했다. 야사에는 辛文悅(신문열)이 죽였다고 한다.

– 長者(장자) ; 점잖은 사람. 厚德한 사람. 俾 시킬 비. 보태다. 發哀(발애) ; 發喪하다. 輟 그칠 철. 輟朝(철조) ; 조회를 하지 않다. 政事를 보지 않았다.

※ 태조 조광윤은 후주 世宗 및 恭帝의 柴氏 후손들의 안락한 생활을 철저히 보장한다는 뜻으로 〈丹書鐵券(단서철권)〉을 내려 주었었다. 이는 국가 반역죄가 아니면 어떠한 형벌도 받지 않는다는 확실한 보증이었다.

○ 上初入京時, 周韓通死節, 追贈優厚. 王彦昇棄命專殺, 終身不授節鉞. 受禪之際倉卒, 未有恭帝禪制, 學士陶穀出諸懷中, 上薄之. 穀久在翰林, 頗怨望. 上曰, 吾聞學士草制, 依樣畫葫蘆耳, 何勞之有. 卒不登之政府. : 태조가 처음 入京할 때(陳橋驛의 兵變), 後周의 韓通은 죽어 절의를 지켰는데 뒤에 후하게 추증했다. 王彦昇(왕언승)은 태조와의 약속을 저버리고 함부로 살인하였기에 죽을 때까지 절도사에 임명하지 않았다. 태조가 선양을 받을 때 창졸간에 恭帝의 선양하는 조서를 준비하지 못했는데 學士인 陶穀(도곡)이 미리 준비하여 품 안에서 꺼냈는데 태조는 그를 각박한 사람이라 여겼다. 도곡은 오랫동안 한림원에 근무하면서 자못 태조를 원망했다. 태조는 "내가 알기로는 學士가 조서를 쓸 때에 양식 그대로 보고 베껴 작성하면 된다 하니, 무슨 어려움이 있겠는가?"라고 말했다. 도곡은 끝내 정부의 요직에 오르지 못했다.

- 韓通(한통) ; 人名. 死節(사절) ; 죽음으로 절의를 지키다. 贈 보낼 증. 優厚(우후) ; 넉넉히 후대하다.

- 王彦昇(왕언승) ; 조광윤을 추대했던 무장. 韓通과 일가족을 모두 죽였다. 節鉞(절월) ; 절도사에 임명하는 持節〈지절 = ① 천자에게서 받은 符節(부절)을 가짐. ② 志操(지조)를 지킴.〉과 斧鉞(부월, 도끼). 斧 도끼 부. 符節(부절) ; 돌 · 옥 · 대나무 따위로 만든 信標(신표). 사신이 지니던 것으로, 둘로 갈라서 하나는 조정에 보관하고 다른 하나는 본인이 신표로 가졌음.

- 倉卒(창졸) ; 급작스럽게. 황급하다. 未有恭帝禪制(미유공제선제) ; 恭帝의 선양한다는 조서는 없었다. 陶 질그릇 도. 성씨. 穀 곡식 곡.

– 諸 모두 제. 본음 저(之 + 於, 이를). 懷 품을 회. 품속. 薄 엷을 박. 각박하다. 翰林(한림) ; 詔書(조서)를 작성하는 한림원. 翰林院(한림원) ; 制誥〈제고 = 詔勅(조칙)의 글〉, 詔命(조명)을 짓는 일을 맡아보는 관청. 詔勅(조칙) ; 詔書(조서). 詔敕(조칙). 詔書(조서) ; 임금의 명령을 국민에게 알리고자 적은 문서. 制書(제서). 詔命(조명).

– 頗 자못 파. 제법. 많이. 依樣(의양) ; 모양대로. 樣式(양식)에 의거하여. 畫 그림 화. 葫蘆(호로) ; 조롱박.

– 畫葫蘆(화호로) ; 호롱 박을 그리다. 실물을 대고 그대로 그리다. 政府 ; 정사를 하는 집. 주요부서.

(14) 內外官, 有時望者, 籍記姓名, 以待不次選用, 稱職者多久任不遷. 定銓選法, 嚴擧主連坐法, 嚴贓吏法, 有寘極刑者. 懲五代藩鎭苛征重斂之弊, 寬商征, 寬麴鹽酒禁. 倉吏多入民租者, 或棄市. 五代多以武人爲牧守, 率意用刑, 上懲之, 故入者必抵罪. 定大辟詳覆法, 定折杖法, 頒新刑統, 定差役法. 作版籍 · 戶帖 · 戶鈔.

내외의 관리 중에서 인망이 있는 자는 (태조가) 성명을 적어두고 기다리다가 서열과 관계없이 등용하였고, 적임자는 오래 담당하게 하며 이동시키지 않았다. 전선법을 제정하고 거주연좌법과 장리법을 엄히 적용하여 극형에 처한 자도 있었다.

五代의 번진에서 가혹하게 무거운 세금을 징수하던 폐단을 바로잡아 상세를 느슨하게 징수하였고 술과 소금에 대한 금령도 관대해졌다. 백성들에게 과다하게 걷는 창고관리는 기시의 형벌에 처했다. 오대에는 지방관에 무인이 많아 임의로 형벌을 적용했었는데 태조는 이를 바로 잡았고 백성을 고의로 죄에 빠트리는 자는 그에 상응한 벌을 받았다.

대벽상복법과 절장법을 정했고, 신형통을 널리 반포했고, 차역법을 제정했다. 판적과 호첩과 호초를 작성토록 하였다.

어구 설명

○ 內外官, 有時望者, 籍記姓名, 以待不次選用, 稱職者多久任不遷. 定銓選法, 嚴擧主連坐法, 嚴贓吏法, 有寘極刑者. : 內外의 관리 중에서 時望이 있는 자는 (태조가) 姓名을 적어두고 기다리다가 서열과 관계없이 選用하였고, 적임자는 오래 담당하게 하며 이동시키지 않았다. 銓選法(전선법)을 제정하고 擧主連坐法과 贓吏法을 엄히 적용하여 極刑에 처한 자도 있었다.

– 內外官(내외관) ; 중앙의 관리와 外任官(地方官). 時望者(시망자) ; 당시 사회에서의 人望(人氣). 籍記(적기) ; 장부에 기입

하다.

– 不次選用(불차선용) ; 차례(서열)가 아니라도 선별하여 채용하다. 稱職者(칭직자) ; 적임자. 銓 저울질할 전. 銓選(전선) ; 銓衡(전형)과 選任. 銓衡(전형) ; ①저울. ②사람을 저울질하여 뽑음.

– 嚴 ; 엄히 하다. 擧主連坐法(거주연좌법) ; 부정을 저지른 관리를 추천한 사람도 연좌하여 처벌하는 법. 臟 오장 장. 장물(贓과 통함).

– 臟吏(장리) ; 뇌물을 받은 관리. 臟吏法(장리법) ; 뇌물을 주고 받는데 관한 법. 寘 둘 치(置 同). 極刑(극형) ; 사형.

○ 懲五代藩鎭苛征重斂之弊, 寬商征, 寬麴鹽酒禁. 倉吏多入民租者, 或棄市. 五代多以武人爲牧守, 率意用刑, 上懲之, 故入者必抵罪. : 五代의 藩鎭(번진)에서 가혹하게 무거운 세금을 징수하던 폐단을 바로잡아 商稅를 느슨하게 징수하였고 술과 소금에 대한 금령도 관대해졌다. 백성들에게 과다하게 걷는 창고관리는 棄市(기시)에 처했다. 五代에는 지방관에 武人이 많아 임의로 형벌을 적용했었는데 태조는 이를 바로 잡았고 백성을 고의로 죄에 빠트리는 자는 그에 상응한 벌을 받았다.

– 懲 혼날 징. 잘못을 뉘우치고 고치다. 苛 매울 가. 征 칠 정. 취하다. 세금을 걷다. 重斂(중렴) ; 무겁게 거두어들이다.

– 商征(상정) ; 상인세. 麴 누룩 국. 民租(민조) ; 백성들의 조세. 棄市(기시) ; 사형하여 거리에 버려두는 형벌.

– 牧守(목수) ; 목민관이나 지방 守令. 率意(솔의) ; 임의대로.

故入者(고입자) ; 고의적으로 죄에 얽어매는 자. 抵 거스를 저. 抵罪(저죄) ; 죄를 지어 상응하는 벌을 받다.

○ 定大辟詳覆法, 定折杖法, 頒新刑統, 定差役法. 作版籍 · 戶帖 · 戶鈔. : 大辟詳覆法(대벽상복법)과 折杖法(절장법)을 정했고, 新刑統(신형통)을 널리 반포했고, 差役法(차역법)을 제정했다. 版籍(판적)과 戶帖(호첩)과 戶鈔(호초)를 작성토록 하였다.

- 辟 법 벽. 허물. 피할 피. 大辟(대벽) ; 사형에 해당하는 죄. 覆 뒤집힐 복. 詳考(상고)하다. 덮을 부. 大辟詳覆法(대벽상복법) ; 사형에 해당하는 죄는 재심토록 하는 법.

- 折 꺾을 절. 감하다. 杖 지팡이 장. 곤장. 折杖法(절장법) ; 杖刑〈장형 = 五刑(오형)의 한 가지. 棍杖(곤장)으로 볼기를 치는 형벌〉이나 笞刑〈태형 = 五刑(오형)의 하나. 매로 볼기를 치는 형벌. 笞罰(태벌)〉의 때리는 수를 줄인 법.

- 頒 나눌 반. 반포하다. 新刑統(신형통) ; 법률에 관한 책. 새 형통이란 형벌에 관한 새로운 법률. 差役法(차역법) ; 백성들의 노동력 동원에 관한 법.

- 版籍(판적) ; 호적대장 겸 토지대장. 戶帖(호첩) ; 호적을 필사하여 교부한 문서. 鈔 베낄 초. 지폐. 戶鈔(호초) ; 戶牌(호패), 개인 신분증. 즉 住民登錄證(주민등록증)과 같은 것이다.

(15) 長吏有度民田不實者, 或杖流之. 諸州旱蝗, 賑饑蠲租, 惟恐不及. 擧德行孝悌, 親策制科擧人, 放

進士榜, 嚴覆試法, 御殿親試進士. 試書判拔萃, 數幸國子監, 詔天下求遺書. 初用和峴所定雅樂, 初行劉溫叟所上開寶通禮二百卷. 命宰執, 日記時政, 送史館, 撰日曆. 制度典章, 彬彬有條理. 太弟晉王立, 是爲太宗皇帝.

향리가 백성의 토지를 부실하게 측량하면 장형에 처하거나 귀양을 보냈다. 각 주에 가뭄이 들거나 황충 피해가 있으면 굶주린 백성들을 구휼하고 조세를 면제했는데 (태조는) 그런 혜택이 고루 미치지 못하는 것을 걱정했다. 덕행이나 효제의 인물을 천거케 하고, 태조가 친히 책문으로 제과의 과거 응시자를 시험했고 진사방을 내걸게 하며, 복시법을 엄히 시행하였으며 전각에 나가 진사들을 친히 시험하였다.

서체와 논술로 뽑는 시험을 치르게 했고 자주 국자감에 행차하였으며, 천하에 옛 서적을 구한다는 조서를 내렸다. 그 전에 화현이 정한 아악을 채용하였고, 유온수가 올린 개보통례 2백 권을 보급하였다.

또한 재상에게 명하여 날마다 시정을 기록하여 사관에 보내어 일력을 편찬케 하였다. 여러 제도와 전장이 모두 갖추어져 빛이 나고 (통치에) 조리가 있었다. 太祖가 죽고 太弟(아우)인 진왕이 즉위하니, 이가 태종황제이다.

어구 설명

○ 長吏有度民田不實者, 或杖流之. 諸州旱蝗, 賑饑蠲租, 惟恐不及. 擧德行孝悌, 親策制科擧人, 放進士榜, 嚴覆試法, 御殿親試進士. : 長吏가 民田을 不實하게 측량하면 장형에 처하거나 귀양을 보냈다. 각 州에 가뭄이 들거나 황충 피해가 있으면 굶주린 백성들을 구휼하고 조세를 면제했는데 (태조는) 그런 혜택이 고루 미치지 못하는 것을 걱정했다. 德行이나 孝悌(효제)의 인물을 천거케 하고, 태조가 친히 책문으로 制科의 擧人(거인)을 시험했고 進士榜(진사방)을 내걸게 하며, 覆試法(복시법)을 엄히 시행하였으며 전각〈講武殿(강무전)〉에 나가 進士들을 親試(친시)하였다.

- 長吏(장리) ; 지방관아의 鄕吏. 度 법도 도. 헤아릴 탁. 杖流(장류) ; 杖刑〔笞刑(태형)〕과 流配(유배, 귀양). 旱 가물 한. 가뭄.

- 蝗 누리 황. 메뚜기 떼의 피해. 賑 구휼할 진. 贍(구휼할 섬)과 同. 饑 굶주릴 기. 蠲 제거할 견.

- 蠲租(견조) ; 조세를 면제해주다. 惟恐不及(유공불급) ; 혜택이 골고루 미치지 못하는 것을 걱정하다. 擧 들 거. 천거하다.

- 策 채찍 책. 策問으로 시험보다. 制科(제과) ; 詔命〈조명, 詔書(조서)=임금의 명령을 국민에게 알리고자 적은 문서. 制書(제서). 詔命(조명).〉으로 정해진 시험 과목. 賢良科(현량과). 擧人(거인) ; 과거시험에 응시할 자격을 가진 사람.

- 榜 매 방. 방을 써 붙이다. 榜目(방목) ; 합격자의 명단. 覆 뒤집힐 복. 덮다. 되풀이하다. 覆試(복시) ; 初試, 覆試, 1, 2차 시험.

○ 試書判拔萃, 數幸國子監, 詔天下求遺書. 初用和峴所定雅樂, 初行劉溫叟所上開寶通禮二百卷. : 書와 判으로 뽑는 시험을 치르게 했고 자주 國子監에 행차하였으며, 天下에 옛 서적을 구하는 조서를 내렸다. 그 전에 和峴(화현)이 정한 雅樂(아악)을 채용하였고, 劉溫叟(유온수)가 올린 開寶通禮(개보통례) 2백 권을 보급하였다.

– 書判(서판) ; 身言書判〈신언서판=唐代(당대)에 관리를 등용할 때의 선발 기준. '身'은 몸집이 큼, '言'은 말이 바름, '書'는 글씨가 힘차고 아름다움, '判'은 판단이 훌륭하고 빼어남.〉 중 書體와 判(논술)을 말함. 萃 모일 췌. 拔萃(발췌) ; 우수자를 뽑음. 數 자주 삭.
– 國子監(국자감) ; 宋代 최고 교육기관. 峴 고개 현. 산마루. 和峴(화현) ; 人名. 叟 늙은이 수. 劉溫叟(유온수) ; 人名.

○ 命宰執, 日記時政, 送史館, 撰日曆. 制度典章, 彬彬有條理. 太弟晉王立, 是爲太宗皇帝. : 재상에게 명하여 날마다 時政을 기록하여 史館에 보내어 日曆〈일력=① 史官(사관)이 그날그날 조정의 일을 기록한 책. ② 날짜별로 볼 수 있는 책력.〉을 편찬케 하였다. 여러 制度와 典章이 모두 갖추어져 빛이 나고 (통치에) 條理가 있었다. 太弟인 晉王이 즉위하니, 이가 太宗皇帝이다.

– 宰執(재집) ; 정무의 최고 집정자. 재상. 時政(시정) ; 당시의 정치 상황. 撰 지을 찬. 日曆(일력) ; 조정의 日記. 月曆(달력)이 아님.
– 典章(전장) ; 법령이나 여러 문물제도. 彬彬(빈빈) ; 문채(文)와 바탕(質)이 다 갖추어진 빛나는 모양.

3) 太宗 ; 정치 안정

(1) 太宗皇帝, 初名匡乂, 太祖長弟也. 太祖入京城, 匡乂首請號令諸將, 戢士卒. 仍自於馬前戒摽掠. 太祖受禪, 乃改名光義. 尹開封, 同平章事, 封晉王. 建隆二年, 昭憲杜太后, 臨崩謂太祖曰, 汝知所以得天下者乎. 太祖曰, 皆祖考與太后之餘慶. 太后笑曰, 不然. 正由柴氏使幼兒主天下耳. 汝萬歲後, 當傳位晉王, 晉王傳秦王, 秦王以傳德昭. 國有長君, 社稷之福也. 太祖曰, 謹受教.

태종황제의 초명(처음 이름)은 광예로 태조의 큰 아우(바로 아래 동생)이다. 태조가 경성(서울)에 들어올 때, 광예는 맨 먼저 앞으로 나아가 자기가 모든 장수를 호령하고 사졸을 단속하겠다고 청했다. 그리고는 직접 부대 앞에서 협박과 노략질을 단속했다. 태조가 恭帝(공제)로부터 자리를 선양을 받자, 바로 광예는 이름을 光義(광의)로 개명하였다. 태조는 광의를 개봉윤과 동평장사를 역임하고 진왕에 봉했다.

건륭 2年에, 소헌 두태후는 죽음에 임해 태조에게 일러 말했다. "폐하가 천하를 얻을 수 있었던 까닭을 아시요?" 태조가 "모두가 조상과 어머님의 음덕입니다."라고 말했다. 태후가 웃으면서 "그렇지 않소이다. 바로 柴氏(시씨)가 어린 애(일곱살 난)로 하여금 천하를 다스리게 했기 때문이요. 폐하는 죽은 뒤에 제위를 꼭 晉王(진왕=아우 光義)에게 전위하고 진왕은 秦王(진왕)에게, 秦王은 德昭(덕소)에게 전해야 합니다. 나라에 나이 든 군주가 있다는 것이 社稷(사직)의 복입니다." 태조는 "삼가 가르침을 따르겠습니다."라고 말했다.

어구 설명

○ 太宗皇帝, 初名匡乂, 太祖長弟也. 太祖入京城, 匡乂首請號令諸將, 戢士卒. 仍自於馬前戒摽掠. 太祖受禪, 乃改名光義. 尹開封, 同平章事, 封晉王. : 太宗皇帝의 初名은 匡乂(광예)로 太祖의 長弟이다. 太祖가 京城에 들어올 때, 匡乂는 먼저 諸將을 호령하고 士卒을 단속하겠다고 청했다. 그리고는 직접 부대 앞에서 협박과 노략질을 단속했다. 太祖가 受禪(수선)하자, 바로 光義로 개명하였다. 開封尹과 同平章事를 역임하고 晉王에 봉해졌다.

- 太宗皇帝(태종황제) ; 태조 趙匡胤(조광윤)의 아우, 재위 976~997년. 匡 바로잡을 광. 乂 벨 예. 長弟(장제) ; 큰 동생. 조광윤보다 12살 연하.

- 戢 거둘 즙. 그치다. 난폭한 행동을 못하게 하다. 仍 거듭 잉. 摽 칠 표. 剽(협박할 표)와 同.

- 掠 노략질할 략(약). 摽掠(표략) ; 剽掠(표략), 협박하여 약탈하다. 尹開封(윤개봉) ; 開封의 尹을 하다. 開封을 다스리다.

○ 建隆二年, 昭憲杜太后, 臨崩謂太祖曰, 汝知所以得天下者乎. 太

祖曰, 皆祖考與太后之餘慶. 太后笑曰, 不然. 正由柴氏使幼兒主天下耳. 汝萬歲後, 當傳位晉王, 晉王傳秦王, 秦王以傳德昭. 國有長君, 社稷之福也. 太祖曰, 謹受教. : 建隆(건륭) 2年에, 昭憲(소헌) 杜太后(두태후)는 죽음에 임해 太祖에게 일러 말했다. "폐하가 得天下할 수 있었던 까닭을 아시요?" 태조가 "모두가 조상과 어머님의 음덕입니다."라고 말했다. 太后가 웃으면서 "그렇지 않소이다. 바로 柴氏가 유아(일곱 살 난)로 하여금 천하를 다스리게 했기 때문이요. 폐하는 죽은 뒤에는 꼭 晉王에게 전위하고 晉王은 秦王에게, 秦王은 德昭(덕소)에게 전해야 합니다. 나라에 나이 든 군주가 있다는 것이 社稷(사직)의 복입니다." 태조는 "삼가 가르침을 따르겠습니다."라고 말했다.

- 建隆(건륭) 二年 ; 서기 961년. 태조 즉위 다음 해. 昭憲杜太后(소헌두태후) ; 趙匡胤(조광윤), 趙匡義(조광의)의 생모. 汝 너여. 所以(소이) ; 까닭, 이유.

- 餘慶(여경) ; 자손에 까지 미친 조상의 恩德. 萬歲後(만세후) ; 죽은 뒤에. 秦王(진왕) ; 趙廷美(조정미), 태종의 동생. 본명은 匡美(광미). 廷美로 改名.

- 德昭(덕소) ; 太祖의 次子. 長子는 早死(조사 = 일찍 죽음). 長君(장군) ; 나이가 든 통치자. 謹受教(근수교) ; 삼가 가르침을 받겠습니다.

(2) 太后呼趙普曰, 趙書記共記吾言, 不可違. 裀命普於榻前爲誓書. 普署紙尾曰, 臣普記, 藏之金匱.

太祖友愛篤至, 晉王嘗寢疾灼艾, 太祖亦自灸以分其痛. 嘗曰, 晉王龍行虎步, 且生時有異, 佗日必作太平天子, 福德非吾所能及也.

소헌두태후가 趙普(조보)를 불러 말했다. "趙書記(조서기)도 내 말을 모두 기억하여 어기지 마시오." 그리고서는 조보에게 침상 앞에서 맹서의 글을 짓게 하였다. 조보는 글 말미에 '신 조보가 쓰다.' 라고 서명하여 금궤에 보관하였다.

태조는 형제 사이에 우애가 독실했는데, 그 전에 진왕(조광의)이 병석에서 쑥뜸을 뜨며 괴로워하자, 태조도 같이 뜸을 뜨며 고통을 나누었다. 태조는 그 전에 "진왕은 용의 뛰어난 모습에 당당한 걸음걸이에다가 태어날 때 기이한 일이 있었으니 뒷날 틀림없이 태평천자가 될 것이며, 그 복덕은 내가 능히 따라갈 수 없을 것이다."라고 말했다.

어구 설명

○ 太后呼趙普曰, 趙書記共記吾言, 不可違. 因命普於榻前爲誓書. 普署紙尾曰, 臣普記, 藏之金匱. : 太后가 趙普를 불러 말했다. "趙書記도 내 말을 모두 기억하여 어기지 마시오." 그리고서는 조보에게 침상 앞에서 맹서의 글을 짓게 하였다. 조보는 글 말미에 '臣 조보가 쓰다.' 라고 서명하여 금궤에 보관하였다.

- 趙書記(조서기) ; 趙普는 당시 추밀부사라는 고관이었지만 전

에 부르던 호칭대로 불렀다. 爲誓書(위서서) ; 맹서의 글을 작성하다. 誓 맹세할 서.

- 署 관청 서. 서명하다. 藏 감출 장. 金匱(금궤) ; 황금 상자.

※ 이를 '金匱之盟(금궤지맹)' 이라 하지만 太祖 재위 중 이런 기록이 없기에 太宗에 의해 조작된 것이라 생각할 수 있다.

○ 太祖友愛篤至, 晉王嘗寢疾灼艾, 太祖亦自灸以分其痛. 嘗曰, 晉王龍行虎步, 且生時有異, 佗日必作太平天子, 福德非吾所能及也. : 太祖는 우애가 독실했는데, 그 전에 晉王(조광의)이 병석에서 쑥뜸을 뜨며 괴로워하자, 太祖도 같이 뜸을 뜨며 고통을 나누었다. 태조는 그 전에 "晉王은 龍行虎步(용행호보)에 태어날 때 기이한 일이 있었으니 뒷날 틀림없이 太平天子가 될 것이며, 그 福德(복덕)은 내가 능히 따라갈 수 없을 것이다."라고 말했다.

- 篤 도타울 독. 신실(信實=믿음직하고 착실함)하다. 至 ; ~에 이르다. ~한 정도가 되다. 寢疾(침질) ; 병석에 눕다. 灼 사를 작. 불태우다. 艾 쑥 애.

- 灸 뜸 구. 약쑥으로 뜸을 뜨다. 龍行虎步(용행호보) ; 용과 호랑이의 당당한 모습과 행보. 有異(유이) ; 기이한 일.

- 佗 다를 타. 佗日(타일) ; 他日. 뒷날.

(3) 太祖幸蜀, 有布衣張齊賢, 獻十策. 召問賜食, 且啗且對. 太祖善其某策, 齊賢固稱, 餘策皆善. 太祖怒斥便出, 旣還語晉王曰, 吾幸西都, 得一張齊

賢. 吾不欲用之, 他日留與汝作宰相. 蓋傳位之定久矣. 太祖不豫, 后遣王繼恩召皇子德芳. 繼恩徑召晉王, 王至宮中. 散遣左右, 所言皆不可得聞. 但遙見燭影下, 王有離席之狀, 旣而上引柱斧戳地, 大聲曰, 好爲之, 遂崩. 后見晉王, 愕然曰, 吾母子之命, 皆託官家. 王曰, 共保富貴, 無憂也. 王卽位, 更名炅. 秦王廷美尹開封. 改封齊王, 德昭封武功郡王.

태조가 낙양에 행차했을 때, 布衣(포의=벼슬하지 않은 사람) 장제현이 십책을 올렸다. 태조가 불러 물어본 뒤 음식을 내려주자, 먹으면서 대답을 했다. 태조가 어떤 대책이 좋다고 하니, 장제현은 굳이 다른 대책도 다 옳다고 대꾸하였다. 태조는 화가 나서 물리쳐 내보냈는데, 태조는 서울로 돌아와서 진왕(조광의)에게 말했다. "나는 西都(서도)에 가서 장제현이라는 사람을 만났었다. 나는 그를 등용하고 싶지 않아 뒷날 네가 천자가 되거든 그를 재상으로 등용할 수 있도록 남겨두겠다." (이를 보면, 아우에게) 전위(천자의 자리를 물려줌)하려 작정한 것은 아마 오래였을 것이다.

太祖가 병석에 눕자, 황후는 환관 왕계은을 보내 황자 德芳(덕방=둘째 아들)을 불렀다. 왕계은이 덕방에게로 가지 않고 곧장 진왕을 불러왔고 진왕은 궁중에 들어갔다. 태조는 측근들을 모두 내보냈고, 하는 말은 하나도 들을 수 없었다. 다만 멀리서 보면 촛불 그림자에 진왕이 자리에서 일어서는 모습이 보였고, 얼마 있다가 태조가 작은 도끼를 당겨 땅에 버리면서 큰 소리로 말했다. "잘 해라." 그리고서는 붕어했다.

황후는 진왕을 보고 놀라며 말했다. "우리 모자의 목숨을 모두 천자께 맡기겠습니다." 진왕은 "함께 부귀를 누릴 것이니 걱정할 것 없습니다." 진왕은 즉위하며, 이름을 경으로 바꾸었다. 秦王 조정미는 개봉윤이 되었다가 다시 齊王(제왕)에 봉했고, 德昭(덕소=태조의 맏아들)는 武功郡王〔乾州(건주)를 수도로 하는 지방〕에 봉했다.

어구 설명

○ 太祖幸蜀(洛陽), 有布衣張齊賢, 獻十策. 召問賜食, 且啗且對. 太祖善其某策, 齊賢固稱, 餘策皆善. 太祖怒斥便出, 旣還語晉王曰, 吾幸西都, 得一張齊賢. 吾不欲用之, 他日留與汝作宰相. 蓋傳位之定久矣. : 太祖가 낙양에 행차했을 때, 布衣(포의) 張齊賢(장제현)이 十策을 올렸다. 태조가 불러 물어본 뒤 음식을 내려주자, 먹으면서 대답을 했다. 太祖가 어떤 대책이 좋다고 하니, 齊賢은 굳이 다른 대책도 다 옳다고 대꾸하였다. 太祖는 화가 나서 물리쳐 내보냈는데, 돌아와서 晉王에게 말했다. "나는 西都에 가서 張齊賢이라는 사람을 만났었다. 나는 그를 등용하고 싶지 않아 뒷날 네가 재상으로 등용할 수 있도록 남겨두겠다." (이를 보면, 아우에게) 전위하려 작정한 것은 아마 오래였을 것이다.

- 幸蜀(행촉) ; 촉에 행차하다. 태조는 蜀에 간 일이 없고 다음에 '西都(洛陽)에 갔더니' 라는 말이 있고, 또 張齊賢이 洛陽人이기에 幸蜀은 '幸洛陽' 의 착오일 것이다.

- 布衣(포의) ; 평민. 張齊賢(장제현, 943~1014년) ; 太祖가 洛陽에 가자 齊賢은 馬前에서 獻策(헌책)했다. 飯量(반량 = 밥의 양)이 特大했는데 큰 접시 5개의 牛肉(우육 = 소고기)을 먹었다는 일화가 전해온다.

- 獻策(헌책) ; 計策(계책)을 올림. 일에 대한 방책을 드림.

- 啗 먹을 담. 씹다. 且啗且對(차담차대) ; 먹으면서 대답하다. 且 ①또 차. ②도마 저. ③삼갈 저. 固稱(고칭) ; 굳이 대꾸하다. 怒斥(노척) ; 노하면서 물리치다.

- 蓋 덮을 개. 아마도. 傳位之定(전위지정) ; 傳位(전위 = 양위하다. 잇다.)하기로 결정하다.

○ 太祖不豫, 后遣王繼恩召皇子德芳. 繼恩徑召晉王, 王至宮中. 散遣左右, 所言皆不可得聞. 但遙見燭影下, 王有離席之狀, 旣而上引柱斧戳地, 大聲日, 好爲之, 遂崩. : 太祖가 병석에 눕자, 황후는 王繼恩(왕계은)을 보내 皇子 德芳(덕방)을 불렀다. 왕계은이 곧장 晉王을 불러왔고 진왕은 宮中에 들어갔다. 측근들을 모두 내보냈고, 하는 말은 하나도 들을 수 없었다. 다만 멀리서 보면 촛불 그림자에 진왕이 자리에서 일어서는 모습이 보였고, 얼마 있다가 태조가 작은 도끼를 당겨 땅에 버리면서 큰 소리로 말했다. "잘 해라." 그리고서는 붕어했다.

- 豫 미리 예. 즐거운. 不豫(불예) ; 황제의 병환. 后(후) ; 황후.

開寶(개보) 元年(968)에 맞이한 황후. 宋氏, 태조가 죽는 해에 25세.

– 王繼恩(왕계은) : 太祖의 內侍(내시). 德芳(덕방) ; 太祖의 四子(사자 = 네번째 자식). 徑 지름길 경. 散遣(산견) ; 물리치다. 遙見(요견) ; 멀리서 보니.

– 旣而(기이) ; 얼마 있다가. 柱斧(주부) ; 수정으로 만든 작은 도끼. 戳 창으로 찌를 착. 찍다. 땅에 떨어지다.

○ 后見晉王, 愕然曰, 吾母子之命, 皆託官家. 王曰, 共保富貴, 無憂也. 王卽位, 更名炅. 秦王廷美尹開封. 改封齊王, 德昭封武功郡王. : 皇后는 晉王(조광의)을 보고 놀라며 말했다. "우리 母子의 목숨을 모두 天子께 맡기겠습니다." 晉王(진왕)은 "함께 富貴(부귀)를 누릴 것이니 걱정할 것 없습니다." 晉王은 卽位(즉위)하며 이름을 炅(경)으로 바꾸었다. 秦王 趙廷美(조정미)는 開封尹이 되었다가 다시 齊王에 봉했고, 德昭는 武功郡王에 봉했다.

– 后 ; 태조의 皇后. 愕 놀랄 악. 官家(관가) : 天子(속칭). 公家. 無憂也(무우야) ; 걱정할 것 없습니다. 無는 毋(무). 炅 빛날 경.

– 秦王 廷美(진왕정미) ; 태종의 아우. 德昭(덕소) ; 태조의 次子.〈長子는 早亡(조망 = 일찍이 죽었다.)〉.

【참고】 太宗 즉위의 수수께끼

❖ 우선 국가의 공식적인 역사 자료나 기록은 勝者에 의한 것이라는 것을 염두에 두고 생각해야 한다. 태조와 태종은 형제간으로 우애가 좋았다지만, 母后 杜太后가 죽기 전에 '형제간에 傳位(전위 = 양위하다.)' 하라는 '金匱之盟〈금궤지맹, 金匱(금궤) ; ①

금으로 장식하여 만든 궤. ②쇠로 만든 궤. 귀중한 물건을 넣어두고 길이 전하는 데에 씀.〉' 은 사후에 얼마든지 조작될 수 있었다.

두태후가 죽을 때 태조는 927년생으로 34세, 조광의(태종)는 22세, 그리고 태조의 아들 德昭는 14세였다. 즉위한 다음 해, 젊은 황제로 금방 죽을 것도 아닌데 어머니가 동생에게 물려주라 한다고 고분고분 따를 황제는 없을 것이다. 또 태조와 아들은 20살 차이로 지극히 정상적이었고 덕소는 곧 성인이 될 것이니 後周의 恭帝처럼 10살도 안 된 어린아이가 아니었다.

다음으로 조광윤과 조광의 형제는 12살 차이로 아우가 형에게 대들거나 도전할 수 없는 사이였다. 때문에 형과 아우는 좋은 우애를 가질 수 있었다. 그러나 태조 조광윤이 죽는 해에, 태조 50세, 조광의는 38세, 아들 덕소는 30세였다. 말하자면, 동생 조광의에게 전위해야 할 이유가 하나도 없었고 조광의는 황제가 될 가능성이 거의 없는 막다른 상황이었다.

그리고 위독한 순간에 아들을 데려오라고 했는데 환관이 조광의를 불러온 것도 수상하고 '燭影斧聲(촉영부성. 燭 촛불 촉. 斧 도끼 부. 베다.)' (촛불 그림자에 도끼 소리)란 것도 형제간의 순간적인 난투극이었을 것이다. 태조가 누워 있던 방에 들어간 황후가 놀라며 조광의에게 "우리 모자의 목숨을 천자에게 맡기겠습니다."라고 말한 상황을 추리해 보고, 또 뒷날 태종이 조카인 덕소를 핍박한 사실 등을 종합한다면, 아우가 형을 시해하고 조카가 차지할 제위를 찬탈했을 개연성은 매우 높다고 볼 수 있다.

재벌 2세의 형제 사이에서도 분란이 일어나는데 재벌보다 더 막강하고 절대적인 황제의 자리와 그 권력을 사이좋게 돌려가면서 누릴 수 있는 형제란 아마 이 세상에 존재할 수 없을 것이다.

(4) ○ 遣使分行州縣, 廉察官吏, 第其優劣. 罷軟不勝任, 惰慢不親事, 免官. ○ 贓吏配者, 遇赦不敍. ○ 大理評事陳舜封, 奏事口捷, 擧止類倡優. 問誰氏子, 對以父爲伶官. 上曰, 汝眞雜類. 豈得任淸望官, 改授殿直. ○ 陳洪進來朝, 獻漳·泉二州. ○ 吳越王錢俶來朝, 遂獻其地.

○ 太宗(태종)은 우선 특사를 각 주현에 보내 관리들을 자세히 감찰하여 우열에 따라 서열을 매기었다. 무기력하여 업무를 감당하지 못하는 자, 게을러서 직접 업무를 수행치 않는 자는 면관(파면)시켰다.

○ 뇌물을 받아 유배되었던 관리는 사면을 받아도 임용하지 않았다.

○ 大理評事(대리평사=형벌을 맡아보는 벼슬)인 진순봉은 보고를 할 때 말이 빠르고 행동거지가 광대와 비슷했다. (태종이) 너는 누구의 자식이냐고 물었더니, 아버지가 악공이었다고 대답했다. 태종은 "너는 진짜 잡놈이구나! 어찌 淸望官職(청망관직=사람들이 부러워하는 높은 벼슬)을 담당할 수 있겠느냐?"라고 하면서 좌천시켜 대궐 안

의 숙직하는 직책에 임명했다.

○ 진홍진이 내조하여 장주, 천주를 바쳤다.

○ 오월의 왕인 전숙이 내조하며 마침내 그 땅을 전부 바쳤다.

어구 설명

○ 遣使分行州縣, 廉察官吏, 第其優劣. 罷軟不勝任, 惰慢不親事, 免官. 贓吏配者, 遇赦不敍. : 특사를 나누어 주현에 보내 官吏들을 자세히 감찰하여 우열에 따라 서열을 매기었다. 무기력하여 업무를 감당하지 못하는 자, 게을러서 직접 업무를 수행치 않는 자는 免官시켰다. 뇌물을 받아 유배되었던 관리는 사면을 받아도 재임용하지 않았다.

- 廉 청렴할 염(렴). 값이 싸다. 삼가다. 살펴보다. 廉察(염찰) ; 자세히 조사하다. 第 차례 제. 석차를 매기다.

- 罷 방면할 파. 파면하다. 고달플 피. 軟 연할 연. 몰랑몰랑하다. 연약하다. 輭의 속자. 罷軟(피연) ; 무기력하다. 유약하다.

- 惰 게으를 타. 慢 게으를 만. 惰漫(타만) ; 게으르다. 不親事(불친사) ; 업무를 몸소 실행하지 않다.

- 贓吏(장리) ; 뇌물 받은 관리. 配者(배자) ; 流配(유배)된 자. 遇赦不敍(우사불서) ; 사면을 받더라도 임용하지 않다.

○ 大理評事陳舜封, 奏事口捷, 擧止類倡優. 問誰氏子, 對以父爲伶官. 上日, 汝眞雜類. 豈得任淸望官, 改授殿直. 陳洪進來朝, 獻

漳·泉二州. 吳越王錢俶來朝, 遂獻其地. : 大理評事인 陳舜封은 奏事에 말이 빠르고 행동거지가 광대와 비슷했다. (태종이) 누구의 자식이냐고 물었더니, 父가 악공이었다고 대답했다. 태종은 "너는 진짜 잡놈이구나! 어찌 청망관직을 담당할 수 있겠느냐?" 라고 하면서 殿直(전직)에 임명했다. 陳洪進이 來朝〈내조=다른 나라 使臣(사신)이 찾아옴. 제후가 천자의 조정에 와 뵘. 入朝(입조).〉하여 漳州(장주), 泉州를 바쳤다. 吳越의 王인 錢俶(전숙)이 來朝하며 마침내 그 땅을 바쳤다.

- 大理評事(대리평사) ; 형벌 담당 大理寺의 관직명.　捷 이길 첩.　口捷(구첩) ; 말이 빠르다.　擧止(거지) ; 동작. 하는 짓.
- 類 무리 유(류). 비슷하다.　倡優(창우) ; 광대. 배우.　伶官(영관) ; 樂工.　汝眞雜類(여진잡류) ; 너는 진짜 잡놈이구나!
- 淸望官(청망관) ; 淸明하고 名望한 要職.　殿直(전직) ; 殿中의 宿直(숙직)하는 職役(직역).
- 陳洪進(진홍진, 914~985년) ; 南唐 멸망 후에도 세력을 유지하며 존속한 지방 군벌.　漳 강 이름 장.　漳州(장주), 泉州(천주) ; 今 福建省 지역.
- 吳越國(오월국) ; 五代十國의 하나. 錢鏐(전류)가 907년 건국. 978년까지 존속. 錢塘〈전당. 杭州(항주)〉 도읍.　杭 건널 항, 막을 항.

(5) ○ 命潘美伐北漢, 尋親征圍太原. 劉繼元出降, 北漢亡. ○ 詔征契丹. 易州·涿州來降. 上攻幽州,

踰旬不下, 遂班師. 郡王德昭從征幽州. 軍中嘗夜驚, 不知上所在. 有謀立德昭者, 上聞不悅. 及歸以北征不利, 不行平北漢之賞. 德昭言之, 上大怒曰, 待汝自爲之, 賞未晩也. 德昭退而自刎.

○ 태종은 반미에게 명하여 北漢을 정벌케 하면서 곧 태종도 친정하며 서울 태원을 포위했다. 유계원은 성을 나와 항복했고 북한은 망했다.

○ 태종은 다시 조서를 내려 거란을 원정케 했다. 역주와 탁주가 투항했다. 태종은 유주를 공격하였으나 10여 일이 넘도록 성을 공격했으나 함락되지 못해 결국 회군했다. 무공군왕인 덕소도 황제를 따라 유주 정벌에 나섰다. 어느 날, 군중에서 밤에 사건이 일어나 태종의 소재를 몰랐던 일이 있었다. 덕소를 옹립하려는 자가 있었는데, 태종이 듣고서는 불쾌하게 생각했다.

귀환해서는 북정이 성공하지 못했다 하여 북한을 평정한 논공행상을 하지 않았다. 덕소가 논공행상을 말하자, 태종이 대노하며 말했다. "네가 기다렸다가 천자가 되었을 때 시상을 해도 늦지 않다." 덕소는 물러 나와 자살했다.

어구 설명

○ 命潘美伐北漢, 尋親征圍太原. 劉繼元出降, 北漢亡. : 潘美(반

미)에게 명하여 北漢을 정벌케 하면서 곧 태종도 親征하며 太原을 포위했다. 劉繼元(유계원)은 出降하였고 北漢(북한)은 亡했다.

- 潘美(반미) ; 江南征討軍副將軍(강남정토군부장군).

- 圍 둘레 위. 에워싸다. 太原(태원) ; 北漢의 도읍. 北漢亡(북한망) ; 서기 951~979년 4대 29년 존속. 後周(후주)의 태조 때, 後漢 高祖 劉知遠(유지원)의 동생 劉崇(유숭)이 晋陽(진양)에서 황제를 僭稱(참칭)하고 건국. 都城은 太原. 이로써 五代十國의 통일 완성.

○ 詔征契丹. 易州 · 涿州來降. 上攻幽州, 踰旬不下, 遂班師. 郡王德昭從征幽州. 軍中嘗夜驚, 不知上所在. 有謀立德昭者, 上聞不悅. : 조서를 내려 거란을 원정케 했다. 易州와 涿州(탁주)가 來降(내항)했다. 태종은 幽州(유주)를 공격하였으나 10여 일이 넘도록 차지하지 못해 결국 회군했다. 武功郡王인 德昭가 황제를 따라 幽州 정벌에 나섰다. 어느 날, 軍中에서 밤에 사건이 일어나 태종의 소재를 몰랐던 일이 있었다. 德昭를 옹립하려는 자가 있었는데, 태종이 듣고서는 불쾌하게 생각했다.

- 易州(역주) ; 河北省, 保定市. 涿州(탁주) ; 燕雲 16주의 지역. 幽州(유주) ; (燕州), 今 北京. 旬 열흘 순. 班師(반사) ; 回軍(회군)하다.

- 德昭(덕소) ; 태조의 막내아들. 夜驚(야경) ; 한밤의 변고.

○ 及歸以北征不利, 不行平北漢之賞. 德昭言之, 上大怒曰, 待汝自爲之, 賞未晚也. 德昭退而自刎. : 귀환해서는 北征이 성공하지 못했다 하여 北漢을 평정한 논공행상을 하지 않았다. 德昭가 논공행상을 말하자, 태종이 大怒하며 말했다. "네가 기다렸다가 천

자가 되었을 때 해도 行賞은 늦지 않다." 德昭는 이 말을 듣고 물러 나와 자살했다.

- 不利(불리) ; 성공하지 못하다. 平北漢之賞(평북한지상) ; 北漢 평정에 대한 논공행상.

- 待汝自爲之(대녀자위지) ; 네가〈汝(너 여)〉 (제위에 오르기를) 기다렸다가(待) 몸소(自) 行賞을(之) 하다(爲). 刎 목 벨 문. 自刎(자문) ; 자살하다. (조카인 덕소에게 상당한 압박이 있었음을 알 수 있다.)

(6) 後二年, 岐王德芳卒. 自太祖二子相繼死, 齊王廷美不自安. 佗日, 上嘗以傳國意訪趙普. 普曰, 太祖已誤, 陛下豈容再誤邪. 於是普復入相. 廷美遂得罪, 降涪陵縣公. 普復使知開封府李符, 告其怨望. 南還房州, 尋殺之. 普恐李符漏言, 徊弨德超譖曹彬故, 以符薦德超, 貶符春州卒.

그 후 2년, 기왕인 덕방이 죽었다. 태조의 두 아들이 연이어 죽자, 태조의 아우 제왕인 조정미는 불안하게 생각했다. 뒷날, 태종은 전위하려는 뜻을 가지고 조보를 방문했다. 조보는 "태조께서 이미 오류(천자의 자리는 태자에게 전해야 할 것을 그러지 않았다는 뜻)가 있었는데, 폐하께서 어찌 그런 잘못을 또 하려 하십니까?"라고 말했다. 이에 조보는 조정에 들어와 다시 재상이 되었다.

조정미는 나중에 죄를 받아 부능현공으로 강등되었다. 조보는 다시 개봉부 지사인 李符(이부)를 시켜 정미가 (태종을) 원망한다고 아뢰었다. (정미는) 남쪽 방주로 옮겨졌다가(귀양보냄) 곧 죽었다. 조보는 이부가 누설할까 걱정하여 (전에) 미덕초가 조빈을 참소했던 사건에서 이부가 미덕초를 추천했었다고 용주라는 남쪽 끝(廣東)으로 폄직(좌천)시켰는데, (이부는) 거기서 죽었다.

어구 설명

○ 後二年, 岐王德芳卒. 自太祖二子相繼死, 齊王廷美不自安. 佗日, 上嘗以傳國意訪趙普. 普日, 太祖已誤, 陛下豈容再誤邪. 於是普復入相. : 그 後 2年, 岐王(기왕)인 德芳(덕방)이 죽었다. 太祖의 二子가 연이어 죽자, 齊王인 趙廷美는 편안치 못했다. 뒷날, 태종은 傳國하려는 뜻을 가지고 趙普를 방문했다. 조보는 "太祖께서 이미 오류가 있었는데, 陛下(폐하)께서 어찌 그런 잘못을 또 하려 하십니까?"라고 말했다. 이에 조보는 다시 재상이 되었다.

– 後二年(후이년) ; 2년 뒤. 岐 갈림길 기. 德芳(덕방) ; 太祖의 2남(둘째 아들). 岐王은 추증한 묘호. 齊王廷美(제왕정미) ; 태종의 아우. 실은 秦王의 오류. 태종은 북한을 토벌한 공으로 齊王(제왕)을 다시 秦王(진왕)에 봉했었다.

- 佗 다를 타. 太祖已誤(태조이오) ; 태조는 전에 잘못을 했었다. 형제간 傳位〈전위 = 王位(왕위)를 전하여 줌.〉한 것이 잘못이라는 뜻. 已 이미 이, 벌써 이.

○ 廷美遂得罪, 降涪陵縣公. 普復使知開封府李符, 告其怨望. 南還房州, 尋殺之. 普恐李符漏言, 因弭德超譖曹彬故, 以符薦德超, 貶符舂州卒. : 廷美는 나중에 죄를 받아 涪陵縣公(부릉현공)으로 강등되었다. 조보는 다시 知開封府인 李符를 시켜 정미가 (태종을) 怨望(원망)한다고 아뢰었다. (정미는) 南쪽 房州(방주)로 옮겨졌다가 곧 죽었다. 조보는 李符(이부)가 누설할까 걱정하여 (전에) 弭德超(미덕초)가 曹彬(조빈)을 참소했던 사건에서 이부가 미덕초를 추천했다고 용주로 폄직시켰고, 이부는 거기서 죽었다.

- 廷美遂得罪(정미수득죄) : 太平興國 六年(981년)에, 趙廷美가 교만방자하다는 모함이 있었는데, 趙普가 다시 이 일을 확대하여 知開封府事 李符를 시켜 趙廷美를 무고하였다. 다음 해, 趙廷美는 西京留守로 좌천되었는데 兵部尙書 盧多遜(노다손)과 모의하다가 발각되어 涪陵縣公(부릉현공)으로 쫓겨났다.

- 遂 이룰 수. 이루다. 성취하다.

- 涪 물거품 부. 涪陵縣(부릉현) ; 四川의 지명. 李符(이부) ; 인명. 南還房州(남환방주) ; 南遷房州(남천방주)가 되어야 맞음. 漏 물이 샐 누(루).

- 弭 활고자 미. 활줄을 매는 양 끝. 잊다. 弭德超(미덕초) ; 인명. 譖 참소할 참. 헐뜯다. 曹彬(조빈) ; 南唐을 멸망시킨 名將.

- 貶 떨어트릴 폄. 舂 찧을 용. 절구질하다. 舂州(용주) ; 四川의 지명.

(7) ○ 种放隱于終南山, 結草爲廬, 以講習爲務, 後進多從之學. 上聞召之, 辭以母老. 上高其節, 厚賜錢帛旌之. ○ 呂蒙正爲參政. 有朝士, 指之曰, 此子亦參政邪. 蒙正佯不聞, 同列欲詰其姓名. 蒙正止之曰, 若一知名姓, 則終身不忘, 不如無知也. ○ 召華山陳摶, 賜號希夷先生.

○ 충방이란 사람이 세상을 피해 종남산에 은거하면서 풀로 오두막을 짓고 제자를 가르치는데 힘쓰니 많은 젊은 후학들이 그를 따라 배웠다. 태종이 소문을 듣고 서울로 불러다가 쓰려고 벼슬을 주려 불렀으나 모친이 연노하다고 사양하였다. 태종은 그 절개를 높여 돈과 비단을 후히 내려 그를 표창했다.

○ 여몽정이 참정이 되었다. 어떤 관리가 여몽정을 가리키며 "이런 사람도 참정이 되는가?"라고 말했다. 몽정은 못들은 척 했는데 동료가 그 사람의 이름을 물으려 했다. 여몽정은 그를 말리면서 말했다. "만약 그 이름을 내가 한 번 들으면 죽을 때까지 잊지 못할 것이니 차라리 모르는 것만 못하다."

○ 화산의 陳摶(진단)을 불러 希夷先生(희이선생)이라는 호칭을 내렸다.

어구 설명

○ 种放隱于終南山, 結草爲廬, 以講習爲務, 後進多從之學. 上聞召之, 辭以母老. 上高其節, 厚賜錢帛旌之. : 种放이 終南山에 은거하면서 풀로 오두막을 짓고 제자를 가르치는데 힘쓰니 많은 後學들이 그를 따라 배웠다. 태종이 소문을 듣고 벼슬을 주려 불렀으나 모친이 연노하다고 사양하였다. 태종은 그 절개를 높여 돈과 비단을 후히 내려 그를 표창했다.

– 种 어릴 충. 성씨. 种放(충방, 955~1015년) ; 眞宗 때 工部侍郎까지 역임. 出仕(출사)와 隱居(은거)를 거듭하며 명성과 재물을 탐했던 인물.

– 終南山(종남산) ; 長安 서남쪽의 명산. 武功縣(무공현). 廬 오두막집 려. 辭以母老(사이모노) ; 모친이 연노하다는 이유로 사양하다.

– 上高其節(상고기절) ; 태종은 그 절개를 높여(높게 생각하다.) 이때 高는 '높게 생각하다'의 동사로 쓰였다. 厚賜錢帛(후석전백) ; 돈과 비단을 많이 내려 주다.(은거한 1차 목표를 성취한 셈임). 帛 비단 백. 예물로 보내는 비단.

– 旌 천자의 깃발 정. 표시하다. 표창하다.

○ 呂蒙正爲參政. 有朝士, 指之曰, 此子亦參政邪. 蒙正佯不聞, 同列欲詰其姓名. 蒙正止之曰, 若一知名姓, 則終身不忘, 不如無知也. 召華山陳摶, 賜號希夷先生. : 呂蒙正(여몽정)이 參政(참정)이 되었다. 어떤 관리가 여몽정을 가리키며 "이런 사람도 참정이 되는가?"라고 말했다. 몽정은 못들은 척 했는데 동료가 그 사람의

이름을 물으려 했다. 여몽정은 그를 말리면서 말했다. "만약 그 이름을 내가 한 번 들으면 죽을 때까지 잊지 못할 것이니 차라리 모르는 것만 못하다." 華山(화산)의 陳摶(진단)을 불러 希夷先生(희이선생)이라는 호칭을 내렸다.

– 呂蒙正(여몽정 946~1011년) ; 3차례나 재상을 역임한 사람. '鷄舌湯(계설탕)'을 좋아하여 매 끼니마다 닭 백여 마리를 잡았다고 한다.

– 參政(참정) ; 재상을 보좌하는 參知政事. 朝士(조사) ; 조종의 관리. 此子亦參政邪(차자역참정야) ; 이런 사람도 참정인가?

– 佯 거짓 양. 同列(동열) ; 동료. 詰 물을 힐.

– 華山(화산) ; 華는 花. 五岳〈오악, 東岳 泰山, 西岳 華山, 中岳 嵩山(숭산), 南岳 衡山(형산), 北岳 恒山(항산)〉의 하나. 西安(長安) 서쪽 120km. 金庸(김용)의 무협소설 《倚天屠龍記(의천도룡기)》의 무대.

– 摶 뭉칠 단. 陳摶(진단, ?~989년) ; 별호 睡仙(수선), 華山派 道人. 화산에 숨어 살면서 40년 동안 도를 닦았다. 태종이 불렀을 때는 이미 나이가 백 살이나 되어 있었다. 그는 일찍이 흰 당나귀를 타고 汴京(변경)으로 향해가는 도중 趙匡胤(조광윤)이 천자가 되었다는 말을 듣고는, 몹시 기뻐서 웃다가 그만 당나귀에서 떨어졌다.

– 希夷(희이) ; 道가 심원한 모양. 希는 보이는 것 같지만 안 보이고, 夷는 들리는 것 같지만 들을 수 없는 상태. 《老子道德經》 14장 ; '視之不見名曰夷〈시지불견명왈이 ; 도는 보아도 보이지 않는 것이어서, 형체도 없는 것, 곧 夷(이)라고 부른다.〉, 聽之不

聞名曰希〈청지불문명왈희 ; 도는 들어도 들리지 않는 것이어서, 소리도 없는 것, 곧 希(희)라고 부른다.〉, 搏之不得名曰微〈박지부득명왈미 ; 도는 만지려 해도 만져지지 않는 것이어서 隱微(은미=희미하여 나타나지 않음. 속이 깊어서 알기 어려움)한 것, 곧 微(미)라고 부른다.〉. 此三者, 不可致詰〈차삼자, 불가치힐 ; 이 세 가지는 감각으로써 그것을 구명할 수가 없는 것이다.〉, 故混而爲一〈고혼이위일 ; 본시 이것들은 뒤섞이어 하나의 道(도)가 되어 있는 것이다.〉.'

【참고】 終南捷徑(종남첩경)

❖ 終南山은 南山, 또는 太乙山이라고도 부른다. 일반적으로 秦嶺(진령)산맥 중 해발 2,604m의 翠華山(취화산)을 지칭한다. 예로부터 景色(경색)이 幽美(유미)하여 '仙都(선도)', '天下第一福地'의 미칭으로 알려졌다.

종남산은 老子가 《道德經》을 지었다는 樓觀臺(루관대)를 포함하고 있으며 도교의 일파인 全眞敎의 創始者인 王重陽같은 사람이 이곳에서 은거했었기에 예로부터 '도교의 발상지', '도교의 聖地'로 알려졌고 역대에 많은 황제들이 이곳에 거창한 道觀을 지었다.

회갑연 축하 문구로 흔히 쓰는 '福如東海長流水, 壽比南山不老松〈복여동해장류수, 수비남산불노송 ; 福(복)은 동해 장류수와 같고 壽(수)는 남산(종남산) 불로송과 나란히 하다.〉'의 南山이 바로 이 종남산이다. 종남산은 西安市(長安) 서남쪽 30여 km의 가까운 거리에 있기에 많은 사람들이 이곳에 은거하며 자신의 학문이나 덕행이 알려지기를 학수고대했었다. 또 실제로 그렇게 해서 벼슬을 얻은 사람들이 많았기에 당나라 때부터 종남산에 들어가는 것이 벼슬을 얻는 가장 빠른 길이라는 의미로 '終南捷徑(종남첩경)' 이라는 成語가 생길 정도였다.

樓觀(누관) ; ①樓閣(누각) 樓 다락 루. 다락집. 망루(望樓). 벽이 트이어 사방을 바라볼 수 있게 높이 지은 집. ②道敎(도교)의 寺院(사원).

(8) ○ 開寶寺塔成. 前後八年, 所費億萬. 田錫奏曰, 衆以爲金碧熒煌, 臣以爲塗膏釁血. 上不怒. ○ 先是西夏李光叡卒, 子繼筠嗣, 又卒. 弟繼捧嗣, 繼捧來朝, 獻四州地. 其弟繼遷叛去, 數入寇邊. ○ 契丹主明記殂, 號景宗. 子隆緖立, 年十二, 母蕭氏專其國政. ○ 上命曹彬等, 分道伐契丹. 彬兵大敗於岐溝關, 詔班師. 契丹自是連年入寇. 後女眞以契丹隔其朝貢之路, 請擊之, 不許. 女眞遂臣於契丹.

○ 汴京(변경)에 있는 개보사의 탑이 낙성(준공)되었다. 선후 8년에 소비된 비용이 억 만금이었다. 전석이 상주하기를 "사람들은 금색과 청색이 화려하다고 생각하지만 신은 백성의 고혈을 발랐다고 생각합니다." 태종은 화를 내

지 못했다.

○ 이 보다 앞서 서하의 이광예가 죽고, 아들 계균이 뒤를 이었으나 또 죽었다. 그 동생 계봉이 뒤를 이었고 계봉은 내조(입조)하면서 4개 주의 땅을 바쳤다. 그의 아우 계천은 계봉을 배반한 뒤 자주(宋의) 변경을 침범 노략질하였다.

○ 거란의 왕 야율명기가 죽자, 경종이라 했다. 아들 융서(聖帝=성제)가 즉위했는데 나이가 12세라서 모후 소씨가 국정을 담당했다.

開寶寺 琉璃塔(개보사 유리탑)

○ 태종은 조빈 등에 명하여 길을 나누어 동쪽과 서쪽에서 거란을 정벌케 했다. 조빈의 군대가 기구관에서 대패하자 조서를 내려 회군케 했다. 거란은 이로부터 해마다 쳐들어왔다. 뒤에 여진은 거란 때문에 조공할 길이 막혔다며 공격을 요청했으나 수락하지 않았다. 여진은 결국 거란에게 복속(속국)되었다.

어구 설명

○ 開寶寺塔成. 前後八年, 所費億萬. 田錫奏曰, 衆以爲金碧熒煌, 臣以爲塗膏釁血. 上不怒. : 開寶寺의 塔을 낙성했다. 前後 八年에

소용된 비용이 억만이었다. 田錫(전석)이 상주하기를 "사람들은 금색과 청색이 화려하다고 생각하지만 臣은 백성의 고혈을 발랐다고 생각합니다." 태종은 화를 내지 못했다.

– 開寶寺塔(개보사탑) : 開宝寺 琉璃塔(유리탑) 또는 佑國寺址塔(우국사지탑). 河南省 開封市 소재. 中國의 最古, 最高의 琉璃磚塔(유리전탑, 13층, 높이 55.8m). 북송 태조 때부터 건축하기 시작한 靈感寺(영감사)의 8각 13층 목탑이 태종 때 982년에 완성되었다. 이 탑이 仁宗 때 낙뢰로 소실되자 중건하면서 화재에 안전한 벽돌(塼)로 만들고 표면에 황갈색 유리를 덮어 현재에 이르고 있다. 인종이 중건하면서 태조 때의 연호를 따서 開寶寺로 이름을 바꾸어 전해오다가, 明나라 때 우국사 탑으로 이름이 바뀌었다. 그동안 진도 6 이상 38차례 지진과 9차례 황하 범람, 일본군의 포격을 견디어 냈다고 한다.

– 田錫(전석, 940～1004) ; 人名. 碧 푸를 벽. 熒 등불 형. 煌 빛날 황. 塗 바를 도. 膏 기름 고. 釁 피 바를 흔.

○ 先是西夏李光叡卒, 子繼筠嗣, 又卒. 弟繼捧嗣, 繼捧來朝, 獻四州地. 其弟繼遷叛去, 數入寇邊. : 이 보다 앞서 西夏의 李光叡가 죽고, 아들 繼筠(계균)이 뒤를 이었으나 또 죽었다. 그 동생 繼捧(계봉)이 뒤를 이었고 계봉은 來朝(내조)하면서 4개 州의 땅을 바쳤다. 그의 아우 繼遷(계천)은 계봉을 배반한 뒤 자주 (宋의) 변경을 노략질하였다.

– 西夏(서하) ; 감숙성 일대에 거주했던 羌族(강족)의 한 갈래. 黨項羌(당항강)이라고도 부른다. 뒷날 西夏 王朝를 건국하고 북

송을 괴롭힌다.

- 四州 ; 夏州(하주) · 銀州(은주) · 綏州(수주) · 宥州(유주).

- 李繼捧 來朝(이계봉 내조) ; 太平興國 7年(982년), 세습지를 송에 헌납하고 태종으로부터 彰德軍節度使(창덕군절도사)에 임명되었다. 來朝(내조) ; ①다른 나라 사신이 찾아옴. ②제후가 천자의 조정에 와 뵘. 入朝(입조). ③온 갈래의 강물이 모여 바다로 흘러 들어가는 일.

○ 契丹主明記殂, 號景宗. 子隆緒立, 年十二, 母蕭氏專其國政. : 契丹의 왕 耶律明記가 죽자, 景宗이라 했다. 아들 隆緒가 즉위했는데 나이가 12세라서 母后 蕭氏(소씨)가 國政을 담당했다.

- 明記(명기) ; 耶律賢(야율현), 遼 景宗 ; 在位 969~982년. 隆緒(융서) ; 遼나라 聖宗(재위 983~1031년).

- 母蕭氏(모소씨) ; 보통 蕭太后라 통칭. 걸출한 여걸. 文武(문무)에 뛰어났고 그 무렵 거란은 나라이름 遼(요)를 대거란(大契丹)으로 고쳤다. 북송을 많이 괴롭혔다. 蕭 맑은 대쑥 소.

○ 上命曹彬等, 分道伐契丹. 彬兵大敗於岐溝關, 詔班師. 契丹自是連年入寇. 後女眞以契丹隔其朝貢之路, 請擊之, 不許. 女眞遂臣於契丹. : 태종은 曹彬 等에 명하여 分道하여 契丹(거란)을 정벌케 했다. 조빈의 군대가 岐溝關(기구관)에서 대패하자 조서를 내려 회군케 했다. 거란은 이로부터 해마다 쳐들어왔다. 뒤에 女眞은 거란 때문에 조공길이 막혔다며 공격을 요청했으나 수락하지 않았다. 여진은 결국 거란에게 臣屬했다.

- 岐溝關(기구관) ; 涿州(탁주) 서남쪽. 連年(연년) ; 해마다.

請擊之(청격지) ; 거란을 공격해 달라고 요청하다.

(9) ○ 上賜李繼捧姓名趙保忠, 授節度使, 命管夏·銀·綏·宥·靜五州, 使圖繼遷. 繼遷降, 賜姓名趙保吉. 保吉復寇邊, 命李繼隆討之. 保忠言, 已與保吉解仇, 乞罷兵. 上怒, 命繼隆先移兵討之. 繼隆入夏州, 檻送保忠於闕下. 保吉尋亦請降, 而復叛, 命繼隆討之. ○ 蜀自旣平之後, 府庫之物, 悉載歸內府. 土狹民稠, 有司不無賦外之科. 王小波起爲盜, 小波死. 李順繼之, 攻陷成都, 僭號蜀王. 上命王繼恩討擒之, 蜀平.

○ 태종은 항복한 西夏(서하)의 임금 이계봉에게 조보충이라는 이름을 하사하면서 절도사를 제수하고, 하주, 은주, 수주, 유주, 정주 등을 관할하면서 그의 아우 이계천을 치게 하였다. 이계천이 투항하자, 태종은 조보길이라는 성명을 하사했다. 그러나 조보길(이계천)이 다시 변경을 노략질하자 이계륭에게 보길을 토벌하라고 명했다. 그러자 조보충은 보길과 이미 원한을 풀었으니 토벌을 중지해 달라고 요청했다. 태종은 화를 내며 먼저 조보충을 토벌하라고 이계륭에게 명했다. 이계륭은 하주로 진격하여 조보충

을 생포해 함거에 실어 대궐로 보냈다. 곧 조보길이 항복을 청했으나 다시 배반하자 이계륭에게 토벌케 했다.

○ 태조 乾德(건덕) 3년, 후촉이 평정된 이후로 그 창고의 재물은 모두 궁궐 창고에 귀속했었다. (촉 지방은) 농토는 좁고 인구는 조밀한데다가 관리들이 정규 조세보다 더 많은 것을 징수했다. 왕소파가 봉기하여 관가 재물을 노략질하다가 죽었다. 그러자 왕소파의 처남 이순이 뒤를 이어 성도를 공격하여 함락시키고 촉왕을 참칭했다. 태조는 왕계은에게 명하여 이순을 치고 생포하니 촉은 평정되었다.

어구 설명

○ 上賜李繼捧姓名趙保忠, 授節度使, 命管夏 · 銀 · 綏 · 宥 · 靜五州, 使圖繼遷. 繼遷降, 賜姓名趙保吉. 保吉復寇邊, 命李繼隆討之. 保忠言, 已與保吉解仇, 乞罷兵. 上怒, 命繼隆先移兵討之. 繼隆入夏州, 檻送保忠於闕下. 保吉尋亦請降, 而復叛, 命繼隆討之. : 태종은 李繼捧(이계봉)에게 趙保忠(조보충)이라는 이름을 하사하면서 節度使를 제수하고, 夏州, 은주, 수주, 유주, 靜州(정주) 등을 관할하면서 이계천을 치게 하였다. 이계천이 투항하자, 태종은 趙保吉(조보길)이라는 姓名을 하사했다. 그러나 조보길(이계천)이 다시 변경을 노략질하자 李繼隆(이계륭)에게 토벌하라고 명했다. 그러자 조보충은 보길과 이미 원한을 풀었으니 토벌을 중지해 달라고 요청했다. 태종은 화를 내며 먼저 조보충을 토벌하라고 이

계륭에게 명했다. 이계륭은 夏州로 진격하여 조보충을 생포해 함거에 실어 대궐로 보냈다. 곧 조보길이 항복을 청했으나 다시 배반하자 이계륭에게 토벌케 했다.

– 李繼捧(이계봉) = 趙保忠〈태종과 같은 趙씨로 賜名(사명)〉. 賜 줄 사. 주다. 하사하다.　節度使 = 彰德軍節度使(창덕군절도사).　管 ; 관할하다. 夏州(하주) 등 五州(오주) ; 今(오늘날) 陝西省(섬서성)과 甘肅省(감숙성)의 지역에 있다.

– 圖 ; 토벌하다.　繼遷(계천) = 趙保吉(조보길).　李繼隆(이계륭, 950~1005년) ; 北宋의 명장. 後蜀 정벌에 공을 세웠다. 서하족의 장군이 아님.

– 解仇(해구) ; 원한을 서로 풀다.　檻 우리 함. 檻車(함거) ; 죄인을 호송하는 데 사용하던, 사방을 통나무나 판자 등으로 난간을 두른 수레. 轞車(함거).　闕下(궐하) ; 대궐.　叛 배반할 반.

○ 蜀自旣平之後, 府庫之物, 悉載歸內府. 土狹民稠, 有司不無賦外之科. 王小波起爲盜, 小波死. 李順繼之, 攻陷成都, 僭號蜀王. 上命王繼恩討擒之, 蜀平. : 後蜀이 平定된 이후로 그 府庫의 재물은 모두 內府에 귀속했었다. (촉 지방은) 농토는 좁고 인구는 조밀한데다가 관리들이 정규 조세보다 더 많은 것을 징수했다. 王小波가 봉기하여 관가 재물을 노략질하다가 죽었다. 그러자 李順이 뒤를 이어 成都를 공격하여 함락시키고 蜀王을 참칭했다. 태조는 王繼恩에게 명하여 이순을 치고 생포하니 蜀은 平定되었다.

– 悉 다 실. 남김없이.　內府(내부) ; 황실의 창고.　土狹民稠(토협민조) ; 농토는 좁고 인구는 조밀하다.　狹 좁을 협. 좁다. 좁

아지다. 稠 빽빽할 조. 많다. 有司(유사) ; 담당자. 지방관.

- 賦外之科(부외지과) ; 賦는 賦稅(부세=세금을 매겨서 거둠, 또는 그 세금). 科는 세금의 종류. 정규 조세 이외로 걷는 세금. 王小波(왕소파, ?~994년) ; 農民 起義의 우두머리. 起義(기의) ; 올바른 뜻으로 일어나다.

- 李順(이순) ; 人名. 王小波의 처남. 5개월간 蜀王(촉왕)을 僭稱〈참칭(994년)=① 자기의 신분에 넘치는 칭호를 自稱(자칭)함, 또는 그 칭호. ② 참람하게 帝王(제왕)이라고 스스로 일컬음, 또는 그 칭호〉. 王繼恩(왕계은) ; 太祖 때의 환관. 擒 사로잡을 금.

(10) 交趾丁璉卒. 大校黎桓, 授其宗族而專其國. 上初命討之, 無功. 已而桓奉貢, 竟以桓爲交趾郡王. ○ 時霖潦過度, 上曰, 朕於刑獄盡心, 安得積陰之譴. 寇準越班對言, 某州局吏侵官錢若干, 於法爲小過, 陛下殺之. 王淮參政王沔之弟, 盜錢數百萬, 於法爲大憝, 陛下以沔故, 務相容蔽. 如此而曰刑獄盡心, 如之何無積陰之譴. 上卽日誅淮罷沔, 俄而雨止.

교지의 정련이 죽었다. 대장군인 여환이 정련의 종족을 가두고 국정을 주물렀다. 태종이 처음에는 토벌케 했으나 성공하지 못했다. 곧 여환이 조공을 해오자 결국 여환을 교지군왕으로 삼았다.

○ 그 무렵에, 장마가 너무 오래 계속되니 태종이 "나는 형벌과 옥사에 성심을 다 하였는데, 어찌하여 음기가 축적된 하늘의 견책을 받아야 하는가?"라고 물었다. 맨끝의 자리에 있던 구준이 윗자리의 신하들을 제쳐놓고 나서서 말했다. "얼마 전 어떤 州(주)의 관리가 관전 약간을 착복하였는데, 이는 법으로 작은 과실인데 폐하께서는 사형에 처했습니다. 또 왕회는 참정인 왕면의 아우인데 공금 수백만 전을 훔쳤기에 법으로는 대악에 해당되는데도 폐하는 왕면 때문에 처벌하지 않고 덮어버렸습니다. 이런데도 형옥에 진심하였다 하시는데, 어찌 이런 장마 같은 하늘의 견책이 없을 수 있겠습니까?"라고 대답하였다. 태종이 그날로 왕회를 죽이고 왕면을 파면하니 갑자기 비가 그쳤다.

어구 설명

○ 交趾丁璉卒. 大校黎桓, 囚其宗族而專其國. 上初命討之, 無功. 已而桓奉貢, 竟以桓爲交趾郡王. : 交趾(교지)의 丁璉(정련)이 죽었다. 대장군인 黎桓(여환)이 그 宗族을 가두고 국정을 주물렀다. 태종이 처음에는 토벌케 했으나 성공하지 못했다. 곧 여환이 조공을 해오자 결국 여환을 交趾郡王으로 삼았다.

– 交趾(교지) ; 今 베트남 北部 紅河(홍하) 유역 일대. 大校(대교) ; 大將, 고급 武官. 黎 검을 여(려). 桓 푯말 환. 奉貢(봉

공) ; 조공을 바치다.

- 竟 다할 경. 결국.

○ 時霖潦過度, 上曰, 朕於刑獄盡心, 安得積陰之譴. 寇準越班對言, 某州局吏侵官錢若干, 於法爲小過, 陛下殺之. 王淮參政王沔之弟, 盜錢數百萬, 於法爲大慼, 陛下以沔故, 務相容蔽. 如此而曰刑獄盡心, 如之何無積陰之譴. 上卽日誅淮罷沔, 俄而雨止. : 그 무렵에, 장마가 너무 오래 계속되니 태종이 "나는 형벌과 獄事(옥사)에 성심을 다 하였는데, 어찌하여 음기가 축적된 하늘의 견책을 받아야 하는가?" 라고 물었다. 寇準(구준)이 越班(월반)하여 "어떤 州의 관리가 官錢(관전) 약간을 착복하였는데, 이는 법으로 작은 과실인데 폐하께서는 사형에 처했습니다. 王淮(왕회)는 參政인 王沔(왕면)의 아우인데 數百萬 전을 훔쳤기에 법으로는 大惡에 해당되는데도 폐하는 왕면 때문에 처벌하지 않고 덮어버렸습니다. 이런데도 刑獄(형옥=① 형벌. ② 감옥.)에 盡心(진심)하였다 하시는데, 어찌 큰 장마 같은 하늘의 견책이 없을 수 있겠습니까?" 라고 대답하였다. 태종이 그날로 왕회를 죽이고 왕면을 파면하니 갑자기 비가 그쳤다.

- 霖 장마 림(임). 潦 큰비 료(요). 장마로 물이 넘치다. 霖潦(임요) ; 큰 장마. 盡心(진심) ; 성의를 다하다.

- 安得(안득) ; 어찌 ~해야 하는가?(반문). 譴 꾸짖을 견. 견책. 積陰之譴(적음지견) ; 음기가 축적되어 일어나는 하늘의 견책. 고대 중국에서는 천재지변을 정치의 득실에 따른 하늘의 계시로 생각하였다. 형벌은 陰에 해당하는 정치행위인데 이런 형벌

이 공평하지 못해 백성들의 원한이 축적되었고, 때문에 하늘에서는 큰비를 내려 위정자를 견책한다고 생각하였다.

- 寇 도둑 구. 노략질하다. 성씨. 寇準(구준, 961~1023년) ; 뒷날 眞宗에게 거란에 대한 강공책을 건의했다.
- 越班對言(월반대언) ; 하위직 관리가 순서를 넘어 먼저 발언하다. 局吏(국리) ; 관리. 沔 물 흐를 면. 淮 강이름 회. 准(준)이 아님. 懟 원망할 대. 악인. 악행.
- 容 얼굴 용. 몸가짐. 용서하다. 처벌하지 않다. 蔽 덮을 폐.
- 如之何(여지하) ; 어찌, 어떻게. 如之何其可也(여지하기가야) ; 어찌 그러할 수 있는가? 俄 갑자기 아.

(11) ○ 上崩. 在位二十二年, 改元者五, 曰太平興國, 曰雍熙 · 端拱 · 淳化 · 至道, 壽五十九. 薛居正 · 沈倫 · 趙普 · 宋琪 · 李昉 · 呂蒙正 · 張齊賢 · 呂端等, 相繼爲相. 普凡再入再罷, 尋薨. 普初以吏道聞, 寡學術. 太祖嘗勸以讀書, 普遂手不釋卷. 每朝有大議, 輒闔戶自啓一篋, 取一書閱之. 及卒家人視其篋則論語也. 嘗謂上曰, 臣有論語一部. 以半部佐太祖定天下, 以半部佐陛下致太平.

○ 태종이 붕어했다. 재위 22년에 개원은 5번 했는데, 태

평흥국, 옹희, 단공, 순화, 지도이고, 나이는 59세였다. 태종의 대에는 설거정, 심윤, 조보, 송기, 이방, 여몽정, 장제현, 여단 등이 서로 이어 재상이 되었다.

조보는 모두 두 번 재상이 되고, 두 번 파직되었는데 (파직되고서) 얼마 안 있다가 죽었다. 조보는 처음에 행정가로 명성이 있었지만 학술은 많지 않았다. 태조가 전에 독서를 권유한 적이 있었는데, 조보는 이후로 손에서 책을 놓지 않았다. 조회에서 큰 논의가 있는 날에는 바로 문을 닫고 상자를 열고 책을 한 권 꺼내어 읽었다. 그가 죽은 뒤 가인이 그 상자를 열어보니 《논어》였다. 조보는 그 전에 태종에게 말했었다. "신에게 《논어》 한 질이 있는데, 그 절반으로 태조께서 천하를 평정하는 일을 도왔고, 나머지 반으로는 폐하가 태평을 이룩하도록 도왔습니다."

어구 설명

○ 上崩. 在位二十二年, 改元者五, 日太平興國, 日雍熙 · 端拱 · 淳化 · 至道, 壽五十九. 薛居正, 沈倫 · 趙普 · 宋琪 · 李昉 · 呂蒙正 · 張齊賢 · 呂端等, 相繼爲相. : 태종이 붕어했다. 在位 22년에 改元은 5번 했는데, 太平興國, 雍熙, 端拱, 淳化, 至道이고, 壽(수)는 59세였다. 薛居正(설거정), 沈倫(심윤), 趙普(조보), 宋琪(송기), 李昉(이방), 呂蒙正(여몽정), 張齊賢(장제현), 呂端(여단)等이 서로 이어 재상이 되었다.

– 在位二十二年 ; 976~997년. 改元者五(개원자오) ; 太平興國(태평흥국) 976~984년, 雍熙(옹희) 984~987년, 端拱(단공) 988~989년, 淳化(순화) 990~994년, 至道(지도) 995~997년.

– 熙 빛날 희.

– 拱 두 손 맞잡을 공. 琪 옥 기. 昉 마침 방. 비로소. 端 바를 단.

○ 普凡再入再罷, 尋薨. 普初以吏道聞, 寡學術. 太祖嘗勸以讀書, 普遂手不釋卷. 每朝有大議, 輒闔戶自啓一篋, 取一書閱之. 及卒家人視其篋則論語也. 嘗謂上曰, 臣有論語一部. 以半部佐太祖定天下, 以半部佐陛下致太平. : 趙普는 (태종 때에는) 모두 두 번 入相하고 두 번 파직되었는데 (파직되고서) 얼마 안 있다가 죽었다.(서기 992년) 조보는 처음에 吏道로 명성이 있었지만 學術은 많지 않았다. 太祖가 전에 讀書를 권유한 적이 있었는데, 조보는 이후로 손에서 책을 놓지 않았다. 조회에서 큰 논의가 있는 날에는 바로 문을 닫고 상자를 열고 책을 한 권 꺼내어 읽었다. 그가 죽은 뒤 家人이 그 상자를 열어보니 《論語》였다. 조보는 그 전에 태종에게 말했었다. "臣에게 《論語》 한 질이 있는데 그 절반으로 태조께서 天下를 평정하는 일을 도왔고, 나머지 반으로는 폐하가 太平을 이룩하도록 도왔습니다."

– 入相(입상) ; 재상에 들어가 벼슬하다.

– 凡 무릇 범. 모두. 薨 죽을 훙. 제후의 죽음. 吏道(이도) ; 관리의 수완이나 능력. 聞 들을 문. 명성. 평판. 지식. 유명하다.

– 學術(학술) ; 학문적 바탕. 手不釋卷(수불석권) ; 손에서 책

을 놓지 않다. 大議(대의) ; 중요한 회의. 輒 문득 첩. 갑자기. – 闔 문짝 합. 문을 닫다. 篋 상자 협. 閱 검열할 열. 閱讀(열독)하다.

【참고】《論語》의 효용

❖ 趙普가 《論語》를 열심히 읽은 것은 聖人의 사상을 공부한다는 뜻일 것이다. 조보는 태조와 태종 두 황제를 섬겼기에 '半部佐太祖定天下〈반부좌태조정천하 = 반은 太祖(태조)가 天下(천하)를 세워서 다스리는데 도움을 주다.〉' 하고 '半部佐陛下致太平〈반부좌폐하치태평 = 반은 太宗(태종) 폐하가 太平聖世(태평성세)를 이루는데 도움을 주었다.〉' 했다고 말한 것뿐인데, 후인들이 조보는 '半部論語治天下(논어 반 권으로 세상을 다스렸다)' 고 말하였다. 半部論語(반부논어) ; 반권의 논어. 곧 학습의 중요함. 宋代(송대)에 趙普(조보)가 論語(논어)를 즐겨 읽어, 그 반으로 太祖(태조)를 도와 나라를 세우고, 나머지 반으로 太宗(태종)을 도와 太平聖世(태평성세)를 이루었다는 것은 오늘날에는 故事(고사)로도 널리 알려졌다.

잘 모르는 사람들이 이 말을 들으면 '논어의 절반만 알아도 천하를 다스릴 수 있다.' 라고 생각할 수 있다. 그리고 어찌 《논어》의 절반은 '定天下(정천하 = 천하를 정하고)' 에 효과가 있고, 절반은 '致太平〈지태평 = 太平聖代(태평성대 = 어질고 착한 임금이 다스리는 태평한 세상.)를 이루다.〉' 과 관련이 있겠는가? 다만 《論語》의 효용성을 강조한 말이라고 받아들여야 할 것이다.

사실 《論語》보다 《孟子》를 經世致用(경세치용=세상을 다스리는 데 정성스레 사용하다.)의 책이라고 극찬하고 강조하는 사람도 있다. 또 어떤 사람은 '《中庸》을 萬讀(만독)하니 세상을 보는 눈이 뜨였다' 라면서 《中庸》을 읽으라고 권장하였다. 문제는 聖賢(성현)의 경전을 '어떤 마음으로 공부하느냐' 에 달렸다.

조보의 手不釋卷(수불석권=손에서 책을 놓지 않음. 부지런히 학문에 힘씀.)은 면학의 한 방법이다. 송 태종은 '開卷有益(개권유익, 책을 읽으면 유익하다.)' 이란 말을 했다고 하는데, 이는 독서의 현실적 이득을 강조한 말이다.

(12) 蒙正晩出, 嘗與普竝相, 普甚推之. 蒙正嘗置册子夾袋中, 疏四方人才姓名, 以待選用. 初太祖嘗以張齊賢屬上. 至齊賢擧進士, 上欲置之上第. 而有司第其名在下. 乃詔一榜特與通判, 卒至大用. 呂端爲相, 人謂, 呂相作事糊塗. 上知之曰, 端小事糊塗, 大事不糊塗. 自上卽位以來, 以小人爲相者, 盧多遜一人而已. 太子立, 是爲眞宗皇帝.

여몽정은 늦은 나이에 출사(관리가 됨. 出世)하였는데 조보와 나란히 재상에 있을 때 조보가 매우 존경했었다. 여몽정은 책자(수첩)를 주머니 속에 넣고 다니면서 사방 인재의 성명을 간략히 적어두고 선발등용에 대비하였다. 그 전에 태조가 蜀(촉)에 갔을 때 장제현을 태종에게 위촉한 일이 있었다. 장제현이 진사과에 응시하자, 태종은 장제현을 상등에 넣고 싶었다. 그러나 담당자는 장제현을 2등급에 넣었다. 이에 조서를 내려 같은 등급 전원을 특별히 통판에 임용했었는데 결국은 재상으로 등용하였다.

呂端(여단)이 재상이 되자, 사람들은 여단이 일을 흐리멍덩하게 처리한다고 말했다. 태종이 이를 듣고서는 "여단은 작은 일에 멍청할지 몰라도 큰일에는 절대 흐리멍덩하지 않다."고 말했다. 태종이 즉위한 이래로 小人으로 재상이 된 사람은 노다손 한 사람 뿐이었다. 태자가 즉위하니, 이가 진종황제이다.

어구 설명

○ 蒙正晩出, 嘗與普竝相, 普甚推之. 蒙正嘗置册子夾袋中, 疏四方人才姓名, 以待選用. 初太祖嘗以張齊賢屬上. 至齊賢擧進士, 上欲置之上第. 而有司第其名在下. 乃詔一榜特與通判, 卒至大用. : 呂蒙正(여몽정)은 늦은 나이에 出仕(출사=관리가 되어 근무함)하였는데 조보와 나란히 재상에 있을 때 조보가 매우 존경했었다. 전부터 여몽정은 册子(책자=수첩)를 주머니 속에 넣고 다니면서 四方 人才의 姓名을 간략히 적어두고 선발등용에 대비하였다. 그 전에 太祖가 張齊賢(장제현)을 太宗에게 위촉한 일이 있었다. 장제현이 진사과에 응시하자, 태종은 장제현을 상등에

넣고 싶었다. 그러나 담당자는 장제현을 2등급에 넣었다. 이에 조서를 내려 같은 등급 전원을 특별히 通判에 임용했었는데 결국은 재상으로 등용하였다.

– 蒙 어두울 몽. 어리석다. 晩出(만출) ; 늦은 나이에 出仕(관리가 됨. 出世.)하다. 甚推之(심추지) ; 조보는 여몽정을(之) 매우 존경했다.

– 夾 낄 협. 袋 자루 대. 夾袋(협대) ; 주머니. 夾袋人物(협대인물) ; 장차 쓰기 위해 준비한 인재. 疏 트일 소. 조목별로 적다.

– 屬 무리 속. 부탁할 촉. 上 ; 태종. 擧進士(거진사) ; 진사시험에 응시하다. 上第(상제) ; 상등으로 급제하다.

– 榜 과거시험 합격자 명단. 一榜(일방) ; 과거 합격자 중 같은 등급의 합격자 전체. 大用(대용) ; 重且大(중차대)한 요직에 등용하다.

○ 呂端爲相, 人謂, 呂相作事糊塗. 上知之日, 端小事糊塗, 大事不糊塗. 自上卽位以來, 以小人爲相者, 盧多遜一人而已. 太子立, 是爲眞宗皇帝. : 呂端(여단)이 재상이 되자, 사람들은 여단이 일을 흐리멍덩하게 처리한다고 말했다. 태종이 이를 듣고서는 "여단은 小事에 멍청할지 몰라도 大事에는 절대 흐리멍덩하지 않다."고 말했다. 태종이 즉위한 이래로 小人으로 재상이 된 사람은 盧多遜(노다손) 한 사람 뿐이었다. 太子가 즉위하니, 이가 眞宗皇帝이다.

– 糊 풀 호. 塗 진흙 도. 糊塗(호도) ; 흐리멍덩하다. 분명치 않다.

– 小人 ; 여기서는 平民 출신. 君子의 대칭으로서의 小人이 아님. 無德無學한 사람을 뜻하지도 않음.

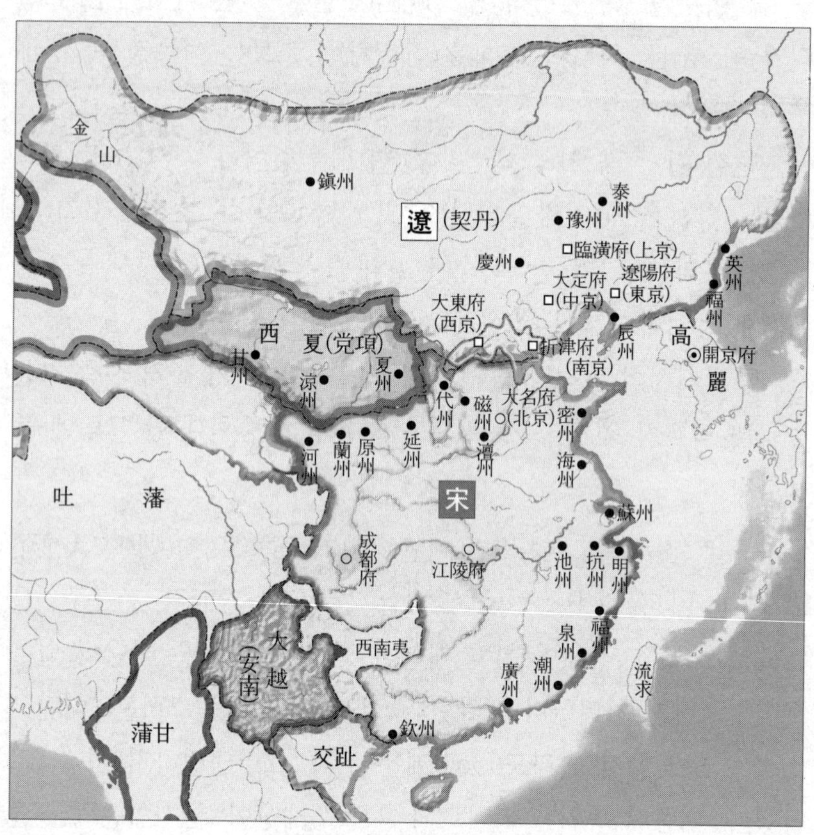
金山
鎭州
遼(契丹)
泰州
豫州
臨潢府(上京)
慶州
遼陽府(東京)
大定府(中京)
英州
福州
大東府(西京)
辰州
高麗
開京府
析津府(南京)
西夏(党項)
甘州
夏州
涼州
代州
磁州
大名府(北京)
密州
河州
蘭州
原州
延州
澶州
海州
吐藩
宋
蘇州
成都府
江陵府
池州
杭州
明州
福州
泉州
大越(安南)
西南夷
潮州
廣州
流求
蒲甘
欽州
交趾

宋 · 遼領域圖(송 · 요영역도)

제2장 北宋의 번영

1) 眞宗 ; 거란의 遼

(1) 眞宗皇帝, 初名元侃, 封襄王. 有擧人楊礪, 嘗夢至一大殿, 有坐殿上者, 語之曰, 我非汝主, 來和天尊汝主也, 指示令謁之. 礪後進士第一, 入爲襄王府記室, 旣謁如夢中所見. 太宗嘗遣相者詣襄王, 及門而返曰, 王門廝役皆將相也, 王可知矣. 立爲太子, 至是卽位, 更名恆. ○ 咸平二年, 契丹入寇. 上親征, 至大名府而還. ○ 三年, 益州卒王均反, 僭號大蜀. 以雷有終知州, 討擒之, 益州平.

진종황제의 초명은 元侃(원간)으로 양왕에 봉해졌다. 양여라는 擧人(거인)이 있었는데, 어느 날 꿈에 큰 건물에 이르렀는데 전각에 앉아 있던 사람이 양여에게 말했다. "나는 너의 임금이 아니고 내화천존이 너의 주군이다."라 하면서 다른 이를 가리키며 찾아뵈라고 말했다. 양여는 뒷날 진사시 1등급에 합격하고 양왕부의 기실(서기)이 되었는데 (양왕은) 꿈속에서 본 바로 그 사람이었다.

그 전에 태종이 관상가를 양왕에게 보냈는데 그가 문까

지 와서 돌아가 말했다. “양왕부의 문지기조차 모두 장상(대장과 재상)들이니 양왕은 보지 않아도 비범한 분임을 알만합니다.” 양왕은 태자가 되었다가 태종이 죽자 이때 즉위하고, 이름을 恆(항)으로 고쳤다.

○ 함평 2년, 거란이 침입했다. 진종은 친히 원정에 나서 대명부까지 갔다가 돌아왔다.

○ 함평 3년, 익주의 군졸인 왕균이 반란을 일으켜 대촉이라 참칭하였다. 진종은 뇌유종을 지주 益州知事(익주지사)로 삼아 토벌하니 익주는 평정되었다.

眞宗(진종, 宋)

어구 설명

○ 眞宗皇帝, 初名元侃, 封襄王. 有擧人楊礪, 嘗夢至一大殿, 有坐殿上者, 語之日, 我非汝主, 來和天尊汝主也, 指示令謁之. 礪後進士第一, 入爲襄王府記室, 旣謁如夢中所見. : 眞宗皇帝의 初名은 元侃(원간)으로 襄王에 봉해졌다. 楊礪(양여)라는 擧人이 있었는데, 어느 날 꿈에 큰 건물에 이르렀는데 전각에 앉아 있던 사람이 양여에게 말했다. "나는 너의 임금이 아니고 來和天尊이 너의 주인이다." 다른 이를 가리키며 찾아뵈라고 말했다. 양여는 뒷날 진사시 1등급에 합격하고 襄王府의 記室이 되었는데 (양왕은) 꿈속에서 본 바로 그 사람이었다.

- 眞宗皇帝(진종황제) ; 재위 997~1022년. 太宗의 三子, 好讀書, 好文學했었다. 侃 강직할 간. 德昌(덕창)은 어릴 때 이름. 礪 숫돌 여(려). 갈다.
- 擧人(거인) ; 관리에 등용되거나 등용 시험에 응시하는 자.
- 天尊(천존) ; 道敎에서 天神에 대한 존칭. 玉淸 元始天尊(옥청 원시천존), 上淸 永寶天尊(상청 영보천존), 太淸 道德天尊(태청 도덕천존, 老子)을 三淸이며 최고의 神이다.
- 來和天尊(내화천존) ; 道家(도가)에서 신봉하는 신.
- 進士第一(진사제일) ; 進士科에서 1등급으로 합격. 記室(기실) ; 문서 담당 직책. 書記(서기).

○ 太宗嘗遣相者詣襄王, 及門而返日, 王門厮役皆將相也, 王可知矣. 立爲太子, 至是卽位, 更名恆. : 그 전에 太宗이 관상가를 襄王(양왕)에게 보냈는데 그가 문까지 와서 돌아가 말했다. "양왕부의

문지기조차 모두 將相들이니 양왕은 보지 않아도 알만합니다."
태자가 되었다가 이때 즉위하고 이름을 恆으로 고쳤다.

– 相者(상자) ; 관상가. 及門而返(급문이반) ; 문에 이르러 돌아오다. 厮 하인 시. 廝(시)와 同. 厮役(시역) ; 하인.

– 恆 항상 항. 뻗칠 긍. 언제나.

○ 咸平二年, 契丹入寇. 上親征, 至大名府而還. 三年, 益州卒王均反, 僭號大蜀. 以雷有終知州, 討擒之, 益州平. : 咸平 2年 거란이 침입했다. 진종은 親征에 나서 大名府까지 갔다가 돌아왔다. 함평 3년, 益州의 군졸인 王均이 반란을 일으켜 大蜀이라 참호하였다. 雷有終(뇌유종)을 知州로 삼아 토벌하여 익주는 평정되었다.

– 咸平(함평) 眞宗(진종)의 연호. 咸平 2년 ; 999년. 大名府(대명부) ; 北京 大名府, 北宋의 陪都(배도). 북송 북진정책의 전진기지. 今 河北省 大名縣(《수호전》에 나오는 '북경 대명부'). 현재의 북경은 당시 요나라 燕京(연경). 河東(하동) 魏州(위주).

– 咸平(함평) 3년 ; 서기 1000년. 王均(?~1000년) ; 益州 士兵起義(익주 사병 기의)의 領袖(영수 = 우두머리). 農民出身. 직책은 益州의 都虞侯(도우후 = 행정구역의 우두머리로 斥候(척후)와 간사한 무리를 살피는 일을 맡아보던 벼슬아치)로 있다가 上官의 핍박에 저항하며 봉기, 실패하자 자살.

(2) ○ 范廷召擊契丹, 求援於高陽關都部署康保裔. 亟赴之, 廷召潛遁, 保裔爲所圍, 力戰死之. ○ 李繼

遷, 先朝奪所賜姓名, 寇邊不已, 攻陷靈州. 西涼六合酋長潘羅支, 乞會王師討之. 繼遷攻陷西涼府, 潘羅支要而擊之. 繼遷中流矢, 死於靈州之境. 其子德明請降, 復賜姓趙, 後封爲西平王. ○ 楊嗣 · 楊延朗, 智勇善戰, 加團練使. 虜憚之, 目曰楊六郎.

범정소가 거란을 공격하면서 安州(안주)의 고양관의 도부서인 강보예에게 구원을 청했다. 강보예는 급히 출발하였으나 그 사이에 범정소는 몰래 도주했고, 강보예의 군사는 거란의 군사에게 포위를 당하여 힘껏 싸웠으나 전사했다.

○ (서하 사람) 이계천은 태조 때 받은 趙保吉(조보길)이라는 성명을 박탈당하고서 변경 침입을 멈추지 않고 영주를 점령했다. 이때, 서량의 육합(甘肅省=凉州) 추장인 반라지는 송의 군사와 함께 이계천을 토벌하자고 요청했다. 그러는 중에 이계천은 서량부를 점령했고, 반라지는 적을 맞아 싸워 격퇴시켰다. 이계천은 유시(빗나간 화살)에 맞아 영주 근처에서 죽었다. 그 아들 덕명이 투항하자, 다시 조씨 성을 내려 주었다가 뒤에 서평왕으로 봉했다.

○ 양사와 양연랑은 지용이 있고 선전하여 단련사로 승진시켰다. 거란은 이들을 두려워하며 이들을 만나면 양육랑이라 불렀다.

어구 설명

○ 范廷召擊契丹, 求援於高陽關都部署康保裔. 亟赴之, 廷召潛遁, 保裔爲所圍, 力戰死之. : 范廷召(범정소)가 거란을 공격하면서 高陽關의 都部署인 康保裔(강보예)에게 구원을 청했다. 강보예는 급히 출발하였으나 그 사이에 범정소는 몰래 도주했고 강보예는 포위를 당하여 힘껏 싸웠으나 전사했다.

- 范廷召(범정소) ; 人名. 裔 후손 예. 옷자락. 康保裔(강보예 ?~1000년) ; 거란과의 전투에서 戰功을 세워 高陽關(고양관)의 都部署가 되어 함평 3年, 거란과의 싸움에서 전사. 康公으로 존칭.
- 都部署(도부서) ; 兵事(병사)의 일을 맡은 관청.
- 亟 빠를 극. 赴 나아갈 부. 遁 달아날 둔(돈).

○ 李繼遷, 先朝奪所賜姓名, 寇邊不已, 攻陷靈州. 西涼六合酋長潘羅支, 乞會王師討之. 繼遷攻陷西涼府, 潘羅支要而擊之. 繼遷中流矢, 死於靈州之境. 其子德明請降, 復賜姓趙, 後封爲西平王. : (西夏人) 李繼遷은 태조 때 받은 성명을 박탈당하고서 변경 침입을 그치지 않고 靈州를 점령했다. 西涼의 六合酋長(육합추장)인 潘羅支(반라지)는 송의 군사와 함께 이계천을 토벌하자고 요청했다. 이계천은 서량부를 점령했고, 潘羅支는 적을 맞아 싸워 격퇴시켰다. 이계천은 流矢〈유시 = 빗나가는 화살. 누가 쏘았는지 모르는 화살. 飛矢(비시). 流箭(유전).〉에 맞아 靈州(영주) 근처에서 죽었다. 그 아들 德明이 투항하자, 다시 趙氏 姓을 내려 주었다가 뒤에 西平王으로 封했다.

- 李繼遷(이계천) ; 서하 추장급 인물. 先朝奪所賜姓名(선조탈

소사성명) ; 태종 때 趙保吉(조보길)이라고 賜姓名(사성명)했으나 배반하자 賜姓(사성)을 취소했었다.

- 西涼(서량) ; 今 甘肅省의 涼州. 王師 ; 宋의 군사. 要 구할 요. 중요한. ~해야 한다. 적을 맞이하다. 邀(맞이할 요)와 通.

○ 楊嗣 · 楊延朗, 智勇善戰, 加團練使. 虜憚之, 目曰楊六郎. : 楊嗣(양사)와 楊延朗(양연랑)은 智勇이 있고 善戰하여 團練使로 승진시켰다. 거란은 이들을 두려워하며 이들을 보면 楊六郎이라 불렀다.

- 楊嗣(양사) · 楊延朗(양연랑) ; 북쪽 국경을 20년 동안이나 지키면서 잘 막아 싸웠으므로 조정은 이들을 표창한 것이다.

- 嗣 이을 사. 加 ; 더하다. 올리다. 높이다. 團練使(단련사) ; 義兵을 모아 훈련시키고 이들을 활용하여 적을 방어하는 武官.

- 虜 포로 노(로). 적. 북방 이민족을 멸시하는 지칭. 憚 꺼릴 탄. 맞서 싸우기를 피하다. 目 ; 보다. 눈짓을 하다. 지목하다.

- 六郎(육랑) ; 형제 서열이 6번째.

(3) ○ 景德元年, 契丹主, 與其母蕭氏大擧入寇, 中外震駭. 參政陳堯叟蜀人, 請幸蜀. 王欽若江南人, 請幸江南. 上以問宰相寇準, 準問, 誰畫此策. 上曰, 卿姑斷其可否, 勿問也. 準曰, 臣欲得獻策之臣, 斬以釁鼓, 然後北伐耳. 遂定親征之議. 上駐蹕韋城, 尋至衛南. 契丹擁兵抵澶州, 圍合三面, 李繼隆等出

禦之. 契丹撻覽中弩死, 大挫退卻, 不敢動.

○ 경덕 원년(1004년)에, 거란 황제 隆緖(융서)가 그 모후 소씨와 함께 대거 침입하니 송나라 조정에서는 크게 놀라 떨었다. 참정인 진요수는 촉 출신인데 촉으로 피난할 것을 건의했다. 왕흠약은 강남인이라서 강남으로 행차하자고 요청했다.

진종은 그것을 재상인 구준에게 물으니, 구준이 "누가 이런 방책을 꾸몄습니까?"라고 물었다. 진종은 "경은 일단 그 가부만을 결단하고 (건의한 사람을) 묻지 마시오."라고 했다. 구준은 "신은 이 방책을 건의한 사람을 참수하여 그 피를 북에 바른 뒤에 북벌할 생각뿐입니다."라고 말했다. 드디어 황제의 친정에 대한 논의가 끝났다.

眞宗은 위성에 주둔했고 곧이어 위남에 이르렀다. 거란은 군사를 동원하여 澶州(전주)에서 저항하며 삼면을 포위하자, 송의 장수 이계륭 등이 성 밖으로 나가 출전하여 적을 방어했다. 거란의 장수 달람이 쇠뇌에 맞아 죽자, 크게 사기가 꺾여 후퇴한 뒤 감히 움직이지 못했다.

어구 설명

○ 景德元年, 契丹主, 與其母蕭氏大擧入寇, 中外震駭. 參政陳堯叟蜀人, 請幸蜀. 王欽若江南人, 請幸江南. : 景德 元年에, 契丹 황제는 그 모후 蕭氏(소씨)와 함께 大擧 침입하니 온 나라가 크게

놀라 떨었다. 參政인 陳堯叟(진요수)는 蜀人인데 蜀으로 행차할 것을 건의했다. 王欽若(왕흠약)은 江南人이라서 江南으로 행차하자고 요청했다.

- 景德(경덕) ; 1004~1007년. 契丹主(거란주) ; 遼 聖宗, 12세 즉위, 재위 982~1031년, 가장 오래 在位 皇帝, 在位 49년.

- 母蕭氏(모소씨) ; 982년부터 1008년까지 섭정. 震 벼락 진. 駭 놀랄 해. 震駭(진해) ; 몸을 떨며 놀라다. 幸 다행 행. 천자의 擧動(거동).

○ 上以問宰相寇準, 準問, 誰畫此策. 上曰, 卿姑斷其可否, 勿問也. 準曰, 臣欲得獻策之臣, 斬以釁鼓, 然後北伐耳. 遂定親征之議. : 眞宗은 그것을 재상인 寇準(구준)에게 물으니, 구준이 "누가 이런 방책을 꾸몄습니까?"라고 물었다. 진종은 "卿은 일단 그 可否만을 결단하고 (건의한 사람을) 묻지 마시오."라고 했다. 구준은 "臣은 이 방책을 건의한 사람을 참수하여 그 피를 북에 바른 뒤에 북벌할 생각뿐입니다."라고 말했다. 드디어 황제의 親征에 대한 논의가 끝났다.

- 以問의 以는 앞에 설명한 내용. 寇準(구준) ; 구준은 경덕 원년에 參知政事에서 재상인 同平章事에 임용되었다. 거란은 그해 겨울에 入寇〈입구 ; 쳐들어왔다. 敵軍(적군)이 쳐들어옴.〉했다.

- 畫 그림 화. 긋을 획(劃과 同). 劃策(획책)하나. 여기서는 획. 卿姑斷其可否(경고단기가부) ; 卿은 우선 그 可否만을 결단하고~.

- 釁鼓(흔고) ; 북에 피를 바르다.(진격의 의지). 옛날에는 북(鼓)소리에 진격하고 징(錚 쇳소리 쟁)을 쳐 후퇴했다.

○ 上駐蹕韋城, 尋至衛南. 契丹擁兵抵澶州, 圍合三面, 李繼隆等出禦之. 契丹撻覽中弩死, 大挫退卻, 不敢動. : 眞宗은 韋城(위성)에 주둔했고 곧이어 衛南(위남)에 이르렀다. 거란은 군사를 동원하여 澶州(전주)에서 저항하며 삼면을 포위하자, 李繼隆(이계릉) 등이 출전하여 적을 방어했다. 거란의 장수 撻覽(달람)이 쇠뇌에 맞아 죽자, 크게 사기가 꺾여 후퇴한 뒤 감히 動兵(동병=군사를 움직이지 못하였다.)하지 못했다.

- 駐 머무를 주. 蹕 길 치울 필. 駐蹕(주필) ; 황제가 잠시 머무름. 韋城(위성) ; 今 河北省의 지명. 衛南(위남) ; 지명. 황하 남쪽 기슭.
- 抵 막을 저. 막다. 澶 물 고요할 전. 멀 단. 澶州(전주) ; 澶(Chán). 단주가 아님. 호수 이름 澶淵(전연)에서 유래한 지명.
- 撻 매질할 달. 撻覽(달람) ; 거란 장수 이름. 挫 꺾을 좌. 꺾이다.

(4) 寇準力勸上渡河, 殿前帥高瓊亦力贊. 猶豫閒, 瓊麾衛士進輦曰, 陛下若不過河, 百姓如喪考妣. 梁適呵之. 瓊怒曰, 君輩此時尙責人失禮, 何不賦一詩退虜耶. 遂擁上以渡, 旣至澶州. 登北城, 張黃旗幟. 諸軍皆呼萬歲, 聲聞數十里, 契丹氣奪.

구준은 진종에게 황하를 건너 河北(하북)으로 공격해 나가기를 힘써 권했고, 전전수 고경 또한 적극 찬동하였다. 진종이 주저하자, 고경은 시위 군사를 지휘하여 황제의 수레를 밀며 말했다. "폐하께서 만약 황하를 건너시지 않는다면 河北(하북)의 백성들은 부모를 잃은 것과 같습니다."

(文臣인) 양적이 이를 꾸짖었다. 고경은 화가 나서 말했다. "당신들은 이런 때에도 오히려 예를 못 갖추었다고 사람은 질책하는데, 왜 시라도 한 수 읊어 적을 물리치지 못하는가?" 마침내 황제를 옹위하고 강을 건너 전주에 이르렀다. 전주의 북성에 올라 황제의 황색 깃발들을 꽂았다. 모든 군사들이 모두 만세를 부르는데 그 소리가 수십 리에 들렸고, 거란은 기가 꺾였다.

어구 설명

○ 寇準力勸上渡河, 殿前帥高瓊亦力贊. 猶豫間, 瓊麾衛士進輦曰, 陛下若不過河, 百姓如喪考妣. : 寇準(구준)은 진종에게 황하를 건너기를 힘써 권했고, 殿前帥(전전수) 高瓊(고경) 또한 적극 찬동하였다. 진종이 주저하자, 고경은 시위 군사를 지휘하여 황제의 수레를 밀며 말했다. "陛下께서 만약 황하를 건너시지 않는다면 百姓들은 부모를 잃은 것과 같습니다."

– 力勸(역권) ; 힘써 권하다. 瓊 옥(구슬) 경. 猶 오히려 유. 아직. 원숭이와 비슷한 짐승.

– 豫 미리 예, 편안할 예, 큰 코끼리 예. 河南省의 略號. 猶豫(유예) ; 주저하다. 머뭇거리다. 麾 대장기 휘. 지휘하다. 衛士(위사) ; 근위병.

- 輦 손수레 연. 天子御車(천자어차). 若不(약불)~ ; 만약 ~하지 않으면. 考妣(고비) ; 돌아가신 부모.

○ 梁適呵之. 瓊怒曰, 君輩此時尚責人失禮, 何不賦一詩退虜耶. 遂擁上以渡, 旣至澶州. 登北城, 張黃旗幟. 諸軍皆呼萬歲, 聲聞數十里, 契丹氣奪. : (文臣인) 梁適(양적)이 고경을 꾸짖었다. 고경은 화가 나서 말했다. "당신들은 이런 때에도 오히려 예를 못 갖추었다고 사람은 질책하는데, 왜 詩라도 한 수 읊어 적을 물리치지 못하는가?" 마침내 황제를 옹위하고 강을 건너 澶州(전주)에 이르렀다. 전주의 北城에 올라 황제의 황색 깃발들을 꽂았다. 諸軍이 모두 萬歲를 부르는데 그 소리가 수십 리에 들렸고, 거란은 기가 꺾였다.

- 梁適(양적) ; 人名. 呵 꾸짖을 가. 叱也(질야). 叱 꾸짖을 질. 꾸짖다. 큰 소리로 꾸짖다. 之 ; 여기서는 高瓊(고경). 君輩(군배) : 당신네들. 文臣을 지칭. 失禮(실례) ; 禮를 갖추지 않다.

- 賦 구실 부. 세금. 詩文을 읊다. 虜 포로 노(로). 북방 이민족. 적군. 擁 안을 옹. 擁衛(옹위)하다.

- 澶州(전주) ; 今 河北省 保定市 雄縣(웅현) 부근. 張 ; 펼쳐놓다. 늘어놓다. 幟 기 치. 깃발이나 표지. 黃旗幟(황기치) ; 황제 전용의 각종 깃발.

(5) 先是王繼忠者陷虜, 嘗言和好之利. 故雖大擧, 亦遣使以繼忠書來. 上命曹利用報之. 至是利用與

契丹使者韓杞偕來, 請世宗所取關南故地. 上曰, 地必不可得, 寧與金帛以和. 準意亦不欲與, 且畫策以進曰, 如此則可保百年無事, 不然數十歲後, 戎復生心. 準蓋欲擊之使隻輪不返. 上曰, 數十歲後, 當有能禦之者, 吾不忍生靈重困, 姑聽其和.

이에 앞서, 왕계충이란 사람이 거란에 포로로 잡혀 있으면서 화평의 이로운 점을 말했다. 그래서 비록 대거 침입했지만 거란에서는 왕계충의 서신을 갖고 사신을 보내왔다. 진종은 조이용을 거란에 보냈었다. 이때 조이용이 거란의 사자 한기와 함께 돌아 왔는데, 거란에서는 후주 세종이 수복한 와교관 이남의 옛 땅을 돌려달라고 했다.

진종은 "땅은 절대 내줄 수 없으니 차라리 돈이나 비단을 주는 것으로 화해를 하라."고 말했다. 재상 구준도 땅을 내어 줄 생각은 없었기에 방도를 꾸민 뒤 진언하였다. "이렇게 한다면 이후 백 년 간 무사할 것을 보장하지만 그렇지 않으면 수십 년 내에 이민족이 다시 딴마음을 먹을 것입니다."

구준의 생각은 거란을 공격하여 단 하나의 수레도 돌아가지 못하게 하는 것이었다. 진종은 "수십 년 뒤에는 응당 적을 막을 사람이 있을 것이지만, 짐은 백성들이 무거운 고통을 받는 것을 차마 못 보겠으니 그들의 화해를 들어줄 수밖에 없다."고 말했다.

어구 설명

○ 先是王繼忠者陷虜, 嘗言和好之利. 故雖大擧, 亦遣使以繼忠書來. 上命曹利用報之. 至是利用與契丹使者韓杞偕來, 請世宗所取關南故地. : 이에 앞서, 王繼忠(왕계충)이란 사람이 거란에 포로로 잡혀 있으면서 和好의 이로운 점을 말했다. 그래서 비록 대거 침입했지만 거란에서는 왕계충의 서신을 갖고 사신을 보내왔다. 眞宗은 曹利用(조이용)을 거란에 보냈었다. 이때 조이용이 거란의 사자 韓杞(한기)와 함께 돌아 왔는데, 거란에서는 후주 세종이 수복한 와교관 이남의 옛 땅을 돌려달라고 했다.

- 王繼忠(왕계충) ; 北宋 雲州觀察使. 陷 빠질 함. 陷虜(함로) ; 포로로 잡히다. 和好(화호) ; 화평. 和睦(화목). 報之(보지) ; 상대에게 회답을 하다.

- 杞 나무 이름 기. 구기자. 偕 함께 해. 世宗(세종) ; 後周 世宗. 關南(관남) ; 瓦橋關(와교관)과 益津關(익진관)의 남쪽의 瀛州(영주)·莫州(막주)·易州(역주)로 이는 後晋(후진) 高祖(고조) 石敬瑭(석경당)이 거란에게 떼어 준 燕雲(연운) 16주 중의 3개 주의 땅을 말한다.

- 故地(고지) ; 後晋의 石敬瑭(석경당)이 거란에게 떼어준 '燕雲 16주' 중에서 後周 세종이 수복한 땅을 거란에서는 자신들의 故地라 생각했다.

○ 上日, 地必不可得, 寧與金帛以和. 準意亦不欲與, 且畫策以進日, 如此則可保百年無事, 不然數十歲後, 戎復生心. : 진종은 "땅은 절대 내줄 수 없으니 차라리 돈이나 비단을 주는 것으로 화해

를 하라."고 말했다. 재상 구준도 땅을 내어 줄 생각은 없었기에 방도를 꾸민 뒤 진언하였다. "이렇게 한다면 이후 백 년 간 무사할 것을 보장하지만 그렇지 않으면 수십 년 내에 이민족이 다시 딴마음을 먹을 것입니다."

– 寧 편안할 영. 차라리. ~할지언정. 畫策(획책) ; 劃策(획책). 방도를 생각해 내다. 戎 되(胡) 융, 오랑캐 융. 이민족.

– 生心 ; 딴마음을 먹다. 못된 일을 꾸미다.

○ 準蓋欲擊之使隻輪不返. 上日, 數十歲後, 當有能禦之者, 吾不忍生靈重困, 姑聽其和. : 구준의 생각은 거란을 공격하여 단 하나의 수레도 돌아가지 못하게 하는 것이었다. 진종은 "수십 년 뒤에는 응당 적을 막을 사람이 있을 것이지만, 짐은 백성들이 무거운 고통을 받는 것을 차마 못 보겠으니 그들의 화해를 들어줄 수밖에 없다."고 말했다.

– 蓋 덮을 개. 대개, 어쩌면, 아마도. 隻 새 한 마리 척. 수레나 배 등을 세는 量詞(양사 = 헤아리는 말). 輪 바퀴 윤(륜).

– 禦 막을 어. 生靈(생령) ; 백성. 人民. 人은 萬物의 靈長으로써 生命을 가지고 있기 때문에 生靈이라고 한다.

(6) 遂再遣利用往, 利用請歲賂金帛之數. 上日, 必不得已, 雖百萬亦可. 準召語之日, 雖有敕旨, 不得過三十萬. 如過此數, 勿來見準. 準斬汝矣. 利用卒

以絹二十萬 · 銀十萬, 定和議. 南朝爲兄, 北朝爲弟, 交誓約, 各解兵歸.

마침내, 조이용을 다시 보내기로 했는데 조이용은 해마다 줄 수 있는 돈과 비단의 액수를 물었다. 진종은 "정 할 수 없다면 백 만이라도 가하다."고 하였다. 구준은 이용을 불러 말했다. "비록 폐하의 뜻이라지만 30만을 넘어서는 안 되오. 만약 이보다 많다면 돌아와서 나를 볼 생각하지 마시오. 내가 당신을 참할 것이오."

조이용은 결국 (해마다) 비단 20만 필, 은 십만 냥으로 화의를 약정했다. 남조(송)는 형이 되고, 북조(요=거란)는 아우로서 서약을 교환하고 각자 군사를 풀고 돌아갔다.

어구 설명

○ 遂再遣利用往, 利用請歲賂金帛之數. 上曰, 必不得已, 雖百萬亦可. 準召語之曰, 雖有敕旨, 不得過三十萬. 如過此數, 勿來見準. 準斬汝矣. : 마침내, 曹利用을 다시 보내기로 했는데 조이용은 해마다 줄 수 있는 돈과 비단의 액수를 물었다. 진종은 "정 할 수 없다면 백 만이라도 가하다."고 하였다. 구준은 이용을 불러 말했다. "비록 폐하의 뜻이라지만 30만을 넘어서는 안 되오. 만약 이보다 많다면 돌아와 나를 볼 생각하지 마시오. 내가 당신을 참할 것이오."

- 歲 해 세. 賂 뇌물 줄 뇌. 財貨. 金帛(금백) ; 돈과 비단.

不得已(부득이) ; 하는 수 없다. 마지못하다. 부득이하다면.
- 敕 조서 칙. 도사가 귀신을 쫓아내는 명령. 勅, 勑과 同. 旨 맛있을 지. 뜻. 不得(부득) ; ~해서는 안 된다. ~할 수가 없다. 如 ; 만일, 만약.

○ 利用卒以絹二十萬 · 銀十萬, 定和議. 南朝爲兄, 北朝爲弟, 交誓約, 各解兵歸. : 조이용은 결국 (해마다) 비단 20만 필, 銀 十萬 냥으로 和議를 약정했다. 南朝(宋)은 兄이 되고, 北朝(遼)는 아우로서 誓約(서약)을 교환하고 각자 군사를 풀고 돌아갔다.
- 絹 명주 견. 비단. 南朝(남조) ; 宋. 北朝(북조) ; 거란, 遼(요).

【참고】 澶淵(전연)의 盟(맹) - 그 이후

❖ 이를 澶淵之盟이라 하는데 이후 송의 정치에 엄청난 영향을 끼쳤다. 거란은 중국에 臣屬(신속)하여 조공을 받쳐야 할 상대방인데 이제 君臣이나 父子의 상하 관계가 아니라 兄弟라는 대등한 외교관계를 인정한 것 자체가 宋의 자존심에 상처를 주었다. 眞宗은 요나라의 소태후를 叔母라 부르면서 공손한 글을 보내야만 했다. 물론 眞宗이 죽었을 때 거란의 聖宗이 무척 슬퍼했다지만 과거 중국과 주변 이민족과의 관계에 비한다면 이런 조약은 중국의 치욕이었다.

그리고 眞宗 때에는 우호관계가 잘 유지되며 전쟁의 위협에서 벗어날 수 있었지만 국방력의 약화는 필연적이었다. 최초의 액수는 '전쟁 비용의 10분의 1밖에 안 된다.' 는 뜻으로 쉽게 받아들였지만 해마다 세폐 액수가 늘어나면서 송의 재정압박을 초래했다. 결국 '王安石의 新法'을 채용하고 이는 당쟁을 유발했다. 약화된 군사력은 여진족(金)의 침입에 무방비로 당할 수밖에 없었다. 결국 북송은 멸망하게 된다. 문제는 그 조약 체결 이후 필요한 조치나 개혁이 수반되지 않았기에 장점은 묻히고, 폐단만이 점점 커질 수밖에 없었다.

(7) 準初發京師, 命朝士出知諸州. 皆於殿廊受敕, 戒之曰, 百姓皆兵, 府庫皆財. 不責汝浪戰, 但失一城一壁, 當以軍法從事. 恐欽若沮親征之議, 以其有智且有福, 出欽若知天雄軍. 契丹至城下, 欽若閉門, 束手無策, 修齋誦經而已. 上還自澶淵, 待準極厚, 欽若歸深恨準. 嘗退朝, 上目送準. 欽若進曰, 陛下敬準, 爲其有社稷功邪. 城下之盟, 春秋小國所恥也. 上愀然. 欽若每曰, 澶淵之役, 準以陛下爲孤注. 上待準遂寢薄, 尋罷相.

그전에 구준이 거란을 토벌하기 위해 도성을 떠나면서 조정 관리들을 여러 지방관으로 내보냈다. 모두가 대전의 복도에서 칙명을 받을 때, (구준은) 그들을 훈계하며 말했다. "백성들은 모두 나라의 병사이며 (지방 관아) 창고에

든 것은 나라의 재물이요. 여러분의 무리한 전투라도 문책하지는 않겠지만, 단 하나의 성이나 방벽이라도 잃는다면 응당 군법으로 처리할 것이오."

혹시 왕흠약이 황제가 친정하는 의논을 방해할까봐 그가 지혜가 많고 또 복상을 타고 났다며 왕흠약을 천웅군을 지휘하도록 전출시켰다. 거란이 성 아래까지 이르렀을 때 왕흠약은 폐문하고 속수무책으로 목욕 재계하고서 경전을 읽기만 했다.

진종은 전연에서 돌아온 뒤에 구준을 아주 후하게 대우하였고, 왕흠약은 조정으로 복귀하여 구준에게 깊은 원한을 품고 있었다. 전에 구준이 회의를 마치고 퇴조할 때, 진종은 구준을 목례로 전송하였다. 왕흠약이 진종에게 나가 말했다. "폐하께서 구준을 존경하시지만, 그가 사직을 위한 공이 있다고 생각하십니까? 성하의 맹서는 춘추시대 소국에게도 치욕으로 여겼던 일이었습니다. 진종은 얼굴빛이 변했다. 왕흠약은 매일 전연의 전쟁은 구준이 폐하를 걸고 막판 지르기를 한 것이라고 말했다. 구준에 대한 진종의 대우는 날로 박해졌고 얼마 안 있어 재상을 파직했다.

어구 설명

○ 準初發京師, 命朝士出知諸州. 皆於殿廊受敕, 戒之曰, 百姓皆兵, 府庫皆財. 不責汝浪戰, 但失一城一壁, 當以軍法從事. : 그전

에 구준이 京師를 떠나면서 朝士들을 여러 지방관으로 내보냈다. 모두가 大殿의 복도에서 칙명을 받을 때, (구준은) 그들을 훈계하며 말했다. "百姓들은 모두 나라의 병사이며 (지방관아) 창고에 든 것은 나라의 재물이요. 여러분의 무리한 전투라도 문책하지는 않겠지만(전투를 했다고 문책하지는 않지만), 단 하나의 성이나 방벽이라도 잃는다면 응당 軍法으로 처리할 것이오."

－ 京師(경성) ; 도성. 知諸州(지제주) ; 여러 주의 지방관(知州). 殿廊(전랑) ; 大殿의 회랑(복도). 受敕(수칙) ; 勅命〈칙명＝임금의 명령. 勅旨(칙지)〉을 받다.(敕은 勅과 同)

－ 浪 물결 낭(랑). 방종하다. 제멋대로 쓰다. 浪戰(랑전) ; 하지 않아도 되는 적과의 전투. 무리하게 벌리는 전투.

－ 從事(종사) : 일을 하다. 규정대로 처리하다.

○ 恐欽若沮親征之議, 以其有智且有福, 出欽若知天雄軍. 契丹至城下, 欽若閉門, 束手無策, 修齋誦經而已. : 혹시 王欽若이 親征의 論議를 방해할까봐 그가 有智하고 또 福相을 타고 났다며 왕흠약을 天雄軍을 지휘하도록 전출시켰다. 거란이 城下에 이르렀을 때 왕흠약은 閉門하고 束手無策(속수무책)으로 齋戒〈재계＝마음과 몸을 깨끗이 하고 不淨(부정)한 일을 멀리하다.〉하고서 경전을 읽기만 했다.

－ 恐 두려울 공. 혹시, 아마도. 欽 공경할 흠. 欽若(흠약) ; 왕흠약. 거란 침입 소식에 강남으로 피난을 건의했던 사람.

－ 沮 막을 저. 저해하다. 有福(유복) ; 有 福相. 知天雄軍(지천웅군) ; 天雄軍〈河北三鎭의 하나인 魏博節度使(위박절도사)의

군영〉의 지휘관.

– 修齋(수재) ; 재계하다. 몸과 마음을 깨끗하게 하고 부정한 것을 멀리하다.　誦 외울 송.

○ 上還自澶淵, 待準極厚, 欽若歸深恨準. 嘗退朝, 上目送準. 欽若進曰, 陛下敬準, 爲其有社稷功邪. 城下之盟, 春秋小國所恥也. 上愀然. 欽若每曰, 澶淵之役, 準以陛下爲孤注. 上待準遂寢薄, 尋罷相. : 眞宗은 澶淵(전연)에서 돌아온 뒤에 구준을 아주 후하게 대우하였고, 왕흠약은 조정으로 복귀하여 구준에게 깊은 원한을 품고 있었다. 전에 退朝할 때, 진종은 구준을 목례로 전송하였다. 왕흠약이 진종에게 나가 말했다. "陛下께서 구준을 존경하시지만, 그가 사직을 위한 공이 있다고 생각하십니까? 城下의 맹서는 春秋시대 小國에게도 치욕이었습니다. 진종은 얼굴빛이 변했다. 왕흠약은 매일 전연의 전쟁은 구준이 폐하를 걸고 막판 지르기를 한 것이라고 말했다. 구준에 대한 진종의 대우는 날로 박해졌고 얼마 안 있어 재상을 파직했다.

– 欽若歸(흠약귀) ; 왕흠약도 (지방 절도사에서) 조정으로 복귀하다.　目送(목송) ; 눈으로 전송하다. 가는 모습을 (존경의 뜻으로) 바라보다.

– 城下之盟(성하지맹) ; 적에게 도성 아래까지 침략을 당한 상태에서 체결하는 맹서. 굴욕적인 講和.　所恥也(소치야) ; 치욕으로 여기다.

– 愀 정색할 초.　愀然(초연) ; 얼굴빛이 변하다.　孤注(고주) ; 노름에서 밑돈을 다 걸고 단판 승부를 내는 것. 매우 위험한 일

로, 이기면 좋지만 지면 모든 것을 다 잃는 판이다.(폐하를 死地에 몰아넣은 것이라는 의미) 그러니까 구준이 폐하를 그런 위험한 싸움에 몰아 넣은 것이라는 뜻이다.

(8) 以王旦同平章事. 旦王祐之子也. 太祖嘗遣祐按事, 謂祐還與王溥官職, 祐不徇太祖意, 竟不大用. 祐曰, 祐不做, 兒子二郞必做. 植三槐于庭曰, 吾後世必有爲三公者. 至是旦果爲相. 深沈有德望, 能斷大事, 上心深屬之. 趙德明, 嘗以民饑, 上表乞粮. 羣臣皆請責之, 旦曰, 臣欲詔德明, 云, 塞上儲粮不可與, 已於京師積百萬, 可自遣衆來取. 德明再拜受詔曰, 朝廷有人.

왕단을 동평장사로 삼았다. 왕단은 왕우의 아들이다. 일찍이 태조는 왕우에게 일을 하나 맡기면서 마치고 돌아오면 왕부와 같은 재상직을 주겠다고 했지만, 왕우는 태조의 뜻을 따르지 않았기에 끝내 재상이 되지 못했다. 왕우는 "나는 하지 못했지만 내 아들은 필히 될 것이오."라고 말했다. (왕우는) 뜰에 세 그루 홰나무를 심고서 말했다. "내 후세에는 틀림없이 3공에 오를 것이다." 이때에 과연 그의 아들 왕단이 재상이 되었다. (왕단은) 속이 깊고 침착하고 덕망이 있고 대사를 결단했기에 진종이 마음 깊이 신뢰했다.

(서하의) 조덕명이 백성들이 굶주린다며 글을 올려 식량을 요청했다. 여러 신하들이 모두 그를 벌해야 한다고 말했지만, 왕단은 "저는 조덕명에게 조서를 내려 '변경에 저장해 둔 군량은 내줄 수 없지만 도성에 백만 석의 식량이 비축되어 있으니 무리를 거느리고 와서 가져가는 것은 된다.' 고 이르고 싶습니다."라고 말했다. 조덕명은 재배하고 조서를 받으며 말했다. "조정에 인재가 있네!"

어구 설명

○ 以王旦同平章事. 旦王祐之子也. 太祖嘗遣祐按事, 謂祐還與王溥官職, 祐不徇太祖意, 竟不大用. 祐曰, 祐不做, 兒子二郎必做. 植三槐于庭曰, 吾後世必有爲三公者. 至是旦果爲相. 深沈有德望, 能斷大事, 上心深屬之. : 王旦을 同平章事로 삼았다. 왕단은 王祐(왕우)의 아들이다. 일찍이 太祖는 왕우에게 일을 하나 맡기면서 마치고 돌아오면 王溥(왕부)와 같은 재상의 직책을 주겠다고 했지만, 왕우는 태조의 뜻을 따르지 않았기에 끝내 재상이 되지 못했다. 〈魏博(위박)이 절도사 符彦卿(부언경)이 악한 짓을 했다는 소문이 있어 이것을 조사하게 한 것이다.〉 왕우는 "나는 하지 못했지만 내 아들은 필히 될 것이오."라고 말했다. (왕우는) 뜰에 세 그루 홰나무를 심고서 말했다. "내 후세에는 틀림없이 3공에

오를 것이다." 이때에 과연 왕단이 재상이 되었다. (왕단은) 속이 깊고 침착하며 德望이 있고 大事를 결단했기에 眞宗이 마음 깊이 신뢰했다.

– 旦 아침 단. 王旦(왕단, 957~1017년) ; 추남이었지만 好學했고 도량이 넓었다. 寇準(구준)과 같은 해에 급제, 구준이 왕단의 단점을 말할 때 왕준은 구준을 늘 칭송했다는 이야기가 전한다.

– 同平章事(동평장사) ; 재상. 祐 도울 우. 溥 넓을 부. 王溥(왕부, 922~982년) ; 後周 太祖, 世宗, 恭帝(공제), 北宋 太祖까지 兩代 四朝의 宰相.

– 徇 두루 순. 따르다. 복종하다. 竟 다할 경. 做 지을 주. 만들다. 作과 同. 作의 俗字로 作과 거의 구분 없이 쓰임.

– 必做(필주) ; 必作(필작). ~이 되다. 槐 홰나무 괴(本音 회). 三公의 자리. 懷(품을 회)의 뜻. 곧 먼 곳의 모든 사람을 품을 수 있는 사람이 재상이라는 의미. 昌德宮에도 오래 된 槐木(괴목)이 있다.

– 深沈(심침) ; 생각이 깊고 빠트림이 없음. 屬 무리 속. 이을 촉. 공경하는 모양.

○ 趙德明, 嘗以民饑, 上表乞糧. 羣臣皆請責之, 旦曰, 臣欲詔德明, 云, 塞上儲糧不可與, 已於京師積百萬, 可自遣衆來取. 德明再拜受詔曰, 朝廷有人. : (西夏의) 趙德明이 백성들이 굶주린다며 글을 올려 식량을 요청했다. 群臣들이 모두 그를 벌해야 한다고 말했지만, 왕단은 "저는 德明에게 조서를 내려 '변경에 저장해 둔 군량은 내줄 수 없지만 도성에 백만 석의 식량이 비축되어 있

으니 무리를 거느리고 와서 가져가는 것은 된다.' 고 이르고 싶습니다."라고 말했다. 趙德明은 再拜하고 조서를 받으며 말했다. "朝廷에 인재가 있네!"

- 趙德明(조덕명) ; 西夏人〈黨項族(당항족)〉 李繼遷〈이계천, 宋에서 趙保吉(조보길)이라는 이름을 下賜〉의 아들. 趙德明의 아들 李元昊(이원호). 李繼遷(祖)－李德明(父)－李元昊(子)인데 李德明이 宋으로부터 趙氏 성을 하사받았기에 조덕명, 조원호라 기록하였지만 이원호가 1038년 西夏를 건국하면서부터 이원호라 표기한다.
- 饑 굶주릴 기. 粮 양식 양(량). 責之(책지) ; 그동안 조보길이 수시로 송을 배반, 入寇(입구＝침범하여 약탈하다.)했었다. 寇 도둑 구. 침범하다. 약탈하다. 塞上(새상) ; 변방.
- 儲 쌓을 저, 버금 저. 儲粮(저량) ; 저축된 식량. 可自遣衆來取(가자견중래취) ; 무리를 보내와 가져가는 것은 가하다. 遣 보낼 견. 派遣(파견)하다. 놓아주다. 下賜品(하사품) 견.
- 有人(유인) ; 틀림없는(진실한) 사람이 있다. 배후의 후원자.

(9) 上旣入欽若之言, 數問欽若. 何以刷恥. 欽若知上厭用兵, 謬曰, 取幽·薊乃可. 上, 令思其次, 乃請封禪以鎭服四海, 誇示夷狄. 又言, 封禪當得天瑞, 前代有以人力爲之. 河圖·洛書果有此邪. 聖人

以神道設教耳. 於是自大中祥符以來, 數有天書降. 東封泰山, 西祀后土於汾陰. 又有趙氏祖九天司命天尊降, 天下立天慶觀, 置聖祖殿, 諱聖祖名玄朗, 京師作玉淸昭應宮. 旦不能止其事.

진종은 이미 王欽若의 말을 받아들여 왕흠약에게 자주 물었다. "어떻게 해야 澶州(전주)의 치욕을 씻을 수 있는가?" 왕흠약은 진종이 용병(전쟁)을 싫어하는 것을 알기에 거짓으로 말했다. "유주와 계주를 도로 빼앗으면 됩니다." 진종이 그 다음을 생각하라 하니, 왕흠약은 봉선의 예를 행하여 온 천하를 복속케 하고 이적에게 (천자의 위엄을) 과시하라고 청했다. 또 "봉선을 하려면 꼭 天瑞(천서)를 얻어야 하는데 이전 代(대)에도 인력(인위적)으로 만들어냈습니다. 하도와 낙서가 정말 있었겠습니까? 성인께서 신도로 가르치려 했던 것입니다."라 했다.

이에 대중상부 때부터 자주 천서의 강림이 있었다. 동쪽으로 태산에서 봉선을 하여 하늘과 땅에 제사지내고, 서쪽으로는 분음에서 후토(산과 강)를 제사했다. 또 宋朝(송조) 조씨의 조상신인 구천사명천존이 강림했다 하여 천하 곳곳(전국 방방곡곡)에 천경관을 세우고 성조전을 지었으며, 성조의 이름인 玄朗(현랑) 글자를 쓰지 못하도록 했으며 도성에 옥청소응궁을 지었다. 왕단은 그런 일들을 멈추게 할 수 없었다.

어구 설명

○ 上旣入欽若之言, 數問欽若. 何以刷恥. 欽若知上厭用兵, 謬曰, 取幽·薊乃可. 上, 令思其次, 乃請封禪以鎭服四海, 誇示夷狄. : 진종은 이미 王欽若의 말을 받아들여 왕흠약에게 자주 물었다. "어떻게 해야 치욕을 씻을 수 있는가?" 왕흠약은 진종이 用兵을 싫어하는 것을 알기에 거짓으로 말했다. "幽州와 薊州(계주)를 빼앗으면 됩니다." 진종이 그 다음을 생각하라 하니, 왕흠약은 封禪禮를 올려 四海를 복속케 하고 夷狄(이적)에게 (天子의 위엄을) 과시하라고 청했다.

– 入 ; 받아들이다(受也). 합치하다.　數問(삭문) ; 자주 묻다.　刷 쓸어낼 쇄. 닦다. 없애버리다.　厭 싫을 염.

– 謬 그릇될 유. 속이다.　幽州(유주) ; 今 北京. 遼가 중시하는 지역.　薊 풀 이름 계. 地名.　封禪(봉선) ; 天帝(천제)를 제사지내는 일.　誇 자랑할 과.

○ 又言, 封禪當得天瑞, 前代有以人力爲之. 河圖·洛書果有此邪. 聖人以神道設敎耳. : 또 "封禪(봉선)을 하려면 꼭 天瑞(천서)를 얻어야 하는데 前代에도 人力으로 만들어냈습니다. 河圖와 洛書가 정말 있었겠습니까? 聖人께서 神道로 가르치려 했던 것입니다."라 했다.

– 天瑞(천서) ; 하늘에서 내리는 祥瑞(상서)로운 증거.　以人力爲之(이인력위지) ; 人力으로 天瑞를 만들었다. 조작해서라도 뜻을 이루면 된다는 의미.

– 河圖(하도) ; 伏羲(犧, 복희)氏 때에 黃河에서 龍馬가 지고 나왔다는 그림. 周易의 卦(괘)를 만든 근거.　洛書(낙서) ; 禹王이 治水

할 때 神龜(신귀)의 등에 쓰여 있던 글. 그 글이 법률의 기초가 되었다고 한다.

– 果有此邪(과유차야) ; 과연 이런 것이 있었겠습니까? 神道(신도) ; 귀신의 조화. 귀신.

○ 於是自大中祥符以來, 數有天書降. 東封泰山, 西祀后土於汾陰. 又有趙氏祖九天司命天尊降, 天下立天慶觀, 置聖祖殿, 諱聖祖名玄朗, 京師作玉淸昭應宮. 旦不能止其事. : 이에 大中祥符 때부터 자주 天書의 강림이 있었다. 東으로 泰山에서 봉선을 하고, 西로는 汾陰(분음)에서 后土를 제사했다. 또 趙氏의 조상신인 九天司命天尊(구천사명천존)이 강림했다 하여 天下 곳곳에 天慶觀(천경관)을 세우고 聖祖殿(성조전)을 지었으며, 聖祖의 이름인 玄朗(현랑)을 諱(휘)토록 했으며 도성에 玉淸昭應宮(옥청소응궁)을 지었다. 왕단은 그런 일들을 멈추게 할 수 없었다.

– 諱 꺼릴 휘. 높은 사람의 이름을 부르기를 피하는 일. 피하다. 기피하다.

– 大中祥符(대중상부) ; 眞宗의 3번째 연호. 1008~1016년. 天書(천서) ; 하늘의 계시로 나타났거나 얻었다는 글이나 책.

– 后土(후토) ; ①大地의 神. ②토지, 국토. ③물과 토지를 맡아보던 벼슬. 汾 클 분. 汾陰(분음) ; 今 山西省 運城市. 天慶觀(천경관) ; 道觀(도관)의 이름.

– 玄朗(현랑) ; 趙玄朗 ; 趙氏의 시조 이름. 唐이 자기 가문 李氏를 높이기 위해 老子를 시조로 끌어들인 것처럼 宋에서는 가문을 위해 趙玄朗이라는 인물과 신화를 만들었다. 玄朗(현랑)을 피하여 조서를 내려 玄은 元으로, 朗은 明으로 쓰게 했다.

(10) ○ 上, 在位二十六年. 自元年呂端罷後, 張齊賢·李沆·呂蒙正·向敏中·畢士安·寇準·王旦相繼爲相. 惟旦居位十一年. 當李沆爲相時, 旦甫參政. 沆喜讀論語. 嘗曰, 爲宰相, 如論語中節用而愛人, 使民以時兩句, 尙不能行. 聖人之言, 終身誦之可也. 沆日取四方水旱·盜賊奏之. 旦謂, 細事, 不足煩上聽. 沆曰, 人主少年, 當使知人間疾苦. 不然, 血氣方剛, 不留意聲色·犬馬, 則土木·甲兵·禱祠之事作矣. 吾老, 不及見, 此參政他日之憂也. 及大中祥符, 封禪·祠祀·土木竝興, 旦乃歎曰, 李文靖眞聖人也.

○ 眞宗은 26년간 재위에 있었다. 즉위하던 원년에 여단을 해임한 이래 장제현, 이항, 여몽정, 상민중, 필사안, 구준, 왕단 등이 서로 뒤를 이어 재상이 되었다. 오직 왕단만이 그 자리에 11년을 있었다. 이항이 재상으로 있을 때, 왕단은 막 참정이 되었었다. 이항은 논어 읽기를 좋아하였다. 이항은 그전에 "재상이 되어 논어 가운데 있는 '씀씀이를 줄여 백성을 사랑하고, 백성들을 때에 맞게 부려야 한다.'는 두 구절은 아직도 잘 할 수가 없다. 성인의 말씀은 종신토록 외우는 것이 좋다."고 하였다.

이항은 날마다 전국 각지에서 접수되는 사방의 수해와 한해, 도적 같은 사건들을 상주하였다. 왕단은 사소한 일을 번잡스럽게 황제에게 알게 할 필요가 없다고 말했다. 이항은 "황제는 나이가 어리니 인간들의 고통을 알게 해야 합니다. 그렇지 않으면 혈기가 왕성하여 가무나 여색, 사냥에 뜻을 두거나 아니면 토목공사나 전쟁, 대규모 기도나 축원 같은 일을 벌일 것이요. 나는 늙었기에 보지 못할 것이나, 이는 참정인 당신의 뒷날 걱정거리가 될 것이요."라고 말했다. 대중상부 시기에 봉선과 제사와 토목공사 등이 한꺼번에 벌어지자 왕단은 탄식하며 말했다. "이문정(이항)은 진짜 성인이셨다."

어구 설명

○ 上, 在位二十六年. 自元年呂端罷後, 張齊賢 · 李沆 · 呂蒙正 · 向敏中 · 畢士安 · 寇準 · 王旦相繼爲相. 惟旦居位十一年. 當李沆爲相時, 旦甫參政. 沆喜讀論語. 嘗日, 爲宰相, 如論語中節用而愛人, 使民以時兩句, 尙不能行. 聖人之言, 終身誦之可也. : 眞宗은 26년간 재위했다. 元年에 呂端을 해임한 이래 張齊賢(장제현), 李沆(이항), 呂蒙正(여몽정), 向敏中(상민중), 畢士安(필사안), 寇準(구준), 王旦(왕단) 등이 서로 뒤를 이어 재상이 되었다. 오직 왕단만이 그 자리에 11년을 있었다. 李沆이 재상으로 있을 때, 왕단은 막 參政이 되었었다. 이항은 論語 읽기를 좋아하였다. 이항은

전에 "재상이 되어 論語의 '씀씀이를 줄여 백성을 사랑하고, 백성들을 때에 맞게 부려야 한다'는 두 구절은 아직도 잘할 수가 없다. 聖人의 말씀은 終身〈종신 = 平生(평생)〉토록 외우는 것이 좋다."고 하였다.

– 呂端(여단) ; 人名. 沆 넓을 항. 向 ; 姓氏일 때는 '상'. 畢 마칠 필. 甫 클 보. 겨우, 막, 갓. 節用(절용) ; 씀씀이를 절약하다.

– 節用而愛人, 使民以時〈절용이애인, 사민이시 = 재정을 절약하여 백성을 아껴야 하며, 백성을 使役(사역)하는 일은 때를 가려서 하여야 한다.〉; 《論語 學而》편. 尙 높일 상. 아직, 더욱이, 또한.

○ 沆日取四方水旱 · 盜賊奏之. 旦謂, 細事, 不足煩上聽. 沆曰, 人主少年, 當使知人間疾苦. 不然, 血氣方剛, 不留意聲色 · 犬馬, 則土木 · 甲兵 · 禱祠之事作矣. 吾老, 不及見, 此參政他日之憂也. 及大中祥符, 封禪 · 祠祀 · 土木竝興, 旦乃歎曰, 李文靖眞聖人也. : 李沆은 날마다 접수되는 四方의 수해와 旱害, 도적 같은 사건들을 상주하였다. 왕단은 사소한 일을 번잡스럽게 황제에게 알게 할 필요가 없다고 말했다. 이항은 "황제는 나이가 어리니 인간들의 고통을 알게 해야 합니다. 그렇지 않으면 혈기가 왕성하여 가무나 여색, 사냥에 뜻을 두거나 아니면 土木이나 甲兵, 기도나 축원 같은 일을 벌일 것이요. 나는 늙었기에 보지 못할 것이나, 이는 參政(참정)인 낭신의 뒷날 걱정거리가 될 것이요."라고 말했다. 大中祥符(대중상부) 시기에 封禪(봉선)과 祠祀(사사)와 土木공사 등이 한꺼번에 벌어지자 왕단은 탄식하며 말했다. "李文靖(이항)은 진짜 聖人이셨다."

– 煩 괴로워할 번. 번거롭다. 疾苦(질고) ; 괴로움. 고통. 剛 굳셀 강. 血氣方剛(혈기방강) ; 혈기가 왕성하다. 《論語 季氏》편에 나오는 말.

– 聲色(성색) ; 歌舞와 女色. 犬馬 ; 사냥. 禱 빌 도. 封禪(봉선) ; 천자가 행하는 제사 '封'은 사방의 흙을 높이 쌓아서 제단을 만들고 하늘에 제사 지내는 일. '禪'은 땅을 淨(정)하게 하여 산천에 제사 지내는 일. 祠(제사 사). 祀(제사 사). 祠祀(사사) ; ①신에게 제사 지냄. ②제사 일을 맡아보는 사람. 禱祠(도사) ; 기도하고 제사함. 禱祀(도사). 禱祝(도축=빎. 기도함). 竝興(병흥) ; 한꺼번에 일으키다.

– 文靖(문정) ; 여기서는 죽은 李沆(이항)의 시호.

(11) 每有大禮, 旦輒以首相奉天書以行, 常悒悒不樂, 欲去則上遇之厚. 及薨于位, 遺令削髮披緇以斂. 議者謂, 旦得君而不能以正自終. 或比之馮道云. 張詠嘗言, 吾榜中得人最多, 謹重有德望, 無如李文靖, 深沉才德, 鎭服天下, 無如王公. 面折廷爭, 素有風采, 無如寇公. 當方面之寄, 則詠不敢辭.

大禮를 지낼 때마다, 왕단은 곧 재상으로서 천자의 조서를 받들고 집행하면서도 항상 근심하듯 우울하고 즐거운 빛이 없었다. 이리하여 스스로 재상의 지위에서 물러나고 싶어도 천자가 자기에게 베풀어 주는 은총을 생각하면 그럴 수도 없었다. 재상으로 재직하다 죽었는데, 삭발하고 승복을 입혀 염하라고 유언했다. 어떤 사람은, 왕단이 군주의 신임을 받았지만 바로 모시지 못하고 스스로 끝냈다고 평했다. 혹자는 그를 풍도에 비유하기도 했다.

그전에 장영이 말했었다. "나와 같은 진사과 출신으로 유능한 사람이 매우 많았으니, 근엄 중후하고 덕망이 있기로는 이문정(이항)만한 사람이 없었고, 침착하며 재덕으로 천하를 다스릴 사람으로는 왕단만한 사람이 없었다. 황제 앞에 바른말을 하고 조정에 논쟁하면서 평소에도 풍채가 있기로는 구준보다 나은 사람이 없다. 지방 통치의 임무 수행에 있어서는 나도 남한테 사양할 수는 없다."

어구 설명

○ 每有大禮, 旦輒以首相奉天書以行, 常悒悒不樂, 欲去則上遇之厚. 及薨于位, 遺令削髮披緇以斂. 議者謂, 旦得君而不能以正自終. 或比之馮道云. : 大禮를 지낼 때마다, 왕단은 곧 재상으로서 天書를 받들고 집행하면서도 항상 근심하듯 우울하고 즐거운 빛이 없었다. 이리하여 스스로 재상의 지위에서 물러나고 싶어도 천자가 자기에게 베풀어 주는 은총을 생각하면 그럴 수도 없었다. 재상으로 재직하다 죽었는데, 삭발하고 승복을 입혀 염하라

고 유언했다. 어떤 사람은, 왕단이 군주의 신임을 받았지만 바로 모시지 못하고 스스로 끝냈다고 평했다. 혹자는 그를 馮道(풍도)에 비유하기도 했다.

– 大禮(대례) ; 封禪이나 祭祀 같은 국가의 중대 의식. 輒 문득 첩. 곧, 늘, 항상. 天書(천서) ; 天子의 詔書(조서).

– 詔書(조서) ; 임금의 명령을 국민에게 알리고자 적은 문서. 制書(제서). 詔命(조명). 詔 고할 조. 알리다. 말하다.

– 悒 근심할 읍. 遇 만날 우. 예우하다. 欲去則上遇之厚(욕거측상우지후) ; 사임하려 하면(欲去則) 진종은(上) 왕단(之) 예우하기를(遇) 후하게 했다(厚).

– 薨 죽을 훙. 于位 ; 재위에 있으면서. 披 찢을 피, 입을 피. 緇 검은 비단 치. 승복. 披緇(피치) ; 승복을 입히다. 중이 되다. 斂 거둘 염(렴). 시신을 염하다. 입관하다.

– 得君(득군) ; 섬길 군주를 만나다. 군주의 신임을 받다. 馮道(풍도) ; 五代의 後唐, 後晋, 後漢, 後周에 출사하며 재상을 역임. 유능하다는 평가 또는 節操(절조)가 없는 사람으로 평가됨.

○張詠嘗言, 吾榜中得人最多, 謹重有德望, 無如李文靖, 深沉才德, 鎭服天下, 無如王公. 面折廷爭, 素有風采, 無如寇公. 當方面之寄, 則詠不敢辭. : 그전에 張詠(장영)이 말했었다. “나와 같은 진사과 출신으로 유능한 사람이 매우 많았으니, 근엄 중후하고 덕망이 있기로는 李文靖(이문정)만한 사람이 없고, 침착하며 才德으로 天下를 다스릴 사람으로는 王旦(왕단)만한 사람이 없다. 황제 앞에서 바른말을 하고 조정에서 논쟁하면서 평소에도 풍채

가 있기로는 寇準(구준)보다 나은 사람이 없다. 지방 통치의 임무 수행에 있어서는 나도 남한테 사양할 수는 없다."

– 張詠(장영, 946~1015년) ; 정치가 겸 시인. 紙幣(지폐)인 交子(교자)를 창안 유통시킨 사람. 榜中(방중) ; 같은 榜의, 진사시에 합격한 사람들.

– 得人(득인) ; 쓸 만한 사람. 유능한 인재. 面折廷爭(면절정쟁) ; 군주와 얼굴을 맞대고 설득하며 조정에서 爭論하다.

– 方面(방면) ; 지방의 한 곳. 方面之寄(방면지기) : 지방 통치의 임무. 不敢辭(불감사) ; 사양하지 않겠다. 다른 사람만큼은 할 수 있다.

(12) 當旦之世, 王欽若已相. 欽若罷, 寇準再入相. 參政丁謂, 事準甚謹. 嘗會食, 羹汚準鬚, 謂起拂之. 準笑曰, 參政國大臣, 乃爲官長拂鬚邪. 謂甚愧恨. 準罷, 李迪·丁謂爲相. 準遠貶, 迪罷, 謂獨相. 時上已有疾, 昏眩. 如準罷貶, 皆謂白中宮行之, 上不知矣. 尋崩, 年五十五. 在位改元者五, 曰咸平·景德, 曰大中祥符, 曰天禧·乾興. 太子立, 是爲仁宗皇帝.

왕단이 살아 있을 적에 왕흠약도 이미 재상이었다. 왕흠약이 파직되고 구준이 다시 재상이 되었다. 참정인 정위는 구준을 매우 근신하며 섬겼다. 회식을 할 때 국물이 구준의 수염에 묻자 정위가 일어나 국물을 닦아주었다. 구준이 웃으며 말했다. "참정은 나라의 대신이면서 상관을 위해 수염까지 닦아주어야 하는가?" 정위는 매우 부끄러우면서도 한스럽게 생각했다.

구준이 물러나자, 이적과 정위가 재상이 되었다. 구준은 먼 지방으로 폄직(좌천)되었고 이적도 해직되자 정위 혼자만 재상이었다. 이때 진종은 이미 병이 들어 정신이 혼미했었다. 구준이 해임 뒤에 폄직된 것은 모두 정위가 황후에게 아뢴 뒤 실행한 것으로 진종은 알지 못했다.

(진종이) 곧 붕어하니 55세였다. 재위 중에 개원을 5번 했는데, 함평, 경덕, 대중상부, 천희, 건흥이라 했다. 태자가 즉위하니, 이가 인종황제이다.

어구 설명

○ 當旦之世, 王欽若已相. 欽若罷, 寇準再入相. 參政丁謂, 事準甚謹. 嘗會食, 羹汚準鬚, 謂起拂之. 準笑曰, 參政國大臣, 乃爲官長拂鬚邪. 謂甚愧恨. : 王旦이 살아 있을 적에 王欽若(왕흠약)도 이미 재상이었다. 왕흠약이 파직되고 寇準이 다시 재상이 되었다. 參政인 丁謂는 구준을 매우 謹愼(근신)하며 섬겼다. 회식을 할 때 국물이 구준의 수염에 묻자 정위가 일어나 국물을 닦아 주었다. 구준이 웃으며 말했다. "參政은 나라의 大臣이면서 상관을 위해

수염까지 닦아주어야 하는가?" 정위는 매우 부끄러우면서도 한스럽게 생각했다.

- 丁謂(정위) ; 人名. 羹 국 갱. 羮은 羹의 속자. 汚 더러울 오. 더럽히다. 鬚 수염 수. 拂 떨어낼 불. 닦아주다. 愧 부끄러워할 괴.
- 愧恨(괴한) ; 부끄러워하며 한스러워하다.(원망하다)

○ 準罷, 李迪 · 丁謂爲相. 準遠貶, 迪罷, 謂獨相. 時上已有疾, 昏眩. 如準罷貶, 皆謂白中宮行之, 上不知矣. : 구준이 물러나자(정위의 참소로 재상에서 파면당했다.), 李迪(이적)과 丁謂(정위)가 재상이 되었다. 구준은 먼 지방<雷州(뇌주) · 廣東省(광동성)의 司戶(사호)라는 하급 관리가 되었다.>으로 폄직되었고 이적도 해직되자 정위 혼자만 재상이었다. 이때 眞宗은 이미 병이 들어 정신이 혼미했었다. 구준이 해임 뒤에 폄직된 것은 모두 정위가 中宮(황후)에게 아뢴 뒤 실행한 것으로 진종은 알지 못했다.

- 迪 나아갈 적. 貶 떨어트릴 폄. 遠貶(원폄) ; 먼 곳으로 폄직(좌천)되었다. 眩 아찔할 현. 昏眩(혼현) ; 정신이 혼미하다.
- 中宮(중궁) ; 皇后.

○ 尋崩, 年五十五. 在位改元者五, 曰咸平, 景德, 曰大中祥符, 曰天禧 · 乾興. 太子立, 是爲仁宗皇帝. : (진종이) 곧 붕어하니 55세였다. 在位 중에 改元을 5번 했는데, 咸平(함평, 998~1003년), 景德(경덕, 1004~1007년), 大中祥符(대중상부, 1008~1016년), 天禧(천희, 1017~1021년) 乾興(건흥, 1022년)이라 했다. 太子가 즉위하니, 이가 仁宗皇帝이다.

【참고】 매우 현실적인 眞宗의 勸學文

❖ 중국인들은 누구나 자식 교육의 필요성은 잘 알고 있었다. 그러다 보니 '養兒不讀書(양아불독서) 不如養頭猪(불여양두저), 猪(돼지 저) 본자 豬. 속자 猪. 간체 猪. 養兒(양아=아이를 기르면서)하며 不讀書(불독서=글을 읽지 않으면)하면 돼지를 키우는 것만 못하다.' 고 하면서 자식 교육을 시키지만 가난하면 기초 공부도 시킬 수가 없을 것이다. 그러다 보니 '三代不讀書會變牛〈삼대불독서회변우, 三代에 不讀書하면 소(牛)가 될 것이다.〉' 라는 말이 나왔을 것이다.

그러나 讀書란 科擧 준비의 과정이었다. '死讀書(맹목적 공부)에, 讀死書(쓸모없는 책을 읽으면), 讀書死(공부를 하나 마나!)' 라는 말이 있었으니 오직 과거의 시험과목이 되는 경전이나 詩文만을 공부했을 것이다. 그러면서 '小時讀書不用心(젊어 讀書에 用心하지 않으면), 不知書中有黃金(書中에 黃金이 있는 줄을 모른다).' 라는 말에서는 독서의 구체적인 목표가 드러난다. 곧 독서의 목적은 出世이고, 출세의 방법은 과거시험의 합격이었다.

실제로 唐代부터 과거에 의한 출세가 보장되었고 北宋의 文治主義는 과거 열풍을 불러 일으켰지만 독서한다고 과거시험에 모두 합격하는 것은 아니었다.

중국인들에게 과거합격의 요체는 '一命二運三風水(1. 운명, 2. 행운, 3. 風水) 四積陰功五讀書(사적음공오독서, 4. 조상의 음덕, 5. 독서 곧 실력)이었다. 말하자면, 1~4가 다 갖추어졌다면 5번은 본인의 노력이 있어야 했다.

그렇다면 젊은이들에게 독서를 어떻게 권유하는가? 여기에 수많은 名賢들의 이런 저런 勸學文이 있었다. 사실 '少年易老學難成(소년이노학난성=소년은 늙기 쉬운데 배움은 이룩되기 어려우니)' 같은 말은 血氣方剛(혈기방강)한 젊은이들에 실감이 나지 않는다. 그런 의미에서 北宋 眞宗의 勸學 詩는 가장 현실적인 勸學文으로 손꼽히고 있다.(《古文眞寶》 첫머리에 수록)

사나이가 이루고 싶은 꿈이 무엇이냐? 많은 돈, 큰 저택, 미인, 그리고 고급 자동차〈車馬(거마=말이 끄는 수레)〉 – 이 모든 것이 책속에 들어 있으니 네 꿈을 이루고 싶다면 열심히 공부하라고 황제의 입장에서 매우 구체적 실질적으로 권유하고 있다. 北宋 眞宗의 유명한 勸學詩는 아래와 같다.

富家에서는 良田을 살 필요가 없다.
書中에는 千鍾의 녹봉이 그 안에 있다.
安居하려고 高堂을 지을 필요가 없다.
書中에는 黃金의 집이 그 안에 있다.
아내를 얻는데 중매쟁이가 필요가 없나니
書中에는 얼굴이 옥 같은 미녀가 있다.
出門하면서 수행원이 없다 걱정을 말라.
書中에는 車馬(거마)가 무더기로 있나니!
男兒가 平生志를 이루고 싶거든
六經을 창 아래에서 부지런히 읽어라!

富家不用買良田 書中自有千鍾粟
부 가 불 용 매 양 전 　서 중 자 유 천 종 률

安居不用架高堂　書中自有黃金屋
안거불용가고당　서중자유황금옥

娶妻莫愁无良媒　書中有女顔如玉
취처막수무량매　서중유녀안여옥

出門莫愁无人隨　書中車馬多如簇
출문막수무인수　수중거마다여족

男兒欲遂平生志　六經勤向窗前讀
남아욕수평생지　육경근향창전독

- 簇 ①조릿대(볏과의 다년초) 족. ②모일 족. 모이다. ③화살촉 착.
- 窗(창 창)은 窓(창문 창, 창 창)의 본자이다.

이렇듯 구체적 현실적 목표가 정해졌다면 그 다음은 오직 뼈를 깎는 노력이 있어야 한다.

書山에 有路하니 근면이 지름길이요,
學海에 無崖하니 고생만이 배이다.

書山有路勤爲徑
서산유로근위경

學海無崖苦是舟
학해무애고시주

- 學海(학해) ; ①냇물이 끊임없이 흐르고 흘러 기어코 바다에 이르듯, 사람도 꾸준히 배움에 힘써야 함. ②넓고 깊은 바다와 같은 학문.
- 崖 벼랑 애. 언덕. 기슭. 물기슭.

이런 끈기 있는 노력이 아니라면 男兒의 平生志를 결코 실현할 수 없다는 것을 중국인들은 잘 알고 있었다.

2) 仁宗 ; 太平盛世

(1) 仁宗皇帝, 名禎, 母李氏, 章獻明肅劉皇后子之. 眞宗得皇子已晚, 始生晝夜啼不止. 有道人, 言, 能止兒啼. 召入, 則曰, 莫叫莫叫. 何似當初莫笑. 啼卽止. 蓋謂, 眞宗嘗籲上帝祈嗣. 問羣仙, 誰當往者, 皆不應, 獨赤脚大仙一笑, 遂命降爲眞宗子. 在宮中, 好赤脚, 其驗也. 自昇王爲太子, 年十三卽位, 劉太后垂簾同聽政.

仁宗 황제의 이름은 禎(정)이고, 모친은 이씨인데 장헌명숙유황후가 아들로 삼았다. 진종은 皇子(황자)를 너무 늦게 얻었는데 태어나면서 주야로 울음을 그치지 않았다. 어떤 도인이 아이 울음을 그치게 할 수 있다고 하였다. 불려 들어가자마자 말했다. "울지 말라! 울지 말라! 당초(그렇게 울려면 왜 처음에 웃었느냐?)에 웃지 않은 것만 못하구나!" 그러자 울음은 바로 그쳤다.

그 까닭은, 진종이 전에 상제〈天帝(천제)〉에게 후사를 얻으러 제사하며 호소를 했었다. (上帝가) 여러 신선에게 누가 내려가겠는가(下界) 물었지만 아무도 응하지 않는데, 오직 적각대선이 한번 웃었기에 진종의 아들로 내려가도록 명령했다. (아기는) 궁중에서 맨발로 돌아다니길 좋아했는데 아마 그 증거일 것이다. 禎(정)은 승왕이었다가 태자가 되어 13살에 즉위하였는데, 유태후가 수렴하고 청정했다.

어구 설명

○ 仁宗皇帝, 名禎, 母李氏, 章獻明肅劉皇后子之. 眞宗得皇子已晩, 始生晝夜啼不止. 有道人, 言, 能止兒啼. 召入, 則日, 莫叫莫叫. 何似當初莫笑. 啼卽止. : 仁宗皇帝의 이름은 禎이고, 모친은 李氏인데 章獻明肅劉皇后(장헌명숙유황후)가 아들로 삼았다. 眞宗은 皇子를 너무 늦게 얻었는데 (43살 때) 태어나면서 晝夜(주야=낮과 밤을 가리지 않고)로 울음을 그치지 않았다. 어떤 道人이 아이 울음을 그치게 할 수 있다고 하였다. 불려 들어가자마자 말했다. "울지 말라! 울지 말라! 당초에 웃지 않은 것만 못하구나!" 그러자 울음은 바로 그쳤다.

– 禎 바를 정. 祥瑞(상서). 章獻明肅劉皇后(장헌명숙유황후) ; 眞宗 황후 劉氏의 시호. 子之(자지) ; 아들로 삼았다. 已 ; 그칠 이. 이미. 나중에. 너무, 심히.

– 啼 울 제. 則~ ; ~하자마자 ~하다. 두 동작이 연속으로 진행된 것임. 여기서는 들어가자마자 말했다.

– 莫 말 막. ~하지 말라. 叫 부르짖을 규. (동물이) 울다. 지저귀다. (사역의 의미로) ~하게 하다.

– 似 같을 사. 何似(하사) ; 何如(어떠한가? ~만 못하다.) 何似當初莫笑(하사당초막소) ; 당초에 웃지 않은 것만 못하다.

○ 蓋謂, 眞宗嘗籲上帝祈嗣. 問羣仙, 誰當往者, 皆不應, 獨赤脚大仙一笑, 遂命降爲眞宗子. 在宮中, 好赤脚, 其驗也. 自昇王爲太子, 年十三卽位, 劉太后垂簾同聽政. : 그 까닭은, 眞宗이 전에 上帝에게 후사를 얻으려 제사하며 호소를 했었다. (上帝가) 여러 신선들에게 누가 내려가겠는가 물었지만 아무도 응하지 않는데, 오직 赤脚大仙(적각대선)이 한번 웃었기에 眞宗의 아들로 내려가도록 명령했다.(웃은 죄로 下界에 내려온 것이 억울해서 울었다는 뜻이 됨.) (아기는) 宮中에서 맨발로 돌아다니길 좋아했는데 아마 그 증거일 것이다. 昇王이었다가 太子가 되어 13살에 卽位하였는데, 劉太后가 垂簾(수렴)하고 聽政(청정)했다.

– 蓋 덮을 개. 뚜껑. 대개, 어쩌면. 문장의 첫머리에서 앞에 말한 내용의 원인을 설명. 蓋謂(개위) ; 말하자면. 그것은.

– 籲 부를 유(呼也). 龥(부를 유)와 同字. 上帝(상제) ; 天帝. 祈嗣(기사) ; 후계자를 얻으려 제사하다.

– 赤脚大仙(적각대선) ; 맨발의 몸이 큰 仙人. 驗 증험할 험. 증거. 垂 드리울 수. 簾 발 염. 커튼. 同~ ; 함께(~을 하다).

– 劉太后(유태후) ; 眞宗(진종)의 황후.

(2) 丁謂用事, 竄寇準爲雷州司戶. 參政王曾密奏, 謂包藏禍心, 眞宗山陵, 擅移皇堂於絶地. 遂罷謂, 貶至崖州司戶. 謂初命學士草準責詞, 令用春秋無

將 · 漢法不道爲證事. 及謂竄, 學士乃用其語, 人快之. 方逐準時, 京師語曰, 欲得天下寧, 當拔眼中丁, 欲得天下好, 莫如召寇老. 然準竟不及北還而卒.

정위는 권력을 장악하고, 구준을 내쫓아 뇌주의 사호로 삼았다. 참정인 왕증이 '정위는 앙심을 품고, 진종 능묘의 황당을 제멋대로 절지로 옮겼다.' 고 밀주하였다. 마침내 정위는 파면되어 애주의 사호로 폄직(좌천)되었다.

정위가 처음에 학사에게 구준을 문책하는 글을 지으라고 할 때, '춘추에는 증거가 없어도 할 수 있고' 와 '漢의 법에는 무도한 사람은 죽일 수 있다.' 라는 말을 근거로 하였었다. 정위를 축출할 때 학사 宋綬(송수)가 바로 그 말을 썼는데 사람들은 이를 통쾌하게 여겼다. 처음에 정위가 구준을 막 축출할 때 도성에서 사람들은 "천하가 평안해지려면, 눈의 못을 꼭 빼야 하고, 천하가 좋아지려면 구준을 불러 오는 것이 낫다"고 하였다. 그러나 구준은 끝내 북(서울)으로 돌아오지 못하고 죽었다.

어구 설명

○ 丁謂用事, 竄寇準爲雷州司戶. 參政王曾密奏, 謂包藏禍心, 眞宗山陵, 擅移皇堂於絕地. 遂罷謂, 貶至崖州司戶. : 丁謂는 권력을 장악하고, 寇準을 내쫓아 雷州의 司戶로 삼았다. 參政인 王曾(왕

증)이 정위는 앙심을 품고, 眞宗 陵墓(능묘)의 皇堂을 제멋대로 絕地(절지)로 옮겼다고 密奏(밀주 ; 몰래 윗사람에게 말씀드려 알리다.)하였다. 마침내 정위는 파면되어 崖州의 司戶로 폄직되었다.

– 用事(용사) ; 권력을 장악하다. 감정대로 일을 처리하다. 竄 숨길 찬. 죽이다. 내쫓다. 雷州(뇌주) ; 今 廣東省 지역.

– 司戶(사호) ; 民戶 담당 하급 관리. 戶籍係員(호적계원). 包藏(포장) ; 마음에 품다. 禍心(화심) ; 앙심. 악의. 山陵(산릉) ; 황제의 묘.

– 擅 멋대로 천. 皇堂(황당) ; 천자의 능묘 중 墓室(묘실). 絕地(절지) ; 돌이 많거나 물이 나와 地氣가 열악한 땅으로 불길하다고 함. 그러나 정위의 생각은 전의 능자리보다 윗쪽의 좋은 곳에 옮겨서 태후의 뜻에 迎合(영합)하고자 한 것이었다.

– 貶 떨어트릴 폄. 崖 벼랑 애. 崖州(애주) ; 海南島 南端(남단).

○ 謂初命學士草準責詞, 令用春秋無將 · 漢法不道爲證事. 及謂竄, 學士乃用其語, 人快之. 方逐準時, 京師語曰, 欲得天下寧, 當拔眼中丁, 欲得天下好, 莫如召寇老. 然準竟不及北還而卒. : 丁謂가 처음에 學士에게 命해 구준을 문책하는 글을 지을 때, '春秋無將'과 '漢法不道'라는 말을 근거로 사용케 하였었다. 丁謂를 축출할 때 學士가 바로 그 말을 썼는데 사람들은 이를 통쾌하게 여겼다. 구준을 막 축출할 때 도성에서 사람들은 "天下가 평안해지려면, 눈의 못을 꼭 빼야 하고, 天下가 좋아지려면 구준을 불러오는 것이 낫다."고 하였다. 그러나 구준은 끝내 북으로 돌아오지 못하고 죽었다.

- 草 ; 글을 짓다. 草案(초안)을 잡다. 責詞(책사) ; 문책하는 글.
- 春秋無將(춘추무장) ; 《춘추》에 나오는 '장차 반역할 가능성이 있다면 어떤 일이 없어도 誅殺(주살 ; 칼로 베어 죽이다.)할 수 있다.' 將은 將帥(장수)라는 뜻이 아님.
- 漢法不道(한법부도) ; 漢代의 法에는 불효하거나 不道한 사람은 事前에 죽일 수 있다는 내용. 위 두 말은 寇準(구준)에게 현재 구체적 증거는 없지만 앞으로 그럴 가능성이 있으니 쫓아내야 한다는 의미.
- 逐 쫓을 축. 語曰(어왈) ; 백성들이 말하기를. 丁(정) ; 丁謂(정위). 丁(dīng)을 釘(dīng, 못)으로 풀이. 莫如(막여) ; 不如(불여). ~하는 것만 못하다. ~하는 것이 낫다. 寇老(구노) ; 여기서는 寇準(구준).

(3) 王曾爲相, 王欽若再相. 欽若卒, 張知白相, 知白卒, 張士遜相. 士遜罷, 呂夷簡相. 惟王曾自天聖初居相位, 至是七年而罷. 曾初擧進士, 靑州發解 · 禮部 · 廷試, 皆第一. 人曰, 狀元三場, 喫著不盡. 曾曰, 曾平生之志, 不在溫飽. 眞宗末, 正色立朝, 朝廷賴以爲重. 作相日, 所進退士, 莫有知者. 或問其故, 曾曰, 恩欲歸己, 怨使誰當.

왕증이 재상이 될 때 왕흠약도 두 번째 재상이 되었다. 왕흠약이 죽자 장지백이 재상이 되었고, 장지백이 죽자 장사손이 재상이 되었다. 장사손이 파면당하고 여이간이 재상이 되었다. 왕증만이 天聖(천성) 첫 해에 재상의 자리에 오른 지 이때 7년 만에 파면된 것이다.

왕증은 진사에 응시하여 청주에서 합격한 뒤, 예부의 시험과 정시에서 모두 수석으로 합격했다. 누군가가 '3차의 시험에 모두 장원하였으니 먹고사는 것은 걱정이 없겠다.'고 말했다. 왕증은 "내 평생의 뜻은 따뜻한 옷과 배부른 음식에 있지 않습니다."라고 말했다.

진종 말년에 근엄한 자세로 조정에 근무하니, 조정은 그에 의해 권위를 지켰다. 재상으로 있는 동안 승진이나 퇴출하는 관리들 중에 아는 사람이 없었다. 혹자가 그런 까닭을 물었더니, 왕증은 "나의 은덕(승진시켜준 은혜를 내걸어 자랑한다면)이라 한다면 (나중에 좌천시켰을 때의) 원망은 누가 감당하겠는가?"라고 말했다.

어구 설명

○ 王曾爲相, 王欽若再相. 欽若卒, 張知白相, 知白卒, 張士遜相. 士遜罷, 呂夷簡相. 惟王曾自天聖初居相位, 至是七年而罷. : 王曾이 재상이 될 때 王欽若(왕흠약)도 두 번째 재상이 되었다. 왕흠약이 죽자 張知白(장지백)이 재상이 되었고, 장지백이 죽자 張士

遜(장사손)이 재상이 되었다. 장사손이 그만두고 呂夷簡(여이간)이 재상이 되었다. 오직 王曾은 天聖 初에 相位에 오른 지 이때 7년 만에 그만 두었다.

– 王曾(왕증, 977~1038년) ; 靑州〈청주는 왕증의 鄕里(향리)로서 지금의 山東省의 땅이다.〉 益都人(익도인). 咸平 5年(1002년), 鄕試(향시), 省試(성시), 殿試(전시)에서 모두 수석 합격(連中三元).
– 呂夷簡(여이간, 979~1044년). 簡은 簡과 동자. 天聖(천성) ; 仁宗 첫 번째 연호(1023~1032년).

○ 曾初擧進士, 靑州發解 · 禮部 · 廷試, 皆第一. 人曰, 狀元三場, 喫著不盡. 曾曰, 曾平生之志, 不在溫飽. : 王曾은 進士試에 응시하여 靑州에서 합격한 뒤, 禮部의 시험과 廷試에서 모두 수석으로 합격했다. 누군가가 '三場이나 장원하였으니 의식은 걱정이 없겠다.' 고 말했다. 왕증은 "내 平生의 뜻은 따뜻한 옷과 배부른 음식에 있지 않습니다."라고 말했다.

– 發解(발해) ; 공문서로 보고하다. 靑州에서의 향시 합격자를 공문으로 禮部에 보낸다.
– 지방 향시의 합격자(鄕貢)가 禮部에서 주관하는 과거를 會試 또는 省試라고 한다. 다시 황제 앞에서 석차를 결정하는 殿試〈전시, 廷試(정시)〉를 치른다.
– 三場(삼장) ; 3차례의 시험. 喫 마실 끽. 먹는 것. 著 분명할 저. 입을 착. 著物(착물, 옷). 不盡(부진) ; 다하지 않는다. 걱정이 없다.
– 飽 배부를 포. 溫飽(온포) ; 따뜻함과 배부름. 暖衣飽食(난

의포식=따뜻한 옷과 배부른 음식) ; '君子食無求飽(군자식무구포=군자는 먹음에 있어 배부름을 구하지 않고), 居無求安(거무구안=거처함에 편안함을 바라지 않는다).' 과 같은 뜻.(論語 學而)

○ 眞宗末, 正色立朝, 朝廷賴以爲重. 作相日, 所進退士, 莫有知者. 或問其故. 曾日, 恩欲歸己, 怨使誰當. : 眞宗 末에 正色을 하고 조정에 근무하니, 朝廷은 그에 의해 권위를 지켰다. 재상으로 있는 동안 진퇴하는 관리들을 아는 이가 없었다. 혹자가 그런 까닭을 물었더니, 왕증은 "나의 은덕이라 한다면 (나중에) 원망은 누가 감당하겠는가?" 라고 말했다.

– 正色(정색) ; 顔色을 바로 하다. 엄정한 태도. 爲重(위중) ; 면목이 서다. 권위를 유지하다. 作相日(작상일) ; 재상으로 있는 동안.

– 所進退士(소진퇴사) ; 새로 들어오거나 물러나는 관리들. 莫有知者(막유지자) ; 아는 사람이 없었다. 누구를 승진시키고 물러나게 하면서 자신의 영향력을 행사하지 않았다는 뜻.

– 或(혹) ; 或者(혹자). 恩欲歸己(은욕귀기) ; (승진되는 사람에게) 자신의 은택이라는 것을 알게 하다. 怨使誰當(원사수당) ; (퇴직하거나 강등될 때) 원망을 누가 감당하겠는가?

(4) ○ 交趾黎桓, 景德中卒. 子龍廷, 殺其兄龍鉞, 而自立來貢, 賜名全忠. 大中祥符間, 全忠卒, 子幼, 弟爭立, 大校李公蘊, 遂殺之而自立. 至是公蘊卒,

子德政立, 來告喪, 封交趾郡王. ○ 契丹主隆緖殂, 號聖宗, 子宗眞立. ○ 西夏趙德明卒, 子元昊立.

교지의 왕 여환이 경덕 연간에 죽었었다. 아들 용정이 그 형인 용월을 죽이고 자립한 뒤 와서 조공을 하기에 전충이라는 이름을 하사했다. 대중상부 연간에 전충이 죽자, 아들이 어려 아우가 싸워 즉위하였는데, 대교인 이공온이 나중에 그를 죽인 다음에 즉위하였다. 이때 공온이 죽자, 아들 덕정이 즉위하면서 宋에 들어와 부친상을 아뢰었고, 교지 군왕에 봉해졌다.

○ 거란의 임금 야율융서가 죽자 시호를 성종이라 했고, 아들 종진이 즉위했다.

○ 서하의 조덕명이 죽고, 아들 원호가 즉위했다.

어구 설명

○ 交趾黎桓, 景德中卒. 子龍廷, 殺其兄龍鉞, 而自立來貢, 賜名全忠. 大中祥符閒, 全忠卒, 子幼, 弟爭立, 大校李公蘊, 遂殺之而自立. 至是公蘊卒, 子德政立, 來告喪, 封交趾郡王. : 交趾(교지)의 왕 黎桓(여환)이 진종의 景德 연간에 죽었었다. 아들 龍廷(용정)이 그 형인 龍鉞(용월)을 죽이고 自立한 뒤 송나라에 來貢하니 조정에서는 全忠(또는 至忠)이라는 이름을 하사했다. 大中祥符 연간에 全忠이 죽자, 아들이 어려 아우가 싸워 즉위하였는데, 大校

인 李公蘊(이공온)이 나중에 그를 죽인 다음에 즉위하였다. 이때 公蘊이 죽자 아들 德政이 즉위하면서 송에 들어와 喪을 아뢰었고, 交趾 郡王(교지군왕)에 봉해졌다.

– 黎 검을 여(려). 景德(경덕) ; 眞宗의 연호 1004~1007년. 鉞 도끼 월. 大校 ; 大將. 蘊 쌓을 온.

– 趾 ; 발 지. 복사뼈 아래 부분. 交趾(교지) ; 今 越南의 北部, 紅河(홍하)의 流域(유역).

○ 契丹主隆緖殂, 號聖宗, 子宗眞立. 西夏趙德明卒, 子元昊立. : 거란의 야율융서가 죽자 聖宗이라 했고, 아들 宗眞이 즉위했다. 西夏의 趙德明(西平王)이 죽고, 아들 元昊가 즉위했다.

– 緖 실마리 서. 遼 聖宗(요 성종) ; 재위 982~1031년. 趙德明卒(조덕명졸) ; 1032년. 元昊(원호) ; 趙(李)元昊 ; 1032년부터 당항족의 西夏를 統治, 처음에는 宋의 藩臣(번신)을 자처. 文武兼全(문무겸전). 在位(칭제, 1038년~1048년).

(5) ○ 劉太后, 以上爲己子. 而上母李氏, 默默處先朝嬪御中, 未嘗自異. 人亦畏后不敢言, 疾革, 乃進位宸妃而薨. 宰相呂夷簡奏太后. 宜備禮以葬. 曰, 他日, 莫道夷簡不曾說來. 宸妃卒, 踰一年太后崩. 稱制十一年, 上始親政.

유태후는 인종을 자신의 아들로 삼았었다. 그런데 인종의 생모 이씨는 묵묵히 先朝 비빈들의 거처에 살면서 특별나게 행동하지 않았다. 다른 사람들도 황태후가 무서워 감히 말을 하지 못했는데 (生母 이씨의) 병환이 중하자 신비로 봉했는데 곧 죽었다.

재상 여이간이 태후에게 아뢰었다. "의당, 예를 갖추어 장례를 해야 합니다." 그리 또 "훗날에 제가 일찍이 말하지 않았다고 말씀하지 마십시오."라고 했다. 신비가 죽은 지 1년 후에 태후도 죽었다. 수렴청정 11년에 인종이 비로소 친정을 폈다.

어구 설명

○ 劉太后, 以上爲己子. 而上母李氏, 默默處先朝嬪御中, 未嘗自異. 人亦畏后不敢言, 疾革, 乃進位宸妃而薨. : 송나라의 劉太后는 仁宗(인종)을 자신의 아들로 삼았었다. 그런데 인종의 생모 李氏는 默默히 先朝의 嬪御(빈어)에 거처하며 특별나게 행동하지 않았다. 다른 사람들도 황태후가 무서워 감히 말을 하지 못했는데 병환이 중하자 宸妃(신비)로 삼았고 이어 죽었다.(1032년)

– 處 ; 거처하다. 先朝(선조) ; 眞宗. 嬪御(빈어) ; 후궁. 황제는 九賓九御(구빈구어)를 거느릴 수 있었다. 九賓(구빈) ; 임금이 優待(우대)하는 아홉 손님. 公(공), 侯(후), 伯(백), 子(자), 男(남), 孤(고), 卿(경), 大夫(대부), 士(사). 九御(구어) ; 天子(천자)를 받

들어 모시는 아홉 女官(여관). 疾革(질혁) ; 병이 중태에 이르다. 革은 急也.

- 宸 집 신. 대궐. 宸妃(신비) ; 皇妃에 가까운 지위. 薨 죽을 훙. 本音(본음)은 홍. 일반적으로 훙으로 씀.

○ 宰相呂夷簡奏太后. 宜備禮以葬. 日, 他日, 莫道夷簡不曾說來. 宸妃卒, 踰一年太后崩. 稱制十一年, 上始親政. : 宰相 呂夷簡이 太后에게 아뢰었다. "의당, 예를 갖추어 장례를 해야 합니다." 그리 또 "훗날에 夷簡(이간)이 일찍이 말하지 않았다고 말씀하지 마십시오."라고 했다. 신비가 죽은 지 1년 후에 태후도 죽었다. (1033년) 수렴청정 11년에 인종이 비로소 친히 정치를 폈다.

- 簡 ; 대쪽 간. 글. 책. 편지. 簡과 동자. 道 ; 말하다(言也). 夷簡不曾說來(이간부증설래) ; 呂夷簡(여이간)이 일찍이 말하지 않았다. 曾 일찍 증. 일찍 이. 踰 넘을 유. 稱制(칭제) ; 수렴청정.

(6) 先是呂夷簡·張士遜竝相, 夷簡罷, 李迪相, 而士遜爲首相. 無所發明而罷, 夷簡復相. 迪罷, 王曾復相, 而權在夷簡. 夷簡之初罷也, 以郭皇后之言. 及復入, 而后有尙美人爭寵之隙. 遂廢郭后, 夷簡有力焉. 臺諫孔道輔·范仲淹爭, 不得而出.

이에 앞서 여이간과 장사손이 같이 재상이었다가, 여이

간이 그만두자 이적이 재상이 되었고, 장사손이 선임 재상이었다. 그러나 일이 확실하지 못해 장사손이 그만두고 여이간이 다시 재상이 되었다. 이적이 그만두자 왕증이 다시 재상이 되었지만 권력은 여이간에게 있었다.

여이간이 처음에 (재상을) 그만둔 것은 곽황후의 말 때문이었다. 다시 재상이 된 뒤에 곽황후와 向(상)미인 두 사람이 총애를 다투었다. 나중에 곽황후가 폐위된 것은 여이간의 힘이 작용했었다. 대간인 공도보와 범중엄이 간쟁을 하였으나 관철하지 못하고 방출되었다.

어구 설명

○ 先是呂夷簡·張士遜竝相, 夷簡罷, 李迪相, 而士遜爲首相. 無所發明而罷, 夷簡復相. 迪罷, 王曾復相, 而權在夷簡. : 이에 앞서 呂夷簡과 張士遜이 같이 재상이었다가, 여이간이 그만두자 李迪(이적)이 재상이 되었고, 장사손이 선임 재상이었다. 그러나 일이 확실하지 못해 장사손이 그만두고 여이간이 다시 재상이 되었다. 이적이 그만두자 王曾이 다시 재상이 되었지만 권력은 여이간에게 있었다.

– 迪 나아갈 적. 李迪(이적, 971~1047년) ; 眞宗 景德 2年, 擧進士第一.

– 無所發明(무소발명) : 發明하는 바가 없다. 發明(발명) ; 분명히 나타내다. 새로운 일을 하다.

○ 夷簡之初罷也, 以郭皇后之言. 及復入, 而后有尙美人爭寵之隙.

遂廢郭后, 夷簡有力焉. 臺諫孔道輔 · 范仲淹爭, 不得而出. : 여이간이 처음에 (재상을) 그만둔 것은 郭皇后의 말 때문이었다. 다시 재상이 된 뒤에 곽황후와 向(상)美人 둘이 총애를 다투었다. 나중에 곽황후가 폐위된 것은 여이간의 힘이 작용했었다. 臺諫(대간)인 孔道輔(공도보)와 范仲淹(범중엄)이 간쟁을 하였으나 관철하지 못하고 방출되었다.

– 郭皇后(곽황후) ; 仁宗(인종)의 황후. 尙美人(상미인) ; 인종의 후궁. 向은 성씨 '상'.

– 隙 틈 극. 不和(불화). 爭寵之隙(쟁총지극) ; 총애를 다투다가 생긴 不和.

– 夷簡有力焉(이간유력언) ; 呂夷簡의 힘이 작용했다. 臺諫(대간) ; 言官. 唐宋代(당송대)의 御史(어사 = 벼슬 이름).

– 范 풀 이름 범. 거푸집. 淹 담글 엄. 范仲淹(범중엄, 989~1052년) ; 謚文正. 北宋 政治家, 文治家. 범중엄이 1046년에 지은 〈岳陽樓記(악양루기)〉의 '先天下之憂而憂(선천하지우이우) – 천하의 근심할 일은 제일 먼저 걱정하고, 後天下之樂而樂(후천하지락이락) – 천하의 즐거운 일은 가장 나중에 즐거워함.', '不以物喜(불이물희) – 외부의 사물을 보고 그것에 의하여 기뻐하지 않는다. 不以己悲(불이기비) – 또 자기 자신의 개인적인 일도 슬퍼하지 않는다.' 는 人口에 膾炙(회자)하는 名句이다.

– 膾炙人口(회자인구) ; 명성이나 좋은 평판이 여러 사람의 입에 오르내리는 일. 人口에 膾炙(회자)한다로도 많이 쓰인다.

– 爭 다툴 쟁. 争(속자). 諫(간)하다 = 諍(간할 쟁. 간하는 말이나

글. 다투다. 송사하다.) ; 諫諍(간쟁)하다. 郭 황후 폐위에 관여한 여이간을 탄핵하다.

(7) 仲淹還朝爲待制, 知開封府, 言事愈急, 數議時政. 夷簡訴其越職, 罷知饒州. 館閣余靖 · 尹洙爭之, 皆坐貶. 歐陽修責諫官高若訥不諫, 謂, 不知人間有羞恥事. 若訥奏其書, 亦貶. 蔡襄作四賢一不肖詩. 四賢指仲淹 · 洙 · 靖 · 修, 不肖指若訥也. 王曾裀對斥夷簡納賂示恩, 夷簡 · 曾竝罷. 王隨 · 陳堯佐代之, 以無所建明而罷. 張士遜 · 章得象代之.

범중엄은 조정으로 돌아와 待制(대제)가 되었다가, 개봉부윤을 역임하면서 국사에 대한 의견을 과감하게 말하고 자주 시정을 논했다. 이에 여이간이 범중엄의 주장이 직분을 넘는 월권이라고 인종에게 말하여, (범중엄은) 요주의 지방관으로 방출되었다. 그러자 관각의 여정과 윤수 등이 이를 간쟁했으나 모두 연좌되어 폄직되었다. 구양수는 간관인 고약눌이 간하지 않는 것을 책망하며, '(諫하지 않는 것을) 세간에서는 이를 수치스러운 일이라고 하는 줄도 알지 못한다.' 고 하였다.

고약눌이 구양수의 서신을 갖고 상소하니 구양수도 폄직(좌천)되었다. 채양은 '사현일불초' 시를 지었다. 4현은 범중엄, 윤수, 여정, 구양수를 지칭하고, 불초한 한 사람은 고약눌이었다. 왕증은 인종에게 답변하면서 여이간이 뇌물을 받고 혜택을 주었다고 배척하자, 여이간과 왕증이 같이 파직되었다. 왕수와 진요좌가 대신하였으나 건의도 밝혀내는 바도 없다 하여 파직되었다. 장사손과 장득상이 그 뒤를 이어 재상이 되었다.

어구 설명

○ 仲淹還朝爲待制, 知開封府, 言事愈急, 數議時政. 夷簡訴其越職, 罷知饒州. 館閣余靖·尹洙爭之, 皆坐貶. 歐陽修責諫官高若訥不諫, 謂, 不知人間有羞恥事. : 범중엄은 還朝(환조)하여 待制(대제)가 되었다가, 이어서 開封府(개봉부)의 장관을 역임하면서 국사에 대한 의견을 과감하게 말하고 자주 時政(시정, 그릇된 정치의 폐단에 대한 건의)을 논했다. 이에 여이간이 범중엄이 직분을 넘은 월권이라고 인종에게 말하여, (범중엄은) 饒州(요주)의 知州로 방출(좌천)되었다. 그러자 館閣(관각)의 余靖(여정)과 尹洙(윤수) 등이 이를 간쟁했으나 모두 연좌되어 폄직되었다. 歐陽修(구양수)는 諫官인 高若訥(고약눌)이 不諫하는 것을 책망하며, '(諫하지 않는 것을) 世間에서는 이를 수치스러운 일이라고 하는 줄도 알지 못한다.' 고 하였다.

– 待制(대제) ; 五品의 文官職.　言事愈急(언사유급) ; 국사에

관해 더욱 과감하게 의견을 말하다.

– 越職(월직) ; 직분을 초월한 행위. 越(넘을 월. 분수에 넘치다.) 饒 넉넉할 요. 饒州(요주) ; 今 江西省의 古 행정구역. 館閣(관각) ; 송대 翰林院의 별칭. 文臣의 要職. 舘(관)은 昭文舘(소문관) · 火舘(화관) · 集賢院(집현원)의 세관을 말하는 것이요, 閣(각)은 秘閣(비각) · 龍圖閣(용도각) · 天章閣(천장각) 등을 말하는 것인데, 그 벼슬 이름은 여러 가지가 있지만은 통털어서 舘閣(관각)이라 했고, 翰林院(한림원)이나 秘書省(비서성)에 딸려있었다. 당시 학자와 문인의 登龍門(등용문)으로 되어 있었다.

– 余 나 여. 성씨. 靖 편안할 정. 余靖(여정, 1000~1064년) ; 仁宗 時期의 諫議大夫. 尹洙(윤수, 1001~1047년) ; 世稱 河南先生.

– 歐 노래할 구. 성씨. 歐陽修(구양수, 1007~1072년) ; 字 永叔(영숙), 號 醉翁(취옹), 六一居士, 諡 文忠. 北宋儒學家, 文學家, 官員. 이 당시는 舘閣校勘(관각교감)의 벼슬에 있었다. 包拯(포증)의 후임으로 開封府尹 역임. 唐宋八大家의 한 사람. 《唐書》 및 《五代史》 편찬.

– 訥 말 더듬을 눌. 高若訥(고약눌) ; 人名. 구양수는 고약눌이 不諫하는 것을 보고 고약눌에게 편지 〈與高司諫書(여고사간서)〉를 보내 '不知人間有羞恥事(부지인간유수치사 = 諫하지 않는 것을) 世間(세간)에서는 이를 수치스러운 일이라고 하는 줄도 알지 못한다.' 라고 비난했다. 諫 간할 간. 直言(직언)하여 바로 잡다. 제지하다. 못하게 하다. 羞恥(수치) ; 부끄러움.

– 人間(인간) ; 世間. 世上(세상). 羞 바칠 수. 恥 부끄러울 치.

○若訥奏其書, 亦貶. 蔡襄作四賢一不肖詩. 四賢指仲淹 · 洙 · 靖 ·

修, 不肖指若訥也. 王曾因對斥夷簡納賂示恩, 夷簡 · 曾竝罷. 王隨 · 陳堯佐代之, 以無所建明而罷. 張士遜 · 章得象代之. : 고약눌이 구양수의 서신을 갖고 상소하니 구양수도 폄직(좌천)되었다. 蔡襄(채양)은 '四賢一不肖(사현일불초)' 詩를 지었다. 四賢은 범중엄, 윤수, 여정, 구양수를 지칭하고, 불초한 사람은 고약눌이었다. 王曾은 인종에게 답변하면서 여이간이 뇌물을 받고 혜택을 주었다고 배척하자 여이간과 왕증이 같이 파직되었다. 王隨(왕수)와 陳堯佐(진효좌)가 대신하였으나 건의도 밝혀내는 바도 없다 하여 파직되었다. 張士遜(왕사손)과 章得象(장득상)이 그 뒤를 이어 재상이 되었다.

- 若訥奏其書(약눌주기서) ; 고약눌은 구양수의 서신을 갖고 가서 상주하다. 蔡襄(채양, 1012~1067년) ; 北宋의 명필로 유명.
- 肖 닮을 초. 不肖(불초) ; (자식이 부모를) 닮지 못했다. 현명하지 못하다. 因對(인대) ; 물음에 대답할 기회에.
- 斥 물리칠 척. 納賂示恩(납뢰시은) ; 뇌물을 받고 은택을 내려 주다. 無所建明(무소건명) ; 건의나 밝힐 것을 밝히지 못하다.
- 章得象(장득상) ; 人名.

【참고】 文豪 歐陽脩

❖ 구양수는 4세에 부친을 여의고 모친 정씨 손에 어렵게 자랐다. 家貧하여 문구를 살 수 없어 모친이 억새를 꺾어 땅에 글자를 써(以荻畫地, 이적획지) 가르쳤다고 한다. 그래서 '歐母(구양수의 모친)' 란 賢母를 뜻하는 典故〈전고 = 典例(전례)와 故實(고실). 전해오는 例(예). 慣例(관례).〉가 되었다. 구양수는 신체적으로 병약

했는데 요즈음으로 말하면, 폐결핵과 당뇨로 고생을 하였고 그 후 유증으로 시력이 매우 나빴었다.

구양수는 古文뿐만 아니라 詩와 詞에서도 宋代 문학 발전을 이끈 大文豪였다. 그는 문단의 맹주로 한 시대 문학의 방향을 결정하고 이끌었으며 정치적으로도 一群의 영도자였다. 또한《毛詩本意》를 저술한 학자였다.

구양수는 인종 때 知貢擧(과거 시험관)를 지내면서 소박하고 간명한 古文만을 뽑아 異論이 분분하였으나 구양수는 자기 소신을 굽히지 않았다. 구양수의 고문론은 '明道' 와 '致用' 으로 요약되는데 明道는 문장에 道가 차 있어야 한다는 뜻이며 致用(치용=힘써 정성스레 사용하다.)을 위한 것이다.

歐陽脩와 王安石, 曾鞏(증공), 蘇洵(소순), 蘇軾(소식), 蘇轍(소철)을 宋代六大家라 하고, 唐代의 한유(韓愈)와 柳宗元(유종원)을 합쳐 唐宋八大家라 한다.

구양수의 名文으로는 〈醉翁亭記(취옹정기)〉, 〈秋聲賦(추성부)〉, 〈有美堂記(유미당기)〉, 〈六一居士傳(육일거사전)〉이 유명하다. 구양수는 '六一居士' 라 자호하였는데, 그 뜻은 자신의 집에 藏書 一萬卷, 金石遺文 一千卷, 琴 一張, 棋 一局, 常置酒 一壺(상치주 일호)가 있고 이 속에서 자신 一老翁이 살고 있다는 뜻이다. 뒷날 소식의 유명한 〈赤壁賦(적벽부)〉는 구양수의 〈秋聲賦(추성부)〉의 영향을 받았다고 한다. 壺 병 호. 단지. 음료를 담는 배가 불룩한 그릇. 琴 거문고 금. 張 베풀 장. 얇은 물건이나 활. 거문고. 비파. 휘장 따위를 세는 단위. 棋 바둑 기. 장기 기. 棋一局(기일국=바둑판이나 장기판 1개). 一局(일국=판국).

(8) ○ 趙元昊據有夏·銀·綏·宥·靈·鹽·會·勝·甘·涼·瓜·沙·肅州之地, 居興州, 阻賀蘭山爲固, 僭號大夏皇帝, 入寇, 西邊騷然. 范雍經略西夏, 聞元昊將攻延州, 懼甚, 閉門不救, 劉平戰. 中官黃德和誣奏平降賊, 以兵圍其家, 議收其族. 富弼言, 平自環慶來援, 姦臣不救, 故敗, 罵賊而死, 德和誣人冀免. 坐腰斬, 范雍罷.

○ 西夏(서하)의 조원호는 하주, 은, 수, 유, 영, 염, 회, 승, 감, 량, 과, 사, 숙주의 땅을 점유하였고, 흥주에 웅거하면서 험준한 하란산을 요새화하며 대하제국황제를 참칭하고 송에 쳐들어오니 서쪽 변경이 소란해졌다.

이때 범옹은 서하 경략사였는데 조원호가 장차 연주를 공격하려 한다는 소문을 듣고 매우 두려워하며 폐문하고 구원에 나서지 않았으나 유평은 적과 싸웠다. 환관인 황덕화는 유평이 적에게 투항했다고 거짓 상주하였고 군사를 동원해 그 집을 포위해 일족을 체포해야 한다는 의논을 하였다. 그때 부필은 유평이 환경으로부터 구원에 나섰으나 간신(범옹)이 구원하지 않아 패전하였지만 적을 꾸짖다가 죽었다면서 황덕화는 남을 모함하여 달아난 자신의 죄를 면탈하려 했다고 말했다. 이로써 황덕화는 허리를 자르는 형벌에 처했고, 범옹은 파직되었다.

어구 설명

○ 趙元昊據有夏 · 銀 · 綏 · 宥 · 靈 · 鹽 · 會 · 勝 · 甘 · 涼 · 瓜 · 沙 · 肅州之地, 居興州, 阻賀蘭山爲固, 僭號大夏皇帝, 入寇, 西邊騷然. : 西夏의 趙元昊는 夏州(하주), 銀(은), 綏(수), 宥(유), 靈(영), 鹽(염), 會(회), 勝(승), 甘(감), 涼(량), 瓜(과), 沙(사), 肅州(숙주)의 땅을 점유하였고 興州에 웅거하면서 험준한 賀蘭山(하란산)을 요새화하며 大夏帝國皇帝를 참칭하고 쳐들어오니 서쪽 변경이 소란해졌다.

- 趙元昊(조원호) ; 李元昊. 據 의거할 거. 굳게 지키다. 據有(거유) ; 점거 소유하다. 夏州(하주), 銀州(은주) 등 13州 ; 지금의 陝西省(섬서성) 또는 甘肅省(감숙성) 지역.

- 綏 편안할 수. 宥 용서할 유. 瓜 오이 과. 肅 엄숙할 숙. 興州(흥주) ; 雍州(옹주)가 원래 이름. 甘肅省(감숙성)에 속해 있음. 元昊(원호)가 雍을 興으로 改名(개명)했다. 懷遠縣(회원현), 今 寧夏回族自治區(영하회족자치구)의 銀川市. 1033年에 李元昊는 興州를 興慶府로 개칭. 西夏의 수도.

- 阻 험할 조, 막을 조. 賀蘭山(하란산) ; 興州 서북쪽에 위치, 寧夏回族自治區와 內蒙古自治區의 경계 남북으로 약 200km의 산맥 주봉은 3,550m. 하란산 동쪽은 河套(하투) 平原. 銀川市에 연결.

- 大夏皇帝를 칭한 것은 1038년. 騷 떠들 소.

○ 范雍經略西夏, 聞元昊將攻延州, 懼甚, 閉門不救, 劉平戰. 中官黃德和誣奏平降賊, 以兵圍其家, 議收其族. 富弼言, 平自環慶來援, 姦臣不救, 故敗, 罵賊而死, 德和誣人冀免. 坐腰斬, 范雍罷. : 范雍

(범옹)은 西夏 경략사였는데 趙元昊가 延州를 공격하려 한다는 소문을 듣고 매우 두려워하며 폐문(성문을 굳게 닫고)하고 구원에 나서지 않았으나 劉平은 적과 싸웠다. 환관인 黃德和는 유평이 적에게 투항했다고 거짓 상주하였고 군사를 동원해 그 집을 포위해 일족을 체포해야 한다는 의논을 하였다. 富弼(부필)은 유평이 環慶(환경)으로부터 구원에 나섰으나 간신(범옹)이 구원하지 않아 패전하였지만 적을 꾸짖다가 죽었다면서 황덕화는 남을 모함하여 자신의 죄를 면탈하려 했다고 말했다. 이로써 황덕화는 요참형에 처했고 범옹은 파직되었다.

– 范雍(범옹) ; 文臣. 吏部侍郞(이부시랑)으로 振武軍節度使(진무군절도사)가 되었다. 經略(경략) ; 경략사. 변경의 군사지휘관.

– 延州(연주) ; 今 陝西省(섬서성)의 지명. 懼 두려울 구. 劉平(유평) ; 人名. 鄜州(부주)와 延州(연주) · 副總官(부총관). 中官(중관) ; 宦官(환관). 誣奏(무주) ; 없는 죄를 만들어 上奏하다.

– 收其族(수기족) ; 그 일족을 체포하다. 弼 도울 필. 富弼(부필, 1004~1082년) ; 宋朝 관료. 爲官淸正(위관청정), 頗有廉聲(파유염성)–〈관리로서 청렴하고 바르며 매우 청렴하다(검소하다)는 소리를 듣고 살았다.〉 조서를 맡아보는 관리로 知制誥(지제고)의 벼슬에 있었다. 頗 자못 파. 몹시. 매우. 대단히. 부정하다. 바르지 못하다. 廉 청렴할 렴. 검소하다.

– 環慶(환경) ; 감숙성의 古 地名. 姦臣(간신) ; 범옹을 지칭. 罵 욕할 매. 冀 바랄 기. 冀免(기면) ; 황덕화는 자신이 싸우지 않고 도주한 죄에서 免脫(면탈 ; 죄를 벗어남. 免은 兔의 속자.)하

려고 했다.

– 坐 앉을 좌. 좌석. 이로 인하여. 腰 허리 요.

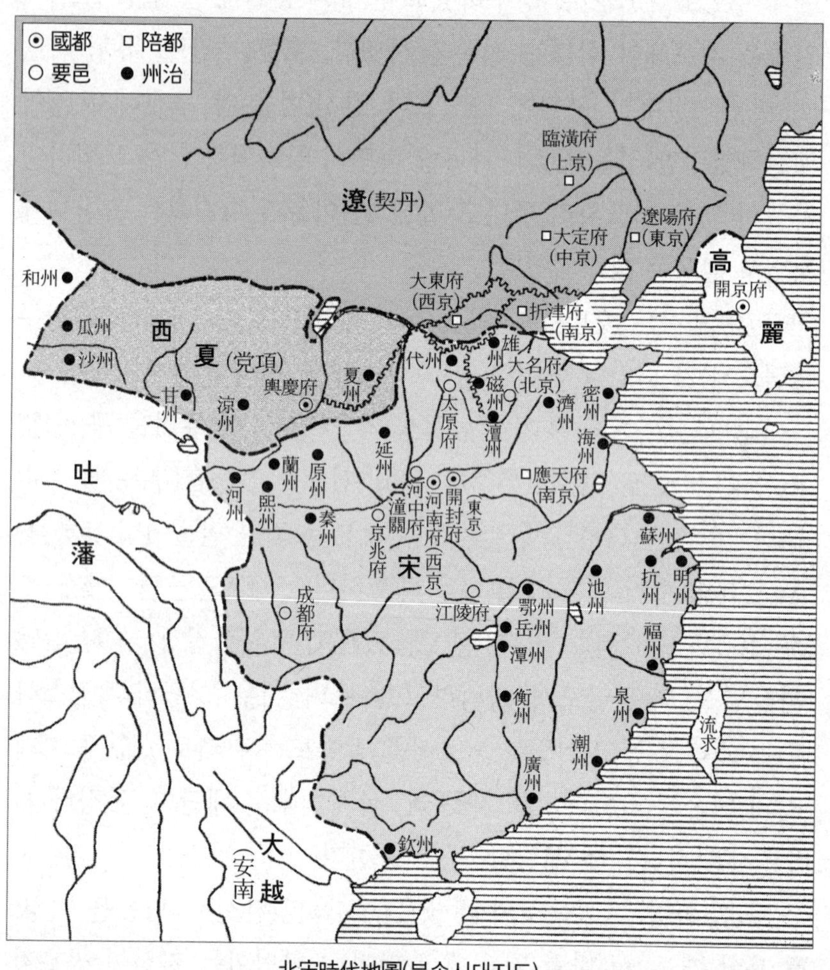

北宋時代地圖(북송시대지도)

(9) 時軍興多事, 張士遜無所補. 諫官韓琦上疏曰, 政事府豈養病坊邪. 於是士遜致仕, 呂夷簡復相. 用韓琦 · 范仲淹爲邊帥, 仲淹嘗兼知延州. 夏人相戒曰, 毋以延州爲意. 小范老子, 胸中自有數萬甲兵, 不比大范老子可欺也. 邊人爲之語曰, 軍中有一韓, 西賊聞之心膽寒, 軍中有一范, 西賊聞之驚破膽. 昊之不得大逞, 蓋藉琦 · 仲淹之宣力居多.

이때, 군사 관련 일이 많았지만 장사손은 아무 도움이 되질 못했다. 간관인 한기는 상소하여 "정치를 하는 관부가 어찌 병을 다스리는 療養所(요양소)가 되어야 합니까?"라고 말했다. 이에 장사손은 사직했고 여이간이 다시 재상이 되었다.

한기와 범중엄을 변방 방비의 장수로 등용하였는데 범중엄은 과거에 연주의 지방관을 겸한 적이 있었다. 서하 사람들은 서로 조심하라면서 말했다. "연주를 어떻게 해볼 생각을 하지 말라. 젊은 범씨 어르신의 가슴속에는 수만 명의 군사가 있어 깔볼 수 있는 늙은 범씨와는 비교가 안 된다."

이를 누고 변경 사람들은 "군중에 한씨 한 사람이 있으니 융적이 듣고 가슴이 철렁했고, 군중에 범씨 한 사람이 있으니 융적이 듣고서는 담이 떨어졌다."라 하였다. 조원호가 크게 세력을 펴지 못한 것은 많은 부분이 한기와 범중엄의 노력과 그 힘이 컸기 때문이었다.

어구 설명

○ 時軍興多事, 張士遜無所補. 諫官韓琦上疏曰, 政事府豈養病坊邪. 於是士遜致仕, 呂夷簡復相. : 이때, 군사 관련 일이 많았지만 張士遜(장사손)은 아무 도움이 되질 못했다. 諫官(간관)인 韓琦(한기)는 上疏(상소)하여 "政事府(정사부)가 어찌 양로원이어야 합니까?"라고 말했다. 이에 장사손은 벼슬을 그만 두었고 여이간이 다시 재상이 되었다.

- 無所補(무소보) ; 補益(보익 = 이익이 없다.)이 없다. 도움이 되질 않다. 무능력하다. 조정에 전혀 보탬이 되지 않는다. 琦 옥 이름 기. 韓琦(한기, 1008~ 1075년). 補 기울 보. 보수하다. 수의 단위 1,000兆(조), 10兆(조)는 經(경), 10經(경)은 垓(해), 10垓(해)는 補(보).

- 坊 동네 방. 저자. 養病坊(양병방) ; 養老院. 療養所(요양소). 豈(기)~邪(야) ; 어찌 ~인가? 致仕(치사) ; 辭職(사직)하다.

○ 用韓琦 · 范仲淹爲邊帥, 仲淹嘗兼知延州. 夏人相戒曰, 毋以延州爲意. 小范老子, 胸中自有數萬甲兵, 不比大范老子可欺也. : 韓琦와 范仲淹을 邊帥로 등용하였는데 범중엄은 과거에 延州의 知州를 겸한 적이 있었다. 서하 사람들은 서로 조심하라면서 말했다. "延州를 어떻게 해볼 생각을 하지 말라. 小范 老子의 가슴속

에는 수만 명의 군사가 있어 깔볼 수 있는 大范 老子와는 비교할 수 없다."

- 邊帥(변수) ; 변방의 장수. 知延州(지연주) ; 延州의 知州. 戒 경계할 계. 조심하고 주의를 기울이다.
- 范 풀 이름 범. 小范老子(소범노자) ; 젊은 범씨. 범중엄. 老子(노자) ; 西戎族(서융족)의 俗語로 어르신네. 지방관에 대한 친근한 의미의 호칭.
- 大范老子(대범노자) ; 늙은 범씨. 西夏 경략사였던 范雍(범옹). 可欺(가기) ; 속일 수 있다. 깔볼 수 있다. 깔볼만한.

○ 邊人爲之語日, 軍中有一韓, 西賊聞之心膽寒, 軍中有一范, 西賊聞之驚破膽. 昊之不得大逞, 蓋藉琦 · 仲淹之宣力居多. : 이를 두고 변경 사람들은 "軍中에 韓氏 한 사람이 있으니 西賊(서적)이 듣고 가슴이 철렁했고, 軍中에 范氏 한 사람이 있으니 西賊이 듣고서는 담이 떨어졌다."라 하였다. 조원호가 크게 세력을 펴지 못한 것은 많은 부분이 한기와 범중엄의 노력과 그 힘이 컸기 때문이었다.

- 邊人(변인) ; 변경 지역에 사는 사람. 心膽寒(심담한) ; 마음속에 용기를 잃다. 驚破膽(경파담) ; 놀라 담이 떨어졌다.
- 逞 굳셀 영(령). 과시하다. 우쭐대다. 不得大逞(부득대령) ; 세력을 펴지 못하다. 蓋 ; 대개. 아마도. 藉 깔개 자. 빌리다. 의존하다.
- 宣力(선력) ; 진력하다. 남을 위해 열심히 노력하다.

(10) 契丹乘朝廷有西夏之擾, 遣泛使, 求石晉所割, 周世宗所取關南地, 知制誥富弼接伴. 時夷簡任事, 人莫敢抗, 弼數侵之. 夷簡欲㮚事罪弼, 以弼報使. 弼至, 往返論難, 力拒其割地. 使還, 再遣, 而國書故爲異同, 夷簡欲以陷弼. 弼疑而啓觀, 乃復回奏, 面責夷簡, 易書而往, 增歲賂銀絹各十萬, 定和議而還.

거란에서는 송나라 조정이 서하와 분쟁하고 있는 기회를 틈타 바닷길로 사신을 보내 석경당의 後晋에서 와교관 이남의 땅을 할양(떼어준 땅)하였던 땅이다. 그런데 後周의 세종이 회복한 와교관 이남의 땅 반환을 요구했는데 지제고인 부필이 사신 접대를 담당했다. 당시 여이간이 국사를 쥐고 있었는데 누구도 감히 맞서지 못했지만 부필만은 자주 여이간을 비판했다.

여이간은 업무를 핑계로 부필을 죄에 얽어매려고 부필을 거란에 회보 사절로 보냈다. 부필은 거란에 가서 논란을 거듭하며 땅을 잘라 주는 것을 극력 저지했다. 사절로 돌아왔다가 다시 파견될 때, 여이간은 국서를 고의로 달리 만들어서 부필을 죄에 빠트리려 했다. 부필은 의심이 들어 국서를 열어보고서 바로 돌아와 仁宗(인종)에게 모든 사실을 상주한 뒤 여이간을 면전에서 책망하고 국서를 바꿔 거란에 가서 세폐를 은과 비단 각 10만씩을 늘리는 화의를 결정짓고 돌아왔다.

어구 설명

○ 契丹乘朝廷有西夏之撓, 遣泛使, 求石晉所割, 周世宗所取關南地, 知制誥富弼接伴. 時夷簡任事, 人莫敢抗, 弼數侵之. : 거란에서는 朝廷이 西夏와 분쟁 중에 있는 기회를 틈타 海路로 사신을 보내 석경당의 후진에서 할양하여 후주의 세종이 회복한 와교관 이남의 땅 반환을 요구했는데 知制誥(지제고)인 富弼(부필)이 사신접대를 담당했다. 당시 여이간이 국사를 쥐고 있었는데 누구도 감히 맞서지 못했지만 富弼은 자주 여이간을 비판했다.

– 乘 탈 승. 기회로 잡아 이용하다. 撓 어지러울 뇨. 교란하다. 괴롭히다. 泛使(범사) ; 배를 타고 오는 사신.

– 石晉(석진) ; 석경당이 건국했던 後晋. 關南地(관남지) ; 瓦橋關 以南(와교관 이남)의 땅. 知制誥(지제고) ; 中書省 소속의 관직명. 詔勅(소칙)과 上諭文(상유문 = 임금의 말씀을 적은 글)을 작성하는 文臣.

– 接伴(접반) ; 손님(사신)을 접대하다. 人莫敢抗(인막감항) ; 누구도 감히 맞서지 못하다. 抗 막을 항. 겨루다. 대항하다. 대적하다. 數侵(수침) ; ①살펴서 엄습했다. ②數侵(삭침) ; 자주 비판하다. 數 셀 수. 살피다. 자주 삭.

○ 夷簡欲因事罪弼, 以弼報使. 弼至, 往返論難, 力拒其割地. 使

還, 再遣, 而國書故爲異同, 夷簡欲以陷弼. 弼疑而啓觀, 乃復回奏, 面責夷簡, 易書而往, 增歲賂銀絹各十萬, 定和議而還. : 여이간은 업무를 핑계로 부필을 죄에 얽어매려고 부필을 거란에 回報使節(회보사절)로 보냈다. 부필은 거란에 가서 論難(논란)을 거듭하며 割地(할지 = 땅을 나누다. 쪼개다.)를 극력 저지했다. 사절로 돌아왔다가 다시 파견될 때, 國書를 고의로 달리 만들어서 여이간은 부필을 죄에 빠트리려 했다. 부필은 의심이 들어 국서를 열어보고서 바로 돌아와 상주한 뒤 여이간을 면전에서 책망하고 국서를 바꿔 거란에 가서 세폐를 은과 비단 각 10만씩을 늘리는 화의를 결정짓고 돌아왔다.

- 報使(보사) ; 回報(회보 = 사건. 문제. 서류 따위를 절차에 따라 관계 기관에 판가름하다.)하러 보내는 사신 또는 使節(사절). 報 갚을 보(상대편에게서 받은 만큼 알맞게 행동하여 주는 일. 판가름하다. 재판하다.) 往返論難(왕반논란) ; 논란을 거듭하다. 國書(국서) ; 외교 문서. 故爲異同(고위이동) ; 고의로 다르게 만들다.
- 啓觀(계관) ; 열어보다. 易書(역서) ; 국서를 바꾸어. 定和議(정화의) ; 和議를 결정짓다.

(11) ○ 呂夷簡求罷, 上遂欲更天下弊事, 增諫官員, 命王素 · 歐陽修 · 余靖 · 蔡襄, 供諫院職, 以韓琦 · 范仲淹爲樞密副使, 召夏竦爲樞密使, 諫官論罷竦, 以杜衍代之. 國子直講石介喜曰, 此盛德事

也. 乃作慶曆聖德詩, 有曰, 衆賢之進, 如茀斯拔, 大姦之去, 如距斯脫. 大姦指竦也.

○ 여이간이 퇴임(사임)하려 하자, 인종은 이를 허락하고 이 기회에 천하의 병폐를 바로 잡으려고 간쟁하는 관원을 증원하면서 왕소, 구양수, 여정, 채양을 간원의 직책에 임명하고, 한기와 범중엄을 추밀부사로, 하송을 불러 추밀사로 삼았으나 간관들이 하송을 비판하자 파직하고 두연을 대신 임명했다.

蔡襄(채양)

국자직강인 석개는 기뻐하며 "이는 성덕의 경사이다."라고 말했다. 그리고 '경력성덕시'를 지었는데, 그 시에서 '여러 현사들의 진출은 마치 띠 풀 뿌리가 뽑힌 것과 같고, 크게 간사한 무리가 쫓겨나기는 닭 뒤 발톱이 떨어진 것 같다.'고 하였다. 크게 간사한 사람은 바로 하송이었다.

어구 설명

○ 呂夷簡求罷, 上遂欲更天下弊事, 增諫官員, 命王素 · 歐陽修 ·

余靖 · 蔡襄, 供諫院職, 以韓琦 · 范仲淹爲樞密副使, 召夏竦爲樞密使, 諫官論罷竦, 以杜衍代之. : 呂夷簡(여이간)이 퇴임하려 하자, 인종은 천하의 병폐를 更正(경정)하려고 諫官員(간관원)을 증원하고, 王素(왕소), 歐陽修(구양수), 余靖(여정), 蔡襄(채양)을 諫院(간원)의 직책에 임명하고, 韓琦(한기), 范仲淹(범중엄)을 樞密副使(추밀부사)로, 夏竦(하송)을 불러 樞密使(추밀사)로 삼았으나 諫官들이 하송을 비판하자 파직하고 杜衍(두연)을 대신 임명했다.

– 求罷(구파) ; 퇴임을 희망하다. 更 고칠 경. 다시 갱. 襄 도울 양. 供 이바지할 공. 諫官員(간관원) ; 諫官. 諫院(간원) ; 문하성 소속.

– 竦 삼갈 송. 夏竦(하송, 985~1051년) ; 人名. 樞密使(추밀사) ; 軍國機務, 국방의 업무를 담당하는 추밀원의 책임자. 衍 넘칠 연.

○ 國子直講石介喜曰, 此盛德事也. 乃作慶曆聖德詩, 有曰, 衆賢之進, 如茆斯拔, 大姦之去, 如距斯脫. 大姦指竦也. : 國子直講(국자직강)인 石介는 기뻐하며 "이는 盛德의 慶事이다."라고 말했다. 그리고 '慶曆聖德詩(경력성덕시)'를 지었는데 그 시에서 '여러 賢士들의 진출은 마치 띠 풀 뿌리가 뽑힌 것과 같고, 간사한 무리가 쫓겨나기는 닭 뒤 발톱이 떨어진 것 같다.'고 하였다. 大姦(대간)은 바로 夏竦이었다.

– 國子直講(국자직강) ; 최고 교육기관 國子監(국립대학)의 教授. 石介(석개, 1005 ~1045년) ; 歐陽脩, 蔡襄(채양) 등과 同年登科(등과)했던 사람.

– 盛德事(성덕사) ; 훌륭한 德行에 따른 慶事. 慶曆(경력) ; 仁宗의 연호(1041~1048년). 茆 순채 묘. 茅와 通.

– 如茆斯拔(여묘사발) ; 띠 풀이 뽑히는 것과 같다. 띠 풀은 그 뿌리가 서로 연결되어 있다. 곧 賢士 한 사람을 등용하면 다른 賢士들도 연결되어 등용된다는 의미.

– 大姦(대간) ; 몹시 나쁜 일. 몹시 나쁜 사람. 여기서는 夏竦(하송). 距 (공간적으로) 떨어질 거. 도달하다. 며느리발톱. 닭의 뒷 발톱.

– 如距斯脫(여거사탈) ; 닭의 뒤쪽 발톱이 빠진 것과 같다.

(12) 仲淹·琦, 適自陝西來, 道中得詩. 仲淹拊股謂琦曰, 爲此怪鬼輩壞事. 竦裀與其黨造論, 目衍等爲黨人. 歐陽修乃作朋黨論上之. 略曰, 小人無朋, 惟君子有之. 小人同利之時, 暫爲朋者僞也. 及其見利而爭先, 或利盡而情疎, 反相賊害. 君子修身則同道而相益, 事國則同心而共濟, 終始如一, 此君子之朋也. 爲君者, 但當退小人之僞朋, 進君子之眞朋, 則天下治矣.

범중엄과 한기는 막 섬서에서 상경하다가 도중에 그 시를 보았다. 범중엄이 무릎을 치며 한기에게 말했다. "이 도깨비 같은 친구가 일을 망쳤다." 하송은 그 무리들과 함께 여론을 조성하면서 석개의 시를 근거로 두연 등을 당인론으로써 그를 반박하여 상대방을 지목 공격하였다.

구양수는 바로 〈붕당론〉을 지어 바쳤다. 그 대략은 다음과 같다. '소인은 무리를 짓지 못하고 오직 군자만이 붕당이 있다. 소인은 이익을 같이할 때만 잠시 붕당(결합)을 만드는데 이는 거짓일 뿐이다. 이득을 보면 서로 다투다가, 혹 이득이 없어진다면 그 정(마음)은 소원해지면서 오히려 서로 해치려 한다. 군자는 수신하면서 같은 길을 걷고 서로 도움을 주고, 나라를 섬길 때는 한마음으로 서로 도우며 시종 한결같으니 이것이야말로 군자의 붕당이다. 나라의 임금이 된 자는 소인들이 거짓 붕당을 물리치고 군자들의 진정한 붕당을 키운다면 천하는 잘 다스려질 것이다.'

어구 설명

○ 仲淹 · 琦, 適自陝西來, 道中得詩. 仲淹拊股謂琦曰, 爲此怪鬼輩壞事. 竦因與其黨造論, 目衍等爲黨人. : 범중엄과 한기는 막 陝西에서 상경하다가 道中에 그 시를 보았다. 범중엄은 무릎을 치며 한기에게 말했다. "이 도깨비 같은 친구가 일을 망쳤다." 하송은 그 무리들과 함께 여론을 조성하면서 석개의 시를 근거로 두연 등을 黨人論(당인론)으로써 그를 반박하여 상대방을 지목 공격하였다.

- 適 알맞을 적, 갈 적. 이제 막. 방금. 陝 고을 이름 섬.〈陜 좁을 협, 땅이름 합[예, 경남 陜川(합천)과 달리 읽히는 글자이다.]

중국의 陝西省(섬서성)과 山西省은 동서로 이웃하고 있는데 중국어 발음 陝西의 shănxī와 山西의 shānxī를 한글로 표기하면 모두 '산시' 이다.〉

– 拊股(부고) ; 다리를 치다. 무릎을 치다.　爲(위) ; ~때문에. 怪鬼輩(괴귀배) ; '도깨비 같은 친구'

– 壞 무너질 괴.　壞事(괴사) ; 일을 망치다.　因 ; 이로써, 石介의 詩를 핑계로.　目 ; 지목하다. 간주하다. ~라 여기다.

○ 歐陽修乃作朋黨論上之. 略日, 小人無朋, 惟君子有之. 小人同利之時, 暫爲朋者僞也. 及其見利而爭先, 或利盡而情疎, 反相賊害. 君子修身則同道而相益, 事國則同心而共濟, 終始如一, 此君子之朋也. 爲君者, 但當退小人之僞朋, 進君子之眞朋, 則天下治矣. : 歐陽修는 바로 〈朋黨論(붕당론)〉을 지어 바쳤다. 그 대략은 다음과 같다. '小人은 무리를 짓지 못하고 오직 군자만이 붕당이 있다. 소인은 이익을 같이할 때만 잠시 붕당(결합)을 만드는데 이는 거짓일 뿐이다. 이득을 보면 서로 다투다가, 혹 이득이 없어진다면 그 정(마음)은 소원해지면서 오히려 서로 해치려 한다. 군자는 수신하면서 同道(동도=같은 도)를 걷고 서로 도움을 주는데, 나라를 섬길 때는 한마음으로 서로 도우며 시종 한결같으니 이것이야말로 君子의 붕당이다. 나라의 임금이 된 자는 소인들이 거짓 붕당을 물리치고 군자들의 참 붕당을 기운다면 천하는 잘 나스려질 것이다.'

– 朋 벗 붕. 무리, 떼.　朋友有信의 경우 붕우를 '벗' 이라 번역하지만, 朋과 友는 분명히 차이가 있다.　友 벗 우. 벗. 친구. 뜻을 같이하는 벗. 同志(동지). 同門(동문)의 벗은 '朋(붕)' 이라 한다.

같은 스승 아래서 공부한 사람을 (朋)이라 한다. (論語) 有朋自遠方來.

– 朋黨(붕당) ; 派黨(파당). 정치적 견해를 같이 하는 집단. 朋黨論(붕당론) ; 사마광이 慶曆(경력) 3년(1043년)에 지은 글.

– 上之(상지) ; 〈朋黨論〉을 올리다. 暫 잠시 잠. 疎 트일 소. 소원해지다. 賊 도둑 적. 해치다.

– 爲君者(위군자) ; 爲國君者(위국군자) ; 나라의 人君이 된 자. 僞朋(위붕) ; 소인의 붕당. 眞朋(진붕) ; 군자의 붕당.

(13) 仲淹遷參政, 富弼爲樞副. 上旣擢仲淹等, 每進見必以太平責之, 開天章閣召對, 賜坐給筆札. 仲淹等皆惶恐, 退列奏十事. 一曰, 明黜陟. 二曰, 抑僥倖. 三曰, 精貢擧. 四曰, 擇官長. 五曰, 均公田. 六曰, 厚農桑. 七曰, 修武備. 八曰, 減徭役. 九曰, 覃恩信. 十曰, 重命令. 上方信向, 悉用其說. 惟武備欲復府兵一說, 宰相以爲不可.

○ 범중엄은 참정으로, 부필은 추밀부사로 승진되었다. 인종은 범중엄 등을 발탁하고 매번 알현할 때마다 태평을 이루는 방법을 요구하였으며 한림원 안의 천장각을 개방하여 불러 대책을 물으면서 자리를 내주고 지필도 하사하

였다. 범중엄 등은 모두 황공해 하면서 물러나와 10가지 대책을 상주하였다.

그 십조의 대책은, 1. 관리 임명과 면직을 투명하게 할 것. 2. 요행에 의한 출세를 억제할 것. 3. 과거시험을 엄정하게 관리할 것. 4. 관장(관청의 우두머리)의 임명에 신중할 것. 5. 공전(관유지)을 균등하게 분배할 것. 6. 농상(농업과 누에치기)을 장려할 것. 7. 군비를 갖출 것. 8. 요역(백성의 부역)을 감면할 것. 9. 은신(황실의 은혜와 위신)을 널리 펼 것. 10. 조정의 명령을 엄히 집행할 것 등이었다. 인종이 신임하던 때라서 그 건의를 모두 채용하였다. 다만 군사력을 증강하는 방법으로 부병제를 부활하자는 주장에 대해서는 재상이 불가하다고 생각하여 채용되지 않았다.

어구 설명

○ 仲淹遷參政, 富弼爲樞副. 上旣擢仲淹等, 每進見必以太平責之, 開天章閣召對, 賜坐給筆札. 仲淹等皆惶恐, 退列奏十事. : 범중엄은 參政(참정)으로, 富弼(부필)은 추밀부사로 승진되었다. 인종은 범중엄 등을 발탁하고 매번 알현할 때마다 태평을 이루는 방법을 요구하였으며 天章閣을 개방하여 불러 對策을 물으며 자리를 내주고 지필도 하사하였다. 범중엄 등은 모두 황공해 하면서 물러나와 10가지 대책을 상주하였다.

– 遷 옮길 천. 승진하다. 樞副(추부) ; 樞密副使(추밀부사).

擢 뽑을 탁. 拔擢(발탁)하다. 以太平責之(이태평책지) ; 태평을 이루라고 이들에게 요구하다. 책임을 맡기다.

– 天章閣(천장각) ; 황제 전용의 도서관. 朝鮮 正祖의 奎章閣(규장각)과 같은 성격. 眞宗의 圖書와 詩文을 보관했다.

– 召對(소대) ; 불러서 對策을 묻다. 賜坐給筆札(사좌급필찰) ; 자리를 내 주고 紙筆(지필)을 주다. 札 패 찰. 문서. 종이.

○ 一曰, 明黜陟. 二曰, 抑僥倖. 三曰, 精貢擧. 四曰, 擇官長. 五曰, 均公田. 六曰, 厚農桑. 七曰, 修武備. 八曰, 減徭役. 九曰, 覃恩信. 十曰, 重命令. 上方信向, 悉用其說. 惟武備欲復府兵一說, 宰相以爲不可. : 그 十條의 대책은, 一. 관리 임명과 면직을 투명하게 할 것. 二. 요행에 의한 출세를 억제할 것. 三. 과거시험을 엄정하게 관리할 것. 四. 官長(관청의 우두머리)의 임명에 신중할 것. 五. 公田을 균등하게 분배할 것. 六. 農桑(농상)을 장려할 것. 七. 軍備(군비), 즉 國防(국방)을 갖출 것. 八. 徭役(요역 = 정부에서 구실 대신으로 시키던 강제 노동.)을 감면할 것. 九. 恩信(은신)을 널리 펼 것. 十. 조정의 命令을 엄히 집행할 것 등이었다. 인종이 신임하던 때라서 그 건의를 모두 채용하였다. 다만 군사력을 증강하는 방법으로 府兵制〈부병제 ; 중국의 西魏(서위)에서 시작하여 수(隋) · 당(唐)에 이르러 整備(정비)된 兵制(병제). 兵農(병농) 一致(일치)를 理想(이상)으로 하고 農閑期(농한기)에 훈련을 받아 경비에 임하고 租稅(조세)를 면하게 하였음.〉를 부활하자는 주장에 대해서는 宰相(재상)이 不可하다고 생각하였다.

– 明 ; 분명히 하다. 黜 물리칠 척. 陟 오를 척. 僥 바랄 요.

倖 요행 행. 精 ; 엄밀하게 집행하다.

- 貢擧(공거) ; 과거시험에 의한 인재 등용. 公田(공전) ; 官有地(관유지), 國有地(국유지). 徭 구실 요. 부역. 覃 퍼질 담, 깊을 담. 널리 펴다.

(14) 時章得象 · 晏殊, 竝同平章事. 未幾, 仲淹宣撫陝西 · 河東, 富弼宣撫河北. 竦等造謗, 故仲淹等不安於朝. 歐陽修亦出使河北, 晏殊罷, 杜衍同平章事. 衍務裁僥倖. 每內降, 率寢格不行. 積詔旨十數, 輒納上前. 上嘗語諫官曰, 外人知衍封還內降邪. 朕在宮中, 每以不可告而止者, 多於所封還也.

이때 장득상과 안수가 나란히 동평장사(재상)로 있었다. 얼마 안 있어(1년이 채 안되어) 범중엄은 섬서와 하동의 선무사가 되었고, 부필은 하북의 선무사로 나갔다. 하송 등이 비방을 하는 까닭에 범중엄 등은 조정에서도 불안했었다. 구양수 또한 하북전운사(河北轉運使)로 나갔으며, 안수가 파직되고 두연이 동평장사가 되었다.

두연은 요행으로 관직을 얻으려는 자들을 막는데 힘썼다. 황제의 (人事 관련) 조서가 내려올 때마다 대개 묵혀두고 실행하지 않았다. 조서가 십여 건이 쌓이면 매번 황제에게 되바쳤다. 전에 인종이 간관(구양수)에게 말했었다. "세간에서는 두연이 內命書(내명서)를 돌려주는 것을 알고 있는가? 짐은 궁중에 있으면서 재상(두연)에게 말하지 않고 내가 알아서 그만두는(폐지하는) 것이 (두연이) 돌려주는 것보다 더 많을 것이다."

어구 설명

○ 時章得象 · 晏殊, 竝同平章事. 未幾, 仲淹宣撫陝西 · 河東, 富弼宣撫河北. 竦等造謗, 故仲淹等不安於朝. 歐陽修亦出使河北, 晏殊罷, 杜衍同平章事. : 이때 章得象(장득상)과 晏殊(안수)가 나란히 同平章事(재상)로 있었다. 얼마 안 있어 범중엄은 陝西(섬서)와 河東의 宣撫使(선무사)가 되었고, 富弼은 河北의 宣撫使(선무사)로 나갔다. 하송 등이 비방을 하는 까닭에 범중엄 등은 조정에서도 불안했었다. 歐陽修 또한 河北轉運使로 나갔으며, 晏殊가 파직되고 杜衍(두연)이 同平章事가 되었다.

– 晏殊(안수, 991~1055년) ; 시인으로도 유명. 구양수, 범중엄 등을 발탁했다. 未幾(미기) ; 오래지 않아(不久).

– 宣撫(선무) ; 백성을 위로하고 도와주다. 陝西(섬서)와 河東(하동) ; 今 陝西省과 山西省 일대. 謗 헐뜯을 방.

– 造謗(조방) ; 비방하다. 비난하다.

○ 衍務裁僥倖. 每內降, 率寢格不行. 積詔旨十數, 輒納上前. 上嘗語諫官日, 外人知衍封還內降邪. 朕在宮中, 每以不可告而止者, 多於所封還也. : 두연은 요행으로 관직을 얻으려는 것을 막는데 힘

쎴다. 황제의 (人事 관련) 조서가 내려올 때마다 대개 묵혀두고 실행하지 않았다. 조서가 십여 건이 쌓이면 매번 황제에게 되바쳤다. 전에 인종이 諫官(구양수)에게 말했었다. "세간에서는 두연이 내명서를 돌려주는 것을 알고 있는가? 짐은 궁중에 있으면서 재상에게 말하지 않고 그만두는 것이 (두연이) 돌려주는 것보다 더 많을 것이다."

– 務 ; 힘쓰다. 裁 마를 재. 재단하다. 억제하다. 僥倖(요행) ; 운이 좋아 의외의 이익을 얻다.

– 內降(내항) ; 中書 · 門下省의 의논이 없이 황제가 직접 내리는 조서. 內命書. 率 거느릴 솔. 비율 율. 따르다. 대강, 대체로.

– 寢 잠잘 침. 쉬다. 格 바로잡을 격. 이르다. 중지하다. 寢格(침격) ; 중지하다. 멈추다. 詔旨(조지) ; 조칙. 勅旨(칙지).

– 輒 문득 첩. 번번이. 外人(외인) ; 世間〈세간=① 인간 세상. ②(佛) 중생이 서로 의지하며 살아가는 이 세상〉.

(15) 會衍婿蘇舜欽, 監進奏院, 用鬻故紙公錢, 祀神會客. 御史中丞王拱辰, 素不便衍等所爲, 椈攻其事, 置獄得罪者數人. 拱辰喜曰, 吾一網打去盡矣. 衍相七十日而罷, 賈昌朝平章事兼樞密使. 韓琦罷樞副知楊州事. 章得象罷, 陳執中平章事. 昌朝罷, 夏竦代爲樞密使.

공교롭게도 두연의 사위 소순흠이 進奏院(진주원)의 감독으로 있으면서 폐지를 판 공금으로 신께 제사를 지내고 손님을 접대하였다. 어사중승인 왕공신은 평소 두연 등이 하는 일을 못마땅하게 생각하였기에 그 일을 따지고 재판을 하여 죄에 연루된 자가 여러 사람이었다. 왕공진은 이를 기뻐하며 말했다. "나는 한 그물에 몽땅 제거하였도다."

두연은 재상 70일 만에 파직되었고 가창조가 평장사 겸 추밀사가 되었다. 한기를 추밀부사에서 해임하고 양주의 지사로 임명했다. 재상 장득상을 해임하고 진집중을 평장사로 삼았다. 가창조를 해임하고 그 대신 하송을 다시 추밀사로 삼았다.

어구 설명

○ 會衍壻蘇舜欽, 監進奏院, 用鬻故紙公錢, 祀神會客. 御史中丞王拱辰, 素不便衍等所爲, 因攻其事, 置獄得罪者數人. 拱辰喜曰, 吾一網打去盡矣. : 공교롭게도 杜衍(두연)의 사위 蘇舜欽(소순흠)이 進奏院(진주원)의 감독으로 있으면서 폐지를 판 公錢으로 제사를 지내고 손님을 접대하였다. 御史中丞(어사중승)인 王拱辰(왕공진)은 평소 두연 등이 하는 일을 못마땅하게 생각하였기에 그 일을 따지고 재판을 하여 죄에 연루된 자가 여러 사람이었다. 왕공진은 이를 기뻐하며 말했다. "나는 한 그물에 몽땅 제거하였도다."

- 會 ; 때마침. 공교롭게도. 蘇 깨어날 소.

– 蘇舜欽(소순흠, 1008~1048년) ; 字 子美. 진주원 폐지 사건으로 탄핵을 받아 파직되어 蘇州 滄浪亭(소주 창랑정)에 閑居(한거). 시인으로 유명.

– 進奏院(진주원) ; 문하성 소속 관청. 詔勅(조칙)을 발송이나 공포(포고), 告示(고시)의 전달 등을 맡은 (담당) 관청. 鬻 팔 죽. 묽은 죽. 故紙(고지) ; 폐지.

– 會客(회객) ; 손님을 청해 접대하다. 이 잔치에 范仲淹(범중엄) 등 당시 革新集團이 대거 참가.

– 丞 도울 승. 御史中丞(어사중승) ; 감찰기관인 御史臺(어사대)의 우두머리. 공식적으로는 御史大夫가 책임자이지만 御史大夫를 보통 임명하지 않아 御史中丞(어사중승)이 책임자임.

– 王拱辰(왕공진, 1012~1085년) ; 강직한 성품. 구양수와 同壻(동서 = 형제의 아내끼리 또는 자매의 남편끼리 서로를 일컫는 말.)간이었다. 不便(불편) ; 총체적으로 좋지 않게 생각하다.

– 置獄(치옥) ; 재판을 하다. 一網打去盡(일망타거진) ; 一網打盡(일망타진) ; 한꺼번에 모조리 잡다.

○ 衍相七十日而罷, 賈昌朝平章事兼樞密使. 韓琦罷樞副知楊州事. 章得象罷, 陳執中平章事. 昌朝罷, 夏竦代爲樞密使. : 두연은 재상 70일 만에 파직되었고 賈昌朝(가창조)가 平章事겸 樞密使가 되었나. 韓琦(한기)를 추밀부사에서 해임하고 楊州의 知事로 임명했다. 재상 章得象(장득상)을 해임하고 陳執中(진집중)을 平章事로 삼았다. 가창조를 해임하고 그 대신 夏竦(하송)을 樞密使로 삼았다.

– 賈昌朝(가창조) ; 998~1065년. 樞密使(추밀사) ; 宋朝에서

樞密院과 中書省은 보통 '二府'라 하였는데 추밀원은 전국의 군사 업무를 담당하였고 추밀사는 그 장관이다. 추밀사는 보통 太尉(태위)라 불리었다.

(16) ○ 貝州卒王則反. 文彦博宣撫河北, 討平之. 彦博入爲平章事. ○ 趙元昊, 慶曆初, 嘗裀范仲淹請和, 反覆數歲, 竟納款復稱臣. 策命爲夏國王, 名曩霄, 歲賜銀絹茶綵二十五萬五千, 遂不復寇邊. 卒, 子諒祚立. ○ 陳執中, 以無所建明罷. 夏竦罷, 宋庠代之, 尋同平章事, 未幾罷.

○ 패주의 병졸인 왕칙이 반란을 일으켰다. 문언박은 하북 선무사가 되어 이를 토벌 평정하였다. 이어 문언박은 조정에 들어가 평장사가 되었다.

○ 서하의 조원호(이원호)는 경력 초기에 범중엄을 통해 화해를 요청했다가 뒤집기를 여러 해 했으나 마침내 맹서의 글을 보내고 칭신했다. 원호는 책명을 받아 夏國의 왕이 되었고 이름을 낭소라 하사 받았으며, 해마다 은과 비단과 차와 무늬비단을 합하여 25만 5천 냥 어치를 받기로 하고서는 이후 다시는 변경을 침범하지 않았다. 조원호가 죽자, 아들 조량조가 즉위했다.

○ 재상 진집중은 업무 실적이 없어 해직되었다. 하송이 해직되고 송상이 대신하였다가, 곧 동평장사가 되었으나 얼마 안 있어 해임되었다.

어구 설명

○ 貝州卒王則反. 文彦博宣撫河北, 討平之. 彦博入爲平章事. : 貝州의 兵卒인 王則이 반란을 일으켰다. 文彦博은 河北선무사로 이를 토벌 평정하였다. 문언박은 돌아와 平章事가 되었다.

- 貝 조개 패. 貝州(패주) ; 今 河北省 淸河縣(청하현), 山東省 臨淸市(임청시) 일대. 1048년 王則(왕칙)의 난을 평정 후 恩州로 개칭.

- 王則(왕칙) ; 1048년 河北起義軍의 영수. 參知政事(참지정사) 文彦博(문언박)에 의해 65일 만에 평정. 나관중이 지은 神魔小說(신마소설) 《三遂平妖傳(삼수평요전)》의 줄거리.

- 彦 선비 언. 文彦博(문언박, 1006~1097년) ; 北宋의 著名한 宰相. 50년에 걸쳐 仁, 英, 神, 哲宗의 四帝를 섬김. 出將入相의 전형적 인물. 出將入相(출장입상) ; 나가서는 장수가 되고 들어와서는 宰相(재상)이 됨. 곧 文武兼全(문무겸전)의 뛰어난 사람.

○ 趙元昊, 慶曆初, 嘗因范仲淹請和, 反覆數歲, 竟納款復稱臣. 策命爲夏國王, 名曩霄, 歲賜銀絹茶綵二十五萬五千, 遂不復寇邊. 卒, 子諒祚立. : 西夏의 趙元昊는 慶曆 초기에 范仲淹(범중엄)을 통해 화해를 요청했다가 뒤집기를 여러 해 하다가 마침내 맹서의 글을 보내고 稱臣(신하를 칭함)했다. 策命을 받아 夏國의 王이 되었고,

이름을 曩霄(낭소)라 했으며, 해마다 銀과 비단과 차와 무늬비단을 25만 五千 냥 어치를 받기로 하고서는 이후 다시는 변경을 침범하지 않았다. 이원호가 죽자, 아들 趙諒祚(조량조)가 즉위했다.

- 趙元昊(李元昊) ; 西夏, 칭제 1038년. 宋에서는 하사 받은 趙氏를 강조하여 조원호로 표기. 다른 史書에는 모두 이원호로 통용.
- 慶曆(경력) ; 仁宗 연호(1041~1048년).　反覆(반복) ; 뒤엎다, 뒤집다. 같은 일을 되풀이 하다.(反復 同)
- 竟 다할 경. 마침내.　納款(납관) ; 맹서의 글을 보내다.　稱臣(칭신) ; 藩國(번국)이 되다.　策命(책명) ; 爵位와 封土를 내린다는 문서.　藩國(번국) ; 왕실의 藩屛(번병)이 되는 나라. 곧 諸侯(제후)의 나라.　藩屛(번병) ; ①울타리와 門屛(문병＝대문이나 중문 등의 정면으로 조금 안쪽에 있어 밖에서 집안을 들여다 보지 못하도록 막아 놓은 가림.). ②왕실을 수호하는 諸侯(제후). 藩翰(번한).　藩翰(번한) ; ①울타리와 기둥. ②한 지방을 진압하여 왕실의 藩屛(번병)이 되는 일.
- 曩 앞서 낭. 이전에. 그 전.　霄 하늘 소.
- 歲賜(세사) ; 北宋에서는 西夏에도 세폐를 보냈다. 이는 재정 압박의 원인이 되었다.　綵 무늬 있는 비단 채.

○ 陳執中, 以無所建明罷. 夏竦罷, 宋庠代之, 尋同平章事, 未幾罷. : 재상 陳執中(진집중)은 업무 실적이 없어 해직되었다. 夏竦(하송)이 해직되고 宋庠(송상)이 대신하였다가, 곧 同平章事가 되었으나 얼마 안 있어 해임되었다.

- 庠 학교 상.

(17) ○ 張貴妃兄堯佐, 一日除四使. 監察御史裏行唐介論之, 不聽. 遂劾奏, 文彦博向守蜀, 以燈籠錦獻貴妃得執政, 故黨堯佐. 上怒遠貶介, 彦博亦求罷, 龐籍平章事. ○ 廣源州儂智高, 寇廣州, 連歲陷諸州, 自邕至廣西, 皆被其害. 命樞副狄靑, 討平之, 還爲樞密使. ○ 龐籍罷.

○ 장귀비의 백부 장요좌는 한 달 동안에 四使의 자리를 제수받았다. 감찰어사이행인 당개가 이를 문제 삼았으나 수리되지 않았다. 당개는 결국 문언박의 잘못을 조사하여 상주하였는데 문언박이 과거에 촉(익주)의 수령으로 있을 때 등롱 무늬 비단을 장귀비에게 바치고 재상의 자리에 올랐으니 장요좌의 당인이라고 하였다. 인종은 노하여 당개를 먼 지방으로 폄직시켰고, 문언박도 사임을 하자 방적을 동평장사로 임명했다.

○ 광원주의 농지고가 광주를 침략하여 두 해 연이어 여러 주를 함락하니, 옹주부터 광서에 이르기까지 모두 피해를 당했다. 조정에서는 추밀원부사인 적청을 시켜 토벌하고 평정하였고 적청은 돌아와서 추밀사가 되었다.

○ 재상 방적을 해직시켰다.

어구 설명

○ 張貴妃兄堯佐, 一日除四使. 監察御史裏行唐介論之, 不聽. 遂劾奏, 文彦博向守蜀, 以燈籠錦獻貴妃得執政, 故黨堯佐. 上怒遠貶介, 彦博亦求罷, 龐籍平章事. : 張貴妃의 백부 張堯佐(장요좌)는 한 달 동안에 四使의 자리를 제수받았다. 監察御史裏行(감찰어사이행)인 唐介(당개)가 이를 문제 삼았으나 수리되지 않았다. 당개는 결국 잘못을 조사하여 상주하였는데 文彦博이 과거에 蜀(益州)의 守令으로 있을 때 燈籠錦(등롱금)을 張貴妃에게 바치고 재상의 자리에 올랐으니 張堯佐(장요좌)의 黨人이라고 하였다. 인종은 怒하여 당개를 먼 지방으로 폄직(좌천)시켰고, 문언박도 사임을 하자 龐籍(방적)을 同平章事로 임명했다.

- 兄 ; 張貴妃의 伯父(큰아버지)의 오류. 一日 ; 一月(한 달)의 오류. 張堯佐(장요좌)의 四使(사사) ; 장요좌는 三司使로 근무중인데, 仁宗이 장귀비의 간청을 물리치지 못하고 다시 宣徽南院使(선휘남원사), 淮寧軍節度使(회령군절도사), 景靈宮使(경령궁사), 羣牧制置使(군목제치사)의 보직을 더 제수하였다.

- 裏行(이행) ; 代行, 또는 직무대리. 屬官(속관) 또는 補佐官(보좌관). 唐介(당개) ; 1010~1069년. 論之(론지) ; 이를 문제 삼다. 公論化하다.

- 劾奏(핵주) ; 잘못을 조사하여 上奏하다. 向 ; 이전에, 지난번에. 守蜀(수촉) ; 蜀의 지방관. 燈籠錦(등롱금) ; 燈籠(등롱=대로 엮어 만든 등잔)의 무늬가 있는 비단.

- 執政(집정) ; 재상. 黨堯佐(당요좌) ; 堯佐의 黨人. 龐 클

방. 성씨.

○ 廣源州儂智高, 寇廣州, 連歲陷諸州, 自邕至廣西, 皆被其害. 命樞副狄靑, 討平之, 還爲樞密使. 龐籍罷. : 廣源州의 儂智高가 廣州를 침략하여 두 해 연이어 여러 州를 함락하니, 邕州(옹주)부터 廣西에 이르기까지 모두 被害를 당했다. 추밀원부사인 狄靑을 시켜 討平하였고 적청은 돌아와서 樞密使가 되었다. 방적을 해직시켰다.

- 廣源州(광원주) ; 廣州, 源州. 安南國의 지명. 今 廣西 壯族自治區의 일부. 儂 나 농. 壯族의 한 갈래인 儂族(농족). 성씨.

- 儂智高(농지고, 1025~1055년) ; 壯族의 首領.

- 寇 도둑 구. 노략질하다. 침략하다. 邕 화할 옹. 邕州(옹주). 樞副(추부) ; 樞密院 副使. 狄 오랑캐 적. 성씨.

- 狄靑(적청, 1008~1057년) ; 名將. 出身은 貧寒(빈한)했으나 騎射〈기사(말 타고 활쏘는 것)〉에 능했다. 寶元 元年(1038) 延州指揮使(연주지휘사)가 된 이후 精通兵法(정통병법)하여 平生동안 前後 25차례 전쟁을 수행했다.

(18) ○ 陳執中 · 梁適平章事. 適罷, 劉沆代之. 執中罷, 文彦博 · 富弼竝同平章事. 士大夫相慶得人. 上曰, 人情如此, 豈不賢於夢卜哉. 上嘗問王素. 孰可爲相. 素曰, 惟宦官宮妾不知姓名者, 可充其選. 上憮然曰, 如此則富弼耳. ○ 契丹主宗眞殂, 號興

宗. 子洪基立. ○ 交趾李德政卒, 子日遵立. ○ 劉沆罷, 文彦博罷. 韓琦平章事, 富弼罷.

○ 진집중과 양적이 평장사가 되었다. 양적을 해임하고, 유항이 대신했다. 진집중을 해임하고, 문언박과 부필이 같이 동평장사가 되었다. 사대부들은 적임자를 얻었다고 서로 기뻐했다. 인종이 말했다. "인정이 이와 같으니, 어찌 꿈이나 점으로 인재를 얻는 것보다 현명하지 않겠는가?" 그 전에 인종이 왕소에게 물었다. "어떤 사람을 재상으로 삼아야 하는가?" 왕소는 "오직 환관과 후궁들이 그 이름을 모르는 사람이라면 후보자가 될 수 있습니다."라고 대답했다. 인종은 탄식하며 말했다. "그렇다면 부필 뿐이로다."

○ 거란 황제 야율종진이 죽어 흥종이라 했다. 아들 야율홍기가 즉위했다.

○ 교지의 이덕정이 죽고, 아들 이일준이 즉위했다.

○ 유항을 해임했고, 문언박도 해임했다. 한기를 평장사로 삼고, 부필을 해임했다.

어구 설명

○ 陳執中 · 梁適平章事. 適罷, 劉沆代之. 執中罷, 文彦博 · 富弼竝同平章事. 士大夫相慶得人. 上曰, 人情如此, 豈不賢於夢卜哉. 上嘗問王素. 孰可爲相. 素曰, 惟宦官宮妾不知姓名者, 可充其選.

上慨然曰, 如此則富弼耳. : 陳執中(진집중)과 梁適(양적)이 平章事가 되었다. 양적을 해임하고, 劉沆(유항)이 대신했다. 진집중을 해임하고, 文彦博과 富弼이 같이 同平章事가 되었다. 士大夫(문관과 무관)들은 적임자를 얻었다고 서로 기뻐했다. 인종이 말했다. "人情이 이 같으니 어찌 꿈이나 점으로 인재를 얻는 것보다 현명하지 않겠는가?" 그 전에 인종이 王素에게 물었다. "어떤 사람을 재상으로 삼아야 하는가?" 왕소는 "오직 환관과 후궁들이 그 이름을 모르는 사람이라면 선발 후보자가 될 수 있습니다."라고 대답했다. 인종은 탄식하며 말했다. "그렇다면 富弼 뿐이로다."

- 陳執中(진집중) ; 990~1059년. 適 갈 적. 沆 넓을 항. 得人(득인) ; 적임자를 얻다. 夢 꿈 몽. 卜 점칠 복.

- 豈 어찌 기. 어찌 ~ 인가!(反問의 의문부사.) 夢卜(몽복) ; 殷 高宗은 꿈에 賢才를 얻었고, 周 文王은 점(卜)을 쳐서 姜太公을 얻었다.

- 孰 누구 숙. 의문대명사. 妾 ; 여기서는 황제의 후궁. 可充其選(가충기선) ; 그 선발대상자로 이름을 올릴 수 있다.

- 慨 탄식할 개.

○ 契丹主宗眞殂, 號興宗. 子洪基立. 交趾李德政卒, 子日遵立. 劉沆罷, 文彦博罷. 韓琦平章事, 富弼罷. : 거란 황제 耶律宗眞이 죽어 興宗(흥종)이라 했다. 아들 耶律洪基가 즉위했다. 交趾(교지)의 李德政이 죽고, 아들 李日遵(이일준)이 즉위했다. 劉沆(유항)을 해임했고, 文彦博도 해임했다. 韓琦를 平章事로 삼고, 富弼(부필)을 해임했다.

– 耶律宗眞(야율종진, 興宗) ; 在位 1031~1055년. 耶律洪基(야율홍기, 遼 道宗). 遵 좇을 준.

(19) ○ 王安石知制誥. 安石每遷官, 遜避不已, 至知制誥, 則不復辭官矣. 安石嘗侍賞花釣魚宴, 誤食鉤餌, 已悟而食之旣. 上以其不情而遂非惡之. 安石有重名, 士爭向之. 惟蘇洵不見, 著辨姦論, 亦以爲, 不近人情, 必大姦慝. ○ 司馬光知諫院, 進三箚. 一論君德有三, 曰仁, 曰明, 曰武. 二論御臣, 曰任官, 曰信賞, 曰必罰. 三論揀軍, 又進五規. 曰保業, 曰惜時, 曰遠謀, 曰謹微, 曰務實.

○ 王安石이 지제고가 되었다. 왕안석은 벼슬을 옮길 때마다 겸손한 뜻으로 사양을 했으나 지제고에 임명될 때는 자리를 사양하지 않았다. 그 전에 왕안석이 꽃구경을 하며 낚시하는 연회에 인종을 모시면서 모르고 낚싯밥을 입에 넣었는데 그것이 잘못된 줄 알면서도 다 삼켜 버렸다. 인종은 그가 인정이 아닌 줄을 알면서도 끝까지 한다며 왕안석을 싫어했다.

왕안석의 명성이 높아지자, 관리들이 다투어 왕안석에게 모여들었다. 오직 蘇洵(소순)만은 왕안석을 만나지 않고

〈변간론〉을 지어 (왕안석이) 인정에 가깝지 않으니 틀림없이 크게 간악한 일을 만들어낼 것이라 하였다.

○ 사마광이 간원의 지사가 되어 三箚(삼차)를 올렸다. 첫째는, 군덕을 논한 것으로 3가지인데, 仁德, 明德, 武德이다. 둘째는, 신하를 거느리는 방법을 논했는데, 임관과 신상과 필벌이다. 세 번째로는, 무신 선별을 논했다. 사마광은 또 五規(오규)를 올렸는데 제업 보존과 시간 아낌, 원대한 정책 구상과 작은 일에도 근신하기와 실질을 중시하기 등이었다.

蘇洵(소순)

어구 설명

○ 王安石知制誥. 安石每遷官, 遜避不已, 至知制誥, 則不復辭官矣. 安石嘗侍賞花釣魚宴, 誤食鉤餌, 已悟而食之旣. 上以其不情而遂非惡之. : 王安石이 知制誥(지제고)가 되었다. 왕안석은 자리를 옮길 때마다 겸손한 뜻으로 사양을 했으나 지제고에 임명될 때는 자리를 사양하지 않았다. 그 전에 왕안석이 꽃구경을 하며 낚시하는 연회에 인종을 모시면서 모르고 낚싯밥을 입에 넣었는데 그것이 잘못된줄 알면서도 다 삼켜 버렸다. 인종은 그가 人情이 아

닌 (사정이 없는 인간) 줄을 알면서도 끝까지 한다며 왕안석을 싫어했다.

- 王安石(1021~1086년) ; 字 介甫(개보), 號 半山, 世人又称(세인우칭) 王荆公(왕형공). 撫州 臨川人(무주 임천인). 杰出(걸출)한 政治家, 改革家. 文學家(당송팔대가의 한 사람). 그의 문집인《王臨川集》《臨川集拾遺(임천집습유)》현존, 詩人. 拾遺(습유) ; 빠진 글을 뒷날 보충함. 古記錄(고기록)에 빠진 것을 찾아서 記載(기재)함.

- 知制誥(지제고) ; 中書省 소속 문관. 遜避(손피) ; 겸손하게 사양하다. 不已(불이) ; 그치지 않다.

- 鉤 갈고랑이 구. 낚시. 餌 먹이 이. 誤食鉤餌(오식구이) ; 낚싯밥인줄 모르고 먹다. 왕안석은 책을 읽으면서 몰입하면 손에 닿는 대로 무엇이든지 입에 넣는 버릇이 있었다고 한다. 아마 이때도 무엇인가 골똘히 생각하다가 낚싯밥을 먹었을 것이다.

- 已悟而食之旣(이오이식지기) ; 나중에 알았지만 다 먹어버렸다(뱉지 않았다). 上 ; 仁宗. 不情(부정) ; 人之常情이 아니다. 遂 이룰 수. 다하다. 遂非(수비) ; 틀린 줄을 알면서도 끝까지 하다. 惡 미워할 오.

○ 安石有重名, 士爭向之. 惟蘇洵不見, 著辨姦論, 亦以爲, 不近人情, 必大姦慝. : 왕안석의 명성이 높아지자, 朝士들이 다투어 왕안석에게 모여들었다. 오직 蘇洵(소순)만은 왕안석을 만나지 않고 〈辨姦論(변간론)〉을 지어 (왕안석이) 人情에 가깝지 않으니 틀림없이 크게 간악한 일을 만들어낼 것이라 하였다.

– 重名(중명) ; 명성이 나다. 좋은 평판을 받다. 盛名(성명). 爭 다툴 쟁. 경쟁하듯. 洵 진실로 순.

– 蘇洵(소순, 1009~1066년) ; 四川 眉山人. 唐宋八大家의 한 사람. 蘇軾(소식, 東坡)과 蘇轍(소철)의 父親. 父子 三人을 '三蘇'라 하며 모두 '唐宋八大家'에 들어감. 27세에 아내 程氏(정씨)의 권유로 학문을 시작하여 大成했다. 嘉佑(가우) 元年(1056)에 두 아들을 데리고 상경하여 구양수를 만나 실력을 인정받고 이듬 해 두 아들이 과거에 응시하여 동시에 합격하여 세인을 놀라게 했다.

– 辨姦論(변간론) ; 소순의 문장. 慝 사특할 특. 姦慝(간특) ; 간악하다.

○ 司馬光知諫院, 進三箚. 一論君德有三, 曰仁, 曰明, 曰武. 二論御臣, 曰任官, 曰信賞, 曰必罰. 三論揀軍, 又進五規, 曰保業, 曰惜時, 曰遠謀, 曰謹微, 曰務實. : 司馬光이 諫院의 知事가 되어 三箚(삼차)를 올렸다. 첫째는, 君德을 논한 것으로 3가지인데, 仁德, 明德, 武德이다. 둘째는, 臣下를 거느리는 방법을 논했는데, 任官과 信賞과 必罰이다. 세 번째로는, 武臣 선별(선발하는 요령)을 논했는데 군비는 양보다 질이 더 중요함을 말한 것이다. 사마광은 또 五規(오규)를 올렸는데 保業(帝業 保存=천자의 임무를 지킬 것)과 惜時(석시=시간 아낌)와 遠謀(원모=원대한 정책 구상)와 謹微〈근미=작은 일에도 謹愼(근신=소홀하지 말것)하기〉와 務實(실질을 중시하기=헛 공론을 버리고 진실을 실천할 것을 중요시할 것) 등이다.

– 司馬光(사마광, 1019~1086년) ; 字 君實. 號 迂叟(우수). 享壽

(향수)=68. 北宋 政治家, 文學家, 史學家(資治通鑑 저술). 仁宗, 英宗, 神宗, 哲宗의 四朝를 섬김. 舊法黨의 영수.

- 箚 찌를 차. 아랫사람이 윗사람에게 올리는 글. 상소문. 箚子.

- 君德(군덕) ; 통치자의 德目. 御臣(어신) ; 신하를 제어하다. 거느리다. 揀 가릴 간. 고르다. 五規(오규) ; 황제의 바람직한 생활 規約〈다섯가지 조항의 戒律(계율)〉. 三箚(삼차) ; 석 장의 글. 세 가지의 상소문.

(20) ○ 策制科人, 得蘇軾・蘇轍. ○ 曾公亮平章事. ○ 上在位四十二年, 改元者九, 天聖・明道, 則垂簾之政也. 景祐以來, 政由己出. 寶元・康定間, 西鄙多事. 慶曆更化, 君子滿朝. 至皇祐・至和・嘉祐, 天下承平無事. 恭儉之德, 愛人恤物之心, 自卽位至升遐, 終始如一日. 遺制下, 雖深山窮谷莫不奔走, 悲號而不能止. 壽五十四. 皇子立. 是爲英宗皇帝.

○ 황제가 책문으로 과거로 시험하여 사람 뽑기를 제정하여 소식과 소철을 등용했다.

○ 증공량을 평장사로 삼았다.

○ 인종은 재위 42년에 개원을 9번 하였는데, 천성과 명도 연간은 (유태후가) 수렴정치를 했다. 경우 이래로 정치

는 인종 자신이 했다. (실질 재위 23년) 보원과 강정 연간에는 서쪽 국경에서 전쟁이 많았다. 경력 연간에는 쇄신을 거쳐 군자가 조정에 가득 찼었다. 황우, 지화, 가우 연간에는 천하가 태평하고 무사했다. 공경 검소의 덕과 백성사랑과 사물을 긍휼히 여기는 마음으로 즉위로부터 승하할 때까지 처음부터 끝까지 한날(一日)과 같았다. 천자의 유언이 알려지자, 비록 심산궁곡의 백성일지라도 서둘러 奔喪(분상)하지 않는 사람이 없었고 슬픈 통곡을 멈추지 못했다. 나이는 54세였다. 황자가 즉위하니, 이가 영종황제이다.

어구 설명

○ 策制科人, 得蘇軾 · 蘇轍. 曾公亮平章事. : 황제가 策問으로 시험하여 蘇軾과 蘇轍을 등용했다. 曾公亮을 平章事로 삼았다.

- 策 ; 策問. 政策과 관련된 論述. 制科(제과) ; 황제가 친히 진행하는 과거시험.

- 蘇軾(소식, 1037~1101년) ; 字 子瞻(자첨), 號 東坡居士. 시인 蘇東坡(소동파)의 이름. 眉州 眉山人(今 四川 眉山市). 〈軾 수레 앞턱 가로 손잡이 식〉. 北宋의 大文豪. 詩, 詞, 賦(부), 散文에서 최고의 경지에 이름. 書法과 회화에도 최고의 경지. 중국 수천년 역사에서 공인된 문학과 예술의 걸출한 大家이며 天才이고 全才. 소식의 散文은 歐陽修와 나란히 '歐蘇(구소)' 라 병칭되고, 詩는 黃庭堅(황정견)과 함께 '蘇黃(소황)' 으로, 또는 陸游(육유)와

함께 '蘇陸(소륙)' 으로 병칭된다. 詞는 辛棄疾(신기질)과 함께 '蘇辛(소신)' 으로 書法에서는 '蘇軾(소식), 黃庭堅(황정견) 米芾(미불), 蔡襄(채양)' 과 함께 '北宋 四大家' 라고 일컬어지고, 소식은 회화에서도 '湖州畫派(호주화파)' 의 창시자로 통한다.

– 蘇轍(소철, 1039~1112년) ; 轍 수레바퀴 자국 철. 蘇洵(소순)의 아들, 蘇軾(소식)의 弟, 三父子를 三蘇, 蘇軾에 '小蘇' 라 부름. 字 子由, 晩年自號 潁濱遺老(영빈유로), 嘉祐(가우) 2年(1057년) 蘇軾과 함께 進士가 됨. 父子三人이 모두 '唐宋八大家' 에 속함.

– 亮 밝을 양(량). 曾公亮(증공량, 998~1078년) ; 字 明仲, 號 樂正(악정).

○ 上在位四十二年, 改元者九, 天聖 · 明道, 則垂簾之政也. 景祐以來, 政由己出. 寶元 · 康定閒, 西鄙多事. 慶曆更化, 君子滿朝. 至皇祐 · 至和 · 嘉祐, 天下承平無事. : 인종은 재위 42년에 改元을 9번 하였는데, 天聖과 明道 연간은 (劉태후가) 수렴정치를 했다. 景祐 이래로 정치는 인종 자신이 했다. 寶元과 康定 연간에는 서쪽 국경에서 전쟁이 많았다. 慶曆(경력) 연간에는 쇄신을 거쳐 君子가 조정에 가득 찼었다(한기, 범중엄, 왕소, 구양수, 부필 등). 皇祐, 至和, 嘉祐 연간에는 天下가 태평하고 無事했다.

– 仁宗 在位 四十二年 ; 1022~1063년. 天聖(1023~1032), 明道(1032~1033), 景祐(1034~1038), 寶元(1038~1040), 康定(1040~1041), 慶曆(1041~1048), 皇祐(1049~1054), 至和(1054~1056), 嘉祐(1056~1063년). 천성과 명도는 유태후가 수렴한 정치기간이었고 나머지 기간 23년이 실질 통치기간이다.

– 祐 도울 우. 鄙 인색할 비. 비루하다. 西鄙(서비) ; 서쪽 국경지역. 嘉 아름다울 가.

○ 恭儉之德, 愛人恤物之心, 自卽位至升遐, 終始如一日. 遺制下, 雖深山窮谷莫不奔走, 悲號而不能止. 壽五十四. 皇子立. 是爲英宗皇帝. : 恭儉(공검=공경과 검소함.)의 德과 愛人하고 긍휼히 여기는 마음으로 卽位로부터 升遐(승하)할 때까지 처음부터 끝까지 한날(一日) 같았다. 遺制(유제)가 알려지자, 비록 深山窮谷(심산궁곡)의 백성일지라도 서둘러 奔喪(분상)하지 않는 사람이 없었고 슬픈 통곡을 멈추지 못했다. 나이는 54세였다. 皇子가 즉위하니, 이가 英宗皇帝이다.

– 恤 구휼할 휼. 동정하다. 恤物(휼물) ; 만물을 사랑하다. 升 오를 승. 遐 멀 하. 升遐(승하) ; 천자가 세상을 떠나다. 昇遐.

– 制 마를 제. 천자의 명령. 遺制(유제) ; 천자의 유언. 莫不(막불) ; ~하지 않는 자가 없다. 모두 ~하다.

– 奔 달릴 분. 奔走(분주) ; 여기서는 서둘러 上京하거나 지방 관아에 가서 弔喪(조상)한다는 뜻. 悲號(비호) ; 슬퍼하며 號哭(호곡)하다.

歐陽脩(구양수)

3) 神宗 ; 王安石의 新法

(1) 英宗皇帝, 初名宗實. 濮安懿王允讓之子, 太宗之曾孫也. 仁宗立爲皇子, 賜名曙. 仁宗崩, 固避數四, 而後卽位. 以憂疑致疾, 慈聖光獻曹太后, 權同聽政. 上擧措或改常度, 遇宦官尤少恩, 左右多不悅, 乃共爲讒間, 兩宮遂成隙. 賴宰相韓琦 · 參政歐陽修等調護, 上旣康復親政, 太后撤簾.

英宗皇帝의 최초 이름은 宗實이다. 복의 안의왕인 윤양의 아들로 태종의 증손이다. 인종이 아들이 없어 그를 태자로 삼아 曙(서)라는 이름을 하사했다. 인종이 죽자, 서너 번 사양하다가 뒤에 즉위하였다.

(英宗이) 근심걱정으로 병이 들자, 자성광헌 조태후가 임시로 같이 정치를 했다. 영종의 행동이 가끔은 정상과 달랐는데, 특히 환관에게 냉혹했기에 측근들도 모두 좋아하지 않아 함께 참언으로 이간하였고 황제와 황후도 화합하지 못했다.

재상 한기와 참정 구양수 등이 조정하고 지켜준 도움으로 영종이 건강을 회복하고 친정으로 돌아가자 태후는 청정을 그만두었다.

어구 설명

○ 英宗皇帝, 初名宗實. 濮安懿王允讓之子, 太宗之曾孫也. 仁宗立爲皇子, 賜名曙. 仁宗崩, 固避數四, 而後卽位. : 英宗皇帝의 初名은 宗實(종실)이다. 濮(복)의 安懿王(안의왕)인 允讓(윤양)의 子로 太宗의 曾孫이다. 仁宗이 아들이 없어 皇子로 삼고 曙(서, 趙曙)라는 이름을 하사했다. 仁宗이 죽자, 서너 번 사양하다가 뒤에 즉위하였다.

- 英宗(영종) ; 재위 1063~1067년. 濮 강 이름 복. 懿 아름다울 의. 濮安懿王(복안의왕) ; 濮王, 安懿(안의)는 시호. 允讓(윤양) ; 仁宗의 사촌.

- 仁宗立爲皇子(인종입위황자) ; 인종 親生子는 모두 早死. 4살 때부터 궁에 데려다 키웠다. 曙 새벽 서.

○ 以憂疑致疾, 慈聖光獻曹太后, 權同聽政. 上擧措或改常度, 遇宦官尤少恩, 左右多不悅, 乃共爲讒閒, 兩宮遂成隙. : (英宗이) 근심걱정으로 병이 들자, 慈聖光獻 曹太后(자성광헌 조태후)가 임시로 같이 정치를 했다. 영종의 행동이 가끔은 정상과 달랐는데, 특히 환관에게 냉혹했기에 측근들도 모두 좋아하지 않아 함께 참언으로 이간하였고 그래서 한동안 황제와 황후도 화합하지 못했다.

- 憂疑(우의) ; 걱정과 의심. 致疾(치질) ; 병이 되다. 慈聖光獻曹太后(자성광헌조태후) ; 仁宗의 황후. 權同聽政(권동청정) ; 임시로 황제와 같이 聽政(청정)하다.

- 擧措(거조) ; 모든 行動(행동). 擧止(거지)=몸을 움직이는 모든 것. 或(혹) ; 혹시, 아마. 조금, 약간. 改常度(개상도) ; 정해진 법

도를 달리하다. 정상과 다르다.

– 尤 더욱 우. 少恩(소은) ; 은혜가 없다. 냉혹하다. 讒 참소할 참. 讒閒(참간) ; 참언으로 남을 이간하다.

– 兩宮(양궁) ; 황제와 황후. 成隙(성극) ; 不和하다.

○ 賴宰相韓琦 · 參政歐陽修等調護, 上旣康復親政, 太后撤簾. : 宰相 韓琦와 參政 歐陽修 등이 사이에 들어 조정하고 지켜준 도움으로 영종이 건강을 회복하고 親政으로 돌아가자 태후는 청정을 그만두었다.

– 賴 힘입을 뇌(뢰). 調護(조호) ; 조정하고 변호하다. 康 ; 건강. 復 ; 회복하다. 撤 거둘 철. 그만두다.

(2) 琦一日出空頭敕, 修已僉, 趙槪未僉. 修曰, 第書之, 韓公必有說. 琦坐政事堂, 召內侍任守忠, 立庭下曰, 汝罪當死. 責蘄州安置. 蓋交鬬兩宮之人也. ○ 議崇奉濮王典禮. 執政欲稱皇考, 又以太后詔, 令上稱親, 司馬光 · 范鎭 · 呂誨 · 范純仁 · 呂大防 · 呂公著, 交論以爲不可. 鎭罷翰林, 誨 · 純仁 · 大防解言職, 公著罷侍講, 議竟不決. ○ 契丹改號大遼. ○ 上崩, 在位四年, 改元者一, 曰治平, 年三十八. 皇太子立, 是爲神宗皇帝.

재상 한기가 하루는 이름 쓸 곳을 비워둔 조칙을 내리자, 구양수는 서명을 했지만 조개는 서명하지 않았다. 구양수는 "차례대로 서명하면 한공께서 말씀이 있을 것이요."라고 말했다. 한기는 문서에 서명이 다 되자 정사당에 앉아 내시 임수충을 불러 뜰아래 세우고 말했다. "너의 죄는 사형에 해당한다." 꾸짖은 뒤에 기주에 안치(귀양보낼 것)케 했다. 아마 황제와 황후를 싸우게 만들었기에 그랬을 것이다.

○ 영종은 생부인 복왕을 높여 봉하는 전례를 논의하였다. 집정은 황고라 칭하면서 태후의 뜻에 따라 친부라 칭하도록 했지만 사마광, 범진, 여회, 범순인, 여대방, 여공저 등은 의논한 뒤에 불가하다고 했다. 범진은 한림원에서 파직되고, 여회와 범순인과 여대방은 언관에서 해임되었으며, 여공저는 시강에서 해직되었지만 논의는 끝내 결정되지 못했다.

○ 거란이 국호를 대요로 바꿨다.

○ 영종이 죽었는데, 재위 4년에 개원은 한 번인데 치평이고, 나이는 38세였다. 황태자가 즉위하니, 이가 신종황제이다.

어구 설명

○ 琦一日出空頭敕, 修已僉, 趙槪未僉. 修日, 第書之, 韓公必有

說. 琦坐政事堂, 召內侍任守忠, 立庭下日, 汝罪當死. 責蘄州安置. 蓋交鬪兩宮之人也. : 재상 한기가 하루는 이름 쓸 곳을 비워둔 조칙을 내리자, 구양수는 서명을 했지만 趙槪(조개)는 서명하지 않았다. 구양수는 "차례대로 서명하면 韓公께서 말씀이 있을 것이요."라고 말했다. 한기는 政事堂에 앉아 內侍 任守忠(내시 임수충)을 불러 뜰아래 세우고 말했다. "너의 죄는 사형에 해당한다." 꾸짖은 뒤에 蘄州(기주)에 安置(안치)케 했다. 아마 황제와 황후를 싸우게 만들었기에 그랬을 것이다.

- 空頭敕(공두칙) ; 이름을 비워 둔 詔敕(조칙). 조서 따위에 받을 사람의 이름을 기록하지 않은 것. 僉 모두 첨. 고르다. 서명하다(簽과 同). 第 차례 제. 순서대로.

- 政事堂(정사당) ; 재상 근무처. 蘄 풀 이름 기. 蘄州(기주) ; 湖北省의 지명. 安置(안치) ; 流配地(유배지)에서 居所(거소=살며 머무는 장소)를 제한하는 것.

- 蓋 덮을 개. 어찌 아니할 합(何不). 아마도. 어찌 ~아니겠는가?(盍과 通). 鬪 싸울 투. 鬭와 同.

○ 議崇奉濮王典禮. 執政欲稱皇考, 又以太后詔, 令上稱親, 司馬光 · 范鎭 · 呂誨 · 范純仁 · 呂大防 · 呂公著, 交論以爲不可. 鎭罷翰林, 誨 · 純仁 · 大防解言職, 公著罷侍講, 議竟不決. : 濮王(복왕)을 崇奉하는 典禮(전례)를 논의하였다. 執政은 皇考라 칭하면서 太后의 뜻에 따라 親父라 稱하도록 했지만 司馬光, 范鎭(범진), 呂誨(여회), 范純仁(범순인), 呂大防(여대방), 呂公著(여공저) 등은 의논한 뒤에 不可하다고 했다. 범진은 한림원에서 파직되

고, 여회와 범순인과 여대방은 言官에서 해임되었으며, 여공저는 侍講(시강)에서 해직되었지만 논의는 끝내 결정되지 못했다.

- 崇奉(숭봉) ; 높이다. 濮王(복왕) ; 英宗의 生父. 典禮(전례) ; 의식. 執政(집정) ; 재상. 考(고) ; 돌아가신 父親.

- 令上稱親(영상칭친) ; 英宗에게는 先親이라 부르게 하다. 交論(교론) ; 의논하다. 侍講(시강) ; 황제에게 經學(경학)을 강의하는 관직.

○ 契丹改號大遼. 上崩, 在位四年, 改元者一, 曰治平, 年三十八. 皇太子立, 是爲神宗皇帝. : 거란이 국호를 大遼(대요)로 바꿨다.(1066년) 영종이 죽었는데(1067년), 재위 4年에 改元은 한 번인데 治平이고, 나이는 38세였다. 皇太子가 즉위하니, 이가 神宗皇帝이다.

(3) 神宗皇帝, 名頊. 母曰宣仁聖烈皇后高氏, 曹太后之甥也. 幼與英宗同, 鞠后所. 後爲英宗配生頊. 自穎王爲太子, 尋卽位. ○ 自有濮議以來, 言者攻歐陽修不已. 遂罷, 韓琦亦罷. ○ 王安石爲翰林學士入對, 首以擇術爲言, 言必稱堯舜.

神宗의 이름은 頊(욱)이다. 모친은 선인성렬황후 고씨인데 조태후의 조카이다. (高氏는) 어려서부터 영종과 함께 태후의 거처에서 자랐다. 뒤에 영종의 비가 되어 욱을 낳았다. (욱은) 영왕으로 있다가 태자가 되었고, 곧 즉위하였다.

○ 복왕에 대한 전례 논의가 있은 뒤로 언관들의 구양수에 대한 비난이 그치지 않았다. 결국 구양수를 해임하고 한기 역시 해직되었다.

○ 왕안석이 한림학사가 되어 조정에 들어가 신종의 하문에 "먼저 술책을 정하고 말을 해야 하는데, 꼭 요순의 행적을 말해야 합니다."라고 대답하였다.

어구 설명

○ 神宗皇帝, 名頊. 母曰宣仁聖烈皇后高氏, 曹太后之甥也. 幼與英宗同, 鞠后所. 後爲英宗配生頊. 自穎王爲太子, 尋卽位. : 神宗皇帝의 이름은 頊(욱)이다. 모친은 宣仁聖烈皇后(선인성렬황후) 高氏(고씨)인데 曹太后의 조카이다. (高氏는) 어려서부터 英宗과 함께 太后의 后所에서 자랐다. 뒤에 英宗의 妃가 되어 頊을 낳았다. (욱은) 穎王(영왕)으로 있다가 太子가 되었고, 곧 卽位하였다.

– 神宗(신종) ; 재위 1067~1085년. 頊 삼갈 욱. 甥(생질 생) ; 姉妹(자매)의 子(누이의 아들). 甥姪(생질) ; 누이의 아들. 鞠 공 국. 양육하다. 심문하다. 后所(후소) ; 태후의 거처.

– 英宗配(영종배) ; 영종의 배필. 영종의 妃. 穎 이삭 영.

○ 自有濮議以來, 言者攻歐陽修不已. 遂罷, 韓琦亦罷. 王安石爲翰林學士入對, 首以擇術爲言, 言必稱堯舜. : 복왕에 대한 전례 논

의가 있은 뒤로 言官들의 歐陽修에 대한 비난이 그치지 않았다. 결국 구양수를 해임하고 한기 역시 해직되었다. 王安石이 翰林學士가 되어 神宗의 下問에 "먼저 술책을 정하고 말을 해야 하는데, 꼭 요순의 행적을 말해야 합니다."라고 대답하였다.

- 濮議(복의) ; 濮王의 전례에 대한 논의. 言者(언자) ; 言官(언관). 諫官(간관). 不已(불이) ; 그치지 않다. 入對(입대) ; 불려 들어가 황제의 下問(하문=손아랫 사람에게 물음)에 대답하다. 擇術(택술) ; 術策(술책, 방법)을 선택하다. 爲言(위언) ; 말을 하다. 言必稱堯舜(언필칭요순) ; 꼭 요순의 행적을 말해야 한다. 요순의 사적을 근거로 들어야 설득할 수 있다는 뜻.

(4) ○ 富弼同平章事, 王安石參政. 安石旣執政, 士大夫素重其名, 以爲太平可立致. 呂誨時爲御史中丞, 將對, 學士侍讀司馬光, 亦將詣經筵, 相遇竝行. 光密問, 今日所言何事. 誨曰, 袖中彈文, 乃新參也. 光愕然曰, 衆喜得人, 奈何論之. 誨曰, 君實亦爲此言邪. 安石執偏見, 喜人佞己, 天下必受其弊. 光退而思之, 不得其說. 搢紳閒有傳其疏者, 往往疑其太過. 誨言, 大姦似忠, 大詐似信. 安石外示朴野, 中藏巧詐, 驕蹇慢上, 陰賊害物. 疏其十事, 上兩降手

詔喩誨, 誨論之不已. 遂罷誨.

○ 부필은 동평장사, 왕안석은 참정이 되었다. 왕안석이 집정에 참여하게 되자, 사대부들은 평소 그 명성을 중히 여겨 태평시대를 이루리라고 생각하였다. 여회는 그때 어사중승으로 황제를 대면하러 갔고, 학사시독인 사마광도 역시 經筵(경연)에 참석하려고 가다가 같이 만나 나란히 걸어갔다.

사마광이 "오늘은 말씀하실 것은 무슨 일입니까?"라고 슬쩍 물었다. 여회는 "소매 속에 탄핵하는 글이 있는데 바로 풋내기 참정(왕안석)이요."라고 대답했다. 사마광이 놀라면서 말했다. "많은 사람들이 적임자를 찾았다고 좋아하는데, 왜 논죄해야 합니까?" 여회는 "당신도 그런 말을 합니까? 왕안석은 편견을 고집하면서 자신에게 아부하는 사람을 좋아하니 온 나라가 틀림없이 그 폐해를 당할 것이요!"라고 말했다.

사마광이 물러나 집에 돌아와 곰곰히 생각해 보아도 그 주장을 받아들일 수 없었다. 관리들 사이에서 그 상소를 말하는 사람들은 늘 그 탄핵이 너무 지나친 것 같다고 걱정했다. 여회는 "아주 간사한 것은 성실한 것 같고, 아주 큰 거짓말은 진실과도 같은 것이다. 왕안석은 밖으로는 질박하고 어수룩해 보이지만 속으로는 교활함과 거짓을 감추고 있으며 오만하여 윗사람을 모멸하고 음험하게 남을 해친다."고 말했다. 여회가 열 가지 사례를 상소하자, 신종은 두 차례나 손으로 직접 쓴 조서를 내려 여회를 깨우치려 했으나 여회는 왕안석에 대한 논죄를 그치지 않았다. 여회는 결국 파직되었다.

어구 설명

○ 富弼同平章事, 王安石參政. 安石旣執政, 士大夫素重其名, 以爲太平可立致. 呂誨時爲御史中丞, 將對, 學士侍讀司馬光, 亦將詣經筵, 相遇竝行. : 富弼(부필)은 同平章事, 王安石은 參政(참정)이 되었다. 왕안석이 집정에 참여하게 되자, 士大夫들은 평소 그 명성을 중히 여겨 태평시대를 이루리라고 생각하였다. 呂誨(여회)는 그때 御史中丞(어사중승)으로 황제를 대면하러 갔고, 學士侍讀(학사시독)인 司馬光도 역시 經筵(경연)에 참석하려고 가다가 같이 만나 나란히 걸어갔다.

– 旣執政(기집정) ; 執政하게 되다. 參政(참정)으로 宰相을 도와 정치를 주도하게 되었다는 뜻.

– 士大夫(사대부) ; 士와 大夫의 합칭. 官吏이면서 知識人 계층에 대한 통칭. 科擧(과거)에 의한 관리 선발이 보편화되면서 정치 참여자이면서 여론을 주도하는 계층이었고 문화와 예술의 전승자로서의 지위도 확보하게 되었다. 여기서 사대부란 前, 現職 관리는 물론 국자감 학생이나 상층사회의 구성원까지 지칭하여 그 범위가 매우 넓었다.

– 可立致(가입치) ; 이룰 수 있다. 誨 가르칠 회. 御史中丞(어

사중승) ; 관리 감찰과 기강을 담당하는 어사대의 책임자.

– 將對(장대) ; (황제를) 面對(면대)하러 가다. 將 ; ~을 하다. ~을 하려 하다.

– 詣 이를 예. 도착하다. 經筵(경연) ; 황제에게 經典을 강의하며 政事를 논하는 자리. 相遇竝行(상우병행) ; 서로 만나 나란히 가다.

○ 光密問, 今日所言何事. 誨曰, 袖中彈文, 乃新參也. 光愕然曰, 衆喜得人, 奈何論之. 誨曰, 君實亦爲此言邪. 安石執偏見, 喜人佞己, 天下必受其弊. : 사마광이 "오늘은 말씀하실 것은 무슨 일입니까?"라고 슬쩍 물었다. 여회는 "袖中(수중)에 탄핵하는 글이 있는데 바로 풋내기 참정이요."라고 대답했다. 사마광이 놀라면서 말했다. "많은 사람들이 적임자를 찾았다고 좋아하는데, 왜 논죄해야 합니까?" 여회는 "당신도 그런 말을 합니까? 왕안석은 편견을 고집하면서 자신에게 아부하는 사람을 좋아하니 온 나라가 틀림없이 그 폐해를 당할 것이요!"라고 말했다.

– 袖 옷소매 수. 彈文(탄문) ; 탄핵하는 글. 新參(신참) ; 새 參政(참정). 또는 풋내기. 愕 놀랄 악. 奈何論之(나하논지) ; 왜 그를 논죄하는가?

– 君實(군실) ; 司馬光의 字. 執偏見(집편견) ; 편견을 고집하다. 喜人佞己(희인영기) ; 남이(인) 자신에게(己) 아첨하는 것을(佞) 좋아한다(喜). 佞 아첨할 녕.

○ 光退而思之, 不得其說. 搢紳閒有傳其疏者, 往往疑其太過. 誨言, 大姦似忠, 大詐似信. 安石外示朴野, 中藏巧詐, 驕蹇慢上, 陰

賊害物. 疏其十事, 上兩降手詔喩誨, 誨論之不已. 遂罷誨. : 사마광이 물러나 생각해 보아도 그 주장을 받아들일 수 없었다. 관리들 사이에서 그 상소를 말하는 사람들은 늘 그 탄핵이 너무 지나친 것 같다고 걱정했다. 여회는 "아주 간사한 것은 성실한 것 같고, 아주 큰 거짓말은 진실과도 같은 것이다. 왕안석은 밖으로는 질박하고 어수룩해 보이지만 속으로는 교활함과 거짓을 감추고 있으며 오만하여 윗사람을 모멸하고 음험하게 남을 해친다."고 말했다. 여회가 열 가지 사례를 상소하자, 신종은 두 차례나 손으로 직접 쓴 조서를 내려 여회를 깨우치려 했으나 여회는 왕안석에 대한 논죄를 그치지 않았다. 여회는 결국 파직되었다.

– 不得其說(부득기설) ; 그런 주장을 받아들일 수 없다. 搢 꽂을 진. 紳 큰 띠 신. 搢紳(진신) ; 벼슬아치의 총칭.

– 往往(왕왕) ; 늘, 항상. 과거의 경험을 말하지, 미래의 일을 말하지 않는다. 또 동작 자체가 아니라 동작과 관계있는 상황을 말할 때 사용한다.

– 疑其太過(의기태과) ; 너무 지나침을 걱정한다. 大姦似忠(대간사충) ; 大姦(大奸)은 忠과 비슷한 것 같다. 〔宋史(송사)에 나오는 呂誨(여회)의 말〕 크게 간사한 사람은 그 아첨하는 수단이 매우 교묘하므로 흡사 크게 충성된 사람과 같이 보임. 詐 속일 사.

– 外示朴野(외시박야) ; 밖으로는 질박하고 어수룩한 것처럼 보인다. 驕 교만할 교. 蹇 절름발이 건. 慢 게으를 만. 모독하나.

– 驕蹇(교건) ; 오만 방자하다. 陰 그늘 음. 보이지 않게. 남몰래. 陰賊(음적) ; 은밀히 나쁜 짓을 하다. 手詔(수조) ; 손으로

직접 쓴 詔書(조서). 詔 고할 조. 소개할 소. 詔書(조서) ; 임금의 명령을 국민에게 알리고자 적은 문서. 制書(제서). 詔命(조명).

(5) 安石建議, 創制置三司條例司, 議行新法. 言周置泉府之官, 變通天下之財, 後世惟桑弘羊·劉晏, 粗合此意, 今當修泉府之法, 以收利權. 安石多與呂惠卿謀, 人號安石爲孔子, 惠卿爲顏子. 先是治平中, 邵雍與客散步天津橋上, 聞杜鵑聲, 愀然不樂. 客問其故, 雍曰, 洛陽舊無杜鵑, 今始至. 天下將治, 地氣自北而南, 將亂, 自南而北, 今南方地氣至矣. 禽鳥飛類, 得氣之先者也. 不二年, 上用南士作相, 多引南人, 專務更變, 天下自此多事矣. 至是雍言果驗云.

왕안석이 삼사조례사의 설치를 건의하여 신법을 의논해서 시행했다. 왕안석은 '周에서는 천부라는 관청을 두고 천하의 재물을 변통케 하였는데, 후세에는 오직 漢의 武帝 때 상홍양과 唐의 德宗 때의 유안이 약간 여기에 부합한다면서 이제 천부의 법을 시대에 맞게 고쳐 이권을 (나라에서) 회수해야 한다.' 고 했다. 왕안석은 여혜경과 많은 것을

王安石(왕안석)

협의하였는데 사람들은 왕안석을 공자로, 여혜경은 顔子(안자)라고 불렀다.

이보다 앞서 영종 치평 연간에 소옹은 나그네와 낙양의 천진교에서 산보하다가 두견새 울음소리를 듣고 근심스러운 표정을 지었다.

나그네가 그 까닭을 묻자, 소옹이 말했다. "낙양에는 옛날에 두견새가 없었는데 지금은 있습니다. 천하가 잘 다스려지면 땅의 힘이 북에서 남으로 내려오고, 난세가 되려면 地氣(지기)가 남에서 북으로 올라오는데, 지금은 남방의 지기가 여기까지 온 것입니다. 새와 같이 날아다니는 종류는 지기를 먼저 압니다. 앞으로 2년이 안 되어 황제는 남쪽 출신 선비를 등용하여 재상으로 삼을 것이고, 많은 남쪽 선비들을 끌어올려 바꾸는 일에 힘쓸 것이고, 온 나라에는 이때문에 일거리가 많을 것입니다." 이제 소옹의 그 말은 사실로 판명되었다고 할 수 있다.

어구 설명

○ 安石建議, 創制置三司條例司, 議行新法. 言周置泉府之官, 變通天下之財, 後世惟桑弘羊 · 劉晏, 粗合此意, 今當修泉府之法, 以收利權. 安石多與呂惠卿謀, 人號安石爲孔子, 惠卿爲顏子. : 王安石은 三司條例司의 설치를 건의하고, 新法을 의논해서 시행했다. 왕안석은 '周에서는 泉府라는 官廳(관청)을 두고 天下의 재물을 變通(변통)케 하였는데, 後世에는 오직 漢의 桑弘羊(상홍양)과 唐의 劉晏(유안)이 약간 여기에 부합한다면서 이제 泉府之法을 시대에 맞게 고쳐 利權을 회수해야 한다.' 고 했다. 왕안석 呂惠卿(여혜경)과 많은 것을 협의하였는데 사람들은 왕안석을 孔子로, 여혜경은 顏子(안자)라고 불렀다.

- 創 만들 창. 시작하다. 三司條例司(삼사조례사) ; 관청 이름, '황제 명에 의거 설치한 삼사의 조례를 다루는 관청' 이란 의미.

- 三司(삼사) ; 鹽鐵司(염철사 = 광업을 맡아보는 곳), 度支部(탁지부 = 재정을 맡아보는 곳), 戶所(호소 = 호적을 맡아보는 곳). 국가 재정 담당기관. 條例(조례) ; 조목별로 만든 규칙. 新法(신법) ; 靑苗法 등 새로 제정한 법.

- 泉府(천부) ; 周代의 관청. 재화의 유통을 담당하는 기관. 泉 샘 천. 돈. 샘물이 솟아 흐르듯 돈이 유통된다는 의미. 泉貨(돈).

- 桑弘羊(상홍양, 前 152~80년) ; 漢 武帝. 鹽鐵 專賣(염철 전매)와 均輸法(균수법)을 創案하여 시행했다. 劉晏(유안, 716~780년) ; 당 代宗. 염철 전매, 理財의 名相.

- 粗 거칠 조. 粗合(조합) ; 약간 합치한다. 修 ; 고치다. 정비

하다. 呂惠卿(여혜경, 1032~1111년) ; 閩南(민남) 晋江人(今 福建省 泉州).

○ 先是治平中, 邵雍與客散步天津橋上, 聞杜鵑聲, 愀然不樂. : 이보다 앞서 英宗 治平 연간에 邵雍(소옹)은 나그네와 낙양의 天津橋(천진교)에서 산보하다가 두견새 울음소리를 듣고 근심스러운 표정을 지었다.

- 邵雍(소옹, 1011~1077년) ; 字 堯夫(요부). 稱 安樂先生. 諡號 康節(시호강절). 후세에 邵康節(소강절)선생이라 부름. 宋代 理學의 시조라 할 수 있다. 소옹은 큰 변고에 대한 예언을 잘했는데 북송과 남송의 멸망을 예언하여 정확하게 맞추었다. 남송 멸망 부분에 소옹의 예언을 기록하였다.
- 天津橋(천진교) ; 낙양의 다리 이름. 杜鵑(두견) ; 두견새. 子規(자규). 진달래꽃. 愀 정색할 초. 근심하는 모양.

○ 客問其故, 雍曰, 洛陽舊無杜鵑, 今始至. 天下將治, 地氣自北而南, 將亂, 自南而北, 今南方地氣至矣. 禽鳥飛類, 得氣之先者也. 不二年, 上用南士作相, 多引南人, 專務更變, 天下自此多事矣. 至是雍言果驗云. : 客이 그 까닭을 묻자, 소옹이 말했다. "洛陽에는 옛날에 두견새가 없었는데 지금은 있습니다. 天下가 잘 다스려지면 地氣가 北에서 南으로 내려오고, 난세가 되려면 地氣가 南에서 北으로 올라오는데, 지금은 南方의 地氣가 여기까지 온 것입니다. 새와 같이 날아다니는 종류는 지기를 먼저 압니다. 앞으로 2년이 안 되어 황제는 南士를 등용하여 재상으로 삼을 것이고, 많은 남쪽 선비들을 끌어올려 바꾸는 일에 힘쓸 것이고, 온 나라

에는 이 때문에 일거리가 많을 것입니다." 이제 소옹의 그 말은 사실로 판명되었다고 할 수 있다.

- 地氣南北(지기남북) ; 北은 陰으로 臣下에 해당하고 南은 陽으로 君主에 해당한다. 地氣가 북에서 남으로 내려온다는 것은 신하가 주군을 따르는 것이니 治世이고, 지기가 남에서 북으로 올라가는 것은 주군이 신하를 따르는 것이니 혼란의 시대라는 뜻. 남쪽에 사는 두견새가 낙양까지 올라온 것으로 地氣가 북으로 올라온 것이라 해석했다. 王安石은 지금의 江西省 撫州(무주) 臨川 출신으로 남쪽 출신이고 呂惠卿(여혜경) 또한 남쪽 福建省 출신이었다.

- 南士(남사) ; 남쪽 출신의 선비. 作相(작상) ; 재상으로 삼다. 驗 증험할 험. 果驗(과험) ; 과연 증험이 되었다.

(6) 安石欲行靑苗法, 以爲周官國服爲息法也. 蘇轍曰, 以錢貸民, 吏緣爲姦, 錢入民手, 雖良民, 不免妄用. 及其納錢, 雖富民, 不免違限. 鞭箠必用, 州縣不勝煩矣. 參政唐介爭論新法不勝, 疽發背卒. 時人有生老病死苦之喩. 謂安石爲生, 曾公亮爲老, 介死, 富弼議論不合, 稱病, 參政趙抃, 無如安石何, 惟稱苦苦而已. 安石折抃曰, 君輩坐不讀書耳. 抃曰, 皐·夔·稷·契, 何書可讀. 安石亦不能對.

왕안석은 청묘법을 시행하려 하면서, 이는 周代에 나라를 위한 조세 납부는 곧 이자를 갚는 것과 같다고 하였다. 소철은 "돈을 백성에게 대출해 준다면 관리들이 이를 이용하여 나쁜 짓을 할 수 있고, 돈이 농민의 손에 들어가면 비록 양민일지라도 함부로 남용할 것이다. 그 돈을 납부할 때에 비록 부유한 농민이라도 기한을 어길 수도 있을 것이다. 기일을 지키지 못했다고 매질을 해야 한다면 주현의 관아에서 그 번잡한 일을 감당 못할 것이다."라고 말했다.

참정인 당개는 신법을 두고 논쟁을 하였으나 이기지 못하자 등에 악성 종기가 나서 죽었다. 그 당시 누군가가 생로병사고의 다섯 글자를 가지고 빗대어 말했다. "왕안석은 살려 하고(生), 증공량은 늙었고(老), 당개는 죽었으며(死), 부필은 (왕안석과) 의론이 맞지 않아 병을 핑계 대고(病), 참정인 조변은 왕안석을 어찌할 수 없어 오직 괴로움뿐이다(苦)."

왕안석이 조변을 꺾어 누르려고 말했다. "당신들은 앉아 독서를 하지 않는다." 그러자 조변이 말했다. "고요와 기와 후직과 설 등 현신은 도대체 어떤 책을 읽었소?" 왕안석 역시 대답하질 못했다.

어구 설명

○ 安石欲行青苗法, 以爲周官國服爲息法也. 蘇轍曰, 以錢貸民,

吏緣爲姦, 錢入民手, 雖良民, 不免妄用. 及其納錢, 雖富民, 不免違限. 鞭箠必用, 州縣不勝煩矣. : 王安石은 青苗法(청묘법)을 시행하려 하면서, 이는 周나라 시대에 나라를 위한 조세 납부는 곧 이자를 갚는 것과 같다고 하였다. 蘇轍(소철)은 "돈을 백성에게 대출해 준다면 관리들이 이를 이용하여 나쁜 짓을 할 수 있고, 돈이 농민의 손에 들어가면 비록 양민일지라도 함부로 남용할 것이다. 그 돈을 납부할 때에 비록 부유한 농민이라도 기한을 어길 수도 있을 것이다. 기일을 지키지 못했다고 매질을 해야 한다면 주현의 관아에서 그 번잡한 일을 감당 못할 것이다."라고 말했다.

– 苗 싹 묘. 青苗法(청묘법) ; 熙寧(희녕) 2年(1069년). 制置三司條例司(제치삼사조례사)에서 반포. 국가에서 현금이나 곡식을 대여해 주고 추수 때 갚게 하는 법으로 농민들을 부호들의 고리채에서 보호하기 위한 신법.

– 以爲(이위) ; 생각하다. 여기다. 알다. 周官(주관) ; 周의 制度. 國服爲息法(국복위식법) ; 나라를 위한 세금은 그 이자와 같다고 인정하는 법. 농민이 생산한 곡물을 租(조)로 바치는데 그것은 대출받은 곡식에 대한 利息〈이식, 息 숨쉴 식. 변. 利子(이자)〉이라는 뜻.

– 蘇轍(소철) ; 소식의 親弟. 緣 가장자리 연, 인연 연. 말미암다. 不免違限(불면위한) ; 납부 기한을 어기는 것을 면할 수 없다. 납기를 어길 수 있다.

– 鞭 채찍 편. 매질하다. 箠 채찍 추.

○ 參政唐介爭論新法不勝, 疽發背卒. 時人有生老病死苦之喩. 謂

安石爲生, 曾公亮爲老, 介死, 富弼議論不合, 稱病, 參政趙抃, 無如安石何, 惟稱苦苦而已. : 參政인 唐介는 新法을 두고 논쟁을 하였으나 이기지 못하자 등에 악성 종기가 나서 죽었다. 당시에 누군가가 生老病死苦를 가지고 빗대어 말했다. "왕안석은 살려 하고(生), 曾公亮은 늙었고(老), 당개는 죽었으며(死), 富弼은 (왕안석과) 議論이 맞지 않아 병을 핑계 대고(病), 參政인 조변은 왕안석을 어찌할 수 없어 오직 괴로움뿐이다(苦)."

– 唐介(당개, 1010~1069년) ; 왕안석의 신법을 반대. 疽 등창 저. 喩 깨우칠 유. 비유하다. 빗대어 말하다.

– 議論不合(의논불합) ; 의논이 일치하지 않다. 稱病(칭병) ; 병을 핑계를 대다. 抃 손뼉 칠 변. 趙抃(조변, 1008~1084년) ; 신법 반대론자.

– 無如安石何(무여안석하) ; 安石을 어찌할 수가 없어서.

○ 安石折抃曰, 君輩坐不讀書耳. 抃曰, 皐 · 夔 · 稷 · 契, 何書可讀. 安石亦不能對. : 왕안석이 조변을 꺾어 누르려고 말했다. "당신들은 앉아 독서를 하지 않는다." 그러자 조변이 말했다. "고요와 기와 후직과 설이 어떤 책을 읽었소?" 왕안석 역시 대답하질 못했다.

– 折 꺾을 절. 君輩(군배) ; 당신들. 皐 부르는 소리 고. 皐陶(고요, 舜임금의 신하인 獄官–감옥을 관리하던 사람.) 陶 ①질그릇 도. ②화락하게 즐길 요. 사람 이름. 皐陶(고요). 舜(순)임금의 신하. 夔 조심할 기. 典樂官(전악관).

– 稷 기장 직. 后稷(후직). 堯의 農官(周의 시조). 契 맺을 계.

사람 이름 설(司徒, 殷의 조상). 이들은 모두 夏, 殷, 周 三代 이전의 현인들이었는데 그때에는 책이 있을 리 없었다.

(7) ○ 遣使察農田水利. 罷義倉, 行均輸法. ○ 臺諫劉琦 · 錢顗, 以議新法貶. 諫院范純仁 · 檢祥文字蘇轍, 以議新法罷. ○ 行靑苗法, 置常平官. ○ 富弼罷, 陳升之同平章事. 升之初附安石, 旣相頗爲異同. ○ 行預買法, 令諸路預給錢, 和買紬絹. ○ 趙抃罷. 抃日所爲事, 夜必焚香告於天. ○ 親試擧人, 初用策. 葉祖洽以附會新法, 擢爲第一. ○ 右正言孫覺 · 御史裏行程顥, 以議新法罷. 中丞呂公著 · 裏行張戩, 以議新法罷. ○ 李定爲裏行. 知制誥宋敏求 · 蘇頌 · 李大臨, 以繳定詞頭罷.

○ 정부는 각지로 관리를 출장 보내어 농사와 수리를 감독케 했다. 의창을 폐지하고 균수법을 시행했다.

○ 대간인 유기와 전의가 신법을 비판했다고 폄직(좌천)되었다. 간원의 범순인과 검상문자직에 있던 소철이 신법을 비판했다 하여 파직되었다.

○ 청묘법을 시행하고, 상평관을 두었다.

○ 부필을 해임하고, 진승지를 동평장사로 삼았다. 진승지는 처음에 왕안석과 부합하였으나 재상이 된 뒤로는 자주 의견을 달리했다.

○ 예매법을 시행하였는데, 이는 각 지방에서 예급전을 주어 비단 같은 것을 협의하여 사들이는 것이다.

○ 조변을 파직했다. 조변은 날마다 한 일을 밤에 향을 피우고 하늘에 고했었다.

○ 신종이 친히 응시자들을 시험했는데 책문(정책논문)을 처음 시행하였다. 섭조흡은 신법에 부회하여 1등으로 발탁되었다.

○ 우정언인 손각과 어사이행인 정호가 신법을 비판하다가 파직되었다. 어사중승인 여공저와 이행인 장전이 신법을 비판했다 하여 파직되었다.

○ 李定이 직무대리가 되었다. 지제고인 송민구와 소송, 그리고 이대림 세 사람이 이정의 임명장인 사두를 반송했다 하여 파직되었다.

어구 설명

○ 遣使察農田水利. 罷義倉, 行均輸法. 臺諫劉琦 · 錢顗, 以議新法貶. 諫院范純仁 · 檢祥文字蘇轍, 以議新法罷. 行靑苗法, 置常平官. : 관리를 출장 보내어 농사와 수리를 감독케 했다. 義倉 제도를 폐지하고 균수법을 시행했다. 臺諫(대간)인 劉琦(유기)와 錢顗

(전의)가 新法을 비판했다고 폄직되었다. 諫院(간원)의 范純仁과 檢詳文字職(검상문자직)에 있던 蘇轍(소철)이 新法을 비판했다 하여 罷職(파직)되었다. 靑苗法을 시행하고, 常平官을 두었다.

– 遣使(견사) ; 관리를 출장 보내다. 遣 보낼 견. 派遣(파견)하다. 義倉(의창) ; 太祖 때 설치된 빈민 구제를 위한 곡식을 저장케 하던 창고인데 폐단이 많아 없애버린 제도.

– 均輸法(균수법) ; 물가 조절과 관수용품의 원활한 조달과 운반 비용을 절약하기 위한 신법. 顗 근엄할 의. 常平官(상평관) ; 物價의 高低(고저)를 조사하는 관리. 물가를 고르게 조절하는 관리.

○ 富弼罷, 陳升之同平章事. 升之初附安石, 旣相頗爲異同. 行預買法, 令諸路預給錢, 和買紬絹. 趙抃罷. 抃日所爲事, 夜必焚香告於天. : 富弼(부필)을 해임하고, 陳升之(진승지)를 同平章事로 삼았다. 진승지는 처음에 왕안석과 부합하였으나 재상이 된 뒤로는 자주 의견을 달리했다. 預買法(예매법)을 시행하였는데, 이는 諸路(제로)에서 預給錢(예급전)을 주어 비단 같은 것을 협의하여 사들이는 것이다. 趙抃(조변)을 파직했다. 조변은 날마다 한 일을 밤에 향을 피우고 하늘에 고했었다.

– 頗 자못 파. 異同(이동) ; 일치하지 않다. 頗爲異同(파위이동) ; 자주 의견을 달리했다. 預買法(예매법) ; 물가 조절을 위해 물자를 미리 구매하는 것.

– 諸路(제로) ; 여기서 路는 행정구역 단위이다. 북송은 건국 이후 절도사의 세력을 삭감하는 정책을 폈고, 太宗 때(997년) 전국을 15개 路(뒤에 23路로 증가)로 구분하여 轉運使(전운사) 보내

소속된 주현의 징세와 치안활동을 감독케 하였다. 지금의 산동성 지역은 京東東路였다. 路의 전운사 외에도 按撫使〈안무사. 帥司(수사)라고도 칭함〉를 보내 軍政을 담당케 하였는데 전운사와 안무사의 관할 구역이 일치하지는 않았다.

- 和買(화매) ; 가격을 협의하여 매매를 하다. 紬 굵은 명주 주. 絹 가는 실 비단 견.

○ 親試擧人, 初用策. 葉祖洽以附會新法, 擢爲第一. 右正言孫覺 · 御史裏行程顥, 以議新法罷. 中丞呂公著 · 裏行張戩, 以議新法罷. 李定爲裏行. 知制誥宋敏求 · 蘇頌 · 李大臨, 以繳定詞頭罷.
: 神宗이 친히 擧人(거인=관리에 추천되거나 등용시험에 응시하던 자)들을 시험했는데 책문을 처음 시행하였다. 葉祖洽(섭조흡)은 新法을 附會하여 1등으로 발탁되었다. 右正言인 孫覺(손각)과 御史裏行(어사이행)인 程顥(정호)가 新法을 비판하다가 파직되었다. 中丞인 呂公著와 裏行(이행)인 張戩(장전)이 신법을 비판했다 하여 파직되었다. 李定이 裏行(이행)이 되었다. 知制誥(제지고)인 宋敏求(송민구)와 蘇頌(소송), 그리고 李大臨은 李定의 임명장인 詞頭(사두)를 반송했다 하여 파직되었다.

- 初用策(초용책) ; 策問(책문)을 시험하는 과거를 처음 도입했다. 葉 잎 엽. 성씨 섭. 洽 윤택하게 할 흡.
- 附會(부회) ; 억지로 갖다 붙이다. 擢 뽑을 탁. 발낙되다. 右正言(우정인) ; 간쟁을 담낭하는 관리.
- 顥 클 호. 程顥(정호, 1032~1085년) ; 號 明道. 世稱 明道先生. 동생 程頤(정이, 1033~1107년)과 함께 '二程' 으로 불린다.

周敦頤(주돈이)에게 사사하고 宋代 理學의 토대를 굳건히 하였다. 南宋의 朱熹(주희, 朱子)는 二程의 학통을 계승하여 성리학을 대성하였다.

– 裏行(이행) ; 관직명. 견습, 職務代理(직무대리)에 해당. 일정 기간이 지나면 정식 직위에 임명. 李定은 監察御使 裏行이 되었다.

– 戩 멸할 전. 모두.　繳 주살의 줄 격. 되돌아오다. 거부하다. 詞頭(사두) ; 임명하는 詔書. 誥命(고명).

(8) 謝景溫爲御史知雜. 直史館蘇軾以嘗上萬言書, 及擬對廷試策, 議新法, 忤安石, 爲景溫所劾去. ○ 鄧綰上書言, 陛下得伊·呂之佐. 百姓歌舞靑苗·免役等法. 又與安石書及頌. 置中書檢正, 以綰爲之. 鄕人皆笑罵, 綰曰, 笑罵從佗笑罵, 好官我須爲之. ○ 曾公亮罷. 策制科人. 呂陶·張繪·孔文仲, 力詆新法, 皆報罷. ○ 范鎭以數議新法, 及嘗薦蘇軾·孔文仲罷, 乞致仕. 陳升之罷. ○ 韓絳·王安石同平章事. ○ 立保甲法. 曾布爲中書檢正. ○ 更科擧法, 罷詩賦·明經諸科, 以經義·論策試進士.

○ 사경온이 어사지잡이 되었다. 직사관의 소식이 전에

만언서와 모의 대정시책을 올려 신법을 비난하고 왕안석의 뜻을 거스른 적이 있었는데 사경온에게 탄핵을 받아 사임했다.

○ 등관이 상서하여 말했다. "폐하께서는 殷(은)나라의 이윤과 周(주)나라의 여상〈太公望(태공망)〉과 같은 훌륭한 신하의 보좌를 받고 계십니다. 백성들은 청묘법과 면역법 등 때문에 노래하며 춤추고 있습니다." 또 왕안석에게도 칭송의 편지를 보냈다. (왕안석은) 중서검정이란 직분을 만들어 등관을 그 자리에 임명했다. 향인들이 다 비웃고 욕했지만 등관은 "비웃고 욕하는 것은 그들 제멋대로 하는 짓이고 나는 오직 좋은 벼슬을 차지하면 된다."고 하였다.

○ 재상 증공량이 해임되었다. 칙명에 의해 책문으로 과거를 시행했다. 여도와 장회, 공문중이 신법을 극력 비방하여 모두 보복적으로 해직되었다.

○ 범진은 자주 신법을 비난했고 그 전에 소식과 공문중을 추천한 일로 해임되자 치사하였다. 진승지가 해임되었다.

○ 한강과 왕안석이 동평장사가 되었다.

○ 보갑법을 제정했다. 증포를 중서검정에 임명했다.

○ 과거법을 고쳐 시부와 명경과 등을 폐하고 경의와 논책으로 진사를 뽑았다.

어구 설명

○ 謝景溫爲御史知雜. 直史館蘇軾以嘗上萬言書, 及擬對廷試策, 議新法, 忤安石, 爲景溫所劾去. : 謝景溫(사경온)이 御史知雜(어사지잡)이 되었다. 直史館의 蘇軾이 전에 萬言書와 모의 對廷試策(대정시책)을 올려 新法을 비난하고 王安石의 뜻을 거스른 적이 있었는데 사경온에게 탄핵을 받아 사임했다.

- 萬言書(만언서) ; 1만 자에 이르는 긴 글로 신종의 반성을 청한 글.

- 謝景溫(사경온, 1021~1097년) ; 사경온의 여동생이 왕안석의 弟嫂(제수). 蘇軾을 무고했던 사람. 나중에는 왕안석과 틈이 벌어진다.

- 弟嫂(제수) ; 동생의 아내. 季嫂(계수).

- 御史知雜(어사지잡) ; 侍御史知雜事(시어사지잡사)의 줄임. 御史臺의 所屬인 臺院과 殿院, 察院에 근무하는 관리로 侍御史와 殿中侍御史(전중시어사), 監察御史 등으로 구분. 보통 어사라 통칭.

- 直史館(직사관) ; 修撰(수찬=서적을 편집하여 펴냄)을 담당하는 관청. 擬 헤아릴 의. 본뜨다. 擬對廷試策(의대정시책) ; 모의 廷試에 관한 對策.

- 議 의논할 의. 評議하다. 헐뜯다. 忤 거스를 오. 爲景溫(위경온) ; 謝景溫에 의해. 爲A所B ; A에 의해 B가 되다.

○ 鄧綰上書言, 陛下得伊 · 呂之佐. 百姓歌舞靑苗 · 免役等法. 又與安石書及頌. 置中書檢正, 以綰爲之. 鄕人皆笑罵. 綰曰, 笑罵從佗笑罵, 好官我須爲之. : 鄧綰(등관)이 上書하여 말했다. "陛下께

서는 伊尹과 呂尙의 補佐(보좌)를 받고 계십니다. 百姓들은 청묘법과 면역법 등 때문에 노래하며 춤추고 있습니다." 또 王安石에게도 칭송의 편지를 보냈다. (왕안석은) 中書檢正(중서검정)이란 직분을 만들어 등관을 그 자리에 임명했다. 鄕人들이 다 비웃고 욕했지만 등관은 "비웃고 욕하는 것은 그들 제멋대로 하는 짓이고, 나는 오직 좋은 벼슬을 차지하면 된다."고 하였다.

- 鄧 나라 이름 등. 땅 이름. 나무 이름. 綰 얽을 관. 묶어 매다. 다스리다. 鄧綰(등관) ; 人名. 伊(이) · 呂(여) ; 殷나라 湯王의 伊尹(이윤)과 周 武王의 呂尙(姜太公).
- 免役法(면역법) ; 募役法(모역법)이라고도 한다. 농민을 징발하던 노역제도를 돈으로 낼 수 있게 했고 면역의 혜택을 누리던 官戶와 상인들에게는 새로운 助役錢을 거두던 제도. 助役(조역) ; 일을 도와줌, 또는 그런 사람.
- 以綰爲之(이관위지) ; 鄧綰(등관)을(以綰) 그 자리(之)에 임명하다(爲). 笑罵(소매) ; 비웃고 욕하다. 罵 욕할 매. 욕하다. 꾸짖다. 佗 다를 타. 남들.
- 笑罵從佗笑罵(소매종타소매) ; 笑罵는 남들이(佗) 제멋대로(從) 笑罵(비웃고 욕하는 것)하는 짓.

○ 曾公亮罷. 策制科人. 呂陶 · 張繪 · 孔文仲, 力詆新法, 皆報罷. 范鎭以數議新法, 及嘗薦蘇軾 · 孔文仲罷. 乞致仕. 陳升之罷. : 曾公亮(증공량)이 해임되었다. 칙명에 의해 책문으로 과거를 시행했다. 呂陶(여도)와 張繪(장회), 孔文仲이 신법을 극력 비방하여 모두 보복적으로 해직되었다. 范鎭(범진)은 자주 신법을 비난했

고 그 전에 蘇軾과 孔文仲을 추천한 일로 해임되자 致仕(치사)하였다. 陳升之(진승지)가 해임되었다.

– 制科(제과) ; 칙명으로 시험하다. 策制科人(책제과인) ; 황제가 策問〈책문=文科(문과) 試問(시문)의 한 가지. 정치에 관한 計策(계책)을 물어 적게 함.〉으로 인재를 뽑다. 繪 그림 회. 詆 꾸짖을 저. 비난하다.

– 致仕(치사) ; 사직하다. 관직을 떠나다. 罷(파 : 그만둘 파. 放免(방면)하다. 놓아주다. 쉬게 하다.)는 他意로 해임되나 官員의 신분은 보유, 致仕(치사)는 본인 의지로 退任(퇴임).

○ 韓絳 · 王安石同平章事. 立保甲法. 曾布爲中書檢正. 更科擧法, 罷詩賦 · 明經諸科, 以經義 · 論策試進士. : 한강과 왕안석이 同平章事가 되었다. 保甲法을 제정했다. 曾布(증포)를 中書檢正에 임명했다. 科擧法을 고쳐 詩賦와 明經科 등을 폐하고 經義와 論策으로 進士를 뽑았다.

– 왕안석은 새 법에 대한 반대가 하도 맹렬해 한때 사직하고 물러가 있었던 것이다.

– 絳 진홍색 강. 立 ; 立法하다. 정하다. 保甲法(보갑법) ; 종래의 募兵제도를 개선한 향촌의 치안 조직. 10戶를 1保, 50호를 1大保로 하고 10개의 대보를 都保(도보)라 하였으며, 각 보에 우두머리를 두었던 民兵조직. 民兵化에는 실패했지만 이후 향촌 조직으로 발전.

– 更 ; 변경하다. 文藝(詩와 賦)로 시험을 치루는 進士科, 經學을 시험하는 明經科를 폐지. → 經義와 論策으로 進士를 뽑았다.

- 經義(경의)는 경서의 문구의 뜻, 論策(논책)은 時事에 관한 논문.

(9) ○ 司馬光先自學士除樞副, 力辭不拜, 數言新法之害. 上喩安石曰, 聞三不足之說否. 曰, 不聞. 上曰, 外人云, 朝廷以爲天變不足畏, 人言不足恤, 祖宗法不足守. 昨, 學士院進館職策問, 專指此三事. 策問光所爲也. 光屢請外, 得永興, 移許州. 上言, 臣之不才, 最出羣臣之下. 先見不如呂誨, 公直不如范純仁 · 程顥, 敢言不如蘇軾 · 孔文仲, 勇決不如范鎭. 屢請判西京留司御史臺, 至是得請. 後四任提擧嵩山崇福宮.

사마광은 앞서 학사에서 추밀원부사를 제수받는 것을 극력 사양하고 받지 않았고 신법의 폐해를 자주 언급했었다. 신종이 왕안석에게 일러 말했다. “三不足이란 이야기를 들은 적이 있는가?” “못 들었습니다.” 신종은 “어떤 사람이 말한 것인데, 조정에서는 천변을 두려워할 것 없다(不足畏)고 하며, 여론도 걱정할 것 없고(不足恤), 祖宗의 법도 지킬 것 없다(不足守)는 말이요. 어제, 학사원에서 올린 관직의 책문에 오직 이 세 가지가 있었소.”라고 말했다. 그 책문은 사마광이 지은 것이었다.

사마광은 여러 번 지방관을 요청하여 영흥으로 나갔다가 허주로 옮겼다. 사마광이 글을 올려 말했다. "저의 재주는 여러 신하 중 최하입니다. 앞을 내다보기로는 여회만 못하고, 공평하고 정직하기로는 범순인이나 정호만 못하며, 바른말을 하기로는 소식이나 공문중만 못하고, 과감한 결단력은 범진만 못합니다." 사마광은 여러 번 서경 유사의 어사대 判官(판관)의 직책을 요청했었는데 이때 받아들여졌다. 이 뒤에도 사마광은 4차례나 숭산 숭복궁의 관리자가 되었다.

어구 설명

○ 司馬光先自學士除樞副, 力辭不拜, 數言新法之害. 上喩安石曰, 聞三不足之說否. 曰, 不聞. 上曰, 外人云, 朝廷以爲天變不足畏, 人言不足恤, 祖宗法不足守. 昨, 學士院進館職策問, 專指此三事. 策問光所爲也. : 司馬光은 앞서 學士에서 추밀원부사를 제수받는 것을 극력 사양하고 받지 않았고 新法의 폐해를 자주 언급했었다. 神宗이 王安石에게 일러 말했다. "三不足이란 이야기를 들은 적이 있는가?" "못 들었습니다." 신종은 "어떤 사람이 말한 것인데 朝廷에서는 天變(천변)을 두려워할 것 없다〈不足畏(부족외)〉고 하며, 여론도 걱정할 것 없고〈不足恤(부족휼)〉, 祖宗의 法도 지킬 것 없다〈不足守(부족수)〉는 말이요. 어제, 學士院에서 올린 館職(관직)의 策問〈책문=①관리 등용 시험에서 時務(시무)에 관

하여 묻던 일, 또는 그 文體(문체)의 하나. 策試(책시). ②점을 쳐서 길흉을 물음.〉에 오직 이 세 가지가 있었소."라고 말했다. 그 策問〈책문=임금이 정치상 문제를 簡策(간책)에 써서 의견을 묻는 것.〉은 사마광이 지은 것이었다.

– 除 섬돌 제. 벼슬을 주다. 樞副(추부) ; 樞密院 副使. 聞(문)~否(부) ; 여기서 否는 의문문의 끝에서 의문을 나타내는 助詞로 쓰였다. (例 ; '汝知其事否(여지기사부). 너는 그 일을 아느냐?')

– 外人(외인) ; 타인. 모르는 사람. 朝廷 外의 人. 人言(인언) ; 남의 말. 여론. '人言可畏(인언가외. 여론은 무섭다)'. 恤 구휼할 휼. 걱정하다.

– 昨 어제 작. 進(진) ; 學士院에서 만들어 올렸다는 뜻. 館職(관직) ; 三館, 곧 昭文館, 史館, 集賢院의 직책.

○ 光屢請外, 得永興, 移許州. 上言, 臣之不才, 最出羣臣之下. 先見不如呂誨, 公直不如范純仁 · 程顥, 敢言不如蘇軾 · 孔文仲, 勇決不如范鎭. 屢請判西京留司御史臺, 至是得請. 後四任提擧嵩山崇福宮. : 사마광은 여러 번 外職을 요청하여 永興에 나갔다가 許州로 옮겼다. 사마광이 글을 올려 말했다. "제가 재주가 없기로는 여러 신하 중 최하입니다. 先見은 呂誨(여회)만 못하고, 공평하고 정직하기로는 范純仁이나 程顥(정호)만 못하며, 바른말을 하기로는 蘇軾이나 孔文仲만 못하고, 과감한 결단력은 范鎭(범진)만 못합니다." 사마광은 여러 번 判西京留司御史臺(판서경유사어사대)의 직책을 요청했었는데 이 때 받아들여졌다. 이 뒤에도 사마광은 4차례나 嵩山 崇福宮(숭산 숭복궁)의 관리자가 되었다.

– 請外(청외) ; 外職(지방관)을 요청하다. 許州(허주) ; 今 河南省 許昌市. 先見(선견) ; 앞일을 예견하다. 敢言(감언) ; 과감하게 바른말을 하다.

– 判 ; 여기서는 맡을 판. 담당하다. 西京(서경) ; 낙양. 留司(유사) ; 分司. 북송에서는 西京과 南京(應天府)에 留司를 두고 연로한 관리나 불평 많은 관리를 전출시켰다. 이는 직책만 있고 일이 없는 閒職(한직)이었다.

– 提擧(제거) ; 官名. 관리하다. 관리자. 嵩山(숭산) ; 河南省 등봉현의 산. 五嶽(오악) 중 中岳(중악)에 해당. 少林寺가 숭산 아래에 있다.

– 사마광은 오랫동안 이 한가한 벼슬에 있는 동안, 유명한 資治通鑑(자치통감) 294권을 완성했다.

(10) ○ 歐陽修先知靑州, 以擅止給散靑苗錢, 徙知蔡州, 至是乞致仕. 富弼先知亳州, 坐格靑苗法, 徙知汝州. 中丞楊繪 · 裏行劉摯, 以議新法罷. ○ 罷差役行募役法. 立大學三舍法. 行市易法. 行保馬法. 頒方田均稅法. ○ 置熙河路, 以王韶爲經略安撫等使. 先是韶上平戎策. 謂欲平西夏, 當復河湟, 今古渭之西, 熙 · 河 · 蘭 · 鄯, 皆漢隴西等郡. 吐蕃唃厮囉一族國其閒, 宜倂有之以絕夏人右臂. 安

石以爲奇謀, 始開熙河之役. 詔克河 · 洮岷 · 疊 · 宕等州, 又據靑唐咽喉之地, 邊堠益斥, 役兵之死亡甚多.

○ 구양수가 그 전에 청주의 知使로 근무하면서 청묘전을 농민들에게 지급하지 않아 채주로 옮겼었는데 이때 그는 사직원을 내고 들어앉아 버렸다. 부필은 먼저 박주의 지방관이었는데 청묘법을 실행하지 않아 여주의 지주로 옮겼다. 중승인 양회와 이행인 유지가 신법을 비난하여 해임되었다.

○ 차역 제도를 폐지하고 모역법을 시행하다. 태학의 삼사법을 입안하였다. 시역법을 시행하였다. 보마법을 시행하였다. 방전균세법을 반포했다.

○ 희하로를 설치하고 왕소를 경략사 겸 안무사로 삼았다. 이에 앞서 왕소는 '平戎策(평융책)'을 건의하였었다. 왕소는 서하를 평정하려면 응당 하황〈黃河(황하)와 湟河(황하)〉사이의 땅을 수복하여야 하는데 지금 옛 위수의 서쪽인 희주, 하주, 난주, 선주는 모두 漢(한)나라 때의 농서 등의 郡이었다. 지금 토번족인 각시라 일족이 그 곳에 나라를 세웠는데 의당 그곳을 병합하여 서하인의 오른팔을 끊어야 한다고 하였다.

왕안석은 특이한 계책이라 생각하여 왕소를 대장으로 삼

아서 희하에서 전투를 개시하게 하였다. 왕소는 하주, 조주, 민주, 첩주, 탕주 등을 점령하였고, 다시 인후(적의 목덜미)처럼 중요한 청당 지역을 점거하여 변경을 더 넓혔지만 여기에 동원된 병졸의 사망 또한 아주 많았다.

어구 설명

○ 歐陽修先知青州, 以擅止給散青苗錢, 徙知蔡州, 至是乞致仕. 富弼先知亳州, 坐格青苗法, 徙知汝州. 中丞楊繪 · 裏行劉摯, 以議新法罷. : 歐陽修(구양수)가 그 전에 青州의 지주로 근무하면서 青苗錢(청묘전)을 농민들에게 지급하지 않아 蔡州(채주)로 전임되었는데 이때 致仕(치사)하였다. 富弼은 먼저 亳州(박주)의 知州였었는데 青苗法을 실행하지 않아 汝州(여주)의 지주로 좌천되어 옮겼다. 御史中丞인 楊繪(양회)와 監察御史裏行(감찰어사이행)인 劉摯(유지)가 신법을 비난하여 해임되었다.

– 知青州(지청주) ; 청주(금 山東省)의 知使(州 행정 책임자). 擅 멋대로 천. 止(지) ; 中止(중지). 給散(급산) ; 농민들에게 대출해주다.

– 致仕(치사) ; 관직을 내놓고 물러남.

– 徙 옮길 사. 亳 땅 이름 박. 亳州(박주) ; 今 安徽省 북부의 도시. '中華藥都(중화약도)' 라고 불리며 약재 시장이 열린다.

– 坐格(좌격) ; 중지하다. 실행하지 않다. 摯 잡을 지. 손으로 쥐다.

○ 罷差役行募役法. 立大學三舍法. 行市易法. 行保馬法. 頒方田均稅法. : 差役(차역) 제도를 폐지하고 募役法(모역법)을 시행하다. 태학의 三舍法(삼사법)을 입안하였다. 市易法을 시행하였다. 保馬法을 시행하였다. 方田均稅法을 반포했다.

- 差 어긋날 차. 파견하다. 심부름꾼. 差役(차역) ; 백성에게 강제노동을 시키다. 太宗(태종) 때부터 실시한 賦役(부역)제도. 백성을 몇 계급으로 나누어 부역에 차이를 둔 법. 募役法(모역법) ; 재산이 있는 사람은 부역 대신에 돈을 내게 하고, 정부는 그 돈으로 가난한 사람에게 일을 시켜 품삯을 주는 제도로서, 가난한 사람을 구제하는 동시에 국고의 수입도 되어, 종래의 차역법의 폐단을 많이 없앤 것이다. 大學(태학) ; 太學(국가 최고 교육기관. 宋의 경우 國子監.) 大 클 태(太). 大學三舍法(태학삼사법) ; 太學에 外舍(정원 700명) → 內舍(정원 300명, 禮部 주관 과거에 응시할 자격 부여) → 上舍(정원 100명, 관리로 임명)로 구분하여 매월 평가하여 진급 시키는 제도. 교육과 인재 선발을 통합한 제도.

- 市易法(시역법) ; 물가의 변동을 적게 하며, 또 시장에서 팔리지 않는 물건을 정부에서 사들이고, 또는 정부가 가지고 있는 물건과 교환하거나 팔아서 물자의 수요와 공급을 조절해서 중소상인이나 생산자에게 年 2할 저리로 융자 대여. 대상인의 격렬한 반대에 봉착.

- 保馬法(보마법) ; 재산에 따라 1~2두의 軍馬를 사육. 평상시에는 백성이 부리고, 유사시에 군대서 징발. 수도 인근과 화북지

방에 적용.

– 頒 나눌 반. 반포하다. 方田均稅法(방전균세법) ; 정확한 田土 측량과 조세의 공평부과를 위한 법으로 사방 1천 步(보)를 方田(방전)이라 하고, 이것을 표준으로 해서 땅의 기름지고 메마른 정도를 5단계로 나누어 세금의 액수를 결정한다. 이것을 方田法(방전법)이라고 한다. 均稅(균세)란 백성이 바치는 쌀이나 비단을 관리가 계산할 때, 우수리를 때어서 私腹(사복)을 채우는 일 따위가 있어서는 안된다는 법.

○ 置熙河路, 以王韶爲經略安撫等使. 先是韶上平戎策. 謂欲平西夏, 當復河湟, 今古渭之西, 熙 · 河 · 蘭 · 鄯, 皆漢隴西等郡. 吐蕃唃厮囉一族國其閒, 宜併有之以絕夏人右臂. : 熙河路를 설치하고 王韶(왕소)를 經略使 겸 安撫使로 삼았다. 이에 앞서 왕소는 '平戎策(평융책)' 을 건의하였었다. 왕소는 西夏를 평정하려면 응당 河湟(하황)의 땅을 수복하여야 하는데 지금 옛 渭水의 西쪽인 熙州(희주), 河(하), 蘭(란), 鄯州(선주)는 모두 漢의 隴西(농서) 등의 郡이었다. 지금 吐蕃(토번)의 唃厮囉 一族(각시라 일족)이 그곳에 나라를 세웠는데 의당 그곳을 병합하여 西夏人의 오른팔을 끊어야 한다고 하였다.

– 熙河路(희하로) ; 熙寧 五年(1072년)에 설치한 經略安撫使路(경략안무사로)로 治所는 熙州〈今 甘肅省 臨洮縣(임조현)〉. 經略은 '땅을 빼앗다' 의 뜻. 略 다스릴 략. 빼앗다. 범하다. 정벌하다. 安撫(안무)는 백성이 편히 살 수 있도록 다스린다는 뜻. 王韶를 經略使 겸 按撫使로 임명했다. 等使(등사)의 等은 等等〈등등, ①기다

림. ②여럿을 열거할 때 그 밖의 것을 줄임을 나타내는 말.〉의 뜻.

– 王韶(왕소) ; 人名. 平戎策(평융책) ; 서쪽의 戎族(융족=西夏人)을 평정할 方策. 復(복) ; 收復(수복)하다. 湟 해자 황. 강 이름.

– 河湟(하황) ; 황하와 황하의 지류인 湟水. 唃厮囉(각시라) ; 토번족의 수령 이름. 그들의 말로는 '부처의 아들(佛子).'

– 國其間(국기간) ; 그곳에 나라를 세우다. 國은 동사로 쓰였다. 臂 팔 비. 間 틈 간. 사이 간. 한가할 한. 곳. 부근. 주변.

○ 安石以爲奇謀, 始開熙河之役. 韶克河 · 洮岷 · 疊 · 宕等州, 又據靑唐咽喉之地, 邊堠益斥, 役兵之死亡甚多. : 왕안석은 奇謀(기모)라 생각하여 熙河之役을 개시하였다. 왕소는 河州, 조주, 민주, 첩주, 탕주 등을 점령하였고, 다시 靑唐의 咽喉之地(인후지지)를 점거하여 변경을 더 넓혔지만 여기에 동원된 병졸의 사망 또한 아주 많았다.

– 熙河之役(희하지역) ; 희하의 전투. 役은 전투의 뜻. 戰役. 河州(하주), 洮州(조주), 岷州(민주), 疊州(첩주), 宕州(탕주) ; 甘肅省의 古 지명.

– 咽喉(인후) ; 목구멍. 전략상의 要地. 堠 봉화대 후. 邊堠(변후) ; 국경. 益斥(익척) ; 더 넓히다. 役兵(역병) ; 병졸.

(11) ○ 中書檢正章惇, 察訪湖北, 始議經制南北江蠻. 辰州南北江, 乃古錦州之地, 接施 · 黔 · 牂柯,

命章惇措置. 惇言招諭梅山蠻傜, 令作省戶, 皆歡迎, 其實殺戮, 浮屍蔽江. ○ 置詩·書·周禮·三經義局, 安石提擧, 呂惠卿及安石子雱等爲檢討. ○ 熙寧七年, 天久不雨. 河東北·陝西流民, 皆流入京城, 而京城外饑民尤多. 監安上門鄭俠, 畫爲圖, 上書曰, 陛下南征北伐, 皆以勝捷之勢, 作圖來上, 無一人以天下憂苦, 妻子不相保, 遷移困頓, 遑遑不給之狀, 爲圖而獻者. 安上門逐日所見, 百不及一, 亦可流涕, 況千萬里外哉.

○ 중서검정인 장돈이 호북지역을 순찰하였고, 그 결과를 기초로 해서 남, 북강 지역의 만족을 어떻게 다스려 통제할 것인가를 처음 의논하였다. 신주의 남강, 북강 지역은 바로 옛 금주의 땅인데, 진주에 접한 시주, 검주, 장가지역에 대하여 장돈에게 필요한 조치를 하라고 명했다. 장돈은 매산 지역의 만족을 불러다가 타일러 戶口(호구)를 줄이고 세금을 가볍게 해주었더니 모두가 환영했다고 말했지만, 실은 살육으로 죽은 시체가 강을 덮었었다.

○ 시경, 서경, 주례의 3경의국을 설치하여 왕안석을 제거로 삼고, 여혜경과 왕안석의 아들 왕방 등이 검토에 임명되었다.

○ 희녕 7년, 오랫동안 비가 내리지 않았다. 하동과 하북, 섬서의 유민들이 모두 경성으로 모여들었고 성 밖에는 굶주린 백성들이 더 많았다. 서울의 안상문의 감독관인 정협은 이 참혹한 모양을 그림으로 그려 글을 올렸다. "폐하께는 남정북벌하면서 모든 전쟁 승리의 형세를 그림으로 그려 올렸을 것입니다만, 아무도 천하의 근심 고통과 처자를 지키지도 못하고 떠다니는 고통 속에서 황급하여 어쩔 줄 모르는 백성들의 형상을 그림으로 바치지는 않았을 것입니다. 안상문에서 날마다 보는 것은 백 개 중에서 하나도 되지 못할 것이지만 눈물을 흘리지 않을 수 없는데 하물며 천만리 밖이야 어떠하겠습니까?"

어구 설명

○ 中書檢正章惇, 察訪湖北, 始議經制南北江蠻. 辰州南北江, 乃古錦州之地, 接施 · 黔 · 牂柯, 命章惇措置. 惇言招諭梅山蠻傜, 令作省戶, 皆歡迎, 其實殺戮, 浮屍蔽江. : 中書檢正(중서검정)인 章惇(장돈)이 湖北지역을 순찰하였고, 그 결과를 기초로 해서 남, 북강 지역의 만족을 어떻게 다스려 통제할 것인가를 처음 의논하였다. 辰州(진주)의 南江, 北江 지역은 바로 옛 錦州(금주)의 땅인데, 辰州에 접한 시주, 검주, 장가 지역에 대하여 장돈에게 필요한 조치를 하라고 명했다. 장돈은 매산 지역의 蠻族(만족)을 불러다가 타일러 戶口(호구)를 줄이고 세금을 가볍게 해주었더니 모

두가 환영했다고 말했지만, 실은 살육으로 죽은 시체가 강을 덮었었다.

– 惇 도타울 돈. 察訪(찰방) ; 순찰방문. 湖北(호북) ; 洞庭湖(동정호) 북쪽. 經制(경제) ; 다스려 통제하다. 蠻 오랑캐 만. 남방의 이민족.

– 辰州(신주) ; 荊湖北路(형호북로)에 속하는 지역. 今 湖南省의 지명.

– 錦州(금주) ; 지금의 湖南省의 地名. 施州(시주) ; 지금의 湖北省의 地名. 黔州(검주) ; 지금의 四川省의 地名.

– 黔 검을 검. 牂 암양 장. 柯 자루 가. 牂柯(장가) ; 今 貴州省의 지명. 梅山(매산) ; 今 湖南省의 지명.

– 徭 구실 요. 요역. 夫役(부역). 노동력을 동원하는 일. 省戶(성호) ; 戶数를 줄여서 租稅(조세)나 夫役(부역)을 輕減(경감)해주는 곳. 戮 죽일 육(륙). 蔽 덮을 폐.

○ 置詩·書·周禮·三經義局, 安石提擧, 呂惠卿及安石子雱等爲檢討. : 詩經, 書經, 周禮의 3經義局을 설치하여 왕안석을 提擧로 삼고, 呂惠卿과 왕안석의 아들 王雱(왕방) 등이 檢討에 임명되었다.

– 經義局(경의국) ; 經書의 本義를 연구하는 관청. 提擧(제거) ; 관직명. 관리자. 책임자. 雱 눈이 올 방. 檢討(검토) ; 職名. 감독관.

○ 熙寧七年, 天久不雨. 河東北 · 陝西流民, 皆流入京城, 而京城外饑民尤多. 監安上門鄭俠, 畫爲圖, 上書曰, 陛下南征北伐, 皆以勝捷之勢, 作圖來上, 無一人以天下憂苦, 妻子不相保, 遷移困頓,

遑遑不給之狀, 爲圖而獻者. 安上門逐日所見, 百不及一, 亦可流涕. 況千萬里外哉. : 熙寧(희녕) 七年(1074년), 오랫동안 비가 내리지 않았다. 河東과 하북, 섬서의 流民들이 모두 京城(서울=開封城)으로 모여들었고, 성 밖에는 굶주린 백성들이 더 많았다. 安上門의 감독관인 鄭俠(정협)은 그림으로 그려 글을 올렸다. "陛下께는 南征北伐(남정북벌)하면서 모든 勝捷(승첩)의 형세를 그림으로 그려 올렸을 것입니다만, 아무도 天下의 근심 고통과 妻子를 지키지도 못하고 떠다니는 고통 속에서 황급하여 어쩔 줄 모르는 형상을 그림으로 바치지는 않았을 것입니다. 安上門에서 날마다 보는 것은 백 개 중에서 하나도 되지 못할 것이지만 눈물을 흘리지 않을 수 없는데 하물며 천만리 밖이야 어떠하겠습니까?"

– 熙寧(희녕) ; 神宗의 연호. 1068~1077년. 饑 굶주릴 기. 俠 호협할 협. 勝捷(승첩) ; 전투에서 승리하다.

– 憂苦(우고) ; 걱정거리와 고통. 遷移(천이) ; 옮겨 다니다. 困頓(곤돈) ; 견딜 수 없을 정도로 피로하다. 몹시 고달프다.

– 遑 허둥거릴 황. 遑遑不給(황황불급) ; 황급하여 어쩔 줄 모르다. 況 하물며 황.

(12) 時以旱故求直言, 言者皆咎新法. 上疑欲罷之, 安石不悅, 求去. 除知江寧府, 安石薦韓絳, 代己爲相, 呂惠卿爲參政. 時號絳爲傳法沙門, 惠卿爲護法

善神. 惠卿建議, 免役出錢不均, 出於簿書之不善, 行手實法. 惠卿旣得勢, 恐安石復入, 遂逆閉其途, 出安石私書, 有勿令上知之語. 凡可以害安石者, 無所不用其智. 又數與絳忤, 絳乘閒白上, 復相安石. 安石罷不一年再入, 聞命不辭, 自金陵七日至闕下. 後數月, 絳與惠卿相繼罷. ○ 行戶馬法.

그때 가뭄 때문에 (신종은) 직언을 듣겠다고 했는데 말하는 사람들이 모두 신법 때문이라고 원망했다. 신종이 긴가민가하면서 신법을 폐지하려 하자, 왕안석은 불쾌하여 사의를 표했다. 강녕부의 지사를 제수하자, 왕안석은 한강을 자신의 후임으로 여혜경을 참정으로 추천했다. 당시 사람들이 한강은 전법하는 스승이고, 여혜경은 호법하는 승려라고 불렀다.

여혜경의 건의에 따라 면역을 위해 돈을 내는 것이 고르지 않은 것은 장부가 완전하지 못하기 때문이라면서 수실법을 시행하였다. 여혜경은 득세하자, 왕안석이 다시 입조할 것이 두려워 그 길을 막으려고 왕안석의 '폐하가 알지 못하게 하라.'는 말이 있는 사적인 편지까지 공개하였다. 왕안석을 해칠 수 있는 것이라면 무엇이든 그 지모를 쓰지 않은 것이 없었다.

(여혜경은) 또 재상 한강과 자주 충돌하였는데 한강은 틈을

보아 신종에게 다시 왕안석을 재상으로 삼아야 한다고 말했다. 왕안석은 물러난 지 일 년이 안 되어 다시 돌아왔는데, 명을 받고 사양하지도 않고 금릉에서 7일 만에 대궐에 도착했다. 그 뒤 몇 달 안에 한강과 여혜경은 연달아 물러났다.

○ 호마법을 시행하였다.

어구 설명

○ 時以旱故求直言, 言者皆咎新法. 上疑欲罷之, 安石不悅, 求去. 除知江寧府, 安石薦韓絳, 代己爲相, 呂惠卿爲參政. 時號絳爲傳法沙門, 惠卿爲護法善神. : 그때 가뭄 때문에 (神宗은) 直言(직언 ; 기탄없이 제가 믿는 바를 말함. 곧이 곧대로 말함.)을 듣겠다고 했는데 말하는 사람들이 모두 신법 때문이라고 원망했다. 신종이 긴가민가하면서 신법을 폐지하려 하자, 왕안석은 불쾌하여 사의를 표했다. 江寧府(강령부)의 知事(지사)를 제수하자, 왕안석은 韓絳(한강)을 자신의 후임으로 呂惠卿(여혜경)을 參政(참정)으로 추천했다. 당시 사람들이 한강은 傳法沙門(전법사문)이고, 여혜경은 護法善神(호법선신)이라고 불렀다.(왕안석의 꼭두각시에 지나지 않는다고 비꼰 것)

– 旱 가물 한.　咎 허물 구. 책망하다.　疑 물을 의. 의심하다. 주저하다. 망설이다.　江寧府(강녕부) ; 今 江蘇省 南京市. 江南東路의 首府.

– 沙門(사문) ; 승려.　傳法沙門(전법사문) ; '師法(사법 = 왕안석

한테서 배운 것)' 을 다음 弟子한테 가르치는 승려라는 뜻.
- 護法善神(호법선신) ; 佛法(왕안석의 新法)을 수호하는 善神.

○ 惠卿建議, 免役出錢不均, 出於簿書之不善, 行手實法. 惠卿旣得勢, 恐安石復入, 遂逆閉其途, 出安石私書, 有勿令上知之語. 凡可以害安石者, 無所不用其智. : 呂惠卿(여혜경)의 建議에 따라 免役(면역)을 위해 돈을 내는 것이 고르지 않은 것은 장부가 완전하지 못하기 때문이라면서 手實法(수실법)을 시행하였다. 여혜경은 得勢하자, 왕안석이 다시 입조할 것이 두려워 그 길을 막으려고 왕안석의 '폐하가 알지 못하게 하라.' 는 말이 있는 私信까지 공개했다. 하여튼 왕안석을 해칠 수 있는 것이라면 그 지모를 쓰지 않은 것이 없었다.
- 免役出錢不均(면역출전불균) ; 면역법에 의거 일정한 재산 이상이면 면역전을 내고 요역을 면하는데 그 면역전 수입이 고을에 따라 큰 차이가 났다는 뜻. 簿 장부 부. 手實法(수실법) ; 재산을 농민이 사실대로 써서 제출케 한다는 뜻.
- 復入(부입) ; 다시 入朝하다. 勿令上知之(물령상지지) ; '황제가 이를 알게 하지 말라.' 王安石 私信의 내용. 無所不用其智(무소불용기지) ; 그 지모를 쓰지 않은 곳이 없다. 수단 방법을 가리지 않았다.

○ 又數與絳忤, 絳乘閒白上, 復相安石. 安石罷不一年再入, 聞命不辭, 自金陵七日至闕下. 後數月, 絳與惠卿相繼罷. 行戶馬法. : (여혜경은) 또 재상 韓絳(한강)과 자주 충돌하였는데 한강은 틈을 보아 신종에게 다시 왕안석을 재상으로 삼아야 한다고 말했다.

왕안석은 물러난 지 일 년이 안 되어 다시 돌아왔는데, 命을 받고 사양하지도 않고 금릉에서 7일 만에 대궐에 도착했다. 그 뒤 몇 달 안에 한강과 여혜경은 연달아 물러났다. 戶馬法을 시행하였다.

– 數 자주 삭. 忤 거스를 오. 거역하다. 乘閒白上(승간백상) ; 틈을 보아 진종에게 아뢰다. 聞命不辭(문명불사) ; 황제 명을 받고서는 사양하지도 않고.

– 金陵(금릉) ; 今 南京. 闕下(궐하) ; 궁궐 안. 궁궐.

– 戶馬法(호마법) ; 앞서 시행한 保馬法(보마법)과 같은 것. 먼젓번에는 開封(개봉)과 陝西(섬서) 두 지방에서 시험적으로 실시했는데, 이번에는 전국적으로 실시했다.

(13) ○ 判相州韓琦薨. 琦天資忠厚, 能斷大事. 治平間爲首相, 政事問集賢, 典故問東廳, 文學問西廳, 大事則自決之矣. 出判相州, 初言靑苗不便, 朝廷不從, 卽命散給曰, 藩臣之體當如是. 在鄕郡八年而終, 御製碑曰, 兩朝顧命定策元勛之碑.

상주의 통판 한기가 죽었다. 한기는 타고난 성품이 충후하며 大事(대사 = 정치상의 큰 문제)에는 결단력이 있었다. 영종 재위기간에 수상이 되어 정사는 집현원에 묻고, 전고는 동청 참지정사에, 문학은 서청 참지정사에게 물었지만 대사는 자신이 결단했었다.

상주의 통판으로 나가서 처음에 청묘법이 불편하다고 건의하였으나, 조정에서는 들어주지 않았는데 청묘전을 지급하라면서 말했다. "지방관의 본분은 당연히 이와 같아야 한다." 고향의 고을에서 8년을 지내다가 죽었는데, 신종은 친히 붓을 들어 어제비를 썼다. '양조 고명정책원훈의 비(兩朝顧命定策元勛之碑)' 였다.

어구 설명

○ 判相州韓琦薨. 琦天資忠厚, 能斷大事. 治平閒爲首相, 政事問集賢, 典故問東廳, 文學問西廳, 大事則自決之矣. : 相州의 통판 韓琦(한기)가 죽었다. 한기는 타고난 성품이 忠厚하며 大事에는 결단력이 있었다. 英宗 재위기간에 首相이 되어 政事는 集賢院에 묻고, 典故는 東廳 참지정사에, 文學은 西廳 참지정사에게 물었지만 大事는 자신이 결단했었다.

– 判相州(판상주) ; 相州는 今 河南省 安陽市 南쪽. 判은 '通判(통판)' 의 뜻으로 지방관을 감독하는 자리. 지방행정을 담당하는 직책이 아님. 재상을 역임한 사람이 지방관을 감독한다는 명목상 관직을 갖고 있었다.

– 韓琦(한기) ; 1008~1075년. 相州(상주)의 通判(통판). 治平(치평) ; 英宗(재위, 1063~1067년)의 연호. 典故(전고) ; 여기서

는 전부터 내려오는 관례.

– 集賢院(집현원) ; 정치에 관해서 논했는데 당시 차석 재상인 集賢學士(집현학사) 曾公亮(증공량)이 있었는데 한기가 政事(정사)에 대해서 묻고 의논하였다.

– 東 西廳(동서청) ; 參知政事의 근무처. 당시 동청에는 참지정사 趙槪(조개)가, 서청에는 참지정사 歐陽脩(구양수)가 근무했었다.

○ 出判相州, 初言靑苗不便, 朝廷不從, 卽命散給日, 藩臣之體當如是. 在鄕郡八年而終, 御製碑日, 兩朝顧命定策元勛之碑. : 相州의 통판으로 나가서 처음에 靑苗法이 不便하다고 건의하였으나, 朝廷에서는 들어주지 않았는데 청묘전을 지급하라면서 말했다. "지방관의 本分은 당연히 이와 같아야 한다." 고향의 고을에서 8년을 지내다가 죽었는데, 御製碑(어제비)는 '兩朝 顧命定策元勛〈양조고명정책원훈. 仁宗(인종)과 英宗(영종) 두 황제의 유언에 의해 今上(금상)의 정책을 도운 元勳(원훈)이라는 뜻〉의 碑' 였다.

– 藩臣(번신) ; 지방관. 體 ; 근본. 도리. 행동. 본연. 當如是(당여시) ; 당연히 이와 같아야 한다. 법이나 명령을 준수해야 한다는 뜻.

– 靑苗錢(청묘전) ; 농민에게 대부해 주었다가 추수 때 회수하는 돈.

– 御製碑(어제비) ; 神宗이 비문을 쓴 비석. 兩朝(양조) ; 인종과 영종. 勛 공 훈. 勳의 古字.

(14) ○ 命韓縝如河東割地. 先是遼使屢至言, 河東沿邊增修戍壘, 起鋪舍, 侵入彼國蔚應朔州界. 乞行毁撤, 別立界至. 蓋遼人見朝廷招高麗, 建熙河, 西山植楡柳, 創保甲, 築河北城池, 創都作院, 降弓刀新様, 置界北三十七將, 疑有復燕之意, 故以爭地界爲名, 覵朝廷所以應. 安石斷之曰, 將欲取之, 必姑與之. 東西失地七百里.

○ 한진을 하동에 보내 (요나라에) 땅을 내주게 하였다. 이에 앞서 요의 사자가 자주 와서 말했다. "하동의 강을 따라 수루를 증수하고 상점을 만들면서 우리 쪽의 울주, 응주, 삭주의 경계를 침입하고 있으니 별도로 경계를 정하자."고 하였다.

그것은 遼의 사자가 조정에서 고려 사신이 온 것을 보았고, (宋이) 희하로를 설치했으며, 서산에 나무를 심고 보갑법을 시행하면서 하북에 城을 쌓았으며, 도작원을 설치해 새로운 활과 칼을 보급하고 북쪽 국경에 37명의 장군을 배치하는 일련의 조치가 연주를 수복하려는 뜻이라 의심하면서 국경 다툼을 명분으로 해서 조정이 어떤 대응을 펼지 알아보려는 뜻이었다.

왕안석은 결단을 하면서 말했다. "가지려면 먼저 주는 것이 있어야 한다." (이렇게 해서) 하동의 서쪽으로 7백 리의 땅을 요나라에 주기로 하여 잃었다.

어구 설명

○ 命韓縝如河東割地. 先是遼使屢至言, 河東沿邊增修戍壘, 起舖舍, 侵入彼國蔚應朔州界, 乞行毁撤, 別立界至. ; 韓縝(한진)을 河東에 보내 (요나라에) 割地토록 했다. 이에 앞서 遼使(요사)가 자주 와서 말했다. "河東의 沿邊(연변)에 수루를 增修하고 상점을 만들면서 저쪽의 울주, 응주, 삭주의 경계를 침입하고 있으니 별도로 경계를 정하자."고 하였다.

– 縝 촘촘할 진. 많고 성한 모양. 如 ; 가다. 일정한 곳에 이르다. 곧. 遼(요) ; 契丹(거란). 河東(하동) ; 今 山西省 내 황하 以東의 땅. 宋代에는 이곳에 河東路를 설치하고 그 治所(치소=다스리는 곳)는 太原에 두었다.

– 戍壘(수루) ; 성채 위의 망루. 舖 펼 포. 늘어놓다. 舖舍(포사) ; 商店. 蔚州(울주), 應州(응주), 朔州(삭주) ; 今 山西省의 古 地名.

– 毁 헐어낼 훼. 撤 거둘 철. 그만두다. 없애다. 立界(입계) ; 경계를 정하다.

○ 蓋遼人見朝廷招高麗, 建熙河, 西山植楡柳, 創保甲, 築河北城池, 創都作院, 降弓刀新様, 置界北三十七將, 疑有復燕之意, 故以爭地界爲名, 觀朝廷所以應. : 그것은 遼의 사자가 조정에서 高麗 사신이 온 것을 보았고, (宋이) 熙河路(희하로)를 설치했으며, 西

山에 나무를 심고, 保甲法을 시행하면서 河北에 城池를 만들며, 都作院(도작원)을 설치해 새로운 활과 칼을 보급하고 북쪽 국경에 37명의 장군을 보내는 일련의 조치가 (燕雲十六州의) 燕州를 수복하려는 뜻이라 의심하면서 국경 다툼을 명분으로 해서 조정이 어떤 대응을 펼지 알아보려는 뜻이었다.

– 招高麗(초고려) ; 遼와 3차례 전쟁을 했었고 北進 정책을 펴고 있는 高麗와 宋의 우호적 교류는 遼에게 실질적인 위협이었다.

– 建熙河(건희하) ; 서하를 공략하기 위한 방략으로 熙寧 五年(1072년)에 熙州를 중심으로 熙河路를 설치하였다.

– 楡 느릅나무 유.　創保甲(창보갑) ; 保甲法을 실시하다.　都作院(도작원) ; 兵器(병기) 제작 관청.　降 ; 내려 보내다.

– 復燕之意(복연지의) ; 燕州를 수복하려는 의지.　所以應(소이응) ; 대응하는 방법.

○ 安石斷之曰, 將欲取之, 必姑與之. 東西失地七百里. : 王安石은 결단을 하면서 말했다. "가지려면 먼저 주는 것이 있어야 한다." (이렇게 해서) 河東의 서쪽으로 7백 리의 땅을 잃었다.

– 將欲取之(장욕취지) ; 얻으려 한다면.　必姑與之(필고여지) ; 필히 잠시 주어야 한다. 먼저 작은 것을 주고서라도 나중에 차지하면 된다는 의미. 이 말은 《老子道德經》 36장에 "~ 將欲廢之 必故興之〈장욕폐지 필고흥지 = 그것을 敗滅(패멸) 시키려면 반드시 그것을 흥성케 하여야 한다.〉, 將欲取之 必故與之(장욕취지 필고여지 = 그것을 빼앗으려 한다면 반드시 임시적으로 그것을 내어주어야 한다.). 是謂微明〈시위미명 = 이것은 미묘한 밝은 원리(微

明)라고 말하는 것이다.〉~"이라고 나온다. 微明(미명) ; ①희미하게 밝음. ②명백하기는 하나 미묘하여 알 수 없음.

(15) ○ 安石再相二年, 屢謝病, 子雱死, 求去尤力. 上益厭其所爲, 出判江寧府, 遂不復用. 自安石用事, 口談先王, 而專行管商之政, 知上有富强之志, 思所以濟其欲. 謂立法當用小人, 而後以君子守之, 不悟其無是理也. 天下騷然, 而國未嘗富. 邊鄙生事, 徒多喪敗, 而國未嘗强. 西鄙自治平末种諤取綏州, 夏人卽欲興兵報復.

왕안석은 재상 재임용 2년에 병을 핑계로 자주 그만두려 했는데, 아들 왕방이 죽자 더욱 사직하려 했다. 신종도 왕안석이 하는 일을 점차 싫어하여 강녕부 통판으로 내보낸 뒤 다시 등용하지 않았다.

왕안석이 권력을 잡은 이후로 입으로는 先王을 말했지만, 오로지 관중과 상앙의 정치를 폈으며, 신종이 부국강병의 뜻이 있다는 것을 알았기에 그 욕구를 이룰 수 있는 방법만을 생각했었다. 왕안석은 입법은 당연이 소인을 써서 한 뒤에 군자가 이를 실천하면 된다고 말했지만 그것이 옳은 이치가 아님을 깨닫지 못했다.

천하가 시끄러웠지만 나라는 부유해지지 않았다. 변방에서는 외적이 쳐들어오면 쓸데없이 땅을 잃거나 패전만 했지 나라는 강해지지 못했다. 서쪽 국경에서는 영종 말년에 충악이 수주를 점령한 이후 서하에서는 군사를 일으켜 보복하려 했다.

어구 설명

○ 安石再相二年, 屢謝病, 子雱死, 求去尤力. 上益厭其所爲, 出判江寧府, 遂不復用. : 왕안석은 재상 재임용 2년에 병을 핑계로 자주 그만두려 했는데, 아들 왕방이 죽자 더욱 사직하려 했다. 신종도 왕안석이 하는 일을 점차 싫어하여 江寧府(今 南京) 통판으로 내보낸 뒤 다시 등용하지 않았다.

– 謝病(사병) ; 병을 이유로 사직하다. 雱 함박눈 방. 子王雱死(자왕방사) ; 왕안석의 아들 王雱(왕방, 1044~1076년)은 어려서부터 神童으로 유명했다. 24살에 進士가 되어 여러 관직을 역임하면서 부친을 도왔으나 신법 추진이 계속 장벽에 부딪치자 憂憤(우분)이 병이 되어 33살이라는 아까운 나이에 죽었다.

– 通判(통판) ; 宋代(송대)에 州(주)의 정치를 감독하던 벼슬.

○ 自安石用事, 口談先王, 而專行管商之政, 知上有富强之志, 思所以濟其欲. 謂立法當用小人, 而後以君子守之, 不悟其無是理也. : 왕안석이 권력을 잡은 이후로 입으로는 先王을 말했지만, 오로지 管仲(관중)과 商鞅(상앙)의 정치를 폈으며, 神宗이 부국강병의 뜻이

있다는 것을 알았기에 그 욕구를 이룰 수 있는 방법만을 생각했었다. 왕안석은 立法은 당연이 小人을 써서 한 뒤에 君子가 이를 실천하면 된다고 말했지만 그것이 옳은 이치가 아님을 깨닫지 못했다.

– 先王(선왕) ; 堯舜(요순)이나 周의 文, 武王. 先王의 王政. 管商之政(관상지정) ; 齊의 管仲과 秦의 商鞅(상앙). 강력한 法治主義〈霸道(패도)〉로 부국강병 달성. 霸道(패도) ; 패자의 道(도). 곧 仁義(인의)를 돌보지 않고 무력과 권모로 천하를 통일하고자 하는 주의. 霸 으뜸 패. 우두머리.

– 思所以濟其欲(사소이제기욕) ; 그(神宗) 바램을(欲, 부국강병) 이루려는 것만을(所以濟) 생각했다(思).

– 立法當用小人(입법당용소인) ; 입법에는 (利를 추구하는) 小人을 등용해서 하고. 而後(이후) ; 以後(에). 然後(에).

– 以君子守之(이군자수지) ; 君子로 그것을 지키게 하다. 군자의 마음으로 실천하다. 不悟(불오) ; 깨닫지 못하다.

○ 天下騷然, 而國未嘗富. 邊鄙生事, 徒多喪敗, 而國未嘗强. 西鄙自治平末种諤取綏州, 夏人卽欲興兵報復. : 天下가 시끄러웠지만 나라는 부유해지지 않았다. 변방에서는 외적이 쳐들어오면 쓸데없이 땅을 잃거나 패전만 했지 나라는 강해지지 못했다. 서쪽 국경에서는 영종 말년에 충악이 綏州를 점령한 이후 西夏에서는 군사를 일으켜 보복하려 했다.

– 騷 떠들 소. 騷然(소연) ; 소란스럽다. 未嘗(미상) ; 일찍이 ~한 적이 없다. 결코 ~이지 않다.

– 邊鄙(변비) ; 변경. 시골 구석. 僻村(벽촌). 生事(생사) ; 외적

이 쳐들어오는 일. 徒 무리 도. 걷다. 다만. 공연히. 쓸데없이. 喪敗(상패) ; 잃고 패하다.

– 治平末(치평말) ; 英宗 4년(1067년). 种 어릴 충. 諤 곧은 말 악. 种諤(충악, 1017~1083년) ; 北宋大將. 綏州(수주) ; 陝西 지역의 重鎭〈중진=중요한 陣營(진영)〉. 战略上(전략상)의 要害地(요해지). 요긴한 곳.

(16) 夏主諒祚卒, 子秉常立, 大入寇. 安石雖用王韶取熙河之策, 徒構怨西蕃, 致鬼章等屢爲寇患, 初不能以此制西夏. 所用沈起·劉彝, 又生釁南方. 交趾李日遵卒, 子乾德立. 起·彝相繼知桂州, 集土丁爲保甲, 於海濱集舟師敎水戰, 禁止州縣與交人貿易. 交人大擧入寇, 圍邕州, 陷欽·廉, 聲言, 中國作靑苗·助役法以困民, 出兵相救. 安石怒, 遣趙卨等討之, 官軍死者十六, 兵禍訖安石之去而未已. 吳充·王珪繼安石爲相. 充先在政府, 數言政事非便. 旣代安石, 蔡確·鄧潤甫等共攻之, 不能去.

西夏의 왕 趙諒祚(조양조)가 죽고, 아들 병상이 즉위하자 대군을 이끌고 송나라에 침략해 왔다. (이전에) 왕안석이 비록 왕소를 등용하여 희하 지역을 수복하는 방책을 폈지만 공연히 토번과 원한만 샀고, 酋長(추장) 귀장 등이 여러 차례 쳐들어오는 환난만을 불러 왔으니 처음부터 그 방법으로는 서하를 제압할 수 없었다.

(왕안석이) 등용한 심기와 유이도 역시 남방에서 분란만 일으켰다. 교지왕 이일준이 죽고, 아들 건덕이 즉위했었다. 심기와 유이는 뒤를 이어 계주의 지주가 되어 토착 장정을 모아 보갑을 편성하고 바닷가에서 수군을 모아 수전을 훈련하였고 산하 주현에서의 교지인과 무역을 금지시켰다. 교지인이 대거 침입해서 옹주를 포위하고, 흠주와 염주를 함락시킨 뒤 "중국에서 청묘법과 조역법을 만들어 백성들을 곤궁하게 하니, 우리가 출병하여 구제하겠다."고 큰소리를 쳤다. 왕안석은 화가 나서 조설 등을 보내 토벌케 하였으나 관군 중에 죽은 자가 열에 여섯이었으며 병화는 왕안석이 사임할 때까지도 그치지 않았다.

오충과 왕규가 왕안석의 뒤를 이어 재상이 되었다. 오충은 앞서 정부에 있으면서 정사(신법)가 나쁘다고 자주 말했었다. 왕안석을 대신할 때 이후부터 채확과 등윤보 등이 같이 공격했지만 물러나게 하지는 못했다.

어구 설명

○ 夏主諒祚卒, 子秉常立, 大入寇. 安石雖用王韶取熙河之策, 徒

構怨西蕃, 致鬼章等屢爲寇患, 初不能以此制西夏. : 西夏의 왕 諒祚(양조)가 죽고, 아들 秉常(병상)이 즉위하며 대군이 침략해 왔다. (이전에) 왕안석이 비록 王韶(왕소)를 등용하여 熙河(희하) 지역을 수복하는 방책을 폈지만 공연히 토번과 원한만 샀고 (서하의) 西蕃(서번)의 酋長(추장) 鬼章(귀장) 등이 여러 차례 쳐들어오는 환난만을 불러 왔으니 처음부터 그 방법으로는 서하를 제압할 수 없었다.

- 夏主諒祚(하주양조) ; 西夏 毅宗(서하 의종), 재위 1048~1067년. 子秉常立(자병상립) ; 서하 惠宗. 재위 1067~1086.

- 熙河之策(희하지책) ; 熙河 일대를 공략하자는 방책. 왕소는 '平戎策(평융책)' 을 건의했고, 왕안석은 이를 '奇謀(기모)' 라며 채택하여 熙州를 탈취했었다. 戎 되 융. 오랑캐. 중국에서는 서쪽의 오랑캐.

- 構怨(구원) ; 원한만 샀다. 西蕃(서번) ; 토번. 致 ; 招致(초치)하다. 초래하다. 寇患(구환) ; 외적이 침입하는 患難(환란=적으로부터 받는 손해. 외적이 쳐들어오는 근심.). 初 ; 비로소. 본래. 처음부터.

○ 所用沈起 · 劉彝, 又生釁南方. 交趾李日遵卒, 子乾德立. 起 · 彝相繼知桂州, 集土丁爲保甲, 於海濱集舟師教水戰, 禁止州縣與交人貿易. 交人大擧入寇, 圍邕州, 陷欽 · 廉, 聲言, 中國作青苗 · 助役法以困民, 出兵相救. 安石怒, 遣趙卨等討之, 官軍死者十六, 兵禍訖安石之去而未已. : (왕안석이) 등용한 沈起(심기)와 劉彝(유이)도 역시 남방에서 분란만 일으켰다. 交趾(교지)왕 李日遵

(이일준)이 죽고, 아들 乾德이 즉위했었다. 심기와 유이는 뒤를 이어 계주의 지주가 되어 토착 장정을 모아 보갑을 편성하고 바닷가에서 水軍을 모아 水戰을 조련하면서 산하 州縣에서의 교지인과 무역을 금지시켰다. 교지인들이 대거 침입해서 邕州(옹주)를 포위하고, 흠주와 염주를 함락시킨 뒤 "中國에서 청묘법과 조역법을 만들어 백성들을 곤궁하게 하니, 우리가 출병하여 구제하겠다."고 큰소리를 쳤다. 왕안석은 화가 나서 趙卨(조설) 등을 보내 토벌케 하였으나 관군 중에 죽은 자가 十에 六이었으며 兵禍는 왕안석이 사임할 때까지도 그치지 않았다.

– 彝 떳떳할 이. 舋 틈 흔. 知桂州(지계주) ; 桂州의 知州가 되어. 桂州(계주) ; 今 廣西 桂林市, 宋代에 廣南西路의 治所.

– 土丁(토정) ; 土着 壯丁(토착 장정). 濱 물가 빈. 海濱(해빈) ; 바닷가. 舟師(주사) ; 水軍. 貿 바꿀 무. 易 바꿀 역. 交人貿易(교인무역) ; 交趾人(교지인)과의 무역.

– 邕州(옹주) ; 今 廣西省의 古 地名. 欽州(흠주), 廉州(염주) ; 今 광동성. 聲言(성언) ; 큰소리치다.

– 卨 사람 이름 설. 十六(십육) ; 十人中 六人. 6할. 訖 이를 흘. 끝. 마감. ~에 이르다. 未已(미이) ; 그치지 않았다.

○ 吳充 · 王珪繼安石爲相. 充先在政府, 數言政事非便. 旣代安石, 蔡確 · 鄧潤甫等共攻之, 不能去. : 吳充과 王珪가 왕안석의 뒤를 이어 재상이 되었다. 오충은 앞서 政府에 있으면서 政事(신법)가 나쁘다고 자주 말했었다. 왕안석을 대신할 때 이후부터 채확과 등윤보가 같이 공격했지만 물러나게 하지는 못했다.

- 珪 홀 규. 圭의 古字. 確 굳을 확. 甫 클 보.

(17) 元豐元年, 知湖州蘇軾, 安置黃州. 先是, 中丞李定言, 軾自熙寧以來, 怨謗君父. 舒亶亦言, 軾議時事, 陛下發錢本, 以業貧民, 則曰, 贏得兒童語音好, 一年强半在城中. 明法以課試羣吏, 則曰, 讀書萬卷不讀律, 致君堯舜終無術. 興水利, 則曰, 東海若知明主意, 應教斥鹵變桑田, 謹鹽禁, 則曰, 豈是聞韶解忘味, 邇來三月食無鹽. 其他觸物卽事, 無不以譏謗爲主.

원풍 원년에, 호주의 지방관인 소식을 황주에 안치하였다. 이에 앞서 중승 이정은 "소식은 희녕 이래로 폐하에게 원한을 갖고 비방했습니다."라고 말했다.

서단도 같이 비판을 하였는데 "소식이 정치를 논했는데, 폐하께서 청묘법의 돈을 내어 빈민을 도울 때 '내기에서 이긴 아이들의 큰소리만 들으면서 일 년의 절반은 성 안에서 사네!' 라고 하였습니다. 과거시험의 법을 개정해 관리들을 시험 볼 때에는 '일만 권의 책을 읽더라도 법률 책을 읽지 않으면 임금을 요순같은 임금으로 만들고자 해도 방법이 없다.' 라고 하였습니다.

"(나라에서) 수리사업을 일으키자, (소식은) '동해가 만약 주군의 뜻을 안다면 응당 갯벌을 뽕밭으로 만들어야지.' 라고 했으며, 사염의 판매를 엄히 하자 '어찌 음악을 듣고 고기 맛을 잊으리오, 요즈음 석 달 동안 소금을 먹지 못했지.' 라고 했습니다. 그밖에 일이 있으면 곧 비판을 했는데 헐뜯지 않은 것이 없습니다."

어구 설명

○ 元豐元年, 知湖州蘇軾, 安置黃州. 先是, 中丞李定言, 軾自熙寧以來, 怨謗君父. : 元豐 元年에, 湖州의 知州인 蘇軾을 黃州에 안치하였다. 이에 앞서 中丞 李定은 "소식은 熙寧(희녕) 以來로 폐하에게 원한을 갖고 비방했습니다."라고 말했다.

- 元豐(원풍) ; 神宗의 2번째 연호. 1078~1085년. 湖州(호주) ; 今 浙江省(절강성) 湖州市. 浙江省 北部의 杭州(항주), 嘉興(가흥) 湖州를 특별히 下三府라 했다.

- 蘇軾(소식) ; 소식은 四川(사천)=蜀(촉)의 眉山(미산)의 素封家(소봉가)에서 태어났다. 아버지는 蘇詢(소순). 소식은 호를 東坡(동파)라고 한 시인으로 아우 蘇轍(소철)도 과거시험에 모두 합격하여 천자 인종의 두터운 신임을 얻었다. 소동파는 유교, 불교, 老莊(노장)의 철학에 이르기까지 모르는 것이 없는 천재였다. 그의 시는 격조가 높았다.

- 元豐(원풍) 2년(1079년)에 蘇軾은 李定 등의 탄핵으로 거의

죽을 지경이 이르렀으나 神宗이 그의 재주를 아껴 살려 黃州(今湖北省)에 안치되어 1084년까지 황주에 있었다.

- 熙寧以來(희녕이래) ; 熙寧은 신종의 연호. 신종이 왕안석을 등용한 이후. 怨謗(원방) ; 원한을 품고 비방하다. 君父(군부) ; 황제.

○ 舒亶亦言, 軾議時事, 陛下發錢本, 以業貧民, 則曰, 贏得兒童語音好, 一年强半在城中. 明法以課試羣吏, 則曰, 讀書萬卷不讀律, 致君堯舜終無術. : 舒亶(서단)도 같이 비판을 하였는데 "소식이 정치를 논했는데, 陛下께서 청묘법의 돈을 내어 貧民을 도울 때 '내기에서 이긴 아이들의 큰소리만 들으면서 一年의 절반은 城中에사 사네!' 라고 하였습니다. 과거 법을 개정해 관리들을 시험 볼 때에는 '일만 권의 책을 읽더라도 법률 책을 읽지 않으면 임금을 堯舜같은 임금으로 만들고자 해도 방법이 없다.' 라고 하였습니다.

- 舒 펼 서. 亶 믿음 단. 舒亶(서단, 1041~1103년) ; 北宋大臣, 詞人. 錢本(전본) ; 밑천(本錢). 청묘법에서 농민들에게 대여하는 돈.

- 業 ; 돕다. 구원하다. 贏 이가 남을 영. 내기에서 이기다. 贏得兒童語音好(영득아동어음호) ; 내기에서 이긴 어린아이의 큰소리. '돈을 받은 농민들이야 당장 좋다.' 고 하는데 그러한 소리를 民意라 생각하느냐는 강한 비판 의식이 들어있다.

- 强半(강반) ; 절반 이상. 明法(명법) ; 법을 밝히다. 정책을 확실하게 시행하다. 律(률) ; 律書, 법률 책. 致君堯舜終無術(치군요순종무술) ; 군주를 堯舜으로 만들려 해도 방법이 없네!

王安石을 강하게 비판하는 뜻.

○ 興水利, 則曰, 東海若知明主意, 應教斥鹵變桑田, 謹鹽禁, 則曰, 豈是聞韶解忘味, 邇來三月食無鹽. 其他觸物卽事, 無不以譏謗爲主. : "水利사업을 하자, (소식은) '東海가 만약 주군의 뜻을 안다면 응당 갯벌을 桑田으로 만들어야지.' 라고 했으며, 私鹽(사염)의 판매를 엄히 하자, '어찌 음악을 듣고 고기 맛을 잊으리오, 요즈음 석 달 동안 소금을 먹지 못했지.' 라고 했습니다. 그밖에 일이 있으면 금방 비판을 했는데 헐뜯지 않은 것이 없습니다."

– 興水利(흥수리) ; 저수지를 만드는 사업을 하다. 東海若知明主意(동해약지명주의) ; 동해가 만약 황제의 뜻을 안다면.

– 應(응) ; 응당. 教(교) ; ~로 하여금 ~하게 하다.

– 斥 물리칠 척. 간석지. 鹵 소금 노(로). 천연 소금. 황무지. 개펄. 어리석다. 人造 소금은 鹽(염). 斥鹵(척로) ; 염분이 많은 땅.

– 應教斥鹵變桑田(응교척노변상전) ; 응당 개펄이 桑田으로 변해야 되지! 譯者가 읽어도 비꼬는 뜻이 역력함.

– 謹 삼갈 근. 조심하다. 금지하게 하다. 엄하게 하다. 鹽禁(염금) ; 私鹽의 판매를 단속하다.

– 聞韶(문소) ; 韶(舜 임금의 음악 소)를 듣다. '孔子는 齊(제)나라에 있을 때 韶(소)를 듣고 三個月동안 고기 맛을 잊었다(子在齊聞韶, 三月不知肉味, ~. 《論語 述而》).' 는 말이 있다.

– 豈是聞韶解忘味(개시문소해망미) ; 어찌 韶를 듣고 맛을 잊었다 하겠는가?. 邇 가까울 이. 邇來(이래) ; 요즈음. 邇來三月食無鹽(이래삼월식무염) ; 요즈음 석 달 동안 소금을 못 먹었기 때문이지!

- 其他(기타) ; 기타. 그 밖에. 觸物卽事(촉물즉사) ; 무엇을 보고서는 바로 손에 대다. 일이 있으면 금방 비판을 하다.
- 譏 나무랄 기. 謗 헐뜯을 방. 譏謗(기방) ; 헐뜯다. 비방하다.
- 以(이)~爲主(위주) ; ~을 주로 하다. 無不以譏謗爲主(무불이기방위주) ; 헐뜯기를 주로 하지 않은 것이 없다.

(18) 乃追軾繫御史獄, 詔定與張璪推治. 王珪言, 軾有不臣意, 擧軾檜詩. 根到九泉無曲處, 世閒惟有蟄龍知, 陛下飛龍御天, 而軾欲求之地下之蟄龍, 非不臣而何. 上曰, 彼自詠檜, 何預朕事. 上平無意罪軾, 吳充·王安禮, 皆勸上容之. 獄成而有是命. 弟轍亦坐救軾而貶, 坐軾詩案黜罰者, 張方平·司馬光以下二十二人. 上實憐軾, 尋移汝州, 且復用矣, 爲蔡確·張璪等所沮.

이에 소식을 잡아다가 어사대 옥에 가두고 조서를 내려 이정과 장조가 법으로 치죄하였다. 왕규는 소식은 반역의 마음을 갖고 있다면서 소식이 지은 '전나무의 시(檜詩)' 를 문제 삼았다. "소식은 '뿌리가 깊은 땅속에 이르도록 굽은 곳이 없나니, 세간에서는 오직 칩거한 용만이 알리라.' 하였는데, 陛下는 하늘을 나는 비룡이거늘 소식은 지하에 칩거하는 용을 찾으려 하였으니, 이것이 반역의 마음이 아니라면 무엇이겠습니까?"

신종은 "소식은 전나무를 읊은 것이거늘, 어찌 짐의 일을 간여한 것이겠는가?"라고 하였다. 신종은 평소 소식을 처벌할 생각이 없었고, 오충과 왕안례도 신종에게 용서해 줄 것을 권했다. 판결이 나왔고 黃州(황주)로 귀양가도록 어명이 있었다. 동생이 소철 또한 소식을 구하려다가 연좌되어 폄직되었고, 소식의 詩와 관련된 소송으로 파면되거나 처벌된 사람은 장방평과 사마광 이하 22명이었다.

신종은 실제로 소식을 동정하여 얼마 있다가 여주로 옮기고 다시 등용하려 했으나 채확과 장조 등에게 저지되었다.

어구 설명

○ 乃追軾繫御史獄, 詔定與張璪推治. 王珪言, 軾有不臣意, 擧軾檜詩. 根到九泉無曲處, 世間惟有蟄龍知, 陛下飛龍御天, 而軾欲求之地下之蟄龍, 非不臣而何. : 이에 소식을 잡아다가 어사대 옥에 가두고 조서를 내려 李定과 張璪(장조)가 법으로 治罪하였다. 王珪(왕규)는 소식은 반역의 마음을 갖고 있다면서 소식이 지은 '전나무의 시〈檜詩(회시)〉'를 문제 삼았다. "소식은 '뿌리가 깊은 땅속에 이르도록 굽은 곳이 없나니, 세간에서는 오직 칩거한 용만이 알리라.' 하였는데, 陛下(폐하)는 하늘을 나는 비룡이거늘 소

식은 지하에 칩거하는 용을 찾으려 하였으니, 이것이 반역의 마음이 아니라면 무엇이겠습니까?"

– 追軾(추식) ; 湖州로 사람을 보내 소식을 잡아오다. 繫 맬 계. 구속하다. 御史獄(어사옥) ; 어사대의 감옥.

– 璪 면류관의 옥 조. 推治(추치) ; 죄를 헤아려 법으로 다스리다. 不臣意(불신의) ; 신하의 도리를 다하지 않는 마음. 반역하려는 마음.

– 檜 노송나무 회. 전나무. 九泉(구천) ; 黃泉(황천), 저승. 깊은 땅속. 蟄 숨을 칩. 蟄龍(칩룡) ; 숨어서 나타나지 않는 용. 아직 때를 얻지 못한 영웅.

– 飛龍(비룡) ; 천자. 御天(어천) ; 하늘을 날다. 非不臣而何(비불신이하) ; 반역의 마음이 아니면 무엇이겠습니까?

– 而軾欲求之地下之蟄龍(이식욕구지지하지칩룡)의 文句中 欲이 彼로 된 판본도 있다.(소식의 저 지하에 칩거한 용이란 뜻)

○ 上曰, 彼自詠檜, 何預朕事. 上平無意罪軾, 吳充 · 王安禮, 皆勸上容之. 獄成而有是命. 弟轍亦坐救軾而貶, 坐軾詩案黜罰者, 張方平 · 司馬光以下二十二人. : 神宗은 "소식은 전나무를 읊은 것이거늘, 어찌 짐의 일을 간여한 것이겠는가?"라고 하였다. 신종은 평소 소식을 처벌할 생각이 없었고, 吳充과 王安禮도 신종에게 용서해 줄 것을 권했다. 판결이 나왔고 黃州(황주)로 귀양가도록 어명이 있었다. 동생이 소철 또한 소식을 구하려다가 연좌되어 폄직(좌천)되었고, 소식의 詩案(시안)과 관련된 소송으로 파면되거나 처벌된 사람은 張方平과 司馬光 이하 22명이었다.

– 彼 저 피. 저 사람. 소식. 何預朕事(하예짐사) ; 어떻게 짐의 일을 간여한 것이겠는가? 勸上容之(권상용지) ; 신종이 소식을 용서해주길 건의했다.

– 獄成(옥성) ; 소송이 마무리 되다. 판결이 나다. 有是命(유시명) ; 이런 命이 있었다. 소식을 黃州로 귀양 보내라는 어명.

– 坐救軾而貶(좌구식이폄) ; 소식을 구하려다가 연좌되어 폄직되었다. 詩案(시안) ; 詩와 관련된 獄案(옥안). 재판 결과. 黜 물리칠 출. 파면하다. 罰 죄 벌. 벌을 받다.

○ 上實憐軾, 尋移汝州, 且復用矣, 爲蔡確 · 張璪等所沮. : 신종은 실제로 소식을 동정하여 얼마 있다가 汝州로 옮기고 다시 등용하려 했으나 蔡確(채확)과 張璪(장조) 등에게 저지되었다.

– 憐 불쌍히 여길 연(련). 汝州(여주) ; 今 河南省 汝州市. 且復用矣(차복용의) ; 그리고 다시 등용하려 하다. 且 또 차. 다시 더. 거듭하여. 所沮(소정) ; 저지당하다. 沮 막을 정. 저지하다.

(19) 吳充罷, 踰月而卒. ○ 元豐元年, 大正官名. 元豐五年, 官制成. 改平章事爲左右僕射, 以王珪 · 蔡確爲之. 參知政事爲門下中書侍郎, 章惇 · 張璪爲之. 置尙書左右丞, 蒲宗孟 · 王安禮爲之. 以三省統領百職. 中書取旨, 門下覆奏, 尙書施行. 珪爲相. 人謂之三旨宰相. 凡事惟曰取聖旨, 得聖旨則曰領

聖旨, 退書之則曰奉聖旨而已. 上厭之. 確謂珪曰, 上久欲取靈·武. 公能任責, 則相位可保也. 珪喜如其言. 命內侍李憲等, 分道伐夏國, 攻靈州, 不克. 士卒死, 及凍餒者十五六. 憲上再擧之議, 徐禧又議築永樂新城. 夏人大擧攻城, 城陷, 禧等蕃漢官, 及諸軍死者萬三千. 上聞奏慟哭.

○ 吳充(오충)을 해임했는데 한 달이 지나고 죽었다.

○ 원풍 원년에 관직명을 많이 고쳤다. 원풍 5년에는 관제를 크게 개혁했다. 동평장사를 고쳐 좌우복야라 하고, 왕규와 채확을 이에 임명했다. 참지정사를 문하중서시랑이라 하고, 장돈과 장조를 이에 임명했다. 상서성에 좌우승을 두었는데 포종맹과 왕안례를 임명했다. 三省에서 모든 직무를 통괄하게 하였다. 중서성에서는 칙명을 마련하고, 문하성에서 심사하여 다시 상주하고, 상서성에서 시행케 했다.

왕규가 재상이 되었다. 사람들은 왕규를 '삼지재상' 이라 불렀다. 모든 일에 오직 '성지를 받았다' 라 하고, 황제의 결재를 받으면 '성지로 거느리다' 라 하고, 물러나 이를 기록하면서 '성지를 받들었다' 라고 할 뿐이었다. 이를 신종이 싫어했다. 채확이 왕규에게 말했다. "폐하는 오래 전부터 西夏(서하)의 영주와 무주를 수복하려 했습니다. 공이 그 일을 맡아 성공하면 재상의 지위를 보장받을 것입니다.” 왕규는 기꺼이 그 말대로 하였다. 내시 이헌 등을 시켜 양쪽으로 서하의 군사를 토벌하면서 영주를 공격케 하였으나 이기지 못했다. 사졸이 전사하거나 동사 또는 굶어 죽은 자가 열에 대여섯이었다.

이헌이 다시 원정하자는 건의를 했고, 서희도 영락에 새로운 성을 쌓을 것을 다시 건의하였다. 서하의 군사가 대거 성을 공격하자 성이 함락되었고, 서희 등 변방의 한인 관리와 각 군에서 전사한 자가 13,000명이었다. 신종은 보고서를 받고서는 통곡했다.

어구 설명

○ 吳充罷, 踰月而卒. 元豐元年, 大正官名. 元豐五年, 官制成. 改平章事爲左右僕射, 以王珪 · 蔡確爲之. 參知政事爲門下中書侍郎, 章惇 · 張璪爲之. 置尙書左右丞, 蒲宗孟 · 王安禮爲之. 以三省統領百職. 中書取旨, 門下覆奏, 尙書施行. : 吳充(오충)을 해임했는데 한 달이 지나고 죽었다. 元豐 元年에 官名을 많이 고쳤다. 元豐 五年에는 官制를 크게 개혁했다. 東平章事를 고쳐 左右僕射(좌우복야)라 하고, 王珪(왕규)와 蔡確(채확)을 임명했다. 參知政事(참정지사)를 門下中書侍郎(문하중시시랑)이라 하고, 章惇(장돈)과 張璪(장조)를 임명했다. 尙書省에 左右丞을 두었는데 蒲宗孟(포종맹)과 王安禮을 임명했다. 三省에서 모든 직무를 통괄하게 하였다. 中書省에서는 칙명을 마련하고, 門下省에서 심사하여

다시 상주하고, 尙書省에서 施行케 했다.

- 元豐 元年 ; 1078년. 元豐 3年의 오류. 大正官名(대정관명) ; 官名을 크게 고치다. 射 쏠 사. 벼슬이름 야. 싫어할 역.

- 左右僕射(좌우복야) ; 秦代(진대)에는 활쏘는 일을 주관하던 관리. 唐代(당대) 이후에는 尙書省(상서성) 長官(장관)을 이르던 말. 惇 도타울 돈. 蒲 부들 포. 왕골. 取旨(취지) ; 황제의 뜻을 살피다. 中書省(중서성) ; 중서성에서는 勅命(칙명)을 起案(기안)하다.

- 覆 뒤집힐 복. 덮을 부. 門下覆奏(문하복주) ; 문하성에서는 칙명을 검토하여 다시 아뢰다. 奏 아뢸 주.

○ 珪爲相. 人謂之三旨宰相. 凡事惟曰取聖旨, 得聖旨則曰領聖旨, 退書之則曰奉聖旨而已. 上厭之. 確謂珪曰, 上久欲取靈·武. 公能任責, 則相位可保也. 珪喜如其言. 命內侍李憲等, 分道伐夏國, 攻靈州, 不克. 士卒死, 及凍餒者十五六. : 王珪가 재상이 되었다. 사람들은 왕규를 三旨宰相이라 불렀다. 모든 일에 오직 '取聖旨(취성지)' 라 하고, 황제의 결재를 받으면 '領聖旨(영성지)' 라 하고, 물러나 이를 기록하면서 '奉聖旨(봉성지)' 라고 할 뿐이었다. 이를 신종이 싫어했다. 蔡確(채확)이 왕규에게 말했다. "폐하는 오래 전부터 西夏(서하)의 靈州와 武州를 수복하려 했습니다. 公이 그 일을 맡아 성공하면 相位를 보장받을 것입니다." 왕규는 기꺼이 그 말대로 하였다. 內侍 李憲 등을 시켜 양쪽으로 서하의 군사를 토벌하면서 靈州를 공격케 하였으나 이기지 못했다. 士卒이 戰死하거나 凍死(동사) 또는 굶어 죽은 자가 열에 대여섯이었다.

– 王珪(왕규, 1019~1085년) ; 神宗 때 參知政事가 된 이후 三公의 지위에 올랐다. 宋代 제일의 女流 詞人 李淸照는 왕규의 외손녀.

– 旨 뜻 지. 天子의 意向. 取聖旨(취성지) ; 성지를 받았다. 得聖旨(득성지) ; 황제의 결재를 받다. 領聖旨(영성지) ; 聖旨로 거느리겠다. 奉聖旨(봉성지) ; 聖旨를 받들었다.

– 靈(영) · 武(무) ; 靈州와 武州 ; 今 甘肅省의 지명. 당시 西夏의 영토. 任責(임책) ; 임무를 완수하다. 凍 얼을 동. 凍死하다. 몸이 얼어 죽다. 餒 주릴 뇌. 굶주리다.

○ 憲上再擧之議, 徐禧又議築永樂新城. 夏人大擧攻城, 城陷, 禧等蕃漢官, 及諸軍死者萬三千. 上聞奏慟哭. : 李憲이 다시 원정하자는 건의를 했고, 徐禧도 永樂에 新城을 축성할 것을 다시 건의하였다. 서하의 군사가 대거 성을 공격하자 성이 함락되었고, 서희 등 변방의 한인 관리와 각 군에서 전사한 자가 13,000명이었다. 神宗은 상주를 받고서는 통곡했다.

– 再擧之議(재거지의) ; 다시 원정하자는 논의. 禧 복 희. 경사스러운 일. 永樂(영락) ; 陝西省(섬서성)의 古 地名. 蕃漢官(번한관) ; 변방의 漢人 관리.

(20) ○ 富弼上遺表言. 忠諫杜絕, 諂諛日進. 興利之臣, 爲國斂怨. 又言, 西事大可憂, 望留聖念. 弼

早有公輔之望, 名聞夷狄, 遼使每至, 必問其出處安否. 忠義之性, 老而彌篤, 家居一紀, 斯須不忘朝廷, 至是薨. ○ 宰相同對, 上有無人才之歎. 蒲宗孟曰, 人才半爲司馬光邪說所壞. 上不語, 視宗孟久之, 曰, 蒲宗孟, 乃不取司馬光邪. 宗孟尋罷. 司馬光資治通鑑成. 上卽位之初, 已嘗御製序, 至元豐七年, 書始上. 初官制將行, 上欲取新舊人兩用之. 曰, 御史大夫非司馬光不可. 蔡確曰, 國是方定, 願少遲之. 旣而上有疾, 又曰, 來春建儲, 當以司馬光 · 呂公著爲師保. 公著夷簡子也.

○ 부필이 죽기 전에 표문을 올렸다. "충간할 길이 두절되면, 아첨만 날마다 들어옵니다. 국익을 올린다는 신하들이 나라를 위한다지만 백성의 원망만 늘었습니다." 그리고 "서하와의 일은 큰 걱정거리이니 폐하께서 유념해 주시길 바랍니다."라고 말했다. 부필은 일찍부터 삼공으로 천자를 보좌할 명망이 있었고, 그의 명성은 북방 이민족에게도 알려졌기에 요(거란)나라 사신이 올 때마다 부필의 출처나 안부를 꼭 물었다. 그의 충의의 본성은 늙어서도 더 돈독하였고 집에서 12년을 지내면서도 잠시도 조정을 잊지 않고 있다가 이때 죽었다.

○ 재상들이 합동으로 불러 대면할 때 신종은 인재가 없다는 탄식을 하였다. 포종맹이 "인재의 절반은 사마광의 사악한 변설 때문에 없어졌습니다."라고 말했다. 신종은 말없이 포종맹을 한참 바라보다가 말했다. "포종맹! 당신이 사마광을 쓰지 않았는가?" 포종맹은 곧 파직되었다.

사마광이 《資治通鑑》을 완성했다. 신종은 즉위 초에 이미 서문을 써주었는데, 원풍 7년에 이르러 책이 처음으로 바쳐졌다.

그 전에 새로운 관제를 시행하려 할 때, 신종은 신법당과 구법당 양쪽을 등용하려 했다. 그러면서 "어사대부는 사마광이 아니면 안 된다."고 말했다. 채확은 "국가 방침이 금방 결정되었으니 사마광의 채용은 조금만 늦춰주십시오."라고 말했다. 얼마 있다가 신종은 병이 들자, 또 말했다. "오는 봄에 태자를 책봉하거든 꼭 사마광과 여공저를 사부로 삼아라." 여공저는 여이간의 아들이었다.

어구 설명

○ 富弼上遺表言. 忠諫杜絕, 諂諛日進. 興利之臣, 爲國斂怨. 又言, 西事大可憂, 望留聖念. 弼早有公輔之望, 名聞夷狄, 遼使每至, 必問其出處安否. 忠義之性, 老而彌篤, 家居一紀, 斯須不忘朝廷, 至是薨. : 富弼(부필)이 죽기 전에 表文을 올렸다. "忠諫(충간)할 길이 杜絕(두절)되면, 아첨만 날마다 들어옵니다. 興利(흥리)한다

는 신하들이 나라를 위한다지만 백성의 원망만 늘었습니다." 그리고 "西夏와의 일은 큰 걱정거리이니 폐하께서 유념해 주시길 바랍니다."라고 말했다. 부필은 일찍부터 三公으로 천자를 보좌할 명망이 있었고, 그의 명성은 북방 이민족에게도 알려졌기에 요나라 사신이 올 때마다 부필의 出處(출처)나 安否(안부)를 꼭 물었다. 그의 忠義의 본성은 늙어서도 더 돈독하였고 집에서 12년을 지내면서도 잠시도 조정을 잊지 않고 있다가 이때 죽었다.

– 弼 도울 필. 遺表(유표) ; 죽기 전에 유언처럼 황제에게 올리는 表文. 杜絕(두절) ; 끊다. 철저히 막다.

– 諂 아첨할 첨. 諛 아첨할 유. 興利之臣(흥리지신) ; 국부를 늘리겠다는 신하. 왕안석의 신법당 계열을 지칭하였다.

– 斂怨(렴원) ; (백성들의) 怨望을 사다. 斂 거둘 렴. 긁어 모으다. 단속하다. 西事(서사) ; 서쪽 변경의 國事. 西夏와의 관계. 望留聖念(망유성념) ; 황제께서 유념하시기 바라다.

– 公輔(공보) ; 三公이 되어 天子를 輔佐(보좌)할 수 있는 인물. 名聞(명문) ; 이름이 알려지다. 出處(출처) ; 出仕(출사=밖에 나가 있을 때)와 居處(거처=집이나 관청 등 머물고 있는 곳. 대개 집에 머뭄을 뜻함.) 進退(진퇴).

– 老而彌篤(노이미독) ; 늙으면서 더욱 독실해지다. 彌 두루 미. 그칠 미. 더욱. 점점. 一紀(일기) ; 12년. 斯須(사수) ; 須臾(수유). 잠시라도.

○ 宰相同對, 上有無人才之歎. 蒲宗孟曰, 人才半爲司馬光邪說所壞. 上不語, 視宗孟久之, 曰, 蒲宗孟, 乃不取司馬光邪. 宗孟尋罷.

: 宰相들이 同對(동대)할 때 신종은 人才가 없다는 탄식을 하였다. 蒲宗孟(포종맹)이 "人才의 절반은 司馬光의 邪說(사설) 때문에 없어졌습니다."라고 말했다. 신종은 말없이 포종맹을 한참 바라보다가 말했다. "蒲宗孟(포종맹), 당신이 司馬光을 쓰지 않았는가?" 포종맹은 곧 파직되었다.

– 司馬光(사마광) ; 山西省(산서성) 涑水鄕(속수향)에서 태어났다. 아버지는 司馬池(사마지). 그는 20살에 進士(진사) 시험에 합격하여, 지방을 돌아 다니다가 서울로 올라왔는데, 뒤에 溫公國(온공국)에 봉해진 일이 있어서 司馬溫公(사마온공)이라고도 한다. 조정에서는 그를 知諫院(지간원)에 임명했다. 元豐(원풍) 2년, 蘇軾(소식)의 사건으로 귀양갔다가, 뒤에 다시 정치에 관여했다.

– 宰相同對(재상동대) ; 재상들이 합동으로 천자의 부름에 응대하다. 爲A所B ; A 때문에 B가 되다.(피동의 문장)

– 壞 무너질 괴. 乃(내) ; 너(汝), 당신의. 邪 간사할 사. 어조사 야. 의문어조사.

○ 司馬光資治通鑑成. 上卽位之初, 已嘗御製序, 至元豐七年, 書始上. : 司馬光이 《資治通鑑》을 완성했다. 신종은 卽位 初에 이미 御製 序文을 써주었는데, 元豐 七年에 이르러 책이 처음으로 바쳐졌다.

– 資治通鑑(자치통감) ; 司馬光이 19년의 세월을 거쳐 편찬한 294권. 약 300여 만 자의 編年體 史書. '有鑑於往事(유감어왕사=지나간 일을 거울 삼아), 以資於治道〈이자어치도, 治道(치도)=다스리는 道(도), 또는 道理(도리), 또는 治理(치리=다스리는 이

치)에 도움이 되다.〉'에서 書名을 취했는데 資治는 '治理에 도움이 되다', 通은 '博通古今〈박통고금=古今(고금, 옛날이나 오늘날에)에 博識(박식=견문이 넓고 아는 것이 많음)하게 通(통하다).〉의 通史(통사)'라는 뜻이며, 鑑은 '거울로 삼다'의 뜻〈以史爲鏡=歷史(역사)의 거울로 삼아서〉. 周 威烈王 23년(기원전 403년, 戰國時代의 시작)부터 五代 後周의 顯德(현덕) 6년(서기 959년)까지 16개 왕조, 1362년간의 치란과 흥망을 기록하였다. 王者의 정치 참고서로서 다른 正史를 읽지 않아도 될 정도이며, 이보다 나은 책이 없다고 한다.

– 已嘗御製序(이상어제서) ; 이미 御製의 서문을 써 주었다. 元豐 七年 ; 1084년. 嘗 맛볼 상. 일찍이. 일찍. 직접 체험하다.

○ 初官制將行, 上欲取新舊人兩用之. 曰, 御史大夫非司馬光不可. 蔡確曰, 國是方定, 願少遲之. 旣而上有疾, 又曰, 來春建儲, 當以司馬光·呂公著爲師保. 公著夷簡子也. : 그 전에 새로운 官制를 시행하려 할 때, 신종은 신법당과 구법당 양쪽을 등용하려 했다. 그러면서 "御史大夫는 司馬光이 아니면 안 된다."고 말했다. 蔡確(채확)은 "국가 방침이 금방 결정되었으니 사마광의 채용은 조금만 늦춰주십시오."라고 말했다. 얼마 있다가 신종은 병이 들자, 또 말했다. "오는 봄에 태자를 책봉하거든 꼭 司馬光과 呂公著(여공저)를 師保(사보)로 삼아라." 여공저는 여이간의 아들이었다.

– 新舊人(신구인) ; 신법당과 구법당의 인물.　國是(국시) ; 나라의 방침.　方定(방정) ; 금방 정해졌다. 관제 개편을 금방 끝냈다.

– 遲 늦을 지. 늦추다.　旣而(기이) ; 얼마 있다가.　旣 이미 기.

벌써. 그러는 동안에. 儲 쌓을 저. 비축하다. 태자. 세자. 建儲(건저) ; 태자를 세우다.

– 師保(사보) ; ①군주를 가르쳐 보좌함, 또는 그 사람. ②가르쳐 편안하게 함. 師傅(사부, ①스승. ②벼슬이름. ③승려). 呂公著(여공저) ; 1018~1089년.

(21) 上在位十八年, 改元者二, 曰熙寧·元豐. 厲精求治, 日昃不暇食. 平生不御畋游, 不治宮室, 惟勤惟儉, 將以大有爲也. 奈何熙寧以來誤於安石, 元豐以後用事者, 終始皆安石之黨, 竟爲天下患. 憤北狄倔强, 慨然有恢復幽燕之志. 欲先取靈夏滅西羌, 乃圖北伐, 及安南失律, 喟然歎赤子無罪而死永樂之敗, 益知用兵之難, 始息念征伐. 卒無一事如意崩, 年三十八. 皇太子立, 是爲哲宗皇帝.

신종은 재위 18년에 개원을 2번 했는데, 희녕과 원풍이다. 힘써 부지런히 치세를 이루려 했으니 해가 저물도록 식사를 할 겨를도 없었다. 평생 동안 사냥이나 유람을 하지 않았으며 궁궐을 짓지도 않고 오직 근면하고 검소하면서 큰일을 이루려 했었다.

희녕 이래로 왕안석이 실정하였고, 원풍 이후로도 권력을 쥔 자들이 끝까지 모두 왕안석의 당인들이었기에 결국 천하의 걱정거리가 된 것을 어찌하겠는가?

북적(요)이 날로 강해져서 중국을 넘보는 고집을 분하게 여기면서 분개하며 유주와 연주를 회복하려는 뜻을 품었었다. 먼저 영주와 하주를 차지하여 서쪽 오랑캐를 치고서 이어 북벌을 하려 했었지만, 안남에서의 실패로 백성들이 아무 죄도 없이 영락성의 싸움에서 죽은 것을 탄식하며 用兵의 어려움을 확실하게 알고서야 정벌의 뜻을 접게 되었다. 끝내 아무 것도 뜻대로 이룬 것이 없이 죽으니, 나이는 38세였다. 황태자가 즉위하니, 이가 철종황제이다.

어구 설명

○ 上在位十八年, 改元者二, 日熙寧 · 元豐. 厲精求治, 日昃不暇食. 平生不御畋游, 不治宮室, 惟勤惟儉, 將以大有爲也. : 신종은 在位 18年에 改元을 2번 했는데, 熙寧과 元豐이다. 힘써 부지런히 治世를 이루려 했으니 해가 저물도록 식사를 할 겨를도 없었다. 평생 동안 사냥이나 유람을 하지 않았으며 궁궐을 짓지도 않고 오직 근면하고 검소하면서 큰일을 이루려 했었다.

– 熙寧(희녕) ; 1068~1077년. 元豐(원풍) ; 1078~1085년. 厲 갈 여(려). 엄하다. 힘쓰다. 勵(힘쓸 여)와 같음.

– 厲精(여정) ; 정신을 가다듬어 부지런히 힘쓰다. 昃 기울 측.

不暇食(불가식) ; 식사를 할 틈이 없다. 暇 겨를 가. 틈. 겨를. 畋 밭갈 전. 사냥.

– 游 ; 유람. 大有爲(대유위) ; 큰 사업을 이루다. 큰일을 하다.

○ 奈何熙寧以來誤於安石, 元豐以後用事者, 終始皆安石之黨, 竟爲天下患. : 熙寧 以來로 왕안석이 실정하였고, 元豐 以後로도 권력을 쥔 자들이 끝까지 모두 왕안석의 당인들이었기에 결국 천하의 걱정거리가 된 것을 어찌하겠는가?

– 奈何(내하) ; 어찌하다. 어찌하겠는가? 反問의 뜻을 나타냄. 誤於安石(오어안석) ; 왕안석에 의한 잘못(실패)을 잘못 등용하다.

– 終始(종시) ; 시종. 처음부터 끝까지. 竟 다할 경. 끝내.

○ 憤北狄倔强, 慨然有恢復幽燕之志. 欲先取靈夏滅西羌, 乃圖北伐, 及安南失律, 喟然歎赤子無罪而死永樂之敗, 益知用兵之難, 始息念征伐. 卒無一事如意崩, 年三十八. 皇太子立, 是爲哲宗皇帝. : 北狄이 날로 강해져서 중국을 넘보는 고집을 분하게 여기면서 분개하며 幽燕(유연)을 회복할 뜻을 품었었다. 먼저 靈州와 夏州를 차지하여 서쪽 오랑캐를 치고서 이어 북벌을 하려 했었지만, 安南에서의 실패로 백성들이 아무 죄도 없이 永樂城의 패전으로 죽은 것을 탄식하며 用兵의 어려움을 확실하게 알고서야 征伐(정벌)의 뜻을 접게 되었다. 끝내 아무 것도 뜻대로 이룬 것이 없이 죽으니, 나이는 38세였다. 황태자가 즉위하니, 이가 哲宗皇帝이다.

– 憤 성을 낼 분. 분하게 여기다. 倔 고집 셀 굴. 倔强(굴강) ; 고집이 세다. 고집을 부리다. 慨然(개연) ; 분개한 모양.

– 幽燕(유연) ; 幽州와 燕州. 今 北京 일대.　靈夏(영하) ; 영주와 夏州.　失律(실률) ; 출병하는데 紀律(기율=원칙)을 지키지 않다.

– 喟 한숨 위.　喟然(위연) ; 한숨을 쉬다. 탄식하다.　赤子(적자) ; 백성.　永樂之敗(영락지매) ; 영락성이 함락되는 패전.

– 始息念征伐(시식염정벌) ; 비로소 정벌의 생각을 그만두다. 卒(졸) ; 끝내.

제3장 北宋의 멸망

1) 哲宗 ; 당쟁과 혼란

(1) 哲宗皇帝, 名煦, 初爲延安郡王, 神宗大漸, 立爲太子. 先是蔡確遣舍人邢恕, 邀高公繪, 欲使白太后, 言, 延安冲幼, 岐·嘉皆賢王也. 公繪懼曰, 公欲禍吾家. 亟去. 恕包藏禍心, 反謂, 太后與王珪表裏, 欲捨延安而立子顥, 賴己及章惇·蔡確得無變. 且播其說於士大夫間矣.

철종황제의 이름은 煦(후)이다. 처음에 연안군왕으로 있다가 신종의 병이 위독하자 황태자가 되었다. 이에 앞서 채확은 사인인 형서를 보내 황태후의 생질 고공회를 만나 "연안군왕은 너무 어리고, 폐하의 아우이신 기왕 顥(호)와 가왕 頵(균)은 모두 현명한 왕입니다."라는 말을 태후에게 해달라고 부탁했다. 고공회는 두려워하며 말했다. "채확은 우리 집에 재앙을 주려 하는가? 빨리 돌아가시오."

형서는 나쁜 마음을 품고 반대로 "태후와 왕규가 한마음이 되어 연안군왕을 버리고, 아들 顥〈호, 岐王(기왕)〉를 세우려 했으나 자신과 장돈과 채확의 도움으로 변고가 없었다."고 말했다. 그리고 그런 말을 사대부 사이에 퍼뜨렸다.

어구 설명

○ 哲宗皇帝 名煦, 初爲延安郡王, 神宗大漸, 立爲太子. 先是蔡確遣舍人邢恕, 邀高公繪, 欲使白太后, 言, 延安冲幼, 岐·嘉皆賢王也. 公繪懼日, 公欲禍吾家. 亟去. : 哲宗皇帝의 이름은 煦(후)이다. 처음에 延安郡王으로 있다가 神宗의 병이 위독하자 太子가 되었다. 이에 앞서 蔡確(채확)은 舍人인 邢恕(형서)를 보내 高公繪(고공회)를 만나 "延安君王은 너무 어리고, 岐王(기왕)과 嘉王(가왕)은 모두 賢明한 王입니다."라는 말을 太后에게 해달라고 부탁했다. 고공회는 두려워하며 말했다. "그 사람은(蔡確) 우리 집에 재앙을 주려 하는가? 어서 가시오."

- 哲宗皇帝(철종황제) ; 재위 1085~1100년. 神宗의 6子. 신종에게 14명의 아들이 있었지만 성년이 된 아들은 6명이었다. 철종은 10세에 즉위.

- 煦 따뜻하게 할 후. 漸 차츰 점, 적실 점. 나아가다. 大漸(대점) ; 병세가 위독하다. 舍人(사인) ; 하급 관원. 世族〈세족 = ①대대로 혈통을 이어 내려 오는 족속. ②《역사》 중국 南北朝時代(남북조시대)의 상층계급. 家系(가계)와 문벌을 소중히 여기고 정치를 독차지 하였으나 唐(당)나라 이후에 몰락하였음.〉 집안의 子弟.

- 邢 나라 이름 형. 恕 용서할 서. 邢恕(형서) ; 人名. 邀 맞을 요. 만나다. 繪 그림 회. 高公繪(고공회) ; 高太后의 一族.

- 皇太后(황태후) ; 英宗의 황후로 神宗의 母后인 宣仁聖烈皇后高氏(선인성열황후 고씨). 英宗(영종)의 妃(비)요, 哲宗(철종)의

할머니. 冲빌 충, 어릴 충. 沖의 俗字. 冲幼(충유) ; 나이가 어리다.

– 岐 갈림길 기. 岐王(기왕)과 嘉王(가왕) ; 英宗의 子. 神宗의 아우. 哲宗의 형. 亟 빠를 극.

○ 恕包藏禍心, 反謂, 太后與王珪表裏, 欲捨延安而立子顥, 賴己及章惇 · 蔡確得無變. 且播其說於士大夫閒矣. : 형서는 나쁜 마음을 품고 반대로 "太后와 王珪가 한마음이 되어 延安郡王을 버리고, 아들 顥〈호. 岐王(기왕)〉를 세우려 했으나 자신과 章惇(장돈)과 蔡確(채확)의 도움으로 변고가 없었다."고 말했다. 그리고 그런 말을 사대부 사이에 퍼뜨렸다.

– 包 쌀 포. 싸다. 藏 감출 장. 저장하다. 품다. 包藏禍心(포장화심) ; 나쁜 마음을 품다. 反謂(반위) ; 반대로 말하다.

– 太后(태후) ; 英宗과 神宗의 母后 高氏. 表裏(표리) ; 겉과 속. 하나가 되다. 顥 클 호 ; 英宗과 神宗의 동생인 岐王(기왕).

– 欲捨延安而立子顥(욕사연안이립자호) ; 연안군왕(哲宗)을 버리고 아들인 顥(호)를 세우려 하다. 捨 버릴 사. 버리다. 그만두다. 제거하다. 賴 힘입을 뇌(뢰). 無變(무변) ; 바뀜이 없었다. 즉위할 수 있었다. 播 뿌릴 파. 전파하다. 소문을 내다.

哲宗(철종, 宋)

(2) 神宗崩, 太子卽位, 甫十歲, 太皇太后同聽政. 熙寧中, 太后已嘗流涕爲神宗言, 安石變法不便. 旣垂簾知天下厭苦日久, 首罷東京戶馬, 罷京東西路保馬, 罷京東西物貨場, 罷諸州鎭寨市易抵當, 罷汴河提岸司地課·放市易·常平免役息錢, 罷在京免行錢, 罷提擧. 保甲·錢粮·巡敎等官, 罷方田等. 皆從中出, 大臣不與.

神宗이 붕어하고 태자가 즉위했는데, 겨우 10세라서 태황태후가 같이 정사를 돌보았다. 희녕 연간에 태후는 눈물을 흘리면서 신종에게 "왕안석의 변법이 불편하다."고 말했었다.

(황태후는) 수렴정치를 하면서 오래도록 모두가 싫어하고 고통으로 여기는 것을 알고 있었기에 먼저 동경의 호마법을 폐지하고, 서울의 동서로의 보마법과 물화장, 그리고 여러 주와 군진과 寨(채)의 시역저당법, 변하의 제안사에서 받아들이던 토지세와 시역, 상평면역식전 등을 폐지하였고, 수도 상인들의 면행전 제도를 폐지하였다. 保甲(보갑)과 錢粮(전량)을 담당하는 提擧(제거)와 巡敎(순교) 등의 관직을 없앴으며 방전균세법 등도 폐지하였다. (이런 조치는) 모두 궁중의 태후로부터 나왔고 대신들은 관여하지 못했다.

어구 설명

○ 神宗崩, 太子卽位, 甫十歲, 太皇太后同聽政. 熙寧中, 太后已嘗流涕爲神宗言, 安石變法不便. : 神宗이 崩御〈붕어 ; 임금의 죽음=崩殂(붕조)〉하고 太子가 卽位했는데, 겨우 10세라서 太皇太后가 같이 정사를 돌보았다. 熙寧 연간에 太后는 눈물을 흘리면서 신종에게 "왕안석의 변법이 불편하다."고 말했었다.

– 甫 클 보. 겨우. 갓. 熙寧(희녕) ; 신종의 연호, 서기 1068~1077년. 流涕(유체) ; 눈물을 흘리다.

○ 旣垂簾知天下厭苦日久, 首罷東京戶馬, 罷京東西路保馬, 罷京東西物貨場, 罷諸州鎭寨市易抵當, 罷汴河提岸司地課 · 放市易 · 常平免役息錢, 罷在京免行錢, 罷提擧. 保甲 · 錢粮 · 巡教等官, 罷方田等. 皆從中出, 大臣不與. : (황태후는) 垂簾(수렴)정치를 하면서 오래도록 모두가 싫어하고 고통으로 여기는 것을 알고 있었기에 먼저 東京의 戶馬法을 폐지하고, 서울의 東西路의 保馬法, 京東西路의 物貨場, 諸州와 鎭寨(진채)의 市易抵當法, 汴河(변하)의 提岸司(제안사)에서 받던 地課와 市易, 常平免役息錢(상평면역식전) 등을 폐지하였고, 수도 상인들의 免行錢 제도를 폐지하였다. 保甲과 錢粮(전량)을 담당하는 提擧(제거)와 巡教(순교) 등의 관직을 없앴으며 방전균세 等도 폐지하였다. (이런 조치는) 모두 궁중의 태후로부터 나왔고 大臣들은 관여하지 못했다.

– 厭苦(압고) ; 싫어하고 고통으로 여기다. 首 ; 먼저. 東京(동경) ; 북송 수도. 변경. 戶馬(호마) ; 保馬法(말을 기르는 법)과 유사.

– 京東西路(경동서로) ; 應天府(응천부. 南京, 今 河南省 商丘市)에 治所<치소=政務(정무)를 보는 관청이 있는 곳.>를 兗州(연주), 徐州 등 7주를 관할하였다.

– 物貨場(물화장) ; 관립 매매 시장. 寨 울타리 채. 鎭寨(진채) ; 국경 지역의 방어시설. 汴河(변하) ; 汴水(변수) ; 북송의 수도인 汴京(今, 河南省 開封市)을 흐르는 通濟渠(통제거)의 일부분.

– 地課(지과) ; 地稅. 放市易(방시역) ; 시역법에 의한 대출. 常平(상평) ; 상평법에 의해 常平倉을 설치하고 곡물 가격을 조절하던 기구.

– 免役息錢(면역식전) ; 면역법(모역법)에 의거 이자를 면제해주는 제도. 免行錢(면행전) ; 관수 물품을 공급하는 상인들에게 면제해주는 商稅.

– 提擧(제거) ; 청묘법, 모역법 등의 업무를 담당하던 관리. 巡教(순교) ; 보갑법 시행과 관련하여 지방을 순회하며 민병을 훈련시키는 教官.

– 方田(방전) ; 方田均稅法等(방전균세법등) ; 토지를 5등급 구분하여 세금을 부과하는 법. 皆從中出(개종중출) ; 모두가 宮中(황태후)로부터 나왔다.

– 大臣不與(대신불여) ; 대신은 간여할 수 없었다.

(3) ○ 王珪卒. 蔡確 · 韓縝爲左右僕射, 章惇知樞密院, 司馬光門下侍郎. 光居洛十五年, 兒童走卒皆

知司馬君實. 神宗昇遐, 赴闕入臨. 衛士望見, 以手加額曰, 司馬相公也. 爭擁馬首呼曰, 公毋歸洛, 留相天子活百姓. 所在數千人聚觀之, 光懼歸洛, 已而召爲執政.

○ 왕규가 죽었다. 채확과 한진을 좌우복야로, 장돈은 樞密院知事(추밀원지사), 司馬光은 문하시랑이 되었다. 사마광은 낙양에 15년을 머물렀는데 아동이나 병졸들도 모두 사마광을 알고 있었다.

(이보다 앞서) 신종이 승하하자, 사마광은 곡을 하러 궁궐에 들어갔다. 衛士(위사=궁궐을 지키던 군사)가 멀리서 보고 손을 이마에 대고 말했다. "사마 상공이시다." (많은 사람들이) 다투어 말을 에워싸고 말했다. "공께서는 낙양으로 돌아가지 마십시오, 여기 머무르며 천자를 도와 백성을 살려 주십시오." (사마광이) 있는 곳에 수천 명이 모여들어 구경하니 사마광은 두려워 낙양으로 돌아갔다가 얼마 안 있어 부름을 받고 집정이 되었다.

司馬光(사마광)

어구 설명

○ 王珪卒. 蔡確·韓縝爲左右僕射, 章惇知樞密院, 司馬光門下侍郎. 光居洛十五年, 兒童走卒皆知司馬君實. : 王珪가 죽었다. 蔡確(채확)과 韓縝(한진)을 左右僕射로, 章惇(장돈)은 知樞密院事, 司馬光은 門下侍郎이 되었다. 사마광은 洛陽에 15年을 머물렀는데 兒童이나 兵卒들도 모두 司馬光을 알고 있었다.

- 縝 삼실(麻絲) 진. 門下侍郎(문하시랑) ; 門下省의 차관. 侍中 아래의 직위. 居洛(거락) ; 낙양에 거처하다. 사마광은 1071년부터 洛陽(낙양)에서 西京留守御史臺의 직함을 가지고 《資治通鑑》을 집필, 편수하고 있었다.

- 走卒(주졸) ; 하급 兵卒. 司馬君實(사마군실) ; 君實은 司馬光의 字.

○ 神宗昇遐, 赴闕入臨. 衛士望見, 以手加額曰, 司馬相公也. 爭擁馬首呼曰, 公毋歸洛, 留相天子活百姓. 所在數千人聚觀之, 光懼歸洛, 已而召爲執政. : (이보다 앞서) 神宗이 升遐(승하)하자, 사마광은 哭(곡)을 하러 궁궐에 들어갔다. 衛士(위사)가 멀리서 보고 손을 이마에 대고 말했다. "司馬 相公이시다." (많은 사람들이) 다투어 말을 에워싸고 말했다. "公께서는 낙양으로 돌아가지 마십시오, 여기 머무르며 天子를 도와 百姓을 살려 주십시오." (사마광이) 있는 곳에 수천 명이 모여들어 구경하니 사마광은 두려워 낙양으로 돌아갔다가 얼마 안 있어 부름을 받고 執政이 되었다.

- 昇 오를 승. 遐 멀 하. 昇遐(승하) ; 황제의 죽음. 崩御(붕어). 臨(임) ; 여럿이 울 임(림). 곡하다. 棺(관)에 곡하는 儀禮(의례).

喪哭〈상곡=상복을 입고 곡(울다)하다〉. 赴闕入臨(부궐입림) ; 哭(곡)을 하러 대궐에 들어가다.

- 衛士(위사) ; 衛兵. 額 이마 액. 以手加額(이수가액) ; 손을 이마에 대다. 擁 안을 옹. 끌어안다. 爭擁馬首(쟁옹마수) ; 여럿이 다투어 말을 에워싸다.

- 公毋歸洛(공무귀낙) ; 公께서는 洛陽으로 돌아가지 마십시오. 留相天子活百姓(유상천자활백성) ; 머물러 天子를 도우셔서 百姓을 살려 주십시오.

- 所在(소재) ; 사마광이 있는 곳. 聚 모일 취. 모여들다. 爲執政(위집정) ; 집정이 되다. 여기서는 문하시중의 직.

- 門下侍中(문하시중) ; 천자를 가장 가까이 모시고 있는 벼슬.

(4) ○ 河南程顥以是歲卒. 顥字伯淳, 弟頤字正叔, 兄弟皆從濂溪周惇頤受學. 惇頤字茂叔, 博學力行, 聞道早, 遇事剛果, 有古人風. 爲政嚴恕, 務盡理, 以名節自礪. 雅有高趣, 牕前草不除, 曰, 與自家意思一般. 黃庭堅稱, 其人品甚高, 胸中灑落, 如光風霽月. 有太極圖 · 通書, 行于世.

○ 하남의 정호가 이 해에 죽었다. 정호의 자는 백순이고, 아우인 정이의 자는 정숙인데, 형제가 모두 염계 주돈

이를 모시고 수학했다. 주돈이의 자는 무숙인데 박학하고 역행했으며, 어려서부터 성인의 도를 배웠고 일이 있으면 굳세고 과감했으며 질박한 풍모가 있었다. (주돈이는) 정사에는 엄하면서도 너그러웠으며 합리적이었고 명분과 절의를 지키려 스스로 노력했다. 우아하고 고상한 취향이 있어 창 밖에 풀을 베지 않으면서 "저 풀도 나와 같은 생각이리라!"라고 말했었다. 황정견은 주돈이를 "그분의 인품은 매우 높고 가슴이 탁 트이고 활달하여 마치 비가 그친 뒤의 시원한 바람이나 달빛과도 같다."고 칭송하였다. 그의 〈태극도설〉과 《통서》가 세상에 알려졌다.

어구 설명

○ 河南程顥以是歲卒. 顥字伯淳, 弟頤字正叔, 兄弟皆從濂溪周惇頤受學. 惇頤字茂叔, 博學力行, 聞道早, 遇事剛果, 有古人風. : 河南 程顥(정호)가 이 해(元豐 八年)에 죽었다. 顥(호)의 字는 伯淳(백순)이고, 아우인 程頤(정이)의 字는 正叔(정숙)인데, 兄弟가 모두 濂溪 周惇頤(염계 주돈이)를 모시고 受學했다. 周惇頤의 자는 茂叔(무숙)인데 博學하고 力行했으며, 어려서부터 성인의 도를 배웠고 일이 있으면 굳세고 과감했으며 질박한 풍모가 있었다.

- 河南(하남) ; 程顥(정호)의 출신지는 河南 洛陽인데 사후 추증한 封號(봉호)가 '河南伯(하남백)' 이기에 '河南 程顥' 라 하였다.

- 程 법도 정. 성씨. 顥 클 호. 程顥(정호, 1032~1085년) ; 보

통 '明道先生'으로 통칭. 동생 程頤(정이)와 함께 '二程' 또는 二程子라 칭하며, 정호는 '大程(대정)', 동생 程頤는 '小程(소정)'이라 부른다.

– 是歲(시세) ; 이 해에, 元豐 8年(1085년). 頤 턱 이, 기를 이. 《周易의》 卦名. 濂 물이 질척거릴 염, 엷을 염(렴). 惇 도타울 돈.

– 周惇頤(주돈이, 1017~1073년) ; 周敦頤로도 표기. 字 茂叔(무숙). 號 濂溪(염계), 周濂溪로 통칭. 周子는 존칭. 北宋 理學의 創始者. 孔孟 이후 가장 중요한 발전과 전환을 이룩한 학자. 性理學(朱子學)의 鼻祖(비조)라 칭함. 그의 〈愛蓮說(애연설)〉은 《古文眞寶》에 실려 우리나라에서 널리 알려졌다. 蓮꽃이 君子를 상징하는 꽃으로 알려진 것은 주돈이의 〈愛蓮說〉 때문이다. 그리고 그의 〈太極圖說〉은 짧은 글이지만 성리학의 근원을 밝힌 글로 유명하다.

– 茂 우거질 무. 博學力行(박학역행) ; 널리 배우고(博學) 배운 것을 힘써 실행(力行)하다. 聞道早(문도조) ; 일찍부터 聖人의 道를 배웠다. 鼻 코 비. 구멍. 시초. 처음. 鼻祖(비조) ; 어떤 일을 가장 먼저 시작한 사람. 創始者(창시자). 始祖(시조).

– 遇事剛果(우사강과) ; 일에 부닥치면 굳세고 과감했다. 古人風(고인풍) ; 질박한 사람의 風貌(풍모). 古는 형용사로 '질박한'의 뜻이 있다.

○ 爲政嚴恕, 務盡理, 以名節自礪. 雅有高趣, 牕前草不除, 日, 與自家意思一般. 黃庭堅稱, 其人品甚高, 胸中灑落, 如光風霽月. 有太極圖·通書, 行于世. : (주돈이는) 정사에는 엄하면서도 너그러웠으며 합리적이었고 명분과 절의를 지키려 스스로 노력했다. 우

아하고 고상한 취향이 있어 창 밖에 풀을 베지 않으면서 "저 풀도 나와 같은 생각이리라!"라고 말했었다. 황정견은 주돈이를 "그분의 人品은 매우 높고 가슴이 탁 트이고 활달하여 마치 비가 그친 뒤의 시원한 바람이나 달빛과도 같다."고 칭송하였다. 그의 〈太極圖說〉과 《通書》가 세상에 알려졌다.

– 嚴恕(엄서) ; 엄격하면서도 너그러이 용서했다. 務盡理(무진리) ; 이치에 맞는 행동을 하려 애를 썼다. 합리적으로 행동했다.

– 名節(명절) ; 名分과 節義. 礪 숫돌 여(려). 숫돌에 갈다. 인격을 닦다. 雅 우아할 아. 古雅한. 牕 창 창. 窓(窗)과 같음.

– 自家(자가) ; 나. 自身. 意思(의사) ; 생각. 一般(일반) ; 일반이다. 같다.

– 黃庭堅(황정견, 1045~1105년) : 字 魯直(노직), 號 山谷道人. 北宋 저명한 詩人으로 江西詩派의 祖師(조사). 書法으로는 宋四家〔蘇軾(소식), 黃庭堅, 米芾(미불), 蔡襄(채양, 사실은 蔡京임. 채경은 수호전에 나오는 蔡太師임.)〕의 한 사람. 독실한 효자로 관직에 있으면서도 양친을 위해 변기를 씻었다고 한다. 중국 역사상 '24孝子'의 한 사람.

– 灑 뿌릴 쇄. 洒(쇄)와 같음. 灑落(쇄락) ; 초연하면서도 대범하다. 시원스럽다. 소탈하다. 霽 개일 제. 구름이 걷히거나 비가 그치다.

– 光風霽月(광풍제월) ; 비가 그친 뒤에 빛이 나며 부는 바람, 구름 걷힌 뒤의 밝은 달. 인품이 고상하고 도량이 넓으며 心境이 쾌활하다.

– 太極圖(태극도) ; 易書(역서)로서, 우주에서부터 시작하여 陰

陽(음양) · 五行(오행)에까지 미치어, 인간이 존재하는 의의를 밝히고 성인군자의 도를 설명한 동양철학이다.

–《通書(통서) ; 易通(역통)》; 全書 40章, 全文 2,601字의 저술. 修身의 요체를 설명하는 내용. 行于世(행우세) ; 세상에 알려졌다.

(5) 顥 · 頤初從之, 首令尋仲尼 · 顏子所樂何事. 學成, 各以斯文爲己任. 顥嘗言, 一命以上, 苟存心於愛物, 於人必有所濟. 熙寧中, 以新法不合去國. 神宗嘗使推擇人才, 所薦數十人, 以表叔張載 · 弟頤爲首. 其死也, 文彦博采衆論, 表其墓曰明道先生.

정호, 정이 형제가 처음에 주돈이에게 사사할 때, 주돈이는 중니(공자)와 안자(안회)가 즐긴 것은 무엇인가를 생각해 보라고 하였다. 학문이 대성하자, 두 형제는 斯文(사문)을 자신들의 임무로 여겼다. 전에 정호는 "가장 낮은 관직에 있더라도 진실로 만물을 사랑하는 마음을 갖는다면, 다른 사람에게도 틀림없이 도움이 되는 바가 있을 것이다."라고 말했었다. 희령 연간에 신법이 자신들과 합치하지 않는다 하여 관직을 떠났었다.

그 전에 정호에게 신종이 인재를 추천받아 등용할 때, 추천된 자가 수십 명이었는데 정호의 표숙인 장재와 동생인

정이가 수석이었다. 정호의 죽음에 문언박은 중론을 받아들여 그 묘비에 '명도선생' 이라는 칭호를 올렸다.

어구 설명

○ 顥 · 頤初從之, 首令尋仲尼 · 顔子所樂何事. 學成, 各以斯文爲己任. 顥嘗言, 一命以上, 苟存心於愛物, 於人必有所濟. 熙寧中, 以新法不合去國. : 정호, 정이 형제가 처음에 주돈이에게 사사할 때, 주돈이는 仲尼(중니, 공자)와 顔子(안회)가 즐긴 것은 무엇인가를 생각해 보라고 하였다. 학문이 大成하자, 두 형제는 斯文(사문)을 자신들의 임무로 여겼다. 전에 정호는 "가장 낮은 관직에 있더라도 진실로 만물을 사랑하는 마음을 갖는다면, 다른 사람에게도 틀림없이 도움이 되는 바가 있을 것이다."라고 말했었다. 희령 연간에 新法이 자신들과 합치하지 않는다 하여 관직을 떠났었다.

- 令 우두머리 영(령). 명령하다. ~로 하여금 ~하게 하다. 尋 찾을 심. 仲尼(중니) ; 공자. 名은 丘, 字는 仲尼.

- 顔子(안자) ; 공자의 수제자. 所樂何事(소악하사) ; 즐긴 바는 무엇인가? 《論語 述而》편에 공자는 "거친 음식을 먹고 물을 마시며 팔을 베고 누웠어도 즐거움이 거기에 있다〈子曰, 飯疏食飮水(반소식음수), 曲肱而枕之(곡굉이침지), 樂亦在其中矣(락역재기중의). ~〉."고 하였다. 또 《논어 雍也(옹야)》편에 공자가 안회를 칭찬하며 안회는 밥 한 그릇에 바가지로 물을 떠 마시며 궁벽한 곳에 살아도 '안회는 그 즐거움을 바꾸지 않는구나!(回也不改其樂)' 이라는 말이 있다. 곧 孔子와 顔回가 즐긴 것은 '스스로

바른길을 찾고 그 道를 따라 생활하는 즐거움' 이라고 필자는 생각한다. 飯 밥 반. 疏 거칠 소. 食 먹을 식. 飮水(음수=물을 마시다.). 肱 팔뚝 굉. 曲肱(곡굉) ; 팔을 구부려 베고 자다. 枕 베개 침. 베다. 잠자다.

– 斯 이것 사. 斯文(사문) ; 이 글. 이 道. 儒의 學問, 또는 儒道. 儒學者(유학자)의 존칭. 【참고. 斯文亂賊(사문난적) ; 유학의 근본을 흔들거나 儒道에 어긋나는 행동을 하는 자.】 여기서는 '斯文을 지키고 擁衛(옹위)하는 일'.

– 爲己任(위기임) ; 자신의 임무로 삼았다. 二程은 儒學의 참뜻을 찾아내고 道를 확실하게 밝히는 것은 자신들의 임무라 생각하였다. 二程의 학문과 사상체계는 남송의 朱熹(주희, 朱子)에게 계승되고 성리학으로 대성되었다.

– 一命(일명) ; 최초의 任命, 가장 낮은 관직을 받음. 苟 진실로 구. 다만. 겨우. 存心(존심) ; 마음을 두다. 마음 자세를 갖다.

– 於人必有所濟(어인필유소제) ; 타인에 대해서도 분명 구제하는 바가 있다. 분명 타인에게 도움이 될 것이다.

– 去國(거국) ; 나라를 떠나다. 벼슬을 그만두다.

○ 神宗嘗使推擇人才, 所薦數十人, 以表叔張載 · 弟頤爲首. 其死也, 文彦博采衆論, 表其墓日明道先生. : 그 전에 정호에게 神宗이 人才를 추천받아 등용할 때, 수천된 자가 수십 명이었는데 정호의 表叔(표숙)인 張載(장재)와 동생인 程頤(정이)가 수석이었다. 정호의 죽음에 文彦博(문언박)은 衆論(중론)을 받아들여 그 묘비에 '明道先生' 이라는 칭호를 올렸다.

– 推擇(추택) ; 인재를 등용하다. 推는 아래에서 추천, 擇은 위에서 골라 등용하는 것. 薦 천거할 천. 추천하다.

– 表叔(표숙) ; 아버지의 外從 형제. 張載(장재)는 정호 父親의 외사촌 형제(外叔의 아들. / 정호 祖母의 친정조카.) 여기서 정호는 장재를 表叔(表伯)이라 호칭.

– 張載(장재, 1020~1077년) ; 字 子厚. 세칭 橫渠(횡거)先生. 理學의 기초를 다진 한 사람. 실학자로서도 유명.

– 宋代의 儒學을 宋學 또는 理學이라고 부르는데, 이학의 토대를 마련한 邵雍(소옹, 소강절), 張載(장재, 장횡거), 周敦頤(주돈이, 주무숙), 程顥(정호, 정명도), 程頤(정이, 정이천)를 세칭 '北宋五子' 라고 한다.

– 爲首(위수) ; 首席이었다. 文彦博(문언박, 1006~1097년) ; 北宋 著名宰相. 仁宗, 英宗, 神宗, 哲宗의 四帝를 50년간 섬기며 出將入相(출장입상) ; 장군으로 싸움터에 나가 싸웠으며 들어와서는 재상의 일을 빈틈없이 맡아 봄. 文武(문무)를 겸비한 탁월한 인물의 表則(표칙 = 본보기, 모범)이었다.

– 表其墓曰明道先生(표기묘왈명도선생) ; 묘비의 제목에 明道先生이라 하였다.

(6) 而弟頤爲之序曰, 周公沒, 聖人之道不行. 孟子死, 聖人之學不傳. 道不行, 百世無善治, 學不傳, 千載無眞儒. 無善治, 士猶得明夫善治之道, 以淑諸

人, 以傳諸後. 無眞儒, 天下貿貿焉, 莫知所之, 人欲肆而天理滅矣. 先生生于千四百年之後, 得不傳之學於遺經, 辨異端, 息邪說, 使聖人之道復明於世. 蓋自孟子之後, 一人而已. 頤嘗語人. 欲知吾之道者, 觀此序可矣.

그런데, 동생 정이는 정호를 위한 비문에서 말했다.

"周公이 죽은 뒤로 성인의 도는 행해지지 않았다. 맹자가 죽은 뒤, 성인의 학문은 전해지지 않았다. 도가 행해지지 않으니 백 세에 훌륭한 정치가 없었고, 성인의 학문이 전해지지 않으니 천 년이 지나도록 참된 학자가 없었다." "선치가 없다면 선비가 오히려 선치의 도를 밝혀 여러 사람을 잘 교화하여 그 도를 후세에 전해야 한다. 참된 학자가 없다면 천하는 멍청하게 되어 갈 바를 모를 것이며 사람들은 방자해질 것이고 천리(하늘의 도리)는 소멸될 것이다. 선생(정호)께서는 (맹자보다) 1400년 뒤에 태어나 전해오지 않던 학문을 옛 경전에서 밝혀내어 이단을 판별하고 사악한 학설을 막아 성인의 도를 다시 이 세상에서 밝게 빛나게 하였다. 아마도 이는 맹자 이후 오직 한 사람뿐이었다." 정이는 일찍이 다른 사람에게 말했었다. "나의 道를 알고 싶은 사람은 이 비문을 보면 될 것이다."

어구 설명

○ 而弟頤爲之序日, 周公沒, 聖人之道不行. 孟子死, 聖人之學不傳. 道不行, 百世無善治, 學不傳, 千載無眞儒. : 그런데, 동생 정이는 정호를 위한 비문에서 말했다. "周公이 죽은 뒤로 聖人의 道는 行해지지 않았다. 孟子가 죽은 뒤, 聖人의 學問은 전해지지 않았다. 道가 行해지지 않으니 百世에 善治가 없었고, 성인의 학문이 전해지지 않으니 천 년이 지나도록 참된 학자가 없었다."

– 而 말 이을 이〈順接(순접)〉. 그리하여. 그런데. 너 이. 序 차례 서. 序文. 碑文. 周公(주공) ; 周公 旦(단). 문왕의 아우. 주 무왕의 숙부.

– 聖人(성인) ; 요, 순, 文王. 聖人之學(성인지학) ; 孔子의 學問. 百世〈백세 = 오랜 世代(세대)〉 다음의 千載(천재, 千年, 장구한 세월)와 對句가 된다.

○ 無善治, 士猶得明夫善治之道, 以淑諸人, 以傳諸後. 無眞儒, 天下貿貿焉, 莫知所之, 人欲肆而天理滅矣. : "善治가 없다면 선비가 오히려 善治의 道를 밝혀 여러 사람을 잘 교화하여 그 道를 후세에 전해야 한다. 참된 학자가 없다면 天下는 멍청하게 되어 갈 바를 모를 것이며 사람들은 방자해질 것이고 天理는 소멸될 것이다."

– 得明(득명) ; 밝히다. 淑 맑을 숙. 훌륭한 敎化. 淑化. 諸(제) ; 之於의 축약. 以傳諸後(이전제후) ; 그로써(以) 道를 後世에(諸後, 之(道)於後) 전하다(傳).

– 貿 바꿀 무. 변하다. 경솔하다. 貿貿(무무) ; 멍청하다. 우매하다. 莫知所之(막지소지) ; 갈 바를 알지 못하다.

– 肆 방자할 사. 제멋대로 하다.

○ 先生生于千四百年之後, 得不傳之學於遺經, 辨異端, 息邪說, 使聖人之道復明於世. 蓋自孟子之後, 一人而已. 頤嘗語人. 欲知吾之道者, 觀此序可矣. : "先生(程顥)께서는 (孟子보다) 1400년 뒤에 태어나 전해오지 않던 학문을 옛 경전에서 밝혀내어 異端〈이단=儒教(유교)에서 다른 사상, 곧 老(노) · 莊(장) · 楊(양) · 墨(묵) 등의 諸子百家(제자백가)를 일컫는 말.〉을 판별하고 邪說(사설)을 막아 聖人之道를 다시 이 세상에 밝게 빛나게 하였다. 아마도 이는 孟子 이후 오직 한 사람뿐이었다." 정이는 일찍이 다른 사람에게 말했었다. "나의 도를 알고 싶은 사람은 이 비문을 보면 될 것이다."

– 邪說(사설) ; 올바르지 않은 말. 正道(정도)를 벗어난 의견.

– 程顥(정호) ; 儒學者(유학자)요, 조정의 높은 관리이기도 했다. 깊이 있는 철학사상을 가지고 있어 우주를 논하고 인생의 의의를 생각한 唯心論的(유심론적) 철학자였다. 맹자의 사상이 그 밑바닥을 이루고 있었다. 그 도는 엄숙하고 공정했으므로 후세에 明道先生(명도선생)이란 존칭을 받았다.

– 程頤(정이) ; 정이는 형의 사상을 한 걸음 더 발전시켜 자연의 법칙을 究明(구명)하는데 힘써서, 主觀(주관)一心과 客觀(객관)一理와의 조화 가운데서 인간을 발견하려고 했다. 그 이론은 居敬窮理(거셩궁리)라고 한다. 哲宗(철종)의 侍講(시강)이 되어 伊川先生(이천선생)이라고 불리었다. ①居敬(거경) ; 삼가는 몸가짐. 항상 마음과 몸이 긴장되고 순수한 상태를 지니는 것으로써 德性(덕성)을 涵養(함양)함. ②窮理盡性(궁리진성) ; 천지 자연의 이

법과 사람의 성정을 窮究(궁구)함. ③窮究(궁구) ; 속속들이 파고 들어 깊이 연구함.

– 千四百年之後(천사백년지후) ; 1400년 뒤에. 孔子(기원전 551년~479년). 孟子(기원전 372~289年). 정호는 1032년에 태어났으니, 맹자보다 1400년 뒤에 태어났다고 해석해야 정확하다.

– 得不傳之學於遺經(득불전지학어유경) ; 전해지는 경전에서(於遺經) 전해오지 않던 학문(不傳之學)을 찾아내어(得). 遺 끼칠 유. 후세에 전하다.

– 辨異端(변이단) ; 이단을 가려내다. 이단은 정통의 반대. 息邪說(식사설) ; 邪說을 잠재우다. 邪說을 막다. 邪說은 正論(정론)의 반대.

– 使聖人之道復明於世(사성인지도복명어세) ; 聖人之道로 하여금 다시 세상에서 빛을 내게 하였다.

(7) 張載字子厚, 初無所不學. 後聞二程之言, 乃盡棄其學而講焉. 有東銘 · 西銘 · 正蒙 · 理窟等書, 行于世, 人謂之横渠先生. 共城邵雍字堯夫, 居河南, 與二程友. 雍之學, 玩心高明, 觀天地變化, 陰陽消長, 以達萬物之變. 精於物數, 推無不中. 顥嘗在考試院, 以其數推之, 出謂雍曰, 堯夫數只是加一倍法. 雍歎其聰明.

장재의 자는 자후인데, 그동안 연구하지 않은 것이 없었다. 뒤에 정씨 형제의 학설을 듣고 곧 그동안 연구한 것을 모두 버리고 (이학을) 탐구하였다. 동명과 서명 그리고 정몽과 이굴 등의 저서가 있어 세간에 널리 알려졌으며 사람들은 그를 횡거선생이라 불렀다.

공성의 소옹은 자가 요부이며, 하남에 거처하면서 정씨 형제와 교우하였다. 소옹의 학문은 편안한 마음에 그 뜻이 높고 밝았으며, 천지의 변화와 음양의 소멸과 성장을 관찰하여 만물의 변화에 통달하였다. 사물의 변화에 정통하였기에 그의 추론은 맞지 않는 것이 없었다. 그 전에 정호는 고시원에서 소옹의 변화의 수를 추론해 보고 나오다가 소옹에게 말했다. "소옹의 변화의 수는 다만 2배씩 늘어나는 것입니다." 소옹은 정호의 총명에 감탄했다.

어구 설명

○ 張載字子厚, 初無所不學. 後聞二程之言, 乃盡棄其學而講焉. 有東銘 · 西銘 · 正蒙 · 理窟等書, 行于世, 人謂之橫渠先生. : 張載(장재)의 字는 子厚(자후)인데, 그동안 연구하지 않은 것이 없었다. 뒤에 二程의 학설을 듣고 곧 그동안 연구한 것을 모두 버리고 (理學을) 탐구하였다. 東銘(동명)과 西銘(서명) 그리고 正蒙(정몽)과 理窟(이굴) 등의 저서가 있어 세간에 널리 알려졌으며 사람들은 그를 橫渠先生(횡거선생)이라 불렀다.

－ 初無所不學(초무소불학) ; 이전에 학문을 닦지 않은 것이 없다. 다방면에 걸쳐 많은 것을 탐구하였다. 장재는 俓世致用(경세치용 ; 학문은 실제 사회에 이바지 되는 것이 아니면 안 된다는 유교사상의 한 주장.)을 강조하며 天文, 曆算(역산), 農學과 軍事, 政治 방면을 연구하였다.

－ 俓은 徑과 통자. 지름길 경. 건널 경. 정직하다. 쉽다. 연유하다. 經자로 쓰인 판본도 있다. 經 날 경. 의리. 이치. 다스리다. 致 보낼 치. 맡기다. 힘쓰다. 이루다. 끝까지 다하다.

－ 盡棄(진기) ; 다 버리다. 講 외울 강. 읽다. 탐구하다. 銘 새길 명. 蒙 덮어씌울 몽. 깨지 못하여 無知한 모양. 周易의 괘 이름.

－《正蒙(정몽)》; 儒家學說로 불교와 도가의 사상을 비판하였다. 窟 굴 굴. 움. 동굴. 橫渠(횡거) ; 陝西省(섬서성) 眉縣(미현)의 橫渠鎭(횡거진) 출신.

○ 共城邵雍字堯夫, 居河南, 與二程友. 雍之學, 玩心高明, 觀天地變化, 陰陽消長, 以達萬物之變. 精於物數, 推無不中. 顥嘗在考試院, 以其數推之, 出謂雍曰, 堯夫數只是加一倍法. 雍歎其聰明. : 共城(공성)의 邵雍(소옹)은 字가 堯夫(요부)이며, 河南에 거처하면서 二程과 交友하였다. 소옹의 학문은 편안한 마음에 그 뜻이 높고 밝았으며, 天地의 變化와 陰陽의 消長(소장)을 관찰하여 萬物의 변화에 통달하였다. 사물의 변화에 정통하였기에 그의 추론은 맞지 않는 것이 없었다. 그 전에 程顥는 考試院에서 소옹의 변화의 수를 추론해 보고 나오다가 소옹에게 말했다. "소옹의 변화의 數는 다만 2배씩 늘어나는 것입니다." 소옹은 정호의 총명에

감탄했다.

– 共城(공성) ; 共城의 百源〈今 河南省 輝縣(휘현)〉. 邵 고을 이름 소. 雍 온화할 옹. 與二程友(여이정우) ; 소옹이 정호, 정이보다 20여 세 위였다. 여기서 友(벗하다)란 같은 '또래(朋)로 사귀었다' 는 뜻이 아니라 '뜻을 같이 하는 벗' 으로 관심 분야에서 정신적으로 交友했다는 뜻.

– 玩 희롱할 완. 가지고 놀다. 玩心高明(완심고명) ; 편안한 마음에 그 뜻이 높고 밝다. 卑俗(비속)을 초월하다. 高明은 高遠明澄(고원명징=그 뜻이 멀리 높고 밝으며 잔잔하고 맑다). 澄 맑을 징. 물이 잔잔하고 맑다.

– 觀(관)의 목적어는 ~消長(소장)까지. 消長(소장) ; 소멸과 성장. 物數(물수) ; 만물의 이치. 推無不中(추무불중) ; 추론하여 맞지(中) 않는 것이 없다.

– 考試院(고시원) ; 進士試의 試驗場. 堯夫(요부) ; 소옹의 字.

– 加一倍法(가일배법) ; 2배씩 늘어나다. 太極(1) → 兩儀(양의, 陰陽 2) → 四象(사상, 4) → 八卦(팔괘, 8)을 낳는 것과 같은 類(류)의 법칙인 것이다.

(8) 雍欲以數學傳二程, 二程不受. 邢恕欲受, 雍不許曰, 徒長姦雄. 雍有皇極經世書十二卷 · 擊壤集歌, 傳于世, 人謂之康節先生. 富弼 · 司馬光等, 皆深敬重之. 宋自歐陽修, 以古文倡天下, 文章雖大

變, 而儒者義理之學, 至周程出, 然後大明. 雍·惇頤·載, 皆歿於神宗之世. 至是顥又歿, 惟頤在. 學者宗之, 爲伊川先生.

소옹은 자신의 수학을 정씨 형제에게 전수하려 했으나 정씨 형제는 수용하지 않았다. 형서란 사람이 전수받고자 했으나 소옹은 허락하지 않고서 말했다. "공연히 간사한 사람만 키워줄 것이다." 소옹의 황극경세서 12권과 시집 격양집가가 세상에 알려졌으며 사람들은 강절선생이라 불렀다. 부필과 사마광 등이 모두 진심으로 소옹을 존경하였다.

宋에서는 구양수가 고문운동을 천하에 창도한 이후로 문장의 기풍은 변하였지만, 유학자의 의리지학(윤리철학)은 주돈이와 정이 형제의 출현 이후에야 크게 명확해졌다. 소옹과 주돈이, 장재는 모두 신종 재위 중에 죽었었다. 이때 정호도 죽으니 오직 정이만 남았다. 학자들은 정이를 조종으로 받들었고 이천선생이라 불렀다.

어구 설명

○ 雍欲以數學傳二程, 二程不受. 邢恕欲受, 雍不許曰, 徒長姦雄. 雍有皇極經世書十二卷·擊壤集歌, 傳于世, 人謂之康節先生. 富弼·司馬光等, 皆深敬重之. : 소옹은 자신의 數學을 二程 형제에게 전수하려 했으나 二程은 수용하지 않았다. 邢恕(형서)가 전수

받고자 했으나 소옹은 허락하지 않고서 말했다. "공연히 奸雄만 키워줄 것이다." 소옹의 皇極經世書(황극경세서) 12권과 擊壤集歌(격양집가)가 세상에 알려졌으며 사람들은 康節先生이라 불렀다. 富弼(부필)과 司馬光 等이 모두 진심으로 소옹을 존경하였다.

– 數學(수학) ; Mathematics가 아니라 '萬物의 變化와 命運에 관한 지식.' 不受(불수) ; 收容하지 않다. 邢恕(형서) ; 人名.

– 徒 무리 도. 맨손. 공연히. 쓸데없이. 長 ; 키워주다. 크게 하다. 姦雄(간웅) ; 간사한 지식으로 잘난 체를 하려는 사람.

– 皇極(황극) ; '帝王이 治世하는 要道로 전해오는 大法' 이라는 뜻. 또는 帝王의 자리. 經世(경세) ; 세상을 다스리다. 經綸(경륜).

○ 宋自歐陽修, 以古文倡天下, 文章雖大變, 而儒者義理之學, 至周程出, 然後大明. 雍 · 惇頤 · 載, 皆歿於神宗之世. 至是顥又歿, 惟頤在. 學者宗之, 爲伊川先生. : 宋에서는 歐陽修가 古文운동을 天下에 唱導(창도)한 이후로 문장의 기풍은 변하였지만, 儒學者의 義理之學(윤리철학)은 주돈이와 정이 형제의 출현 이후에야 크게 명확해졌다. 소옹과 주돈이, 장재가 모두 神宗 재위 중에 죽었었다. 이때 정호도 죽으니 오직 정이만 남았다. 학자들은 정이를 祖宗으로 받들었고 伊川先生이라 불렀다.

– 倡 광대 창. 앞장서서 외치다. 唱과 같음. 周程(주정) ; 주돈이와 정호, 정이. 周子와 程子.

– 義理之學(의리지학) ; 聖人의 道를 밝히는 학문. 義(의) ; 大義와 理는 인륜도덕.

– 程頤(정이, 1033~1107년) ; 洛陽 伊川人이기에 伊川선생이라 불렀다.

(9) ○ 元祐元年, 蔡確罷. 確與章惇·邢恕相交結. 恕往來, 傳送語言, 自謂, 有定策功. 言官王覿, 極言惇·確及韓縝·張璪朋邪. 劉摯·朱光庭·蘇轍, 累數十疏論劾. 確先黜, 以司馬光爲左僕射. 時王安石已病. 其弟以邸吏狀示之, 安石曰, 司馬十二作相矣, 悵然久之. 議者或謂, 三年無改父道, 新法姑稍損其甚者足矣. 光慨然爭之曰, 先帝之法, 善者雖百世不可變. 若安石·惠卿等所建, 爲天下害, 非先帝本意者, 當如救焚拯溺, 猶恐不及. 況太皇太后, 以母改子, 非子改父. 衆議乃定.

원우 원년에, 채확이 파직되었다. 채확은 장돈과 형서와 함께 결탁되어 있었다. 형서는 이들 사이를 왕래하며 교묘하게 양쪽 의견을 연결시키고 스스로 철종의 즉위에 공을 세웠다고 말했다. 언관인 왕적은 자주 장돈과 채확 및 한진과 장조 등이 사악한 붕당이라고 극언을 했다. 유지와 주광정과 소철도 자주, 수십 번 상소하여 탄핵하였다. 채확이 먼저 파직되고 사마광은 좌복야가 되었다. 그 당시 왕안석은 병석에 있었다. 그의 동생이 관보를 보여주자, 왕안석은 "사마광을 재상으로 삼았구나!"라고 말하면서 한참동안 서글퍼 했다.

어떤 사람이 "3년 동안은 부친의 뜻을 바꾸지 않는다는 말처럼 신법에서 아주 폐단이 심한 것만 조금 시정하면 족할 것이다."라고 하였다. 사마광은 이를 분연히 따지며 말했다. "선제의 법이 좋다면 비록 백세를 가더라도 바꿔서는 안 된다. 만약 왕안석과 여혜경 등이 수립한 정책이 천하에 해가 되고, 또 선제의 본의가 아니라면 응당 불속에 있는 사람을 구출하고 물에 빠진 사람을 건져내듯 서두르되 혹시 완전하지 못할까를 걱정해야 한다. 하물며 태황태후는 모친으로서 아들(神宗)이 마련한 법의 잘못을 고치려는 것이지, 아들(哲宗)이 아버지(神宗)의 뜻을 바꾸려는 것이 아니다." 중론은 곧 결정이 되었다.

어구 설명

○ 元祐元年, 蔡確罷. 確與章惇 · 邢恕相交結. 恕往來, 傳送語言, 自謂, 有定策功. 言官王覿, 極言惇 · 確及韓縝 · 張璪朋邪. 劉摯 · 朱光庭 · 蘇轍, 累數十疏論劾. 確先黜, 以司馬光爲左僕射. 時王安石已病. 其弟以邸吏狀示之, 安石曰, 司馬十二作相矣, 悵然久之. : 元祐 元年에, 蔡確(채확)이 파직되었다. 채확은 장돈과 邢恕(형

서)와 함께 결탁되어 있었다. 형서는 이들 사이를 왕래하며 말 심부름을 하면서 스스로 철종의 즉위에 공을 세웠다고 말했다. 言官인 王覿(왕적)은 자주 장돈과 채확 및 韓縝(한진)과 張璪(장조) 등이 사악한 붕당이라고 극언을 했다. 劉摯(유지)와 朱光庭과 蘇轍(소철)도 자주, 數十 번 상소하여 탄핵하였다. 채확이 먼저 파직되고 司馬光은 左僕射가 되었다. 그 당시 王安石은 병석에 있었다. 그의 동생이 官報를 보여주자, 왕안석은 "사마광을 재상으로 삼았구나!"라고 말하면서 한참동안 서글퍼 했다.

- 祐 도울 우. 元祐(원우) ; 철종의 연호. 서기 1086~1094년. 相交結(상교결) ; 서로 왕래하며 결탁하다. 有定策功(유정책공) ; 哲宗 즉위를 결정하는데 공을 세웠다.

- 覿 볼 적. 璪 면류관에 달린 옥 조. 朋邪(붕사) ; 붕당을 지어 나쁜 짓을 하다. 摯 잡을 지. 左僕射(좌복야) ; 神宗 改制 이후 左僕射 兼 門下侍郎(문하시랑)이었고, 右僕射 兼 中書侍郎(중서시랑)으로 宰相의 직위였다.

- 其弟(기제) ; 王安國. 邸吏狀(저리장) ; 邸(저)는 수도에 있는 제후의 거처. 거기서 근무하는 관리는 邸吏라 했음. 여기 邸吏狀은 조정의 명령이나 인사 내용을 수록해 각 관청에 알리던 문서. 요즈음의 官報.

- 司馬十二(사마십이) ; 사마씨 형제 중 12번째. 司馬光. 悵 슬퍼할 창.

○ 議者或謂, 三年無改父道, 新法姑稍損其甚者足矣. 光慨然爭之曰, 先帝之法, 善者雖百世不可變. 若安石·惠卿等所建, 爲天下

害, 非先帝本意者, 當如救焚拯溺, 猶恐不及. 況太皇太后, 以母改子, 非子改父. 衆議乃定. : 어떤 사람이 "3년 동안은 父親의 뜻을 바꾸지 않는다는 말처럼 新法에서 아주 폐단이 심한 것만 조금 시정하면 족할 것이다."라고 하였다. 사마광은 분연히 이를 따지며 말했다. "先帝의 法이 좋다면 비록 百世를 가더라도 바꿔서는 안 된다. 만약 왕안석과 여혜경 등이 수립한 정책이 天下에 害가 되고, 또 先帝의 本意가 아니라면 응당 불 속에 있는 사람을 구출하고 물에 빠진 사람을 건져내듯 서두르며 혹시 완전하지 못할까를 걱정해야 한다. 하물며 太皇太后는 모친으로서 아들(神宗)의 잘못을 고치려는 것이지, 아들(철종)이 아버지(신종)의 뜻을 바꾸려는 것이 아니다." 중론은 곧 결정이 되었다.

– 議者(의자) ; 특정한 사람이나 관직이 지칭하지 않음. 或謂(혹위) ; 혹 말하기를. 三年無改父道(삼년무개부도) ; 三年無改於父之道 可爲孝矣(삼년무개어부지도 가위효의=3년 동안을 아버지가 행하던 방법을 고치지 말아야 효자라고 할 수 있다.)《論語 學而》

– 新法姑稍損其甚者足矣(신법고초손기심자족의) ; 신법에서 심한 폐단을 조금 적게 하면 충분하다. 전면 폐지가 아니라 수정보완을 주장하는 뜻이다. 稍 벼 줄기 초. 점점. 조금씩 조금씩 더하거나 덜하여지는 보양. 삭다. 석다.

– 慨然(개연) ; 분개하면서. 발끈하면서. 若 같을 약. 만약. 너.

– 拯 건질 증. 溺 빠질 익. 救焚拯溺(구분증익) ; 불 속의 사람을 구하고 물에 빠진 사람을 건지다. 시급하게 해야 할 일.

– 猶恐不及(유공불급) ; 오히려 미치지 못할까를 걱정해야 한다. 철저하게 하지 못하는 것을 걱정해야 한다.

– 以母改子(이모개자) ; 어머니(태황태후, 神宗의 母后)가 아들(神宗)의 잘못을 고친 것. 非子改父(비자개부) ; 아들(철종)이 아버지(신종)의 정책을 바꾸는 것은 아니다.

(10) 或謂光曰, 章惇 · 呂惠卿輩, 他日有以父子之議間於上, 則朋黨之禍作矣. 光起立拱手, 厲聲曰, 天若祚宋, 必無此事. 安石每聞朝廷變其法, 夷然不以爲意. 及聞罷助役復差役, 愕然失聲曰, 亦罷至此乎. 良久曰, 此法終不可罷. 安石與先帝議之, 二年乃行, 無不曲盡.

누군가가 사마광에게 말했다. "장돈이나 여혜경의 무리들이 뒷날 부자간의 의논이라면서 황제를 이간한다면 붕당의 화란이 일어날 것입니다." 사마광은 벌떡 일어나 공수를 하면서 성난 목소리로 말했다. "하늘이 송나라를 보우한다면, 이런 일로 재앙은 결코 없을 것이요!"

왕안석은 조정에서 자기가 마련한 신법을 폐지한다는 말을 들을 때마다 태연히 마음을 쓰지 않았다. 조역법을 폐지하고 차역법으로 되돌아간다는 말을 듣고서는 놀란 듯

목이 메어 말했다. "이것까지 폐지한단 말인가?" 그리고 한참 있다가는 "이 법은 절대로 폐지해서는 안 된다. 나는 선제와 함께 의논하며 2년 만에 시행하였는데 세세히 살피지 않은 것이 없었다."라고 말했다.

어구 설명

○ 或謂光曰, 章惇 · 呂惠卿輩, 他日有以父子之議間於上, 則朋黨之禍作矣. 光起立拱手, 厲聲曰, 天若祚宋, 必無此事. : 누군가가 사마광에게 말했다. "章惇(장돈)이나 呂惠卿(여혜경)의 무리들이 뒷날 父子간의 의논이라면서 황제를 이간한다면 朋黨(붕당)의 화란이 일어날 것입니다." 사마광은 벌떡 일어나 공수를 하면서 성난 목소리로 말했다. "하늘이 송나라를 보우한다면 이런 일로 재앙은 결코 없을 것이요!"

– 他日(타일) ; 뒷날. 有 ; 있다면 ~한다면. 間(間)於上(간어상) ; 황제(철종)에게 이간한다면. 불화하게 하다.

– 朋黨之禍(붕당지화) ; 신법당, 구법당이 분쟁하는 재앙. 作(작) ; 일어나다. 발생하다. 拱手(공수) ; 두 손을 가슴 높이에서 맞잡다. 예를 표시하거나 결연한 의지의 표현. 厲 갈 여(려). 엄격하다.

– 厲聲(여성) ; 성난 목소리. 화가 나서 음성을 높이다.

– 祚 복 조. 보살피다. 必無此事(필무차사) ; 이런 일은 결코 없을 것이다. 그러나 신법당과 구법당의 싸움은 다음 휘종 때까지 계속되었다.

○ 安石每聞朝廷變其法, 夷然不以爲意. 及聞罷助役復差役, 愕然失聲曰, 亦罷至此乎. 良久曰, 此法終不可罷. 安石與先帝議之, 二年乃行, 無不曲盡. : 왕안석은 朝廷에서 자기가 마련한 신법을 폐지한다는 말을 들을 때마다 태연히 마음을 쓰지 않았다. 조역법을 폐지하고 차역법으로 되돌아간다는 말을 듣고서는 놀란 듯 목이 메어 말했다. "이것까지 폐지한단 말인가?" 그리고 한참 있다가는 "이 법은 절대로 폐지해서는 안 된다. 나는 先帝와 함께 의논하며 2년 만에 시행하였는데 세세히 살피지 않은 것이 없었다."라고 말했다.

- 夷然(이연) ; 편안한 모양. 태연하다. 不以爲意(불이위의) ; 마음에 두지 않다. 助役(조역) ; 일을 도와줌, 또는 그런 사람. 差役(차역) ; 貧富(빈부)에 따라 민가에서 징발하던 勞役(노역). 復差役(복차역) ; 차역법으로 되돌아가다.

- 愕 놀랄 악. 失聲(실성) ; 자기도 모르게 소리를 내다. 엉겁결에 말하다. 너무 비통해서 목이 메다. 曲盡(곡진) ; 끝까지 자세히 챙기다. 無不曲盡(무불곡진) ; 세세한 부분까지 살피지 않은 것이 없다.

(11) ○ 章惇 · 韓縝罷. ○ 王安石卒. 安石在金陵, 常獨語福建子, 恨惠卿也. 惠卿叛安石, 惟章惇終始不叛. 安石又常曰, 新法之行, 始終以爲可行者, 曾

子宣也, 始終以爲不可者, 司馬君實也. ○ 呂公著右僕射, 文彦博軍國重事, 程頤崇政殿說書, 蘇軾翰林學士. 竄貶呂惠卿·鄧綰等.

○ 장돈과 한진이 해임되었다.

○ 왕안석이 죽었다. 왕안석은 금릉에 머물면서 늘 '복건 놈'이라 혼자 중얼거리면서 여혜경(복건성 출신)을 원망했었다. 여혜경은 왕안석을 배반했지만 오직 장돈만이 끝까지 배반하지 않았다. 왕안석은 또 "신법의 실천을 처음부터 끝까지 옳다고 할 사람은 증포(子宣)이고, 끝까지 반대할 사람은 사마광(君實)이다."라고 늘 말했었다.

○ 여공저가 우복야가 되었고, 문언박은 군국중사에, 정이는 숭정전의 설서사 되고, 소식은 한림학사가 되었다. 여혜경과 등관 等은 멀리 내쫓아 좌천되었다.

어구 설명

○ 章惇·韓縝罷. 王安石卒. 安石在金陵, 常獨語福建子, 恨惠卿也. 惠卿叛安石, 惟章惇終始不叛. 安石又常曰, 新法之行, 始終以爲可行者, 曾子宣也, 始終以爲不可者, 司馬君實也. : 章惇과 韓縝(한진)이 해임되었다. 王安石이 죽었다. 왕안석은 金陵에 머물면서 늘 '福建 놈'이라 혼자 중얼거리면서 呂惠卿을 원망했었다.

여혜경은 왕안석을 배반했지만 오직 章惇(장돈)만이 끝까지 배반하지 않았다. 왕안석은 또 "新法의 실천을 처음부터 끝까지 옳다고 할 사람은 曾布(子宣)이고, 끝까지 반대할 사람은 司馬光(君實)이다."라고 늘 말했었다.

- 章惇(장돈, 1035~1105년). 福建子(복건자) ; 복건 놈. 子는 사람이나 물건 다음에 붙어 경시 또는 혐오감을 나타낸다. 여혜경은 今 福建省 泉州 출신이었다.

- 惠卿叛安石(혜경반안석) ; 같은 신법당으로 분류되지만 왕안석의 복귀에는 반대했었다.

- 曾子宣(증자선) ; 子宣은 曾布(증포, 1036~1107년)의 字. 당송팔대가의 한 사람인 曾鞏(증공)의 弟. 司馬君實(사마군실) ; 司馬光.

○ 呂公著右僕射, 文彦博軍國重事, 程頤崇政殿說書, 蘇軾翰林學士. 竄貶呂惠卿 · 鄧綰等. : 여공저가 우복야가 되었고, 文彦博은 軍國重事에, 程頤는 崇政殿說書, 蘇軾은 翰林學士가 되었다. 呂惠卿(여혜경)과 鄧綰(등관) 等은 멀리 내쫓아 좌천되었다.

- 軍國重事(군국중사) ; 元祐 元年(1086년)에 문언박은 平章軍國重事가 되었다. 程頤(정이) ; 秘書省校書郎으로 崇政殿說書(숭정전설서)가 되었다. 說書(설서)는 황제에게 講說經書(강설경서)하는 관직.

- 翰 날개 한. 높이 날다. 붓. 문서. 翰林學士(한림학사) ; 翰林學士院의 學士. 간칭 翰林. 황제의 칙명을 작성하는 직위. 최고의 지식인만이 누릴 수 있는 영예로운 관직. 宋의 歐陽修, 王安石,

司馬光, 蘇軾 등이 모두 한림학사를 거쳤다.

- 竄 숨을 찬. 貶 떨어트릴 폄. 竄貶(찬폄) ; 좌천시켜서 멀리 내치다.

(12) ○ 司馬光爲相, 八閱月而薨. 太皇太后哭之慟, 上亦感涕不已. 贈太師溫國公, 謚文正. 光在位, 遼人 · 夏人使來, 必問光起居, 而遼人敕其邊吏曰, 中國相司馬矣. 切毋生事開邊隙. 及卒, 京師民罷市, 畫其像, 印鬻之, 畫工有致富者. 及葬, 四方來會者, 哭之如哭其親戚. 光嘗語晁無咎曰, 吾無過人. 但平生所爲, 未嘗不可對人言者耳. 劉安世問光一言可以終身行之者. 光曰, 其誠乎, 安世問其所從入, 曰, 自不妄語入.

○ 司馬光은 재상이 되고, 8개월이 지나 죽었다. 태황태후가 통곡하였고 철종 역시 슬퍼하며 눈물을 그치지 못했다. 사마광에게 태사온국공을 추증하였고, 시호는 문정이다.

司馬光이 살아 있을 때, 遼(요)와 西夏에서 사신이 오면 꼭 사마광의 기거(문안)를 물었으며, 요나라에서는 변경의 관리들에게 "중국에서는 사마광이라는 훌륭한 사람을 재상으로 삼았다. 일을 만들어(문제를 일으켜서) 변경에서 다툼을 일으키지 말라."는 칙령을 내리기도 했다. 사마광이 죽자, 도성(장안)의 백성들은 철시하였고, 사마광의 초상을 그려 팔아 부자가 된 화공도 있었다. 장례를 치를 때 사방에서 모인 사람들이 마치 자신의 친척이 죽은 것처럼 통곡했다. 그 언젠가 사마광이 조무구에게 말했다. "나는 남보다 나은 것이 없는 사람이다. 다만 평생 동안 한 일 중에서 남에게 이야기 못할 일을 하지는 않았다." 유안세란 사람이 사마광에게 '죽을 때까지 지켜야 할 일을 한 마디로 말한다면 무엇입니까?' 라고 물었다. 사마광은 "아마 정성일 것이요."라고 대답했다. 유안세가 정성이라면 어디서부터 시작해야 합니까? 라고 묻자, 사마광은 "망령된 말(거짓말)을 하지 않는데서 시작합니다."라고 말했다.

어구 설명

○ 司馬光爲相, 八閱月而薨. 太皇太后哭之慟, 上亦感涕不已. 贈太師溫國公, 諡文正. : 司馬光은 재상이 되고, 8개월이 지나 죽었다. 太皇太后가 통곡하였고 철종 역시 슬퍼하며 눈물을 그치지 못했다. 太師溫國公(태사온국공)을 추증하였고, 시호는 文正이다.

- 司馬光爲相(사마광위상) ; 1085년, 哲宗이 卽位하고 太皇太后가 청정, 1086년 사마광은 尙書省의 좌복야 겸 문하시랑이 되어 몇 개월 동안에 新党을 파출하고 新法을 폐기했는데, 이를 '元祐

更化(원우경화)' 라고 한다. 사마광은 1086년 元祐 원년에 죽었다. 更化(경화) ; 고쳐 교화함. 고쳐 새롭게 함.

- 閱 조사할 열. 차례차례 거치다. 경과하다. 閱月(열월) ; 한 달을 지내다. 薨 죽을 훙. 哭 ; 소리내어 울다.

- 慟 서럽게 울 통. 哭之慟(곡지통) ; 그 죽음을(之) 슬퍼해 울었는데(哭) 통곡했다(慟). 涕 눈물 체.

- 贈 보낼 증. 追賜官爵(추사관작) ; 죽은 사람에게 내리는 벼슬. 賜 줄 사. 주다. 하사하다. 太師溫國公(태사온국공) ; 사마광의 작위. '溫公' 으로 약칭. 《通鑑節要》에는 '溫公曰' 로 시작되는 사마광의 史評이 있다.

○ 光在位, 遼人 · 夏人使來, 必問光起居, 而遼人敕其邊吏曰, 中國相司馬矣. 切毋生事開邊隙. 及卒, 京師民罷市, 畫其像, 印鬻之, 畫工有致富者. 及葬, 四方來會者, 哭之如哭其親戚. : 司馬光이 살아 있을 때, 遼와 西夏에서 사신이 오면 꼭 사마광의 起居를 물었으며 요나라에서는 변경의 관리들에게 "중국에서는 사마광을 재상으로 삼았다. 일을 만들어 변경에서 다툼을 일으키지 말라."는 칙령을 내리기도 했다. 사마광이 죽자, 도성(京師)의 백성들이 철시하였고, 사마광의 초상을 그려 팔아 부자가 된 畵工도 있었다. 장례를 치를 때 四方에서 모인 사람들이 마치 자신의 親戚(친척)이 죽은 것처럼 통곡했다.

- 遼人(요인), 夏人(하인) ; 遼와 西夏. 起居(기거) ; 日常生活. 中國相司馬矣(중국상사마의) ; 중국이 사마광을 재상으로 삼았다.

- 切毋生事開邊隙(절무생사개변극) ; 일을 만들어(生事) 변경에

서 다툼(邊隙 변극)을 절대로 일으키지 말라. 罷市(파시) ; 철시하다.

- 畫 그림 화. 그리다. 鬻 죽 죽. 값을 받고 물건을 주다. 印鬻之(인죽지) ; 사마광의 초상(之)을 인쇄하여 팔다.

- 畫工(화공) ; 화가. 有致富者(유치부자) ; 부자가 된 사람이 있다.

○ 光嘗語晁無咎曰, 吾無過人. 但平生所爲, 未嘗不可對人言者耳. 劉安世問光一言可以終身行之者. 光曰, 其誠乎, 安世問其所從入, 曰, 自不妄語入. : 그 언젠가 사마광이 晁無咎(조무구)에게 말했다. "나는 남보다 나은 것이 없는 사람이다. 다만 평생 동안 한 일 중에서 남에게 이야기 못할 일을 하지 않았다." 劉安世란 사람이 사마광에게 '죽을 때까지 지켜야 할 한 가지 말은 무엇입니까?' 라고 물었다. 사마광은 "아마 정성(誠)일 것이요."라고 대답했다. 안세가 정성이라면 어디서부터 시작해야 합니까? 라고 묻자, 사마광은 "妄語를 하지 않는데서 시작합니다."라고 말했다.

- 晁 아침 조. 朝의 古字. 성씨. 咎 허물 구. 無咎(무구) ; 晁補之(조보지, 1053~1110년)의 字. 詞人이며 文學家. 詩詞에 능했고 글을 잘 지었다. 張耒(장뢰), 黃庭堅(황정견), 秦觀(진관)과 함께 '蘇門四學士(소문사학사)' 로 통칭.

- 過人(과인) ; 남들보다 뛰어나다. 未嘗不可對人言者耳(미상불가대인언자이) ; 남에게 말하지 못할 일을 한 적이 없다. → 언제나 당당한 언행을 해왔다는 자부심의 표현.

- 劉安世(유안세, 1048~1125년) ; 바른말을 잘하여 '殿上虎' 라

불렀다. 其所從入(기소종입) ; 그 들어가는 곳. 시작하는 일. – 其誠乎(기성호) ; 아마(其) 정성일 것이다. 不妄語入(불망어입) ; 妄語(허튼 소리. 妄言)를 하지 않는데서 시작한다.

(13) ○ 蘇軾 · 程頤, 同在經筵. 軾喜諧謔, 而頤以禮法自持, 軾每嘲侮之. 光之薨也, 百官方有慶禮. 事畢欲往弔. 頤不可曰, 子於是日哭則不歌. 或曰, 不言歌則不哭. 軾曰, 此枉死市叔孫通, 制此禮也. 頤怒, 二人遂成隙. 門人朱光庭 · 賈易爲言官, 力攻軾. 傅堯俞 · 王巖叟 · 呂陶等, 相繼論列. 堯俞 · 巖叟右光庭, 陶右軾.

소식과 정이가 함께 경연관으로 있었다. 소식은 농담을 좋아하였고, 정이는 예법을 잘 지켰는데 소식은 자주 융통성 없는 그런 예법을 조소하거나 업신여겼다.

사마광이 죽었을 때, 그날은 마침 백관들이 조정에 경하하는 의례에 참석했었다. 행사를 마친 뒤, 조문을 가려고 했다. 정이는 불가하다면서 "공자께서는 곡을 한 날에는 노래하지 않았다고 했습니다."라고 말했다. 어떤 사람이 반박하면서 "노래하고서 곡을 하지 않았다고는 말하지 않았습니다."라고 말했다. 그러자 소식은 그런 되지 못하게 까다로운 격식은 "이는 시장에서 헛되이 죽은 숙손통이란 사람이 만든 예법이요."라고 말했다. 정이는 화를 냈고, 두 사람은 사이가 나빠졌다.

문인인 주광정과 가이가 언관이 되어 소식을 맹렬히 공격했다. 부요유와 왕암수, 여도 등도 이 논쟁에 뒤를 이었다. 부요유와 왕암수는 주광정을 편들었고, 여도는 소식을 편들었다.

蘇軾(소식)

어구 설명

○ 蘇軾 · 程頤, 同在經筵. 軾喜諧謔, 而頤以禮法自持, 軾每嘲侮之. : 蘇軾(소식)과 程頤(정이)가 함께 경연관으로 있었다. 소식은 농담을 좋아하였고, 정이는 예법을 잘 지켰는데 소식은 자주 그런 예법을 조소하거나 업신여겼다(조롱하였다).

- 軾 수레 가로나무 식. 수레에 타면 軾을 잡고 서 있어야 한다. 頤 턱 이. 기르다. 經筵(경연) ; 천자와 신하가 함께 經書를 토론하는 자리. 경연관.

- 諧 화합할 해. 謔 희롱할 학. 自持(자지) ; 몸소 지키며 실천하다. 嘲 비웃을 조. 조롱하다. 侮 업신여길 모. 持 가질

지. 몸에 지니다. 지키다. 보전하다.

○ 光之薨也, 百官方有慶禮. 事畢欲往弔. 頤不可曰, 子於是日哭則不歌. 或曰, 不言歌則不哭. 軾曰, 此枉死市叔孫通, 制此禮也. 頤怒, 二人遂成隙. : 사마광이 죽었을 때, 百官들은 慶賀(경하)하는 儀禮에 참석했었다. 행사를 마친 뒤, 조문하러 가려고 했다. 정이는 불가하다면서 "공자께서는 곡을 한 날에는 노래하지 않았다고 했습니다."라고 말했다. 어떤 사람이 "노래하고서 哭을 하지 않았다고는 말하지 않았습니다."라고 말했다. 그러자 소식은 "이는 시장에서 헛되이 죽은 숙손통이란 사람이 만든 예법이요."라고 말했다. 정이는 화를 냈고, 두 사람은 사이가 나빠졌다.

- 慶禮(경례) ; 慶賀(경하)하는 儀禮(의례). 畢 마칠 필. 弔 고상할 조. 조문. 問喪.

- 子於是日哭則不歌(자어시일곡칙불가) ; 공자께서는 哭을 한 날에는 노래를 하지 않았다. 不言歌則不哭(불언가칙불곡) ; 노래한 다음에는 哭하지 않았다고 말하지는 않았다. 이는《論語 述而》편의 '子於是日哭, 則不歌(자어시일곡, 칙불가 ; 哭을 한 날은 노래하지 않았다.)' 의 말을 어떻게 적용하느냐의 문제이다. 정이는《論語》의 말을 당일에도 적용하려 한 것이다. 혹자는 노래를 한 다음에 哭을 하지 않았다고 말한 것은 아니다. 곧 경사를 마친 다음이니 조문을 해도 상관이 없다는 뜻을 주장하였다.

- 枉死市(왕사시) ; 시장 바닥에서 헛되이 죽다. 枉 ①굽을 왕. 헛되이. 부질없이. 누명을 씌우다. ②미칠 광. 미치다. 叔孫通(숙손통) ; 秦의 博士. 漢 건국 후 高祖 劉邦(유방)을 위해 궁정 의

례를 제정한 유학자.

- 成隙(성극) ; 틈이 벌어지다. 불화하다. 隙 틈 극. 틈. 사이가 틀어짐. 갈라지다.

※ 나이는 程頤가 蘇軾보다 4살 연상이었다. 정이는 經學과 의리와 예법을 중시하는 학자였다. 소식은 천재적 기질에 감정이 풍부한 시인이었으니 調和(조화)가 어려웠을 것이다.

○ 門人朱光庭・賈易爲言官, 力攻軾. 傅堯兪・王巖叟・呂陶等, 相繼論列. 堯兪・巖叟右光庭, 陶右軾. : (程頤의) 門人인 朱光庭(주광정)과 賈易(가이)가 言官이 되어 소식을 힘써(맹렬히) 공격했다. 傅堯兪와 王巖叟, 呂陶 等이 이 논쟁에 뒤를 이었다. 부요유와 왕암수는 주광정을 편들었고, 여도는 소식을 편들었다.

- 門人(문인) ; 程頤(정이)의 제자. 傅堯兪(부요유), 王巖叟(왕엄수), 呂陶(여도). 論列(논열) ; 是非(시비)와 曲直(곡직 = 굽은 것과 곧은 것. 사악함과 정직함.)을 따지다. 논쟁하다.

- 右 ; 숭상하다. 돕다. 편들다. 佑(도울 우)와 通.

(14) 是時元豐大臣, 退於散地, 皆銜怨入骨, 陰伺閒隙. 諸賢不悟, 方自分黨相攻. 有洛黨・川黨・朔黨, 洛黨以頤爲領袖, 光庭・易爲羽翼. 川黨以軾爲領袖, 陶等爲羽翼. 朔黨以劉摯・王巖叟・劉安世爲領袖, 而羽翼尤衆. 未幾, 頤罷不復召, 久之軾亦

罷, 後再入三入, 皆不久而出. ○ 呂公著爲司空同平章軍國事, 呂大防·范純仁左右僕射. 純仁仲淹子也. 公著尋薨.

이 무렵 원풍 연간의 대신들은 모두 한직으로 밀려났는데 모두 뼛속깊이 원한을 품고 음밀히 틈을 엿보고 있었다. 당시 관료들은 이를 깨닫지 못하고 막 분당하여 서로를 공격하였다.

그 당파에는 낙당과 천당, 그리고 삭당이 있는데, 낙당은 정이를 영수로 주광정과 가이가 그 우익이었다. 천당은 소식을 영수로 여도 등이 우익이었다. 삭당은 유지, 왕암수와 유안세가 영수가 되어 그 우익은 더 많았다. 그러나 곧 얼마 안가서 정이를 해직하고 다시 부르지 않았으며 한참 뒤에 소식 역시 해직되었다가 뒤에 두 번, 세 번 조정에 들어왔지만 오래지 않아 모두 퇴출되었다.

○ 여공저가 사공동평장군국사가 되었고, 여대방과 범순인은 좌우복야가 되었다. 범순인은 범중엄의 아들이다. 여공저는 곧 죽었다.

어구 설명

○ 是時元豐大臣, 退於散地, 皆銜怨入骨, 陰伺間隙. 諸賢不悟, 方自分黨相攻. : 이 무렵 元豐 연간의 대신들은 모두 한직으로 밀려

났는데 모두 뼛속깊이 원한을 품고 음밀히 틈을 엿보고 있었다. 당시 관료들은 이를 깨닫지 못하고 막 분당하여 서로를 공격하였다.

－元豐大臣(원풍대신)；元豐(원풍) 연간(神宗 재위 시)의 大臣. 呂惠卿, 章惇(장돈), 蔡確 등. 散地(산지)；閑散한 地位. 閒職(한직).

－銜 재갈 함. 머금다. 伺 엿볼 사. 陰伺(음사)；陰密하게 엿보다. 閒隙(간극)；빈틈.

○ 有洛黨·川黨·朔黨, 洛黨以頤爲領袖, 光庭·易爲羽翼. 川黨以軾爲領袖, 陶等爲羽翼. 朔黨以劉摯·王巖叟·劉安世爲領袖, 而羽翼尤衆. 未幾, 頤罷不復召, 久之軾亦罷, 後再入三入, 皆不久而出. : 洛黨(낙당)과 川黨, 그리고 朔黨(삭당)이 있는데, 洛黨은 程頤를 領袖(영수)로 주광정과 賈易(가이)가 그 羽翼(우익)이었다. 川黨은 蘇軾을 영수로 여도 등이 우익이었다. 朔黨(삭당)은 劉摯(유지), 王巖叟(왕암수)와 劉安世를 영수가 되어 그 우익은 더 많았다. 곧 정이를 해직하고 다시 부르지 않았으며 한참 뒤에 소식 역시 해직되었다가 뒤에 두 번, 세 번 조정에 들어왔지만 오래지 않아 모두 퇴출되었다.

－洛黨(낙당)·川黨(천당)·朔黨(삭당)；각 당파 우두머리의 출신지에 따른 호칭. 程頤의 洛陽, 소식의 四川, 劉摯(유지)의 河北(朔은 북쪽).

－領 옷깃 영. 목덜미. 거느리다. 袖 소매 수. 領袖(영수)；옷깃과 소매. 어떤 단체의 우두머리. 易(이)；賈易(가이). 人名.

－翼 날개 익. 羽翼(우익)；좌우에서 보좌하거나 사람. 도움으

로 삼다. 陶 질그릇 도, 기쁠 도. 여기서는 人名. 呂陶(여도).

– 叟 늙은이 수. 尤 더욱 우. 尤衆(우중) ; 더 많다. 未幾(미기) ; 얼마 안 되어. 久之(구지) ; 한참 뒤에. 不久(불구) ; 오래지 않아.

– 소식, 곧 蘇東坡(소동파)는 언제나 거리낌 없이 통렬하게 남을 공격하므로, 그것이 탈이 되어 오랫동안 벼슬에 머물지 못했던 것이다.

○ 呂公著爲司空同平章軍國事, 呂大防 · 范純仁左右僕射. 純仁仲淹子也. 公著尋薨. : 呂公著(여공저)가 司空同平章軍國事가 되었고, 呂大防과 范純仁은 左右僕射(좌우복야)가 되었다. 范純仁은 范仲淹의 아들이다. 여공저는 곧 죽었다.

– 仲 버금 중. 가운데. 淹 담글 엄. 적시다.

– 僕射(복야) ; 秦代(진대)에는 활쏘는 일을 主管(주관)하던 관리. 唐代(당대) 이후에는 尙書省(상서성) 長官(장관)을 이르던 말.

(15) ○ 知漢陽軍吳處厚言, 蔡確謫安州日, 作夏中登車蓋亭詩, 譏訕臺諫. 論確不已, 安置新州. 呂大防 · 劉摯 · 范純仁 · 王存等, 以爲不宜令過嶺置死地. 純仁曰, 此路荊棘八十年矣. 奈何開之. 吾曹政恐不免耳. 爭之不得, 臺諫交章, 攻純仁黨確, 純仁遂罷, 劉摯爲右僕射. 大防 · 摯欲引用元豐黨人, 以

平舊怨, 謂之調停. 蘇轍等力陳其不可, 摯罷, 蘇頌爲右僕射. 頌罷, 純仁又代之.

○ 지한양군의 지방관인 오처후가 "채확은 안주로 귀양을 가는 날에 여름날 車蓋亭에 올라 夏中登車蓋亭(하중등거개정)이라는 시를 지어 대간〈諫官(간관)〉을 욕했다."고 고발하였다. 채확에 대한 비난 여론이 그치지 않자 (채확을) 신주에 안치(귀양 보냄)했다. 여대방과 유지와 범순인, 왕존 등은 채확을 五嶺(오령)을 넘어 사지에 안치시키는 것은 옳지 못하다고 반대하였다. 범순인은 "그 지역은 80년이 넘도록 가시밭길이었다. 어떻게 갈 수 있겠는가? 우리도 틀림없이 면할 수 없을 것이다."라고 말했다. (채확을 위해) 논쟁을 하였지만 뜻을 이루지 못했고, 대간에서는 교대로 글을 올려 범순인 등을 채확의 당인이라 공격하여 범순인이 파직되고 유지가 우복야가 되었다. 여대방과 유지 등은 원풍 시대의 당인들을 끌어 모아 옛 원한을 씻으려 하면서 '파쟁을 조정한다'고

蘇轍(소철)

하였다. 소철 등이 극력 그것이 불가하다고 진술하여 유지가 파직되고 소송이 우복사가 되었다. 소송이 해직되고 범순인이 다시 대신하였다.

어구 설명

○ 知漢陽軍吳處厚言, 蔡確謫安州日, 作夏中登車蓋亭詩, 譏訕臺諫. 論確不已, 安置新州. : 知漢陽軍인 吳處厚가 "蔡確은 安州로 귀양을 가는 날에 '夏中登車蓋亭(하중등거개정)' 이라는 詩를 지어 臺諫(대간)을 욕했다고 고발하였다. 채확에 대한 비난 여론이 그치지 않자 (채확을) 新州에 안치했다.

- 知漢陽軍(지한양군) ; 漢陽軍(湖北省의 地)의 地方官. 여기의 軍은 부대나 군졸을 의미하지 않는다. 지방 행정 단위의 路(神宗때 23路) 아래에 여러 州와 縣이 소속되어 있었다. 州를 다시 府, 州, 軍, 監으로 구분하는데 전국에 14府, 224州가 있었다. 軍은 군사적 요충지를 관할하는 행정단위로 州에는 못 미치는 지역인데 전국에 37軍이 있었다. 監은 국가 소유의 광산이나 공장을 관리하면서 그 인근의 주민까지 통치하는 행정단위인데 神宗 때는 4개소가 있었다. 縣은 1천여 개소가 넘었다.

- 謫 귀양을 갈 적. 安州(안주) ; 湖北省의 地名. 譏 나무랄 기. 訕헐뜯을 산. 譏訕(기산) ; 비방하다. 욕하다. 新州(신주) ; 今 廣東省의 地.

○ 呂大防 · 劉摯 · 范純仁 · 王存等, 以爲不宜令過嶺置死地. 純仁

日, 此路荊棘八十年矣. 奈何開之. 吾曹政恐不免耳. : 呂大防과 劉摯(유지)와 范純仁(범순인), 王存 等은 오령을 넘어 사지에 안치시키는 것은 옳지 못하다고 반대하였다. 범순인은 "그 지역은 80년이 넘도록 가시밭길이었다. 어떻게 갈 수 있겠는가? 우리도 틀림없이 면할 수 없을 것이다."라고 말했다.

– 不宜令過嶺置死地(불의령과령치사지) ; 五嶺산맥을〈嶺(령)〉 넘어(過) 死地에 안치(置) 시키는 것은(令) 옳지 않다〈不宜(불의)〉. 五嶺산맥 남쪽은 지금의 廣東, 廣西省 지역으로 당시는 거의 미개 지역이었기에 死地라고 했다.

– 此路(차로) ; 광동, 광서성 일대는 당시에 廣南東路와 廣南西路 지역. 荊 가시나무 형. 棘 야생대추나무 극. 가시.

– 奈何開之(나하개지) ; 어떻게 길을 내겠는가? 어떻게 가겠는가?

– 吾曹(오조) ; 우리들. 政 ; 正히. 틀림없이. 恐不免耳(공불면이) ; 아마 면할 수 없을 것이다. 우리도 그렇게 당할 수 있을 것이다.

○ 爭之不得, 臺諫交章, 攻純仁黨確, 純仁遂罷, 劉摯爲右僕射. 大防·摯欲引用元豐黨人, 以平舊怨, 謂之調停. 蘇轍等力陳其不可, 摯罷, 蘇頌爲右僕射. 頌罷, 純仁又代之. : (채확을 위해) 논쟁을 하였지만 뜻을 이루지 못했고, 대간에서는 교대로 글을 올려 범순인 등을 채확의 당인이라 공격하여 범순인이 파직되고 劉摯(유지)가 右僕射(우복야)가 되었다. 여대방과 유지 등은 元豐 시대의 黨人들을 끌어 모아 옛 원한을 씻으려 하면서 '파쟁을 調停(조정)

한다' 고 하였다. 蘇轍 等이 극력 그것이 불가하다고 진술하여 유지가 파직되고 蘇頌(소송)이 右僕射(우복야)가 되었다. 소송이 해직되고 범순인이 다시 대신하였다.

– 不得(부득) ; 뜻대로 되지 않다. 交章(교장) ; 교대로 글을 올리다. 黨確(당확) ; 蔡確의 黨人. 以平舊怨(이평구원) ; 옛 감정을 풀어 버리다.

– 調停(조정) ; 쌍방을 화해시키다.

(16) ○ 元祐八年九月, 宣仁聖烈太皇太后崩. 臨崩對上, 謂大防·純仁等曰, 老身沒後, 必多有調戲官家者, 宜勿聽之. 公等亦宜早退, 令官家別用一番人. 呼左右問. 曾賜出社飯否. 袝曰, 公等各去喫一匙社飯, 明年社飯時, 思量老身也. 后聽政九年, 天下稱爲女中堯舜.

○ 원우 8년 9월에, 선인성렬태황태후가 죽었다. 태황태후는 죽기 전에 철종을 대면하면서 여대방과 범순인 등에게 말했다. "이 늙은이가 죽은 뒤에 천자를 희롱하려는 자가 틀림없이 있을 것이니, 응당 그런 말을 듣지 마시오. 그리고 공들도 일찍 물러나 천자께서 새로운 사람들을 쓸 수 있도록 해야 합니다."

태후는 시녀들을 불러 물었다. "아직 사반을 내보내지 않았느냐?" 그리고 이어 말했다. "公들도 나가서 각자 사반을 한 그릇씩 드십시오, 명년에 사반을 먹을 때 이 늙은이를 생각해 주시오." 태황태후는 9년 동안 수렴청정을 했는데 온 나라 사람들이 '여인 중의 요순' 이라고 칭송하였다.

어구 설명

○ 元祐八年九月, 宣仁聖烈太皇太后崩. 臨崩對上, 謂大防 · 純仁等日, 老身沒後, 必多有調戲官家者, 宜勿聽之. 公等亦宜早退, 令官家別用一番人. : 元祐 八年 九月에, 宣仁聖烈太皇太后(선인성렬태황태후)가 죽었다. 태황태후는 죽기 전에 철종을 대면하면서 여대방과 범순인 等에게 말했다. "이 늙은이가 죽은 뒤에 천자를 희롱하려는 자가 틀림없이 있을 것이니, 응당 그런 말을 듣지 마시오. 그리고 공들도 일찌감치 물러나 천자께서 새로운 사람들을 쓸 수 있도록 해야 합니다."

– 元祐 八年 ; 1093년. 調戲(조희) ; 조롱하다. 무시하다. 10살에 즉위한 哲宗은 당시 18살이었다. 官家(관가) ; 天子. '五帝官天下, 三王家天下' 란 말에서 官家가 天子의 의미가 되었다고 한다.

– 令官家別用一番人(영관가별용일번인) ; 천자로 하여금 따로 새로운 사람들을 등용할 수 있게 해 달라. 一番人(일번인) ; 다른 사람들. 신법당도 구법당도 아닌 사람들.

○ 呼左右問. 曾賜出社飯否. 因曰, 公等各去喫一匙社飯, 明年社飯時, 思量老身也. 后聽政九年, 天下稱爲女中堯舜. : 태후는 시녀들을 불러 물었다. "아직 社飯을 내보내지 않았느냐?" 그리고 이어 말했다. "公들도 나가서 각자 社飯(사반)을 한 그릇씩 드십시오, 明年에 社飯을 먹을 때 이 늙은이를 생각해 주시오." 태황태후는 9년 동안 수렴청정을 했는데 온 나라 사람들이 '女人 중의 堯舜' 이라고 칭송하였다.

– 賜出(사출) ; 내려 주다. 社飯(사반) ; 立春과 立秋로부터 5번째 戌日(술일)을 社日이라 하고, 풍년을 기원하거나 감사하는 뜻으로 돼지고기와 羊(양) 고기를 섞어 밥을 지어 친한 집에 돌리어 나누어 먹는 飯(밥 반) 행사.

– 喫 마실 끽. 먹다. 담배를 피우다. 匙 숟가락 시. 思量(사량) ; 생각하다. 회상하다.

(17) 不比外家, 以擁佑嗣君之故, 二子一女皆疎. 以至公御天下, 當世賢者畢集于朝, 君子之盛, 後世以慶曆 · 元祐竝稱焉. 承神宗厭兵之後, 與民休息. 西蕃鬼章爲邊將擒獻, 釋不誅, 以招其部屬. 夏國自其主秉常卒, 乾順立, 政亂主幼. 屢寇邊失藩臣禮, 皆强臣爲之, 以其君民非有罪, 不忍興師討伐, 詔諸路嚴兵自備而已.

(태황태후는) 친정을 돌보지 않았고, 철종을 옹위하기 위해 다른 두 아들과 딸을 모두 멀리 하였었다. 아주 공정하게 천하를 다스렸기에 당시의 현자들이 모두 조정에 모였기에 훌륭한 인재가 많기로는 후세에 仁宗(인종)의 경력 연간과 哲宗(철종)의 원우 연간을 나란히 일컬었다.

태후는 전쟁을 싫어하는 신종의 뒤를 이어 백성과 더불어 휴식을 취했다. 서쪽 토번의 추장인 귀장이 변장(국경수비대)들에게 잡혀 보내졌을 때 태후는 그를 석방하고 죽이지 않았으며 그 무리들을 받아들였다. 서하의 왕 병상이 죽고, 건순이 즉위하여 정치는 혼란했고 왕은 어렸었다. 그들이 자주 변경을 침략하고 번신의 예를 지키지 않아도 모두가 강한 신하들 때문이지 그 왕과 백성들에게 죄가 있는 것은 아니라고 생각하여, 차마 군사를 일으켜 토벌하지 않았고 각 지방에 조서를 내려 군사를 엄히 감독하며 방비하라고 하였다.

어구 설명

○ 不比外家, 以擁佑嗣君之故, 二子一女皆疎. 以至公御天下, 當世賢者畢集于朝, 君子之盛, 後世以慶曆·元祐竝稱焉. : (태황태후는) 친정을 돌보지 않았고, 철종을 옹위하기 위해 다른 두 아들과 딸을 모두 멀리 하였었다. 아주 공정하게 天下를 다스렸기에 當世의 賢者들이 모두 조정에 모였기에 훌륭한 인재가 많기로는

후세에 慶曆(경력) 연간과 元祐(원우) 연간을 나란히 일컬었다.

- 比 견줄 비. 따르다. 돕다. 친하게 지내다. 私情으로 돌보아 주다. 外家 ; 여기서는 태황태후의 친정.
- 擁佑(옹우) ; 옹위하고 돕다. 嗣 이을 사. 嗣君(사군) ; 철종을 지칭. 疎 트일 소. 멀리하다. 至公(지공) ; 지극히 公正함.
- 慶曆(경력) ; 仁宗의 연호 1041~1048년.

○ 承神宗厭兵之後, 與民休息. 西蕃鬼章爲邊將擒獻, 釋不誅, 以招其部屬. 夏國自其主秉常卒, 乾順立, 政亂主幼. 屢寇邊失藩臣禮, 皆强臣爲之, 以其君民非有罪, 不忍興師討伐, 詔諸路嚴兵自備而已. : 전쟁을 싫어하는 神宗의 뒤를 이어 백성과 더불어 休息을 취했다. 서쪽 토번의 추장인 鬼章(귀장)이 邊將(변장)들에게 잡혀 보내졌을 때 그를 석방하고 죽이지 않았으며 그 무리들을 받아들였다. 서하의 왕 秉常(병상)이 죽고, 乾順(건순)이 즉위하여 정치는 혼란했고 왕은 어렸었다. 그들이 자주 변경을 침략하고 藩臣(번신)의 禮(예)를 지키지 않아도 모두가 강한 신하들 때문이지 그 왕과 백성들에게 죄가 있는 것은 아니라고 생각하여, 차마 興師하여 討伐(토벌)하지 않았고 각 지방에 조서를 내려 군사를 엄히 감독하며 방비하라고 하였다.

- 厭兵(염병) ; 전쟁에 지쳐 싫어하다. 厭 싫을 염. 싫다. 싫증이 나다. 西蕃(서번) ; 여기서는 토번을 지칭. 鬼章(귀장) ; 토번의 추장. 爲擒獻(위금헌) ; 생포되어 조정에 보내졌다. 擒 사로잡을 금. 생포하다. 붙잡다. 獻 바칠 헌. 바치다. 임금에게 드리다.

– 部屬(부속) ; 部下. 手下. 夏國(하국) ; 西夏. 秉 잡을 병. 失藩臣禮(실번신례) ; 藩臣의 禮를 행하지 않다. 조공하지 않다. 藩臣(번신) ; ①왕실을 수호하는 신하. 諸侯(제후). ②중앙에서 멀리 떨어져 있는 감영의 觀察使(관찰사).

– 皆强臣爲之(개강신위지) ; (서하가 국경을 침략하고 조공을 행하지 않는 행위는) 모두가 (서하의 어린 군주 아래의) 强臣들이 그렇게 하는 것이다.

– 不忍興師討伐(불인흥사토벌) ; 차마 興師하여 討伐하지 못하다. 興師(흥사) ; 군사를 일으킴.

(18) ○ 上始親政. 侍郎楊畏, 首叛呂大防. 自謂, 迹雖元祐, 心在熙豐, 入對乞召章惇. 明年改元紹聖. 大防罷, 惇爲右僕射, 純仁罷. 惇之來也, 道遇陳瓘. 惇素聞其名, 獨請共載, 訪以世務. 瓘曰, 請以所乘舟爲喩, 偏重其可行乎. 或左或右, 其偏一也. 惇默然, 良久曰, 司馬光姦邪, 所當先辨. 瓘曰, 相公誤矣. 此猶欲平舟勢, 而移左以置右也, 果然將失天下之望.

○ 철종이 비로소 친히 정치를 시작했다. 시랑인 양외는 (당인들의) 우두머리로서 여대방을 배반했다. 양외는 (철

종이) 비록 태후의 정책을 따라가지만 마음에는 神宗의 신법에 있다는 것이라 생각하여 입조하여 철종에게 장돈을 소환하라고 건의하였다. 다음 해 소성으로 개원하였다. 여대방이 파직되고, 장돈이 우복야가 되었고, 여순인도 파직되었다.

장돈은 어명을 받고 서울로 상경하면서 길에서 진관을 만났다. 장돈은 평소 그 명성을 알고 있어 같이 배에 오를 것을 청하면서 시행해야 할 정책에 대해 의견을 구했다. 진관은 "배를 타고 가는 것을 비유로 말씀드리자면, 무게가 한쪽으로 치우쳤다면 배가 갈 수 있겠습니까? 좌측이든 우측이든 치우친 것은 마찬가지입니다."

장돈은 묵묵히 한참 있다가 말했다. "사마광이 간사하다는 것을 먼저 밝혀야 할 것이요." 진관은 "상공께서 틀렸습니다. 이는 배를 바로 잡으려 하면서 좌측의 것을 우측으로 옮기는 것인데, 만약 그러하다면 천하 사람들의 여망(신망)을 잃을 것입니다."

어구 설명

○ 上始親政. 侍郞楊畏, 首叛呂大防. 自謂, 迹雖元祐, 心在熙豐, 入對乞召章惇. 明年改元紹聖. 大防罷, 惇爲右僕射. 純仁罷. : 철종이 親政을 시작했다. 侍郞(시랑)인 楊畏(양외)는 (당인들의) 우두머리로서 呂大防(여대방)을 배반했다. 양외는 (철종이) 비록 태

후의 정책을 따라가지만 마음에는 神宗의 신법에 있다는 것이라 생각하여 입조하여 철종에게 章惇을 소환하라고 건의하였다. 다음 해 紹聖(소성)으로 개원하였다. 여대방이 파직되고, 장돈이 右僕射(우복야)가 되었고, 여순인도 파직되었다.

– 侍郎楊畏(시랑양외) : 당시 양외는 차관급인 禮部侍郞이었다. 首叛(수반) ; 우두머리가 되어 배반하다. 叛 배반할 반. 배반하다. 呂大防(여대방, 1027~1097년).

– 楊畏(양외) ; 본래 왕안석의 신법파였는데, 죄 받을 것이 두려워서 여대방에게 붙어 있었다. 여대방은 그를 믿고 禮部侍郎(예부시랑)이라는 높은 벼슬을 주었다.

– 迹 자취 적. 따라가다. 政事의 실적. 元祐(원우) ; 哲宗(철종) 초반기의 연호. 황태후의 섭정 기간. 곧 신법을 폐지하는 정책.

– 熙豐(희풍) ; 熙寧(1068~1077년)과 元豐(1078~1085년), 곧 神宗의 연호. 神宗이 채용한 新法.

– 紹 이을 소. 紹聖(소성) ; 哲宗의 두 번째 연호(1094~1098년).

– 장돈의 右僕射(우복야)가 아니고 左僕射(좌복야)로 되어야 한다는 說도 있다.

○ 惇之來也, 道遇陳瓘. 惇素聞其名, 獨請共載, 訪以世務. 瓘曰, 請以所乘舟爲喩, 偏重其可行乎. 或左或右, 其偏一也. : 장돈은 상경하면서 길에서 陳瓘(진관)을 만났다. 장돈은 평소 그 명성을 알고 있어 같이 배에 오를 것을 청하면서 시행해야 할 정책에 대해 의견을 구했다. 진관은 "배를 타고 가는 것을 비유로 말씀드리자면, 무게가 한쪽으로 치우쳤다면 배가 갈 수 있겠습니까? 좌측이

든 우측이든 치우친 것은 마찬가지입니다."

– 瓘 옥 이름 관. 陳瓘(진관, 1057~1124년). 訪 찾을 방. 의견을 묻다. 訪以世務(방이세무) ; 지금 힘써 할 일이 무엇인가 의견을 구하다.

– 偏 치우칠 편. 偏重其可行乎(편중기가행호) ; 편중되었다면 배가 나아갈 수 있겠는가?

○ 惇默然, 良久曰, 司馬光姦邪, 所當先辨. 瓘曰, 相公誤矣. 此猶欲平舟勢, 而移左以置右也, 果然將失天下之望. : 장돈은 묵묵히 한참 있다가 말했다. "司馬光이 姦邪(간사)하다는 것을 먼저 밝혀야 할 것이요." 진관은 "相公께서 틀렸습니다. 이는 배를 바로 잡으려 하면서 좌측의 것을 우측으로 옮기는 것인데, 만약 그러하다면 천하 사람들의 여망(신망)을 잃을 것입니다."

– 姦邪(간사) ; 간사하다. 교활하다. 所當先辨(소당선변) ; 당연히 먼저 판별이 있어야 한다. 辨 분변할 변. 판별하다. 분명히 하다. 舟勢(주세) ; 배의 균형.

– 果然(과연) ; 과연, 생각한 대로. 여기서는 접속사로 쓰여 '만약 그러하다면'의 뜻이다. 望 ; 바라다. 여러 사람의 기대. 輿望(여망). 信望(신망). 진관은 朋黨(붕당) 해소와 中道 정책을 강조하였다.

(19) 惇既至, 以漸盡復熙豊之法, 治元祐人之罪無虛日. 司馬光·呂公著·王巖叟·趙瞻·韓維·孫固·范百祿·胡宗愈·司馬康等已死者, 皆追貶奪

贈. 呂大防·劉摯·蘇轍·梁燾·范純仁·劉奉世·韓維·王覿·韓川·孫升·呂陶·范純禮·趙君錫·馬默·顧臨·范純粹·孔武仲·王欽臣·呂希哲·呂希純·呂希績·姚勔·吳安詩·王份·張耒·鼂補之·黃庭堅·賈易·程頤·秦觀·朱光庭·孫覺·趙卨·李之純·杜純·李周·蘇軾·范祖禹·劉安世·鄭俠等, 皆連貶竄.

장돈이 부임한 뒤, 점차 신종 때의 신법을 부활하면서 원우 연간에 신법을 폐지한 사람들의 죄를 문책하는데 일이 없는 날이 없었다. 사마광·여공저·왕암수·조첨·한유·손고·범백록·호종유·사마강 등 이미 죽은 자에 대해서는 모두 추증한 벼슬을 폄직(떨어트리고) 또는 시호를 빼앗았다.

여대방·유지·소철·양도·범순인·유봉세·한유·왕적·한천·손승·여도·범순례·조군석·마묵·고림·범순수·공무중·왕흠신·여희철·여희순·여희적·요면·오안시·왕빈·장뢰·조보지·황정견·가이·정이·진관·주광정·손각·조설·이지순·두순·이주·소식·범조우·유안세·정협 등이 모두 줄줄이 폄직(좌천)되거나 방출(멀리 변방으로 귀양갔다)되었다.

어구 설명

○ 惇旣至, 以漸盡復熙豐之法, 治元祐人之罪無虛日. 司馬光 · 呂公著 · 王巖叟 · 趙瞻 · 韓維 · 孫固 · 范百祿 · 胡宗愈 · 司馬康等已死者, 皆追貶奪贈. : 장돈이 부임한 뒤, 점차 신종 때의 신법을 부활하고, 원우 연간에 신법을 폐지한 사람들의 죄를 문책하는데 일이 없는 날이 없었다. 사마광 · 여공저 · 왕암수 · 조첨 · 한유 · 손고 · 범백록 · 호종유 · 사마강 等 이미 죽은 자에 대해서는 모두 추증한 것을 폄직(떨어트리고) 또는 이미 주어진 시호를 빼앗았다.

– 旣至(기지) ; 도착했다. 부임했다. 漸 물 스며들 점. 점차. 復 돌아올 복. 熙豐之法(희풍지법) ; 神宗 연간의 新法.

– 無虛日(무허일) ; 일이 없는 날이 없다. 瞻 볼 첨. 愈 나을 유. 追貶奪贈(추폄탈증) ; 추증한 것을 다시 폄직하고 빼앗다. 贈 보낼 증. 주다. 선물. 官位(관위)를 追賜(추사)하다.

○ 呂大防 · 劉摯 · 蘇轍 · 梁燾 · 范純仁 · 劉奉世 · 韓維 · 王覿 · 韓川 · 孫升 · 呂陶 · 范純禮 · 趙君錫 · 馬默 · 顧臨 · 范純粹 · 孔武仲 · 王欽臣 · 呂希哲 · 呂希純 · 呂希績 · 姚勔 · 吳安詩 · 王份 · 張耒 · 鼂補之 · 黃庭堅 · 賈易 · 程頤 · 秦觀 · 朱光庭 · 孫覺 · 趙卨 · 李之純 · 杜純 · 李周 · 蘇軾 · 范祖禹 · 劉安世 · 鄭俠等, 皆連貶竄. : 여대방 · 유지 · 소철 · 양도 · 범순인 · 유봉세 · 한유 · 왕적 · 한천 · 손승 · 여도 · 범순례 · 조군석 · 마묵 · 고림 · 범순수 · 공무중 · 왕흠신 · 여희철 · 여희순 · 여희적 · 요면 · 오안시 · 왕빈 · 장뢰 · 조보지 · 황정견 · 가이 · 정이 · 진

관 · 주광정 · 손각 · 조설 · 이지순 · 두순 · 이주 · 소식 · 범조우 · 유안세 · 정협 등이 모두 줄줄이 폄직(좌천)되거나 방출(멀리 쫓겨났다)되었다.

– 燾 비출 도. 覿 볼 적. 顧 돌아볼 고. 姚 예쁠 요. 勔 힘쓸 면. 份 빛날 빈. 彬의 古字. 耒 쟁기 뇌(뢰). 농기구 이름. 鼂 아침 조. 禼 사람 이름 설. 竄 숨을 찬. 숨기다. 내치다. 버리다.

(20) 文彦博久致仕, 降爲太子太保, 罷節鉞, 尋薨. 皇后孟氏, 太皇太后所選聘也, 在中宮五年而廢. 章惇 · 蔡卞, 請追廢太皇太后. 賴太后向氏 · 太妃朱氏泣諫上悟. 惇 · 卞堅請施行, 上怒曰, 卿等不欲朕入英宗廟庭乎. 抵其奏於地.

문언박은 오랫동안 벼슬에서 물러나 은거해 있었지만 태자의 태보로 강등되고 지절과 부월을 몰수 당하였는데 얼마 있다가 죽었다. 황후인 맹씨는 태황태후에 의해 선택되어 맞이했었는데 궁중에 5년이나 있었는데 폐위되었다.

장돈과 채변은 태황태후도 돌아가셨지만 폐위(황후의 위를 빼앗음)해야 한다고 주청하였다. 철종의 어머니 황태후 向氏(상씨)와 태비 주씨(신종의 제2황후)가 울면서 간하자, 철종도 깨달은 바가 있어 그만두었다. 장돈과 채변은 끈

질기게 폐위해야 한다고 요청하자, 철종이 화가 나서 말했다. "경들은 내가 할아버지(英宗)의 묘당에도 들어가지 못하기를 바라는가?" 그러면서 상주한 글을 땅에 던져버렸다.

어구 설명

○ 文彦博久致仕, 降爲太子太保, 罷節鉞, 尋薨. 皇后孟氏, 太皇太后所選聘也, 在中宮五年而廢. : 文彦博은 오래전에 致仕했지만 太子太保로 강등되고 지절과 부월을 반납하였는데 곧 죽었다. 皇后인 孟氏는 太皇太后에 의해 선택되어 맞이했었는데 中宮에 5年이나 있었는데 폐위(폐출)되었다.

– 致仕(치사) ; 辭職(사직)하다. 節(절) ; 符節〈부절 = 돌 · 옥 · 대나무 따위로 만든 信標(신표). 사신이 지니던 것으로, 둘로 갈라서 하나는 조정에 보관하고, 다른 하나는 본인이 신표로 가졌음〉. 鉞 도끼 월. 斧鉞(부월). 절도사에게 신표로 주는 도끼.

– 罷節鉞(파절월) ; 문언박은 護國軍山西南道節度使에 임명되었었는데 그때 황제로부터 받은 깃발과 도끼를 박탈당하다.

– 聘 찾아갈 빙. 禮를 갖추어 맞아들이다. 장가들다. 所選聘也(소선빙야) ; 선택되어 (황후로) 맞이했었다.

○ 章惇 · 蔡卞, 請追廢太皇太后. 賴太后向氏 · 太妃朱氏泣諫上悟. 惇 · 卞堅請施行, 上怒曰, 卿等不欲朕入英宗廟庭乎. 抵其奏於地. : 章惇(장돈)과 蔡卞(채변)은 太皇太后도 돌아가셨지만 폐위해야 한다고 주청하였다. 太后 向氏(상씨)와 太妃 朱氏가 울면서

간하자, 철종도 깨달은 바가 있어 그만두었다. 장돈과 채변은 끈질기게 폐위해야 한다고 요청하자, 철종이 화가 나서 말했다. "卿들은 내가 할아버지(英宗)의 묘당에도 들어가지 못하기를 바라는가?" 그러면서 상주한 글을 땅에 던져버렸다.

– 卞 조급할 변, 법 변.　太后向氏(태후상씨) ; 神宗의 皇妃.　太妃朱氏(태비주씨) ; 神宗의 황후. 哲宗의 生母.　泣諫(읍간) ; 울면서 호소하다.

– 英宗(영종) ; 철종의 할아버지. 태황태후는 영종의 황후이므로, 태황태후를 추폐하면 영종의 제사를 못지내게 되고 따라서 천자로서의 권위를 잃게 되는 것이다.　抵 거스를 저. 밀어젖히다.

(21) ○ 立賢妃劉氏爲后. 右正言鄒浩, 乞追停册禮, 別選名族. 詔浩除名, 勒停羈管新州. 浩道過其友田晝, 臨別出涕. 晝正色曰, 使君隱默官京師, 遇寒疾不汗, 五日死矣, 豈獨嶺海之外能死人哉. 願無自沮. 士所當爲者, 未止此也. ○ 元符三年上崩. 在位十五年, 改元者三, 壽三十五. 皇弟立, 是爲徽宗皇帝.

○ 현비 유씨를 황후로 삼았다. 우정언인 추호는 유씨의 황후 책립을 중지하고 별도로 명문에서 선별해야 한다고

주청했다. 철종은 조서를 내려 추호를 제명하고 파직한 뒤 신주로 유배를 보냈다. 추호는 신주로 가는 도중에 그의 친우 전화를 만났는데 헤어지면서 눈물을 흘렸다. 전화는 정색을 하고 말했다. "그대가 도성에서 숨은 듯 벼슬을 살더라도 감기에 걸렸을 때 땀을 내지 않으면 닷새 만에 죽을 수도 있는 것이요, 영남의 바닷가 외지라 하여 어찌 유독 사람이 살지 못하겠는가? 원컨대 낙담하지 마시오. 선비가 할 일은 이것만이 아닐 것이오."

○ 원부 3년에 철종이 죽었다. 재위 15년에 개원을 3번 하였고, 나이는 35세였다. 철종의 아우가 즉위하니, 이가 휘종황제이다.

어구 설명

○ 立賢妃劉氏爲后. 右正言鄒浩, 乞追停册禮, 別選名族. 詔浩除名, 勒停羈管新州. : 賢妃 劉氏를 皇后로 삼았다. 右正言인 鄒浩(추호)는 册禮(책례)를 멈추고 별도로 名族에서 선별해야 한다고 주청했다. 철종은 조서를 내려 추호를 除名하고 파직한 뒤 新州로 유배를 보냈다.

- 右正言(우정언) ; 천자의 잘못을 간하는 벼슬.

- 鄒 나라 이름 추. 성씨. 册禮(책례) ; 황후를 책봉하는 절차. 除名(제명) ; 관원의 명부에서 이름을 삭제하다.

- 勒 굴레 늑(륵). 강제하다. 재갈. 勒停(늑정) ; 관직을 파직하

다. 羈 굴레 기. 재갈. 羇와 같음. 羈管(기관) ; 거주지를 제한하다. 新州(신주) ; 今 廣東省의 땅.

○ 浩道過其友田晝, 臨別出涕. 晝正色曰, 使君隱默官京師, 遇寒疾不汗, 五日死矣, 豈獨嶺海之外能死人哉. 願無自沮. 士所當爲者, 未止此也. : 추호는 도중에 그의 친우 田晝(전화)를 만났는데 헤어지면서 눈물을 흘렸다. 전화는 정색을 하고 말했다. "그대가 도성에서 숨은 듯 벼슬을 살더라도 감기에 걸렸을 때 땀을 내지 않으면 닷새 만에 죽을 수도 있는 것이요, 영남의 바닷가 外地라 하여 어찌 유독 사람이 살지 못하겠는가? 원컨대 낙담하지 마시오. 선비가 할 일은 이것만이 아닐 것이오."

– 田晝(전화) ; 인명. 晝 그림 화. 그을 획.(인명용 한자의 음은 화이다.) 使君(사군) ; 官人에 대한 존칭. 寒疾(한질) ; 감기. 傷寒病(상한병). 嶺海(영해) ; 嶺南 지방의 해변. 新州(신주)를 가리킴.
– 自沮(자저) ; 스스로 상심하다. 홀로 낙담하다. 沮 막을 저. 저지하다. 기가 꺾이다. 뜻이 약해지다.

○ 元符三年上崩. 在位十五年, 改元者三, 壽三十五. 皇弟立, 是爲徽宗皇帝. : 元符 三年에 철종이 죽었다. 재위 15년에 개원을 3번 하였고, 나이는 25세였다. 철종의 아우가 즉위하니, 이가 휘종황제이다.

– 元符(원부) ; 1098~1100년. 壽三十五 ; 二十五의 착오. 10살에 즉위하여 15년 재위했다. 徽 아름다울 휘.
– 改元者三(개원자삼) ; 연호를 세 번 바꾸어 元祐(원우) · 紹聖(소성) · 元符(원부)라 했다.

2) 徽宗 ; 金의 침입

(1) 徽宗皇帝, 名佶, 神宗第十一子也. 初封端王, 哲宗崩, 欽聖憲肅皇太后向氏, 召宰執議立嗣. 后欲立端王, 章惇曰, 端王浪子耳. 曾布身長, 望見端王已在簾下, 叱曰, 章惇聽太后處分. 王出簾, 惇惶恐失措. 王卽位, 請太后權同處分軍國事. 范純仁等二十餘人, 竝收敍, 龔夬·陳瓘·鄒浩爲臺諫. ○ 韓忠彦爲右僕射, 忠彦琦子也. ○ 文彦博·司馬光等三十三人, 追復官.

휘종황제의 이름은 佶(길)이며, 신종의 11번째 아들이었다. 처음에 단왕에 봉해졌었는데, 철종이 아들이 없이 죽자, 흠성헌숙황태후상씨가 재상들을 불러 후사를 세우는 의논을 하였다. 황태후는 단왕을 세우려 했으나 장돈은 "단왕은 낭자일 뿐입니다."라고 말했다.

증포는 장신(키가 컸다)이라서 멀리서 단왕이 주렴 뒤에서 있는 것을 보고서 장돈을 질책했다. "장돈은 태후의 처분을 따르십시오." 그때 단왕이 주렴을 걷고 나오자, 장돈은 황공하여 어찌할 바를 몰랐다. 단왕이 즉위하고서는 태후가 임시로 군국의 일을 처분해줄 것을 요청했다. 범순인 등 20여 명이 모두 임용되었고, 공쾌와 진관과 추호는 대간이 되었다.

○ 한충언은 우복야가 되었는데, 한충언은 한기의 아들이었다.

○ 문언박과 사마광 등 33인이 추후에 복관(벼슬이 도로 복구됨)되었다.

어구 설명

○ 徽宗皇帝, 名佶, 神宗第十一子也. 初封端王, 哲宗崩, 欽聖憲肅皇太后向氏, 召宰執議立嗣. 后欲立端王, 章惇曰, 端王浪子耳. ; 徽宗皇帝의 이름은 佶(길)이며, 神宗의 11번째 아들이었다. 처음에 端王에 봉해졌었는데, 철종이 아들이 없이 죽자, 欽聖憲肅皇太后向氏(흠성헌숙황태후상씨)가 재상들을 불러 후사를 세우는 의논을 하였다. 황태후는 端王을 세우려 했으나 章惇은 "端王은 浪子일 뿐입니다."라고 말했다.

- 徽宗(휘종) ; 북송 제8대 황제. 神宗의 十一子, 藝術방면에 造詣가 깊었고 多才多能. 통치자로서의 자질과 실적은 全無. 형인 哲宗이 無子하여 즉위. 在位 26年(1100~1126년). 《수호전》에 등장하는 황제의 모델.

- 佶 건장할 길. ~皇太后向氏(황태후상씨) ; 神宗의 황후. 向이 성씨로 쓰일 때는 '상'. 尙氏(상씨)=哲宗(철종)의 妃(비). 宰執(재집) ; 재상과 執政〈집정=政務(정무)를 잡음, 또는 그 관직, 또는 그 사람〉.

– 浪子(낭자) ; 방탕한 자식. 蕩兒(탕아). 불량소년. 경박하고 줏대가 없는 사람. 휘종은 18세에 즉위하였는데 그때 이미 '경박한 탕아' 로 알려졌기에 장돈은 '端王輕挑 不可以君天下(단왕경조 불가이군천하 = 단왕은 언행이 가볍고 신중하지 못하여 임금으로써 천하를 다스릴 수 없다.)' 라 하며 반대하였다. 輕 가벼울 경. 경박하다. 輕挑(경조) ; 언행이 가볍고 신중하지 못함.

○ 曾布身長, 望見端王已在簾下, 叱曰, 章惇聽太后處分. 王出簾, 惇惶恐失措. 王卽位, 請太后權同處分軍國事. 范純仁等二十餘人, 竝收敍, 龔夬 · 陳瓘 · 鄒浩爲臺諫. : 曾布는 長身이라서 멀리서 단왕이 주렴 뒤에 서 있는 것을 보고서 장돈을 질책했다. "장돈은 태후의 처분을 따르십시오." 단왕이 주렴을 걷고 나오자, 장돈은 황공하여 어찌할 바를 몰랐다. 단왕이 즉위하고서는 太后가 임시로 군국의 일을 처분해줄 것을 요청했다. 范純仁 등 20여 명이 모두 임용되었고, 龔夬(공쾌)와 陳瓘(진관)과 鄒浩(추호)는 대간이 되었다.

– 曾布身長(증포신장) ; 증포는 키가 커서. 曾布(증포, 1036~1107년) ; 당송팔대가의 한 사람인 曾鞏(증공)의 동생.

– 簾 발 염 = 珠簾(주렴) ; 구슬을 꿰어 만든 발. 구슬 발.

– 章惇聽太后處分(장돈청태후처분) ; '장돈은 태후의 처분을 따르시오.' 이 한마디로 휘종이 즉위한 뒤 승포는 재상의 자리에 올랐다.

– 惶恐失措(황공실조) ; 황공하여 어찌할 바를 모르다. 龔 공손할 공. 姓氏. 夬 터놓을 쾌. 주역의 괘 이름. 터놓을 결.

– 范純仁等二十餘人(범순인등이십여인) ; 范純仁 등 20여인(장돈에 의해 파직된 사람들). 收敍(수서) ; 불러 관직을 수여하다.

○ 韓忠彦爲右僕射, 忠彦琦子也. 文彦博 · 司馬光等三十三人, 追復官. : 韓忠彦은 우복야가 되었는데 忠彦은 한기의 아들이었다. 文彦博과 司馬光 등 33인이 추후에 復官되었다.

– 彦 선비 언. 琦 옥 이름 기. 復官(복관) ; 관직을 회복하다.

(2) ○ 太后垂簾半年而還政. ○ 章惇罷, 尋竄. ○ 韓忠彦 · 曾布左右僕射. ○ 貶邢恕. ○ 貶蔡京 · 蔡卞, 卞安石婿也. 先是臺諫龔夬 · 陳瓘 · 任伯雨等攻卞, 罷其執政. 京爲翰林承旨, 瓘見其視日不瞬, 謂. 此人必大貴, 然以其區區精神, 敢抗太陽, 他日得志, 必爲天下患. 瓘語人曰, 射人先射馬, 擒賊先擒王. 連疏攻之甚力, 京罷, 尋又以御史陳次升等言, 與卞俱貶.

○ 태후는 수렴청정 반년을 하고서 휘종에게 정권을 돌려주었다.

○ 장돈을 파직한 다음에, 곧 유배를 시켰다.

○ 한충언과 증포가 좌우복야가 되었다.

○ 형서를 폄직〈벼슬에서 추방하여 均州(균주)에 갇혔다.〉시켰다.

○ 채경과 채변을 폄직(좌천)시켰는데, 채변은 왕안석의 사위였다. 이보다 앞서, 대간(간관)인 공쾌와 진관과 임백우 등이 채변을 비판하여 집정의 자리에서 축출하였었다. 채경이 일찍이 한림승지가 되었을 때, 진관은 채경이 해를 쳐다보면서도 눈을 깜박이지 않는 것을 보고 말했다. "이 사람은 틀림없이 아주 귀한 자리에 오를 것이나, 시시한 기운을 가지고 태양에 맞서려 하는데 뒷날 득지하면(뜻을 얻으려면) 필히 천하의 우환거리가 될 것이다."

진관이 어떤 사람에게 말했었다. "사람을 쏘고자 하거든 말을 먼저 쏘아야 하고, 도적을 잡으려면 먼저 그 두목을 잡아야 한다." (진관은) 연이어 상소를 하면서 힘써 공격하여 채경을 파직시키고 얼마 안 있어 다시 어사 진차승 등의 논의에 의해 채변을 함께 폄직시켰다.

어구 설명

○ 太后垂簾半年而還政. 章惇罷, 尋竄. 韓忠彦 · 曾布左右僕射. 貶邢恕. : 太后는 수렴청정 반년을 하고서 휘종에게 정권을 돌려주었다. 章惇(장돈)을 파직한 다음에, 곧 유배를 시켰다. 韓忠彦과 曾布(증포)가 좌우복야가 되었다. 邢恕(형서)를 폄직〈벼슬에서 추방하여 均州(균주)에 가두었다〉시켰다.

– 竄 숨을 찬. 멀리 내쫓다.　邢 나라 이름 형.　恕 용서할 서.

○ 貶蔡京 · 蔡卞, 卞安石婿也. 先是臺諫龔夬 · 陳瓘 · 任伯雨等攻卞, 罷其執政. 京爲翰林承旨, 瓘見其視日不瞬, 謂. 此人必大貴, 然以其區區精神, 敢抗太陽, 他日得志, 必爲天下患. : 채경과 蔡卞(채변)을 폄직시켰는데, 채변은 왕안석의 사위였다. 이보다 앞서, 대간(=諫官)인 공쾌와 진관과 임백우 등이 채변을 비판하여 집정의 자리에서 축출하였었다. 채경이 일찍이 한림승지가 되었을 때, 진관은 채경이 해를 쳐다보면서도 눈을 깜박이지 않는 것을 보고 말했다. "이 사람은 틀림없이 아주 귀한 자리에 오를 것이나, 시시한 기운을 가지고 태양에 맞서려 하는데 뒷날 득지하면(뜻을 얻으려면) 필히 천하의 우환거리가 될 것이다."

– 蔡京(채경, 1047~1126년) ; 北宋에서 가장 타락한 재상. 북송 명필 4대가의 한 사람. 단, 인격이 너절하다 하여 蔡京 대신 蔡襄(채양)을 꼽는다. 휘종의 花石綱(화석강) 사태의 실질적 책임자. 《水滸傳》에 나오는 채태사가 바로 이 사람. 《金甁梅(금병매)》의 男 주인공 西門慶(서문경)이 義父로 모셨고 서문경에게 벼슬을 내린 사람.

– 蔡卞(채변) ; 채경의 동생.　瞬 눈 깜짝일 순.　視日不瞬(시일불순) ; 해를 보면서 눈을 깜박이지 않다.　區區(구구) ; 보잘 것 없다. 시시하다.

– 精神(정신) ; 정신, 활력, 정력.　天下患(천하환) ; 천하의 근심거리. 북송을 멸망시킨 4賊(적)의 한 사람이 채경이었다.

○ 瓘語人曰, 射人先射馬, 擒賊先擒王. 連疏攻之甚力, 京罷, 尋又

以御史陳次升等言, 與卞俱貶. : 진관이 어떤 사람에게 말했었다. "사람을 쏘려거든 말을 먼저 쏘아야 하고, 도적을 잡으려면 먼저 그 두목을 잡아야 한다." (진관은) 연이어 상소를 하면서 힘써 공격하여 채경을 파직시키고 얼마 안 있어 다시 어사 진차승 등의 논의에 의해 채변을 함께 폄직시켰다.

- 擒 사로잡을 금. 射人(사인)~, 擒賊(금적)~ ; 杜甫의 詩 〈前出塞(전출색)〉의 구절. 塞 ①변방 새. ②막을 색. 근절하다. 차단하다. 連疏(연소) ; 연이은 상소.

(3) ○ 上意專欲紹述熙豊之政, 而曾布微有兩存熙豊·元祐之意. 故建中靖國初, 嘗略變章惇·蔡卞所爲. 旣而布迎上旨, 正人任伯雨·江公望·陳瓘等, 不容於朝. 小人雖各有黨, 更迭出入, 意向則同祖安石而已.

○ 휘종은 희녕과 원풍 연간의 정치(신법)를 계승 발전시키려는 의향이었지만, 증포는 희녕과 원풍의 신법과 원우의 구법이 정치를 혼합하여 쓰려는 뜻이 약간 있었다. 그래서 휘종 즉위 초에는 장돈과 채변의 정책을 약간 변경했었다. 얼마 뒤, 증포는 휘종의 뜻에 따라 정인 임백우와 강공망, 진관 등을 조정에 들어오는 것을 용납하지 않았다.

소인들이 비록 각자 당이 있고 관직이 바뀌고 파직과 입조를 하더라도 본질은 왕안석을 따르는 것뿐이었다.

어구 설명

○ 上意專欲紹述熙豐之政, 而曾布微有兩存熙豐 · 元祐之意. 故建中靖國初, 嘗略變章惇 · 蔡卞所爲. : 휘종은 희녕과 元豐 연간의 정치(신법)를 계승 발전시키려는 의향이었지만, 증포는 희풍(희녕과 원풍)과 원우의 정치를 혼합하려는 뜻이 약간 있었다. 그래서 휘종 즉위 초에는 章惇(장돈)과 채변의 정책을 약간 변경했었다.

- 紹述(소술) ; 계승하여 발전시키다.　熙豐之政(희풍지정) ; 熙寧과 元豐 연간의 정치, 神宗의 정책.　元祐(원우) ; 哲宗 초반의 新法을 폐지하던 정책.

- 靖 편안할 정.　建中靖國(건중정국) ; 휘종 즉위 다음 해의 첫 연호. 1101년.　所爲(소위) ; 하던 바. 정책.　靖 편안할 정. 편안하다. 고요하다. 온화하다.

○ 旣而布迎上旨, 正人任伯雨 · 江公望 · 陳瓘等, 不容於朝. 小人雖各有黨, 更迭出入, 意向則同祖安石而已. : 얼마 뒤, 증포는 휘종의 뜻에 따라 正人 任伯雨와 江公望, 陳瓘(진관) 등을 조정에 들어오는 것을 용납하지 않았다. 小人들이 비록 각자 黨이 있고 관직이 바뀌고 파직과 入朝를 하더라도 본질은 王安石을 따르는 것뿐이었다.

- 迎 ; 영합하다.　正人(정인) ; 正言. 宋代 官職名. 문하성과

중서성에 左 · 右正言이 소속되었다. 元祐(원우) 시대의 구법파를 일컫는 말.

- 任伯雨(임백우) ; 章惇(장돈) 탄핵에 앞장섰던 사람. 更迭(경질) ; 관직이 바뀜. 出入(출입) ; 파직되거나 관직에 임용되는 것.

(4) ○ 遼主弘基殂, 號道宗. 孫延禧立, 號天祚.

○ 女眞阿骨打立. 女眞本名朱里眞, 肅愼之遺種, 而渤海之別族也. 或曰, 本姓拏, 辰韓之後, 三國志所謂挹婁, 元魏所謂勿吉, 唐所謂黑水靺鞨者其地也. 有七十二部落, 本不相統. 自太中祥符以後, 絕不與中國通. 有生女眞者, 其類猶繁, 其酋曰巖版. 有孫曰, 楊哥太師, 遂雄諸部. 或曰, 楊割之先, 新羅人完顏氏, 女眞妻之以女, 生子二人, 長曰胡來, 傳三人而至楊割. 阿骨打其子也, 爲人沈毅有大志.

○ 遼의 황제 야율홍기가 죽어 시호를 道宗이라 했다. 손자인 야율연희가 즉위하여 연호를 천조라 했다.

○ 여진족의 아골타가 자립하였다. 여진족의 본명은 주리진인데, 숙신족의 후손이며 발해의 별족이다. 혹은 본성은 拏(나)씨로, 진한의 후손이며 삼국지에 기록된 읍루, 북

위에서 물길이라 불렀으며, 唐에서 말한 흑수말갈족이 그 땅에 있었다. 그들 여진에는 72개의 부락이 있었으나 본래 서로 지배하지는 않았다. 송나라 태중상부(진종의 연호) 이후에는 단절되어 중국과 통하지 않았다.

생여진이란 사람들은 그 부류가 많이 번성하였는데 그 우두머리를 암판이라 불렀다. 그 손자를 양가태사라 하였는데, 드디어 양가태사가 여러 부족을 지배하게 되었다. 혹자는 楊割(양할-추장)의 조상은 신라인 완안씨이고 여진족이 그 딸을 아내로 주어 두 아들을 낳았었는데, 어른이 되자 그 맏아들을 호래라고 불렀다가 삼대를 거쳐 양할에 이르렀다고 한다. 아골타는 양할의 아들인데 사람이 침착하고 강인했으며 큰 뜻을 품고 있었다.

어구 설명

○ 遼主弘基殂, 號道宗. 孫延禧立, 號天祚. : 遼主 야율홍기가 죽어 시호를 道宗이라 했다. 손자인 야율연희가 즉위하여 연호를 天祚(천조)라 했다.

- 弘基(홍기) ; 耶律弘基(야율홍기). 道宗(도종) ; 재위 1055~1101년. 延禧(연희) ; 天祚帝(천조제) ; 요의 마지막 통치자. 재위 1101~1125년.

○ 女眞阿骨打立. 女眞本名朱里眞, 肅愼之遺種, 而渤海之別族也. 或曰, 本姓拏, 辰韓之後, 三國志所謂挹婁, 元魏所謂勿吉, 唐所謂

黑水靺鞨者其地也. 有七十二部落, 本不相統. 自太中祥符以後, 絕不與中國通. : 女眞族의 阿骨打가 (族長으로서) 자립하였다. 女眞族의 本名은 朱里眞(주리진)인데, 肅愼族(숙신족)의 후손이며 渤海(발해)의 別族이다. 혹은 本姓은 拏씨로, 辰韓의 후손이며 三國志에 기록된 挹婁(읍루), 북위에서 勿吉(물길)이라 불렀으며, 唐에서 말한 黑水靺鞨族(흑수말갈족)이 그 땅에 있었다. 그들 여진에는 72개의 部落이 있었으나 본래 서로 지배하지는 않았다. 송나라 眞宗(진종)의 太中祥符(태중상부) 以後에는 단절되어 중국과 통하지 않았다.

- 女眞(여진) ; 고려의 간접 지배를 받던 말갈족에 대한 遼와 金, 高麗시대의 호칭. 조선 초에는 野人. 조선 중기에는 胡人. 20세기에는 滿人, 滿族이라 호칭했다.

- 阿骨打〔아골타. āgǔdá 完顔阿骨打(완안아골타). 漢名 完顔旻(완안민)〕 ; 金朝 開國皇帝(재위 1115~1123년). 女眞族 完顔部 추장 烏骨迺(오골내)의 손자. 年號는 收國(수국). 建都 會寧府(건국 수도는 회령부). 猛安謀(맹안모)克制(극제 = 능히 잘 제도를 바로 잡다.) 운영. 묘호는 太祖阿骨打.

- 肅愼(숙신) ; 춘추시대 중국 동북방의 종족 이름. 渤海(발해) ; 여기서는 나라 이름 발해가 아닌 말갈족을 지칭.

- 拏 붙잡을 나. 辰韓(진한) ; 三韓의 辰韓(진한). 《三國志(삼국지)》; 陳壽(진수)의 역사책 三國志. 挹 물을 뜰 읍. 婁 별 이름 누(루).

- 挹婁(읍루) ; 後漢에서 北魏시대에 동북방의 말갈족에 대한

호칭. 元魏(원위) ; 탁발씨의 北魏. 國姓 탁발을 중국식 성씨인 元으로 바꿨기에 元魏라 통칭.

– 勿吉(물길) ; 말갈족에 대한 또 다른 호칭. 黑水靺鞨(흑수말갈) ; 말갈족의 한 갈래. 대조영 渤海(발해)의 피 지배족. 太中祥符(태중상부) ; 북송 眞宗의 연호.

○ 有生女眞者, 其類猶繁, 其酋曰巖版. 有孫曰, 楊哥太師, 遂雄諸部. 或曰, 楊割之先, 新羅人完顔氏, 女眞妻之以女, 生子二人, 長曰胡來, 傳三人而至楊割. 阿骨打其子也, 爲人沈毅有大志. : 生女眞이란 사람들은 그 부류가 많이 번성하였는데 그 우두머리를 巖版(암판)이라 불렀다. 그 손자를 楊哥太師(양가태사)라 하였는데, 드디어 양가태사가 여러 부족을 지배하게 되었다. 혹자는 楊割(양할)의 조상은 新羅人 完顔氏이고, 여진족이 그 딸을 아내로 주어 두 아들을 낳았었는데, 어른이 되자 그 맏아들을 胡來(호래)라고 불렀다가 삼대를 거쳐 楊割에 이르렀다고 한다. 阿骨打는 양할의 아들인데 사람이 침착하고 강인했으며 큰 뜻을 품고 있었다.

– 生女眞(생여진) ; 중국과 먼 곳에 살던 여진의 부족. 熟女眞(숙여진)과 구분된다. 酋 두목 추. 傳三人(전삼인) ; 傳三代 또는 傳三世가 되어야 한다.

– 楊割(양할) ; 人名. 沈毅(침의) ; 침착하며 강인하다.

(5) ○ 建中靖國, 一年而改崇寧. 韓忠彦罷, 再追奪司馬光等官, 籍元祐黨人. ○ 曾布罷. 蔡京爲相, 蔡

卞執政. 再貶竄元祐人, 立姦黨碑. 京自崇寧爲僕射, 歷大觀 · 政和 · 重和爲大師. 嘗暫罷, 輒復入, 雖罷之日, 實執國命. 其間趙挺之 · 張商英作相, 嘗與京異, 然在位各不過數月或一年而罷. 如何執中 · 鄭居中 · 劉正夫 · 余深, 雖在相位, 或久或淺, 居中亦與京異, 常相排. 正夫亦小異, 然於京之權寵無損也.

○ 건중정국 1년에 숭녕으로 고쳤다. 한충언을 해직하고, 사마광 등의 관직을 다시 추탈하고, 원우당인의 명부를 만들었다.

○ 증포를 파직했다. 채경이 재상이 되고, 채변은 집정이 되었다. 다시 원우의 인사들을 폄직시키고 내쫓았으며 간당비를 세웠다. 채경은 숭녕 연간에 복야가 된 이후, 대관과 정화와 중화 연간을 거치면서 태사가 되었다. 그는 잠깐 해직되었다가 어느 새 다시 재상이 되었으며 해직 중에도 실제로 국정을 담당했다.

그러는 사이에 조정지와 장상영이 재상이 되어 채경과 다른 정치를 하였지만 재위 몇 달 혹은 1년이면 해임되었다. 하집중이나 정거중, 유정부와 여심 같은 사람도 비록 재상에 올랐으나 약간 오래 아니면 짧은 기간이었으며, 정거중 역시 채경과 의견이 맞지 않아 늘 서로 배척하였다.

유정부 또한 얼마간 반대의 의견을 내놓았지만 그래도 채경의 권력과 황제의 총애는 줄어들지 않았다.

어구 설명

○ 建中靖國, 一年而改崇寧. 韓忠彦罷, 再追奪司馬光等官, 籍元祐黨人. : 建中靖國(건중정국) 1년에 崇寧(숭녕)으로 고쳤다. 韓忠彦을 해직하고, 司馬光 등의 관직을 다시 추탈하고, 元祐黨人의 명부를 만들었다.

– 崇寧(숭녕) ; 1102~1106년. 籍 ; 문서로 만들다. 元祐黨人(원우당인) ; 원우 연간에 신법을 폐지했던 사람들. 舊法黨人(구법당인).

○ 曾布罷. 蔡京爲相, 蔡卞執政. 再貶竄元祐人, 立姦黨碑. 京自崇寧爲僕射, 歷大觀・政和・重和爲大師. 嘗暫罷, 輒復入, 雖罷之日, 實執國命. : 曾布를 파직했다. 蔡京이 재상이 되고, 蔡卞은 집정이 되었다. 다시 元祐의 인사들을 폄직시키고 내쫓았으며 姦黨碑(간당비)를 세웠다. 채경은 崇寧 연간에 僕射(복야)가 된 이후, 大觀과 政和와 重和 연간을 거치면서 태사가 되었다. 그는 잠깐씩 해직되었다가 어느 새 다시 入相하였으며 해직 중에도 실제로 국정을 담당했다.

– 立姦黨碑(입간당비) ; 정식 명칭은 元祐黨籍碑(원우당적비), 숭녕 4년(1105년). 재상 채경이 주장하여 원우 연간에 신법에 반대한 司馬光, 文彦博 등 119人을 元祐奸黨으로 지명하여 비석에

새겨 전국에 건립하였다. 그 뒤에 간당은 309명으로 불어났다. 그러나 朝野의 반대에 봉착하자, 다음 해 전부 철거하였다. 지금 남아 있는 것은 이름이 새겨진 사람의 후손이 갖고 있는 탁본을 근거로 새로 제작한 것이라고 한다. 성명을 기록했다고 하는 것은 그 자손이 영원히 벼슬을 못하고 또 왕족과 결혼도 못하게 한 것이다.

– 大觀(대관, 1107~1110년). 政和(정화, 1111~1118년). 重和(중화, 1118~1119년). 大師(태사) ; 大(클 태. 太와 同). 大史, 大常. 大廟는 각각 태사, 태상, 태묘로 읽어야 한다.

– 暫 잠시 잠. 輒 문득 첩. 國命(국명) ; 국가의 명령, 國政.

○ 其間趙挺之 · 張商英作相, 嘗與京異, 然在位各不過數月或一年而罷. 如何執中 · 鄭居中 · 劉正夫 · 余深, 雖在相位, 或久或淺, 居中亦與京異, 常相排. 正夫亦小異, 然於京之權寵無損也. : 그 사이에 趙挺之(조정지)와 張商英이 재상이 되어 채경과 다른 정치를 하였지만 재위 몇 달 혹은 1년이면 해임되었다. 何執中(하집중)이나 鄭居中, 劉正夫와 余深(여심) 같은 사람도 비록 相位에는 올랐으나 약간 오래 아니면 짧은 기간이었으며, 정거중 역시 채경과 의견이 달랐고 늘 서로 배척하였다. 유정부 또한 약간 의견이 달랐지만 그래도 채경의 권력과 황제의 총애는 줄어들지 않았다.

– 挺 뽑을 정. 빼내다. 余 나 여. 餘의 俗字. 久 오랠 구. 長久히. 淺 얕을 천. 길지 아니하다. 日淺(일천)하다.

– 權寵(권총) ; 권력과 휘종의 총애. 채경은 휘종의 절대적 신임을 받았었다. 寵 괼 총. 괴다. 사랑하다. 첩. 특히 임금의 첩.

(6) 京子攸之婦, 出入宮禁. 攸遂大用, 至父子權勢自相軋. 上寵攸而尊京子弟親戚, 滿朝皆其父子之黨. 京倡邪說, 以爲當豐亨豫大之運, 專以奢侈勸上. 窮極土木之功, 廣京城, 修大內, 盛築內苑, 鑄九鼎. 鼎成, 以九州水土納鼎中, 及奉安北方寶鼎, 忽水漏于外. 作大晟樂.

채경의 아들 채유의 아내 宋氏(송씨)가 궁중에 출입하였다. 채유가 높이 등용되면서 부자간의 권세가 저절로 충돌하기에 이르렀다. 휘종은 채유를 총애하면서도 채경의 자제와 친척도 대우하였기에 온 조정에 그 부자의 무리들이 가득했다.

채경은 사설을 주창하여 그때가 '풍형예대'의 호운이라 하면서 휘종에게 사치를 적극 권장하였다. 토목공사를 크게 일으켰고, 경성을 넓히고 대궐을 수리하면서 궁궐 안에 정원을 만들었으며 9정을 주조하게 하였다. 9정이 완성되자, 9주의 물과 흙으로 솥 안을 채웠는데 북방에 봉안된 보정에서 물이 터져 나왔다. 대성악을 만들었다.

어구 설명

○ 京子攸之婦, 出入宮禁. 攸遂大用, 至父子權勢自相軋. 上寵攸

而尊京子弟親戚, 滿朝皆其父子之黨. : 채경의 아들 蔡攸의 아내가 궁중에 출입하였다. 채유가 높이 등용되면서 부자간의 권세가 저절로 충돌하기에 이르렀다. 휘종은 채유를 총애하면서도 채경의 자제와 친척도 대우하였기에 온 조정에 그 부자의 무리들이 가득했다.

– 攸 바 유(所와 通). 태연한 모양. 宮禁(궁금) ; 宮中. 軋 삐걱거릴 알. 軋轢(알력). 相軋(상알) ; 서로 불화하다.

○ 京倡邪說, 以爲當豐亨豫大之運, 專以奢侈勸上. 窮極土木之功, 廣京城, 修大內, 盛築內苑, 鑄九鼎. 鼎成, 以九州水土納鼎中, 及奉安北方寶鼎, 忽水漏于外. 作大晟樂. : 채경은 邪說(사설)을 주창하여 그때가 '豐亨豫大(풍형예대)' 의 好運이라 하면서 휘종에게 奢侈(사치)를 적극 권장하였다. 土木공사를 크게 일으켰고, 京城을 넓히고 대궐을 수리하면서 궁궐 안에 정원을 만들었으며 九鼎을 주조하게 하였다. 9정이 완성되자, 九州의 水土로 솥 안을 채웠는데 北方에 봉안된 寶라는 鼎에서 물이 터져 나왔다. 대성악을 만들었다.

– 邪說(사설) ; 도덕적으로 바르지 못한 주장. 豫 미리 예. 즐기다. 즐겁게 지내다. 豐亨豫大之運(풍형예대지운) ; 豐〈雷火豐(뇌화풍)〉과 豫〈雷地豫(뇌지예)〉는 64괘의 卦名. 채경은 《周易》의 구절을 적절히 취해 '豐盛을 누리고(豐亨하니 王假之하나니~), 즐거움을 크게 하라〈豫之時義 大矣哉(예지시의 대의재)〉.' 는 뜻으로 휘종의 사치와 방종을 부채질하였다.

– 窮極(궁극) ; 할 수 있는 최대한. 大內(대내) ; 궁궐. 御所.

內苑(내원) ; 궁중의 뜰.

– 九鼎(구정) ; 蒼東方(창동방), 彤南方(동남방), 晶西方(정서방), 寶北方(보북방), 魁東南(괴동남), 阜西南(부서남), 壯西北(장서북), 風東北(풍동북), 帝鼎(제정)의 아홉 銘〈명 = 金石(금석)에 새긴 글자〉.

– 九州(구주) ; 중국 전체를 아홉 주로 나누었으므로 구주란, 곧 전국이란 뜻.

– 북방에 봉안된 보정에서 물이 터져 나왔다 ; 북쪽이 어지러워질 징조.

– 晟 밝을 성. 大晟樂(대성악) ; 송대 궁중의 正樂. 이 음악이 明代에는 '大成釋奠樂譜(대성석존악보)' 가 되었으나 소멸되었다. 고려시대에 전해진 대성악은 雅樂(아악)으로 지금껏 우리나라에 전해오고 있다. 옛날 성현을 제사지낼 때 연주하는 음악.

(7) 作玉清神霄宮, 崇信道士林靈素. 策上爲教主道君皇帝. 作延福宮, 作保和殿, 作萬歲山. 以朱勔領花石綱, 奇花異木怪石珍禽奇獸, 無遠不致, 民間一花一木之妙, 輒令上供. 有一花費數千緡, 一石費數萬緡者. 二十年間, 山林高深, 麋鹿成羣. 改名艮嶽, 又爲村居野店酒肆青帘於其間, 每歲冬至後, 卽放燈縱令飮博, 謂之先賞元宵.

옥청신소궁을 지었으며 도사 임영소를 높이면서 신봉했다. 임영소는 휘종에게 도교의 도군황제라는 존호를 올렸다. 연복궁과 보화전을 짓고 만세산을 만들었다.

주면으로 화석강을 운영케 하여 기화이목과 괴석과 진금기수를 먼 곳에 있더라도 모두 걷어왔으며 민간에 있는 기이한 꽃과 나무를 바치게 하였다. 어떤 꽃 하나에 수천 민을 썼고, 기석 하나를 운반하는데 수만 민의 비용을 들였다.

(만세산을 만들고) 20여 년에 山林은 높아지고 우거졌으며 사슴들은 떼를 지어 놀았다. 간악이라 개명하였고, 다시 농촌 마을과 점포, 술집과 간이주점을 벌려놓고 해마다 동지부터는 등불을 켜고 마음대로 마시고 도박판을 벌리게 했는데, 이를 '미리 즐기는 원소절' 이라고 불렀다.

어구 설명

○ 作玉淸神霄宮, 崇信道士林靈素. 策上爲敎主道君皇帝. 作延福宮, 作保和殿, 作萬歲山. ; 玉淸神霄宮을 지었으며 道士 林靈素(임영소)를 높이면서 신봉했다. 임영소는 휘종에게 도교의 도군황제라는 존호를 올렸다. 延福宮과 保和殿을 짓고 萬歲山을 만들었다.

- 玉淸(옥청) ; 도교 최고의 神인 三淸(玉淸, 上淸, 太淸)의 하나.
- 霄 하늘 소. 道士 林靈素는 天에 九宵(구소)가 있고 그중에서

도 가장 높은 곳이 神霄(신소)인데 上帝의 長子가 다스리고 있다고 하였다. 그리고 그 장자는 南方을 주관하는데 휘종이 바로 그분의 화신이라면서 휘종을 치켜세웠다. 霄 밤 소. 야간. 작다. 닮다. 생명주. 玉淸神霄宮(옥청신소궁) ; 휘종이 탄생한 곳을 기념하기 위해 지음.

– 萬歲山(만세산) ; 궁내의 假山〈가산 = 정원 같은 데에 돌을 모아 쌓아서 조그맣게 만든 산. 石假山(석가산)〉. 人造의 山. 假 거짓 가. 가짜.

○ 以朱勔領花石綱, 奇花異木怪石珍禽奇獸, 無遠不致, 民間一花一木之妙, 輒令上供. 有一花費數千緡, 一石費數萬緡者. : 朱勔(주면)으로 花石綱을 운영케 하여 奇花異木(기화이목)과 怪石(괴석)과 珍禽奇獸(진금기수)를 먼 곳에 있더라도 모두 걷어왔으며 민간에 있는 기이한 一花一木을 바치게 하였다. 어떤 꽃 하나에 수천 민을 썼고, 奇石 하나를 운반하는데 수만 민의 비용을 들였다.

– 勔 힘쓸 면. 朱勔(주면, 1075~1126년) ; 徽宗時期의 大臣, 뛰어난 造景 기술자로 '花園子(화원자)' 라는 별칭이 있었다. 蘇州에 應奉局(응봉국)을 두고 奇花나 太湖石같은 異石을 구해 개봉의 궁궐로 운반하는 花石綱의 총책. 花石綱(화석강) ; 진귀한 꽃, 기묘한 돌을 싣고 돌아다니는 배 이름.

– 綱 벼리 강. 물자 운반을 위해 만들어진 특별한 조직. 花石綱(화석강) ; 奇花, 異木, 怪石, 珍禽(진금), 奇獸(기수)를 운반하기 위한 특수 조직. 이 화석강을 부채질한 사람이 채경이었고 주면은 그 行動責(행동책)이었다.

- 無遠不致(무원불치) ; 멀다 하여 가져 오지 못하는 것이 없었다. 緡 낚싯줄 민. 돈 꾸러미. 화폐의 단위. 致 보낼 치. 보내다. 이루다. 끌어들이다.

○ 二十年間, 山林高深, 麋鹿成羣. 改名艮嶽, 又爲村居野店酒肆靑帘於其間, 每歲冬至後, 卽放燈縱令飮博, 謂之先賞元宵. : (만세산을 만들고) 20여 년에 山林은 높아지고 우거졌으며 사슴들은 떼를 지어 놀았다. 만세산은 서울의 丑寅(축인)의 방향에 있다 하여 艮嶽(간악)이라 개명하였고, 다시 농촌 마을과 점포, 술집과 간이주점을 벌려놓고 해마다 동지부터는 등불을 켜고 마음대로 마시고 도박판을 벌리게 했는데, 이를 '미리 즐기는 원소절'이라고 불렀다.

- 麋 큰 사슴 미. 鹿 사슴 녹(록). 艮 어긋날 간. 8괘의 하나(☶). 64괘의 괘명(艮이 두개 겹친 괘). 방향으로는 동북방을 지칭.

- 村居(촌거) ; 농촌 농가. 野店(야점) ; 간이주점. 肆 방자할 사. 점포. 酒肆(주사) ; 유흥주점. 帘 술집 깃발 염(렴).

- 縱 늘어질 종. 마음대로. 博 넓을 박. 도박. 元宵(원소) ; 원소절. 정월 대보름날. 上元節(상원절).

宋徽宗御筆(송휘종어필) 〈崇寧通寶(숭녕통보)〉

【참고】 花石綱(화석강)과 백성들의 분노

❖ 휘종 황제는 재상 蔡京과 환관 童貫을 절대적으로 신임했는데, 당시 사람들은 채경을 公相(할아비 재상), 동관을 媼相(온상, 할머니 재상)이라고 불렀다. 채경은 젊어서는 구법당에 속했었지만 휘종의 신임을 얻으면서 철저하게 구법당을 탄압했으며, 휘종의 도교 숭배와 풍류와 예술에 맞장구를 칠 수 있는 능력을 갖고 있었던 기회주의자였다.

채경과 동관은 강남지역의 기화이초와 아름다운 돌, 곧 花石의 착취에 주력하였고 그 화석으로 황제의 오락과 수명장수와 황실 번영을 기원하는 萬壽山을 꾸몄다. 그 화석을 운반할 때 10척의 배를 1綱(강)이라 하였기에 이를 花石綱이라 불렀다.

綱(강)이란 그 이전부터 존재했었다. 강은 특별한 물자의 장거리 운송조직과 그 운용을 지칭한다. 화석강 이전에 상인들이 자발적으로 조직하여 운용한 소금 운송조직인 鹽綱(염강)이나, 차를 운반하는 茶綱(다강)이 있었다. 양산박에 108영웅이 모여드는 단초가 되었던 양중서가 보낸 生辰綱(생신강)은 생신 선물을 운반하기 위한 운송조직이다.

처음에는 화석강의 수탈이 그리 심하지도 않았고 지역도 항주 일대에 한정되었지만 점차 그 대상과 지역이 넓어지고 수탈의 정도가 심해졌다. 각 지방의 지방관들은 먹이를 노리는 맹수처럼 기이한 수목과 수석을 수집했는데, 조금이라도 기이한 것이 있으면 應奉局의 건달들이 들이닥쳐 '皇家'라고 쓴 딱지만 붙이면 탐나는 물건은 그대로 빼앗을 수 있었고, 큰 나무나 큰 돌을 운반할 때 일반 백성의 집을 허무는 일이 다반사였다고 한다. 때문에 일반 백성들의 원성은 극에 달했다고 한다. 史書의 기록에 의하면, 화석강의 착취와 수탈은 20여 년이나 계속되었다.

소설 《수호전》에는 이 화석강에 대해 언급한 부분이 세 곳이다. 12회에서 楊志(양지)는 양산박 두령 王倫(왕륜)에게 자신이 太湖石을 운반하다가 황하에서 돌풍을 만나 배가 가라앉았고 그 때문에 도망하였다고 자신의 경력을 소개하고 있다. 그리고 44회에서 孟康(맹강)은 화석강을 운반하는 배를 만드는데 심하게 재촉하는 제조관을 죽이고 도주하였다고 하였다. 그리고 109회에서 주면 등이 화석강을 심하게 징발하여 많은 백성들이 이에 불만을 갖고 있다는 내용이 있다.

(8) ○ 時星芒屢見, 地震河決, 怪異迭出, 率以爲常. 京等誣奏, 甘露降, 祥雲現, 飛鶴蔽空, 竹生紫花, 芝草産于艮嶽, 及諸州連理木, 雙花芙渠·芍藥·牡丹. 至指臘月雷, 三月雪, 皆稱瑞表賀. ○ 內侍童貫·梁師成用事. 師成專務應奉, 以蠱上心, 勢焰熏灼, 竊威福於中. 童貫專務開邊, 生事於外. 皆與蔡京父子相表裏.

○ 이때 혜성이 자주 나타났고, 지진이 나고 황하의 둑이

터지는 등 괴이한 일이 교대로 일어났지만 모든 것을 정상이라 생각하였다. 채경 등은 감로가 내렸느니, 상서로운 구름이 피어났으며 나르는 학들이 하늘을 덮었고 대나무에서 보라색 꽃이 피었으며, 간악(만세산)에 영지가 자라났고 여러 주에서 연리목이 나왔으며, 연꽃이나 작약, 모란의 겹꽃이 피었다는 등 거짓말을 아뢰었다. 섣달에 벼락이 치고, 3월에 내리는 눈을 가리켜 모두 상서로운 징표라며 축하하는 글을 올리기에 이르렀다.

내시 동관과 양사성이 권력을 휘둘렀다. 양사성은 전적으로 황제에게 아첨하면서 휘종의 판단을 흐리게 하였고 맹렬한 기세로 위세와 복을 누리며 행세했다. 동관은 국경을 막는다면서 밖에서 일을 만들었다. 두 사람 모두가 채경 부자와 함께 서로 안과 겉처럼 한마음이 되어 일을 저질렀다.

어구 설명

○ 時星芒屢見, 地震河決, 怪異迭出, 率以爲常. 京等誣奏, 甘露降, 祥雲現, 飛鶴蔽空, 竹生紫花, 芝草産于艮嶽, 及諸州連理木, 雙花芙渠 · 芍藥 · 牡丹. 至指臘月雷, 三月雪, 皆稱瑞表賀. : 이때 혜성이 자주 나타났고, 지진이 나고 황하의 둑이 터지는 등 괴이한 일이 교대로 일어났지만 모든 것을(率) 정상이라 생각하였다. 채경 등은 감로가 내렸느니, 상서로운 구름이 피어났으며 나르는

학들이 하늘을 덮었고 대나무에서 보라색 꽃이 피었으며, 간악(만세산)에 영지가 자라났고 여러 주에서 연리목이 나왔으며, 연꽃이나 작약, 모란의 겹꽃이 피었다는 등 거짓말을 아뢰었다. 섣달에 벼락이 치고, 3월에 내리는 눈을 가리켜 모두 상서로운 징표라며 축하하는 글을 올리기에 이르렀다.

- 星芒(성망) ; 꼬리 별. 彗星(혜성), 불길한 징조. 迭 번갈아 일어날 질. 교대로. 誣奏(무고) ; 사실을 거짓으로 아뢰다.

- 蔽 덮을 폐. 芝草(지초) ; 영지초. 連理木(연리목) ; 나무 두 그루가 하나로 합쳐진 것. 芙 부용 부. 渠 도랑 거. 芙渠(부거) ; 연꽃.

- 芍 함박꽃 작. 牡 수컷 모. 至 ; ~에 이르다. 지극히 매우. 臘 섣달 납(랍). 제사 이름 납. 臘月(납월) ; 섣달.

○ 內侍童貫·梁師成用事. 師成專務應奉, 以蠱上心, 勢焰熏灼, 竊威福於中. 童貫專務開邊, 生事於外. 皆與蔡京父子相表裏. : 內侍 童貫과 梁師成이 권력을 휘둘렀다. 양사성은 전적으로 황제에게 아첨하면서 휘종의 판단을 흐리게 하였고 맹렬한 기세로 위세와 복을 누리며 행세했다. 童貫은 국경을 막는다면서 밖에서 일을 만들었다. 두 사람 모두가 蔡京 父子와 함께 서로 안과 겉처럼 한마음이 되어 일을 저질렀다.

- 童貫(동관, 1054~1126년) ; 환관이지만 덩치가 큰 장군 스타일이어서 북송의 군사를 거느리고 요나라 정벌에 나서기도 했다. 채경과 함께 북송 멸망의 실질적인 원흉.

- 梁師成(양사성) ; 환관. 蘇軾의 庶子라 자칭했지만 확인 불가.

應奉(응봉) ; 천자의 뜻에 순응하며 아첨하다.

- 蠱 독 고, 벌레 고. 미혹하다. 마음을 흐리게 하다.〔蠱惑(고혹)〕
- 焰 불 댕길 염. 불꽃.　勢焰(세염) ; 불꽃같은 기세.　熏 연기에 그을릴 훈.　灼 사를 작. 태우다.　熏灼(훈작) ; 기세를 떨치다.
- 竊 훔칠 절. 훔쳐 갖다.

(9) ○ 女眞阿骨打, 以重和元年戊戌稱帝. 初遼主天祚, 刑賞僭濫, 荒於禽色, 歲索名鷹海東青於女眞. 女眞與其隣東北五國戰鬪, 乃能獲此禽以獻. 不勝其擾, 阿骨打遂叛, 攻陷混同江東之寧江州, 遼遣將討之而敗. 又起中京·上京·長春·西遼, 四路兵竝進. 獨涞流河一路, 深入大敗, 三路皆退. 女眞悉虜遼東界熟女眞, 鐵騎益衆. 天祚親征復大敗, 女眞乘勝, 并渤海·遼陽五十四州, 又度遼西降五州. 阿骨打遂建號, 改名旻, 國號大金. 明年破遼上京.

○ 여진족의 아골타가 중화 원년 무술년에 칭제했다. 그 전에 요나라의 천조제는 상벌을 함부로 했고 여색 밝히기에 탐닉하면서 해마다 여진족으로부터 이름난 사냥매인 해동청을 징발했었다. 여진은 이웃인 동북의 五(오) 나라

와 전투를 해서 해동청을 얻어 바쳤었다.

그 괴로움을 견딜 수 없던 아골타는 배반하면서 혼동강 동쪽의 영강주를 공격하여 차지하였고, 요나라에서는 장수를 보내 토벌케 하였으나 패하였다. 요에서는 중경과 상경, 장춘과 서료 등 4곳에서 군사를 한꺼번에 진격시켰다. 홀로 내류하 쪽으로 들어온 군사들은 너무 깊숙이 진입하여 대패하였고, 다른 3로의 군사들도 모두 퇴각하였다. 여진은 요동 경계에 살던 숙여진들을 모두 포로로 거두어 무장한 기병은 더욱 늘었다.

(요의) 천조제가 친정하였으나 또 대패하였고, 여진은 승세를 타고 발해와 요양 일대의 54개 주를 차지하고, 또 요서에 진출하여 5주를 함락시켰다. 아골타는 마침내 연호를 정하면서 이름을 旻(민)으로 바꾸고, 국호를 大金이라 하였다. 다음 해에는 요의 상경을 격파하였다.

阿骨打(아골타, 金)

어구 설명

○ 女眞阿骨打, 以重和元年戊戌稱帝. 初遼主天祚, 刑賞僭濫, 荒於禽色, 歲索名鷹海東青於女眞. 女眞與其隣東北五國戰鬪, 乃能獲此禽以獻. : 女眞族의 阿骨打가 重和 元年 戊戌(무술)년에 稱帝했다. 그전에 遼主 天祚帝(천조제)는 상벌을 함부로 했고 여색 밝히기에 탐닉하면서 해마다 여진족으로부터 이름난 사냥매인 해동청을 징발했었다. 女眞은 이웃인 東北의 五國과 戰鬪(전투)를 해서 해동청을 얻어 바쳤었다.

– 重和元年戊戌稱帝(중화원년무술칭제) ; 重和 元年은 1118년. '政和 5년(1115년) 乙未'의 착오가 분명하다. 天祚(천조) ; 遼(요)의 연호. 天祚帝.

– 僭濫(참람) ; 분수에 지나치고 함부로 하다. 荒 거칠 황. 無道하다. 탐닉하다. 禽 날짐승 금. 잡다(擒과 통). 禽色(금색) ; 獵色(엽색)하다.

– 歲 ; 해마다. 索 동아줄 삭. 구할 색. 鷹 매 응. 海東青(해동청) ; 보라매. 바다가 있는 동쪽 땅에서 나는 매. 매의 한 종류, 송골매, 여진의 동해 지방에서 나는데 사냥에 썼다. 매의 일종. 송골매. 보라매.

– 東北五國(동북오국) ; 만주 길림성 지역에 있었다는 부족 국가. 獲 얻을 획. 禽 새 금. 사냥매.

○ 不勝其擾, 阿骨打遂叛, 攻陷混同江東之寧江州, 遼遣將討之而敗. 又起中京 · 上京 · 長春 · 西遼, 四路兵竝進. 獨淶流河一路, 深入大敗, 三路皆退. 女眞悉虜遼東界熟女眞, 鐵騎益衆. : 그 괴로움

을 견딜 수 없던 아골타는 배반하면서 混同江 東쪽의 寧江州를 공격하여 차지하였고, 遼에서는 장수를 보내 토벌케 하였으나 패하였다. 요에서는 中京과 上京, 長春과 西遼 등 4곳에서 군사를 한꺼번에 진격시켰다. 홀로 淶流河(내류하) 쪽으로 들어온 군사들은 너무 깊숙이 진입하여 대패하였고, 다른 三路의 군사들도 모두 퇴각하였다. 여진은 遼東 경계에 살던 숙여진들을 모두 포로로 하여 무장한 기병은 더욱 늘었다.

- 擾 어지러울 요(뇨). 괴롭힘을 당하다. 煩擾(번요). 混同江(혼동강) ; 今 松花江. 黑龍江의 최대 支流.
- 鐵騎(철기) ; 무장 騎兵.

○ 天祚親征復大敗, 女眞乘勝, 幷渤海 · 遼陽五十四州, 又度遼西降五州. 阿骨打遂建號, 改名旻, 國號大金. 明年破遼上京. : 天祚帝가 親征하였으나 또 大敗하였고, 女眞은 승세를 타고 발해와 요양 일대의 54개 주를 차지하고, 또 요서에 진출하여 五州를 함락시켰다. 阿骨打는 마침내 建號하면서 이름을 旻(민)으로 바꾸고, 國號를 大金이라 하였다. 다음 해에는 遼의 上京을 격파하였다.

- 渤 바다 이름 발. 渤海(발해) ; 今 遼寧省(요녕성), 河北省, 天津 일대의 여안 육지를 지칭. 度 ; 건너다(渡와 통용). 가다. 통과하다.
- 建號(건호) ; 收國. 旻 하늘 민. 大金(대금) ; 1115년~1234년 존속. 수도 中都 大興府. 上京(상경) ; 遼는 五京제도를 채택하고 있었는데 수도인 中京 大定府 외 上京 臨潢府(임황부. 今 내

몽고자치구의 赤峰市) 등이 있었다.　湟 해자(垓子) 황. 성지(城池). 우묵한 땅.

(10) ○ 高麗來求醫, 上遣二醫往. 還奏, 實非求醫, 乃彼知中國將與女眞圖契丹, 謂, 苟存契丹, 猶足爲中國捍邊, 女眞狼虎, 不可交, 宜早爲之備. 上聞之不樂. ○ 上嘗微行都市酒肆妓館, 正字曹輔上言, 編管郴州.

○ 高麗에서 사신을 보내 의원을 보내달라고 하여 휘종은 의원 2인을 보냈다. 돌아와서는 '실제로 의원을 요구한 것은 아니고 저쪽 고려가 중국이 여진과 함께 거란을 치려는 의도가 있음을 알고, 굳이 거란을 존속시켜주는 것이 중국의 변방을 방어하는데 족할 것이며, 여진은 욕심이 많아 교류할 수 없으니 응당 빨리 대비하는 것이 좋을 것이라고 말하였다.' 고 보고하였다. 휘종은 보고를 받고서 기분이 좋지 않았다.

○ 휘종은 전에 시가지의 술집이나 기녀의 집을 미복(미천한 옷)으로 미행을 다녔었는데, 정자벼슬에 있던 조보가 이에 대해 간언을 올렸다가 郴州(침주=빈주는 오류일 것임)로 유배되었다.

어구 설명

○ 高麗來求毉, 上遣二毉往. 還奏, 實非求毉, 乃彼知中國將與女眞圖契丹, 謂, 苟存契丹, 猶足爲中國捍邊, 女眞狼虎, 不可交, 宜早爲之備. 上聞之不樂. : 高麗에서 사신을 보내 의원을 보내달라고 하여 휘종은 의원 2인을 보냈다. 돌아와서는 '실제로 의원을 요구한 것은 아니고 저쪽 고려가 중국이 여진과 함께 契丹을 치려는 의도가 있음을 알고, 굳이 거란을 존속시켜주는 것이 중국의 변방을 방어하는데 족할 것이며, 여진은 욕심이 많아 교류할 수 없으니 응당 빨리 대비하는 것이 좋을 것이라고 말하였다.' 고 보고하였다. 휘종은 보고를 받고서 기분이 좋지 않았다.

- 高麗(고려) ; 이때 고려는 睿宗(예종, 재위 1105~1122년) 때였다.

- 毉 의원 의(醫와 同字). 將與女眞圖契丹(장여여진도거란) ; 여진과 함께 거란을 치려하다. 圖 ; 꾀하다. 대책과 방법을 세우다.

- 苟存契丹(구존거란) ; 일부러라도 거란을 존속시키는 것이. 苟 진실로 구. 눈앞의 편함만 탐내다. 임시. 苟存(구존) ; 일시적인 안일을 위하여 살아감. 구차하게 살아감. 苟活(구활). 捍邊(한변) ; 국경을 방어하다. 捍 막을 한.

- 狼虎(낭호) ; 虎狼(호랑 = ① 호랑이와 이리. ② 욕심이 많고 잔인한 사람). 욕심이 많고 잔인하다.

○ 上嘗微行都市酒肆妓館, 正字曹輔上言, 編管郴州. : 휘종은 전에 시가지의 술집이나 기녀의 집을 미복으로 다녔었는데, 正字인

曹輔가 이를 말했다가 彬州(빈주)로 유배되었다.

– 微行(미행) ; 微服(미복, 평상복)으로 행차하다. 酒肆妓館(주사기관) ; 술집과 기녀의 집. 《수호전》 72회에는 휘종이 명기 李師師의 집을 찾아갔고 거기서 양산박의 두령인 燕靑(연청)과 상면하는 이야기가 있다. 술집 계집 李師師(이사사)는 드문 미인으로 휘종의 총애를 얻어 휘종은 자주 그를 찾아갔고, 나중에는 궁중으로 데려다가 李明妃(이명비)를 삼았다.

– 正字(정자) ; 校書官. 弘文館, 與集賢書院, 史館을 '三館'이라 통칭했는데, 여기서 서적과 문서의 교정을 담당하는 관리.

– 編管(편관) ; 유배지로 보내 그곳의 지방관이 단속하게 하다.

– 彬州(빈주) ; 위치 미상. 彬縣은 陝西省(섬서성) 서쪽의 지명. 郴州(침주, 今 湖南省 郴州市)의 오류일 것임.

(11) ○ 童貫自崇寧間, 與王韶之子, 領兵復湟州, 任責措置邊事. 已而復鄯州 · 廓州, 貫遂建節爲宣撫. 旣得志於西邊, 遂謂北邊亦可圖. 政和初, 乃自請奉使覘遼國. 有燕人馬植者, 陳滅燕之策, 貫挾以歸, 更姓名趙良嗣. 復燕之議遂起. 政和末, 有漢人泛海來, 具言女眞攻遼事. 重和春, 乃用蔡京 · 童貫議, 遣馬政由海道, 至阿骨打所居阿芝川 · 淶流河, 與議共攻遼. 阿骨打遂遣使來, 宣和初, 至京. 詔

京·貫, 諭以夾攻取燕之意. 差軍校呼慶送其使, 由海道歸國. 是歲, 王黼爲相, 力贊攻遼之策.

○ 동관은 숭녕 연간에, 왕소의 아들 淳(순)과 함께 군사를 거느리고 황주를 수복하여 국경의 일을 처리하는 임무를 받았었다. 이어 선주와 곽주도 西羌(서강)으로부터 수복하여 동관은 황제의 깃발을 내걸고 선무사가 되었다. 서쪽 국경에서 뜻을 이루자, 동관은 북쪽(遼나라 점령지)도 수복할 수 있다고 말하였다. 정화 초년에, 동관은 요나라의 사정을 알아보겠다며 직접 사신을 자청하였다. (그 전에) 연주의 마식이란 사람이 연주를 수복할 방책을 말해주었는데, 동관은 그를 데리고 와서 성명을 조양사로 바꾸었었다. 연주를 수복하자는 의논이 이때부터 시작되었다.

정화 말년에, 어떤 여진에 가 있던 漢人(한인) 高藥師(고약사)가 바다를 건너와서 여진이 요나라를 공격한 일을 상세히 말했다. 중화년 봄에, 채경은 동관의 주장을 받아들여 마정이란 사람을 해로를 통해 금의 太祖(태조) 아골타에게 사신으로 보냈다. 금에 사신으로 간 마정은 바닷길로 해서 소거인 아지천 · 내류하의 기슭에 있는 아골타의 본진으로 가서 중국과 금이 제휴해서 요나라를 공격하자고 의논하였다.

아골타가 사신을 보내 선화 초년에 서울(開封)에 도착하였다. 휘종은 채경과 동관에게 (金과 함께) 협공하여 연주를 수복할 방책을 설득하게 하였다. 군교인 호경으로 하여금 아골타의 사신을 바닷길로 귀국시키게 하였다. 이 해에 왕보가 재상이 되었는데, 요나라 공격 방책에 적극 찬동하였다.

어구 설명

○ 童貫自崇寧間, 與王韶之子, 領兵復湟州, 任責措置邊事. 已而復鄯州 · 廓州, 貫遂建節爲宣撫. 旣得志於西邊, 遂謂北邊亦可圖.
: 童貫(동관)은 崇寧(숭녕) 연간에, 王韶(왕소)의 아들 淳(순)과 함께 군사를 거느리고 湟州(황주)를 수복하여 국경의 일을 처리하는 임무를 받았었다. 이어 鄯州(선주)와 廓州(곽주)도 수복하여 동관은 황제의 깃발을 내걸고 宣撫使(선무사)가 되었다. 동관은 서쪽 국경에서 뜻을 이루자, 북쪽(遼나라 점령지)도 수복할 수 있다고 말하였다.

– 童貫(동관, 1054~1126년) ; 환관. 武將. 북송 멸망의 원인 제공자.

– 崇寧(숭녕) ; 1102~1106년. 王韶(왕소, 1030~1081년) ; 北宋 名將, 서하를 고립시키면서 熙州 일대를 수복했었다.

– 湟 해자 황. 城池. 湟州(황주) ; 今 青海省 樂都縣 南쪽. 鄯 고을 이름 선. 廓 둘레 곽. 建節(건절) ; 황제가 내린 장수의 깃발을 내 걸다. 宣撫使(선무사) ; 천자의 威令(위령)을 선포하여 변경의 평화를 지키고, 장수를 통솔하여 군사를 감독하는 벼

슬. 威令(위령) ; 위엄이 있는 명령. 威名(위명).

○ 政和初, 乃自請奉使覘遼國. 有燕人馬植者, 陳滅燕之策, 貫挾以歸, 更姓名趙良嗣. 復燕之議遂起. : 政和 초년에, 동관은 직접 사신으로 遼國(요국)의 사정을 알아보겠다고 자청하였다. (그 전에) 燕州의 馬植이란 사람이 연주를 수복할 방책을 말해 주었는데, 동관은 그를 데리고 와서 성명을 趙良嗣(조양사)로 바꾸었었다. 연주를 수복하자는 의논이 이때부터 시작되었다.

- 政和(정화) ; 1111~1118년. 覘 엿볼 첨(점). 燕人(연인) ; 遼가 차지하고 있는 燕州 사람. 馬植(마식) ; 요의 고관이었는데 쫓겨나 불평을 품고 있었다. 이름을 趙良嗣로 고치고, 뒷날 7차에 걸쳐 金에 들어가 북송과 金이 협동으로 요를 공격한다는 약속을 받아내었다. 趙(조)는 송나라의 성으로 매우 우대한 것이다.

- 陳 늘어놓을 진. 陳述하다. 滅燕之策(멸연지책) ; 요나라를 멸망시킬 수 있는 방책. 挾 낄 협. 데리고 오다.

○ 政和末, 有漢人泛海來, 具言女眞攻遼事. 重和春, 乃用蔡京·童貫議, 遣馬政由海道, 至阿骨打所居阿芝川·淶流河, 與議共攻遼. : 政和 末에, 어떤 漢人(高藥師)이 바다를 건너와서 女眞이 遼나라를 공격한 일을 상세히 말했다. 重和年 春에, 蔡京이 童貫의 주장을 받아들여 馬政을 사신으로 보내 해로를 통해 阿骨打의 所居인 阿芝川·淶流河에 보내 요나라를 공격하자고 의논하였다.

- 泛 뜰 범. 泛海來(범해래) ; 바다(발해)를 건너서 오다.

- 阿芝川(아지천)·淶流河(내유하) ; 위치 미상. 金 건국 초기의 首都는 會寧府(今 黑龍江省 하얼빈시 근처)는 뒷날 上京이라 했

고, 현재 북경(中都 大興府)은 1153년부터 수도였다.

○ 阿骨打遂遣使來, 宣和初, 至京. 詔京·貫, 諭以夾攻取燕之意. 差軍校呼慶送其使, 由海道歸國. 是歲, 王黼爲相, 力贊攻遼之策. : 阿骨打가 사신을 보내 宣和 초년에 서울(開封)에 도착하였다. 휘종은 채경과 동관에게 (金과 함께) 협공하여 燕州를 수복할 방책을 설득하게 하였다. 軍校인 呼慶(호경)으로 하여금 아골타의 사신을 바닷길로 귀국시키게 하였다. 이 해에 王黼(왕보)가 재상이 되었는데, 요나라 공격 방책에 적극 찬동하였다.

– 宣和(선화) ; 1119~1125년. 諭 깨우칠 유. 상대방을 설득하다. 差 어긋날 차. 보내다. 심부름 가는 관리.

– 呼慶(호경) ; 人名. 黼 수(繡) 놓을 보. 王黼(왕보, 1079~1126년) ; 遼에 대하여 대책 없는 강공책을 폈다. 宋을 파멸로 이끈 '六賊(육적)' 의 한 사람.

(12) 及呼慶復與金使來, 時阿骨打在上京. 遂遣良嗣往, 約金國取遼中京, 本朝取燕京, 歲幣如與遼之數. 良嗣曰, 燕京一帶, 則併西京是也. 金主亦許之, 以札付良嗣. 期以女眞兵自平地松林趨古北, 南兵自白溝夾攻, 良嗣歸. 馬政復與子擴持國書往, 訂彼此兵不得過關. 未幾, 金使復來, 又以國書就付其使歸國.

호경이 다시 金의 사자와 함께 왔는데, 그때 아골타는 상경에 있었다. 이어 조양사(本名: 馬植)를 다시 보내, 金國은 遼의 중경을 점령하되, 宋은 연경을 차지하기로 하였고, 세폐는 요에 주던 액수로 정하였다. 조양사는 "연경 일대에는 (遼의) 서경을 포함합니다."라고 말했다. 금의 아골타도 이를 허락하였고 서찰을 조양사에게 교부하였다. 여진의 군사는 평지송림으로부터 고북으로 진격하고, 南兵(宋)은 백구를 거쳐 협공하기로 약정하고 조양사는 귀국하였다. 마정은 다시 아들 마확과 함께 국서를 가지고 들어가서 피차의 군사는 (상대국의) 관문을 넘지 않기로 약속하였다. 얼마 있다가 金의 사자가 다시 왔고, 또 국서를 바로 교부하여 귀국케 하였다.

어구 설명

○ 及呼慶復與金使來, 時阿骨打在上京. 遂遣良嗣往, 約金國取遼中京, 本朝取燕京, 歲幣如與遼之數. 良嗣曰, 燕京一帶, 則倂西京是也. 金主亦許之, 以札付良嗣. : 呼慶이 다시 金使와 함께 왔는데, 그때 阿骨打(아골타)는 上京에 있었다. 이어 조양사를 다시 보내, 金國은 遼의 中京을 점령하되, 本朝는 燕京을 차지하기로 하였고, 歲幣(세폐)는 遼에 주던 액수로 정하였다. 조양사는 "燕京 一帶에는 (遼의) 西京을 포함합니다."라고 말했다. 金의 아골타도 이를 허락하였고 서찰을 조양사에게 교부하였다.

– 上京(상경) ; 金의 上京(今 黑龍江省 하얼빈 시). 遼中京(요중경) ; 遼 5京의 하나. 요의 首都는 上京 臨潢府(임황부). 中京大定府는 今 내몽고자치구의 赤峰市(北京의 동북쪽에 위치).

– 本朝(본조) ; 北宋. 燕京(연경) ; 幽州(유주). 今 北京. 歲幣如與遼之數(세폐여여요지수) ; 세폐는 遼나라에 제공하던 액수와 같다. 액수는 비단 30만 필. 은 20만 냥.

– 西京(서경) ; 遼의 西京, 今 山西省 大同市. 札 패 찰. 서찰(편지, 증서). 付 줄 부. 교부하다.

○ 期以女眞兵自平地松林趨古北, 南兵自白溝夾攻, 良嗣歸. 馬政復與子擴持國書往, 訂彼此兵不得過關. 未幾, 金使復來, 又以國書就付其使歸國. : 女眞의 군사는 平地松林으로부터 古北으로 진격하고, 南兵(宋)은 白溝(백구)를 거쳐 협공하기로 기약(약정)하고 조양사는 귀국하였다. 馬政은 다시 아들 馬擴(마확)과 함께 國書를 가지고 들어가서 彼此의 군사는 (상대국의) 關門을 넘지 않기로 약속하였다. 얼마 있다가 金使가 다시 왔고, 또 國書를 바로 교부하여 귀국케 하였다.

– 期 기약할 기. 만날 약속. 平地松林(평지송림), 古北(고북) ; 遼의 지명. 趨 달릴 추. 공격하다. 白溝(백구) ; 水名. 북송과 요의 국경이었다. 擴 넓힐 확.

– 訂 바로 잡을 정. 약속하다. 不得過關(부득과관) ; 국경의 關門을 넘지 않는다.

※ 이를 '海上之盟(해상을 통해 맺은 동맹)' 이라 한다.

(13) 時淮南 · 京西 · 河北 · 江南, 相繼盜起. 山東宋江, 方就招安, 睦寇方臘, 連陷浙郡, 中都爲震. 童貫甫平方臘, 而北事作矣. 金人悉師度遼, 趨中京攻陷之, 中京者故奚國也. 遂引兵至松亭關, 以與宋有各不過關之約止, 引兵由其西而過. 遼主先已引避, 或言, 金前鋒將至, 遼主震驚, 亟奔雲中, 入夾山.

이때 회남과 경서, 하북, 강남지방에서 연이어 도적떼가 일어났다. 산동의 宋江은 곧 초안(도둑의 괴수를 설득하여 항복시킴)하였으나, 목주의 도둑인 방랍이 연이어 절군(절강) 지역에 군을 함락시키자 도성의 백성들이 두려워하였다. 동관이 겨우 방랍의 난을 평정한 뒤에야 북쪽 정벌을 할 수 있었다.

金의 모든 군사는 요하를 건너 (요의) 중경을 공격 함락시켰는데, 중경은 옛 奚國(해국)이었다. 그리고 군사를 이끌고 송정관에 이르렀는데 송과 각자의 관문을 넘지 않는다는 약속에 의거 멈추었다가 병력을 이끌고 서쪽으로 돌아서 나아갔다. 요의 황제는 이보다 앞서 무리를 이끌고 도주하였는데 누군가가 '金의 선봉대가 올 것 같다.' 고 말하자, 두려워 떨며 급히 운중으로 달아나 협산이란 곳으로 갔다.

어구 설명

○ 時淮南 · 京西 · 河北 · 江南, 相繼盜起. 山東宋江, 方就招安, 睦寇方臘, 連陷浙郡, 中都爲震. 童貫甫平方臘, 而北事作矣. : 이때 淮南과 京西, 河北, 江南지방에서 연이어 도적떼가 일어났다. 山東의 宋江은 곧 招安(초안)하였으나, 睦州(목주)의 도둑인 方臘(방랍)이 연이어 浙郡〈절군. 浙江(절강)〉 지역에 군을 함락시키자 도성의 백성들이 두려워하였다. 童貫이 겨우 방랍의 난을 평정한 뒤에야 북쪽 정벌을 할 수 있었다.

– 淮南(회남) ; 지금의 安徽省(안휘성) 일대.　京西(경서) ; 북송의 京西北路〈治所는 今 湖北省 襄樊市(양번시)〉.　樊 울타리 번. 에워싸다. 새장. 곁. 부근. 끝. 가.　相繼盜起(상계도기) ; 서로 연달아 도적떼가 일어났다.

– 山東宋江(상동송강) ; 山東 출신의 松江. 소설 《水滸傳》의 인물 중 松江, 武松, 楊志 등은 역사상 실존인물이지만 소설의 내용과는 크게 다르다. 실존인물 송강은 '宋 휘종 宣和 3년(1121년)에 회남의 도적 宋江 등 36명이 京東(今 山東)과 江北일대에 횡행했었는데 知州 張叔夜가 초치하여 투항케 하였다.' 는 기록이 있다.

– 方(방) ; (副詞) 이제. 한창. 비로소.　招安(초안) ; ①반란 주동자가 황제의 부름에 응해(죄를 용서 받아) 투항하다. ②惡黨(악당)을 귀순하게 하여 편안한 생활을 누리게 함. ③죄를 용서함. 恩赦(은사)를 공포함.

– 睦寇(목구) ; 睦州(今 浙江省의 지명)의 도둑떼.　方臘(방랍 ? ~1121년) ; 睦州의 青溪(今 浙江의 淳安)에서 1120년에 일어난

농민봉기의 지도자. 마니교의 지도자. 1121년에 평정. 소설《水滸傳》에서는 招安을 받은 송강이 관군과 협력하여 방랍의 난을 진압한다.

– 浙 강 이름 절. 連陷浙郡(연함절군) ; 연이어 浙郡(浙江) 지역의 군을 함락시키다. 中都(중도) ; 帝都. 북송 수도 東京(汴京, 今河南省 開封市)

– 震 벼락 진. 천둥치다. 놀라다. 爲震(위진) ; 두려워 떨다. 甫 클 보. 겨우. 막. 갓. 北事(북사) ; 遼를 정벌하는 일.

○ 金人悉師度遼, 趨中京攻陷之, 中京者故奚國也. 遂引兵至松亭關, 以與宋有各不過關之約止, 引兵由其西而過. 遼主先已引避, 或言, 金前鋒將至, 遼主震驚, 亟奔雲中, 入夾山. : 金의 모든 군사는 遼河를 건너 (요의) 中京을 공격 함락시켰는데, 中京은 옛 奚國(해국)이었다. 그리고 군사를 이끌고 松亭關(송정관)에 이르렀는데 송과 각자의 관문을 넘지 않는다는 약속에 의거 멈추었다가 병력을 이끌고 서쪽으로 나아갔다. 遼主는 이보다 앞서 무리를 이끌고 도주하였는데 누군가가 '金의 선봉대가 올 것 같다.' 고 말하자, 두려워 떨며 급히 雲中(山西省)으로 달아나 夾山(협산, 山西省)이란 곳으로 갔다.

– 悉 다 실. 모두. 度 ; 건너가다(渡). 遼(요) ; 遼河. 奚 어찌 해. 奚國(해국) ; 唐 시대에 선비족의 한 갈래가 내몽고 일대에 건국했던 나라.

– 松亭關(송정관) ; 關門의 이름으로, 景州(경주)의 북쪽에 위치함.

– 遼主(요주) ; 요의 마지막 통치자 天祚帝. 引避(인피) ; 이끌

려 피하다. 亟 빠를 극. 奔 달릴 분. 도주하다. 雲中(운중), 夾山(협산) ; 今 內蒙古自治州의 지명〈托克托 東北(탁극탁 동북)〉. 托 밀 탁. 밀다. 받침. 臺(대). 맡기다. 의지하다.

(14) 時燕王淳守燕, 蕭斡立淳爲主. 宋童貫·蔡攸帥師, 東路至白溝, 西路至范村. 蕭斡迎戰甚力, 宋師敗退. 耶律淳死, 宋師再擧. 遼涿州將郭藥師, 領常勝軍來降. 宋兵五十萬, 進駐盧溝河, 蕭斡拒之. 藥師間道襲燕, 斡還救死鬪. 藥師屢敗, 僅以身免. 遁還, 盧溝之師遂潰, 貫·攸懼無功獲罪. 時金主在奉聖州, 乃遣客禱金主圖之.

이때 (요의) 연왕인 야률순이 연경을 수비하였는데 소간은 야률순을 주군으로 옹립하였다. 송의 동관과 채유는 군사를 이끌고 동로로는 백구에, 서로로는 범촌에 도착하였다. 소간은 온 힘을 다해 맞아 싸웠고, 宋의 군사는 패퇴하였다. 야률순이 죽자, 송의 군사는 다시 거병하였다.

요 탁주의 장수인 곽약사는 상승군을 이끌고 송에 투항했다. 송병 50만은 노구하에 주둔하였으나 소간이 진군을 막았다. 곽약사가 샛길로 연주를 습격했으나 소간이 구원하며 사투를 벌였다. 곽약사는 패전을 거듭하다가 겨우 몸만 빠져나왔다. 이리하여 노구하의 송군은 그만 무너져 버렸다. 동관과 채유는 공을 세우지 못해 문책을 받을까 두려웠다. 이때 金의 아골타는 봉성주에 있었는데 (동관은) 사람을 보내 아골타에게 연주를 점령해 달라고 구걸했다.

어구 설명

○ 時燕王淳守燕, 蕭幹立淳爲主. 宋童貫 · 蔡攸帥師, 東路至白溝, 西路至范村. 蕭幹迎戰甚力, 宋師敗退. 耶律淳死, 宋師再擧. : 이때 (요의) 燕王인 耶律淳(야률순)이 燕京을 수비하였는데 蕭幹(소간)은 야률순을 主君으로 옹립하였다. 宋의 童貫과 蔡攸(채유)는 군사를 이끌고 東路로는 白溝에, 西路로는 范村에 도착하였다. 蕭幹은 온 힘을 다해 맞아 싸웠고, 宋의 군사는 敗退하였다. 耶律淳이 죽자, 송의 군사는 다시 거병하였다.

– 燕王淳(연왕순) ; 遼의 燕王 耶律淳(야률순). 蕭幹(소간) ; 遼의 都統(官職名). 人名. 攸(유) ; 蔡攸(채유), 蔡京의 아들. 帥師(솔사) ; 군사를 거느리다.

– 白溝(백구) ; 白溝河. 范村(범촌) ; 지명. 甚力(심력) ; 매우 있는 힘을 다하다. 力은 힘쓰다. 再擧(재거) ; 다시 거병하다.

○ 遼涿州將郭藥師, 領常勝軍來降. 宋兵五十萬, 進駐盧溝河, 蕭幹拒之. 藥師間道襲燕, 幹還救死鬪. 藥師屢敗, 僅以身免. 遁還, 盧溝之師遂潰, 貫 · 攸懼無功獲罪. 時金主在奉聖州, 乃遣客禱金主圖之. : 遼 涿州(탁주)의 장수인 郭藥師는 常勝軍을 이끌고 宋에 투

항했다. 宋兵 五十萬은 盧溝河(노구하)에 주둔하였으나 蕭幹(소간)이 진군을 막았다. 곽약사가 샛길로 연주를 습격했으나 소간이 구원하며 사투를 벌였다. 곽약사는 패전을 거듭하다가 겨우 몸만 빠져나왔다. 동관과 채유는 공을 세우지 못해 문책을 받을까 두려웠다. 이때 金의 아골타는 奉聖州(봉성주)에 있었는데 (동관은) 사람을 보내 아골타에게 연주를 점령해 달라고 구걸했다.

– 涿州(탁주) ; 燕州의 서남쪽, 今 河北省 中部, 保定市 北部.

– 郭藥師(곽약사) ; 遼金 교체시기에 燕京의 장군. 송에 투항했다가 나중에는 金에 투항하여 金의 남침을 도왔다.

– 常勝軍(상승군) ; 여진에 보복하기 위하여 요동사람들로 조직한 '怨軍' 을 常勝軍이라 개칭. 宋兵五十萬(송병오십만) ; 十萬의 착오일 것임.

– 盧溝河(노구하) ; 북경 부근의 江. 1937년 7월 7일의 盧溝橋事變(노구교사변. 7 · 7사변 ; 中國抗日戰爭의 始發)도 이곳에서 일어났다.

– 間道(간도) ; 간도. 샛길. 僅 겨우 근. 身免(신면) ; 몸만 빠져 나가다. 盧溝之師(노구지사) ; 노구하에 머물던 군대.

– 潰 무너질 궤. 궤멸하다. 金主(금주) ; 아골타. 奉聖州(봉성주) ; 今 河北省의 땅. 禱 빌 도. 애걸하다.

(15) 金主分三道進兵, 遂入居庸關. 燕降於金, 金使來言, 燕京以金兵攻下, 其地與宋, 租稅當以輸金.

宋使趙良嗣往議之, 許歲幣如契丹舊數, 外更以百萬代租稅, 而併求雲中之地. 金人僅以燕京·涿·易·檀·順·景·薊六州來歸. 貫·攸入燕, 燕之金帛·子女·職官·民戶, 金人席卷而東, 所得空城而已. 貫·攸歸, 以王安中知燕山府, 詹度·郭藥師同知. ○ 有星如月, 徐徐南行而落, 光熙人物, 與月無異.

아골타는 삼도로 나누어 進兵하여 마침내 宋의 영토인 거용관에 들어갔다. 연은 금에 항복하였고, 金의 사자가 와서는 '연경은 金의 군사가 공격하여 함락시켰으니 그 땅이야 宋에 주더라도 조세는 응당 金에 보내야 한다.' 고 말했다. 송의 사신 조양사가 가서 협의하여 세폐는 거란에 주던 옛 액수로 하되, 그 외 다시 100만을 더 주어 조세를 대신하기로 허락하고 아울러 운중의 땅을 돌려 달라고 하였다.

金나라에서는 연경과 탁, 역, 단, 순, 경, 계주의 6주만 돌려주었다. 동관과 채유가 연경에 들어가 보니 연경의 재물이나 백성, 부녀자, 관리, 백성 모두를 金에서 석권하여 동으로 가져가서 얻은 것은 빈 성뿐이었다. 동관과 채유는 서울로 돌아왔고, 연경을 연산부로 개칭하고, 왕안중을 연산부의 지사로 첨탁과 곽약사를 부책임자로 임명하였다.

○ 달만큼 큰 별이 서서히 남으로 가다가 떨어졌는데 사람을 밝게 비추기가 달과 다르지 않았다.

어구 설명

○ 金主分三道進兵, 遂入居庸關. 燕降於金, 金使來言, 燕京以金兵攻下, 其地與宋, 租稅當以輸金. 宋使趙良嗣往議之, 許歲幣如契丹舊數, 外更以百萬代租稅, 而併求雲中之地. : 金主는 三道로 나누어 進兵하여 마침내 居庸關(거용관)에 들어갔다. 燕은 金에 항복하였고, 金使가 와서는 '燕京은 金兵이 공격하여 함락시켰으니 그 땅이야 宋에 주더라도, 租稅는 응당 金에 보내야 한다.' 고 말했다. 宋의 사신 趙良嗣(조양사)가 가서 협의하여 歲幣(세폐)는 거란에 주던 옛 액수로 하되, 그 외 다시 100만을 더 주어 租稅를 대신하기로 허락하고 아울러 雲中의 땅을 돌려 달라고 하였다.

- 居庸關(거용관) ; 北京 서북부 약 60km에 있는 長城의 關門. 附近의 八達嶺 長城과 함께 北京西北方을 지키는 중요 관문.

- 輸 나를 수. 옮기다. 보내주다. 租稅當以輸金(조세당이수금) ; 租稅는 당연히 金에 보내야 한다. 舊數(구수) ; 옛날의 액수.

- 併求雲中之地(병구운중지지) ; 아울러 雲中의 땅을 돌려 달라 요구하였다.

○ 金人僅以燕京 · 涿 · 易 · 檀 · 順 · 景 · 薊六州來歸. 貫 · 攸入燕, 燕之金帛 · 子女 · 職官 · 民戶, 金人席卷而東, 所得空城而已. 貫 · 攸歸, 以王安中知燕山府, 詹度 · 郭藥師同知. : 金나라에서는 연경과 涿(탁), 易, 檀, 順, 景, 薊州(계주)의 六州만 돌려주었다.

동관과 채유가 연경에 들어가 보니 연경의 재물이나 백성, 부녀자, 관리, 백성 모두를 金에서 석권하여 동으로 가져가서 얻은 것은 빈 성뿐이었다. 동관과 채유는 서울로 돌아왔고, 연경을 연산부로 개칭하고, 王安中을 燕山府의 知事로 詹度(첨탁)과 郭藥師를 부책임자로 임명하였다.

– 薊 풀 이름 계. 지명. 席卷(석권) ; 자리를 맡다. 모조리 다 차지하다. 席卷而東(석권이동) ; 東은 動詞. 동쪽으로 갔다.

– 詹 이를 첨. 도달하다. 성씨. 燕山府(연산부) ; 燕州의 새 명칭. 同知(동지) ; 副 책임자.

○ 有星如月, 徐徐南行而落, 光熙人物, 與月無異(유성여월, 서서남행이락, 광희인물, 여월무이). : 달만큼 큰 별이 徐徐히 南으로 가다가 떨어졌는데 사람을 밝게 비추기가 달과 다르지 않았다.

– 徐 천천히 할 서. 光熙(광희) ; 光輝(광휘). 밝게 비추다.

(16) ○ 修神保觀. 其神都人素畏之, 傾城男女負土以獻, 名曰獻土. 又有飾作鬼使, 催納土者. 上亦微服觀之, 後數日旨禁. ○ 京師 · 河東 · 陝西, 地震. 宮中殿門, 搖動且有聲, 蘭州草木沒入, 山下麥苗, 乃在山上. ○ 金國無城郭 · 宮室. 用契丹舊禮, 如結綵山作倡樂. 鬪雞 · 擊鞠之戲, 與中國同. 但於衆樂後, 飾舞女數人, 兩手持鏡, 類電母. 其國茫然,

皆茇舍以居. 至是方營大屋數千間, 盡倣中國所爲.

○ 신보관을 보수했다. 그 神은 도성 사람들이 평소에도 경외했기에 온 성 안의 남녀가 흙을 져 날라 바쳤는데, 이를 헌토라고 불렀다. 또 귀신의 사자처럼 꾸미고 흙을 나르라고 재촉하는 자가 있었다. 휘종 역시 미복으로 이를 보러 갔다가 며칠 후에 성지를 내려 헌토를 금지시켰다.

○ 수도(汴京)와 하동과 섬서 지방에 지진이 있었다. 궁중의 대궐과 문이 요동하면서 소리를 내었으며, 난주에서는 초목이 꺼졌으며 산 아래에 있던 보리가 산 위에 올라가 있었다.

○ 金國에는 서울에 성곽이나 궁실이 없었다. 거란인들이 하는 것을 본떠 오색 비단을 묶어 산처럼 꾸미고 광대가 연기를 했다. 투계와 격국 같은 놀이는 중국과 같았다. 다만 여럿이 그런 놀이를 즐긴 뒤에 장식을 한 무녀 여러 사람이 양손에 거울을 들고 춤을 추는 것이 電母와 비슷했다. 그 땅은 아득하게 넓어 모두 풀로 집을 짓고 살았었다. (유목민들의 천막 생활) 이때부터 큰 집 수천 칸을 힘들여 지었는데 모두가 중국에서 하는 것을 본뜬 것이었다.

어구 설명

○ 修神保觀. 其神都人素畏之, 傾城男女負土以獻, 名曰獻土. 又

有飾作鬼使, 催納土者. 上亦微服觀之, 後數日旨禁. : 神保觀(신보관)을 보수했다. 그 신은 도성 사람들이 평소에도 경외했기에 온 성 안의 男女가 흙을 져 날라 바쳤는데, 이를 獻土(헌토)라고 불렀다. 또 鬼使(귀사)처럼 꾸미고 흙을 나르라고 재촉하는 자가 있었다. 휘종 역시 미복으로 이를 보러 갔다가 며칠 후에 성지를 내려 현토를 금지시켰다.

- 觀(관) ; 道敎의 사원. 都人(도인) ; 도성 사람들. 畏 두려워할 외. 傾 기울 경. 마음이 기울다. 모두 다하다.

- 獻 바칠 헌. 飾 꾸밀 식. 鬼使(귀사) ; 귀신의 使者. 催 재촉할 최. 旨禁(지금) ; 聖旨를 내려 禁하다.

○ 京師 · 河東 · 陝西, 地震. 宮中殿門, 搖動且有聲, 蘭州草木沒入, 山下麥苗, 乃在山上. : 京師와 河東과 陝西에 地震이 있었다. 宮中의 殿門이 搖動(요동)하면서 소리를 내었으며, 蘭州(난주)에서는 草木이 꺼졌으며 山下에 있던 보리가 산 위에 올라가 있었다.

- 搖 흔들릴 요. 蘭州(난주) ; 今 甘肅省의 省都. 철도 교통의 중심지.

○ 金國無城郭 · 宮室. 用契丹舊禮, 如結綵山作倡樂. 鬪雞 · 擊鞠之戲, 與中國同. 但於衆樂後, 飾舞女數人, 兩手持鏡, 類電母. 其國茫然, 皆茇舍以居. 至是方營大屋數千間, 盡倣中國所爲. : 金國에는 城郭이나 宮室이 없었다. 거란인들이 하는 것을 본떠 비단을 묶어 산처럼 꾸미고 광대가 연기를 했다. 鬪雞(투계)와 擊鞠(격국) 같은 놀이는 중국과 같았다. 다만 여럿이 그런 놀이를 즐

긴 뒤에 장식을 한 舞女 여러 사람이 양손에 거울을 들고 춤을 추는 것이 電母와 비슷했다. 그 땅은 아득하게 넓어 모두 풀로 집을 짓고 살았었다. 이때 큰 집 수천 칸을 힘들여 지었는데 모두가 중국에서 하는 것을 본뜬 것이었다.

– 城郭(성곽) ; 城과 성을 둘러싼 外城(郭). 綵 비단 채. 倡樂(창락) ; 광대(倡)의 놀이(연기). 鬪雞(투계) ; 닭싸움. 擊鞠(격국) ; 蹴鞠(축국=옛날 장정들이 발로 차던 꿩깃이 꽂힌 공. 옛날 공을 발로 차던 유희).

– 電母(전모) ; 번개를 주관하는 女神. 茫 ; 아득할 망. 茇 풀뿌리 발. 茇舍(발사) ; 草舍(풀 집). 露營(노영) ; 한데에서 잠. 露宿(노숙)함. 力營(역영) ; 힘들여 짓다. 倣 본뜰 방.

(17) ○ 兩京河浙路, 災異疊見. 都城有賣靑菓男子, 孕而誕子. 又有豐樂樓酒保朱氏, 其妻年四十, 忽生髭髥, 長六七寸, 宛一男子, 詔度爲女道士. ○ 河北·山東盜起. 連歲凶荒, 民食楡皮. 野菜不給, 至相食. 饑民竝起爲盜, 有張仙者, 衆十萬. 張迪衆五萬, 高託山衆三十萬, 自餘二三萬者, 不可勝計.

○ 兩京과 兩河와 양절로에서 재이(災害怪異)가 여러 번 나타났다. 도성에서 과일을 팔던 어떤 남자는 아이를 배어

아들을 낳았다. 또 풍악루의 주보인 주씨의 아내는 나이 40에 갑자기 수염이 났는데 길이가 6, 7촌이나 되었으며, 완 땅의 한 남자는 도첩을 받고 여도사가 되었다.

○ 하북과 산동 지방에서 도적떼가 일어났다. 해마다 흉년이 계속되어 백성들은 느릅나무껍질을 먹었다. 들의 나물도 없어 서로 잡아먹기에 이르렀다. 주린 백성들이 들어 일어나 도적이 되었는데, 장선이란 자의 무리는 10만이었다. 장적의 무리는 5만이었고, 고탁산의 무리는 30만이었으며, 그 밖에 2~3萬의 부하를 거느린 자는 이루 다 셀 수 없었다.

어구 설명

○ 兩京河浙路, 災異疊見. 都城有賣青菓男子, 孕而誕子. 又有豐樂樓酒保朱氏, 其妻年四十, 忽生髭髯, 長六七寸, 宛一男子, 詔度爲女道士. : 兩京과 兩河와 兩浙路(양절로)에서 災異가 여러 번 나타났다. 都城에서 과일을 팔던 어떤 남자는 아이를 배어 아들을 낳았다. 또 豐樂樓(풍악루)의 酒保(주보)인 朱氏(주씨)의 아내는 나이 40에 갑자기 수염이 났는데 길이가 6, 7촌이나 되었으며, 宛(완)의 한 남자는 도첩을 받고 여도사가 되었다.

– 兩京(양경) ; 京東東西路와 京西南北路. 河(하) ; 河北東路와 河南西路. 浙路(절로) ; 兩浙路. 路는 지방 행정구역. 浙江의 諸州(여러 지방). 災異(재이) ; 災害와 異常 徵候(징후).

– 疊 겹쳐질 첩. 疊見(첩현) ; 여러 번 나타나다. 靑菓(청과) ; 과일. 孕 아이 밸 잉. 酒保(주보) ; 술을 빚는 사람. 保는 피고용인.

– 髭 코밑수염 자. 髯 구레나룻 염. 귀밑에서 턱까지 잇달아 난 수염. 髥(구레나룻 염) ; 髯(구레나룻 염)의 속자. 宛 굽을 완. 地名(今 河南省 서남쪽의 南陽市). 度 ; 도첩. 승려나 도사 허가증.

○ 河北 · 山東盜起. 連歲凶荒, 民食楡皮. 野菜不給, 至相食. 饑民竝起爲盜, 有張仙者, 衆十萬. 張迪衆五萬, 高託山衆三十萬, 自餘二三萬者, 不可勝計. : 河北과 山東에서 도적떼가 일어났다. 해마다 흉년이 계속되어 백성들은 나무껍질을 먹었다. 들의 나물도 없어 서로 잡아먹기에 이르렀다. 주린 백성들이 들어 일어나 도적이 되었는데, 張仙(장선)이란 자의 무리는 十萬이었다. 張迪(장적)의 무리는 五萬이었고, 高託山(고탁산)의 무리는 30만이었으며, 그 밖에 2~3萬의 부하를 거느린 자는 이루 다 셀 수 없었다.

– 凶荒(흉황) ; 흉년. 楡 느릅나무 유. 菜 나물 채. 不給(불급) ; 먹지 못하다. 相食(상식) ; 서로 잡아먹다. 人肉을 먹다.

– 饑 굶주릴 기. 迪 나아갈 적. 自餘(자여) ; 이 외, 나머지.

(18) ○ 金主稱帝, 六年而殂. 號太祖大聖武元皇帝. 弟吳乞買立, 改名晟. 燕山之地, 易州西北乃金坡

關, 昌平之西乃居庸關, 順州之北乃古北關, 景州之北乃松亭關, 平州之東乃隃關, 隃關之東乃金人來路. 凡此數關, 天限蕃·漢, 得之則燕境可保. 然關內之地, 平·灤·營三州, 自後唐爲契丹阿保機所陷, 以營·灤·隷平, 爲平州路. 得燕而不得平州, 則關內之地, 蕃漢雜處, 而燕爲難保矣.

金의 아골타는 칭제하고, 6년이 지나 죽었다. 시호는 太祖大聖武元皇帝〈태조 태(大=太) 성무황제〉이다. 동생 오걸매가 즉위하고서 完顔晟(완안성)으로 개명하였다.

연산부의 땅이란 역주의 서북은 금파관이고, 창평의 서쪽은 거용관, 순주의 북쪽은 고북관이며, 경주의 북쪽은 바로 송정관이고, 평주의 東쪽에 유관이 있는데, 유관의 동쪽이 바로 金나라와의 통로였다. 이 몇 개의 관문은 이민족과 중국인 거주지의 천연적 경계로 이들을 차지한다면 연의 땅을 지킬 수 있었다.

그러나 관내의 땅에서 평주, 난주, 영주의 3주는 후당이 거란의 야율아보기에게 빼앗긴 이후로 영주와 난주를 평주에 예속시켜 평주로라고 하였었다. (이제) 송나라가 가까스로 금으로부터 연경(연주)을 반환 받았지만 평주 일대를 회복 못했기에 관내의 땅에 이민족과 한인들이 섞여 살게 되었고 연경 일대를 지키기가 어렵게 되었다.

어구 설명

○ 金主稱帝, 六年而殂. 號太祖大聖武元皇帝. 弟吳乞買立, 改名晟. : 金主는 稱帝하고, 六年이 지나 죽었다. 시호는 太祖大聖武元皇帝이다. 동생 吳乞買(오걸매)가 즉위하고서 完顏晟(완안성)으로 개명하였다.

- 金主(금주) ; 阿骨打(아골타). 稱帝(칭제) ; 건국 1115년. 1123년 연경을 싹쓸이하고 귀국 도중에 病死했다. 六年而殂(육년이조) ; 착오. 재위 9년, 56세에 죽었다. 殂 죽을 조. 죽다. 생명이 끊어지다.

- 吳乞買(오걸매) : 金 太宗 完顏晟(완안성, 재위 1123~1135년). 金 太祖의 동생. 在位 12年, 61세에 죽었다.

○ 燕山之地, 易州西北乃金坡關, 昌平之西乃居庸關, 順州之北乃古北關, 景州之北乃松亭關, 平州之東乃隃關, 隃關之東乃金人來路. 凡此數關, 天限蕃 · 漢, 得之則燕境可保. : 燕山府의 땅이란 易州의 西北은 金坡關(금파관)이고, 昌平의 西쪽은 居庸關(거용관), 順州의 北쪽은 古北關(고북관)이며, 景州의 北쪽은 바로 松亭關(송정관)이고, 平州의 東쪽에 隃關(유관)이 있는데 隃關의 東쪽이 바로 金人들의 통로이다. 이 몇 개의 관문은 이민족과 중국인 거주지의 천연적 경계로 이들을 차지한다면 燕의 땅을 지킬 수 있었다.

- 燕山之地(연산지지) ; 燕京. 燕州. 金坡關(금파관), 居庸關(거용관), 古北關, 松亭關(송정관), 隃關(유관) ; 북경 이북의 주요한 관문.

– 隃 넘을 유. 隃關(유관, 山海關) ; 河北省 最東部에 위치. 발해에 연접.(今 秦皇島市 山海關區) 明나라 長城의 동쪽 끝. '天下第一關' 이라 통칭. 長城의 서쪽 끝인 嘉峪關(가욕관 ; 甘肅省(감숙성) 嘉峪關市)과 呼應(호응).

– 天限蕃(천한번) · 漢(한) ; 이민족(蕃)과 漢人 거주지의 천연 경계. 燕境(연경) ; 燕京의 境內.

○ 然關內之地, 平 · 灤 · 營三州, 自後唐爲契丹阿保機所陷, 以營 · 灤 · 隸平, 爲平州路. 得燕而不得平州, 則關內之地, 蕃漢雜處, 而燕爲難保矣. : 그러나 關內의 땅에서 平州, 灤州, 營州의 三州는 後唐이 契丹의 야율아보기에게 빼앗긴 이후로 營州와 灤州를 平州에 예속시켜 平州路라고 하였었다. (이제) 燕京을 차지했지만(금으로부터 연주 땅을 반환 받았지마는) 平州 일대를 회복 못했기에 關內의 땅에 이민족과 漢人들이 섞여 살게 되었고 燕京 일대를 지키기가 어렵게 되었다.

– 灤 강 이름 난. 河北省. 三州(삼주) ; 湖北省의 지명. 平州路(평주로) ; 今 湖北省 秦皇島市와 唐山市에 해당.

– 蕃漢雜處(번한잡처) ; 이민족과 漢人이 섞여 거주하다.

(19) 遼張瑴守平州, 金已遣人招瑴. 瑴曰, 契丹凡八路, 今特平州存耳. 敢有異志. 旣而乃以平州南附, 宋遽納之. 趙良嗣力爭, 以爲, 必招金兵. 金人諜知,

卽襲平州陷之, 得宋詔札, 自是歸曲, 累檄取瑴. 不得已, 命王安中縊之, 而函送其首.

遼의 장각은 평주를 지키고 있었는데, 金나라에서 사자를 보내 투항을 권유했다. 장각은 "거란에 모두 8로가 있었는데, 지금 오직 평주만 남았습니다. 감히 딴 마음을 품겠습니까?"라고 말했다. 얼마 뒤에 장각은 평주를 들어 송에 귀부(귀속시켜 달라고)하자, 송에서는 선뜻 받아들였다. 조양사는 강하게 반대하면서 金의 노여움을 살 것이다. 따라서 金의 군사를 불러들일 것이라고 하였다. 그러나 그의 의견은 받아들여지지 않았다.

金에서는 염탐해서 이를 알고 즉시 평주를 공격하여 함락시켰고, 宋 황제의 조서를 손에 넣자, 그 잘못을 송에 돌리면서 여러 번 장각을 잡아가겠다는 격문을 보내왔다. (송에서는) 부득이 왕안중에게 명해서 장각의 목을 매어 그 머리를 상자에 담아 보냈다.

어구 설명

○ 遼張瑴守平州, 金已遣人招瑴. 瑴曰, 契丹凡八路, 今特平州存耳. 敢有異志. 旣而乃以平州南附, 宋遽納之. 趙良嗣力爭, 以爲, 必招金兵. : 遼의 張瑴(장각)은 平州를 지키고 있었는데, 金나라에서 사자를 보내 투항을 권유했다. 장각은 "거란에 모두 八路가

있었는데, 지금 오직 平州만 남았습니다. 敢히 딴 마음을 품겠습니까?"라고 말했다. 얼마 뒤에 장각은 平州를 들어 송에 귀부하자, 송에서는 선뜻 받아들였다. 趙良嗣는 강하게 반대하면서 결국 金兵을 불러들일 것이라고 하였다.

– 瑴 쌍옥 각(곡). 珏과 同.　八路(팔로) ; 거란의 지방 행정 조직.　特 ; 다만. 오직.　南附(남부) ; 宋에 歸附(귀부 = 귀속시키다. 본래의 자리에 돌아가 붙음.)하다.　遽 갑자기 거.

○ 金人諜知, 卽襲平州陷之, 得宋詔札, 自是歸曲, 累檄取瑴. 不得已, 命王安中縊之, 而函送其首. : 金에서는 염탐해서 이를 알고 즉시 平州를 공격하여 함락시켰고, 송 황제의 조서를 손에 넣자, 그 잘못을 宋에 돌리면서 여러 번 장각을 잡아가겠다는 격문을 보내왔다. (송에서는) 부득이 王安中에게 명해서 장각의 목을 매어 그 首級을 상자에 담아 보냈다.

– 諜 염탐할 첩.　諜知(첩지) ; 염탐해서 알다.　襲 엄습할 습.　得宋詔札(득송조찰) ; 송의 황제 서찰을 손에 넣다.　詔 고할 조. 조서. 천자의 명령. 조칙.

– 曲 ; 굽을 곡. 도리에 맞지 않다.　自是歸曲(자시귀곡) ; (조약을 어긴) 잘못을(曲) (宋의) 탓으로(歸) 돌리다(自足).

– 檄 격문 격. 힐책하는 글. 서신.　累檄取瑴(누격취각) ; 자주 장각을 (군대를 보내) 잡아가겠다는 글을 보내다.

– 縊 목맬 액.　函送其首(함송기수) ; 그의 首級(수급 = 머리)을 상자에 담아 보내다.

(20) 未幾, 金太子斡離不, 已由平州路將入燕矣. 宋方且遣人, 密誘天祚來降, 以童貫宣撫兩河燕山路, 將迎天祚. 金人方退, 天祚入陰來山不可得, 至是領衆南出, 遂爲金人所敗, 就擒. 契丹自阿保機至天祚, 九世而亡. 時宣和七年乙巳歲也.

얼마 후에, 金의 태자 알리불은 평주로를 거처 연경으로 침입하려 했다. 宋에서는 다시 사자를 보내 비밀리에 요의 천조제의 투항을 권유하면서 동관을 하동 · 하북로와 연산로의 선무사로 삼아 천조제를 영입하게 하였다.

金의 군사가 잠시 물러난 사이, 천조는 음래산으로 가려다가 갈 수가 없자, 여기서 무리를 거느리고 남쪽으로 나왔으나 결국 금군에게 패배하여 사로잡혔다. 거란은 야율아보기부터 천조에 이르기까지 9세(代)에 망했다. 때는 송의 선화 7년 을사년이었다.

어구 설명

○ 未幾, 金太子斡離不, 已由平州路將入燕矣. 宋方且遣人, 密誘天祚來降, 以童貫宣撫兩河燕山路, 將迎天祚. : 얼마 후에, 金의 太子 斡離不(알리불)은 平州路를 거처 燕京으로 침입하려 했다. 宋에서는 다시 사자를 보내 비밀리에 天祚帝의 투항을 권유하면서 童貫(동관)을 河東·河北路와 燕山路의 선무사로 삼아 천조제를 영입하게 하였다.

– 斡 돌릴 알. 斡離不(알리불) ; 아골타의 次男. 아골타의 동생이 太宗으로 즉위하였기에 太子를 太宗의 아들로 오해할 수 있다.

– 方且(방저) ; 게다가. 또다시. 여전히. 天祚(천조) ; 요의 마지막 황제 天祚帝.

○ 金人方退, 天祚入陰來山不可得, 至是領衆南出, 遂爲金人所敗, 就擒. 契丹自阿保機至天祚, 九世而亡. 時宣和七年乙巳歲也. : 金의 군사가 잠시 물러난 사이, 天祚는 陰來山(음래산)으로 가려다가 갈 수가 없자, 여기서 무리를 거느리고 남쪽으로 나왔으나 결국 金軍에게 패배하여 사로잡혔다. 거란은 耶律阿保機(야율아보기)부터 天祚에 이르기까지 九世(代)에 망했다. 때는 宣和 7年 을사년이었다.

– 陰來山(음래산) ; 산 이름. 就擒(취금) ; 사로잡히다. 自阿保機至天祚(자아보기지천조) ; 916~1125년. 宣和七年 ; 1125년.

[1] 太祖阿保機 (契丹世界)
┌ 東丹王倍 – [3] 世宗 – [5] 景宗 – [6] 聖宗 – [7] 興宗 – [8] 道宗 –□– [9] 天祚帝
└ [2] 大宗 – [4] 穆宗

(21) 是冬, 金斡離不 · 粘罕分道而南. 斡離不陷燕山, 郭藥師降之. 金兵長驅而進, 郭藥師爲前驅. 童貫自太原逃歸, 粘罕圍太原. 太原帥張孝純歎曰, 平時童太師作多少威重, 乃畏怯如此. 身爲大臣, 不能

死難, 何面目見天下士. 孝純以冀景守關, 知朔寧府孫翊來救. 兵不滿二千, 與金人戰于城下.

이 해 겨울, 金의 알리불과 점한은 길을 나누어 남하하였다. 알리불은 연산부를 함락시켰고, 송의 곽약사는 알리불에게 투항했다. 金兵은 거침없이 남하했는데 곽약사는 그 선봉장이었다. 동관은 태원에서 도주하여 돌아가 버렸고, 점한은 태원을 포위했다.

태원의 장수 장효순이 탄식했다. "평시에 동태사는 약간의 위엄이 있다 했는데 이처럼 비상시를 당하면 두려워하고 겁에 질렸구나! 대신의 몸으로 난국에 죽지 못한다면, 무슨 면목으로 세상 사람들을 볼 수 있겠는가?" 장효순은 기경으로 관문을 방어하게 하였는데 삭녕부의 지사인 손익이 구원을 하러 왔다. 손익의 군사는 2천 명도 안 되었지만 금군과 성 아래에서 용감하게 싸웠다.

어구 설명

○ 是冬, 金斡離不・粘罕分道而南. 斡離不陷燕山, 郭藥師降之. 金兵長驅而進, 郭藥師爲前驅. 童貫自太原逃歸, 粘罕圍太原. : 이 해 겨울, 金의 斡離不(알리불)과 粘罕(점한)은 길을 나누어 남하하였다. 알리불은 燕山府를 함락시켰고, 郭藥師는 알리불에게 투항했다. 金兵은 거침없이 남하했는데 곽약사는 그 선봉장이었다. 童

貫은 太原에서 도주하여 돌아가 버렸고, 점한은 太原을 포위했다.

– 粘 끈끈할 점. 罕 그물 한, 드물 한. 粘罕(점한) ; 金의 장수. 長驅而進(장구이진) ; 거침없이 진격하다. 前驅(전구) ; 선봉에 서다. 驅 몰 구. 달리다. 빨리가다.

○ 太原帥張孝純歎曰, 平時童太師作多少威重, 乃畏怯如此. 身爲大臣, 不能死難, 何面目見天下士. 孝純以冀景守關, 知朔寧府孫翊來救. 兵不滿二千, 與金人戰于城下. : 太原의 장수 張孝純이 탄식했다. "平時에 童太師(동태사)는 약간의 위엄이 있다 했는데 이처럼 비상시를 당하면 두려워하고 겁에 질렸구나! 大臣의 몸으로 난국에 죽지 못한다면, 무슨 면목으로 세상 사람들을 볼 수 있겠는가?" 장효순은 冀景(기경)으로 관문을 방어하게 하였는데 朔寧府(삭녕부)의 지사인 孫翊(손익)이 구원을 하러 왔다. 손익의 군사는 2천 명도 안 되었지만 金軍과 城下에서 용감하게 싸웠다.

– 張孝純(장효순, ?~1144년) ; 河東宣撫使 兼 知太原府(하동선무사 겸 지태원부). 王禀(왕품)과 함께 太原을 250여 일간 방어했으나 끝내 성은 함락되고 장효순은 포로가 되었다.

– 太師(태사) ; 군사 및 국방 책임자. 三公의 하나. 畏怯(외겁) ; 두려워하며 겁을 먹다. 冀景(기경) ; 人名.

– 朔寧府(삭령부) ; 朔州. 山西省의 지명. 翊 도울 익.

(22) 張孝純曰, 賊已在近, 不敢開門. 觀察可盡忠報國. 翊曰, 但恨兵少耳, 乃復引戰. 金人大沮, 再

益兵, 力不能敵, 翊死焉, 無一騎肯降. 時王黼先一年已罷, 而白時中 · 李邦彦竝相, 皆鄙夫也. 金兵來, 時中但建出奔之策而已. 上內禪, 在位二十六年. 改元者六, 曰建中靖國, 曰崇寧 · 大觀 · 政和 · 重和 · 宣和. 太子立, 是爲欽宗皇帝.

장효순이 손익에게 말했다. "적군이 너무 가까이 있어 관문을 열 수가 없습니다. 관찰께서는 진충보국(충성을 다해 나라에 보답하다) 하십시오!" 손익은 "다만 병력이 적은 것이 한스럽습니다." 하면서 바로 다시 힘을 다해 싸웠다. 한때 금군은 두려워 용기를 잃고 다시 병력을 보충하였기에 무력으로 대적할 수 없어 손익은 전사했고 단 한 사람도 투항하려 하지 않았다.

이때, 조정에서는 재상 왕보는 일 년 전에 그만두었고 백시중과 이방언이 같이 재상이었는데 모두 겁쟁이들이었다. 금나라 군사가 쳐들어오자, 백시중은 다만 도주하자는 방책만 건의할 뿐이었다. 휘종은 아들에게 양위하였는데 재위 26년이었다. 개원을 6번 하였는데, 건중정국, 숭녕, 대관, 정화, 중화, 선화였다. 태자가 즉위하니, 이가 흠종황제이다.

어구 설명

○ 張孝純曰, 賊已在近, 不敢開門. 觀察可盡忠報國. 翊曰, 但恨兵

少耳, 乃復引戰. 金人大沮, 再益兵, 力不能敵, 翊死焉, 無一騎肯降. : 張孝純이 손익에게 말했다. "적군이 너무 가까이 있어 관문을 열 수가 없습니다. 觀察께서는 盡忠報國(진충보국. 충성을 다해 나라에 보답하다) 하십시오." 손익은 "다만 병력이 적은 것이 한스럽습니다." 하면서 바로 다시 힘을 다해 싸웠다. 한때 금군은 두려워 용기를 잃고 다시 병력을 보충하였기에 무력으로 대적할 수 없어 손익은 전사했고 단 한 사람도 투항하려 하지 않았다.

– 觀察(관찰) ; 都巡檢使(도순검사). 地方官에 대한 경칭. 沮 막을 저. 沮喪(저상). 잃다.

○ 時王黼先一年已罷, 而白時中 · 李邦彦竝相, 皆鄙夫也. 金兵來, 時中但建出奔之策而已. 上內禪, 在位二十六年. 改元者六, 曰建中靖國, 曰崇寧 · 大觀 · 政和 · 重和 · 宣和. 太子立, 是爲欽宗皇帝. : 이때, 조정에서는 재상 王黼(왕보)는 일 년 전에 그만두었고 白時中과 李邦彦이 같이 재상이었는데 모두 겁쟁이들이었다. 金兵이 쳐들어오자, 백시중은 다만 도주하자는 방책만 건의할 뿐이었다. 휘종은 아들에게 양위하였는데 재위 26년이었다. 改元을 6번 하였는데, 建中靖國(건중정국), 崇寧, 大觀, 政和, 重和, 宣和였다. 太子가 즉위하니, 이가 欽宗皇帝(흠종황제)이다.

– 鄙 인색할 비. 비루하다. 鄙夫(비부) ; 못난 사람들. 겁쟁이. 出奔(출분) ; 수도를 버리고 피난하다.

– 內禪(내선) ; 아들에게 禪讓(讓位)하다. 在位二十六年(재위이십육년) ; 1100 ~1025년. 欽 공경할 흠.

3) 欽宗 ; 靖康의 變

(1) 欽宗皇帝, 名桓, 在東宮無失德. 蔡京 · 童貫輩咸憚之, 欲動搖不可, 至是卽位. 大學生陳東等, 伏闕上書, 乞誅蔡京 · 童貫 · 王黼 · 梁師成 · 李彦 · 朱勔六賊, 以謝天下. 彦以根括民田, 破蕩百姓, 結怨於河北 · 京東西三路者也. 勔以花石綱所在騷動, 結怨於東南者也. 靖康元年, 首竄黼 · 勔 · 彦, 尋皆殺之. ○ 有狐升御榻而坐者, 詔毁狐王廟. ○ 上皇奔應天府. ○ 以李綱爲行營使, 定城守策. ○ 除元祐黨籍, 追贈范仲淹 · 司馬光等官.

흠종황제의 이름은 환으로, 태자로 있으면서 덕행이 나쁘지 않았다. 채경과 동관 같은 무리들이 모두 태자를 꺼려하면서 태자의 자리를 흔들려 했지만 흔들지 못하였고, 이때 즉위하였다.

欽宗(흠종, 宋)

태학생 진동 등이 궁궐 앞에 엎드려 상서하여 채경, 동관, 왕보, 양사성, 이언, 주면 등 육적을 처단하여 폐하께서 친히 천하에 사죄할 것을 주청하였었다. 육적중 이언은 민전을 철저히 조사하고 세금을 부과하여 백성들의 살림을 파멸 탕진케 하여 하북로와 경동 동 · 서로에서 백성들의 원한을 샀다. 주면은 화석강 소동이 일어난 동남지방에서 원성을 산 사람이었다. 정강 원년에, 먼저 왕보와 주면, 이언을 내쫓았다가 곧 모두 주살하였다.

○ 어탑에 올라앉은 여우가 있어 조서를 내려 각지의 호왕묘를 헐게 하였다.

○ 上皇(상황) 휘종은 응천부로 피난했다.

○ 이강을 행영사로 삼아 개봉 성(서울)을 지키는 방책을 수립케 하였다.

○ 이어 원우 당파(구법파)의 당적을 삭제하고, 범중엄과 사마광 등의 관작(벼슬)을 추증하였다.

어구 설명

○ 欽宗皇帝, 名桓, 在東宮無失德. 蔡京 · 童貫輩咸憚之, 欲動搖不可, 至是卽位. : 欽宗皇帝(흠종황제)의 이름은 桓(환)으로, 태자로 있으면서 失德이 없었다. 蔡京과 童貫 같은 무리들이 모두 태자를 꺼려하면서 태자의 자리를 흔들려 했지만 흔들지 못하여, 이제 즉위하였다.

- 欽 공경할 흠. 欽宗(흠종) ; 재위 1126~1127년(14개월). 1127년 北宋이 망하면서 부친 휘종과 함께 金나라에 끌려가 치욕

을 감내하며 살다가 1156년에 57세에 죽었다. 그 죽음이 남송에 알려진 것은 1161년이었다.

- 桓 푯말 환. 굳세다. 東宮(동궁) ; 태자의 거처. 咸 다 함. 모두. 憚 꺼릴 탄. 搖 흔들릴 요.

○ 大學生陳東等, 伏闕上書, 乞誅蔡京 · 童貫 · 王黼 · 梁師成 · 李彦 · 朱勔六賊, 以謝天下. 彦以根括民田, 破蕩百姓, 結怨於河北 · 京東西三路者也. 勔以花石綱所在騷動, 結怨於東南者也. 靖康元年, 首竄黼 · 勔 · 彦, 尋皆殺之. : 태학생 陳東 등이 궁궐 앞에 엎드려 上書하여 蔡京, 童貫, 王黼(왕보), 梁師成, 李彦, 朱勔(주면) 등 六賊을 처단하여 天下에 사죄할 것을 주청하였다.(1125년 휘종 재위 중의 일) 李彦은 民田을 철저히 조사하고 세금을 부과하여 百姓들의 살림을 파멸 탕진케 하여 하북로와 경동 동 · 서로에서 백성들의 원한을 샀다. 朱勔은 花石綱(화석강) 소동이 일어난 동남지방에서 원성을 산 사람이었다. 靖康 元年(정강 원년)에, 먼저 왕보와 주면과 이언을 내 쫓았다가 곧 모두 주살하였다.

- 大學(대학) ; 태학. 大는 太. 黼 수(繡)놓을 보. 六賊(육적) ; 북송의 국정과 민생을 파탄시킨 6인. 蔡京(채경), 童貫(동관), 王黼(왕보), 梁師成(양사성), 李彦(이언), 朱勔(주면). 括 묶을 괄. 싸다. 조사하다.

- 根括(근괄) ; 철저히 조사하다. 李彦은 농민에게 무리한 세금을 가혹하게 부과한 酷吏(혹리)의 전형이었다.

- 蕩 쓸어버릴 탕. 破蕩(파탕) ; 파멸시키고 蕩盡(탕진)케 하다. 河北路(하북로) · 京東東路(경동동로)와 京東西路(경동서로)

; 행정 구역.

- 勔 힘쓸 면. 朱勔(주면) ; 花石綱 騷動(화석강 소동)의 책임자. 靖康(정강) 元年 ; 1126년. 竄 숨을 찬. 내쫓다. 王黼(왕보) ; 金과 연합을 강력히 주장.

○ 有狐升御榻而坐者, 詔毁狐王廟. 上皇奔應天府. 以李綱爲行營使, 定城守策. 除元祐黨籍, 追贈范仲淹 · 司馬光等官. : 여우가 御榻(어탑)에 올라 앉아 있어서 조서로 狐王廟(호왕묘)를 헐게 하였다. 휘종은 應天府로 피난했다. 李綱을 行營使로 삼아 開封 城을 지키는 방책을 수립케 하였다. 元祐黨籍을 삭제하고, 范仲淹(범중엄)과 司馬光 等의 관작을 추증하였다.

- 狐 여우 호. 升 오를 승, 되 승. 올라가다. 榻 걸상 탑. 御榻(어탑) ; 황제가 앉는 牀榻(상탑) 牀榻(상탑) ; 깔고 앉기도 하고 눕기도 하는 여러 가지 도구. 毁 헐 훼.

- 狐王廟(호왕묘) ; 唐代부터 여우를 받드는 풍습이 성행했다.

- 上皇(상황) ; 휘종. 奔 달아날 분. 金에 겁을 먹고 아들에게 양위하고 대신 몇몇을 거느리고 피난했다가 다시 돌아온다.

- 應天府(응천부) ; 북송의 南京. 今 河南省 商丘市. 다른 기록에는 응천부보다 훨씬 남쪽인 今 江蘇省 鎭江市(양자강 南岸)인 鎭江府(潤州)로 도주했었다는 기록도 있다.

- 李綱(이강, 1083~1140년) ; 字 伯紀(백기). 趙鼎(조정), 李光, 胡銓(호전)과 함께 '南宋四名臣(남송사명신)'. 行 ; 이동식(의). 임시의.

- 行營(행영) ; 일시적 임무를 수행하기 위한 병영. 막사. 어떤

목적을 위해 설치된 전문기구.

(2) ○ 白時中罷, 李邦彦 · 張邦昌爲相. ○ 春正月, 斡離不抵京師. 先是朝廷遣李鄴求和. 斡離不携鄴以攻京城, 不克. 乃遣王汭, 與鄴偕來. 邦彦等皆主和, 惟綱欲戰. 上是邦彦之計, 遣鄭望之出使. 未至而遇王汭, 與俱入見. 又遣李梲出使, 梲又與金使偕來. 金人需犒師金五百萬兩 · 銀五千萬兩 · 牛馬萬頭 · 表段百萬匹, 割中山 · 河間 · 太原三鎭地二十餘郡, 且欲宰相 · 親王爲質. 遣張邦昌副康王如其營.

○ 백시중을 파직(파면)하고 이방언과 장방창을 재상으로 삼았다.

○ 봄, 정월에 알리불은 변경을 공격해 왔다. 이에 앞서 조정에서는 이업을 보내 강화토록 하였다. 알리불은 이업을 데리고 와서 도성을 공격했으나 이기지 못했다. 이에 알리불은 그 신하 왕예를 보내 이업과 함께 보내왔다.

이방언 등은 모두 화해(화친)를 주장했고, 오직 이강만이 싸우고자 했다. 흠종은 이방언의 계책에 따라 정망지를 사자로 보냈다. 정망지는 도중에서 金의 왕예를 만나 같이 와서 흠종을 알현했다. 조정에서는 다시 이절을 사자로 보냈는데, 이절 또한 金의 사자(사신)와 같이 왔다.

金에서는 군사 위로비 5백만 량과 은 5천만 량, 소와 말 1만두, 비단 백만 필을 요구하였고, 중산과 하간과 태원 등 삼진의 땅 20여 군을 할양(내어 놓을 것)할 것과 재상과 친왕을 인질로 잡겠다고 하였다. 흠종은 재상 장방창과 강왕을 함께 金의 진영에 보냈다.

어구 설명

○ 白時中罷, 李邦彦 · 張邦昌爲相. 春正月, 斡離不抵京師. 先是朝廷遣李鄴求和. 斡離不携鄴以攻京城, 不克. 乃遣王汭, 與鄴偕來. : 白時中을 파직하고 李邦彦과 張邦昌을 재상으로 삼았다. 靖康(정강) 원년 春 正月에 金의 알리불은 변경을 공격해 왔다. 이에 앞서 조정에서는 李鄴(이업)을 보내 강화토록 하였다. 알리불은 이업을 데리고 와서 도성을 공격했으나 이기지 못했다. 이에 알리불은 그 신하 왕예를 보내 이업과 함께 보내왔다.

– 斡離不(알리불) ; 阿骨打의 아들. 金 太宗의 조카. 抵 거스를 저. 공격해오다. 京師(경사) ; 도성. 汴京(변경). 東京. 大梁(대량). 開封(개봉) 등으로 불렸다.

– 鄴 땅 이름 업. 携 끌 유. 汭 물굽이 예. 王汭(왕예) ; 金王의 신하.

○ 邦彦等皆主和, 惟綱欲戰. 上是邦彦之計, 遣鄭望之出使. 未至而遇王汭, 與俱入見. 又遣李棁出使, 棁又與金使偕來. : 李邦彦 등

은 모두 화해를 주장했고, 오직 李綱만이 싸우고자 했다. 흠종은 이방언의 계책에 따라 鄭望之를 사자로 보냈다. 정망지는 도중에서 金의 왕예를 만나 같이 와서 흠종을 알현했다. 다시 李梲(이절)을 사자로 보냈는데, 이절 또한 金의 사자와 같이 왔다.

– 李邦彦(이방언) ; 主和派. 李綱(이강) ; 主戰派. 梲 짧은 기둥 절.

○ 金人需犒師金五百萬兩 · 銀五千萬兩 · 牛馬萬頭 · 表段百萬匹, 割中山 · 河間 · 太原三鎭地二十餘郡, 且欲宰相 · 親王爲質. 遣張邦昌副康王如其營. : 金에서는 군사 위로비 5백만 량과 銀 5千萬兩, 소와 말 1萬頭, 비단 百萬 匹을 요구하였고, 中山과 河閒(하간)과 太原 三鎭의 땅 20여 郡을 割地〈할지, 割讓(할양=내어 놓을 것.)〉할 것과 宰相과 親王을 인질로 잡겠다고 하였다. 흠종은 재상 張邦昌과 康王을 함께 金의 진영에 보냈다.

– 需 구할 수. 기다리다. 요구하다. 犒 호궤할 호. 음식으로 將卒을 위로하다. 犒師金(호사금) ; 군대 위로비. 배상금.

– 表段(표단) ; 비단(緞). 割 나눌 할. 割地(할지) ; 割讓(할양) ; 땅이나 물건의 한 부분을 떼어 줌. 中山 · 河閒(중산 · 하간) ; 河北省의 땅. 親王(친왕) ; 황제의 가족 중 王位에 봉한 자.

– 質 바탕 질, 볼모 질(지). 인질. 張邦昌(장방창, 1081~1127년) ; 문하시랑 역임. 康王(강왕) ; 휘종의 九子. 흠종의 아우. 뒷날의 南宋 高宗.

(3) 金國太子與康王同射, 連發三矢皆中筈. 金人謂是將家子非親王, 遣歸, 更請肅王爲質. 种師道等諸路勤王兵至. 師道奏, 京城周回八十里, 城高數十丈, 粟支數年. 宜與城內箚寨拒守, 俟困擊之. 綱亦奏, 金以孤軍深入, 如虎投檻. 不可與角一旦之力. 縱歸擊之, 必勝之計. 上然之, 而李邦彦 · 吳敏等專主和, 議論不一. 致虜有待汝議論定時, 我已渡河之譏.

어느 날 金의 태자와 강왕이 같이 활을 쏘았는데, 강왕이 쏜 화살 3발이 모두 화살 오늬에 명중하였다. 金에서는 강왕이 장군 가문의 자제이지 친왕이 아니라고 돌려보내면서 다시 숙왕을 인질로 요구하였다.

이때 충사도 등 제로(여러 지역)의 근왕병이 도착했다. 충사도는 "경성의 둘레가 80리, 성벽의 높이가 수십 길(丈)이며, 성 안의 곡식은 몇 년을 버틸 수 있습니다. 응당 성 내에 여러 곳에 간단한 요새를 만들어 싸우며 지키다가 저들이 지치기를 기다려 공격해야 합니다."라고 상주했다. 이강도 마찬가지로 "金은 고립된 군사로 깊이 들어와 있으니, 이는 우리 속에 들어온 호랑이와 같습니다. 하루아침의 힘으로 겨루는 것은 안 됩니다. 그들이 지쳐 돌아갈 때 공격하는 것이 필승의 계책입니다."라고 아뢰었다.

흠종도 그러한 생각이었으나 이방언과 오민 등은 오직 화해(화친)를 주장하여 도무지 의논이 통일되지 않았다. 그래서 적으로부터 '당신들 결정이 나기를 기다리는 동안 우리는 벌써 강을 건너왔다.'는 조롱을 들어야만 했다.

어구 설명

○ 金國太子與康王同射, 連發三矢皆中筈. 金人謂是將家子非親王, 遣歸, 更請肅王爲質. : 金의 太子와 康王이 같이 활을 쏘았는데, 강왕이 쏜 화살 3발이 모두 화살 오늬에 명중하였다. 金에서는 강왕이 장군 가문의 자제이지 친왕이 아니라고 돌려보내면서 다시 肅王을 인질로 요구하였다.

- 矢 화살 시. 筈 오늬 괄. 화살 머리를 시위에 끼울 수 있도록 약간 에워낸 부분. 將家子(장가자) ; 장수 가문의 아들.

- 遣歸(유귀) ; 돌려보내다. 康王을 돌려보낸 것은 강왕의 天運일 것이다. 肅王(숙왕) ; 휘종의 5子.

○ 种師道等諸路勤王兵至. 師道奏, 京城周回八十里, 城高數十丈, 粟支數年. 宜與城內箚寨拒守, 俟困擊之. 綱亦奏, 金以孤軍深入, 如虎投檻. 不可與角一旦之力. 縱歸擊之, 必勝之計. : 이때 种師道(충사도) 等 諸路(여러 지역)의 勤王兵(근왕병)이 도착했다. 충사도는 "京城의 둘레가 80리, 성의 높이가 수십 길(丈)이며, 곡식은 몇 년을 버틸 수 있습니다. 응당 성 내에 여러 곳에 간단한 요새를 만들어 싸우며 지키다가 저들이 지치기를 기다려 공격해야 합

니다."라고 상주했다. 李綱(이강)도 마찬가지로 "金은 고립된 군사로 깊이 들어와 있으니, 이는 우리 속에 들어온 호랑이와 같습니다. 하루아침의 힘으로 겨루는 것은 안 됩니다. 그들이 지쳐 돌아갈 때 공격하는 것이 필승의 계책입니다."라고 아뢰었다.

- 种 어릴 충. 种師道(충사도, 1051~1126년) ; 北宋 末年 名將. 勤 부지런할 근. 위로하다. 돕다. 勤王(근왕) ; 왕실에 충성을 다함.
- 粟 조 속. 곡식. 군량. 支 가지 지. 지탱하다. 箚 찌를 차. 寨 울창 채. 箚寨(차채) ; 간단한 요새를 설치하다.
- 俟 기다릴 사. 檻 우리 함. 감옥. 如虎投檻(여호투함) ; 우리 속에 들어온 호랑이와 같다. 角 뿔 각. 겨루다. 경쟁하다.
- 不可與角一旦之力(불가여각일단지력) ; 하루아침의 힘으로 겨루는 것은 불가하다. 곧 지구전이나 장기전을 펴야 한다.
- 縱歸擊之(종귀격지) ; 지쳐 돌아갈 때 적을 공격하다.

○ 上然之, 而李邦彦 · 吳敏等專主和, 議論不一. 致虜有待汝議論定時, 我已渡河之譏. : 흠종도 그러한 생각이었으나 李邦彦과 吳敏 등은 오직 화해를 주장하여 의논이 통일되지 않았다. 그래서 적으로부터 '당신들 결정이 나기를 기다리는 동안 우리는 벌써 강을 건너왔다.'는 조롱을 들어야만 했다.

- 然之(연지) ; 그러하다고 여기다. 議論不一(의논불일) ; 의논이 하나가 되지 않다. 虜 포로 노(로). 적. 이민족.
- 待汝議論定時, 我已渡河(대녀의논정시, 아이도하) ; 너희들 의논이 결정되기를 기다리는 동안 우리는 벌써 黃河(황하)를 건너왔다. 譏 나무랄 기. 조롱하다.

(4) 未幾, 統制官姚平仲, 宵攻金營, 不克. 上大驚懼, 廢行營, 罷李綱, 以謝金人. 大學生陳東及都人數萬, 伏闕乞復用綱. 得旨復右丞, 充守禦使, 衆乃散. 金使復來, 乃以割三鎭詔書, 遣使持往. 時括在京金, 僅得二十餘萬兩, 銀四百餘萬兩, 藏蓄已空. 金人圍京城凡三十三日, 得割地詔, 不俟金幣數足而退. 种師道請臨河要擊之, 綱亦以爲, 彼兵六萬, 而我勤王之師二十餘萬, 縱其半渡而擊之, 必勝. 邦彦等不從, 惟詔三鎭, 仍堅守不割.

얼마 뒤에, 통제관인 요평중이 밤에 金軍의 진영을 공격했으나 이기지 못했다. 흠종은 크게 놀라 두려워하면서 행영을 폐지하고 행영사 이강을 파직(파면)하면서 金에 사과하였다. 그러자 태학생인 진동 및 도성 사람 수만 명이 대궐 앞에 엎드려 이강을 다시 등용할 것을 간청하였다. 조정에서 흠종의 허락을 얻어, 이강을 우승으로 복직시켜 수어사에 충원하겠다는 승낙을 받고 그제야 민중은 흩어졌다.

金의 사신이 다시 오자, 이어 삼진을 할양한다(떼어준다)는 조서를 사신에게 주어 갖고 가게 하였다. 그때 도성 안의 金을 모두 모았으나 겨우 금 20여만 량과, 은 400여만 량을 모았고 비축한 것도 바닥이 났다. 金의 군사는 도성을 포위한 지 33일 만에 땅을 할양한다는 조서를 받아가지고 금과 비단 등의 액수가 채워지는 것을 기다리지도 않고 물러갔다.

충사도는 황하에서 기다렸다가 적을 공격해야 한다고 요청하였고, 이강 또한 '저들은 6만이고, 우리 근왕의 군사는 20여만 명이니 반쯤 건넜을 때 공격한다면 필승할 수 있다.'고 생각했다. 그러나 이방언 등이 반대하여 다만 3진을 굳게 방비하면서 할양하지 말라는 조서를 내렸다.

李綱(이강)

어구 설명

○ 未幾, 統制官姚平仲, 宵攻金營, 不克. 上大驚懼, 廢行營, 罷李綱, 以謝金人. 大學生陳東及都人數萬, 伏闕乞復用綱. 得旨復右丞, 充守禦使, 衆乃散. : 얼마 뒤에, 統制官인 姚平仲(요평중)이 밤에 金軍의 진영을 공격했으나 이기지 못했다. 흠종은 크게 놀라 두려워하면서 行營을 폐지하고 이강을 파직하면서 금나라에 사과하였다. 태학생인 陳東 및 도성 사람 수만 명이 대궐 앞에 엎드려 이강을 다시 등용할 것을 간청하였다. 이강을 右丞으로 복직시켜 수어사에 충원하겠다는 승낙을 받고 민중은 흩어졌다.

- 未幾(미기) ; 머지않아. 얼마 안 되어(不久). 宵 밤 소.
- 驚懼(경구) ; 놀라고 두려워하다. 李綱(이강) ; 흠종은 이강을 行營使에 임명했었다. 得旨(득지) ; 황제의 승낙을 받다.
- 丞 도울 승 ; 官名. 承과 通. 輔佐(보좌)한다는 의미. 次官 或은 더 낮은 보좌관직. 充 ; 충원하다. 임명하다. 禦 막을 어.

○ 金使復來, 乃以割三鎭詔書, 遣使持往. 時括在京金, 僅得二十餘萬兩, 銀四百餘萬兩, 藏蓄已空. 金人圍京城凡三十三日, 得割地詔, 不俟金幣數足而退. : 金의 사신이 다시 오자, 이어 三鎭을 할양한다는 조서를 사신에게 주어 갖고 가게 하였다. 그때 도성 안의 (민간인 보유) 金을 모두 모았으나 겨우 금 20여만 량과, 은 400여만 량을 모았고 (나라에서) 비축한 것도 바닥이 났다. 金의 군사는 도성을 포위한 지 33일 만에 땅을 할양한다는 조서를 받아가지고 금과 비단 등의 액수가 채워지는 것을 기다리지도 않고 물러갔다.

– 括 묶을 괄. 긁어모으다. 僅 겨우 근. 藏蓄(장축) ; 비축하다. 俟 ; 기다릴 사.

○ 种師道請臨河要擊之, 綱亦以爲, 彼兵六萬, 而我勤王之師二十餘萬, 縱其半渡而擊之, 必勝. 邦彦等不從, 惟詔三鎭, 仍堅守不割. : 충사도는 황하에서 기다렸다가 적을 공격해야 한다고 요청하였고, 李綱 또한 '저들은 6만이고, 우리 근왕의 군사는 20여만 명이니 반쯤 건넜을 때 공격한다면 필승할 수 있다.' 고 생각했다. 그러나 李邦彦 等이 반대하여 다만 三鎭을 굳게 방비하면서 할양하지 말라는 조서를 내렸다.

– 臨河要擊之(임하요격지) ; 황하에서 기다리다가 적을 공격하다. 縱 ; 놓을 종. 방임하다. 설사 ~일지라도. 仍 인할 잉. 그대로.

(5) ○ 京師受圍時, 梁師成已誅. 至是竄蔡京於儋州, 至潭而死, 年八十. 蔡攸竄萬安軍, 尋有詔, 卽所在斬之. 童貫亦遠竄, 追斬於南雄. ○ 李邦彦罷, 張邦昌·吳敏竝相. 邦昌罷, 徐處仁相. 處仁·敏罷, 唐恪相, 恪罷, 何㮚相.

○ 도성(開封)이 포위당했을 때 양사성은 이미 주살되었다. 이때에 채경을 儋州(담주)로 유배시켰는데 그는 潭州(담주)에 이르러 죽었고, 나이는 80이었다. 채유는 만안군

으로 유배되었는데 곧 조서를 내려 도중에 참수하였다. 동관도 멀리 유배되었는데 쫓아가 남웅에서 참수하였다.

○ 이방언을 해임하고 장방창과 오민을 같이 재상으로 삼았다. 장방창을 해임하고 서처인을 재상으로 삼았다. 이어 처인과 오민을 해임하고 당각을 재상으로 삼았다가 당각을 해임하고, 하율을 재상에 임명했다.

어구 설명

○ 京師受圍時, 梁師成已誅. 至是竄蔡京於儋州, 至潭而死, 年八十. 蔡攸竄萬安軍, 尋有詔, 卽所在斬之. 童貫亦遠竄, 追斬於南雄. : 도성이 포위당했을 때 梁師成(양사성)은 이미 주살되었다. 이때에 蔡京을 (해남도의) 儋州(담주)로 유배시켰는데 그는 潭州(담주)에 이르러 죽었고, 나이는 80이었다. 蔡攸(채유)는 萬安軍으로 유배되었는데 곧 조서를 내려 도중에 참수하였다. 童貫도 멀리 유배되었는데 쫓아가 南雄에서 참수하였다.

- 梁師成(양사성) ; 환관. 휘종에게 아첨하며 政事를 그르쳤다. 儋 멜 담. 儋州(담주) ; 海南島(今, 海南省)의 地名. 潭 깊을 담.
- 潭州(담주) ; 今 湖南省 長沙의 古稱. 蔡攸(채유) ; 蔡京의 아들. 萬安軍(만안군) ; 군사 조직이 아니라 행정구역임. 今 海南省 萬寧市(만녕시).
- 卽所在斬之(즉소재참지) ; 즉시 있는 곳에서 목을 베다. 南雄(남웅) ; 今 廣東省 동북부의 지명.

○ 李邦彦罷, 張邦昌·吳敏竝相. 邦昌罷, 徐處仁相. 處仁·敏罷, 唐恪相, 恪罷, 何㮚相. : 李邦彦(이방언)을 해임하고 張邦昌(장방창)과 吳敏(오민)을 같이 재상으로 삼았다. 장방창을 해임하고 徐處仁(서처인)을 재상으로 삼았다. 處仁과 오민을 해임하고 唐恪(당각)을 재상으로 삼았다가 당각을 해임하고, 하율을 재상에 임명했다.

- 相 ; 재상으로 삼다. 唐 ; 성씨. 恪 삼갈 각. 㮚 밤나무 율. 栗의 古字.

(6) ○ 上皇歸京師, 數月金兵復至. 斡離不由東路陷眞定, 長驅先抵京師. 粘罕由西路陷隆德·太原府·汾澤州·平定軍·平陽府·河南府·河陽府·鄭州·懷州, 抵京師. 張叔夜等統兵赴闕. 唐恪·耿南仲專主和議曰, 今百姓困匱. 養數十萬於城下, 何以給之. 乃止各道兵, 勿得動.

○ 상황(휘종)이 변경(서울)으로 돌아오고 몇 달이 지나 金兵이 다시 들어왔다. 알리불은 동로로 진정부를 함락시키고 거침없이 남하하여 먼저 도성(서울)에 도착하였다. 점한은 서로로 융덕과 태원부, 분주와 택주, 평정군, 평양부, 하남부, 하양부, 정주, 회주를 함락시키고 도성(서울)

까지 왔다.

장숙야 등이 군사를 거느리고 궁궐에 도착하였다. 당각과 경남중은 오직 화의(항복)만을 주장하면서 말했다. "지금 백성들도 식량이 궁핍합니다. 성 안에 수십 만을 부양해야 하는데 어찌 공급하겠습니까?" 이에 각 지방 병력의 이동을 도중에 머물러 있게 하고 더 이상 동원을 금지하였다.

어구 설명

○ 上皇歸京師, 數月金兵復至. 斡離不由東路陷眞定, 長驅先抵京師. 粘罕由西路陷隆德 · 太原府 · 汾澤州 · 平定軍 · 平陽府 · 河南府 · 河陽府 · 鄭州 · 懷州, 抵京師. : 上皇이 京師로 돌아오고 몇 달이 지나 金兵이 다시 들어왔다. 斡離不(알리불)은 東路로 眞定府를 함락시키고 거침없이 남하하여 먼저 도성에 도착하였다. 粘罕은 西路로 隆德과 太原府, 汾州와 澤州, 平定軍, 平陽府, 河南府, 河陽府, 鄭州, 懷州를 함락시키고 도성까지 왔다.

- 上皇歸京師(상황귀경사) ; 휘종은 응천부로 피난했다가 金軍이 포위를 풀고 물러나자 변경으로 돌아왔다.

- 眞定(진정) ; 今 河北省 石家庄市 동북쪽. 先抵京師(선저경사) ; 먼저 汴京에 도착하다. 粘罕(점한, 1080~1137년) ; 完顔宗翰(완안종한). 國相 完顔撒改(국상 완안살개)의 長子. 金의 장수로 휘종과 흠종을 잡아간 장본인. 撒 뿌릴 살. 뿌리다. 흩뜨리다. 놓다. 놓아주다.

- 隆德 · 太原府 · 汾州, 澤州 · 平定軍 · 平陽府 ; 今 山西省 일

대. 河南府 · 河陽府 · 鄭州 · 懷州 ; 今 河南省 일대.

○ 張叔夜等統兵赴闕. 唐恪 · 耿南仲專主和議曰, 今百姓困匱. 養數十萬於城下, 何以給之. 乃止各道兵, 勿得動. : 張叔夜 등이 군사를 거느리고 궁궐에 도착하였다. 唐恪(당각)과 耿南仲(경남중)은 오직 和議만을 주장하면서 말했다. "지금 百姓들도 식량이 궁핍합니다. 성 안에 數十 萬을 부양해야 하는데, 어찌 공급하겠습니까?" 이에 각 지방 병력의 이동을 도중에 머물러 있게 하고 더 이상 동원을 금지하였다.

– 張叔夜(장숙야, 1065~1127년) ; 北宋 名將. 도적 宋江의 무리를 招安한 지방관. 靖康之難(정강지난) 중에 도성을 수비하다 실패하고 흠종을 따라 金나라로 끌려가는 도중에 목을 매어 자살했다. 《수호전》에서는 濟州太守로 등장.

– 耿 빛날 경. 성씨. 匱 함 궤. 모자라다. 乏(핍)과 同. 困匱(곤궤) ; 궁핍하다. 困乏(곤핍). 養數十萬於城下(양수십만어성하) ; 城下에서 數十萬을 먹이다. 각지의 근왕병을 먹일 군량이 모자란다는 뜻.

– 何以給之(가이급지) ; 어찌 군량을 공급하겠는가? 勿得動(물득동) ; 움직이지 말라. 得은 조동사로 쓰여 허가나 가능성을 표현한다.

(7) 京師自十一月, 受圍凡四十日. 有卒郭京者, 言能用六甲法, 生擒粘罕 · 斡離不. 盡令守禦人下城,

獨坐城樓上, 以親兵數百自衛. 俄頃金人鼓譟而進, 京紿衆曰, 須自下城作法. 袇引餘兵南遁. 虜兵登城者纔四人, 衆皆披靡大潰. 上聞城陷, 慟哭曰, 朕不用种師道言, 以至於此. 時師道前一月卒矣. 護駕人猶有萬餘, 馬亦數千. 張叔夜連戰四日, 斬其貴將一人, 欲護駕突圍而出. 上惑於和議不定, 士卒號哭而散.

서울 도성은 11월부터 거의 40일을 포위당했다. 병졸 중에 곽경이란 자가 육갑법을 써서 점한과 알리불을 생포할 수 있다고 말했다. (곽경은) 먼저 성을 지키는 병사들에게 성을 내려가라 하고서 혼자 성루 위에 앉아 친한 병사 수백 명으로 자신을 호위케 하였다. 갑자기 金의 군졸이 북을 치며 진입하자, 곽경은 여러 사람에게 말했다. "꼭 내가 성 아래로 내려가서 술법을 써야 한다." 그리고서는 병졸을 데리고 남쪽으로 도망쳤다.

성에 올라온 적병은 겨우 4명이었는데도 송의 군사들은 바람에 쓸리듯 궤멸하였다. 흠종은 성이 함락되었다는 말을 듣고 통곡하였다. "내가 충사도의 말을 듣지 않아 이 지경이 되었도다." 그때 충사도는 한 달 전에 죽고 없었다.

어가를 호위할 병력이 1만여 명이었고, 말도 수천 마리가 남아 있었다. 장숙야는 4일을 연이어 싸우면서 높은 적장을 베었고 어가를 호위하여 포위를 뚫고 탈출하려 했다. 흠종은 화의가 아직 끝나지 않았다는 말에 현혹되었고, 사졸들은 울면서 흩어졌다.

어구 설명

○ 京師自十一月, 受圍凡四十日. 有卒郭京者, 言能用六甲法, 生擒粘罕·斡離不. 盡令守禦人下城, 獨坐城樓上, 以親兵數百自衛. 俄頃金人鼓譟而進, 京紿衆曰, 須自下城作法. 因引餘兵南遁. : 서울 도성은 11월부터 거의 40일을 포위당했다. 병졸 중에 郭京이란 자가 六甲法을 써서 粘罕(점한)과 斡離不(알리불)을 생포할 수 있다고 말했다. (곽경은) 먼저 성을 지키는 병사들에게 성을 내려가라 하고서 혼자 城樓 위에 앉아 親兵 수백 명으로 자신을 호위케 하였다. 갑자기 金의 군졸이 북을 치며 진입하자, 곽경은 여러 사람에게 말했다. "꼭 내가 성 아래로 내려가서 술법을 써야 한다." 그리고서는 병졸을 데리고 남쪽으로 도망쳤다.

– 六甲法(육갑법) ; 道敎의 護法神인 '六甲神'에 의해 나라를 보위하고 신도를 지켜주며 인간의 선악을 감독할 수 있다고 주장하는 術法. 六甲神은 甲子神, 甲戌神, 甲申神, 甲午神, 甲辰神, 甲寅神을 지칭한다.〈이런 주장에 현혹되는 것을 보면 인간의 어리석음이 무엇인가를 느낄 수 있다.〉

– 生擒(생금) ; 살아있는 그대로 사로잡다. 生捕하다. 盡(진) ; 먼저 ~하게 하다. 멋대로. 줄곧. 儘(진)과 같음.

– 盡令守禦人下城(진령수어인하성) ; 먼저 守禦人에게 城에서 내려가라 명령하다. 俄 갑자기 아. 곧. 금세. 俄頃(아경) ; 삽시간에. 일순간.

– 譟 시끄러울 조. 鼓譟(고조) ; 북을 요란하게 치다. 북을 치고 함성을 지름.

– 給 줄 급. ~에게. ~를 향하여. ~에게 ~토록 하다. 京給衆曰(경급중왈) ; 郭京(곽경)은 여러 사람에게 말했다.

○ 虜兵登城者纔四人, 衆皆披靡大潰. 上聞城陷, 慟哭曰, 朕不用种師道言, 以至於此. 時師道前一月卒矣. : 성에 올라온 적병은 겨우 4명이었는데도 송의 군사들은 바람에 쓸리듯 궤멸하였다. 흠종은 성이 함락되었다는 말을 듣고 통곡하였다. "내가 种師道(충사도)의 말을 듣지 않아 이 지경이 되었도다." 그때 충사도는 한 달 전에 죽고 없었다.

– 虜兵(노병) ; 적병. 披 ; (옷을) 걸치다. 쪼개지다. 쓰러지다. 靡 쓰러질 미. 披靡(피미) ; 바람에 초목이 쓰러지다. 흩어져 달아나다. 潰 무너질 궤. 궤멸하다. 纔 겨우 재. 才와 通.

○ 護駕人猶有萬餘, 馬亦數千. 張叔夜連戰四日, 斬其貴將一人, 欲護駕突圍而出. 上惑於和議不定, 士卒號哭而散. : 어가를 호위할 병력이 1만여 명이었고, 말도 수천 마리가 남아 있었다. 張叔夜는 4일을 연이어 싸우면서 高位 적장을 베었고 어가를 호위하여 포위를 뚫고 탈출하려 했다. 흠종은 和議가 아직 끝나지 않았다는 말에 현혹되었고, 士卒들은 울면서 흩어졌다.

– 護駕人(호가인) ; 어가를 호위할 수 있는 병력. 突圍(돌위) ;

포위를 뚫다. 惑 미혹할 혹. 제정신이 아니다.

– 和議不定(화의부정) ; 화해하는 협의가 결정되지 않았다.

(8) 虜使劉晏請上出城, 都民爭入, 臠而食之. 何㮚欲率都民巷戰, 聞者爭奮. 金人由是斂兵不下, 惟以割地責金幣和議爲辭, 以誤戰守之計. 侍郎耿南仲力主議和, 上以爲然, 遂墮其計. 二元帥請與上皇相見. 上曰, 上皇驚憂已病, 朕當自往. 遂如靑城見之, 二宿而返. 明年春, 復請上出郊, 續逼出上皇.

金의 사자 유안이 황제가 성에서 나올 것을 요구하자, 성안 사람들이 달려 들어가 유안을 때려 죽여서 살점을 뜯어다 먹었다. 재상 하율이 도성 백성과 함께 시가전을 펴려 하자, 이를 들은 사람들이 다투어 지원하였다. 金은 군사를 불러들이고는 밖에 내보내지 않으면서 영토 할양과 세폐(금, 은, 비단 등의 배상금)를 재촉하면서 화의를 핑계로 수비하려는 계책을 깨트리려 했다.

송의 조정에서는 문하 시랑 경남중은 화의를 계속 주장했고, 흠종은 그러하다 생각하여 그 계략에 빠졌다. 두 석장이 휘종을 만나보기를 요청했다. 흠종은 "상황께서는 놀라며 걱정하여 병이 들었으니 내가 응당 만나보겠다."고

하였다. 그리하여 금의 진영 청성에 가서 만나보고 2일을 묶고 돌아왔다. 다음 해 봄, 다시 흠종의 출성(성 밖으로 나오라고 함)을 요구하며 청성으로 데려다가 가두고 계속하여 휘종의 출성도 재촉하였다.

어구 설명

○ 虜使劉晏請上出城, 都民爭入, 臠而食之. 何㮚欲率都民巷戰, 聞者爭奮. 金人由是斂兵不下, 惟以割地責金幣和議爲辭, 以誤戰守之計. : 金의 사자 劉晏이 황제의 出城을 요구하자, 都民들이 달려 들어가 유안을 때려 죽여서 살점을 뜯어다 먹었다. 재상 하율이 도성 백성과 함께 시가전을 펴려 하자, 이를 들은 사람들이 다투어 지원하였다. 金은 군사를 불러들이고는 밖에 내보내지 않으면서 割地(할지 = 땅의 일부를 떼어서 줌.)와 金幣(금폐. 금, 은, 비단 등의 배상금)를 재촉하면서 화의를 핑계로 守戰하려는 계책을 깨트리려 했다.

– 請上出城(청상출성) ; 황제의 出城을 요구하다. 臠 저민 고기 연. 고기를 토막 내다. 巷 거리 항. 골목. 巷戰(항전) ; 시가전.

– 爭奮(쟁분) ; 다투어 奮起(분기)하다. 서로 지원하다. 斂兵不下(검병불하) ; 진영으로 철수하고 내보내지 않다.

– 誤 그르칠 오. 방해하다. 틀리다. 戰守之計(전수지계) ; 싸우며 지키려는 계책.

○ 侍郎耿南仲力主議和, 上以爲然, 遂墮其計. 二元帥請與上皇相

見. 上曰, 上皇驚憂已病, 朕當自往. 遂如靑城見之, 二宿而返. 明年春, 復請上出郊, 續逼出上皇. : 송의 조정에서는 侍郞 耿南仲(경남중)은 和議를 계속 주장했고 흠종은 그러하다 생각하여 그 계략에 빠졌다. 두 적장이 휘종을 만나보기를 요청했다. 흠종은 "上皇께서는 놀라며 걱정하여 병이 들었으니 내가 응당 만나보겠다."고 하였다. 그리하여 금의 진영 靑城에 가서 만나보고 2일을 묶고 돌아왔다. 明年 봄, 다시 흠종의 出城(성 밖으로 나오라고 함)을 요구하며 청성으로 데려가 가두고 계속하여 휘종의 출성도 재촉하였다.

– 墮 떨어질 타. 무너지다. 二元帥(이원수) ; 적장 粘罕(점한)과 斡離不(알리불). 上皇(상황) ; 휘종. 如 ; 가다. 靑城(청성) ; 開封城(都城)의 城北이 그들의 거처.

– 二宿(이숙) ; 2일 밤을 자다. 出郊(출교) ; 교외로 나오다. 金의 진영으로 가다. 逼 닥칠 핍. 위협하다. 핍박하다.

(9) 張叔夜諫曰, 今上一出不歸, 陛下不可再往. 臣當率勵精兵, 護駕以出. 縱虜騎追至, 臣決死戰, 或可僥倖. 若天不祚, 死於封疆, 不猶生陷於夷狄乎. 上皇欲飮藥, 爲范瓊所奪. 逼上皇出宮, 皇后 · 太子 · 親王 · 帝姬 · 皇族, 前後三千餘人, 悉赴軍前. 城中子女 · 金帛 · 寶玩 · 車服 · 器用 · 圖書 · 百物

括索, 公私上下俱空. 然後宣金主詔書, 選立異姓, 遂册前太宰張邦昌爲楚帝, 以宋二帝北歸.

장숙야가 상왕에게 충간하였다. “지금 상황께서 한 번 나가시면 돌아오지 못하시며 폐하께서도 다시 가실 수도 없습니다. 저는 정병을 이끌고 어가를 호위하여 포위를 뚫고 빠져나가겠습니다. 만약 적의 기병이 추격하더라도 신은 결사적으로 싸울 것이며, 혹시 요행을 바랄 수도 있습니다. 만약 하늘이 돕지 않는다 하더라도 내 땅에서 죽는 것이 살아서 이적의 땅에 갇히는 것과 같겠습니까?”

휘종은 독약을 마시려 했지만 범경에게 빼앗겼다. 휘종이 강제로 출궁하게 되자, 황후와 태자, 친왕과 여러 공주와 황족들 3천에 가까운 사람들이 모두 상황을 따라 적의 진영으로 나아갔다. 성 안의 젊은이들과 비단이나 노리개, 수레나 의복, 살림도구와 도서와 온갖 물건들도 다 뒤져갔기에 관리든 민간인이든 어른이나 아이 모두가 빈털터리가 되었다.

그 뒤에 金 태조의 조서를 선포하고 趙氏(조씨) 이외의 다른 성씨의 인물을 옹립한다 하여 전에 태재였던 장방창을 楚의 황제라 하였고, 宋의 두 황제를 데리고 북쪽으로 돌아갔다.

어구 설명

○ 張叔夜諫曰, 今上一出不歸, 陛下不可再往. 臣當率勵精兵, 護駕以出. 縱虜騎追至, 臣決死戰, 或可僥倖. 若天不祚, 死於封疆, 不猶生陷於夷狄乎. : 張叔夜가 忠諫(충간)하였다. "지금 上皇께서 한 번 나가시면 돌아오지 못하시며 陛下께서도 다시 가실 수도 없습니다. 저는 정병을 이끌고 어가를 호위하여 빠져나가야 합니다. 만약 적의 기병이 추격하더라도 신은 결사적으로 싸울 것이며, 혹시 요행을 바랄 수도 있습니다. 만약 하늘이 돕지 않는다 하더라도 내 땅에서 죽는 것이 살아서 이적의 땅에 갇히는 것과 같겠습니까?"

– 今上(금상)~ ; 상은 上皇. 陛下(폐하)~ ; 欽宗. 率勵(솔려) ; 인솔하며 격려하다. 勵 힘쓸 려. 힘쓰다. 권장하다. 縱 세로 종. 설령 ~라도. 虜騎(노기) ; 적의 기병.

– 僥倖(요행) ; 요행(徼幸). 요행히도. 疆 지경 강. 封疆(봉강) ; 경계 안의 땅. 영토. 不猶生陷於夷狄乎(불유생함어이적호) ; 살아서 이적의 땅에 갇히는 것과 같겠습니까? → 이적의 땅에 사느니, 여기 내 땅에서 죽는 것이 낫다. 陷 빠질 함. 빠지다. 추락하다. 함락하다. 狄 오랑캐 적. 오랑캐. 멀다.

○ 上皇欲飮藥, 爲范瓊所奪. 逼上皇出宮, 皇后 · 太子 · 親王 · 帝姬 · 皇族, 前後三千餘人, 悉赴軍前. 城中子女 · 金帛 · 寶玩 · 車服 · 器用 · 圖書 · 百物括索, 公私上下俱空. : 上皇은 독약을 마시려 했지만 범경에게 빼앗겼다. 上皇이 강제로 出宮하게 되자, 皇后와 太子, 親王과 공주와 皇族들 三千에 가까운 사람들이 모

두 적의 軍門으로 들어갔다. 城 안의 젊은이들과 비단이나 노리개, 수레나 의복, 살림도구와 도서와 온갖 물건들도 다 뒤져갔기에 관리든 민간인이든 어른이나 아이 모두가 빈털터리가 되었다.

- 爲范瓊所奪(위범경소탈) ; 范瓊에게 빼앗겼다. 爲A所B : A에게 B하게 되다(피동). 瓊 옥 경. 구슬. 親王(친왕) ; 황제의 친형제.

- 汴京(변경), 곧 개봉이 함락된 것은 1126년 11월이었다. 그러나 이 책에 금에 항복했다던가 성이 함락되었다던가 하는 기록이 없는데 다른 책도 역시 마찬가지다.

- 帝姬(제희) ; 公主. 前後三千餘人(전후삼천여인) ; 3,000명 전후. 悉 다 실. 모두. 赴 나아갈 부. 城中子女(성중자녀) ; 성 안의 젊은 남녀.

- 寶玩(보완) ; 보물 노리개. 括索(괄색) ; 모조리 뒤지다. 모조리 빼앗겼다. 俱空(구공) ; 모두가 비었다. 다 없어졌다. 俱(俱) 함께 구. 모두. 다.

○ 然後宣金主詔書, 選立異姓, 遂册前太宰張邦昌爲楚帝, 以宋二帝北歸. : 그 뒤에 金 태조의 조서를 선포하고 趙氏(조씨) 이외의 異姓을 옹립한다 하여 마침내 前에 太宰였던 張邦昌(장방창)을 楚帝라 하였고, 宋의 두 황제를 데리고 북쪽으로 돌아갔다.

- 宋의 천자가 趙씨다.

- 金主(금주) ; 金의 太宗. 册 ; 책봉하다. 太宰(태제) ; 太師를 개칭하여 太宰라고도 부름. 宋 徽宗 政和연간에 改制하여 左

僕射兼門下侍郎(좌복야겸문하시랑)을 太宰兼門下侍郎(태제겸문하시랑)이라 하여 최고 재상으로 했고, 右仆射兼中書侍郎(우복야겸중서시랑)을 少宰兼中書侍郎(소제겸중서시랑)이라 하여 次相으로 했었다.

– 楚帝(초제) ; 휘종과 흠종을 庶人으로 강등했다. 그리고 국호를 宋이 아닌 大楚라 하였고, 張邦昌을 황제로 책봉하였으니 金의 괴뢰국가가 만들어진 것이다. 張邦昌 33일간 제위에 있어야만 했다.

(10) 金人在汴凡七閱月而去. 始至, 張叔夜嘗力戰, 餘皆主和, 以至吳幵 · 莫儔 · 王時雍 · 徐秉哲 · 范瓊等, 往來逼逐上皇以下出郊, 議擧異姓. 方上在青城, 逼易御服. 時惟李若水抱持大呼奮罵. 金人刀裂其頤, 斷其舌而後梟之. 相謂曰, 大遼破, 死義者十數. 今南朝惟李侍郎一人. 然一時憤死者甚衆, 金人不知也.

金의 군사는 변경에 7달을 머물다가 돌아갔다. 이때에 장숙야는 처음부터 줄곧 힘써 싸웠지만 나머지는 모두 화해를 주장하였으며, 오견, 막주, 왕시옹, 서병철, 범경 등은 서로 왕래하면서 휘종 이하의 출성(성을 나가게 함)을 핍박하면서 다른 성씨의 황제를 세우자는 의논을 하기에 이르렀었다.

흠종이 청성(金의 군영)에 갇혀 있을 때, 금은 황제의 옷을 갈아입으라고 하여 핍박당하였다. 그때 오직 이약수만이 흠종을 끌어안고 큰 소리로 분연히 욕을 하였다. 金의 군사가 칼로 이약수의 턱을 가르고 혀를 자른 뒤에 목을 효수하였다. 그들은 서로 말했다. “요나라가 멸망할 때, 의를 지켜 죽은 자가 10여 명이었다. 지금 宋에서는 오직 李시랑 한 사람뿐이다.” 그러나 그 무렵 분히 여겨 죽은 사람이 매우 많았지만 金의 군사들은 알지 못했다.

어구 설명

○ 金人在汴凡七閱月而去. 始至, 張叔夜嘗力戰, 餘皆主和, 以至吳幵 · 莫儔 · 王時雍 · 徐秉哲 · 范瓊等, 往來逼逐上皇以下出郊, 議擧異姓. : 金人은 汴京에 7달을 머물다가 돌아갔다. 이때에 張叔夜는 처음부터 줄곧 힘써 싸웠지만 나머지는 모두 화해를 주장하였으며, 吳幵(오견), 莫儔(막주), 王時雍(왕시옹), 徐秉哲(서병철), 范瓊(범경) 等은 서로 往來하면서 上皇 以下의 出郊(출교=성을 나가게 함)를 핍박하면서 異姓을 세우자는 의논을 하기에 이르렀었다.

– 汴 내 이름 변. 汴河. 汴京(변경). 宋의 國都. 閱 조사할 열. 차례차례 거치다. 돌보다. 幵 평평할 견. 郊 성(城) 밖 교.

– 莫 없을 막. 儔 짝 주. 莫儔(막주, 1089~1164년) ; 人名. 逼逐(핍축) ; 강제하여 내몰다.

○ 方上在青城, 逼易御服. 時惟李若水抱持大呼奮罵. 金人刀裂其頤, 斷其舌而後梟之. 相謂曰, 大遼破, 死義者十數. 今南朝惟李侍郎一人. 然一時憤死者甚衆, 金人不知也. : 흠종이 青城(金의 軍營)에 갇혀 있을 때, 金은 御服을 갈아입으라고 하여 핍박당하였다. 그때 오직 李若水만이 흠종을 끌어안고 큰 소리로 분연히 욕을 하였다. 金人이 칼로 이약수의 턱을 가르고 혀를 자른 뒤에 목을 효수하였다. 그들은 서로 말했다. "遼나라가 격파될 때, 의사자가 10여 명이었다. 지금 宋에서는 오직 李시랑 한 사람뿐이다." 그러나 그 무렵 분히 여겨 죽은 사람이 매우 많았지만 金人들은 알지 못했다.

– 逼易御服(핍역어복) ; 황제의 옷(御服)을 갈아입으라고 핍박하다. 송의 황제 옷을 벗기고 다른 옷을 입으라고 강요했었다. 逼 닥칠 핍. 협박하다. 강박하다. 易 바꿀 역. 교환하다.

– 李若水(이약수, 1093~1127년) ; 당시에 吏部侍郎이었다. 奮罵(분매) ; 분하여 욕을 하다. 頤 턱 이. 梟 올빼미 효. 梟首(효수=죄인의 목을 베어 사람들이 보도록 높은 곳에 매달던 일)하다.

(11) 吳革結衆欲劫還二帝, 爲范瓊誘殺. 何㮚 · 孫傅 · 張叔夜 · 秦檜 · 司馬朴, 皆爭論乞存立趙氏.

金人驅之, 從上北行. 叔夜不食粟, 惟飮湯, 過界河死, 㮚至燕亦不食死. 當京城危急時, 四方勤王之師至者, 皆詔止不進, 恐妨和議. 訖金人之退, 未嘗交兵. 上在位不二年國破. 改元曰靖康. 弟康王立于南京, 是爲高宗皇帝.

오혁은 무리를 모아 두 황제를 빼내 돌아오려고 하다가 범경에게 꾀여(속아서) 피살당했다. 하율, 손부, 장숙야, 진회, 사마박 등은 모두 천자의 친척 중에서 조씨를 세워야 한다고 주장했었다. 金人은 강제로 이들을 데려갔고 황제를 따라 북으로 갔다. 장숙야는 곡기를 먹지 않고 물만 마시다가 국경인 황하를 지나면서 죽었고, 하율도 연주(燕京)에 도착하였으나 굶어(단식) 죽었다.

도성(서울)이 위급할 때 사방에서 모여든 근왕의 군대들은 모두 황제의 조서에 의거 멈춰 들어오지 못했는데 아마 화의를 방해할까 걱정했기 때문이었다. 이들은 금군이 퇴각할 때도 교전하지 않았다. 흠종은 재위 2년도 안되어 나라가 무너졌다. 개원은 정강이라 했다. 아우인 강왕이 남경에서 즉위하니, 이가 고종황제이다.

어구 설명

○ 吳革結衆欲劫還二帝, 爲范瓊誘殺. 何㮚 · 孫傅 · 張叔夜 · 秦

檜 · 司馬朴, 皆爭論乞存立趙氏. 金人驅之, 從上北行. 叔夜不食粟, 惟飮湯, 過界河死, 㮚至燕亦不食死. : 吳革은 무리를 모아 두 황제를 빼내 돌아오려고 하다가 范瓊에게 꾀여(속아서) 피살당했다. 하율, 손부, 張叔夜, 秦檜, 司馬朴 등은 모두 천자의 친척 중에서 趙氏를 세워야 한다고 주장했었다. 金人은 강제로 이들을 데려갔고 황제를 따라 북으로 갔다. 張叔夜는 곡기를 먹지 않고 물만 마시다가 국경인 황하를 지나면서 죽었고, 하율도 연주(燕京)에 도착하였으나 굶어(단식) 죽었다.

- 劫 위협할 겁. 빼앗다.　劫還(겁환) ; 빼앗아 돌아가다.
- 㮚 밤나무 율(栗). 栗의 古字.
- 秦檜(진회, 1090~1155년) ; 北宋 末年에 御史中丞 역임. 처음에는 抗金을 주장. 금에 끌려갔다가 1130년 南宋으로 돌아와 2차례나 재상에 올랐다. 진회는 전후 19년간 국정을 주관하며, 對金화해를 주창하고 북벌론자인 岳飛(악비)를 모함하여 악명을 천추에 남겼다. 중국인들은 지금도 이름에 '檜(회)'를 쓰지 않는다.
- 粟 조 속. 곡식.　湯 끓인 물 탕. 국. 제멋대로 놀다. 목욕하다.

○ 當京城危急時, 四方勤王之師至者, 皆詔止不進, 恐妨和議. 訖金人之退, 未嘗交兵. 上在位不二年國破. 改元曰靖康. 弟康王立于南京, 是爲高宗皇帝. : 도성(서울)이 위급할 때 사방에서 모여든 勤王의 군대들은 모두 황제의 조서에 의거 멈춰 들어오지 못했는데, 아마 和議를 방해할까 걱정했기 때문이었다. 이들은 金軍이 퇴각할 때도 교전하지 않았다. 흠종은 재위 2년도 안되어 나라가 무너졌다. 개원은 靖康(정강)이라 했다. 아우인 康王이 南京에서

즉위하니, 이가 高宗皇帝이다.

- 康王(강왕) ; 흠종의 아우. 휘종의 아홉째 아들.

- 京城(경성) ; 汴京, 東京城.　止不進(지부진) ; 멈추어 더 들어오지 못하게 했다.　訖 이를 흘.　未嘗交兵(미상교병) ; 교전하지 않았다.

- 南京(남경) ; 북송의 南京 應天府는 今 河南省 商丘市. 그 뒤 1131년에야 臨安(임안, 浙江省 杭州=절강성 항주)으로 천도하였다.

- 金으로 끌려간 휘종과 흠종은 韓洲(한주)라는 추운 지방에서 얼마 안되는 땅을 친히 농사를 지어 살다가 휘종은 紹興(소흥) 5년(1135년) 갇힌지 9년 만에 쓸쓸히 죽었고 흠종은 소흥 26년(1156), 30년 동안이나 억류되어 있다가 죽었다. 宋의 高祖(趙匡胤)로부터 흠종까지를 北宋시대라 하고 汴京(변경) 함락으로부터 두 황제가 잡혀가 북송의 종말을 고한 사변을 靖康의 禍(정강의 화) 또는 정강의 비극이라고 하며 그 이후를 南宋時代(남송시대)라 한다.

(北宋世系)

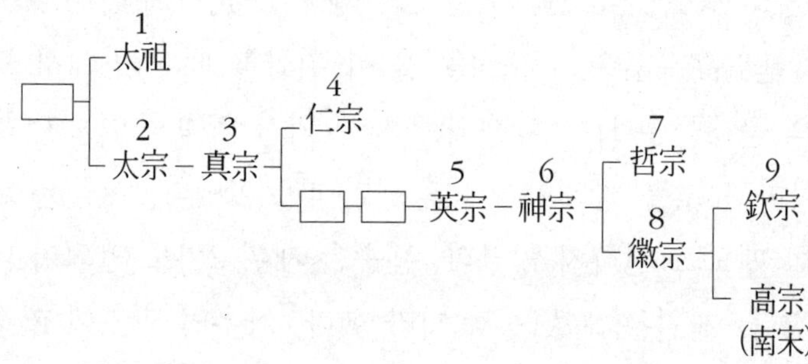

제18편 南宋의 건국과 멸망

〖時代 概觀〗

'海上之盟' 에 의거 遼를 멸망시킨 여진족의 金은 북송의 부패와 무능을 확실하게 인지하고 1126년 황하를 건너 수도 汴京(변경)을 포위한 뒤, 일단 철수하지만 같은 해 겨울에 다시 남하하여 변경을 점령한다. 1127년 북송의 휘종과 흠종 두 황제와 황족과 대신 3,000여 명, 일반 백성 10여만 명이 金나라로 끌려가고 북송은 멸망한다. 이를 당시 흠종의 연호대로 '靖康之變(정강의 변)' 이라 한다. '정강의 변' 은 漢族의 치욕이었지만 이는 부패와 무능, 사치와 안일로 점철된 휘종 통치의 당연한 결과였다. 뒷날 南宋에서는 이러한 치욕에 대한 직설적 표현조차 부끄러운 일이있다. 때문에 북송의 멸밍을 '정깅의 변' 이라 에둘러 표현하고, 두 황제가 잡혀가 억류된 사태를 '二聖北狩(이성북수 ; 두 황제가 북쪽을 巡狩하다)' 로 얼버무렸다.

휘종의 9子였던 康王(趙構)이 金에 인질로 갔다가 풀려나와 뒷날 제위에 올라 宋의 代를 이어 제위에 오른 것은 개인의 八字라는 말 이외에는 설명이 되질 않는다. 1127년 南京 應天府(今 河南省 商丘市)에서 제위에 올라 建炎으로 개원한 高宗(趙構)은 金에게 남쪽으로 쫓겨 갔다가 1232년에야 臨安〈杭州(항주)〉에 定都하였다. 역사에서는 이를 南宋(1127~1279년)이라 한다.

남송은 진령산맥과 淮水(회수)를 경계로 金과 대치하였다. 금과 남송의 대치는 중국 역사에서 또 다른 南北朝時代라고 부를 수 있다.

高宗은 즉위 후 오대십국시대에 개발된 강남의 경제력을 바탕으로 재정을 꾸리면서 岳飛(악비, 1103-1042) 등을 등용하며 북벌을 전개하다가 金과 화의를 주장하는 秦檜(진회)를 등용한다. 진회를 신임한 고종은 휘종과 흠종 두 황제의 소환에 소극적이었다. 결국 악비가 죽은 뒤, 南宋은 金에게 稱臣(칭신)하는 굴욕적인 화의를 맺고〈詔興和議(소흥화의), 1141년〉, 일시 평화를 유지한다.

다음 孝宗 때에는 적극적인 북벌을 전개하였으나 金 또한 世宗의 전성기로 소기의 성과를 거두지 못하고 金은 숙부이고, 남송은 조카라는 叔姪(숙질)관계를 맺는 화의를 체결하였다. 비록 稱臣이라는 굴욕은 면했다지만 中華의 자존심은 여지없이 무너져 버렸다. 다음 寧宗(영종) 때에 북벌의 실패로 이번에는 큰아버지와 조카라는 伯姪(백질) 관계를 맺고 굴욕 속의 평화를 유지했다.

이후 몽고고원에서 鐵木眞(테무친)이 몽고족을 통일한 뒤 그 후계자들에게 西夏(1227년)와 金(1234년)과 남송(1279년) 모두가 멸망하면서 중국은 元의 지배를 받는다.

남송은 金에 밀려 강남에 존재하면서 講和정책으로 小康상태를 유지하며 발전하였다. 이제 강남은 명실상부한 중국 경제와 문화의 중심지가 되었고 사대부들은 사치를 다하며 번영을 누렸다.

북송에 이어 남송도 정치적으로 혼란했고 대외관계에서 무능했지만 상공업의 발달과 경제적 번영으로 귀족계급은 사치와 향락을 즐겼고 서민 생활수준도 크게 향상되었다. 이에 따라 문화의 모든 면에서 난숙한 경지에 도달하게 된다.

송대 문화의 가장 두드러진 특징은 新儒學이라 부르는 성리학의 성립과 大成을 들 수 있다. 이 새로운 유학은 송대에 들어와 크게 발달한 인쇄술과 당대에 성행했던 불교와 도교의 영향을 받았다고 할 수 있는데, 북송의 周敦頤(주돈이) 이후 張載(장재), 程顥(정호), 程頤(정이)에 의해 발전된 북송의 理學은 남송의 朱熹(주희, 朱子)에 의해 性理學으로 완성되었고 이후 중국의 정치와 교육과 문화에 지대한 영향을 주었다. 주희(1130~1200년)와 비슷한 시기의 陸九淵(육구연, 1139~1192년)도 새로운 心學을 연구하여 뒷날 陽明學의 개조가 되었다.

문학에서는 북송에 이어 詩와 詞가 원숙한 발전을 거듭하였고 서민문학으로서 話本과 같은 白話小說과 희곡이 발전하였다.

〖主要 年表〗

서기	帝位	주요 내용	비고
1127	高宗	靖康의 變. 高宗 즉위(~1162).	
		재상 이강 파직. 陳東 처형.	
1129		金軍 남침. 고종 강남 도주.	
1130		韓世忠, 金軍을 대파. 秦檜 귀환.	
1138		재상 秦檜. 和議 주장.	
1140		岳飛 北伐 大勝. 악비 소환 투옥.	
1141		詔興和議 성립, 金에 稱臣, 納貢.	
1153	金	燕京 遷都, 中都로 개명.	
1161	高宗	송, 금군 대파(채석기 전투).	
1162	孝宗	고종 퇴위, 효종 즉위(~1189).	
1164		金과 叔姪관계, 獻地.	
1194	寧宗	영종 즉위(~1224).	
1206		송군 북벌. 元 태조 즉위.	
1208		금 – 남송 ; 백부–조카 관계 성립	
1217		금 – 남송 連年전쟁.	
1224	理宗	이종 즉위(~1264).	
1227		西夏 멸망. 元 太祖 죽음.	
1229		元 太宗 오고타이 즉위.	
1234		金 몽고에 멸망.	
1258		몽고 대거 남송 침입.	
1264	度宗	度宗 즉위.	
1271		몽고 國號 大元.	
1276	端宗	몽고군 臨安 입성. 度宗 포로.	
1278	祥興帝	祥興帝 즉위, 문천상 포로.	
1279		陸秀夫와 幼帝 투신. 南宋 멸망.	

제1장 南宋의 건국

1) 高宗 ; 불안한 출발

(1) 高宗皇帝, 名構, 徽宗第九子也. 母韋氏, 徽宗夢吳越武肅錢王入室, 已而生構. 封康王, 靖康初, 嘗出使斡離不軍. 是冬斡離不再來, 奉詔再出使, 耿南仲偕行, 至相州, 民遮道請無往. 至磁州, 守臣宗澤止之. 相州守以蠟書言, 金人方遣騎物色康王所在. 乃回相州, 與南仲揭榜, 召兵勤王. 有詔, 以康王爲大元帥, 汪伯彦 · 宗澤爲副, 領兵入衛.

고종황제의 이름은 構(구)이며, 휘종의 아홉째 아들이다. 모친은 위씨인데, 휘종의 꿈에 오월의 무숙전왕이 입실(대궐에 들어온)하는 꿈을 꾸었고 얼마 뒤에 조구가 태어났다.

(조구는) 강왕에 봉해졌었고, 정강 초에 알리불의 군영에 사자로 갔었다. 이 해 겨울 알리불이 다시 침입하자, 황제의 명으로 다시 사자로 출행하면서 경남중과 같이 상주에 이르사 백성들이 길을 막고 가지 못하게 했다. 磁州(자주)에 이르자, 그곳 지방관인 종택이 강왕을 만류했다.

相州의 지방관이 납서를 보내 말했다. "金의 장수가 기병을 보내 강왕의 소재를 찾고 있습니다." (강왕은) 곧 상주로 돌아와 경남중과 함께 방문을 내걸고 근왕병을 모집하였다. 흠종이 강왕을 대원수로 삼고, 왕백언과 종택을 부원수로 삼아 군사를 거느리고 들어와 호위하라고 하였다.

어구 설명

○ 高宗皇帝, 名構, 徽宗第九子也, 母韋氏, 徽宗夢吳越武肅錢王入室, 已而生構. : 高宗皇帝의 이름은 構이며, 徽宗의 九子이다. 모친은 韋氏로, 徽宗의 꿈에 吳越의 武肅錢王이 入室(대궐에 들어온)하는 꿈을 꾸었고 얼마 뒤에 構가 태어났다.

– 高宗 ; 재위 1127~1162년. 1162년에 '지쳤기에 쉬겠다.' 면서 태자에게 선양, 1187년 81세로 죽었다.

– 母韋氏(모위씨) ; 휘종과 함께 金나라에 끌려갔다가 휘종이 죽은 뒤 휘종의 시신과 함께 1142년 南宋으로 돌아왔다(宣和皇后). 徽宗(휘종)의 妃로써 高宗의 어머니. 後(뒤에, 나중에)에 尊(존)해서 宣和皇后(선화황후)라고 하였다. 尊 높을 존.

– 吳越武肅錢王(오월무숙전왕) ; 十國의 하나인 吳越(오월, 907~978 존속)의 王 錢鏐(전류, 907~932년 재위). 오월의 도읍 杭州.

○ 封康王, 靖康初, 嘗出使斡離不軍. 是冬斡離不再來, 奉詔再出使, 耿南仲偕行, 至相州, 民遮道請無往. 至磁州, 守臣宗澤止之. : (趙構는) 康王에 봉해졌었고, 靖康 初에 斡離不의 軍營에 使者(사

실은 人質)로 갔었다. 이 해 겨울 斡離不이 다시 침입하자, 황제의 명으로 다시 사자로 出行하면서 耿南仲과 같이 相州에 이르자 백성들이 길을 막고 가지 못하게 했다. 磁州에 이르자, 그곳 지방관인 宗澤이 강왕을 만류했다.

– 靖康初(정강초) ; 흠종이 즉위한 1126년. 是冬斡離不再來(시동알리불재래) ; 이 해 겨울 알리불이 다시 침입했다.

– 耿 빛날 경. 耿南仲(경남중) ; 金과 和議를 주장한 사람. 相州(상주) ; 今 河南省 安陽市 부근 古 地名.

– 遮 막을 차. 磁 자석 자. 磁州(자주) ; 慈州, 今 河北省 邯鄲(한단) 부근의 古 地名. 守臣(수신) ; 황제의 땅을 지키는 신하. 諸侯. 地方官.

– 宗澤(종택, 1060~1128년) ; 人名. 磁州(자주)의 知州.

○ 相州守以蠟書言, 金人方遣騎物色康王所在. 乃回相州, 與南仲揭榜, 召兵勤王. 有詔, 以康王爲大元帥, 汪伯彦 · 宗澤爲副, 領兵入衛. : 相州의 지방관이 蠟書(납서)를 보내 말했다. "金의 장수가 기병을 보내 康王의 소재를 찾고 있습니다." (강왕은) 곧 相州로 돌아와 경남중과 함께 榜文을 내걸고 근왕병을 모집하였다. 흠종이 康王을 大元帥로 삼고, 汪伯彦과 宗澤을 부원수로 삼아 군사를 거느리고 들어와 호위하라고 하였다.

– 蠟 밀 납(랍). 꿀벌의 벌집으로 만든 기름. 蠟書(납서) ; 帛書〈백서, 絹(견)에 글을 쓴 편지〉를 蠟丸(납환=비밀 누설, 또는 습기를 막기 위하여 밀랍으로 싸서 봉한 문서.) 속에 감춘 비밀의 글. 帛 ; 비단 백. 絹 ; 명주 견. 絹帛(견백) ; 명주. 명주실로

짠 비단. 騎(기) ; 騎兵.

– 物 만물 물. 무리. 살펴보다. 견주다. 物色(물색) ; 물색하다. 기준에 맞는 사람을 고르다. 사람을 찾다.

– 康王所在(강왕소재) ; 강왕이 있는 곳. 강왕. 揭 들 게. 올리다. 揭榜(게방) ; 榜文(방문)을 내걸다. 汪 넓을 왕. 성씨.

– 入衛(입위) ; 都(서울)에 들어와서 宮城(궁성)을 守護(수호)하는 것.

(2) 王從伯彦議出北門, 渡河至大名, 聞京師陷. 澤請進兵向京城, 伯彦請王, 移兵東平, 措身安地. 南仲亦以爲然, 遂東去. 知河間府黃潛善亦領兵至, 進屯濟州探報, 二帝北行, 張邦昌爲金所立, 國號楚. 是日風霾, 日有薄暈, 百官慘怛, 邦昌亦有憂色. 惟王時雍·范瓊等, 欣然若有所得. 邦昌在位三十三日, 御史馬紳貽書邦昌, 請速行改正, 易服歸省. 遂迎元祐孟太后聽政.

강왕은 왕백언과 의논한대로 북문을 나와 황하를 건너 大名府에 도착하여 京師(汴京)가 함락되었다는 소식을 들었다. 종택은 경성을 향해 진병하자고 하였으나, 왕백언은 강왕에게 동평부로 가 잠시 안전한 곳에서 머물자고 하였다. 경남중 역시 그러하다 하여 동쪽으로 나아갔다.

이때 하한부 지부(지사)인 황잠선도 군사를 거느리고 도착하여 제주에 들어가 머물면서 탐문하니 두 황제(휘종과 흠종)는 北으로 갔고, 장방창이 金에 옹립되어 황제가 되고 국호를 楚라 했다는 소식을 들었다. 그날 바람과 함께 흙비가 내렸고, 하늘에 엷은 해무리가 섰는데(햇빛이 어두웠다) 백관들은 참담하였고 장방창 역시 두려워했었다. 다만 왕시옹과 범경 등은 득의한 듯 기뻐하였다고 하였다.

장방창이 재위 33일에 어사 마신이 방창에게 글을 보내 속히 신하의 자리로 돌아와 옷을 갈아입고 중서성에 들어와 정사를 처리해야 한다고 말하였다. (장방창은) 철종의 황후였던 맹태후를 영입하여 청정케 하였다.

어구 설명

○ 王從伯彦議出北門, 渡河至大名, 聞京師陷. 澤請進兵向京城, 伯彦請王, 移兵東平, 措身安地. 南仲亦以爲然, 遂東去. : 강왕은 왕백언과 의논대로 北門을 나와 황하를 건너 大名府에 도착하여 京師가 함락되었다는 소식을 들었다. 宗澤은 京城을 향해 進兵하자고 하였으나, 왕백언은 강왕에게 東平府로 가 잠시 안전한 곳에서 머물자고 하였다. 경남중 역시 그러하다 하여 동쪽으로 나아갔다.

- 大名(대명) ; 北京 大名府. 수도 변경(汴京, 東京)의 陪都. 北宋시 河北의 最大 도시. 河北東路의 治所. 遼國(요국) 항쟁의 주요

근거지. 今 河北省 邯鄲市(한단시) 大名縣. 《水滸傳》의 蔡京(채경)의 사위 梁中書가 이곳 행정책임자. 楊志를 시켜 그 해에 생산한 생강 10만관을 동경으로 보낸다.

– 京師陷(경사함) ; 수도가 함락되다. 東平(동평) ; 今 山東省 泰安. 亦以爲然(역이위연) ; 또한 그렇게 생각하다.

○ 知河間府黃潛善亦領兵至, 進屯濟州探報, 二帝北行, 張邦昌爲金所立, 國號楚. 是日風霾, 日有薄暈, 百官慘怛, 邦昌亦有憂色. 惟王時雍·范瓊等, 欣然若有所得. : 河間府(하한부) 知府(知使)인 黃潛善(황잠선)도 군사를 거느리고 도착하여 濟州에 들어가 머물면서 탐문하니 二帝는 北行하였고, 張邦昌이 金에 옹립되어 國號를 楚라 했다는 소식을 들었다. 그날 바람과 함께 흙비가 내렸고, 하늘에 엷은 해무리가 섰는데 百官들은 참담하였고 장방창 역시 두려워했었다. 다만 王時雍과 范瓊(범경) 등은 득의한 듯 기뻐하였다고 하였다.

– 河間府(하한부) ; 今 河北省 河間縣. 潛 물에 잠길 잠. 濟州(제주) ; 今 山東省의 古 지명. 二帝(이제) ; 上皇(상황), 徽宗(휘종)과 今上(금상), 欽宗(흠종). 張邦昌(장방창) ; 재상 역임. 강왕과 함께 金에 인질로 갔었다. 國號楚(국호초) ; 金의 괴뢰국가로 정한 나라 이름.

– 霾 흙비가 올 매. 暈 해(달)의 무리 운. 薄暈(박운) ; 엷은 햇무리. 慘 참혹할 참. 怛 슬플 달. 慘怛(참달) ; 마음이 아프고 슬퍼하다.

– 范瓊(범경) ; 인명. 瓊 구슬 경. 欣 기뻐할 흔.

○ 邦昌在位三十三日, 御史馬紳貽書邦昌, 請速行改正, 易服歸省.

遂迎元祐孟太后聽政. : 張邦昌이 在位 33일에 御史 馬紳이 邦昌에게 글을 보내 속히 신하의 자리로 돌아와 옷을 갈아입고 중서성에 들어와 정사를 처리해야 한다고 말하였다. (장방창은) 철종의 황후였던 孟太后를 영입하여 聽政케 하였다.

- 馬紳(마신) ; 人名. 貽 끼칠 이. 전하다. 주다. 改正(개정) ; 金의 괴뢰 황제 노릇을 그만두고 신하의 본분을 행하라는 뜻.
- 易服歸省(역복귀성) ; 신하의 옷으로 갈아입고 돌아와 상서성에서 정사를 수행하다. 元祐(원우) ; 철종의 年號. 孟太后(맹태후) ; 철종의 황후였으나 폐위되었기에 끌려가지 않았다. 휘종과 흠종이 金人의 捕(붙잡힐 포)虜(로)로써 北方에 護送(호송) 되었을 때 孟太后는 당시 廢后(폐후)로 있었다. 그래서 汴京(변경)에 남아서 政事(정사)를 집행하고 있었다.

(3) 太后迎立康王, 詔告中外. 有曰, 漢家之厄十世, 宜光武之中興, 獻公之子九人, 惟重耳之尙在. 遣使奉表, 及以孟后詔來. 邦昌繼至, 伏地慟哭請死. 使臣自河北竄來, 進道君手札. 曰, 便可卽眞來救父母, 王慟哭拜受. 遂趨應天府卽位, 改元建炎. 以主和誤國, 罷竄耿南仲, 召李綱爲相, 以宗澤知開封爲留守. 綱至, 邊防軍政略有緖, 而潛善·伯彦復主和, 亟遣祈請使矣.

태후는 강왕을 맞아 즉위케 하라 하면서 내외에 조서를 내려 이렇게 말했다. '한 황실이 10世에 액운을 만났을 때, 광무제의 중흥이 있었고, 또 春秋時代(춘추시대) 晋 헌공의 아홉 아들 중에 오직 重耳(중이)가 남아 五覇(오패)의 하나가 되어 번영했다.' (장방창이) 강왕에게 사람을 보내 표문을 올리고 맹태후의 조서를 보내왔다. 이어 장방창이 도착하여 맹태후의 앞에 땅에 엎드려 통곡하며 죽여 달라고 말했다. 그때 마침 하북으로부터 사람이 몰래 들어와 휘종의 손으로 쓴 편지를 올렸다. 편지에는 "형편대로 즉시 제위에 올라 부모를 구하러 오라." 하였는데, 강왕은 통곡하며 이를 받았다. 이어 응천부로 나아가 즉위하고 건염으로 개원하였다.

高宗(康王)은 主和(주화 = 허황하게 화의를 주장하다)하여 국정을 망친 경남중을 파직하여 멀리 유배하였고 이강을 불러 재상으로 삼았으며, 종택에게 개봉의 행정과 방어를 맡겼다. 이강이 부임하자, 변방과 군정이 대략 체계가 섰으나 황잠선과 왕백언은 다시 화의를 주장하여 서둘러 기청사를 파견하였다.

어구 설명

○ 太后迎立康王, 詔告中外. 有日, 漢家之厄十世, 宜光武之中興, 獻公之子九人, 惟重耳之尙在. : 太后는 康王을 맞아 즉위케 하라

하면서 내외에 조서를 내려 이렇게 말했다. '한 황실이 10世에 액운을 만났을 때, 光武帝의 중흥이 있었고, 晋 獻公(헌공)의 九子 중에 오직 重耳가 남아 있었다.'

- 立康王(립강왕) ; 강왕을 즉위케 하다. 中外(중외) ; 내외. 有日(유왈) ; 이와 같이 말했다. 漢家(한가) ; 漢의 황실.
- 厄 재앙 액 ; 王莽(왕망)이 漢을 찬탈한 일. 十世(십세) ; 十代 哀帝. 光武之中興(광무지중흥) ; 光武帝 劉秀의 後漢 建國.
- 獻公(헌공) ; 춘추시대 晋의 獻公. 重耳(중이) ; 후에 晋 文公. 春秋五覇之一. 尙在(상재) ; 여전히 존재했다. 康王을 光武帝와 晋 文公(重耳)에 비유하여 중흥의 뜻을 천명하였다.

○ 遣使奉表, 及以孟后詔來. 邦昌繼至, 伏地慟哭請死. 使臣自河北竄來, 進道君手札. 日, 便可卽眞來救父母, 王慟哭拜受. 遂趨應天府卽位, 改元建炎. : (장방창이) 사람을 보내 表文을 올리고 孟태후의 조서를 보내왔다. 이어 장방창이 도착하여 땅에 엎드려 통곡하며 죽여 달라고 말했다. 河北으로부터 사람이 몰래 들어와 휘종의 손으로 쓴 편지를 올렸다. 편지에는 "형편대로 즉시 제위에 올라 부모를 구하러 오라." 하였는데, 강왕은 慟哭(통곡)하며 이를 받았다. 이어 應天府로 나아가 卽位하고 建炎으로 개원하였다.

- 慟哭請死(통곡청사) ; 통곡하며 죽여 달라고 하다. 竄 숨을 찬. 自河北竄來(자하북찬래) ; 하북(金의 땅)에서 몰래 오다. 道君(도군) ; 휘종.
- 卽眞(즉진) ; 攝位(섭위)가 아닌 帝位(眞位)에 오르다. 應天府卽位(응천부즉위) ; 남경 응천부에서 즉위하다.(1127년 5월)

○ 以主和誤國, 罷竄耿南仲, 召李綱爲相, 以宗澤知開封爲留守. 綱至, 邊防軍政略有緒, 而潛善 · 伯彥復主和, 亟遣祈請使矣. : 主和하여 국정을 망친 耿南仲(경남중)을 파직하여 멀리 유배하였고 李綱을 불러 재상으로 삼았으며, 宗澤에게 開封의 행정과 방어를 맡겼다. 李綱이 부임하자, 邊防(변방)과 軍政이 대략 체계가 섰으나 黃潛善(황잠선)과 汪伯彥은 다시 和議를 주장하여 서둘러 祈請使를 파견하였다.

– 李綱(이강) ; 이강은 金에 대한 항전을 끝까지 주장했었다.

– 略有緖(약유서) ; 대략 체계가 잡히다. 緖 실마리 서. 계통. 차례. 순서. 줄기. 亟遣(극견) ; 빨리 보내다. 祈請使(기청사) ; 휘종, 흠종의 송환을 요청하는 사신.

(4) 綱相數十日而罷, 潛善 · 伯彥爲相, 首誅上書人陳東 · 歐陽澈. 決策幸東南, 無復經制兩河之意. 是冬車駕遂至揚州, 金人分三道南來. 二年春, 金人至汴, 爲宗澤所敗. 澤招撫羣盜, 募四方義士, 合百餘萬, 糧支半歲, 表疏連數十, 請上還汴. 潛善忌其成功, 從中沮之. 憂憤疽發背而沒, 臨終無一語及家事, 但連呼過河三. 都人爲之號慟, 聞者皆相弔出涕.

이강은 수십일 만에 재상에서 파직되고 황잠선과 왕백언

이 재상이 되었는데, 상서를 올렸던 진동과 구양철을 먼저 처형하였다. 고종이 동남쪽으로 이동하기로 방책이 결정되면서 황하 남북의 땅을 수복하여 통치하겠다는 뜻이 없었다. 이 해 겨울 고종은 양주에 도착하였고, 金의 군사는 세 갈래로 나누어 남침하였다.

건염 2년 봄에, 金의 군사가 汴京에 침입했으나 宗澤에게 패했다. 종택은 도적떼를 귀순시키고 사방의 義士들을 모아 백여 만을 거느리고 반년을 버틸 수 있는 군량도 확보하고서 고종에게 변경으로 환궁하라고 수십 번 글을 올렸다.

황잠선은 종택의 성공을 꺼려 중간에서 방해하였다. 종택은 근심과 울분 속에 등에 종기가 나서 죽었는데, 임종하면서 집안일에 대한 말은 하나도 없었고, 다만 '황하를 건너야지!'를 세 번 소리치고 죽었다. 도성의 사람들이 큰 소리로 통곡했고 이를 전해들은 사람들은 모두 같이 슬퍼하며 눈물을 흘렸다.

어구 설명

○ 綱相數十日而罷, 潛善 · 伯彥爲相, 首誅上書人陳東 · 歐陽澈. 決策幸東南, 無復經制兩河之意. 是冬車駕遂至揚州, 金人分三道南來. : 李綱은 재상에서 數十日 만에 파직되고 黃潛善(황잠선)과 汪伯彥(왕백언)이 재상이 되었는데, 上書를 올렸던 陳東과 歐陽澈을 먼저 처형하였다. 高宗이 東南으로 이동하기로 방책이 결정

되면서 황하 남북의 땅을 수복하여 통치하겠다는 뜻이 없었다. 이 해 겨울 고종은 揚州에 도착하였고, 金의 군사는 三道로 나누어 남침하였다.

– 綱相數十日而罷(강상수십일이파) ; 이강이 재상으로 있으면 金을 더 자극한다고 반대 의견이 많아 겨우 75일간 재임했었다. 罷 방면할 파. 놓아주다. 그만두다. 내치다.

– 陳東(진동) ; 太學生으로 흠종에게 蔡京 등 6賊 처단을 상소했었다. 이번에는 李綱의 유임을 상소했다가 처형되었다.

– 歐陽澈(구양철) ; 黃潛善과 汪伯彦의 罪行을 고발했으나 증거가 없는 무고라 하여 처형되었다.

– 幸(행) ; 황제의 거동. 임금의 사랑. 총애. 經制(경제) ; 經略하여 통제하다. 다스리다. 兩河(양하) ; 河北과 河南의 땅.

– 車駕(거가) ; 임금의 수레. 御駕(어가). 揚州(양주) ; 今 江蘇省 揚州, 長江과 통제거의 교차점.

○ 二年春, 金人至汴, 爲宗澤所敗. 澤招撫羣盜, 募四方義士, 合百餘萬, 糧支半歲, 表疏連數十, 請上還汴. : 建炎 二年 春에, 金의 군사가 汴京을 침입했으나 宗澤에게 패했다. 종택은 도적떼를 귀순시키고 사방의 義士들을 모아 백여 만을 거느리고 반년을 버틸 수 있는 군량도 확보하고서 고종에게 汴京으로 환궁하라고 수십 번 글을 올렸다.

– 招撫(초무) ; 불러들여 내 편으로 만들다. 귀순시키다. 表疏(표소) ; 상소를 올리다.

○ 潛善忌其成功, 從中沮之. 憂憤疽發背而沒, 臨終無一語及家事,

但連呼過河三. 都人爲之號慟, 聞者皆相弔出涕. : 黃潛善은 종택의 성공을 꺼려 중간에서 방해하였다. 종택은 근심과 울분 속에 등에 종기가 나서 죽었는데, 임종하면서 家事에 대한 말은 하나도 없었고, 다만 '황하를 건너야지!'를 세 번 소리치고 죽었다. 도성의 사람들이 큰 소리로 통곡했고 이를 전해들은 사람들은 모두 같이 슬퍼하며 눈물을 흘렸다.

– 忌 꺼릴 기. 싫어하다. 從中沮之(종중저지) ; 중간에서 저지하다. 憂憤(우분) ; 걱정과 분노. 疽 등창 저. 악성 종기.

– 過河(과하) ; "황하를 건너야지!" 慟 ; 서럽게 울 통. 號慟(호통) ; 크게 소리 내어 통곡하다.

(5) 三年春, 金人將至揚州, 上得報亟出. 二相方會食堂, 吏呼曰, 駕行矣, 乃戎服南走. 回望揚州, 烟焰已漲天矣. 呂頤浩 · 張浚, 追及上於瓜洲, 得小舟以渡. 至鎭江, 遂如杭州. 罷潛善 · 伯彦, 以朱勝非爲相. 御營將苗傅 · 劉正彦作亂, 請上禪位於皇子旉, 未三歲, 孟太后聽政. 呂頤浩 · 張浚, 帥師勤王, 韓世忠爲前軍, 張浚翼之, 劉光世遊擊爲殿. 勝非說二兇, 亟反正. 尊孟后爲隆祐皇太后. 勝非罷, 呂頤浩爲相. 二兇走, 世忠追之, 皆伏誅.

건염 3년 봄, 金軍이 양주에 가까이 오자, 고종은 보고를 받고 바로 궁중에서 뛰쳐나와 출발했다. 이때 황잠선·왕백언 두 재상은 마침 정사당에서 만나 식사를 하려 하는데, 中書省(중서성)의 관리가 달려와 "어가가 떠났습니다."라고 소리치자, 바로 군복 차림으로 남쪽으로 갔다. (가다가) 양주를 되돌아보니 연기와 불꽃이 이미 하늘에 가득했다. 여이호와 장준도 과주로 고종을 따라 왔고 작은 배를 구해 장강을 건넜다. (일행은) 鎭江(진강)을 거쳐 결국 항주로 갔다.

여기서 황잠선과 왕백언을 파직하고 주승비를 재상으로 삼았다. 이때 어영장인 묘부와 유정언이 반란을 일으켜 고종에게 아직 3살도 안된 황자 旉(부)에게 선양할 것과 맹태후의 수렴청정을 요구하였다. 여이호와 장준은 군사를 거느리고 황제를 호위하였는데, 한세충은 전군을, 장준은 우익을 담당하고, 유광세는 遊擊(유격)을 담당하는 후군이 되었다.

주승비는 묘부와 유정언에게 빨리 황제에게 충성하라고 설득하였다. 맹후를 융우황태후로 존칭했다. 주승비를 해직하고 여이호를 재상으로 삼았다. 묘부와 유정언이 패주하자, 한세충이 추격하여 모두 법에 의거 처형하였다.

어구 설명

○ 三年春, 金人將至揚州, 上得報亟出. 二相方會食堂, 吏呼曰, 駕

行矣, 乃戎服南走. 回望揚州, 烟焰已漲天矣. 呂頤浩 · 張浚, 追及上於瓜洲, 得小舟以渡. 至鎭江, 遂如杭州. : 건염 三年 봄, 金軍이 揚州에 가까이 오자, 고종은 보고를 받고 바로 출발했다. 두 재상은 마침 정사당에서 만나 식사를 하려 하는데, 관리가 "어가가 떠났습니다."라고 소리치자, 바로 군복 차림으로 남으로 갔다. (가다가) 揚州를 되돌아보니 연기와 불꽃이 이미 하늘에 가득했다. 呂頤浩(여이호)와 張浚(장준)도 과주로 고종을 따라 왔고 작은 배를 구해 장강을 건넜다. (일행은) 鎭江을 거쳐 결국 杭州로 갔다.

- 三年 ; 建炎 3년(1129년). 亟 빠를 극. 자주 기. 亟出(극출) ; 빨리 출발하다. 二相(이상) ; 황잠선과 왕백언.
- 會 모일 회. 때마침. 우연히. 食堂(식당) ; 政事堂에서 식사하다. 戎 오랑캐 융. 兵器. 戎服(융복) ; 軍服. 武裝.
- 烟 연기 연. 焰 불 댕길 염. 불꽃. 漲 물이 불어날 창. 넘치다. 頤 턱 이. 呂頤浩(여이호, 1071~1139년) ; 뒷날 재상 역임.
- 浚 깊을 준. 도랑을 파내다. 張浚(장준, 1097~1164년) ; 南宋의 抗金(항금) 將帥(장수). 瓜 오이 과. 洲 물가 주. 호수나 강의 섬.
- 瓜洲(과주) ; 揚州 근처. 鎭江(진강) ; 今 江蘇省 西南部의 鎭江市. 長江 南岸의 지명.

○ 罷潛善 · 伯彦, 以朱勝非爲相. 御營將苗傅 · 劉正彦作亂, 請上禪位於皇子旉, 未三歲, 孟太后聽政. 呂頤浩 · 張浚, 帥師勤王, 韓世忠爲前軍, 張浚翼之, 劉光世遊擊爲殿. : 황잠선과 왕백언을 파직하고 朱勝非를 재상으로 삼았다. 御營將인 苗傅와 劉正彦이 반

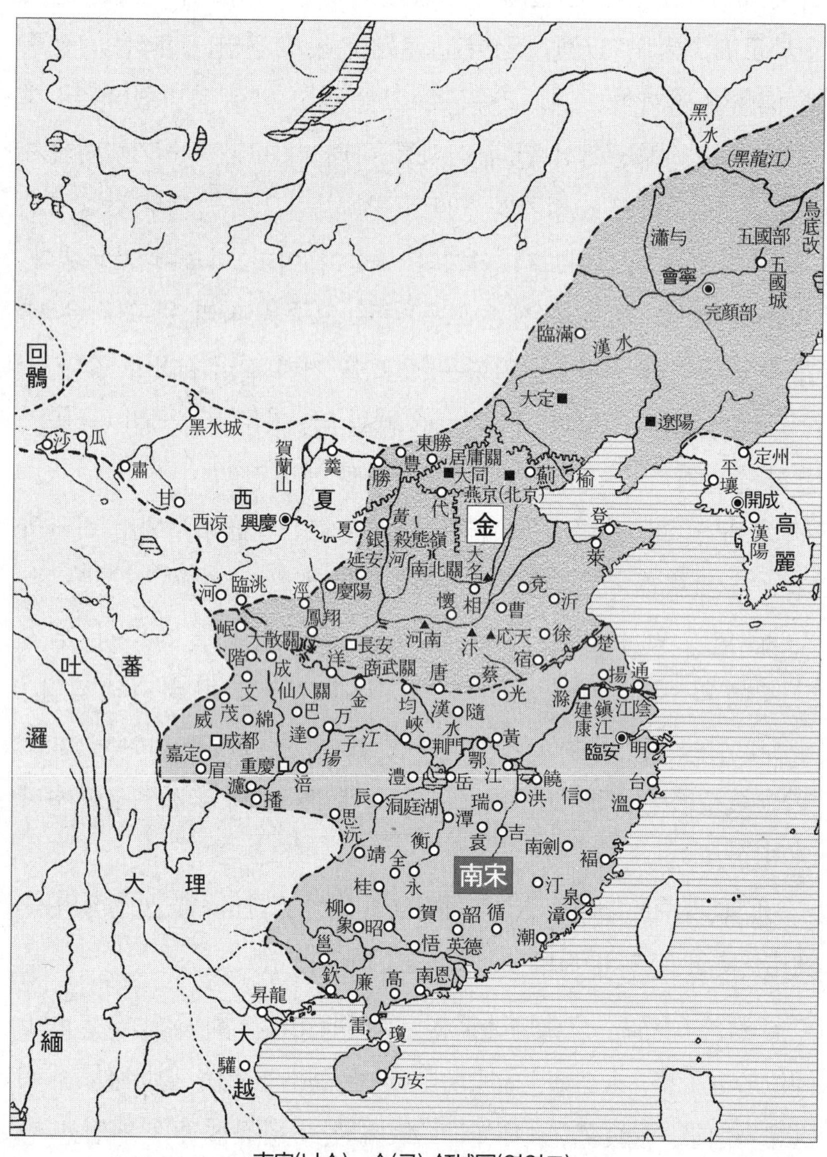

南宋(남송) · 金(금) 領域圖(영역도)

란을 일으켜 고종에게 아직 3살도 안된 皇子 旉(부)에게 선양할 것과 孟太后의 수렴청정을 요구하였다. 呂頤浩와 張浚은 군사를 거느리고 황제를 호위하였는데, 韓世忠은 前軍을, 張浚은 右翼을 담당하고, 劉光世는 遊擊을 담당하는 後軍이 되었다.

– 朱勝非(주승비, 1082~1144년). 御營將(어영장) ; 황제 호위 장수. 苗傅(묘부) ; 환관 및 황제 측근을 제거하겠다면 자신의 赤心軍(적심군 = 오로지 변함이 없는 진실된 자기편 군대)을 동원하여 高宗의 퇴위를 요구했다.

– 作亂(작난) ; 이를 苗劉兵變(묘유병변)이라 한다. 旉 펼 부. 帥師勤王(솔사근왕) ; 군사를 거느리고 황제를 호위하다.

– 翼 날개 익. 돕다. 殿 큰 집 전. 後軍.

○ 勝非說二兇, 亟反正. 尊孟后爲隆祐皇太后. 勝非罷, 呂頤浩爲相. 二兇走, 世忠追之, 皆伏誅. : 주승비는 二兇에게 빨리 황제에게 충성하라고 설득하였다. 孟后를 隆祐皇太后로 존칭했다. 주승비을 해직하고 呂頤浩(여이호)를 재상으로 삼았다. 묘부와 유정언이 패주하자, 한세충이 추격하여 모두 법에 의거 처형하였다.

– 說 ; 설득하다. 유세하다. 二兇(이흉) ; 반란을 일으킨 묘부와 유정언. 反正(반정) ; 正으로 되돌아가다. 황제에게 충성하라는 뜻.

– 伏誅(복주) ; 법에 의거 처형되다.

(6) 上如建康, 以浚爲川陝宣撫處置使, 隆祐太后如南昌, 聞兀朮請於粘罕, 將犯江浙故也. 杜充爲右僕射, 守建康, 上如杭州. 升杭爲臨安府, 自臨安如浙東. 金人分兩道, 一軍自蘄黃渡江. 劉光世在江州, 以爲蘄黃小盜, 遣王德拒之於興國軍, 始知爲金人. 金人自大冶趨洪撫 · 建昌 · 臨江 · 吉州, 追隆祐太后不及. 遂陷袁 · 潭 · 荊南 · 澧州, 乃自石首北渡而去.

고종은 건강으로 가서 장준을 천섬선무처치사로 임명했고, 융우태후는 남창으로 옮겨갔는데 金의 올출이 점한에게 강소와 절강 일대를 공격하겠다고 요청했기 때문이었다.

두충을 우복야로 삼아 건강을 수비케 하고, 고종은 항주로 갔다. 항주를 임안부로 승격시키고 다시 임안부에서 절강 동쪽으로 갔다. 金의 군사는 두 길로 나누어 한 무리가 기주와 황주에서 양자강을 도강하였다. 유광세는 강주에 있으면서 기주 · 황주의 도적 무리로 생각하고 왕덕을 파견하여 흥국군에서 막게 하였는데 그때 처음으로 金나라 군사인 것을 알았다.

金의 군사는 대야로부터 홍주와 무주, 건창, 임강, 길주를 거쳐 융우태후를 잡으려고 추격했으나 따라잡지 못했다. 그래서 금군은 원주, 담주, 형남과 예주를 함락시키고 석수에서 북으로 양자강을 건너 돌아갔다.

어구 설명

○ 上如建康, 以浚爲川陝宣撫處置使, 隆祐太后如南昌, 聞兀朮請於粘罕, 將犯江浙故也. : 고종은 建康으로 가서 張浚을 川陝宣撫處置使로 임명했고, 隆祐太后는 南昌으로 갔는데 金의 兀朮(올출)이 粘罕(점한)에게 江蘇와 浙江 일대를 공격하겠다고 요청했기 때문이었다.

- 建康(건강) ; 金陵. 今 江蘇省의 省都인 南京市. 川陝宣撫處置使(천섬선무처치사) ; 四川과 陝西(섬서)의 선무사 겸 행정책임자.
- 南昌(남창) ; 今 江西省의 省都. 兀 우뚝할 올. 朮 차조 출. 곡식 이름. 完顔兀朮(완안올출) ; 金 太祖 完顔阿骨打의 四子.
- 江浙(강절) ; 江蘇省(강소성)과 浙江(절강)지역.

○ 杜充爲右僕射, 守建康, 上如杭州. 升杭爲臨安府, 自臨安如浙東. 金人分兩道, 一軍自蘄黃渡江. 劉光世在江州, 以爲蘄黃小盜, 遣王德拒之於興國軍, 始知爲金人. : 杜充을 右僕射로 삼아 建康을 수비케 하고, 고종은 杭州로 갔다. 杭州를 臨安府로 승격시키고 다시 臨安에서 浙東(절동)지역으로 갔다. 金軍은 兩道로 나누어 一軍이 蘄州(기주)와 黃州에서 양자강을 渡江하였다. 劉光世는 江州에 있으면서 蘄州와 黃州의 도적 무리로 생각하고 王德을 파견하여 興國軍에서 막게 하였는데 그때 처음으로 金나라 군사인 것을 알았다.

– 杭 건널 항. 杭州(항주) ; 대운하의 남단. 今 浙江省 省都. 臨安, 錢塘(전당)이라고도 부름. '上有天堂, 下有蘇杭' 이라는 명성을 누림.

– 臨安府(임안부) ; 현재는 항주 옆에 臨安市가 별도로 존재. 浙東 ; 절강의 동쪽. 해안지방으로 피신하였다.

– 蘄 풀 이름 기. 蘄黃(기황) ; 기주와 황주. 湖北省의 지명. 江州(강주) ; 今 江西省 九江市. 興國軍(흥국군) ; 행정구역 명칭.

○ 金人自大冶趨洪撫 · 建昌 · 臨江 · 吉州, 追隆祐太后不及. 遂陷袁 · 潭 · 荊南 · 澧州, 乃自石首北渡而去. : 金의 군사는 大冶로부터 洪撫, 建昌, 臨江, 吉州를 거쳐 隆祐太后(융우태후)를 잡으려고 추격했으나 따라잡지 못했다. 袁州, 潭州, 荊南과 澧州를 함락시키고 石首에서 북으로 양자강을 건너 돌아갔다.

– 冶 쇠를 불에 달굴 야. 꾸미다. 大冶(대야) ; 湖北省의 지명. 洪撫(홍무) ; 홍주와 무주. 建昌(건창), 臨江(임강), 吉州(길주) ; 모두 江西省의 지명.

– 袁 옷이 길 원. 澧 강 이름 예. 遂 이를 수. 성취하다. 끝내다. 陷 빠질 함. 陷落(함락)하다. 항복하다. 무너지다. 石首(석수) ; 今 湖北省의 지명.

(7) 一軍自滁和向江東馬家渡, 濟江陷建康. 杜充及守臣皆降於兀朮, 通判楊邦乂不從, 刺血書裾曰, 寧

爲趙氏鬼, 不作他邦臣. 衆擁見兀朮, 誘諭累日, 輒叱罵, 卒大罵見殺. 兀朮長驅陷杭州, 上去已七日. 兀朮進陷越州. 四年春陷明州, 時上已次台州章安鎭. 金人以船犯昌國縣, 欲追襲上舟. 提領海舟張公祐, 引大船擊散之. 乃退, 回兵陷秀 · 平 · 江 · 常州, 至鎭江. 韓世忠邀之, 以海舟與戰數十合, 多俘獲. 伏卒金山龍王廟, 幾獲兀朮, 相持於黃天蕩.

金軍의 일부는 저주, 화주로부터 강동으로 나아가 마가도에서 양자강을 건너 건강을 함락시켰다. 두충과 지방관들이 모두 올출에게 투항하였으나, 통판인 양방예는 굽히지 않고 손가락을 잘라 옷자락에 "차라리 죽어 趙氏의 귀신이 될지언정, 다른 나라의 신하가 되지 않겠다."고 혈서를 썼다. 여러 사람이 데려다가 올출을 만나게 하고 (올출은) 여러 날 회유하였으나 양방예는 그때마다 욕설을 하였다. 양방예는 끝까지 크게 모욕을 퍼붓다가 피살되었다. 올출은 거침없이 진격하여 항주를 함락시켰는데, 고종은 이미 7일 전에 떠나갔었다. 올출은 나아가 월주를 함락시켰다. 건염 4년 봄에 명주를 함락시켰는데, 이때 고종은 태주 장안신에 머물고 있었다. 金의 군사는 배로 창국현을 공격하면서 고종의 배를 따라가 공격하려고 했다.

領海提督(영해제독)인 장공우는 큰 군함을 거느리고 금

군을 격파하였다. 이어 퇴각한 금군은 군사를 돌려 철수하면서 수주, 평주, 강주, 상주를 함락시키고 진강에 이르렀다. 韓世忠은 금군을 요격하였는데 큰 배로 적과 수십 차례를 싸워 많은 포로를 획득하였다. 금산의 용왕묘에 군졸을 매복시켜 올출을 거의 잡을 뻔 했었지만 황천당에서 서로 대치하였다.

어구 설명

○ 一軍自滁和向江東馬家渡, 濟江陷建康. 杜充及守臣皆降於兀朮, 通判楊邦乂不從, 刺血書裾曰, 寧爲趙氏鬼, 不作他邦臣. 衆擁見兀朮, 誘諭累日, 輒叱罵, 卒大罵見殺. : 金軍의 일부는 滁州(저주), 和州로부터 江東으로 나아가 馬家渡(마가도)에서 강을 건너 建康을 함락시켰다. 杜充과 지방관들이 모두 兀朮(올출)에게 투항하였으나, 通判인 楊邦乂(양방예)는 굽히지 않고 손가락을 잘라 옷자락에 "차라리 죽어 趙氏의 귀신이 될지언정, 다른 나라의 신하가 되지 않겠다."고 혈서를 썼다. 여러 사람이 데려다가 올출을 만나게 하고 (올출은) 여러 날 회유하였으나 양방예는 그때마다 욕설을 하였다. 양방예는 끝까지 크게 모욕을 퍼붓다가 피살되었다.

– 滁 강 이름 저. 和州(화주) ; 금 안휘성의 和縣. 乂 벨 예. 어질다. 裾 옷자락 거. 寧爲(영위) : 차라리 ~하다(되다). 趙氏鬼(조씨귀) ; 죽어도 조씨(宋朝)의 귀신.

- 誘諭(유유) ; 권유하고 회유하다. 輒 문득 첩. 번번이. 叱罵(질매) ; 욕을 하다. 見殺(견살) ; 피살되다.

○ 兀朮長驅陷杭州, 上去已七日. 兀朮進陷越州. 四年春陷明州, 時上已次台州章安鎭. 金人以船犯昌國縣, 欲追襲上舟. : 兀朮은 거침없이 진격하여 杭州를 함락시켰는데, 고종은 이미 7일 전에 떠나갔었다. 올출은 나아가 越州를 함락시켰다. 건염 4년 春에 明州를 함락시켰는데, 이때 고종은 台州 章安鎭에 머물고 있었다. 金의 군사는 배로 昌國縣을 공격하면서 고종의 배를 따라가 공격하려고 했다.

- 建炎 四年(건염 4년) ; 1130년. 越州(월주), 明州(명주), 台州(태주) ; 浙江省의 땅. 次 버금 차, 나아가지 못할 차. 머무르다. 追襲(추습) ; 따라가 공격하다.

○ 提領海舟張公祐, 引大船擊散之. 乃退, 回兵陷秀 · 平 · 江 · 常州, 至鎭江. 韓世忠邀之, 以海舟與戰數十合, 多俘獲. 伏卒金山龍王廟, 幾獲兀朮, 相持於黃天蕩. : 領海提督(영해제독)인 張公祐는 大船을 거느리고 금군을 격파하였다. 이어 퇴각한 金軍은 回兵하면서 秀, 平, 江, 常州를 함락시키고 鎭江에 이르렀다. 韓世忠은 금군을 요격하였는데 큰 배로 적과 數十 차례를 싸워 많은 포로를 획득하였다. 金山龍王廟에 군졸을 매복시켜 올출을 거의 잡을 뻔 했었지만 黃天蕩에서 서로 대치하였다.

- 提領海舟(제령해주) ; 水軍 지휘관. 秀州(수주) ; 절강성 지역. 平州(평주), 江州(강주), 常州(상주) ; 강소성 지역. 鎭江(진강) ; 江蘇省 西南部, 長江南岸의 도시.

– 韓世忠(한세충, 1089~1151년) ; 宋朝名將. 岳飛, 張俊, 韓世忠, 劉光世를 中興四將이라 한다. 邀 맞을 요. 邀擊(요격)하다.

– 海 바다 해. 큰 호수. 용량이 큰 器物. 큰, 대단히 많은(人海). 무턱대고. 마구잡이로. 海舟(해주) ; 큰 배.

– 俘 사로잡을 부. 포로. 獲 얻을 획. 짐승을 잡다. 幾 기미 기. 거의. 얼마. 相持(상지) ; 서로 대치하다. 金의 올출은 포위되어 韓世忠과 48일간을 대치했었다.

– 黃天蕩(황천탕) ; 南京市 東北쪽, 鎭江 西北部의 지명.

(8) 兀朮求假道甚恭, 不許. 欲自建康北歸, 不得去. 或教於冶城西南隅蘆場地鑿大渠. 一夕成, 次早出舟趨建康. 世忠大驚, 尾擊之, 一日値無風, 海舟不能動. 兀朮乃引其舟, 出江北去, 疾如飛, 以火箭射海舟, 世忠軍亂奔還, 兀朮乃得北遁. 統制岳飛, 邀擊敗之於六合.

올출은 매우 공손하게 길을 내 달라고 하였으나 (韓世忠은) 허락지 않았다. (올출은) 건강을 거쳐 북쪽으로 가려해도 갈 수가 없었다. 어떤 자가 야성의 서남쪽 갈대밭에 큰 도랑을 파라고 일러 주었다. 하룻밤에 물길이 만들어지자 다음 날 일찍 배를 내어 건강으로 달아났다.

岳飛(악비)

한세충은 놀라 적의 후미를 추격하였지만 그날 마침 바람이 없어 큰 배가 움직일 수 없었다. 올출은 그들의 배를 타고 나는 듯 빨리 강북으로 달아나면서 불화살을 큰 배에 쏘아 한세충의 군사는 혼란에 빠져 돌아왔고, 올출은 북쪽으로 달아날 수 있었다. 통제사인 岳飛는 육합현에서 금의 군사를 맞아 싸워 패퇴시켰다.

어구 설명

○ 兀朮求假道甚恭, 不許. 欲自建康北歸, 不得去. 或教於冶城西南隅蘆場地鑿大渠. 一夕成, 次早出舟趨建康. : 兀朮은 매우 공손하게 길을 내 달라고 하였으나 (韓世忠은) 허락지 않았다. (올출은) 建康을 거쳐 북쪽으로 가려 해도 갈 수가 없었다. 어떤 자가 冶城의 西南쪽 갈대밭에 큰 도랑을 파라고 일러 주었다. 하룻밤에 물길이 만들어지자, 다음 날 일찍 배를 내어 建康으로 달아났다.

- 假 거짓 가. 빌리다. 假道(가도) ; 타국의 땅을 임시로 통과하다. 경유하다. 임시로 만든 길.

- 求假道甚恭(구가도심공) ; 兀朮(올출)은 한세충과 대치하면서

매우 공손하게 길을 내줄 것을 요청하였다.

– 或 ; 或者. 어떤 자. 教 ; 시키다. 일러 주다.

– 冶城(야성) ; 황천탕 부근의 지명. 今 江蘇省의 땅. 福建省 福州의 屛山(병산) 東南의 冶山 一帶, 기원전 202~110년에 존속했던 閩越國(민월국) 都城 등 '冶城' 이라는 지명은 매우 많다.

– 隅 모퉁이 우. 蘆 갈대 노(로). 蘆場(노장) ; 갈대밭. 鑿 뚫을 착. 파내다. 渠 물도랑 거.

○ 世忠大驚, 尾擊之, 一日値無風, 海舟不能動. 兀朮乃引其舟, 出江北去, 疾如飛, 以火箭射海舟, 世忠軍亂奔還, 兀朮乃得北遁. 統制岳飛, 邀擊敗之於六合. : 한세충은 놀라 적의 후미를 추격하였지만 그날 마침 바람이 없어 큰 배가 움직일 수 없었다. 올출은 그들의 배를 타고 나는 듯 빨리 강북으로 달아나면서 불화살을 큰 배에 쏘아 한세충의 군사는 혼란에 빠져 돌아왔고, 올출은 북쪽으로 달아날 수 있었다. 통제사인 岳飛는 六合縣에서 금군을 맞아 싸워 패퇴시켰다.

– 一日(일일) ; 하루. 확실하지 않은 그날. 値 값 치. 만나다. 어떤 일을 당하다. 疾 병 질. 버릇. 미워하다. 빠르다.

– 遁 달아날 둔(돈). 숨어버리다. 統制(통제) ; 統制使. 岳飛(악비, 1103~1142년) ; 南宋 抗金 名將. 追贈太師(추증태사), 封鄂王(봉악왕), 謚 武穆(시 무목), 改謚 忠武(개시 충무). 中國人들이라면 누구나 다 아는 民族英雄.

– 六合(육합) ; 六合縣. 今 江蘇省 南京市 관할의 지명.

(9) 初張浚西行, 上命浚, 三年而後用師. 及是撻辣·兀朮皆在淮東, 浚聞兀朮躊躇, 必再犯東南. 議出師攻取, 以分其勢, 士大夫及諸將, 皆以爲不可. 浚決策, 移檄粘罕問罪, 遣吳玠入長安. 金人遂調兀朮, 自京西星馳赴陜西, 與婁室合. 浚合六路兵至富平, 婁室擁兵驟至, 鐵騎直擊環慶路趙哲軍. 佗路不援, 哲離所部, 諸軍退, 金遂乘勝而前. 浚斬趙哲, 諸路兵皆散去, 陜西大震. 浚駐軍興州, 遣劉子羽訪諸將所在, 各引所部來會, 人心粗安. 吳玠走保大散關東和尙原.

전에 장준이 섬서·사천의 宣撫處置使(선무처치사)에 파견될 때, 고종은 장준에게 '3년 뒤에 용병하라!' 고 명했었다. 이때 金의 달랄과 올출은 모두 淮水(회수) 동쪽에 머물고 있었는데, 장준은 올출이 주저하고 있지만 필히 동남쪽을 다시 공격할 것이라는 소식을 들었다. 장준은 군사를 일으켜 그들 세력을 양분하는 것이 어떤가를 논의케 했는데 사대부와 여러 장수들은 모두 불가하다고 하였다. 장준은 혼자 방책을 결정한 뒤 점한의 죄를 문책하기 위해 출병한다는 격문을 보내고 오개를 보내 장안에 입성케 하였다.

金에서는 드디어 올출을 보내 낙양 서쪽으로부터 밤을 새워 섬서로 들어가 금의 장수 누실과 합세케 하였다. 장준은 육로병 同州(동주) · 鄜延(부연) · 環慶(환경) · 熙河(희하) · 秦鳳(진봉) · 涇源(경원)을 모두 부평에 모이게 하였는데, 누실의 군사가 빨리 도착하여 무장한 기병이 환경로의 조철의 군사를 바로 공격하였다. 다른 부대가 조철을 돕지 않자, 조철은 자신의 부대를 버렸고, 육로의 군사들은 퇴각하였고, 金은 승세를 타고 공격하였다. 장준은 조철을 참수하였지만 諸路(제로)의 병력은 모두 흩어졌으며 섬서 지방이 크게 불안해하였다. 장준은 흥주에 군사를 주둔시키고, 유자우를 제장이 있는 곳에 보내 각자 군사를 이끌고 모이게 하니 인심이 대략 안정되었다. 흩어졌던 오개는 낭패하여 달아나 겨우 대산관 동쪽 화상원을 지키고 있었다.

어구 설명

○ 初張浚西行, 上命浚, 三年而後用師. 及是撻辣 · 兀朮皆在淮東, 浚聞兀朮躊躇, 必再犯東南. 議出師攻取, 以分其勢, 士大夫及諸將, 皆以爲不可. 浚決策, 移檄粘罕問罪, 遣吳玠入長安. : 전에 張浚이 섬서에 파견될 때, 고종은 장준에게 '三年 뒤에 용병하라!' 고 명했었다. 이때 金의 달랄과 올출은 모두 淮東에 머물고 있었는데, 장준은 兀朮이 주저하고 있지만 必히 東南쪽을 다시 공격할 것이라는 소식을 들었다. 장준은 군사를 일으켜 그들 세력을 양분하는 것이 어떤가를 논의케 했는데 士大夫와 여러 장수들은

모두 불가하다고 하였다. 장준은 혼자 방책을 결정한 뒤 점한의 죄를 문책하기 위해 출병한다는 격문을 보내고 吳玠를 보내 長安에 입성케 하였다.

– 張浚(장준, 1097~1164년) ; 南宋의 抗金 將帥. 川陜宣撫處置使에 임명되었었다. 用師(용사) ; 군사를 동원하다.

– 及是(급시) ; 이때에. 撻辣(달랄, ?~1139년) ; 完顔昌(완언창). 金의 太祖 阿骨打의 동생. 淮東(회동) ; 회수의 동쪽. 躊 머뭇거릴 주. 躇 머뭇거릴 저.

– 移檄粘罕問罪(이격점한문죄) ; 점한의 죄를 벌하려 군사를 일으킨다는 격문을 보내다. 玠 큰 홀 개.

○ 金人遂調兀朮, 自京西星馳赴陜西, 與婁室合. 浚合六路兵至富平, 婁室擁兵驟至, 鐵騎直擊環慶路趙哲軍. 佗路不援, 哲離所部, 諸軍退, 金遂乘勝而前. 浚斬趙哲, 諸路兵皆散去, 陜西大震. : 金에서는 드디어 兀朮을 보내 낙양 서쪽으로부터 밤을 새워 陜西로 들어가 婁室과 합세케 하였다. 장준은 六路兵을 모두 富平에 모이게 하였는데, 婁室(누실)의 군사가 빨리 도착하여 무장한 기병이 環慶路의 趙哲의 군사를 바로 공격하였다. 다른 부대가 조철을 돕지 않자, 조철은 자신의 부대를 버렸고, 육로의 군사들은 퇴각하였고, 金은 승세를 타고 공격하였다. 장준은 趙哲을 참수하였지만 諸路의 병력은 모두 흩어졌으며 陜西 지방이 크게 불안해하였다.

– 調 ; 調兵하다. 군사를 이동시키다. 京西(경서) ; 낙양의 서쪽. 星馳(성치) ; 밤에도 쉬지 않고 길을 가다. 밤새 달리다.

– 赴 나아갈 부. 婁室(누실) ; 完顔婁室. 金의 장수. 富平(부

평) ; 今 陝西省 渭南市(섬서성 위남시)의 縣. 驟 달릴 취.

– 六路(육로) ; 同州(동주) · 鄜延(부연) · 環慶(환경) · 熙河(희하) · 秦鳳(진봉) · 涇源(경원).

– 擁兵驟至(옹병취지) ; 군사를 거느리고 달려오다. 鐵騎(철기) ; 무장한 기병. 環慶路(환경로) ; 六路軍의 한 부대. 環慶經略使의 부대.

– 佗路不援(타로불원) ; 다른 路의 군사들이 돕지 않아서, 趙哲은 적이 두려워 먼저 도주하였다.

– 陝西大震(섬서대진) ; 섬서 지방이 크게 불안해하였다.

○ 浚駐軍興州, 遣劉子羽訪諸將所在, 各引所部來會, 人心粗安. 吳玠走保大散關東和尙原. : 장준은 興州에 군사를 주둔시키고, 劉子羽를 諸將이 있는 곳에 보내 각자 군사를 이끌고 모이게 하니 人心이 대략 안정되었다. 흩어졌던 吳玠는 大散關 東쪽 和尙原을 지키고 있었다.

– 興州(흥주) ; 今 陝西省(섬서성) 略陽縣(약양현). 略 다스릴 략. 大散關(대산관) ; 今 陝西 大散關. 和尙原(화상원) ; 地名. 今 陝西省 寶雞市(보계시) 西南.

(10) ○ 上自海道回駐越州. 呂頤浩罷, 范宗尹爲相. 秦檜南歸赴行在, 檜在北依撻辣, 爲所任用. 撻辣南侵, 檜參謀其軍, 嘗爲草檄, 下山東州郡. 挈全家,

泛小舟抵漣水軍. 自言, 逃歸, 朝士多疑之. 檜言, 如欲天下無事, 須是南自南, 北自北. 乞上致書撻辣, 以求好, 其言皆撻辣意也.

○ 高宗은 바닷길로 월주로 돌아와 머물렀다. 여이호를 파직하고 범종윤을 재상으로 삼았다. 진회가 금에서 남으로 내려와 행재소를 찾아갔는데, 진회는 金에 있을 때 달랄에게 의탁했었고 그에 의해 등용되었었다. 달랄이 송나라를 남침할 때, 진회는 그 군사의 참모로 일찍이 격문을 지어 산동의 여러 주와 군을 항복케 했었다. (진회는) 온 가족을 데리고 작은 배를 타고 연수군에 도착하였다. 스스로 북에서 도망 나왔다고 말했지만 조정의 관리들은 많은 사람들이 의심했다. 진회는 천하가 무사하려면 모름지기 남은 남, 북은 북이어야 한다고 말했다. 진회는 고종과 달랄에게 국서를 보내 화의를 해야 한다고 말했는데, 그의 말은 모두가 달랄의 뜻이었다.

어구 설명

○ 上自海道回駐越州. 呂頤浩罷, 范宗尹爲相. 秦檜南歸赴行在, 檜在北依撻辣, 爲所任用. 撻辣南侵, 檜參謀其軍, 嘗爲草檄, 下山東州郡. : 高宗은 바닷길로 越州로 돌아와 머물렀다. 呂頤浩(여이호)를 파직하고 范宗尹을 재상으로 삼았다. 秦檜(진회)가 남으로

내려와 행재소를 찾아갔는데, 진회는 金에 있을 때 撻辣(달랄)에게 의탁했었고 그에 의해 등용되었었다. 撻辣이 南侵할 때, 진회는 그 군사의 參謀로 일찍이 격문을 지어 山東의 여러 州郡을 항복케 했었다.

－ 越州(월주) ; 今 浙江省 紹興市(소흥시). 南宋 紹興 元年(1131년)부터 紹興府로 승격.

－ 秦檜(진회, 1090~1155년) ; 북송 末年에 御史中丞 역임. 金에서 돌아온 뒤 두 차례 宰相에 임명되어 전후 19년 동안 남송의 정치를 주물렀다. 岳飛를 모함하여 죽였기에 악명을 천추에 길이 남겼고 남송 말년의 賈似道(가사도)와 함께 '南宋의 2대 奸臣'으로 꼽힌다.

－ 行在(행소) ; 행재소. 임금의 임시 거처. 嘗爲草檄(상위초격) ; 격문을 지었었다. 下 ; 항복하다.

○ 挈全家, 泛小舟抵漣水軍. 自言, 逃歸, 朝士多疑之. 檜言, 如欲天下無事, 須是南自南, 北自北. 乞上致書撻辣, 以求好, 其言皆撻辣意也. : (진회는) 온 가족을 데리고 작은 배를 타고 漣水軍에 도착하였다. 스스로 북에서 도망 나왔다고 말했지만 조정의 관리들은 많은 사람들이 의심했다. 진회는 天下가 無事하려면 모름지기 南은 南, 北은 北이어야 한다고 말했다. 진회는 고종과 달랄에게 국서를 보내 화의를 해야 한다고 말했는데, 그의 말은 모두가 달랄의 뜻이었다.

－ 挈 손에 들 설. 거느리다. 휴대하다. 泛 뜰 범. 抵 거스를 저. 도착하다. 漣 잔잔한 물결 연(련).

– 漣水軍(연수군) ; 漣水縣, 江蘇省 淮安市의 縣. 軍은 행정단위. 郡이 아님. 須是南自南(수시남자남) ; 모름지기 남은 남이어야 한다. 현재의 상태를 유지해야 한다. 곧 북벌을 해서는 안 된다는 뜻.

(11) ○ 是歲劉豫稱帝. 豫景州人, 於建炎戊申, 以濟南守降金, 爲之用, 得知東平府, 兼節制河南. 粘罕白金主, 循邦昌故事立豫, 國號大齊. 後遷都于汴, 粘罕旣得關中地, 悉割以與豫. ○ 紹興元年, 命張浚討江淮盜李成. 成據江淮六七州, 連兵數萬, 有席卷東南之意, 尋陷江筠 · 臨江. 浚擊其軍復三郡, 成遁降齊.

○ 이 해에 유예가 스스로 서서 칭제(황제)했다. 유예는 경주 사람으로 건염 2年 무신년에 송나라 제남의 지방관으로 金에 투항하였고, 金에서는 유예를 등용하여 동평부의 지사 겸 하남절제사로 삼았다. 元帥(원수) 점한은 금의 태종에게 말해서, 장방창의 전례에 따라 유예를 채봉하여 황제를 삼고 국호를 大齊라 하였다. 뒷날 변경으로 천도하였는데, 점한은 관중의 땅을 점령한 뒤 모든 지역을 할양하여 유예에게 주어 통치케 했다.

○ 소흥 원년에, 고종은 장준에게 강회 지역의 도적 이성을 토벌케 하였다. 이성은 강회의 6~7개 주에 웅거하여 수만 명을 거느리고 동남지방을 석권하려고 연이어 강주와 균주 임강군을 함락시켰다. 장준은 이성을 치고 3개 군을 수복하였고, 李成(이성)은 劉豫(유예)의 大齊로 도주해서 항복했다.

어구 설명

○ 是歲劉豫稱帝. 豫景州人, 於建炎戊申, 以濟南守降金, 爲之用, 得知東平府, 兼節制河南. 粘罕白金主, 循邦昌故事立豫, 國號大齊. 後遷都于汴, 粘罕旣得關中地, 悉割以與豫. : 是歲에 劉豫(유예)가 稱帝했다. 유예는 景州 사람으로 建炎 戊申년에 濟南의 지방관으로 金에 투항하였고, 金은 유예를 등용하여 知東平府 兼河南節制使로 삼았다. 粘罕은 金主(太宗)에게 말해서, 張邦昌의 전례에 따라 유예를 책봉하여 國號를 大齊라 하였다. 뒷날 변경으로 천도하였는데, 粘罕은 關中의 땅을 점령한 뒤 모든 지역을 할양하여 유예에게 주어 통치케 했다.

- 是歲(시세) ; 1130년. 劉豫(유예, 1073~1146년) ; 북송에서 벼슬을 시작하여 南宋 高宗이 濟南府의 知府로 임명하였다. 金兵이 침입하자 金에 투항하였고, 1129년에 金朝의 東平知府로 산동 일대를 통치하다가 1130년에 '齊 皇帝' 로 책봉되었다. 처음에는 大名府를 首都로 정했다가 1132年에 開封으로 천도하였다. 역대 황제의

능을 파헤쳤고 남송을 자주 공격했다. 1137년에 金에서는 齊國을 없앴다. 역사에서는 이를 '僞齊(위제)' 또는 '劉齊(유제)' 로 통칭한다.

- 白 ; 아뢰다. 상신하다. 金主(금주) ; 금의 皇帝. 循 좇을 순. 따르다. 汴 ; 汴京. 開封.

- 邦昌故事(방창고사) ; 金은 휘종, 흠종을 잡아가면서 張邦昌을 大梁의 황제로 책봉했었다.

○ 紹興元年, 命張浚討江淮盜李成. 成據江淮六七州, 連兵數萬, 有席卷東南之意, 尋陷江筠 · 臨江. 浚擊其軍復三郡, 成遁降齊. : 紹興 元年에, 張浚에게 江淮 지역의 도적 李成을 토벌케 하였다. 이성은 江淮의 6~7개 州에 웅거하여 數萬 명을 거느리고 東南지방을 석권하려고 연이어 강주와 筠州 臨江군을 함락시켰다. 장준은 이성을 치고 3개 군을 수복하였고, 李成(이성)은 劉豫(유예)의 大齊(대제)로 도주해서 항복했다.

- 紹 이을 소. 紹興(소흥) ; 남송 高宗의 2번째 연호. 1131년 ~1162년. 江淮(강회) ; 長江과 淮水 一帶. 長江과 淮河의 땅. 今 江蘇省과 安徽省 지역.

- 筠 대나무 균. 江州 · 筠州(강주 · 균주) ; 今 江西省 高安市 일대의 지명. 臨江(임강) ; 臨江軍. 今 江西省樟樹市(강서성장수시)의 지명. 樟 녹나무 장.

(12) ○ 張浚盡失陝西之地, 惟餘階 · 成 · 岷 · 鳳 · 洮五郡, 及鳳翔府之和尙原, 隴州之方山原而

已. 浚退保閬州. 統制曲端有威名, 浚先用譖, 罷其兵柄, 安置萬州. 西人倚端爲重, 及貶, 軍情不悅. 至是又送恭州獄殺之, 士大夫·軍民皆悵恨, 西人益以是非浚. 金人分兩道向蜀, 吳玠與弟璘, 大敗之於和尙原. 又選將敗之於箭筈關, 兩道皆不能入.

○ 장준은 富平(부평)에서의 싸움에서 패하여 섬서의 땅을 모두 금군에게 빼앗기고 오직 계군, 성군, 민군, 봉군, 조군의 5개 군과 봉상부의 화상원, 농주의 방산원만을 차지하고 있었다. 장준은 후퇴하여 낭주를 지키고 있었다. 통제사인 곡단은 위엄도 있고 戰功(전공)도 있는 사람인데, 장준은 이전에 참언을 듣고 그의 병권을 삭탈하고 만주에 안치시켰다.

섬서 사람들은 곡단을 믿고 중히 여겼었는데, 곡단이 폄직되자 부대 내에서는 감정이 좋지 않았다. 다시 곡단을 공주의 감옥에 보내 죽여 버리자, 사대부와 군졸과 주민이 모두 슬퍼하며 한을 품었고, 섬서 사람들은 이로써 더욱 장준을 비난하였다. 金의 군사가 양쪽으로 나뉘어 蜀으로 향하자, 오개와 동생 오린은 화상원에서 적을 크게 물리쳤다. 또 장수를 골라 보내어 전괄관에서 적을 물리치니 양쪽 어디로도 촉 땅에 침입할 수 없었다.

어구 설명

○ 張浚盡失陜西之地, 惟餘階·成·岷·鳳·洮五郡, 及鳳翔府之和尙原, 隴州之方山原而已. 浚退保閬州. 統制曲端有威名, 浚先用譖, 罷其兵柄, 安置萬州. : 張浚은 陜西의 땅을 모두 빼앗기고 오직 階郡(계군), 成郡, 岷郡(민군), 鳳郡, 洮郡(조군)의 五郡과 鳳翔府(봉상부)의 和尙原, 隴州의 方山原만을 차지하고 있었다. 장준은 후퇴하여 閬州(낭주)를 지키고 있었다. 統制使인 曲端은 威名이 있는 사람인데, 장준은 이전에 譖言을 듣고 그의 병권을 삭탈하고 萬州에 안치시켰다.

– 岷 산 이름 민. 洮 씻을 조. 翔 빙빙 돌아 날 상. 鳳翔(봉상) ; 陜西省 宝鷄市(섬서성 보계시) 관할의 현. 隴 고개 이름 농(롱).

– 和尙原〈화상원(四川省)〉, 方山原(방산원) ; 들판. 넓은 구릉지대. 제갈량이 죽은 五丈原은 평균 표고 120m, 동서 1km, 남북 3.5km의 황토대지이다.

– 閬 솟을 대문 낭(랑). 閬州(낭주) ; 사천성의 땅. 曲端(곡단, 1090~1131년) ; 人名. 부대 배치 문제로 장준과 의견 충돌이 있었다.

– 兵柄(병병) ; 병권, 부대 지휘권. 柄 자루 병. 손잡이. 권세. 권력. 萬州(만주) ; 四川省의 지명.

○ 西人倚端爲重, 及貶, 軍情不悅. 至是又送恭州獄殺之, 士大夫·軍民皆悵恨, 西人益以是非浚. 金人分兩道向蜀, 吳玠與弟璘, 大敗之於和尙原. 又選將敗之於箭筈關, 兩道皆不能入. : 섬서 사람들은 曲端(곡단)을 믿고 중히 여겼었는데, 곡단이 폄직되자 軍의 內情이 좋지 않았다. 다시 恭州(공주)의 감옥에 보내 죽여 버

리자, 士大夫와 軍人과 住民이 모두 슬퍼하며 한을 품었고, 섬서 사람들은 이로써 더욱 장준을 비난하였다. 金의 군사가 양쪽으로 나뉘어 蜀으로 향하자, 吳玠와 동생 吳璘은 和尙原에서 적을 크게 물리쳤다. 또 장수를 골라 보내어 전괄관에서 적을 물리치니 兩道 어느 쪽으로도 촉 땅에 침입할 수 없었다.

– 西人(서인) ; 陝西 지역 사람들. 貶 떨어트릴 폄. 恭州(공주) ; 今 重慶市. 悵 슬퍼할 창. 非浚(비준) ; 장준을 비난하다.

– 璘 옥빛 린. 吳璘(오린, 1102~1167년) ; 南宋 名將.

(13) ○ 范宗尹罷. 秦檜昌言曰, 我有二策, 可以聳動天下. 遂爲右相, 呂頤浩爲左相. ○ 兀朮會諸道及女眞兵, 造浮梁於寶雞縣, 渡渭攻和尙原. 玠 · 璘三日三十餘戰, 大破之. 兀朮中流矢, 僅以身免. 始自河東歸燕山. ○ 紹興二年, 上自越州還臨安. 言者劾秦檜專主和議, 沮止恢復遠圖. 檜罷, 朱勝非爲右相.

○ 범종윤을 파직(파면)시키다. 진회는 "나에게 두 책략(계책)이 있는데 가히 천하를 놀래게 할만하다."라고 큰소리를 쳤다. 진회가 드디어 우상이 되었고, 여이호는 좌상이 되었다.

○ 올출은 여러 도의 군사와 여진의 병력을 모아 鳳翔(봉상)의 보계현에서 부교(배로 다리를 만드는 것)를 만들어 위수를 건너 화상원을 공격하였다. 오개와 오린의 형제는 3일 동안 30여 전투를 겪으며 적을 대파하였다. 올출은 유시(흐르는 화살)에 맞아 겨우 몸만 빠져 나갔다. 이어 하동을 거쳐 연산으로 돌아갔다.

○ 소흥 2년, 고종은 월주에서 임안으로 돌아왔다. 이때 여이호가 黃龜年(황귀년)을 시켜 고종에게 다음과 같이 아뢰게 했다. 언관이 진회는 전적으로 화의를 주장하여 국토를 회복하려는 원대한 계획을 저지한다고 탄핵하였다. 이에 진회를 파직하고, 주승비를 우상으로 삼았다.

어구 설명

○ 范宗尹罷. 秦檜昌言曰, 我有二策, 可以聳動天下. 遂爲右相, 呂頤浩爲左相. 兀朮會諸道及女眞兵, 造浮梁於寶雞縣, 渡渭攻和尙原. 玠 · 璘三日三十餘戰, 大破之. 兀朮中流矢, 僅以身免. 始自河東歸燕山. : 范宗尹을 파직시키다. 秦檜(진회)는 "나에게 二策이 있는데 가히 天下를 놀라게 할만하다."라고 큰소리를 쳤다. 진회가 드디어 右相이 되었고, 呂頤浩(여이호)는 左相이 되었다. 兀朮(올출)은 여러 道와 女眞의 병력을 모아 寶雞縣에서 부교를 만들어 渭水를 건너 和尙原을 공격하였다. 오개와 오린은 三日간 三十餘 전투를 겪으며 적을 大破하였다. 兀朮은 流矢에 맞아 겨우

몸만 빠져 나갔다. 이어 河東을 거쳐 燕山으로 돌아갔다.

– 昌言(창언) ; 바른말. 솔직하게 말하다는 倡言〈창언(거리낌 없이 공공연히 말하다)〉의 誤字인듯. 倡 ①광대 창. 광대. 배우. ②창도할 창. 창도하다. 외치다. 성하다. 창성하다. 揚言(양언, 떠벌리다. 큰소리치다)으로 쓴 책도 있음.

– 聳 솟을 용(本音 송). 聳動(용동) ; 놀라게 하다. 선동하다. 사람들을 두렵게 하다. 浮梁(부량) ; 浮橋(부교).

– 寶雞縣(보계현) ; 陝西省(섬서성)의 地名. 河東(하동) ; 今의 山西省의 땅. 渡渭(도위) ; 渭水를 건너다. 燕山(연산) ; 河北省 大興縣의 西南.

○ 紹興二年, 上自越州還臨安. 言者劾秦檜專主和議, 沮止恢復遠圖. 檜罷, 朱勝非爲右相. : 紹興 二年(1132년), 고종은 越州(월주)에서 臨安으로 돌아왔다. 언관이 秦檜(진회)는 전적으로 화의를 주장하여 국토를 회복하려는 원대한 계획을 저지한다고 탄핵하였다. 진회를 파직하고, 朱勝非(주승비)를 右相으로 삼았다.

– 劾 캐물을 핵. 탄핵하다. 官吏(관리)의 罪惡(죄악)을 폭로하여 임금에게 보고하다. 沮 막을 저. 恢 넓을 회. 갖추다. 돌이키다. 回와 通. 遠圖(원도) ; 원대한 계획.

(14) ○ 紹興三年春, 金撒離曷, 自鳳翔·長安聲言東去, 實由商於出漢陰, 直趨金·商. 吳玠急引兵,

扼之饒風嶺. 金人閒道遶出其後, 玠遽還仙人關. 金人遂進陷興元. 知府劉子羽, 退保三泉縣 · 潭毒山. 撒離曷食盡, 乃引還. 吳璘以無糧拔寨, 棄和尙原. 金人得之, 玠度其必深入, 乃嚴兵以待. 兀朮果與撒離曷來, 犯仙人關. 玠 · 璘與戰七日, 金人不能支, 宵遁. 玠設伏扼其歸路, 又敗之. 是擧也, 金人決意入蜀, 卒不得志. 是歲, 浚又失洮 · 岷 · 關外, 惟存階 · 成 · 秦 · 鳳. 浚召還, 尋與劉子羽皆貶竄. 浚是行, 本欲由關 · 陝取中原, 乃盡喪關 · 陝而歸. 賴得玠 · 璘, 保蜀而已.

소흥 3년 봄, 金의 장군 살리갈은 봉상에서 장안을 거쳐 동쪽으로 이동하겠다고 소문을 냈으나 사실은 상오에서 한음으로 나와 금주와 상주를 직접 공격하려고 했다. 오개는 급히 병력을 이끌고 요풍령을 지켰다. 金의 군사들이 샛길을 돌아 배후에 도착하자, 오개는 급히 선인관으로 돌아왔다.

金의 군사는 마침내 흥원을 공격하여 함락시켰다. 지부(지사)인 유자우는 물러나 삼천현과 담독산을 지켰다. 살리갈은 군량이 떨어져 바로 돌아갔다. 오린도 군량이 모자라 성채를 옮기면서 화상원을 포기했다. 金의 군사는 화상원을 차지했는데 오개는 그들이 틀림없이 깊이 공격해 오리라 예측하고 방비를 엄히 하며 기다렸다. 올출은 예상대로 살리갈과 함께 공격해 들어와 선인관을 차지하려 했다. 오개와 오린은 그들과 7일을 싸웠고, 金의 군사는 버티지를 못하고 밤을 타 도주하였다. 오개는 매복으로 그들의 귀로를 막아 다시 패퇴시켰다. 이번 거병으로 금의 군사들이 촉을 점령하려는 의도는 끝내 이루지 못했다.

이 해에, 장준은 또 조군, 민군 등 관외의 땅을 잃었고, 겨우 계군, 성군, 진군, 봉군만을 지켰다. 장준은 소환되었다가 곧 유자우와 함께 폄직(파면)되어 지방으로 나갔다. 장준은 이번 출전으로 관중과 섬서 지방을 바탕으로 중원을 차지하려는 뜻이었지만 결과는 관중과 섬서를 모두 잃고 돌아왔다. 다만 오개와 오린의 전공으로 촉을 지킬 수 있었을 뿐이었다.

어구 설명

○ 紹興三年春, 金撒離曷, 自鳳翔 · 長安聲言東去, 實由商於出漢陰, 直趨金 · 商. 吳玠急引兵, 扼之饒風嶺. 金人間道遶出其後, 玠遽還仙人關. : 紹興 三年 春에, 金의 撒離曷(살리갈)은 鳳翔(봉상)에서 長安을 거쳐 東쪽으로 이동하겠다고 소문을 냈으나 사실은 商於에서 漢陰으로 나와 金州와 商州를 직접 공격하려고 했다. 吳玠는 急히 兵力을 이끌고 饒風嶺(요풍령)을 지켰다. 金의 군사

들이 샛길을 돌아 배후에 도착하자, 오개는 급히 仙人關(선인관)으로 돌아왔다.

– 紹興 三年(소흥 3년) ; 1133년. 撒 뿌릴 살. 曷 어찌 갈. 撒離曷(살리갈) ; 金의 장수. 聲言(성언) ; 공언하다. 소문을 내다.

– 商於(상오) ; 陝西省의 關中道商縣 지명. 金州(금주)는 今의 陝西省漢中道 安康縣. 商州는 同. 道商縣의 東쪽. 漢陰(한음) ; 金 陝西省 安康市의 현. 金(금) · 商(상) ; 섬서성의 지명.

– 扼 누를 액. 지키다. 食(식)을 止(지)하다. 饒 넉넉할 요. 饒風嶺(요풍령) ; 陝西省(섬서성) 서남부 漢中(市名)의 동북.

– 間道(간도) ; 샛길. 遶 두를 요. 에워싸다. 遽 갑자기 거. 仙人關(선인관) ; 섬서성 漢中의 道鳳縣의 西南.

○ 金人遂進陷興元. 知府劉子羽, 退保三泉縣 · 潭毒山. 撒離曷食盡, 乃引還. 吳璘以無糧拔寨, 棄和尙原. 金人得之, 玠度其必深入, 乃嚴兵以待. 兀朮果與撒離曷來, 犯仙人關. 玠 · 璘與戰七日, 金人不能支, 宵遁. 玠設伏扼其歸路, 又敗之. 是擧也, 金人決意入蜀, 卒不得志. : 金의 군사는 마침내 興元을 공격하여 함락시켰다. 知府인 劉子羽(유자우)는 물러나 三泉縣과 潭毒山(담독산)을 지켰다. 撒離曷(살리갈)은 군량이 떨어져 바로 돌아갔다. 吳璘도 군량이 없어 성채를 옮기면서 和尙原을 포기했다. 金의 군사는 화상원을 차지했는데 오개는 그들이 틀림없이 깊이 공격해 오리라 예측하고 방비를 엄히 하며 기다렸다. 兀朮(올출)은 예상대로 撒離曷과 함께 공격해 들어와 仙人關을 차지하려 했다. 오개와 오린은 그들과 七日을 싸웠고, 金의 군사는 버티지를 못하고 밤을 타 도

주하였다. 오개는 매복으로 그들의 귀로를 막아 다시 패퇴시켰다. 이번 거병으로 금의 군사들이 촉을 점령하려는 의도는 끝내 이루지 못했다.

– 知府(지부) ; 지식의 寶庫(보고). 지혜가 많음의 비유. 여기서는 벼슬이름. 知事(지사) ; 州縣의 長(지방장관)과 같은 벼슬이름.
– 興元(흥원) ; 금 섬서성 南鄭縣. 三泉縣(삼천현) · 潭毒山(담독산) ; 陝西省의 地名. 拔寨(발채) ; 성채를 이동하다. 棄 버릴 기.
– 嚴兵(엄병) ; 兵備(병비＝방비를 엄중히 하다)를 엄중히 하다. 警戒(경계)를 엄중히 하다. 宵 밤 소.

○ 是歲, 浚又失洮 · 岷 · 關外, 惟存階 · 成 · 秦 · 鳳. 浚召還, 尋與劉子羽皆貶竄. 浚是行, 本欲由關 · 陝取中原, 乃盡喪關 · 陝而歸. 賴得玠 · 璘, 保蜀而已. : 이 해에, 장준은 또 조주, 민주 등 關外의 땅을 잃었고, 겨우 계주, 성주, 진주, 봉주만을 지켰다. 장준은 召還되었다가 곧 劉子羽와 함께 폄직되어 지방으로 나갔다. 장준은 이번 출전으로 關中과 陝西 지방을 바탕으로 中原을 차지하려는 뜻이었지만 關中과 陝西를 모두 잃고 돌아갔다. 다만 오개와 오린의 戰功으로 蜀을 지킬 수 있었을 뿐이었다.

– 是歲(시세) ; 1133년. 貶竄(폄찬) ; 폄직(좌천)되어 지방으로 나가다. 中原(중원) ; 관중의 땅. 保蜀(보촉) ; 蜀을 보전하다.

(15) ○ 齊遣李成, 攻陷鄧 · 襄 · 隨 · 郢 · 唐州 · 信陽軍等. 岳飛復隨 · 郢, 成棄襄陽而遁. ○ 呂頤

浩·朱勝非, 相繼罷. 趙鼎爲右相. ○ 齊以金兵, 分道南侵. 上詔親征, 出如平江. 以張浚知樞密院, 先是浚極言. 北方旣無西顧憂, 必併力窺東南. 上思其言, 遂召之. 浚至請, 遣岳飛渡江入淮西, 以牽制北兵之在淮東者. 從之. 上命浚視師江上, 將士見浚來, 勇氣皆倍.

○ 大齊에서 李成을 보내 등주, 양주, 수주, 영주, 당주, 신양군 등을 공격케 하여 함락시켰다. 악비가 수주와 영주를 수복하자, 이성은 양양을 버리고 달아났다.

○ 여이호와 주승비를 재상에서 연이어 해직했다. 趙鼎(조정)이 右相(우상)이 되었다.

○ 齊의 劉豫(유예)가 金의 병력을 빌려 양 갈래로 남침했다. 고종은 친정하겠다는 조서를 내리고 출발하여 평강으로 갔다. 장준을 추밀원지사로 임명했는데, 이에 앞서 장준은 고종에게 강력하게 상주했었다. "북방(金)은 이미 서쪽(거란족)을 살피며 걱정할 필요가 없어졌기에 틀림없이 온 국력을 기우려 동남쪽(南宋)을 엿볼 것입니다."

고종은 그 말을 생각하여 장준을 불렀다. 장준은 高宗을 뵙고 고종께서 친히 악비를 불러 장강을 건너 회수의 서쪽에서 회수 동편에 있는 北兵(金의 군사)을 견제케 하라고 요청했다. 고종은 그 건의에 따랐다. 고종이 장준에게 장강(양자강) 연안의 군대를 시찰하라고 명했고, 장수와 사병들은 장준이 오는 것을 보고 모두 사기가 크게 올랐다.

어구 설명

○ 齊遣李成, 攻陷鄧 · 襄 · 隨 · 郢 · 唐州 · 信陽軍等. 岳飛復隨 · 郢, 成棄襄陽而遁. 呂頤浩, 朱勝非, 相繼罷. 趙鼎爲右相. : 齊에서 李成을 보내 鄧州, 襄州, 隨州, 郢州, 唐州, 信陽軍 等을 공격케 하여 함락시켰다. 岳飛가 隨州와 郢州를 수복하자, 李成은 襄陽을 버리고 달아났다. 呂頤浩와 朱勝非를 재상에서 연이어 해직했다. 趙鼎이 右相이 되었다.

– 齊(제) ; 劉豫(유예). 金에 의해 성립된 나라. 李成(이성) ; 江淮(강회) 지역의 도적. 張浚에 쫓겨 齊로 도주. 隨 따를 수. 郢 땅 이름 영.

– 鄧(등) · 襄(양) · 隨(수) · 郢(영) · 唐州(당주) · 信陽軍(신양군) ; 鄧州는 지금의 河南省. 襄州 · 隨州 · 郢州는 또한 지금의 湖北省. 唐州 · 信陽軍은 또한 지금의 河南省에 속한다.

– 襄陽(양양) ; 湖北省 西北部의 대도시. 遁 달아날 둔, 숨을 둔. 卦名(괘명).

○ 齊以金兵, 分道南侵. 上詔親征, 出如平江. 以張浚知樞密院, 先是浚極言. 北方旣無西顧憂, 必併力窺東南. : 齊가 金의 兵力을 빌려 양 갈래로 南侵했다. 고종은 親征하겠다는 조서를 내리고 출발하여 平江으로 갔다. 張浚을 樞密院知使로 임명했는데, 이에

앞서 장준은 고종에게 강력하게 상주했었다. "북방(金)은 이미 서쪽(거란족)을 살피며 걱정할 필요가 없어졌기에 틀림없이 온 국력을 기우려 東南(南宋)을 엿볼 것입니다."

– 平江(평강) ; 江蘇省의 지명. 極言(극언) ; 강력하게 말하다. 顧 돌아볼 고. 憂 근심할 우. 걱정. 併 아우를 병. 窺 엿볼 규. 東南(동남) ; 南宋.

○ 上思其言, 遂召之. 浚至請, 遣岳飛渡江入淮西, 以牽制北兵之在淮東者. 從之. 上命浚視師江上, 將士見浚來, 勇氣皆倍. : 고종은 그 말을 생각하여 장준을 불렀다. 장준은 高宗을 뵙고 고종께서 친히 岳飛를 불러 長江을 건너 회수의 서쪽으로 가서 淮水 동편에 있는 北兵(金의 군사)을 견제케 하라고 요청했다. 고종은 그 건의에 따랐다. 고종이 장준에게 長江 연안의 군대를 시찰하라고 명했고, 장수와 士兵들은 장준이 오는 것을 보고 모두 士氣가 크게 올랐다.

– 淮西(회서) ; 淮水 서쪽 지방을 지칭한다. 牽 당길 견. 끌다. 牽制(견제) ; 견제하다. 北兵(북병) ; 金 군사. 從之(종지) ; (고종이) 장준의 건의를 따르다.

– 視師(시사) ; 군사를 시찰케 하다. 江上(강상) ; 양자강 연안 지방을 지칭한다.

(16) 時韓世忠駐楊州. 先已大敗金兵於大儀鎭, 擒其將撻也. 解元 · 成閔, 與戰于承州, 十三捷. 仇悆

· 孫暉敗之壽春安豐, 王德敗之於滁州. 岳飛遣牛皐等, 攻之於廬州. 撻辣 · 兀朮知爲世忠所扼, 江不可渡引還. 齊劉麟 · 劉猊, 棄輜重遁去. ○ 紹興五年, 上自平江還臨安. 趙鼎 · 張浚, 爲左右相. 浚兼都督諸路軍馬. 尋復命浚視師江上, 浚至鎭江, 召韓世忠, 使擧兵移屯楚州. 浚至建康撫張俊軍, 至太平州撫劉光世軍, 無不踊躍思奮. 以岳飛爲河北京西招討使.

韓世忠(한세충)

이때, 한세충은 양주에 주둔하고 있었다. 이에 앞서 대의진에서 金의 군사를 크게 패퇴시키면서 그 장수 달야를 생포했었다. 해원과 성민 두 장수는 승주에서 金과 싸워 13번 승리했다. 구여와 손휘는 적을 수춘의 안풍현에서 격퇴하였고, 왕덕은 저주에서 적을 이겼다. 악비는 우고 등을 보내 적을 여주에서 공격케 하였다. (金의) 달랄과 올출은 한세충에게 막혀 장강을 건널 수가 없다는 것을 알고 군사를 이끌고 돌아갔다. 齊의 유린과 유예도 금의 군대를 따라 왔다가 치중을 다 버리고 도망갔다.

○ 소흥 5년, 고종은 평강으로부터 임안으로 돌아왔다. 조정과 장준이 좌, 우상이 되었다. 장준은 도독제로군마를 겸했다. 얼마 있다가 다시 장준을 장강 연안의 군진을 시찰케 하였는데 장준이 진강에 이르러 한세충에게 초주로 병력을 거느리고 이동하여 주둔케 하였다. 장준이 건강에 이르러 장준의 군을 위무하고, 태평주에 이르러 유광세의 군을 위무하니 모두가 기뻐하며 다음 싸움에서 결사적으로 분발해서 싸울 결심을 하지 않는 이가 없었다. 악비가 하북경서초토사가 되었다.

어구 설명

○ 時韓世忠駐楊州. 先已大敗金兵於大儀鎭, 擒其將撻也. 解元 · 成閔, 與戰于承州, 十三捷. 仇悆 · 孫暉敗之壽春安豐, 王德敗之於滁州. 岳飛遣牛皐等, 攻之於廬州. 撻辣 · 兀朮知爲世忠所扼, 江不可渡引還. 齊劉麟 · 劉猊, 棄輜重遁去. : 이때, 韓世忠은 楊州에 주둔하고 있었다. 이에 앞서 大儀鎭에서 金의 군사를 크게 패퇴시키면서 그 장수 撻也(달야)를 생포했었다. 解元과 成閔(성민)은 承州에서 金과 싸워 13번 승리했다. 仇悆(구여)와 孫暉(손휘)는 적을 壽春의 安豐縣에서 격퇴하였고, 王德은 滁州(저주)에서 적을 이겼다. 岳飛는 牛皐 등을 보내 적을 廬州에서 공격케 하였다.

撻辣과 兀朮은 韓世忠에게 막혀 長江을 건널 수가 없다는 것을 알고 군사를 이끌고 돌아갔다. 齊의 劉麟(유린)과 劉猊(유예)도 군대의 輜重(치중)을 다 버리고 도망갔다.

– 駐 머무를 주. 주둔하다. 楊州(양주) ; 揚州의 착오가 분명함. 建炎 三年 기사에도 揚州로 표기. 여기서 갑자기 楊州로 표기.

– 大儀鎭(대의진) ; 今 江蘇省 陽州市와 南京市 중간의 지명. 撻 매질할 달. 閔 위문할 민. 걱정하다.

– 捷 이길 첩. 仇 원수 구. 성씨. 悆 잊을 여. 暉 빛 휘. 광채가 나다. 壽春(수춘) ; 今 安徽省 中北部에 있는 六安市의 縣名. 東晋과 前秦간 '淝水(비수)의 싸움'이 있었던 곳.

– 滁 강 이름 저. 皐 부르는 소리 고. 물가. 廬 오두막집 여(려). 廬州(여주) ; 今 安徽省의 省都인 合淝(합비)의 古名.

– 麟 기린 인(린). 猊 사자 예. 부처가 앉는 자리. 高僧(고승). 輜 짐수레 치. 輜重(치중) ; 군사용 탄약, 군량, 각종 장비.

○ 紹興五年, 上自平江還臨安. 趙鼎·張浚, 爲左右相. 浚兼都督諸路軍馬. 尋復命浚視師江上, 浚至鎭江, 召韓世忠, 使擧兵移屯楚州. 浚至建康撫張俊軍, 至太平州撫劉光世軍, 無不踊躍思奮. 以岳飛爲河北京西招討使. : 紹興 五年, 고종은 平江으로부터 臨安으로 돌아왔다. 趙鼎과 張浚이 左, 右相이 되었다. 張浚은 都督諸路軍馬를 겸했다. 얼마 있다가 다시 張浚을 장강 연안의 군진을 시찰케 하였는데 장준이 鎭江에 이르러 韓世忠에게 楚州로 擧兵하여 移屯케 하였다. 장준이 建康에 이르러 張俊의 軍을 위무하고 太平州에 이르러 劉光世의 軍을 위무하니 모두가 기뻐하며 분발

하며 껑충껑충 뛰며 결사적으로 싸울 용기에 모든 군사가 단결했다. 岳飛가 河北京西招討使가 되었다.

– 紹興 五年 ; 서기 1135년. 移屯(이둔) ; 부대가 이동하여 주둔하다. 都督諸路軍馬(도독제로군마) ; 모든 군대의 최고 사령관. 諸地方의 軍隊를 統率하는 일. 軍馬는 兵馬와 같은 뜻으로 軍隊에서 필요한 가장 좋은 것. 楚州(초주) ; 江蘇省 中北部의 淮安市의 古名. 揚州, 蘇州, 杭州(항주)와 함께 大運河 沿岸의 '四大都市' 라 하였다.

– 張俊(장준) ; 張浚(장준)과 別人. 太平州(태평주) ; 安徽省의 지명. 踊 뛸 용. 躍 뛸 약. 踊보다는 동작이 큼.

– 踊躍(용약) ; 껑충껑충 뛰다. 奮 떨칠 분. 奮起하다. 思奮(사분) ; 용기를 내다.

(17) ○ 先是建炎庚戌中, 有武陵人鍾相, 起於鼎州, 僭號楚. 鼎·澧·潭·辰·岳之境, 皆盜區, 相敗就擒. 其徒有楊幺者, 據洞庭, 遂爲劇寇, 官軍陸襲之則入湖, 水攻之則登岸, 曰, 有能害我, 除是飛來. 浚謂, 上流不先去, 幺爲腹心害, 將無以立國, 請自行. 浚至湖南, 會岳飛兵至, 急攻其水寨, 幺窮蹙赴水死, 遂平. 浚自湖南轉由兩淮, 會諸將議防秋, 乃入見.

○ 이보다 앞서 건염 경술년에 무릉의 종상이란 자가 정주에서 봉기하여 이름을 楚(초)나라라 하고 황제를 참칭하였다. 정주와 예주, 담주, 진주, 악주 지역은 모두 도둑떼가 많은 지역인데 서로 다투다가 종상은 싸움에 패하여 생포되었다. 그 도둑 무리 중 양요란 자는 동정호를 근거지로 하여 포악한 도적이 되었는데 관군이 육지에서 습격하면 호수로 숨고, 수공을 하면 육지로 올라 숨으면서 "나를 잡으려면 날아서 오면 된다."고 하였다.

장준은 "근원을 먼저 제거하지 않으면 양요가 큰 화근이 되어 나라 치안을 유지할 수 없을 것이다."라고 하면서, 자신이 가겠다고 요청했다. 장준이 호남에 이르자, 마침 악비의 병력이 도착하여 바짝 그들의 수채를 공격하였고, 양요는 심하게 쫓기다가 물에 뛰어들어 죽으니 그 지역은 평정되었다. 장준은 호남에서 회동과 회서를 경유하여 돌아와 여러 장수와 함께 적의 가을철 침입을 막기 위한 방책을 논의하고 입궁하여 보고했다.

어구 설명

○ 先是建炎庚戌中, 有武陵人鍾相, 起於鼎州, 僭號楚. 鼎·澧·潭·辰·岳之境, 皆盜區, 相敗就擒. 其徒有楊幺者, 據洞庭, 遂爲劇寇, 官軍陸襲之則入湖, 水攻之則登岸, 曰, 有能害我, 除是飛來.
: 이보다 앞서 建炎 경술년에 武陵의 鍾相이란 자가 鼎州에서 봉

기하여 楚나라를 참칭하였다. 鼎州(정주)와 澧州(예주), 潭州(담주), 辰州(진주), 岳州(악주) 지역은 모두 도둑떼가 많은 지역인데 서로 다투다가 생포되었다. 그 도둑 무리 중 楊幺(양요)란 자는 洞庭湖를 근거지로 하여 포악한 도적이 되었는데 官軍이 육지에서 습격하면 호수로 숨고, 水攻을 하면 육지로 올라 숨으면서 "나를 잡으려면 날아서 오면 된다."고 하였다.

– 建炎(건염) ; 고종의 첫 번째 연호. 1127~1130년. 庚 일곱째 天干 경. 나이. 戌 개 술. 11번째 地支.

– 僭號(참호) ; 제왕의 稱號를 참칭하다. 僭 참람할 참. 분수에 지나치다. 윗사람을 범하다. 침범하다. 僭稱(참칭) ; 자기 신분을 넘어선 名號(명호). 王號(왕호). 帝號(제호)를 멋대로 붙여 사용함, 또는 그 칭호. 僭號(참호) 澧 강 이름 례(예). 辰 별 진. 盜區(도구) ; 도적이 횡행하는 지역.

– 相敗就擒(상패취금) ; 서로 싸우다가 사로잡히다. 幺 작을 요. 어리다. 젊은이. 洞庭(동정) ; 동정호. 湖南省 北部에 위치. 長江 남쪽, 장강의 홍수를 조절하는 기능을 한다. 크기로는 1위 靑海湖(염호), 2위 鄱陽湖(파양호, 담수호, 江西省)에 이어 3위의 大湖. 호수 面積(면적) 3,968㎢(1998년), 지금의 면적은 17세기를 기준으로 하면 약 40%~45%정도라고 한다.

– 劇寇(극구) ; 포악한 도적. 有能害我(유능해아) ; 나를 해칠 수 있으려면. 나를 잡으려면. 除是(제시) ; 오직. 唯是. 除는 唯. 당시 그 지역 俗語.

○ 浚謂, 上流不先去, 幺爲腹心害, 將無以立國, 請自行. 浚至湖

南, 會岳飛兵至, 急攻其水寨, 幺窮蹙赴水死, 遂平. 浚自湖南轉由兩淮, 會諸將議防秋, 乃入見. : 장준은 "근원을 먼저 제거하지 않으면 양요가 큰 화근이 되어 나라 치안을 유지할 수 없을 것이다."라 하면서, 자신이 가겠다고 요청했다. 장준이 湖南에 이르자, 마침 岳飛의 병력이 도착하여 바짝 그들의 수채를 공격하였고, 양요는 심하게 쫓기다가 물에 뛰어들어 죽으니 그 지역은 평정되었다. 장준은 호남에서 淮東과 회서를 경유하여 돌아와 여러 장수와 함께 적의 가을철 침입을 막기 위한 방책을 논의하고 입궁하여 보고했다.

- 上流(상류) ; 근원. 腹心害(복심해) ; 배와 가슴의 병. 아주 큰 禍根(화근). 將無以立國(장무이입국) ; 앞으로 나라의 치안을 유지할 수 없다.
- 水寨(수채) ; 水邊의 성채. 蹙 대지를 축. 오그라들다. 窮蹙(궁축) ; 아주 다급하게 쫓기다. 赴水(부수) ; 물에 뛰어들다.
- 兩淮(양회) ; 淮東과 淮西. 防秋(방추) ; 적의 가을 이후 침입을 막다. '秋에는 天高而馬肥하니 필히 外夷의 侵境(침경)을 막아야 한다.'는 말이 있다. 해마다 가을이 되면 金軍(금군)이 공격해오므로 이에 대비하여 수비를 튼튼히 하는 것.

(18) ○ 金主晟殂, 謚文烈. 初旻與晟約, 兄終弟立, 而後復歸旻之子. 故晟捨己子宗盤, 而立旻長孫曷囉馬, 爲諳版孛極烈, 儲副位也. 曷囉馬名亶, 至

是遂卽位. 宗盤與旻之別子及粘罕, 皆爭立而不得. 粘罕時已失兵柄, 與悟室竝相, 粘罕絕食, 縱飮而死. 蒙國叛金. 蒙在女眞之北, 在唐爲蒙兀部, 亦號蒙骨斯.

○ 소흥 5년 金의 太宗 완안성이 죽어 시호를 문열이라 했다. 그전에 태조(完顔旻 완안민)는 아우 완안성과 약속하기를 형이 죽으면 아우가 즉위하고, 그 이후는 태조의 아들로 돌아간다고 하였다. 그래서 태조의 장손인 갈라마를 암판패극열(존귀한 총사령관)로 임명하여 제2인자로 삼았었다.

갈라마의 이름은 단(완안단)으로, 이때 드디어 즉위하였다. 종반과 태조의 다른 아들들과 점한 등이 즉위하려 경쟁하였지만 뜻을 이루지 못했다. 점한은 이때 이미 병권도 잃고 오실과 함께 재상이 되었으나 식사를 끊고 폭음만 하다가 죽었다.

이때 몽고족이 金에 반기를 들었다. 몽고는 여진의 북쪽에 살았는데 당나라 때에는 몽올부 또는 몽골사(ménggūsī 멍구스)라고 불렀다.

어구 설명

○ 金主晟殂, 諡文烈. 初旻與晟約, 兄終弟立, 而後復歸旻之子. 故

晟捨己子宗盤, 而立旻長孫曷囉馬, 爲諳版孛極烈, 儲副位也. : 金의 太宗 完顔晟이 죽어 諡號를 文烈이라 했다. 그전에 太祖(아골타, 完顔旻 완안민)는 아우 晟과 약속하기를 兄이 죽으면 아우가 즉위하고, 그 이후는 태조의 아들로 돌아간다고 하였다. 그래서 태조의 長孫인 曷囉馬(갈라마)를 諳版孛極烈(암판패극렬=존귀한 총사령관)로 임명하여 제2인자로 삼았었다.

– 金主晟(김주성) ; 金 太宗(재위, 1123~1135년) ; 본명 完顔吳乞買〈완안오걸매, 漢名 完顔晟(완안성)〉. 金 太祖 阿骨打의 동생. 1125년 遼, 1127년 북송을 멸망시켰다.

– 旻 하늘 민. 태조 아골타. 兄終弟立(형종제립) ; 형이 죽으면 아우가 즉위하다. 完顔宗盤(완안종반) ; 태종의 장남.

– 曷 어찌 갈. 囉 지껄일 라. 曷囉馬(갈라마) ; 金 熙宗 完顔亶(완안단) ; 아골타의 嫡長孫. 재위 1135~1150년.

– 諳 외울 암. 孛 살별 패. 혜성. 諳版孛極烈(암판패극열) ; 諳版은 그들의 말로 尊貴하다는 의미. 孛極烈(패극열)은 長官, 총사령관, 우두머리라는 뜻으로 皇太子로 삼았다.

– 儲 버금 저. 예비. 다음. 儲副位(저부위) ; 황제 다음의 자리. 제2인자.

○ 曷囉馬名亶, 至是遂卽位. 宗盤與旻之別子及粘罕, 皆爭立而不得. 粘罕時已失兵柄, 與悟室竝相, 粘罕絕食, 縱飮而死. 蒙國叛金. 蒙在女眞之北, 在唐爲蒙兀部, 亦號蒙骨斯. : 曷囉馬의 이름은 亶으로, 이때 드디어 즉위하였다. 宗盤과 태조의 다른 아들들과 粘罕(점한) 등이 즉위하려 경쟁하였지만 뜻을 이루지 못했다.

粘罕은 이때 이미 병권도 잃고 悟室(오실)과 함께 재상이 되었으나 식사를 끊고 폭음만 하다가 죽었다. 蒙古族이 金에 반기를 들었다. 몽고는 女眞의 북쪽에 살았는데 唐나라 때에는 蒙兀部(몽올부) 또는 蒙骨斯(몽골사)라고 불렀다.

– 亶 믿음 단. 宗盤(종반) ; 완안종반. 태종의 장자. 旻之別子(민지별자) ; 태조의 장남 아래 여러 아들.

– 粘罕(점한, 完顔宗翰, 1080~1137년) ; 金의 장수. 爭立 ; 즉위하려고 다투다. 兵柄(병병) ; 兵權.

– 悟室(오실) ; 인명. 縱飮(종음) ; 폭음하다. 蒙 덮을 몽. 덮어씌우다. 無知한. 어리석은. 蒙國(몽국) ; 몽고족.

(19) ○ 紹興六年, 張浚復出視師. 上自臨安如平江. 齊人分道入寇. 初劉豫䄂粘罕得立, 知奉粘罕而已, 蔑視他帥. 及是請兵於金, 宗盤沮之, 聽豫自行, 而遣兀朮, 提兵黎陽以觀釁. 劉光世時駐廬州, 以爲難守, 張俊駐泗州, 亦請益兵, 衆情洶懼. 張浚以書戒俊及光世, 有進擊無退保. 趙鼎等請上, 親書付浚, 欲退師還南保江. 浚力爭, 以爲可保必勝, 一退則大事去矣.

○ 소흥 6년, 장준은 다시 군영 시찰을 나갔다. 고종은

난을 피하여 임안에서 평강으로 옮겨 갔다. 齊의 군사가 양쪽으로 침입했다. 그전에 유예는 점한 덕분에 즉위하였기에 점한만을 받들 줄 알았고 다른 장군들을 멸시했었다. 이때 고종이 친히 군사를 거느리고 온다는 말을 듣고 金에 병력 지원을 요청했지만 종반은 지원을 막으면서 유예의 군사만 출병하는 것은 허락하였고, 올출에게는 군사를 거느리고 여양에 가서 기회를 엿보라고 했다.

유광세는 그때 여주에 주둔하면서 방어가 어렵다고 생각했고, 장준은 사주에 주둔하면서 군사를 더 보내 달라고 요청하여 민심은 크게 두려워 떨었다. 張浚은 장준(俊)과 유광세에게 서신을 보내 '진격만 있지 후퇴하여 방어할 수 없다.' 고 하였다. 그런데 宰相(재상) 조정 등은 고종이 장준에게 '군사를 남으로 후퇴시켜 장강(양자강)을 수비해야 한다.' 는 친서를 보내라고 요청했다. 장준은 이런 주장에 '지키면 필승할 수 있지만, 한번 후퇴하면 전쟁은 패한다.' 고 강력 반대하였다.

어구 설명

○ 紹興六年, 張浚復出視師. 上自臨安如平江. 齊人分道入寇. 初劉豫因粘罕得立, 知奉粘罕而已, 蔑視他帥. 及是請兵於金, 宗盤沮之, 聽豫自行, 而遣兀朮, 提兵黎陽以觀釁. : 紹興 六年, 張浚은 다시 군영 시찰을 나갔다. 고종은 臨安에서 平江으로 갔다. 齊의 군

사가 양쪽으로 침입했다. 그전에 劉豫는 粘罕(점한) 덕분에 즉위하였기에 점한만을 받들 줄 알았고 다른 장군들을 멸시했었다. 이때 金에 병력 지원을 요청했지만 宗盤은 지원을 막으면서 劉豫의 군사로만 출병하는 것은 허락하였고, 兀朮(올출)에게는 提兵하고 黎陽(여양)에 가서 기회를 엿보라고 했다.

– 視師(시사) ; 軍營을 시찰하다. 平江(평강) ; 今 湖南省 東北部 岳陽市 관할의 縣名. 齊(제) ; 劉豫(유예)의 齊. 蔑 업신여길 멸.
– 他帥(타수) ; 粘罕 이외의 다른 장수. 宗盤(종반) ; 완안종반, 太宗의 長男. 聽 들을 청. 허락하다. 맡기다.
– 提 끌 제. 들다. 提兵(제병) ; 병력을 거느리다. 黎 검을 여. 黎陽(여양) ; 今 河南省 浚縣(준현). 釁 틈 흔. 觀釁(관흔) ; 기회를 엿보다.

○ 劉光世時駐廬州, 以爲難守, 張俊駐泗州, 亦請益兵, 衆情洶懼. 張浚以書戒俊及光世, 有進擊無退保. 趙鼎等請上, 親書付浚, 欲退師還南保江. 浚力爭, 以爲可保必勝, 一退則大事去矣. : 劉光世는 그때 廬州(여주)에 주둔하면서 방어가 어렵다고 생각했으며, 張俊은 泗州에 주둔하면서 군사를 더 보내 달라고 요청하여 민심은 크게 두려워 떨었다. 張浚은 장준과 유광세에게 서신을 보내 '進擊만이 있지 후퇴하여 방어할 수 없다.' 고 하였다. 그런데 재상 趙鼎 등은 고종이 張浚에게 '군사를 남으로 후퇴시켜 장강을 수비해야 한다.' 는 親書를 보내라고 요청했다. 장준은 이런 주장에 '지키면 필승할 수 있지만, 한번 후퇴하면 전쟁은 패한다.' 고 강력 반대하였다.

– 劉光世(유광세, 1086~1142년) ; '中興 四將'(岳飛, 張俊, 韓世忠, 劉光世)의 한 사람. 廬 오두막 여(려).
– 泗州(사주) ; 今 江蘇省 洪澤湖 근처 지명. 衆情(중정) ; 백성들의 민심. 洶 물살이 세찰 흉. 洶懼(흉구) ; 두려움에 떨다.
– 退師(퇴사) ; 군사를 후퇴시키다. 還南保江(환남보강) ; 南으로 내려와 長江을 지키다. 당시의 戰線은 淮水(회수)였었다.
– 大事(대사) ; 전쟁에서 이기는 일, 또는 옛 영토 수복.

(20) 光世已舍廬州而退. 浚卽星馳至采石, 遣人喩其衆, 若有一人渡江, 卽斬以徇. 仍督光世復還廬州. 光世不得已, 乃駐兵, 遣王德·酈瓊, 三敗齊兵於霍丘·正陽及前羊市. 時劉猊至淮東, 阻韓世忠兵, 不敢進, 乃從淮西渡. 浚遣張俊統制官楊沂中至濠州, 與俊合兵. 沂中敗猊前鋒. 猊引兵欲會劉麟于合肥, 而後進. 沂中與遇於藕塘合戰, 猊大敗. 麟聞猊敗, 望風潰去. 光世乘勝追襲亦捷, 北方大恐. 上曰, 克敵之功, 皆出右相. 趙鼎遂罷.

유광세는 이미 여주를 포기하고 후퇴했었다. 이 소식을 들은 張浚은 곧 밤새 달려 채석에 가서 사람을 보내 여러 군졸에게 "만약 한 사람이라도 강을 건넌다면 즉시 참수하여 공개하겠다."고 공표하였다. 그러면서 유광세에게 다시 여주로 돌아가라고 재촉하였다. 유광세는 부득이 여주에 머물면서 수하의 왕덕과 역경을 내보내 齊의 군대를 곽구와 정양과 전양시 3곳에서 패퇴시켰다. 그때 齊의 유예는 회동 지역에 들어왔지만, 한세충의 군사에 막혀 전진할 수 없어 회서에서 도강하려고 하였다. 張浚(장준)은 張俊(장준)의 통제관인 양기중을 호주로 보내 張俊의 군사와 合兵케 하였다. 양기중은 유예의 선봉을 물리쳤다. 유예는 군사를 이끌고 유린과 합비에서 합세한 뒤에 진격하려고 했다.

양기중은 적을 우당에서 만나 싸웠고, 유예는 대패하였다. 유린은 유예가 패한 것을 알고서는 소문만 들어도 흩어져 도망갔다. 유광세는 승기를 잡아 따라가며 공격하여 크게 이겼고 金에서는 크게 놀랐다. 고종은 "적을 이긴 공은 모두 우상에게 있다."고 하였다. 좌승상 조정은 파직(파면)되었다.

어구 설명

○ 光世已舍廬州而退. 浚卽星馳至采石, 遣人喩其衆, 若有一人渡江, 卽斬以徇. 仍督光世復還廬州. 光世不得已, 乃駐兵, 遣王德·酈瓊, 三敗齊兵於霍丘·正陽及前羊市. : 유광세는 이미 廬州(여주)를 포기하고 후퇴했었다. 張浚은 곧 밤새 달려 采石(채석)에 가서 사람을 보내 여러 군졸에게 "만약 한 사람이라도 渡江을 한

다면, 즉시 참수하여 공개하겠다."고 공표하였다. 그러면서 유광세에게 다시 廬州(여주)로 돌아가라고 재촉하였다. 유광세는 부득이 여주에 머물면서 王德과 酈瓊(역경)을 내보내 齊兵을 霍丘(곽구)와 正陽과 前羊市 3곳에서 패퇴시켰다.

- 舍 집 사. 버리다. 捨(버릴 사). 두 글자. 서로 通用됨. 그치다. 采石(채석) ; 采石磯(채석기), 安徽省 馬鞍山市. → 長江 東岸의 軍事要地.

- 喩 깨우칠 유. 선포하다. 徇 두루 순. 호령하다. 여러 사람에게 돌려 보이다. 督 살펴볼 독. 督勵(독려)하다.

- 酈 땅 이름 역(력, 이). 瓊 구슬 경. 玉. 霍 빠를 곽. 前羊市 ; 地名.

○ 時劉猊至淮東, 阻韓世忠兵, 不敢進, 乃從淮西渡. 浚遣張俊統制官楊沂中至濠州, 與俊合兵. 沂中敗猊前鋒. 猊引兵欲會劉麟于合肥, 而後進. : 그때 劉猊(유예)는 淮東 지역에 들어왔지만, 韓世忠의 군사에 막혀 전진할 수 없어 淮西에서 渡江하려고 하였다. 張浚은 張俊의 統制官인 楊沂中(양기중)을 濠州로 보내 張俊과 合兵케 하였다. 양기중은 유예의 선봉을 물리쳤다. 유예는 군사를 이끌고 劉麟과 合肥에서 합세한 뒤에 진격하려고 했다.

- 劉猊(유예) ; 침입한 齊의 장수. 沂 물 이름 기. 濠 강 이름 호. 해자. 濠州(호주) ; 今 安徽省 鳳陽(안휘성 봉양) 일대의 古地名.

- 劉麟(유린) ; 齊의 장수. 合肥(합비) ; 今 安徽省 지명.

○ 沂中與遇於藕塘合戰, 猊大敗. 麟聞猊敗, 望風潰去. 光世乘勝

追襲亦捷, 北方大恐. 上日, 克敵之功, 皆出右相. 趙鼎遂罷. : 양기중은 적을 藕塘(우당)에서 만나 싸웠고, 유예는 大敗하였다. 劉麟(유린)은 유예가 패한 것을 알고서는 소문만 들어도 흩어져 도망갔다. 劉光世는 승기를 잡아 따라가며 공격하여 크게 이겼고 金에서는 크게 놀랐다. 고종은 "적을 이긴 공은 모두 右相에게 있다."고 하였다. 趙鼎(조정)은 파직되었다.

- 遇 만날 우. 藕 연 뿌리 우. 塘 연못 당. 望風(망풍) ; 동정을 살피다. 소문을 듣다. 潰 무너질 궤.

- 望風潰去(망풍궤거) ; 소문만 듣고서도 흩어져 도망가다(望風而逃). 北方(북방) ; 金나라. 克敵(극적) ; 적을 물리치다. 右相(우상) ; 張浚.

2) 高宗 ; 대립과 굴욕

(1) ○ 上皇以五年四月殂, 至七年春, 凶問始至. 壽五十四. 二帝自建炎初, 由燕山如中京, 古奚國霫郡也, 在燕山北千里. 次年又自中京移韓州, 在中京東北千五百里. 後二年又自韓州移五國城, 在金國所都東北千里, 上皇終焉. ○ 岳飛爲湖北 · 京西宣撫使. 時淮東宣撫使韓世忠 · 江東宣撫使張俊, 皆久已立功. 而飛以列將拔起, 世忠 · 俊不平. 飛屈己下之, 二人皆不答, 及飛破楊幺, 俊益忌之, 於是嫌隙日深. 上自如平江, 如建康, 飛袝扈駕以行, 入見, 疏論恢復.

○ 상황(휘종)은 소흥 5년 4월에 죽었는데, 7년 봄에야 나쁜 소식이 겨우 알려졌다. 나이는 54세였다. 휘종과 흠종은 건염 초년에 연산을 거쳐 금의 중경으로 끌려갔는데, 중경은 옛날 해국의 습군으로 연산에서 북쪽으로 1,000리 떨어진 곳이다. 다음 해에는 중경에서 한주로 옮겨갔는데 중경 동북쪽 1,500리 땅이었다. 그 2년 뒤에는 한주에서 오국성으로 옮겼는데, 오국성은 金의 도성〈서울, 會寧(회령)이라고 함.〉에서 동북 1,000리 되는 곳이데, 상황은 거기서 죽었다.

○ 악비가 호북과 경서선무사가 되었다. 그때 회동선무사인 한세충과 강동선무사인 장준은 모두 오래 전에 공을 세웠었다. 악비가 장수 반열에 발탁 기용되자, 한세충과 장준은 불평을 했다. 악비는 자신을 낮추고 아래에 처했지만 두 사람 다 악비를 상대해주지 않았고, 악비가 양요를 격파하자 장준은 더욱 악비를 싫어하여 이에 혐오의 감정은 날로 깊어졌다. 고종이 평강으로 행차하고 다시 건강으로 돌아갈 때 악비는 어가를 호종(모시고) 가면서 황제를 뵙고 국토 회복의 방책을 아뢰었다.

어구 설명

○ 上皇以五年四月殂, 至七年春, 凶問始至. 壽五十四. 二帝自建炎初, 由燕山如中京, 古奚國霫郡也, 在燕山北千里. 次年又自中京移韓州, 在中京東北千五百里. 後二年又自韓州移五國城, 在金國所都東北千里, 上皇終焉. : 上皇은 紹興 五年 四月에 죽었는데, 7년 봄에야 凶問이 겨우 알려졌다. 나이는 五十四세였다. 휘종과 흠종은 建炎 초년에 燕山를 거쳐 中京으로 끌려갔었는데, 중경은 옛날 奚國(해국)의 霫郡(습군)으로 燕山에서 북쪽으로 千里 떨어진 곳이다. 다음 해에는 中京에서 韓州로 옮겨갔는데 中京 東北 千五百里 땅이었다. 그 2년 뒤에는 韓州에서 五國城으로 옮겼는데, 오국성은 金國의 都城에서 東北 千里되는 곳이데, 上皇은 여기서 죽었다.

- 上皇(상황) ; 徽宗.　五年四月 ; 紹興 5년. 1135년.　七年 ; 1137년.　凶問(흉문) ; 죽었다는 소식.　二帝 ; 휘종, 欽宗(흠종).
- 建炎初(건염초) ; 1127년.　燕山(연산) ; 燕山府. 燕州.　中京(중경) ; 金의 中京 大定府. 今 內蒙古自治區의 赤峰市.
- 霫 비가 올 습.　五國城(오국성) ; 今 黑龍江省의 省都인 哈爾濱市(하얼빈시) 근처 依蘭縣(의난현). 뒷날 淸의 祖宗 發祥地.

○ 岳飛爲湖北 · 京西宣撫使. 時淮東宣撫使韓世忠 · 江東宣撫使張俊, 皆久已立功. 而飛以列將拔起, 世忠 · 俊不平. 飛屈己下之, 二人皆不答, 及飛破楊幺, 俊益忌之, 於是嫌隙日深. 上自如平江, 如建康, 飛因扈駕以行, 入見, 疏論恢復. : 岳飛가 湖北, 京西宣撫使가 되었다. 그때 淮東宣撫使(회동선무사)인 韓世忠과 江東宣撫使인 張俊은 모두 오래 전에 공을 세웠었다. 악비가 將帥 반열에 발탁 기용되자, 한세충과 張俊은 불평을 했다. 악비는 자신을 낮추고 아래에 처했지만 두 사람 다 악비를 상대해주지 않았고, 악비가 楊幺(양요)를 격파하자 장준은 더욱 악비를 싫어하여 이에 혐오의 감정은 날로 깊어졌다. 高宗이 平江으로 행차하고 다시 建康으로 돌아갈 때 악비는 어가를 호종(모시고) 가면서 황제를 뵙고 국토 회복의 방책을 아뢰었다.

- 列將(열장) ; 장수의 班列.　拔起(발기) ; 拔擢(발탁)하여 起用하다.
- 屈己(굴기) ; 자신의 주장을 굽히다. 屈身(굴신). 자기를 낮추다.　屈己下之(굴기하지) ; 자신을 굽히고 세우지 않고 낮추다.
- 不答(부답) ; 상대하지 않다. 답례하지 않다.　扈 뒤따를 호.

扈駕(호가) ; 황제의 행차에 扈從(호종)하다. 疏論恢復(소론회복) ; 국토를 수복할 방책을 말하다. 疏 트일 소. 통하다. 조목별로 써서 진술하다. 상소하다.

(2) 秦檜時爲樞密副使, 主和議, 忌飛成功沮之. 飛以內艱去, 上力起之. 劉光世以言者論其退師幾誤事, 罷兵柄. 張浚以王德統其軍. 德與酈瓊等夷不相下, 大譟詣督府訴德. 浚乃召德還, 爲督府都統制, 而以呂祉爲督府參謀, 領其軍. 祉簡倨不通將士之情, 聞瓊等反側, 密乞罷之. 瓊叛執祉, 以所部數萬降齊, 張浚遂以言罷. 浚之用德與祉, 岳飛嘗言其不可, 浚不聽, 故敗. 趙鼎復相.

진회는 이때 추밀부사였는데 화의를 주장하면서 악비의 성공을 질시하면서 저지하였다. 악비가 모친상을 당해 관직을 떠났지만 고종은 상중에 다시 기용하였다. 유광세는 그가 부대를 후퇴시켜 일을 그르칠 뻔했다는 언관들의 논의에 의거 그 병권을 박탈당했다. 장준은 왕덕이 군을 통솔하도록 했다.

왕덕과 역경은 동급이라서 상대보다 낮은 지위에 있을 수 없어 서로 크게 다투었고 (역경은) 도독부에 가서 왕덕을 고발하였다. 장준은 왕덕을 불러 도독부의 도통제로 삼았고, 여지를 독부참모로 임명하면서 유광세의 그 부대를 거느리게 하였다.

여지는 뻣뻣하고 거만하여 장졸들과 의사소통이 없었는데 역경 등이 반란을 일으키려 한다는 말을 듣고 몰래 파면하라고 장준에게 부탁했다. 이 일을 안 역경은 반기를 들고 여지를 잡아서 죽인 다음 부하 수만을 거느리고 제에 투항하였고, 장준은 언관의 탄핵으로 파직되었다. 장준이 그 두 사람을 등용하려 할 때 악비는 이 사건이 일어나기 전부터 인사조치에 불가하다고 했었는데, 장준은 듣지 않았기에 결국 일을 망쳐버렸다. 趙鼎(조정)이 다시 재상이 되었다.

어구 설명

○ 秦檜時爲樞密副使, 主和議, 忌飛成功沮之. 飛以內艱去, 上力起之. 劉光世以言者論其退師幾誤事, 罷兵柄. 張浚以王德統其軍.
: 秦檜는 이때 樞密副使였는데 和議를 주장하면서 岳飛의 성공을 질시하면서 저지하였다. 岳飛가 모친상을 당해 관직을 떠났지만 고종은 상중에도 다시 기용하였다. 劉光世는 그가 부대를 후퇴시켜 일을 그르칠 뻔했다는 언관들의 논의에 의거 그 병권을 박탈당했다. 張浚은 王德이 軍을 통솔하도록 했다.

- 樞密副使(추밀부사) ; 樞密院의 樞密使 아래 직위인 副使. 艱 어려울 간. 괴로워하다. 內艱(내간) ; 母親喪. 부친상은 外艱

(외간).

– 上力起之(상력기지) ; 악비는 모친상을 마치고 복직하겠다고 하였지만 고종은 喪中의 악비를 무리하게 등용했다.

– 退師(퇴사) ; 부대를 후퇴하여 배치한 것. 幾誤事(기오사) ; 거의 잘못된 일.

○ 德與酈瓊等夷不相下, 大譟詣督府訴德. 浚乃召德還, 爲督府都統制, 而以呂祉爲督府參謀, 領其軍. : 王德과 酈瓊(역경)은 동급이라서 상대보다 낮은 지위에 있을 수 없어 서로 크게 다투었고 (역경은) 도독부에 가서 왕덕을 고발하였다. 장준은 왕덕을 불러 督府의 都統制로 삼았고, 呂祉(여지)를 督府參謀로 임명하면서 그 부대를 거느리게 하였다.

– 酈 땅 이름 역(력). 성씨. 夷 오랑캐 이. 평평하다. 같다. 等夷(등이) ; 같은 등급. 등위가 같다. 同僚(동료). 譟 시끄러울 조. 督府(독부) ; 도독부.

– 祉 복 지. 하늘에서 내린 복.

○ 祉簡倨不通將士之情, 聞瓊等反側, 密乞罷之. 瓊叛執祉, 以所部數萬降齊, 張浚遂以言罷. 浚之用德與祉, 岳飛嘗言其不可, 浚不聽, 故敗. 趙鼎復相. : 呂祉는 뻣뻣하고 거만하여 將士들과 의사소통이 없었는데 역경 등이 반란을 일으키려 한다는 말을 듣고 몰래 파면하라고 장준에게 부탁했다. 역경은 반기를 들고 여지를 잡아서 부하 수만을 거느리고 齊(金의 괴뢰국가)에 투항하였고, 장준은 언관의 탄핵으로 파직되었다. 장준이 그 두 사람을 등용하려 할 때 불가하다고 했었는데, 장준은 듣지 않았기에 결국 일

을 그르쳤다. 趙鼎(조정)이 다시 재상이 되었다.

– 簡 대쪽 간. 簡略(간략)하다. 倨 거만할 거. 거만 무례하다. 反側(반측) ; 모반하다. 瓊叛執祉(경반집지) ; 역경은 반란을 일으켜 呂祉를 잡아버리다.

(3) ○ 金人以劉豫不能立國, 廢之, 齊立八歲而亡. ○ 紹興八年, 上自建康還臨安. 秦檜復相, 趙鼎罷, 詔議講和. 自建炎以來, 無歲不遣使直願去尊號, 奉其正朔, 比於藩臣. 金人不從, 使者往多拘授. 後數南侵不利, 知江南不可圖, 然後遣檜爲間. 至豫廢, 和議乃決, 金使張通古來.

○ 金의 熙宗(희종)은 유예가 나라를 제대로 유지 못한다고 폐위시키니, 齊는 건국 8년에 망하였다.

○ 소흥 8년에, 고종은 건강으로부터 임안으로 환궁하였다. 진회는 다시 재상이 되었고, 조정은 해임되었고, 고종은 조서를 내려 金과 강화를 논의케 하였다. 건염 이래로 사신을 보내어 즉각이라도 황제라는 존호를 쓰지 않고 金의 정삭을 채용하며 번신이 되기를 바란다고 청원을 하지 않은 해가 없었다. 金에서는 이를 수락하지 않았고 사자들이 가면 거의 구금되었다.

그 뒤로 자주 남침했지만 승리하지 못했기에 강남(양자강)을 차지하는 것이 불가하다는 것을 알았으며, 그 후 진회를 간첩으로 해서 돌려보내 남송 내부를 이간케 하였다. 齊의 유예를 폐위하고서 화의가 결정되었고, 金의 사신 장통고가 들어왔다.

어구 설명

○ 金人以劉豫不能立國, 廢之, 齊立八歲而亡. : 金에서는 劉豫가 나라를 제대로 유지 못한다고 폐위시키니, 齊는 건국된 지 8년만에 망하였다.

- 不能立國(불능입국) ; 나라를 유지하지 못하다. 齊立八歲而亡(제립팔세이망) ; 1130년 劉豫를 내세운 傀儡(괴뢰, 꼭두각시, 허수아비) 정권으로 출발하여 1137년에 폐위당해 소멸되었다.

○ 紹興八年, 上自建康還臨安. 秦檜復相, 趙鼎罷, 詔議講和. 自建炎以來, 無歲不遣使直願去尊號, 奉其正朔, 比於藩臣. 金人不從, 使者往多拘囚. : 紹興 八年에, 고종은 建康으로부터 臨安으로 환궁하였다. 秦檜(진회)는 다시 재상이 되었고, 趙鼎은 해임되었고, 조서를 내려 講和를 논의케 하였다. 建炎 以來로 사신을 보내어 즉각이라도 황제라는 존호를 쓰지 않고 金의 정삭을 채용하며 번신이 되기를 바란다고 청원을 하지 않은 해가 없었다. 金에서는 이를 수락하지 않았고 사자들이 가면 거의 구금되었다.

- 紹興(소흥) 八年 ; 1138년.

– 直 ; 즉시. 당장.　去尊號(거존호) ; (南宋이 황제라는) 존호를 없애다. 쓰지 않겠다.　正朔(정삭) ; 正은 1월. 朔은 매달 초하루. 册曆(책력). 새 나라를 건국하면 새 책력을 제정하여 천하에 반포하였다. 宋이 金의 정삭을 쓰겠다는 것은 상대편 임금의 통치에 복종하여 藩國(屬國)이 되겠다는 의미.

– 藩臣(번신) ; 外職의 신하, 곧 제후. 제후국 = 속국.　金人不從(금인부종) ; 金, 황제가 수락하지 않다.

– 拘 잡을 구. 체포되다.　囚 가둘 수.

○ 後數南侵不利, 知江南不可圖, 然後遣檜爲間. 至豫廢, 和議乃決, 金使張通古來. : 그 뒤로 자주 南侵했지만 승리하지 못했기에 江南(南宋)을 차지하는 것이 불가하다는 것을 알았으며, 그 후 秦檜를 돌려보내 남송 내부를 이간케 하였다. 齊의 劉豫를 폐위하고서 화의가 결정되었고, 금의 사신 張通古가 들어왔다.

– 數 자주 삭.　不利(불리) ; 승리하지 못하다.　遣檜爲間(견회위간) ; 진회를 돌려보내 이간케 하였다. 진회가 과연 漢奸(매국노)이었는가에 대해서는 논란이 많지만 정서상으로는 매국노로 취급되고 있다.

– 至豫廢(지예폐) ; 齊의 劉豫(유예)를 폐위하면서.　張通古(장통고) ; 人名.

(4) 編修官胡銓上疏. 以爲, 陛下一屈膝, 則祖宗廟社之靈, 盡汙夷狄, 祖宗之赤子, 盡爲左衽, 朝廷宰

執, 皆爲陪臣. 異時豺狼無厭, 安知不加我以無禮如劉豫. 夫三尺童子無知, 指犬豕而使拜, 則怫然怒. 堂堂天朝, 相率而拜犬豕, 曾無童稚之羞邪. 奉使王倫, 誘致北使, 以招諭江南爲名, 欲臣妾我. 執政孫近, 附會秦檜, 臣義不與檜等共戴天. 乞斬倫 · 檜 · 近三人頭, 竿之藁街, 然後羈其使責無禮, 興問罪之師, 三軍之士不戰, 而氣自倍. 不然臣有蹈東海而死耳, 寧能處小朝廷求活邪. 書上, 連貶竄.

편수관 호전이 상소하였다. "생각하건대, 폐하께서 한번 무릎을 꿇으시면, 곧 건국 200년의 조종묘사(종묘와 사직)의 혼령은 모두 이적에 의해 더렵혀지며, 폐하의 백성들도 모두 오랑캐가 되어 그 풍속을 따르게 되고, 조정의 백관도 모두 배신이 됩니다. 뒷날 승냥이나 이리와 같이 끝없는 탐욕으로 유예에게 했던 그런 무례를 우리에게 하지 않으리라고 어찌 알겠습니까?

대저, 삼척동자도 무지하다지만, 개나 돼지에게 절을 하라고 시키면 불끈 성을 냅니다. 당당한 천조에서 모두를 이끌고 개 · 돼지에게 절을 하려 하시는데, 애초부터 어린 아이만큼의 수치심도 모르는 것입니다. 사신으로 갔던 왕륜이 북의 사신을 데리고 왔는데 (北使는=金의 사신) 강남을 초유한다는 명분으로 우리를 신하로 만들려 하고 있습니다.

집정인 손근은 진회에게 부회(매국적 정책에 동조하고 있음)하였으니, 신은 의리상 진회 등과 함께 같은 하늘 아래 살 수는 없습니다. 바라옵건대, 왕륜과 진회와 손근 세 사람의 목을 베어 장대 끝에 매달아 야만인 마을에 세워두어야 하며, 그런 뒤에 金의 사신을 잡아 무례를 책망하고 죄를 문책하기 위한 군사를 일으킨다면 삼군의 장사들은 싸우지 않고도 용기가 저절로 솟구칠 것입니다. 그렇지 않다면 臣은 동해에 몸을 던져 죽음이 있을 뿐, 어찌 번신의 조정에서 살아남기를 구해야 하겠습니까? 상소문이 올라가자, 호전은 연이어 폄직(파면)되어 지방으로 쫓겨나갔다.

어구 설명

○ 編修官胡銓上疏. 以爲, 陛下一屈膝, 則祖宗廟社之靈, 盡汙夷狄, 祖宗之赤子, 盡爲左衽, 朝廷宰執, 皆爲陪臣. 異時豺狼無厭, 安知不加我以無禮如劉豫. : 編修官 胡銓이 上疏를 하였다. "생각하건대, 陛下께서 한번 무릎을 꿇으시면, 곧 祖宗廟社의 魂靈(혼령)은 모두 이적에 의해 더렵혀지며, 폐하의 백성들도 모두 오랑캐가 되고, 朝廷의 백관도 모두 陪臣이 됩니다. 뒷날 승냥이나 이리와 같이 끝없는 탐욕으로 劉豫에게 했던 그런 무례를 우리에게 하지 않으리라고 어찌 알겠습니까?

– 編修官(편수관) ; 역사 편수관이 아니라 추밀원의 편수관이란 직책. 銓 저울질할 전. 胡銓(호전, 1102~1180년).

– 以爲(이위) ; 가령(設事辭而言之), 생각하건대. 屈膝(굴슬) ; 무릎을 굽히다. 굴종하다. 盡 ; 모두. 汙 더러울 오. 더러워지다.

– 赤子(적자) ; 백성. 衽 옷깃 임. 左衽(좌임) ; 왼쪽으로 옷깃을 여미다. 오랑캐의 풍속. 盡爲左衽(진위좌임) ; 모두 오랑캐가 된다.

– 朝廷宰執(조정재집) ; 조정의 재상이나 관리. 陪 늘어날 배. 陪臣(배신) ; 諸侯(제후)나 大夫의 가신. 天子의 신하에서 제후의 신하로 격이 떨어진다는 뜻.

– 異時(이시) ; 다른 때, 뒷날. 豺狼(시랑) ; 승냥이나 이리. 無厭(무염) ; 욕심이 끝이 없다. 安 ; 어찌(何). 어떻게. 어디.

– 安知不加我以無禮如劉豫(안지불가아이무례여유예) ; 劉豫에게 했던(如劉豫) 無禮를 우리에게 하지 않으리라고(不加我) 어찌 알겠습니까?(安知) → 金이 괴뢰 황제 劉豫에게 했던 그런 無禮(곧 廢位)를 우리에게도 똑같이 할 것이다. 金에 의해 廢位될 수도 있다.

○ 夫三尺童子無知, 指犬豕而使拜, 則怫然怒. 堂堂天朝, 相率而拜犬豕, 曾無童稚之羞邪. 奉使王倫, 誘致北使, 以招諭江南爲名, 欲臣妾我. : 대저, 三尺童子도 無知하다지만, 개나 돼지에게 절을 하라고 시키면 불끈 성을 냅니다. 堂堂한 天朝에서 모두를 이끌고 개 · 돼지에게 절을 하려 하시는데, 애초부터 어린아이만큼의

수치심도 없었습니까? 使臣으로 갔던 王倫이 北의 사신을 데리고 왔는데 (北使는) 江南을 招諭(초유)한다는 명분으로 우리를 신하로 만들려 하고 있습니다.

– 夫 ; 發語辭. 豕 돼지 시. 怫 발끈할 불. 怫然(불연) ; 불끈 성을 내는 모양. 天朝(천조) ; 황실. 황제.

– 稚 어릴 치. 童稚(동치) ; 어린아이. 羞 바칠 수. 수치심. 邪 의문 어조야 야. 耶와 同. 誘致(유치) ; 데려오다. 北使(북사) ; 금의 사신.

– 招諭(초유) ; 불러서 타이르다. 欲臣妾我(욕신첩아) ; 우리를 신하로 만들려 하다.

○ 執政孫近, 附會秦檜, 臣義不與檜等共戴天. 乞斬倫 · 檜 · 近三人頭, 竿之藁街, 然後羈其使責無禮, 興問罪之師, 三軍之士不戰, 而氣自倍. 不然臣有蹈東海而死耳, 寧能處小朝廷求活邪. 書上, 連貶竄. : 執政인 孫近은 秦檜(진회)에게 부회하였으니, 臣은 의리상 진회 등과 함께 같은 하늘 아래 살 수는 없습니다. 바라옵건대, 왕륜과 진회와 손근 세 사람의 목을 베어 장대 끝에 매달아 야만인 마을에 세워 두어야 하며, 그런 뒤에 金의 사신을 잡아 무례를 책망하고 죄를 문책하기 위한 군사를 일으킨다면 三軍의 將士들은 싸우지 않고도 용기가 저절로 솟구칠 것입니다. 그렇지 않다면 臣은 東海에 몸을 던져 죽음이 있을 뿐, 어찌 藩臣의 조정에서 살아남기를 구해야 하겠습니까? 상소문이 올라가자, 胡銓(호전)은 연이어 폄직되어 지방으로 쫓겨나갔다.

– 附會(부회) ; 이치에 맞지 않는 말이나 주장을 억지로 맞추려

하다. 共戴天(공재천) ; 하늘을 함께 이다. 같은 하늘 아래 살다.
– 竿 장대 간. 藁 마를 고. 藁街(고가) ; 장안성 남문 밖 야만인들의 집단 거주 지역. 羈 굴레 기. 붙잡다.
– 興問罪之師(흥문죄지사) ; 죄를 문책하기 위한 군사를 일으키다. 蹈 밟을 도. 有蹈東海而死耳(유도동해이사이) ; 東海에 몸을 던져 죽는 일이 있을 뿐입니다.
– 寧能處小朝廷求活邪(영능처소조정구활사) ; 어찌 작은 제후의 조정에서 살아가야 하겠습니까? → 결코 그렇게는 못하겠다는 강한 反語法.
– 連貶竄(연폄찬) ; 연달아 폄직(좌천)되어 지방으로 내쫓기다. 胡銓은 이후 3차례나 폄직되어 지금의 海南島까지 밀려갔다가 1155년 진회가 죽은 뒤에야 복직이 된다.

(5) ○ 紹興九年, 金人先以陝西 · 河南地歸宋. 朝廷遣官, 謁陵寢, 交地界, 除汴京留守. ○ 靑澗城李世輔來歸. 世輔之先, 累世爲蕃族都巡檢使. 父子雖嘗仕齊, 每相泣, 恨不得歸宋. 齊用世輔知同州. 嘗得間生擒撒離曷, 欲歸朝, 金兵來追, 縱之而奔西夏. 其父母及二子一孫, 皆被戮. 至是乞兵於夏以復, 旣出則知陝西已還宋, 乃部夏兵而來. 上慰勞加賜賚, 賜名顯忠.

○ 소흥 9년에, 金에서 먼저 섬서와 하남의 땅을 宋에게 돌려주었다. 조정에서는 관리를 보내 능묘를 배알케 하고 국경을 정하고 변경 유수를 임명했다.

○ 청간성의 이세보가 귀부(夏나라에서 宋나라로 돌아왔다)하였다. 이세보의 선조들은 여러 세대에 걸쳐 번족의 도순검사를 지냈다. 父〈부(李永奇)〉子(자)가 비록 齊를 섬길 수밖에 없었으나 매번 눈물을 흘리며 宋에 귀부할 수 없는 것을 한스럽게 생각했다. 齊에서는 이세보를 동주 지사로 등용했었다. 이세보는 이에 틈을 보아 살리갈을 생포하여 宋에 귀순하려 했으나, 金의 군사가 추격해 와 살리갈을 풀어주고 서하로 달아났다. 이세보의 부모와 두 아들과 손자는 모두 도륙을 당했다. 이에 복수하려고 서하의 군사를 빌어 출발하였으나 섬서의 땅이 이미 宋에 반환되었다는 소식을 듣고 서하의 군사를 돌려주고 내부(송으로 돌아옴)하였다. 고종은 이세보를 위로하고 재물을 내려주었으며 顯忠(현충)이라는 이름을 하사했다.

어구 설명

○ 紹興九年, 金人先以陝西 · 河南地歸宋. 朝廷遣官, 謁陵寢, 交地界, 除汴京留守. : 紹興 九年에, 金에서 먼저 陝西와 河南의 땅을 宋에게 돌려주었다. 朝廷에서는 관리를 보내 능묘를 배알하고 국경을 정하고 汴京 留守를 임명했다.

– 紹興 九年 ; 1139년. 陜西(섬서) ; 長安을 포함한 지역. 謁 아뢸 알. 拜謁(배알)하다. 陵寢(능침) ; 陵墓(능묘).
– 交 ; 서로 맞대다. 거래하다. 결정하다. 地界(지계) ; 국경. 除 ; 벼슬을 주다. 除授(제수)하다. 汴 ; 강 이름 변.

○ 靑澗城李世輔來歸. 世輔之先, 累世爲蕃族都巡檢使. 父子雖嘗仕齊, 每相泣, 恨不得歸宋. : 靑澗城의 李世輔가 歸附하였다. 李世輔(이세보)의 선조들은 여러 세대에 걸쳐 蕃族(번족)의 都巡檢使(도순검사)를 지냈다. 父(李永奇)子가 비록 齊나라를 섬길 수밖에 없었으나 매번 눈물을 흘리며 宋에 귀부할 수 없는 것을 한스럽게 생각했다.
– 靑澗城(청간성) ; 陜西省의 古 地名. 位置 미상. 歸附(귀부) ; 스스로 와서 복종함. 귀순하여 복종함. 歸服(귀복). 累 묶을 누(루). 포개다. 여러. 蕃族(번족) ; 西夏人.

○ 齊用世輔知同州. 嘗得間生擒撒離曷, 欲歸朝, 金兵來追, 縱之而奔西夏. 其父母及二子一孫, 皆被戮. 至是乞兵於夏以復, 旣出則知陜西已還宋, 乃部夏兵而來. 上慰勞加賜賚, 賜名顯忠. : 齊에서는 李世輔를 同州 知事로 등용했었다. 이세보는 이에 틈을 보아 撒離曷(살리갈)을 생포하여 宋에 귀순하려 했으나, 金兵이 추격해 와 살리갈을 풀어주고 西夏로 도주했다. 이세보의 父母와 二子一孫은 모두 도륙을 당했다. 이에 복수하려고 西夏의 군사를 빌어 출발하였으나 陜西의 땅이 이미 宋에 반환되었다는 소식을 듣고 서하의 군사를 돌려주고 來附(내부 = 송으로 돌아옴)하였다. 고종은 이세보를 위로하고 재물을 내려주었으며 顯忠(현충)이라

는 이름을 하사했다.

– 知同州(지동주) ; 同州(陝西省의 古 地名)의 지방관. 得閒(득간) ; 틈을 보아. 朝 ; 本朝. 縱之(종지) ; 생포했던 撒離曷(살리갈)을 풀어주고.

– 戮 죽일 육(륙). 復 ; 복수하다. 乃部夏兵而來(내부하병이래) ; 部는 거느리다. 원문은 '빌려온 서하의 군사를 거느리고 투항해 왔다.' 는 뜻. 사리가 맞지 않음. 郤(물리칠 각)의 誤字일 것임.

– 賫 가져올 재. 주다. 齎의 俗字.

(6) ○ 金國有謀反者, 事連宗盤等, 皆坐誅. 左副元帥撻辣, 實楊割長子, 金主亶之大父行也. 自粘罕死, 宗戚大臣皆懼. 撻辣與悟室, 尋亦以謀叛先後誅. 金與宋和, 實撻辣主之, 撻辣旣死, 於是右副元帥兀朮爲左相. 乃密奏於其主. 以宋未議歲貢 · 正朔 · 誓表 · 册命, 而撻辣擅許割地. 遂渝盟.

○ 金國에 모반자가 있었는데, 이 사건에 완안종반 등이 연관이 있어 모두 연좌되어 주살되었다. 좌부원수인 달랄은 실제로 양할의 장자로, 金主인 완안단(희종)의 할아버지 항렬이었다. 점한이 죽은 뒤에 종척과 대신들이 모두

두려워했었다. 달랄과 오실은 얼마 있다가 모반죄로 전후로 주살되었다.

金과 宋의 화의는 실질적으로 달랄이 주도했었는데, 달랄이 죽은 뒤에 우부원수인 올출이 좌상이 되었다. 올출은 비밀리에 희종에게 말했다. "송과 화의에서 아직 세공과 정삭 문제, 서표와 책명 같은 것이 결정되지 않았는데 달랄이 제멋대로 땅을 양도했습니다." 이로써 금과 모처럼 이루어진 화의는 결국 깨졌다.

어구 설명

○ 金國有謀反者, 事連宗盤等, 皆坐誅. 左副元帥撻辣, 實楊割長子, 金主亶之大父行也. 自粘罕死, 宗戚大臣皆懼. 撻辣與悟室, 尋亦以謀叛先後誅. : 金國에 謀反者가 있었는데, 이 사건에 完顔宗盤(완안종반) 等이 연관이 있어 모두 연좌되어 주살되었다. 左副元帥인 撻辣(달랄)은 실제로 楊割의 長子로 金主인 完顔亶(완안단, 熙宗)의 할아버지 항렬이었다. 粘罕〈점한, 完顔宗翰(완안종한)〉이 죽은 뒤에 宗戚과 大臣들이 모두 두려워했었다. 撻辣(달랄)과 悟室(오실)은 얼마 있다가 모반죄로 전후로 주살되었다.

– 宗盤(종반, 完顔宗盤, ?~1139년) ; 金 太宗 完顔吳乞買(완안오길매)의 嫡長子(적장자). 아골타의 조카. 재위 중인 熙宗의 숙부. 최고 권력을 휘두르다가 1139년 坐誅.

– 坐誅(좌주) ; 연좌되어 사형당하다.　金主亶(금주단) ; 熙宗

(完顏亶, 완안단) ; 재위 1135~1150년.

– 撻辣(달랄, 完顏昌, ?~1139년) ; 金에서 추존한 穆宗(목종) 完顏盈歌(완안영가)는 楊割(양할)의 아들. 태조 아골타 伯父의 아들이니, 阿骨打의 사촌형제.

– 大父行(대부행) ; 할아버지 항렬. 完顏粘罕〈완안점한, 完顏宗翰(완안종한), 1080~1137년〉; 本名 粘罕, 小名 烏家奴. 國相 完顏撒改(완안살개)의 長子(阿骨打의 사촌 형제), 金國 開國功臣으로 太祖, 太宗, 熙宗 三朝皇帝의 三代에 걸쳐 섬김. 북송을 멸망시킨 주역의 한 사람. 1136년 病卒.

– 宗戚(종척) ; 宗族과 外戚. 懼 ; 두려울 구. 悟室(오실) ; 人名.

○ 金與宋和, 實撻辣主之, 撻辣旣死, 於是右副元帥兀朮爲左相. 乃密奏於其主. 以宋未議歲貢 · 正朔 · 誓表 · 册命, 而撻辣擅許割地. 遂渝盟. : 金과 宋의 和議는 실질적으로 撻辣(달랄)이 주도했었는데, 撻辣(달랄)이 죽은 뒤에 右副元帥인 올출이 左相이 되었다. 올출은 비밀리에 희종에게 말했다. "송과 화의에서 아직 歲貢(세공)과 正朔 문제, 誓表(서표)와 册命(책명) 같은 것이 결정되지 않았는데 撻辣이 제멋대로 땅을 양도했습니다." 이로써 금과 모처럼 이루어진 화의는 결국 깨졌다.

– 主之(주지) ; 일을 주도하다. 兀朮(올출) ; 完顏宗弼. 太祖 阿骨打 4子, 熙宗의 叔父. 其主 ; 熙宗.

– 歲貢(세공) ; 한 해 농사의 수확의 일정량과 특산물을 바치던 일. 正朔(정삭) ; ① 정월과 朔日(삭일). 해의 처음과 달의 처음.

②曆法(역법). 옛날 제왕이 새로 나라를 세우면 歲首(세수)를 고쳐서 新曆(신력)을 천하에 발표하였음. ③정월 초하루.

- 誓表(서표) ; 맹세하는 글을 임금에게 올리는 書狀(서장). 冊命(책명) ; 책립. 冊封(책봉)의 명령. 冊封(책봉) ; 왕세자 · 王世孫(왕세손) · 后(후) · 妃(비) · 嬪(빈) 등을 封爵(봉작)함. 冊立〈책립=왕태자나 왕후를 詔勅(조칙)으로 봉함〉. 封爵(봉작) ①제후로 봉하고 관작을 줌. ②儀賓(의빈). 내명부. 오명부 따위를 봉하던 일.

- 擅 멋대로 천. 擅許(천허) ; 제멋대로 허락하다. 渝 달라질 투(本音 유). 渝盟(투맹) ; 약속을 어기다.

(7) ○ 紹興十年, 金兵分四道南侵. 劉錡大破兀朮於順昌府, 檜急啓上, 召錡還. 岳飛敗之於郾城, 幾擒兀朮. 飛至朱仙鎭, 檜急啓上召飛還. 韓世忠敗金人於淮陽之洳口. 兀朮還汴, 檢兩河軍與蕃部, 以謀再擧.

○ 소흥 10년, 金兵은 4도로 나누어 남침했다. 송의 대장 유기가 올출을 순창부에서 대파하자, 진회는 서둘러 황제에게 상주하여 유기를 소환하였다.

악비는 金의 군사를 언성에서 격퇴하면서 올출을 거의

생포할 뻔했다. 악비가 주선진에서 이르러 승전하자, 진회는 급히 황제에서 상주하여 악비를 소환하였다. 한세충은 金軍을 화양의 가구에서 패퇴시켰다. 올출은 변경에 들어가 양하(하남, 하북)의 군사와 서역의 군사를 모아 다시 거병할 계획을 세웠다.

어구 설명

○ 紹興十年, 金兵分四道南侵. 劉錡大破兀朮於順昌府, 檜急啓上, 召錡還. : 紹興 10년, 金兵은 四道로 나누어 南侵했다. 劉錡(유기)가 兀朮(올출)을 順昌府에서 대파하자, 진회는 서둘러 황제에게 상주하여 유기를 소환하였다.

- 紹興 十年 ; 서기 1140년. 四道(사도) ; 山東(산동), 陝右(섬우), 河南(하남), 東京(동경). 錡 솥 기. 劉錡(유기, 1098~ 1162년) ; 外表가 출중한 名弓으로 兵法과 風水에도 밝았다. 死後에 민간 신앙에서 神〈劉王爺(유왕야)〉으로 숭배되었다. 爺 아비 야. 아버지. 天子(천자). 존귀한 사람.

- 順昌府(순창부) ; 今 安徽省 阜陽市의 古名.

○ 岳飛敗之於郾城, 幾擒兀朮. 飛至朱仙鎭, 檜急啓上召飛還. 韓世忠敗金人於淮陽之洳口. 兀朮還汴, 檢兩河軍與蕃部, 以謀再擧. : 岳飛는 金軍을 郾城(언성)에서 격퇴하면서 올출을 거의 생포할 뻔 했다. 악비가 朱仙鎭에서 와 승전하자, 진회는 급히 황제에서 상주하여 악비를 소환하였다. 韓世忠은 金軍을 화양의 洳口(가

구)에서 패퇴시켰다. 兀朮(올출)은 汴京에 들어가 兩河의 군사와 서역의 군사를 모아 다시 거병할 계획을 세웠다.

- 郾 고을 이름 언. 郾城(언성) ; 今 河南省의 古 地名. 朱仙鎭(주선진) ; 今 河南省 開封縣 西南의 鎭. 판화로 그리는 年畫(연화)의 생산지로 유명. 악비의 4차 승전지이면서 최후로 전투한 곳. 岳飛廟(묘)가 있다.
- 珈 물 이름 가.

(8) ○ 十一年, 兀朮陷廬州, 侵和州. 劉錡·楊沂中, 敗之於橐皐, 檜又啓上, 亟班師. 沂中自瓜州渡返行在, 張俊自宣化歸建康, 劉錡自采石歸太平州. 罷宣撫司, 以其兵隷御前, 遇出師時, 臨時取旨. 以韓世忠·張俊爲樞密使, 岳飛副使, 飛世忠尋罷. 兀朮以書抵檜曰, 爾朝夕以和請, 而岳飛方爲河北圖, 必殺飛乃可. 張俊又構成飛罪, 逮赴獄. 檜奏誅飛及張憲·岳雲.

○ 소흥 11년, 올출은 여주를 함락시키고 화주에 침입했다. 유기와 양기중은 적을 탁호에서 격파하였는데, 진회는 또 상주하여 서둘러 군사를 철수케 하였다. 양기중은 과주에서 도강하여 행재소로 왔고, 장준은 선화에서 건강으로

돌아왔으며, 유기는 채석에서 태평주로 돌아왔다. 게다가 그들은 선무사를 없애고 그 병력을 어전군(親衛軍)에 예속시켜 출사할 때에는 임시로 황제의 결재를 얻도록 했다.

한세충과 장준을 추밀사에, 악비를 추밀부사로 삼았으나 악비와 한세충은 곧 파직되었다. 올출은 진회에게 서신을 보냈다. "당신들은 조석으로 강화를 요청하지만, 악비는 지금도 하북을 빼앗으려 하고 있으니 틀림없이 악비를 죽여야만 화의가 이루어질 것이다." 장준은 악비의 죄를 만들었고 체포하여 투옥했다. 진회는 악비와 장헌과 악비의 아들 岳雲(악운)을 주살해야 된다고 상주하였다.

어구 설명

○ 十一年, 兀朮陷廬州, 侵和州. 劉錡 · 楊沂中, 敗之於槖皐, 檜又啓上, 亟班師. 沂中自瓜州渡返行在, 張俊自宣化歸建康, 劉錡自采石歸太平州. 罷宣撫司, 以其兵隷御前, 遇出師時, 臨時取旨. : 소흥 11년, 올출은 여주를 함락시키고 和州에 침입했다. 劉錡와 楊沂中(양기중)은 적을 탁호에서 격파하였는데, 진회는 또 상주하여 빨리 반사케 하였다. 양기중은 瓜州(과주)에서 도강하여 행재소로 왔고, 張俊은 宣化에서 建康으로 돌아왔으며, 劉錡는 채석에서 太平州로 돌아왔다. 宣撫司(선무사)를 없애고 그 병력을 御前軍(어전군)에 예속시켜 出師(출사)할 때에는 임시로 황제의 결재를 얻도록 했다.

– 廬州(여주) ; 今 安徽省 合淝(합비). 和州(화주) ; 今 安徽省 馬鞍山市의 和縣. 沂 물 이름 기. 橐 전대 탁. 皐 연못 고. 땅 이름 호.

– 橐皐(탁호) ; 安徽省의 巢縣(소현)의 서북에 있다. 皋(못 고, 현 이름 호, 명령할 호)는 皐와 동자. 班師(반사) ; 군사를 회군하다. 班 ; 돌이키다. 行在(행재) ; 행재소. 임금의 임시 거처.

– 隸 붙을 예. 예속시키다. 御前(어전) ; 어전 수비군. 臨時取旨(임시취지) ; 그때마다 황제의 허가(旨)를 받다.

○ 以韓世忠 · 張俊爲樞密使, 岳飛副使, 飛世忠尋罷. 兀朮以書抵檜日, 爾朝夕以和請, 而岳飛方爲河北圖, 必殺飛乃可. 張俊又構成飛罪, 逮赴獄. 檜奏誅飛及張憲 · 岳雲. : 韓世忠과 張俊을 樞密使에 岳飛를 추밀부사로 삼았으니 악비와 韓世忠은 곧 파직되었다. 兀朮은 진회에게 서신을 보냈다. "당신들은 朝夕으로 강화를 요청하지만, 岳飛는 지금도 河北을 빼앗으려 하고 있으니 틀림없이 악비를 죽여야만 화의가 이루어질 것이다." 張俊은 악비의 죄를 만들었고 체포하여 투옥했다. 진회는 악비와 장헌과 악비의 아들 岳雲(악운)을 주살해야 된다고 상주하였다.

– 爾 너 이(汝). 爲河北圖(위하북도) ; 河北을 도모하려 한다. 하북을 빼앗으려 한다. 構成飛罪(구성비죄) ; 악비의 죄를 만들어 내다.

– 逮 미칠 체. 이르다. 뒤따라가서 붙잡다. 赴獄(부옥) ; 옥에 넣다. 張憲(장헌, ~1142년) ; 악비의 部將.

– 岳雲(악운, 1119~1142년) ; 악비의 長子.

(9) 和議遂諧, 歸韋太后及徽宗梓宮於宋. 金人不惟盡悔所許陝西 · 河南地, 仍割唐 · 鄧等州入金, 盡淮中流爲界, 西割商 · 秦之半, 棄和尙 · 方山原. 時宣撫使吳玠卒四年矣, 胡世將代之. 力以和尙原等地爲不可棄, 兀朮必欲之. 遂以大散關爲界.

화의가 마침내 타결되어 고종의 생모 위태후와 휘종의 관이 宋으로 돌아왔다. 金에서는 오직 섬서와 하남의 땅을 다 돌려주기로 한 것을 후회하면서 당주와 등주 등을 잘라 金에 소속시켰고 회수의 중류를 경계로 했으며, 서쪽으로는 상주와 진주의 절반을 잘랐고 화상원과 방산원을 포기하라고 하였다.

이때는 선무사 오개가 죽은 지 4년 뒤로 호세장이 그 자리에 있었다. 호세장은 강력하게 화상원 등지를 포기할 수 없다 하였고, 올출은 꼭 차지하려고 하여 마침내 대산관으로 경계를 삼았다.

어구 설명

○ 和議遂諧, 歸韋太后及徽宗梓宮於宋. 金人不惟盡悔所許陝西 · 河南地, 仍割唐 · 鄧等州入金, 盡淮中流爲界, 西割商 · 秦之半, 棄和尙 · 方山原. : 和議가 마침내 타결되어 韋太后와 徽宗의 관이 宋으로 돌아왔다. 金에서는 오직 陝西와 河南의 땅을 다 돌려주

기로 한 것을 후회하면서 당주와 등주 등을 잘라 金에 소속시켰고 淮水의 中流를 경계로 했으며, 서쪽으로는 商州와 秦州의 절반을 잘랐고 和尙原과 方山原을 포기하라고 하였다.

– 諧 화할 해. 잘 어울리다. 일이 잘 타협되다. 韋太后(위태후) ; 고종의 母后. 梓宮(재궁) ; 황제의 시신. 棺(관). 임금의 棺(관). 임금의 관을 만들 때 가래나무를 사용한 데서 온 말. 임금의 陵(능). 梓 가래나무 재. 棺(관).

– 仍 인할 잉. 거듭. 唐州(당주), 鄧州(등주) ; 河南省의 땅. 入金(입금) ; 금의 영토로 편입하다. 商州(상주) · 秦州(진주) ; 陝西省의 지명.

– 和尙原(화상원) ; 今 陝西省 寶雞市 西南. 大散關(대산관, 散關) ; 今 陝西省 寶鷄市(지금의 섬서성 보계시) 서남 17km 大散嶺의 관문. 武關, 潼關(동관), 蕭關(소관)과 함께 '關中四關'. 기원전 前 206年, 劉邦은 韓信의 계획에 따라 잔도를 수리하고 한중을 나와 이곳 산관에서부터 항우와 楚漢戰을 벌렸다. 228年, 諸葛亮(제갈량)도 蜀漢軍(촉한군)을 이끌고 여기에 出征했었다. 1131년, 南宋 將軍 吳玠, 吳璘(오린)은 金의 兀朮(올출)에게 대승을 거두었다.

○ 時宣撫使吳玠卒四年矣, 胡世將代之. 力以和尙原等地爲不可棄, 兀朮必欲之. 遂以大散關爲界. : 이때는 宣撫使 吳玠(오개)가 죽은 지 4년 뒤로 胡世將이 그 자리에 있었다. 호세장은 강력하게 和尙原 等地를 포기할 수 없다 하였고, 兀朮(올출)은 꼭 차지하려고 하여 마침내 大散關으로 경계를 삼았다.

- 玠 큰 홀 개. 胡世將(호세장) ; 人名.

(10) 于時金國屢有內叛, 宗戚大臣相繼誅夷. 且北有蒙兀, 自號大蒙, 稱帝改元. 連歲用兵, 卒不能討, 而與之和, 南侵又不得逞. 而宋之猛將精兵方日盛, 恢復實不難, 沮於秦檜, 有志之士, 扼腕歎息. 兀朮且死曰, 南朝軍勢强甚, 宜益加和好俟十數年, 南軍衰老, 然後圖之. 張浚·趙鼎皆遠竄, 鼎卒於海外. 當時異議之人, 貶竄殆盡, 無復敢言兵者.

이때, 金國에 번번이 내부 반란이 일어나면서 종척과 대신들이 연이어 죽음을 당했다. 또 북방에 몽고족이 있어 '大蒙(대몽)' 이라 자호하면서 칭제하고 개원〈天興(천흥) 소흥 17년 1147년〉하였다. 金에서는 해마다 군사를 동원하였으나 끝내 토벌할 수 없어 몽고와 화의하였고, 송을 향해 남침을 해도 이길 수가 없었다. 그러면서 宋의 맹장과 정병은 바야흐로 날로 강성해졌기에 회복이 실제로 어려운 것은 아니었으나 진회에게 저지당했기에 지사들은 팔을 걷어붙이면서 탄식하였다. 올출이 죽기 전에 말했다. "남송의 군세는 매우 강하니 의당 화해를 유지하면서 십여 년을 기다린 다음에 남송의 군사가 노쇠해진 다음에 치도록 하라."

장준과 조정도 모두 멀리 쫓겨났는데 조정은 섬에서 죽었다. 당시 화해 정책에 이의를 제기하는 사람은 폄직(귀양)되고 쫓겨나 거의 사라졌기에 다시는 북벌을 주장하는 자가 없었다.

어구 설명

○ 于時金國屢有內叛, 宗戚大臣相繼誅夷. 且北有蒙兀, 自號大蒙, 稱帝改元. 連歲用兵, 卒不能討, 而與之和, 南侵又不得逞. : 이때, 金國에 번번이 내부 반란이 일어나면서 宗戚과 大臣들이 연이어 죽음을 당했다. 또 북방에 몽고족이 있어 '大蒙(대몽)'이라 自號하면서 稱帝하고 改元하였다. 金에서는 해마다 군사를 동원하였으나 끝내 토벌할 수 없어 몽고와 和議하였고, 南侵(남침)을 해도 이길 수가 없었다.

- 于時(우시) ; 於是(어시 = 이때에). 誅 벨 주. 夷 평평할 이. 상처. 다치다. 멸하다. 주검. 且 또 차. 잠깐. 장차. ~도 하고 ~도 하다.

- 蒙兀(몽올) ; 몽고. 蒙兀汗國(몽올한국, 1127~1170년) ; 몽고족은 五代十國 및 北宋 시기에 거란족 遼의 통치를 받았고 1115년 金이 건국되고, 1125년에 金朝가 遼를 멸망시키자 그 지배를 받았다. 金이 북송을 멸망시킨 뒤에 계속해서 南宋과 싸우면서 북방을 통제할 여력이 없자, 蒙古草原의 孛兒只斤(패아지근) 部

落의 酋長인 合不勒(합불륵)이 세력을 키워 부근 各 부족들이 1127년에 그를 부족장으로 추대하고 '合不勒汗(합불륵한)'이라 하였다.

– 逞 굳셀 령(본음 정). 과시하다. (나쁜 뜻으로) 마음대로 하다. 방임하다.

○ 而宋之猛將精兵方日盛, 恢復實不難, 沮於秦檜, 有志之士, 扼腕歎息. 兀朮且死曰, 南朝軍勢强甚, 宜益加和好俟十數年, 南軍衰老, 然後圖之. : 그러면서 宋의 猛將(맹장)과 精兵(정병)은 바야흐로 날로 강성해졌기에 恢復(회복)이 실제로 어려운 것은 아니었으나 秦檜(진회)에게 저지당했기에 志士들은 팔을 걷어붙이면서 탄식하였다. 兀朮(올출)이 죽기 전에 말했다. "남송의 軍勢는 매우 강하니 의당 화해를 유지하면서 십여 년을 기다린 다음에 남송의 군사가 노쇠해진 다음에 치도록 하라."

– 恢復實不難(회복실불난) ; (국토) 회복이 사실 어려운 것도 아니었다. 沮 막을 저. 扼 누를 액. 움켜쥐다. 腕 팔 완. 팔뚝.

– 且死(차사) ; 죽으려 할 때, 죽기 전에. 且 또 차. 막상. 가령. 우선. 장차. 俟 기다릴 사. 南軍(남군) ; 남송의 군대. 衰 쇠할 쇠. 쇠퇴하다.

○ 張浚 · 趙鼎皆遠竄, 鼎卒於海外. 當時異議之人, 貶竄殆盡, 無復敢言兵者. : 張浚(장준)과 趙鼎도 모두 멀리 쫓겨났는데 趙鼎은 섬에서 죽었다. 當時 화해정책에 異議(이의)를 제기하는 사람은 폄직되고 쫓겨나 거의 사라졌기에 다시는 북벌을 주장하는 자가 없었다.

－趙鼎(조정) : 재상을 역임했지만 秦檜(진회)의 화해 주장에 반대하여 泉州(今 福建省 晉江), 潮州(조주=今 廣東省 潮州)로 폄직(좌천)되었다가 다시 海南島로 내쫓겨 소흥 17년(1147년)에 스스로 곡기를 끊고 죽었다.

－海外(해외) ; 海岸 지방 또는 海島. 殆 위태할 태. 거의. 殆盡(태진) ; 거의 사라지다. 言兵(언병) ; 전쟁을 주장하다.

(11) ○ 紹興十九年, 金主亶爲其下所弑, 共立丞相岐王亮, 旻之孫也. ○ 紹興二十年, 金主亮, 以上京僻在一隅, 城燕京徙居之. 改燕京析津府爲大興府, 號中都. 以中京會寧府爲北京, 汴京開封府爲南京. 而舊遼陽府爲東京, 大同府爲西京如故. 分蕃漢地爲十四路, 置總管府. ○ 二十五年, 秦檜卒. 檜秉政十八年, 臨終猶起大獄, 欲殺異己者張浚·李光·胡寅等五十三人. 幸檜病已不能書, 得免. 沈該·万俟卨·湯思退·陳康伯·朱倬, 相繼爲相.

○ 소흥 19년에, 金主 단(희종=熙宗)이 신하에게 시해당하여 승상이며 기왕인 아골타의 손자인 완안량을 추대하여 즉위하게 하였다.

○ 소흥 20년, 金主亮(금주량, 해릉양왕)은 上京이 한 편에 치우쳐 있다 하여 연경에 성을 쌓고 옮겨와 거주하였다. 연경 석진부를 대흥부라 바꾸어 중도라 불렀다. 중경 회령부를 북경이라 하고, 변경 개봉부를 남경이라 하였다. 옛 요양부를 동경이라 하고, 대동부는 전과 같이 서경이라 하였다. 중국 이외의 땅과 중국을 모두 14路로 나누고 총관부를 설치하였다.

○ 소흥 25년에, 진회가 죽었다. 진회는 18년 동안 정권을 잡았는데 임종하면서도 대 옥사를 일으켜 자신과 뜻을 달리하는 장준, 이광, 호인 등 53인을 죽이려 했었다. 다행히도 진회가 병이 위독해 글을 쓸 수 없어 면할 수 있었다. 심해, 묵기설, 탕사퇴, 진강백, 주탁 등이 서로 이어 재상이 되었다.

어구 설명

○ 紹興十九年, 金主亶爲其下所弑, 共立丞相岐王亮, 旻之孫也. : 紹興 十九年에, 金主 亶(熙宗)이 신하에게 시해당하여 丞相이며 岐王인 아골타의 손자인 完顔亮(완안량)을 추대하여 즉위하게 하였다.

- 弑는 弒의 속자. 죽일 시. 弑害(시해) ; 부모나 임금을 죽임. 弑殺(시살). 弑逆(시역) 승상 岐王(기왕) 完顔亮(완안량)의 음모에 의한 것이다.

- 紹興 十九年 ; 1149년.　岐 갈림길 기.　亮 밝을 양(량).　完

顏亮(완안량, 재위 1149~1161년) ; 아골타의 庶長子 完顏宗幹(완안종간)의 二子. 熙宗의 아우.

- 旻 하늘 민. 完顏旻(완안민) ; 金 太祖 阿骨打의 중국식 이름.

○ 紹興二十年, 金主亮, 以上京僻在一隅, 城燕京徙居之. 改燕京析津府爲大興府, 號中都. 以中京會寧府爲北京, 汴京開封府爲南京. 而舊遼陽府爲東京, 大同府爲西京如故. 分蕃漢地爲十四路, 置總管府. : 소흥 20년, 金主亮(금주량, 해릉양왕)은 上京이 한 편에 치우쳐 있다 하여 燕京에 성을 쌓고 이사하여 거주하였다. 燕京 析津府(석진부)를 大興府라 바꾸어 中都라 불렀다. 中京 會寧府를 北京이라 하고, 汴京(변경) 開封府(개봉부)를 南京이라 하였다. 옛 遼陽府(요양부)를 東京이라 하고, 大同府는 전과 같이 西京이라 하였다. 중국 이외의 땅과 중국을 모두 14路로 나누고 總管府(총관부)를 설치하였다.

- 金主亮(금주량) ; 金의 皇帝 完顏亮(완안량), 남송을 공격했지만 패전한 뒤 장수에게 시해당하여 海陵王(해릉왕)으로 불렀다.

- 上京(상경) ; 上京 會寧府. 今 흑룡강성. 僻 후미질 벽. 隅 구석 우. 모퉁이. 城燕京(성연경) ; 연경(今 北京)에 城을 쌓고.

- 徙 옮길 사. 徙居之(사거지)의 之는 연경. 연경을 수리한 것은 소흥 21년이고, 황제가 이주한 것은 소흥 23년이다. 《십팔사략》 원본의 연대 착오가 가끔 있다.

- 析 가를 석. 쪼개다. 津 나루 진. 中京(중경) 會寧府(회령부) ; 中京 大定府가 맞음. 蕃漢地(번한지) ; 만리장성 以北이나 以西는 모두 蕃地. 蕃 우거질 번. 漢地(한지) ; 長城 以南. 옛

북송의 영토.

– 總管府(총관부) ; 행정단위인 路의 군사와 행정 담당 기관.

○ 二十五年, 秦檜卒. 檜秉政十八年, 臨終猶起大獄, 欲殺異己者張浚 · 李光 · 胡寅等五十三人. 幸檜病已不能書, 得免. 沈該 · 万俟卨 · 湯思退 · 陳康伯 · 朱倬, 相繼爲相. : 소흥 25년에, 秦檜(진회)가 죽었다. 진회는 18년 동안 정권을 잡았는데 臨終하면서도 大 獄事를 일으켜 자신과 뜻을 달리하는 張浚, 李光, 胡寅(호인) 등 53인을 죽이려 했었다. 다행히도 진회가 병이 위독해 글을 쓸 수 없어 면할 수 있었다. 沈該(심해), 万俟卨(묵기설), 湯思退(탕사퇴), 陳康伯(진강백), 朱倬(주탁) 등이 서로 이어 재상이 되었다.

– 秉 잡을 병. 秉政(병정) ; 정권을 장악하다.

– 大獄(대옥) ; 중대한 범죄나 반역행위. 핵심 관련자 외 그 일족이나 친지까지 연좌되어 처벌받게 되는 大 獄事.

– 異己者(이기자) ; 자신과 뜻이 다른 자. 幸 ; 다행히도.

– 得免(득면) ; 면하다. 得은 어떤 일의 결과나 가능성을 의미한다. 万 ①일만 만 ②姓(성) 묵 万俟(묵기) ; 본래 鮮卑(선비)의 부락이었으나 나중에 姓(성)이 됨. 더욱이 複姓(복성)이 됨. 俟 기다릴 사. 姓(성) 기. 卨 사람 이름 설. 倬 클 탁.

【참고】 死後의 秦檜

❖ 소흥 25년(1155년)에 秦檜(진회)는 66세로 病死한다. 사후에

진회는 申王으로 봉해졌고 忠獻이라는 시호를 내렸다. 그 아들 秦熺(진희)가 재상 자리를 노렸지만 高宗이 거절했다.

진회가 죽자, 장기간 억눌렸던 主戰派들이 岳飛의 명예를 회복하려는 요구가 거세지고 抗金 분위기 속에서 악비의 관작은 회복되었다. 악비의 명예회복은 곧 진회와 그 일족의 파멸이었다. 寧宗 때에 작위를 追奪하고, 시호를 繆醜(잘못할 류(무), 추악할 추)로 바꾸었다. 민간에 전해오는 이야기로, 당시 사람들이 밀가루로 진회의 형상을 만들어 끓는 기름에 넣어 볶아 먹었는데, 이를 '油炸檜(유작회, 기름에 볶은 진회)' 라고 불렀고, 이것이 오늘 중국인들이 일상적으로 먹는 '油條(유조, 꽈배기)' 의 시초라고 한다. 油條는 일반적으로 '교활한 사람' 이라는 뜻으로도 쓰이는데, 이를 보면 秦檜가 중국인들에게 어떠한 평가를 받고 있는지 알 수 있다.

(12) ○ 三十一年, 欽宗凶問至. 以去年冬, 殂於五國城, 年六十. ○ 金主亮修汴京, 蓋經營南侵幾年矣. 嘗衵使來, 密藏畫工, 圖繪臨安山水 · 城市 · 宮室以歸, 題詩其上, 有立馬吳山第一峯之句. 是秋徙居汴, 遂渝盟擧兵. 其毋諫, 殺之以威衆. 兵號百萬, 陷淮西諸郡. 江淮浙西制置使劉錡, 遣王權迎敵. 權逗留, 已而退還奔采石. 報至, 中外大震, 有浮海避

狄之議. 陳康伯不可, 命葉義問視師, 中書舍人虞允文參謀軍事.

○ 소흥 31년에, 흠종의 사망 소식이 송나라에 전해졌다. 지난 해 겨울에 오국성에서 죽었는데, 나이는 60세였다.

○ 金主인 완안량은 변경을 수리케 시켰는데 아마도 이는 몇 년간 준비한 南侵계획이었다. 전에 金은 사신을 보내면서 화공을 몰래 포함시켜 임안의 산수와 시가지나 성곽 궁실(궁전) 등을 그려서 돌아갔는데, 그림 위에는 시를 써 넣었는데 말(馬)을 '吳山의 제일봉에 세우리라.' 하는 구절도 있었다.

이 해 가을, 변경에 옮겨 머물다가 드디어 약속을 어기며 거병했다. 그의 모후가 만류하자, 모후를 죽여 군사들에게 보이며 의지를 시위했다. 백만 대군이라 하면서 회서 지방의 여러 고을을 함락시켰다. 강회절서제치사인 유기는 왕권을 파견해 적을 맞아 싸우라고 명령했다. 왕권은 며칠 머뭇거리다 이내 물러나 채석으로 도망갔다. 이 소식이 알려지자, 나라 안팎이 크게 두려워하면서 섬으로 들어가 적을 피하자는 의논도 있었다. 진강백은 불가하다 하면서 섭의문에게 부대를 순시하라 하였고, 중서사인 우윤문을 군사 참모로 삼았다.

어구 설명

○ 三十一年, 欽宗凶問至. 以去年冬, 殂於五國城, 年六十. : 소흥 31년에, 欽宗의 사망 소식이 전해졌다. 작년 겨울에 五國城에서 죽었는데, 나이는 60이었다.

- 三十一年 ; 소흥 31년, 서기 1161년. 凶問(흉문) ; 사망 소식. 부고. 凶聞. 去年(거년) ; 작년. 舊年. 五國城(오국성) ; 黑龍江省(흑룡강성) 哈爾濱(하얼빈)市 관할의 依蘭縣(의난현). 만주 동북쪽. 여진시대의 五國(오국) 땅.

○ 金主亮修汴京, 蓋經營南侵幾年矣. 嘗因使來, 密藏畫工, 圖繪臨安山水 · 城市 · 宮室以歸, 題詩其上, 有立馬吳山第一峯之句. : 金主인 完顔亮은 汴京을 수리케 시켰는데 아마도 이는 몇 년 동안 계획한 南侵이었다. 전에 金은 사신을 보내면서 畫工을 몰래 포함시켜 臨安의 山水와 城市나 宮室 등을 그려서 돌아갔는데, 그림 위에는 시를 써 넣었는데 말(馬)을 '吳山의 第一峯에 세우리라.' 하는 구절도 있었다.

- 蓋 덮을 개. 아마도. 어찌. 經營(경영) ; 계획을 세워 일을 추진하다. 南侵幾年矣(남침기년의) ; 남침을 계획한 것이 몇 년일 것이다. 몇 년 전부터 남침의 뜻을 갖고 있었다는 뜻.

- 密藏(밀장) ; 몰래 끼워 넣다. 圖繪(도회) ; 그림을 그리다. 臨安(임인) ; 남송의 都城. 杭州. 題詩其上(제시기상) ; 그 윗부분에 시를 적어 넣다.

- 立馬吳山第一峯(입마오산제일봉) ; 吳山의 第一峯에 말을 세워 놓으리라! 임안을 정복하려는 의지. 吳山(오산) ; 臨安 城內

西湖에 있는 산.

○ 是秋徙居汴, 遂渝盟擧兵. 其母諫, 殺之以威衆. 兵號百萬, 陷淮西諸郡. 江淮浙西制置使劉錡, 遣王權迎敵. 權逗留, 已而退還奔采石. 報至, 中外大震, 有浮海避狄之議. : 이 해 가을, 변경으로 옮겨 머물다가 드디어 약속을 어겨 거병했다. 그의 母后가 만류하자, 모후를 죽여 군사들에게 보이며 의지를 示威했다. 백만 대군이라 하면서 회서 지방의 여러 고을을 함락시켰다. 江淮浙西制置使(강회절서제치사)인 劉錡는 王權을 파견해 적을 맞아 싸우라고 명령했다. 왕권은 며칠 머뭇거리다 이내 물러나 채석으로 도망갔다. 이 소식이 알려지자, 나라 안팎이 크게 두려워하면서 섬으로 들어가 적을 피하자는 의논도 있었다.

- 是秋徙居汴(제추도거변) ; 유목민들은 언제나 가을에서 겨울에 전쟁을 했다. 汴京으로 옮겨 왔다는 자체가 남침의도였다.

- 渝 달라질 투. 渝盟擧兵(투맹거병) ; 화의의 약속을 깨트리고 거병하다. 殺之以威衆(살지이위중) ; 母를(之) 죽여 軍衆에 보이면서 意志를 示威하다. 남침을 말리는 母后를 죽인 패륜아였기에 시해당한 뒤 시호가 煬王(양왕)이었다.(隋 煬帝와 같음) 煬 ①쬘 양. 불을 쬐다. 볕에 쬐다. ②쇠를 녹일 양. 쇠를 녹이다.

- 制置使(제치사) ; 국경의 군사업무 담당관. 王權(왕권) ; 人名. 逗 머무를 두. 逗留(두유) ; 한 곳에 머물며 나아가지 않다.

- 還奔(환분) ; 되돌아서 달아나다. 采石(채석) ; 지명. 浮海避狄(부해피적) ; 섬으로 들어가 적을 피하다. 狄은 북쪽 오랑캐. 金軍.

○ 陳康伯不可, 命葉義問視師, 中書舍人虞允文參謀軍事. : 陳康

伯은 不可하다 하면서 葉義問(섭의문)에게 부대를 순시하라 하면서 中書舍人 虞允文(우윤문)을 軍事 참모로 삼았다.

- 陳康伯(진강백, 1097~1165년) ; 字 長卿. 南宋 宰相으로 采石의 전투를 승리로 이끌었다.
- 葉義問(섭의문), 虞允文(우윤문) ; 人名.

(13) 金人陷揚州趨瓜州, 劉錡遣將敗之於皁角林. 有詔, 令錡還軍專防江上. 金主欲由采石渡, 朝廷以李顯忠代權, 而未至, 金人舟來. 虞允文亟督水軍, 海鰍船迎擊死鬬, 金人不能濟. 時亮聞有內變, 又聞舟師由海道來者, 已爲李寶所焚, 而荊 · 鄂諸軍方自上流而下. 忿甚, 乃回揚州, 召諸將約, 三日必濟, 過期盡殺. 諸將遂弑亮.

金軍이 양주를 함락시키고 과주로 향하자, 유기는 장수를 보내 적을 조각림에서 물리쳤다. 高宗은 유기에게 회군(후퇴)하여 장강을 전적으로 방비하라는 조서를 내렸다. 金의 완안량은 채석에서 강을 건너고자 했고, 조정에서는 이현충에게 왕권의 직위를 대신토록 했으나 이현충이 도착 전에 金軍의 배가 들이닥쳤다. 참모 우윤문은 급히 수군을 독려하여 해추선으로 적을 막으며 사투하니 금군은 건널 수 없었다.

이때, 완안량은 金에서 내부 변란이 났다는 소식을 들었고 바닷길로 들어오던 수군이 이미 송의 장수 이보에 의해 불에 탔으며, 형주와 악주의 송의 군사들이 상류로부터 내려오고 있다는 소식을 들었다. 분노가 극에 달한 완안량은 바로 양주로 돌아가 모든 장수를 불러놓고 '3일 안에 틀림없이 도강하되 기일이 지나면 모두 죽이겠다.' 고 다짐했다. 그러자 장수들은 완안량을 시해했다.

어구 설명

○ 金人陷揚州趨瓜州, 劉錡遣將敗之於皁角林. 有詔, 令錡還軍專防江上. 金主欲由采石渡, 朝廷以李顯忠代權, 而未至, 金人舟來. 虞允文亟督水軍, 海鰍船迎擊死鬪, 金人不能濟. : 金軍이 揚州를 함락시키고 瓜州로 향하자, 劉錡는 將帥를 보내 적을 皁角林(조각림)에서 물리쳤다. 高宗은 유기에게 회군하여 長江을 전적으로 방비하라는 조서를 내렸다. 金의 完顔亮은 采石에서 강을 건너고자 했고, 朝廷에서는 李顯忠에게 王權(人名)의 직위를 대신토록 했으나 이현충이 도착 전에 金軍의 배가 들이닥쳤다. 虞允文(우윤문)은 급히 水軍을 독려하여 海鰍船(해추선)으로 적을 막으며 死鬪하니 金軍은 건널 수 없었다.

– 趨 달릴 추. 향해 나가다. 재촉할 촉. 瓜 오이 과. 瓜州(과주) ; 江蘇省 陽州市 부근. 皁 하인 조. 검은빛. 皀는 俗字.

– 皁角林(조각림) ; 江蘇省 揚州市 인근 江都縣.　專防江上(전방강상) ; 장강 연안을 전적으로 방비하다.　金人舟來(금인주래) ; 金軍이 탄 배가 오다.

– 虞 헤아릴 우. 근심하다. 성씨.　亟 빠를 극. 자주 기.

– 鰍 미꾸라지 추. 鰌와 同.　海鰍(해추) ; 바다에 사는 큰 고래. 海鰍船(해추선) ; 남송 水軍의 전투함.　鬬 ; 鬪(싸울 투)의 本字.

○ 時亮聞有內變, 又聞舟師由海道來者, 已爲李寶所焚, 而荊 · 鄂諸軍方自上流而下. 忿甚, 乃回揚州, 召諸將約, 三日必濟, 過期盡殺. 諸將遂弑亮. : 이때, 완안량은 金에서 내부 변란이 났다는 소식을 들었고 바닷길로 들어오던 수군이 이미 李寶에 의해 불에 탔으며, 荊州와 鄂州(악주)의 군사들이 상류로부터 내려오고 있다는 소식을 들었다. 분노가 극에 달한 완안량은 바로 揚州로 돌아가 諸將을 불러놓고 '三日 안에 틀림없이 도강하되 기일이 지나면 모두 죽이겠다.' 고 다짐했다. 그러자 장수들은 완안량을 시해했다.

– 亮(량) ; 金의 完顏亮.　舟師(주사) ; 水軍. 여기서는 金의 水軍.　已 이미 이.　李寶(이보) ; 남송 수군 장수.

– 荊州(형주), 鄂州(악주) ; 湖南省 地名.　忿甚(분심) ; 분노가 극도에 달하다.

(14) 方亮之引而南也, 渤海一軍叛去, 已擁立葛王褎于遼陽. 聞亮死, 遂入譙京. 追謚亶爲閔宗, 廢

亮爲海陵王, 諡曰煬. 褎晟之孫也, 後改名雍. 先是數年, 張浚嘗言, 金必渝盟, 時相湯思退等, 大駭以爲狂. 至是浚起判建康, 上自臨安如建康, 浚迎謁. 衛士見其復用, 以手加額. ○ 三十二年, 上還臨安. 金使來, 遣使報之. 復尋和議, 夏六月, 上內禪, 退居德壽宮. 在位三十六年, 改元者二, 曰, 建炎·紹興. 皇太子立, 是爲孝宗皇帝.

앞서 완안량이 군사를 거느리고 남으로 가자마자 발해의 한 군영이 반란을 일으켜 갈왕인 褎(유)인 완안수를 요양에서 옹립하였다. 완안수는 완안량이 시해되었다는 소식을 듣고 연경에 입성했다. 그리고 선제 완안단에게 민종이란 시호를 追謚(추시)하고, 완안량을 폐하여 해릉왕이라 하고, 시호를 煬(양)이라 하였다. 완안수는 태종의 손자인데 뒤에 완안옹으로 개명했다.

이보다 몇 년 앞서 송나라 장군 장준은 "金은 틀림없이 맹약을 깰 것이다."라고 말했는데, 그때 재상이던 탕사퇴 등은 크게 의아해 하며 미쳤다고 생각했었다. 이때, 장준은 건강판관으로 등용되었는데 고종이 임안에서 건강에 행차하자, 장준은 고종을 맞이하고 배알하였다. 위사들은 장준이 다시 등용된 것을 보고 이마에 손을 얹어 예를 표했다.

○ 소흥 32년, 고종은 임안으로 환궁했다. 金에서 사신이 오고 답례 사신을 보냈다. 다시 화의(강화)가 이어졌고, 여름 6월에 고종은 내선(내밀히 제위를 황태자에 물려줌)하고 덕수궁으로 물러났다. 36년을 재위하며 두 번 개원했는데, 건염과 소흥이다. 황태자가 즉위하니, 이가 효종황제이다.

어구 설명

○ 方亮之引而南也, 渤海一軍叛去, 已擁立葛王褎于遼陽. 聞亮死, 遂入譙京. 追謚亶爲閔宗, 廢亮爲海陵王, 謚曰煬. 褎晟之孫也, 後改名雍. : 完顔亮이 군사를 거느리고 南으로 가자마자 渤海의 一軍營이 반란을 일으켜 葛王인 完顔褎(완안수)를 遼陽에서 옹립하였다. 완안수는 완안량이 시해되었다는 소식을 듣고 譙京(초경, 연경)에 입성했다. 완안단에게 閔宗 시호를 追謚(추시)하고, 완안량을 폐하여 海陵王(해릉왕)이라 하고, 시호를 煬(양)이라 하였다. 완안수는 태종의 손자인데 뒤에 完顔雍으로 개명했다.

- 渤海一軍(발해일군) ; 발해에 있는 한 軍營. 渤海는 今 河南省 滄州(창주). 天津(直轄市)와 山東省 사이. 일부가 바다에 沿(연=따를 연. 가. 가장자리. 언저리. 바다를 따르다.)함. 國名이 아님.

- 叛去(반거) ; 반란을 일으켰다. 이때 去는 話者(화자 ; 말하는 사람. 이야기하는 사람)나 주체로부터 멀어지는 진행 방향을 의미. 우리말 번역이 불필요한 경우도 있다.

- 葛 칡 갈. 褎 소매 수. 나아갈 유. 葛王褎(갈왕수, xiù) → 世

宗 完顔雍(완안옹, 재위 1161~1189년) ; 女眞名 烏祿(오록). 海陵王 完顔亮 南宋 원정 시에 遼東留守(요동유수)였었다. 在位 28년 동안 侵宋戰爭을 멈추고 내치에 힘쓰면서 여러 弊政(폐정)을 개혁하여 온 나라가 小康(소강=①소란하던 세상이 조금 안정됨. 잠시 무사함. ②政治(정치)·敎化(교화)가 잘 행해져서 세상이 태평함. ③賦役(부역)을 줄여 백성을 편히 쉬게 함. ④얼마간의 재산이 있어 생활에 지장이 없는 일.)을 누렸다. 역사에서는 그 연호를 따서 '大定盛世'라 한다.

– 遼陽(요양) ; 金의 東京 遼陽府. 譙 꾸짖을 초. 譙京(초경) ; 燕京, 金의 中都 大興府. 亶(단) ; 熙宗. 亶 믿을 단. 오로지 할 선. 날 선.(대법원 인명용 한자의 음은 단이다.)

– 褎晟之孫也(수성지손야) ; 完顔褎는 完顔晟(太宗)의 손자이다. 父가 太祖 阿骨打의 三子인 完顔宗輔〈宗堯(종요), 女眞名 訛里朶(와리타)〉이기에 太祖 阿骨打의 손자임.

○ 先是數年, 張浚嘗言, 金必渝盟, 時相湯思退等, 大駭以爲狂. 至是浚起判建康, 上自臨安如建康, 浚迎謁. 衛士見其復用, 以手加額. : 이보다 몇 년 앞서 張浚은 "金은 틀림없이 맹약을 깰 것이다."라고 말했는데, 그때 재상이던 湯思退 등은 크게 의아해 하며 미쳤다고 생각했었다. 이때, 장준은 建康判官으로 등용되었는데 고종이 臨安에서 建康에 행차하자, 장준은 고종을 맞이하고 배알하였다. 衛士〈위사=衛의 本字는 衞士(위사)=宮城(궁성)·陵(능)·官衙(관아)·군영을 지키던 병사. 衛兵(위병, 衛는 속자).〉들은 장준이 다시 등용된 것을 보고 이마에 손을 얹어 禮

를 표했다.

– 時相湯思退(시상탕사퇴) ; 당시의 재상 탕사퇴. 駭 놀랄 해. 起判建康(기판건강) ; 建康의 판관으로 기용되다. 額 이마 액.

○ 三十二年, 上還臨安. 金使來, 遣使報之. 復尋和議, 夏六月, 上內禪, 退居德壽宮. 在位三十六年, 改元者二, 日, 建炎·紹興. 皇太子立, 是爲孝宗皇帝. : 紹興 三十二年, 고종은 臨安으로 환궁했다. 金에서 사신이 오고 답례 사신을 보냈다. 다시 화의가 성립되고, 夏六月에 고종은 內禪하고 德壽宮(덕수궁)으로 물러났다. 三十六年을 재위하며 두 번 改元했는데, 建炎과 紹興이다. 皇太子가 즉위하니, 이가 孝宗皇帝이다.

– 尋 찾을 심. 찾아가다. 캐묻다. 계승하다. 계속되다. 갑자기. 內禪(내선) ; 살아 있으면서 선양하다. 고종 재위 36년, 심신이 피곤하다면서 선위했다.

– 建炎(건염, 1127~1130년), 紹興(소흥, 1131~1162년).

3) 孝宗 ; 南北의 小康

(1) 孝宗皇帝, 初名伯琮, 宗室追封秀王, 謚安僖, 子偁之子, 太祖七世孫也. 母張氏, 夢崔府君擁一羊來曰, 以此爲識. 高宗爲康王, 出使至磁州, 磁人夢, 崔府君出迎. 張氏以是歲丁未, 生伯琮於秀州, 有嘉禾之瑞, 小名羊. 高宗喪太子旉, 命選太祖之後, 得伯琮鞠宮中, 賜名瑗, 適與崔府君名同, 封晉安郡王. 秦檜疾其英明, 而不能害也. 竟立爲皇子, 賜名瑋, 封楚王. 紹興末賜名眘, 立爲皇太子. 尋詔卽位, 尊奉上皇帝, 爲光堯壽聖皇帝, 皇后吳氏爲壽聖太上皇后.

孝宗황제의 첫 이름은 백종이고, 종실로서 수왕에 추봉되어 시호를 안희라 하는 조자칭의 아들이며, 태조의 7세손이다. 모친 장씨 꿈에 최부군이 양을 한 마리 안고 와서 "이것으로 징표를 삼으라."는 말을 했다. 고종이 강왕으로 있을 때 勅使(칙사)가 되어 자주에 간 적이 있는데 그곳 어떤 사람이 최부군이 마중 나오는 꿈을 꾸었다고 한다. 장씨는 이 해 정미년에 수주에서 백종을 낳았고, 상서로운 벼가 자라는 좋은 일이 있었는데 어렸을 적 이름은 羊이었다.

高宗이 태자 부를 잃은 뒤, 태조의 후손을 찾으라 하여 백종을 데려와 궁중에서 기르면서 원이라는 이름을 내리었는데, 마침 최부군의 이름 瑗(원)과도 같았으며 진안군왕에 봉했다. 진회도 그의 영명함을 질시했지만 어떻게 해칠 수가 없었다. 마침내 황자가 되어 다시 瑋(위)라는 이름을 내리고 楚王(초왕)에 봉했다. 소흥 말에 昚(신)이라는 이름을 하사하고 황태자로 책봉하였다. 곧 양위를 받아 즉위하면서 (고종을) 상황제라 높여 받들며 광요수성황제라 하였고, 황후 오씨를 수성태상황후로 모셨다.

어구 설명

○ 孝宗皇帝, 初名伯琮, 宗室追封秀王, 謚安僖, 子偁之子, 太祖七世孫也. 母張氏, 夢崔府君擁一羊來曰, 以此爲識. 高宗爲康王, 出使至磁州, 磁人夢, 崔府君出迎. 張氏以是歲丁未, 生伯琮於秀州, 有嘉禾之瑞, 小名羊. : 孝宗皇帝의 初名은 伯琮(백종)이고, 宗室로서 秀王에 追封되어 시호를 安僖(안희)라 하는 趙子偁(조자칭)의 아들이며, 太祖의 七世孫이다. 母親 張氏 꿈에 崔府君이 羊을 한 마리 안고 와서 "이것으로 징표를 삼으라."는 말을 했다. 高宗이 康王으로 있을 때 磁州에 간 적이 있는데 그곳 한 사람이 崔府君이 마중 나오는 꿈을 꾸었다고 한다. 張氏는 이 해 丁未년에 秀州에서 伯琮을 낳았고, 嘉禾(가화)가 자라는 상서로움이 있었는데 어렸을 적 이름은 羊이었다.

– 孝宗〈효종, 趙昚(조신), 재위 1162~1189〉; 太祖 趙匡胤(조광윤)의 후예. 高宗 養子. 북송 太宗 이후 남송 高宗까지 태종의 후

손이 皇位를 계승했었다. 高宗의 태조의 후손을 찾아 養子를 삼았고, 양자에게 讓位하니 이후 조광윤의 후손이 제위를 계승.

– 琮 서옥 이름 종. 諡 시호 시. 僖 기쁠 희. 偁 일컬을 칭. 稱의 本字. 崔府君(최부군) ; 神의 이름. 府君은 漢代에 太守를 일컫는 敬稱, 뒤에는 죽은 父祖에 대한 경칭으로 사용.

– 擁 안을 옹. 磁州(자주) ; 河北省 南部 邯鄲市(한단시) 관할의 縣. 河南省과 인접하고 있다. 秀州(수주) ; 今 浙江省 北部의 嘉興市(가흥시).

– 嘉 아름다울 가. 禾 벼 화. 嘉禾(가화) ; 줄기 하나에 여러 이삭이 달린 벼. 祥瑞(상서)로움의 징표.

○ 高宗喪太子旉, 命選太祖之後, 得伯琮鞠宮中, 賜名瑗, 適與崔府君名同, 封晉安郡王. 秦檜疾其英明, 而不能害也. 竟立爲皇子, 賜名瑋, 封楚王. 紹興末賜名眘, 立爲皇太子. 尋詔卽位, 尊奉上皇帝, 爲光堯壽聖皇帝, 皇后吳氏爲壽聖太上皇后. : 高宗이 太子 旉(부)를 잃은 뒤, 太祖의 후손을 찾으라 하여 伯琮(백종)을 데려와 宮中에서 기르면서 瑗(원)이라는 이름을 내리었는데, 마침 崔府君의 이름과도 같았으며 晉安郡王에 봉했다. 秦檜도 그의 英明함을 질시했지만 어떻게 해칠 수가 없었다. 마침내 皇子가 되어 다시 瑋(위)라는 이름을 내리고 楚王에 봉했다. 紹興(소흥) 末에 眘(신)이라 賜名(사명)하고 皇太子로 책봉하였다. 곧 양위를 받아 즉위하면서 (고종을) 上皇帝라 높여 받들며 光堯壽聖皇帝(광요수성황제)라 하였고, 皇后吳氏를 壽聖太上皇后(수성태상황후)로 모셨다.

– 旉 펼 부. 高宗喪太子旉(고종상태자부) ; 고종의 유일한 親子

인 趙旉(조부)는 1127년에 태어났다. 1130年, 苗傅(묘부), 劉正彦(유정언) 등이 태어난 지 3년도 안된 태자를 옹립하며 고종의 퇴위를 요구하는 반란이 있었다. 이를 苗劉兵變(묘유병변)이라 하는데, 張浚이 이들을 평정했는데 고종이 복위했고, 태자는 일단 庶人으로 강등시켰는데 이후 경기를 앓다가 죽었다. 이후 고종은 아들을 낳지 못했기에 태조의 후손을 찾아 양자로 삼았다

– 鞠 기를 국. 국문하다. 공. 瑗 도리옥 원. 適 갈 적. 마침. 疾 병 질. 미워하다. 瑋 옥 이름 위.

– 昚 삼갈 신. 愼과 같음. 愼의 古字.

【참고】 崔府君과 高宗

❖ 崔府君의 실존 모델은 당나라 사람 崔珏(최각)이라고 한다. 최각은 唐 太宗 때 進士가 되어 長子縣(今 山西省 長子縣)의 현관이 되어 선정을 베풀었는데 그 고을에 虎患이 극심했다. 최각은 山神에게 食人하는 호랑이를 없애달라고 빌었는데 이 호랑이가 최각의 관아 계단에 머리를 부딪쳐 죽었고, 최각은 그 호랑이 무덤을 만들어 주고 '義虎(의호)' 라고 했다. 또 滏陽縣〈부양현, 今 河北省 磁縣(자현)〉의 현령으로 있을 때 水害가 극심했는데 최각이 제방에 나가 靈符(영부)를 강물에 던지니 물속에서 아주 거대한 구렁이가 모습을 드러냈다. 최각은 칼을 빼 들고 물속에 들어가 구렁이를 처치했고 이후 수해는 없었다고 한다.

최각이 죽은 뒤 사람들은 '義虎' 를 탄 최각의 모습을 자주 보았고 죽었다가 깨어난 사람들은 염라대왕 옆에 최각이 判官으로 일

하는 것을 보았다고 한다. 이후 山西나 河北 일대에서 최각을 최부군이라 칭하면서 최부군 묘당을 많이 짓고 숭배하였다고 한다.

《宋人逸事匯編(송인일사회편)》이라는 책에 의하면, '靖康의 變(정강의 변, 1127년)' 이전, 金에 인질로 갔다가 풀려난 康王(강왕, 高宗)이 최부군 묘 앞에 지쳐 쓰러져 있었는데, 꿈속에 神人이 나타나 "金나라 군사가 추격하니 빨리 떠나거라. 문 밖에 말이 준비되었다."라고 말했다. 康王이 급히 말에 올라타자 말은 남쪽으로 달렸다. 강왕이 長江을 다 건너자 말은 움직이지 않았다. 그런데 강왕이 자세히 보니 그것은 진흙으로 만든 말이었다고 한다.

帝位에 오른 高宗은 자신을 구원해 준 최부군을 위해 묘당을 크게 짓고 '顯應王(현응왕)' 라는 사액을 내렸다고 한다.

진흙 말이 강왕을 구해주었다는 이야기는 아마도 강왕 자신이 지어냈을 것이다. 최부군은 元代 이전에는 성씨만 있고 이름은 없었는데 明代에야 비로소 '崔珏(최각)' 이라는 이름과 함께 지하세계의 判官이라는 직책을 맡게 되었다고 설명하는 자료도 있다.

(2) ○ 以史浩爲右相. 張浚樞密使, 督師江淮, 遂北伐. 浩不與其議, 力丐罷. 李顯忠出濠州, 趨靈壁, 敗金兵. 邵宏淵出泗州, 圍虹縣, 降金將, 進克宿州. 金副元帥紇石烈志寧, 率兵至, 顯忠與戰連日未決. 諜報, 金人大興河南兵, 將至會. 宏淵與顯忠不相能,

而顯忠又不犒士, 士憤怨, 遂潰而歸, 金人亦解去.

○ 사호를 우상에 임명했다. 장준은 추밀사가 되어 장강과 회수 지역의 군진을 감독하면서 북벌에 나섰다. 사호는 자신이 논의에 참여하지 못하자 강력히 퇴임을 요청했다. 이현충은 호주에서 출발하여 영벽으로 나아가 金의 군사를 물리쳤다. 소굉연은 사주를 떠나 홍현을 포위하여 金의 장수의 항복을 받고 숙주를 차지하였다.

金의 부원수인 흘석열지녕이 군사를 거느리고 와서 이현충과 연일 싸웠으나 결판이 나질 않았다. 이때 송의 첩자가 金에서 하남병을 대거 징집하여 곧 도착할 것이라는 첩자의 보고가 있었다. 소굉연과 이현충이 서로 불화하였고, 이현충은 병사들을 위문하지도 않아 병졸들이 성을 내며 원망을 해서 결국 궤멸되어 흩어졌고, 金의 군사 또한 포위를 풀고 돌아갔다.

어구 설명

○ 以史浩爲右相, 張浚樞密使, 督師江淮, 遂北伐. 浩不與其議, 力丐罷. 李顯忠出濠州, 趨靈壁, 敗金兵. 邵宏淵出泗州, 圍虹縣, 降金將, 進克宿州. : 史浩를 右相에 임명했다. 張浚은 樞密使가 되어 江淮(장강과 회수) 지역의 軍陣을 감독하면서 北伐에 나섰다. 史浩는 자신이 논의에 참여하지 못하자 강력히 퇴임을 요청했다.

李顯忠은 濠州에서 출발하여 靈壁(영벽)으로 進軍하여 金兵을 물리쳤다. 邵宏淵(소굉연)은 泗州(사주)를 떠나 虹縣(홍현)을 포위하여 金將(금나라 장수)의 항복을 받고 宿州를 차지하였다.

- 史浩(1106~1194년) ; 40세에 진사 합격하고 승상을 역임. 督師江淮(독사강회) ; 長江과 淮水 일대의 부대를 감독하다.
- 丐 빌 개. 乞(빌 걸)과 同. 거지. 애원하다. 濠州(호주), 靈壁(영벽), 泗州(사주), 虹縣(홍현), 宿州(숙주) ; 安徽省의 地名.
- 邵 고을 이름 소. 宏 클 굉. 虹 무지개 홍. 克 이길 극.

○ 金副元帥紇石烈志寧, 率兵至, 顯忠與戰連日未決. 諜報, 金人大興河南兵, 將至會. 宏淵與顯忠不相能, 而顯忠又不犒士, 士憤怨, 遂潰而歸, 金人亦解去. : 金의 副元帥인 紇石烈志寧(흘석열지령)이 군사를 거느리고 와서 李顯忠(이현충)과 連日 싸웠으나 결판이 나질 않았다. 金에서 河南兵을 대거 징집하여 곧 도착할 것이라는 첩자의 보고가 있었다. 邵宏淵(소굉연)과 李顯忠이 서로 불화하였고, 李顯忠은 병사들을 위문하지도 않아 병졸들이 성을 내며 원망을 해서 결국 궤멸되어 흩어졌고, 金軍 또한 포위를 풀고 돌아갔다.

- 紇石烈志寧(흘석열지녕) ; 紇石烈은 姓, 志寧은 이름. 未決(미결) ; 결판이 나지 않다. 諜 염탐할 첩. 諜者.
- 將至會(장지회) ; 곧 도착할 것이다. 不相能(불상내) ; 서로 견디지 못하다. 서로 맞지 않다. 古文에서 能은 耐(견딜 내)와 通. 옥편에는 能에 '견딜 내' 라는 音訓이 있지만, 중국어 사전에서는 能(néng)에 耐(nài)의 발음이 없다. 지금 우리 실정에서 이 경우에 '불상내' 라고 음을 달아야 할지 한 번 더 생각을 해 보아야 한다.

- 犒 호궤할 호. 음식으로 군사를 위로하다. 憤 성낼 분.

(3) 上銳意恢復, 是役不利, 乃復議和. 陳康伯罷, 湯思退 · 張浚, 爲左右相. 浚仍以都督視師, 數月而罷, 未幾卒. 浚許國之心, 白首不渝, 終身不主和議, 遺命付其二子, 以不能復中原雪國恥, 不得祔葬先人之墓.

효종은 국토 수복의 굳은 의지가 있었으나 이번 전투가 불리하게 되자 다시 화의를 했다. 진강백을 해임하고 탕사퇴와 장준을 좌, 우상으로 삼았다.

장준은 전처럼 도독으로 군사를 감독했지만 몇 달 만에 해직되었고 곧 죽었다. 장준의 나라를 위하는 마음이 늙어서도 바뀌지 않았으며 죽을 때까지 화의를 주장하지 않았는데, 그의 두 아들에게 "중원을 회복하지도, 국치를 갚지도 못했으니, 조상의 무덤 아래에 묻힐 수 없다."고 유언했다.

어구 설명

○ 上銳意恢復, 是役不利, 乃復議和. 陳康伯罷, 湯思退 · 張浚, 爲左右相(좌우상). : 효종은 국토 수복의 굳은 의지가 있었으나 이

번 전투가 불리하게 되자 다시 화의를 했다. 陳康伯을 해임하고 湯思退와 張浚을 左, 右相으로 삼았다.

– 銳 날카로운 예. 銳意(예의) ; 마음을 굳게 먹다. 役(역) ; 戰役(전역). 일정한 목표 달성을 위해 짧은 기간에 이루어지는 전투.

– 陳康伯(진강백) ; 1097~1165년.

○ 浚仍以都督視師, 數月而罷, 未幾卒. 浚許國之心, 白首不渝, 終身不主和議, 遺命付其二子, 以不能復中原雪國恥, 不得祔葬先人之墓. : 장준은 전처럼 都督으로 軍師를 감독했지만 몇 달 만에 해직되었고 곧 죽었다. 장준의 나라를 위하는 마음이 늙어서도 바뀌지 않았으며 죽을 때까지 和議를 주장하지 않았는데, 그의 두 아들에게 "中原을 회복하지도, 國恥(국치=나라의 수치. 나라의 불명예)를 씻지도 못했으니, 조상의 무덤 아래에 묻힐 수 없다."고 유언했다.

– 仍 인할 잉. 전과 같이. 未幾(미기) 얼마 안 되어. 許國之心(허국지심) ; 나라를 위해 몸을 바치려는 마음.

– 白首(백수) ; 노인. 渝 달라질 투. 雪 ; 눈 설. 희다. (치욕, 원한을) 씻다. 풀다. 祔 합사할 부. 신주를 家廟(가묘)에 모시는 제사. 祔葬(부장) ; 합장하다. 先塋〈선영=조상 무덤이 있는 곳. 先山(선산).〉에 합장하다.

(4) ○ 湯思退密有召虜議和之迹, 言者論罷竄之, 道死. 康伯復相, 和議成. 先是國書大宋去大字, 皇

帝去皇字, 書用君臣之禮, 有再拜等語. 金使至則起立問金主起居, 降坐受書. 奉使者自同陪臣, 館伴之屬, 皆拜其來使. 至是始稱上爲宋皇帝, 止爲叔姪之國, 易歲貢爲歲幣. 歲幣減十萬之數, 地界如紹興之時, 而餘禮往往竟不能盡改, 上終身憤之.

탕사퇴가 비밀리에 金나라 사람을 불러 화의(사실상 항복)를 추진했던 자취가 드러나자, 言官이 이를 논죄하여 파직되고 유배되었는데 도중에 죽었다. 진강백이 다시 재상이 되어 화의가 성립되었다.

이전에는 국서에서 大宋의 '大' 자를 쓰지 않았고, 皇帝에서 '皇' 자를 없앴으며, 서식에서도 군신지례로써 '再拜(재배)' 등의 말을 썼었다. 金使가 도착하면 (송 황제가) 기립하여 金主의 안부를 묻고, 자리에서 내려와 외교문서를 받았었다. 金의 사신을 접대하는 자는 저절로 가신과 같았으며, 숙소에서 근무하는 하급관리는 모두 金使에게 절을 해야만 했다.

이제는 황제를 宋皇帝라 쓰면서 '숙질의 나라(金이 叔父, 宋이 조카)'가 되었고, 세공을 세폐로 바뀌었다. 세폐도 십만 정도를 감했고, 국경은 紹興(소흥) 시절의 선으로 고종 때 정한 그대로 하였으나, 나머지 외교의 禮에 대해서는 가끔 고치지 못한 것이 있어 효종은 끝까지 이를 분하게 여겼다.

어구 설명

○ 湯思退密有召虜議和之迹, 言者論罷竄之, 道死. 康伯復相, 和議成. : 湯思退가 비밀리에 금나라 사람을 불러 和議(사실상 항복)를 논했던 자취가 드러나자, 言官이 이를 논죄하여 파직되고 유배되었는데 도중에 죽었다. 陳康伯이 다시 재상이 되어 和議가 성립되었다.

- 虜 포로 노(로). 적국. 여기서는 金. 迹 자취 적.

○ 先是國書大宋去大字, 皇帝去皇字, 書用君臣之禮, 有再拜等語. 金使至則起立問金主起居, 降坐受書. 奉使者自同陪臣, 館伴之屬, 皆拜其來使. : 이전에는 國書에서 大宋의 '大' 字를 쓰지 않았고, 皇帝에서 '皇' 字를 없앴으며, 서식에서도 君臣之禮로써 '再拜(재배)' 등의 말이 있었다. 金使가 도착하면 (송 황제가) 起立하여 金主의 안부를 묻고, 자리에서 내려와 외교문서를 받았었다. 金의 사신을 접대하는 자는 저절로 陪臣과 같았으며, 숙소에서 근무하는 하급관리는 모두 金使에게 절을 해야만 했다.

- 國書(국서) ; 외교 문서. 起立(기립) ; 宋 皇帝가 起立. 起居(기거) ; 日常. 降坐(강좌) ; 자리에서 내려오다. 降 내릴 강.

- 奉使者(봉사자) ; 여기서는 使者를 侍奉(시봉)하는 관리. 陪臣(배신) ; 主君을 섬기는 家臣. 대부의 家臣(가신). 自同陪臣(자동배신) ; 저절로 陪臣과 같다. 곧 金使는 上官이고, 그를 영접하는 宋의 관리는 그 家臣 格. 館伴之屬(관반지속) ; 영빈관에서 근무하는 하급관리.

○ 至是始稱上爲宋皇帝, 止爲叔姪之國, 易歲貢爲歲幣. 歲幣減十萬之數, 地界如紹興之時, 而餘禮往往竟不能盡改, 上終身憤之. : 이제는 황제를 宋皇帝라 쓰면서 '叔姪의 나라'가 되었고, 歲貢을 歲幣(세폐)로 바뀌었다. 歲幣도 十萬 정도를 감했고, 국경은 高宗 때 정한 그대로 하였으나, 나머지 외교의 禮에 대해서는 가끔 고치지 못한 것이 있어 孝宗은 끝까지 이를 분하게 여겼다.

– 叔姪之國(숙질지국) ; 金은 叔父의 나라, 南宋은 姪(질, 조카)의 나라. 엄격한 차이와 복종을 전제로 하는 君臣之禮에서 보다 친밀한 叔姪관계로 바뀌었다지만 '강요된 친밀'이라면 치욕과 같을 것이다.

– 易 바꿀 역. 바뀌다. 歲貢(세공) ; 매년 바치는 조공. 歲幣(세폐) ; '해마다 주는 돈.' 歲幣減十萬之數는 「通鑑綱目」에는 歲幣二十萬이라는 것에서 眞宗의 朝貢에 緼(운)二十萬匹, 銀十萬兩, 合計三十萬을 約束하였는데 十萬을 減하게 되었다고 되어있다. 地界(지계) ; 國境. 緼 가는 끈 운. 가는 끈. 과녁을 벼리에 연결하는 가는 끈.

– 紹興之時(소흥지시) ; 高宗 재위 연간. 往往(왕왕) ; 늘 항상. 이따금. 지나간 일을 언급한다.

(5) 其後屢請還河南陵寢地, 改受書禮, 金人卒不從. 蓋上雖有志復讐, 而無能輔其志者. 自陳康伯卒

後, 洪适·葉顒·魏杞·蔣芾·陳俊卿·虞允文·梁克家·曾懷·葉衡·史浩·趙雄·王淮·周必大·留正, 相繼爲相. 惟俊卿·允文竝相時, 有經營北方之議. 而俊卿持重, 卒與允文不合. 允文所爲, 人亦議其虛誕, 竟不效, 如浩尤不主用兵. 必大從容廟堂, 善類多所引進.

그 후에도 여러 번 하남의 황릉 지역을 돌려줄 것과 국서를 받는 예를 바꾸자고 요청했으나 金에서는 끝까지 들어주지 않았다. 황제가 복수하려는 뜻이 있어도 그 뜻을 보필할만한 자가 없었다.

진강백이 죽은 뒤로, 홍괄, 섭옹, 위기, 장불, 진준경, 우윤문, 양극가, 증회, 섭형, 사호, 조웅, 왕회, 주필대, 유정 등이 연이어 차례로 재상이 되었다. 오직 진준경과 우윤문이 같이 재상으로 있을 때만 북방을 경략할 의논이 있었다. 그런데 진준경은 신중해야 한다면서 끝내 우윤문과 불화하였다. 우윤문의 주장은 많은 사람들이 허황되다고 말했기에 끝내 소용이 없었고, 사호 같은 사람은 용병을 주창하지 않았다. 주필대는 조정에서 침착하게 정무를 처리하면서 많은 현자들을 천거하고 등용하였다.

어구 설명

○ 其後屢請還河南陵寢地, 改受書禮, 金人卒不從. 蓋上雖有志復讐, 而無能輔其志者. : 그 후에도 여러 번 河南의 皇陵 지역을 돌려줄 것과 국서를 받는 예를 바꾸자고 요청했으나 금나라에서는 끝까지 들어주지 않았다. 황제가 복수하려는 뜻이 있어도 그 뜻을 보필할만한 자가 없었다.

- 屢 여러 루. 자주. 讐 원수 수. 無能輔其志者(무능포기지자) ; 그의 뜻을 보필할 수 있는 사람이 없었다.

○ 自陳康伯卒後, 洪适 · 葉顒 · 魏杞 · 蔣芾 · 陳俊卿 · 虞允文 · 梁克家 · 曾懷 · 葉衡 · 史浩 · 趙雄 · 王淮 · 周必大 · 留正, 相繼爲相. 惟俊卿 · 允文竝相時, 有經營北方之議. 而俊卿持重, 卒與允文不合. 允文所爲, 人亦議其虛誕, 竟不效, 如浩尤不主用兵. 必大從容廟堂, 善類多所引進. : 陳康伯(진강백)이 죽은 뒤로, 洪适(홍괄), 葉顒(섭옹), 魏杞(위기), 蔣芾(장불), 陳俊卿(진준경), 虞允文(우윤문), 梁克家, 曾懷(증회), 葉衡(섭형), 史浩, 趙雄, 王淮(왕회), 周必大, 留正 등이 연이어 재상이 되었다. 오직 陳俊卿과 虞允文이 같이 재상으로 있을 때만 北方을 경략할 의논이 있었다. 그런데 진준경은 신중해야 한다며서 끝내 우윤문과 불화하였다. 우윤문의 주장은 많은 사람들이 허황되다고 말했기에 끝내 소용이 없었고, 史浩 같은 사람은 用兵을 주창하지 않았다. 주필내는 조정에서 침착하게 정무를 처리하면서 많은 현자들을 천거하고 등용하였다.

- 适 빠를 괄. 葉 잎 엽. 성씨 섭. 顒 공경할 옹. 杞 구기자나무 기. 蔣 풀 이름 장. 자리. 芾 우거질 불.

- 嘗 일찍 증. 懷 품을 회. 持重(지중) ; 신중한 태도를 취하다. 誕 태어날 탄. 허황한 소리. 虛誕(허탄) ; 터무니없다. 황당무계하다.

- 從容(종용) ; 조용하다. 침착하다. 여유 있다. 廟堂(묘당) ; 종묘. 사당. 조정. 王廷. 善類(선류) ; 다수의 賢者.

(6) 朱熹以淳熙十五年被召, 必大作相時也. 初程頤卒於徽宗之世, 其徒楊時在欽宗・光堯時, 皆被擢. 趙鼎雖不及識頤, 而主張其學. 惡之者, 以楊時爲還魂, 鼎爲尊魂, 胡安國爲强魂. 其後又有尹焞, 見召入經筵, 焞蓋頤晩年高弟也.

주희는 순희 15년(1188)에 부름을 받았는데, 주필대가 재상으로 있을 때였다. 그 전에 程頤(정이)는 휘종 재위 중에 죽었고, 그 문도(제자)인 양시는 흠종과 고종 때 두 번 발탁되었다.

程頤(정이)

조정은 비록 정이를 직접 보지 못했지만 그 학문을 따

랐다. 程子의 학문을 싫어하는 사람들은 양시를 환혼, 조정을 존혼, 호안국을 강혼이라고 비웃었다. 그 외에도 윤돈이 있는데 윤돈은 경연관으로 불려갔었는데 윤돈은 아마 정이 만년의 고제자라 할 수 있다.

어구 설명

○ 朱熹以淳熙十五年被召, 必大作相時也. 初程頤卒於徽宗之世, 其徒楊時在欽宗 · 光堯時, 皆被擢. : 朱熹는 淳熙(순희) 15년에 부름을 받았는데, 周必大가 재상으로 있을 때였다. 그 전에 程頤(정이)는 徽宗(휘종) 재위 중에 죽었고, 그 門徒인 楊時는 欽宗(흠종)과 고종 때에 두 번 발탁되었다.

– 熹 성할 희, 아름다울 희. 朱熹(주희, 1130~1200년). 号 晦庵(회암), 晩称(만칭) 晦翁(회옹), 諡號(시호) 文公. 보통 朱文公으로 호칭. 南宋 理學의 集大成者, 朱子로 존칭. 程顥, 程頤의 三傳弟子. 李侗(이동)의 學生. 著作이 매우 많음. 《禮記》의 《大學》과 《中庸》을 獨立시켜 《論語》, 《孟子》와 함께 《四書》라 하였고, 이후 《四書》는 經學의 기초 입문서가 되어 《五經》보다 중시되었다.

– 淳熙(순희) ; 孝宗의 3번째 연호. 1174~1189년. 淳熙 15년은 1188년. 程頤(정이) ; 伊川先生.

– 徒 무리 도. 門徒. 楊時(양시, 1053~1135년) ; 號 龜山(귀산). 세칭 '龜山先生', 南宋 洛學의 大家. 程顥(정호), 程頤(정이)의 제자. 제자가 스승을 공경하는 본보기가 된 '程門立雪'의 주인공.

– 光堯(광요) ; 남송 高宗. 선위한 高宗에게 孝宗이 올린 칭호가

光堯壽聖皇帝(광요수성황제)였다. 擢 뽑을 탁. 발탁하다.

○ 趙鼎雖不及識頤, 而主張其學. 惡之者, 以楊時爲還魂, 鼎爲尊魂, 胡安國爲强魂. 其後又有尹焞, 見召入經筵, 焞蓋頤晩年高弟也. : 趙鼎은 비록 程頤를 직접보지 못했지만 그 학문을 따랐다. 程子의 학문을 싫어하는 사람들은 楊時를 還魂, 趙鼎을 尊魂, 胡安國을 强魂이라고 비웃었다. 그 외에도 尹焞(윤돈)이 있는데 윤돈은 경연관으로 불려갔었는데 윤돈은 아마 程頤 晩年의 高弟者라 할 수 있다.

- 趙鼎雖不及識頤(조정수불급식이) ; 程頤(정이)가 죽는 1107년에 趙鼎은 23세 청년으로 직접 배우지 않았기에 程頤를 몰랐을 것이다.

- 惡之者(악지자) ; 程子의 학문(理學)을 싫어하는 자. 還魂(환혼) ; 정호, 정이의 혼이 돌아와 박힌 사람.

- 尊魂(존헌) ; 程子의 혼령을 존경하는 사람. 胡安國(호안국, 1074 ~1138년) ;《春秋》를 전공한 理學者.

- 强魂(강혼) ; 정주학을 더욱 加味한 사람. 焞 성할 돈. 尹焞(윤돈, 1061~1132년) ; 程頤의 제자.

- 經筵(경연) ; 천자에게 경전을 강의하는 자리. 高弟(고제) ; 제자 중에서도 뛰어난 제자.

(7) 士大夫名程氏之學曰道學, 時好所尙, 或冒此名以進, 時好不同, 亦多以此名見擠於世. 延平李侗,

受學於楊時之門人羅從彦, 而熹又受學於侗. 胡銓嘗薦熹於光堯, 熹不至. 乾道以來屢召不起. 特旨改秩奉祠, 召入館, 不就. 後爲南康守, 浙東荒, 除熹提擧, 往救之. 過闕嘗一入奏事. 至是召對除兵部郎, 與侍郎林栗不合, 卽奉祠去.

사대부들은 정씨 형제의 학문을 도학이라 하였는데, 시대 조류가 이 학문을 숭상하면 이 때문에 출세하였고, 시류가 이와 같지 않으면 이 때문에 세상에서 밀려났다. 연평의 이동은 양시의 문인인 나종언에게 배웠는데, 주희는 이동으로부터 학문을 전수받았다.

호전이 그 전에 주희를 고종에게 친거했으나 부임하지 않았다. 효종 건도 연간 이후에도

李侗(이동) ; 朱熹(朱子)의 스승

여러 번 불렀으나 주희는 끝내 응하지 않았다. 효종의 특명으로 봉사관의 품계를 높여 비서관에 근무하라 하였지만 취임하지 않았다. 뒷날 남강의 지방관이 되었는데 절동지방에 흉년이 들자, 주희에게 提擧(제거)를 제수하며 가서 구제하게 하였다. 주희는 입궐하여 한 번 업무 보고를 한 적이 있었다. 이때 황제를 알현하고 병부랑에 제수되었으나 병부시랑 임율과 불화하게 되자, 즉시 봉사관이 되어 조정을 떠났다.

어구 설명

○ 士大夫名程氏之學曰道學, 時好所尙, 或冒此名以進, 時好不同, 亦多以此名見擠於世. 延平李侗, 受學於楊時之門人羅從彦, 而熹又受學於侗. : 士大夫들은 程氏 형제의 學問을 道學이라 하였는데, 시대 조류가 이 학문을 숭상하면 이 때문에 출세하였고, 시류가 이와 같지 않으면 이 때문에 세상에서 밀려났다. 延平의 李侗은 楊時(양시)의 門人인 羅從彦(나종언)에게 배웠는데, 朱熹는 李侗(이동)으로부터 학문을 전수받았다.

– 道學(도학) ; 聖人의 道統을 깨우치는 학문. 宋代 理學의 別稱. 時好(시호) ; 시대적 풍조. 그 시대의 유행. 時尙과 同. 冒 무릅쓸 모. 저촉하다. 탐내다. 擠 밀 제. 밀어 떨어트리다. 見擠於世(견제어세) ; 세상에서 밀려나다.(피동). 배척당하다.

– 延平(연평) ; 今 福建省 南平市.

– 李侗(이동, 1093~1163년) ; 程頤의 二傳弟子. 젊어서 楊時를 뵙고, 羅從彦을 스승으로 이학을 연마. '理與心一' 을 주장. '中庸' 을 '喜怒哀樂之未發 謂之中〈기쁘고 화나고 슬프고 즐거움의 이런 일이 아직 겉으로 나타나지 않으니(일어나지 않으니) 이를 이르러 中庸(중용)이라 하였다.〉' 이라 설명하였다. 朱熹는 武夷山에서 그 門下에 출입하며 배운 것을 《延平答問》에 정리했다. 이동은 朱熹를 매우 중히 여겨 '洛學〈낙학=宋學(송학)의 한 派(파). 낙양사람인 程顥(정호) · 程頤(정이) 두 학자의 학설로 인간의 본성에 관한 性命(성명) · 理氣(이기)를 주로 한 학파.〉' 을 朱熹에게 전수하였다. 주희는 이로써 二程의 洛學을 계승하며 北宋各大家의 思想을 종합하여 자신의 學說의 기초를 다졌다.

– 羅從彦(나종언, 1072~1135년) ; 豫章先生(예장선생). 楊時, 羅從彦, 李侗, 朱熹를 '閩學四賢(민학사현)' 이라 부른다.

○ 胡銓嘗薦熹於光堯, 熹不至. 乾道以來屢召不起. 特旨改秩奉祠, 召入館, 不就. 後爲南康守, 浙東荒, 除熹提舉, 往救之. 過闕嘗一入奏事. 至是召對除兵部郎, 與侍郎林栗不合, 即奉祠去. : 胡銓이 그 전에 朱熹를 고종에게 천거했으나 부임하지 않았다. 효종 乾道 년간 이후로 여러 번 불렀으나 응하지 않았다. 효종의 특명으로 奉祠官(봉사관)의 품계를 높여 비서관에 근무하라 하였지만 취임하지 않았다. 뒷날 南康의 지방관이 되었는데 浙東(절동)에 흉년이 들자, 주희에게 提舉(제거)를 제수하며 가서 구제하게 하였다. 주희는 입궐하여 한 번 업무 보고를 한 적이 있었다. 이때 황제를 알현하고 兵部郎에 제수되었으나 兵部侍郎 林栗(임율)과

불화하게 되자, 즉시 奉祠官이 되어 조정을 떠났다.

– 胡銓(호전, 1102~1180년) ; 진회를 맹공했던 정치인이 죽음으로써 高宗(고종)에게 北伐(북벌)을 간한 유학자. 薦 천거할 천. 光堯(광요) ; 남송 고종.

– 熹不至(희불지) ; 주희는 조정에 오지 않았다. 朱熹는 관직에 나가지 않았다. 乾道(건도) ; 효종의 첫번째 연호는 建興(건흥)이고 2번째 연호 건도는 9년 동안이었다. 1165~1173년.

– 特旨改秩奉祠(특지개질봉사) ; 황제의 특별한 지시로 奉祠官의 秩祿〈질록 = 祿俸(녹봉) = 벼슬아치에게 주던 곡식 · 돈 등의 총칭.〉을 바꾸면서. 奉祀官(봉사관) ; 宮觀使. 奉祠는 나이가 많거나 유명한 학자를 등용하기 위해 각지 神祠를 관리하는 직책. 명예직이지만 관리의 녹봉을 받을 수 있다.

– 館(관) ; 궁중 도서관의 秘書館. 南康(남강) ; 江西省의 지명. 浙東(절동) ; 절강성의 동쪽. 荒 거칠 황. 흉년.

– 提擧(제거) ; 提擧宮觀祠. 職名. 過闕(과궐) ; 궁궐에 들어가. 稟(율) ; 栗 밤나무 률(율)의 古字.

(8) 數月復召, 熹辭. 惟進封事, 言天下之大本與今日之急務. 大本在陛下之心, 急務則輔翼太子, 選任大臣, 振擧綱維, 變化風俗, 愛養民力, 修明軍政, 六者是也. 熹之同志, 有廣漢張栻者, 魏忠獻公浚之

子. 其學得之胡宏, 宏安國子也. 栻之言曰, 有所爲而爲者利也, 無所爲而爲者義也. 學者誦爲名言, 稱栻爲南軒先生.

(효종이) 몇 달 뒤에 다시 불렀지만 주희는 관직을 사양했다. 다만 봉사를 올려 천하의 정치를 다스리는 근본과 금일의 急務(급무)를 건의하였다. 주희가 말한 대본은 폐하의 마음에 있고, 급무는 태자를 보필하는 일, 대신을 선임하기를 신중히 할 것, 나라기강을 바로 잡기, 풍속을 순화하기, 애민하면서 민력(백성의 힘)을 증진하기, 군정(군비를 갖춰)을 바로 잡기 등 여섯 가지였다.

주희와 같은 뜻을 가진 학자는 광한의 장식인데, 위국의 충헌공인 장준의 아들이다. 그의 학문은 호안국의 아들인 호굉으로부터 배워 성취하였다. 장식이 "해야 할 일을 하는 것은 利이며, 해야 할 바가 없지만 하는 것은 義이다."라는 말을 했다. 당시의 학자들은 그 말을 읽으면서 명언이라 했는데, 장식은 남헌선생이라 부른다.

朱熹(주희)

어구 설명

○ 數月復召, 熹辭. 惟進封事, 言天下之大本與今日之急務. 大本在陛下之心, 急務則輔翼太子, 選任大臣, 振擧綱維, 變化風俗, 愛養民力, 修明軍政, 六者是也. : 數月 뒤에 다시 불렀지만 주희는 관직을 사양했다. 다만 封事를 올려 天下의 大本과 今日의 急務를 건의하였다. 주희가 말한 大本은 陛下의 心에 있고, 急務는 太子를 보필하는 일, 大臣을 선임하는 일, 나라의 기강을 바로 잡기, 風俗을 순화하기, 愛民하면서 民力을 증진하기, 軍政을 바로 잡기 등 여섯 가지였다.

- 封事(봉사) ; 밀봉하여 임금께 상주하는 건의서. 輔 도울 보. 보필하다. 翼 날개 익. 輔翼(보익) ; 보좌하다.

- 振擧(진거) ; 진작시키다. 분발케 하다. 振奮(진분=위세, 용맹, 명성 등을 떨쳐 일어나다), 振起〈진기=떨치고 일어남. 奮起(분기)함. 振擧(진거). 振刷(진쇄)〉. 綱 벼리 강. 三綱(삼강, 君臣, 父子, 夫婦의 道). 維 밧줄 유. 四維〈사유, 禮(예), 義(의), 廉(염), 恥(치)〉. 綱維(강유) ; 국가의 紀綱. 愛養民力(애양민력) ; 愛民養力(애민양력=백성을 사랑하고 힘을 기른다), 곧 國富의 증대. 與民休息(여민휴식=백성과 더불어 휴식을 취한다)도 한 방법임.

○ 熹之同志, 有廣漢張栻者, 魏忠獻公浚之子. 其學得之胡宏, 宏安國子也. 栻之言曰, 有所爲而爲者利也, 無所爲而爲者義也. 學者誦爲名言, 稱栻爲南軒先生. : 朱熹와 같은 뜻을 가진 학자는 廣漢의 張栻(장식)인데, 魏忠獻公(위충헌공)인 張浚(장준)의 아들이다. 그의 學問은 胡安國(호안국)의 아들인 胡宏(호굉)으로부터 배워 성

취하였다. 張栻이 "해야 할 일을 하는 것은 利이며, 해야 할 바가 없지만 하는 것은 義이다."라는 말을 했다. 學者들은 그 말을 읽으면서 名言이라 했는데, 장식은 南軒先生(남헌선생)이라 부른다.

- 同志(동지) ; 同學. 廣漢(광한) ; 今 四川省 成都의 廣漢市.
- 栻 점치는 나무판 식. 張栻(장식, 1133~1180년) ; 號 南軒. 丞相 張浚(1097~1164년)의 아들. 長沙(장사)의 岳麓書院(악록서원)과 城南書院에서 강의. 張栻(장식)은 '湖湘學派(호상학파)'의 대표로 朱熹의 閩學(민학), 呂祖謙(여조겸)의 婺學(무학)과 함께 鼎足(정족)을 이루었었다. 麓 산기슭 록. 산의 아랫부분. 숲. 넓은 森林(삼림). 鼎足(정족) ; ①솥발. ②三公(삼공)의 지위. ③삼자가 협력함. ④세 곳에 割據(할거)하여 삼자가 대립함.
- 湖湘(호상) ; 湖南省(호남성)의 洞庭湖(동정호)와 湘江(상강) 일대를 이르는 말. 閩學(민학) ; 宋(송) 朱熹(주희)를 대표로 하는 성리학의 한 학파. 주희가 福建路(복건로) 建陽(건양)에 우거하며 강학하였던 데서 유래한 말이다. 婺學(무학) ; 南宋(남송) 때 務州(무주) 사람인 呂祖謙(여조겸)을 중심으로 형성된 학파. 일명 金華學派(금화학파). 經世致用(경세치용)을 주창하였으며, 朱熹(주희)와 陸九淵(육구연)의 爭論(쟁론)에 대하여 절충적 입장을 취하였다.
- 宏 클 굉. 胡宏(호굉, 1105~1161년) ; 南宋 理學 名家, 衡山(형산)에 隱居(은거). 五峰先生이라 통칭. 楊時에게 사사. 張栻(장식)의 스승. 父親 胡安國과 함께 '湖湘學派(호상학파)'를 형성.
- 所爲(소위) ; 해야 할 바. 誦 외울 송. 암기하다. 軒 추녀 헌. 집.
- 南軒(남헌) ; 장식의 書齋(서재) 이름.

(9) 有呂祖謙者, 公著之五世, 希哲之四世孫也. 亦祖程氏之學, 學者稱爲東萊先生. 皆先是數年卒矣. 惟熹學問老而彌篤, 學者共師宗之, 稱爲晦菴先生. 四方仰其人, 如泰山北斗. 南使至北, 金人必問朱先生安在. 同時有臨川陸九淵, 世號象山先生者, 與熹爭論太極圖說. 且謂學有悟入, 譏熹從事訓解, 意見頗立異云.

여조겸이란 사람은 여공저의 5세손이고, 여희철의 4세손이다. 역시 정씨의 학문을 근본으로 하였는데, 학자들은 그를 동래선생이라 불렀다. 이들은(장식, 여조겸) 모두 수년 전에 죽었다.

陸九淵(육구연)

오직 주희의 학문만은 늙으면서 더욱 독실해졌으니 학자들이 모두 스승으로 모시면서 회암선생이라 불렀다. 사방에서 태산북두처럼 우러러보았다. 송의 사신이 북쪽 金에 가면 그곳 사람들은 주선생이 편안하신가를 꼭 물었다.

동시에, 임천에 사람들이 상산선생이라 부르는 육구연이 있었는데, 주희와 태극도설을 두고 논쟁을 했었다. 육구연은 배움이란 깨달음으로 들어가는 길이라면서 주희가 강조하는 훈고와 주해를 비판하여 그 의견에서 많은 차이가 있다고 할 수 있다.

어구 설명

○ 有呂祖謙者, 公著之五世, 希哲之四世孫也. 亦祖程氏之學, 學者稱爲東萊先生. 皆先是數年卒矣. : 呂祖謙(여조겸)이란 사람은 呂公著(여공저)의 五世孫이고, 呂希哲의 四世孫이다. 역시 程氏之學을 근본으로 하였는데, 學者들은 그를 東萊先生이라 불렀다. 이들은(장식과 여조겸) 모두 수년 전에 죽었다.

- 呂祖謙(여조겸, 1137~1181년) ; 世稱 東萊先生. 南宋 哲學家, 教育家. 呂祖謙은 朱熹, 張栻(장식)과 긴밀한 학문적 교유가 있어 당시에 東南三賢이라 일컬었다. 呂學(婺學, 무학)을 대표하는 학자.

- 祖(조) ; 祖述하다. 스승의 道를 서술하고 확장하다. 程氏之學(정시지학) ; 二程의 학문. 理學.

- 東萊(동래) ; 今 山東省 烟台市(인태시) 관할의 萊州. 台 땅이름일 때는 태로 읽는다. 先是數年卒矣(선시수년졸의) ; 장식은 1180년, 여조겸은 1181년에 죽었다.

○ 惟熹學問老而彌篤, 學者共師宗之, 稱爲晦菴先生. 四方仰其人,

如泰山北斗. 南使至北, 金人必問朱先生安在. : 오직 朱熹의 學問만은 늙으면서 더욱 독실해졌으니 學者들이 모두 스승으로 모시면서 晦菴先生(회암선생)이라 불렀다. 四方에서 泰山北斗처럼 우러러보았다. 송의 사신이 북쪽 金에 가면 金의 사람들은 朱先生이 편안하신가를 꼭 물었다.

– 彌 두루 미. 더욱. 篤 도타울 독. 독실해지다. 晦 그믐 회. 어둡다. 菴 풀 이름 암. 암자. 泰山北斗(태산북두) ; 태산과 북두칠성. 모두가 우러러보는 대상.

○ 同時有臨川陸九淵, 世號象山先生者, 與熹爭論太極圖說. 且謂學有悟入, 譏熹從事訓解, 意見頗立異云. : 同時에, 臨川에 사람들이 象山先生(상산선생)이라 부르는 陸九淵(육구연)이 있었는데, 朱熹와 〈太極圖說〉을 두고 논쟁을 했었다. 육구연은 배움이란 깨달음으로 들어가는 길이라면서 주희가 강조하는 訓詁(훈고)와 주해를 비판하여 그 의견에서 많은 차이가 있다고 할 수 있다.

– 臨川(임천) ; 今 江西省 撫州市(무주시). 陸九淵(육구연, 1139~1193년) ; 陸王心學의 代表者. 象山書院〈江西省 貴溪縣(귀계현)〉에서 講學하였기에 '象山先生'으로, 學術界에서는 '陸象山'이라 한다.

– 與熹爭論太極圖說(여희쟁논태극도설) ; 南宋 淳熙(순희) 2年(1175년)에 呂祖謙(여조겸)은 陸九淵과 朱熹 等이 참가하는 '鵝湖之會(아호지회)'를 개최하여 대토론회를 열었는데 주희와 육구연은 학문적으로 대치하였다. 朱熹는 陸九淵의 學說이 너무 簡略하고 공허하다 비판했고, 陸九淵은 朱熹의 學說이 복잡하고 계통

이 서지 않았다고 생각하였다. 鵝 거위 아. ①오리과의 家禽(가금). ②陣(진) 이름. 軍陣(군진)의 한 가지.

- 太極圖說(태극도설) ; 周惇頤(주돈이)의 태극도설. 우주의 근본을 도해하여 만물의 발전과 변화의 원리를 설명한 228字의 짧은 문장이다. 주희는 이를 확신하며 宋代 理學의 기본이라 생각했다.

- 學有悟入(학유오인) ; 학문이란 깨달음으로 들어가는 길이다. 육구연의 학설은 보통 '心學'이라 통칭하는데, 마음의 수양을 강조하여 주희와는 여러 면에서 의견차이가 있었다. 悟 깨달을 오. 진리를 체득하다.

- 譏 나무랄 기. 기롱하다. 비웃다. 訓解(훈해) ; 문자의 뜻을 새기는 訓詁(훈고)와 註解. 頗 자못 파. 제법. 많이.

(10) ○ 上久有與子之意, 會光堯皇帝壽八十二而崩, 乃詔內禪. 上奉德壽二十六年, 孝養備至, 旣升遐, 哀慕尤切. 以不得日奉几筵, 欲退終喪制, 移居重華宮, 在位二十八年. 金世宗雍, 以是歲殂, 其嗣允恭先卒, 孫璟立. 雍賢明仁恕, 號爲北方小堯舜. 故金之大定三十年, 與宋之隆興 · 乾道 · 淳熙相終始, 南北皆得休息, 彼此無可乘之釁. 上之齎志, 不克大有爲者以此. 太子立, 是爲光宗皇帝.

효종은 오래전부터 아들에게 물려줄 뜻을 갖고 있었는데, 마침 고종이 나이 82살에 죽자, 바로 선양한다는 조서를 내렸다. 효종은 덕수궁의 고종을 26년간 봉양하며 극진히 효도하였는데, 승하하자 애모의 정이 더욱 간절하였다. (帝位에 있으면서) 상례를 다 못한다면서 퇴위하여 3년상을 마치려고 중화궁으로 이거하였는데, 재위는 28년이었다.

金의 세종인 완안옹도 이 해에 죽었는데, 아들 윤공이 먼저 죽었기에 손자 완안경이 즉위했다. 세종은 현명하고 인자하고 생각이 깊어 '북방의 작은 요순'이라 불리었다. 그래서 金의 (세종 재위기간) 대정 30년은 송의 융흥, 건도, 순희와 서로 시작과 끝이 같았으며, 남북이 다 휴식할 수 있었으며 피차간 서로 이용할만한 틈이 없었다.

효종이 큰 뜻을 품고서도 큰 성과를 내지 못한 것은 이 때문이었다. 태자가 즉위하니, 이가 광종황제이다.

어구 설명

○ 上久有與子之意, 會光堯皇帝壽八十二而崩, 乃詔內禪. 上奉德壽二十六年, 孝養備至, 旣升遐, 哀慕尤切. 以不得日奉几筵, 欲退終喪制, 移居重華宮, 在位二十八年. : 효종은 오래전부터 아들에게 물려줄 뜻을 갖고 있었는데, 마침 고종황제가 나이 82살에 죽자, 바로 선양한다는 조서를 내렸다. 효종은 덕수궁의 고종을 26년간 봉양하며 극진히 효도하였는데, 승하하자 애모의 정이 더욱

간절하였다. (帝位에 있으면서) 상례를 다 하지 못한다는 이유로 퇴위하여 3년상을 마치겠다며 重華宮(중화궁)으로 移居(이거 = 옮겨 살다. 이사 가서 살다.)하였는데, 在位는 28년이었다.

– 與子之意(여자지의) ; 아들에게 물려주려는 뜻. 讓位. 會(회) ; 때마침. 공교롭게도. 光堯皇帝(광요황제) ; 高宗. 壽八十二而崩(이붕 = 되어서 죽음.) ; 재위 기간은 1127 ~1162년.

– 內禪(내선) ; 생존 중에 양위하다. 德壽(덕수) ; 고종은 효종에게 양위하고 德壽宮에 28년을 머물렀다. 효종은 재위 기간과 고종이 덕수궁에 머문 기간이 같다.

– 備至(비지) ; 주도면밀하다. 극진하게 하다. 遐 멀 하. 升遐(승하) ; 황제의 죽음. 昇遐(승하). 尤 더욱 우.

– 几 안석 궤. 筵 자리 연. 깔개. 奉几筵(봉궤연) ; 옆에서 시중들다. 退終喪制(퇴종상제) ; 퇴위하여 3년상을 마치다. 在位 二十八年 ; 1162~1189년.

○ 金世宗雍, 以是歲殂, 其嗣允恭先卒, 孫璟立. 雍賢明仁恕, 號爲北方小堯舜. 故金之大定三十年, 與宋之隆興 · 乾道 · 淳熙相終始, 南北皆得休息, 彼此無可乘之釁. : 金의 世宗인 完顏雍(완안옹)도 이 해에 죽었는데, 아들 允恭(윤공)이 먼저 죽었기에 손자 完顏璟(완안경)이 즉위했다. 세종은 현명하고 인자하고 생각이 깊어 '北方의 작은 堯舜'이라 불리었다. 그래서 金의 (세종 재위기간) 大定 三十年은 송의 隆興(융흥), 乾道(건도), 淳熙(순희)와 서로 시작과 끝이 같았으며, 南北이 다 休息할 수 있었으며 피차간 서로 이용할만한 틈이 없었다.

– 世宗雍(세종옹) ; 世宗 完顔雍. 재위 1161~1189년. 嗣 이을 사. 상속자. 璟 옥 광채 날 경(영). 大定(대정) ; 金 世宗의 연호.
– 隆興(융흥) · 乾道(건도) · 淳熙(순희) ; 남송 효종의 연호. 釁 틈 흔. 혼란. 無可乘之釁(무가승지흔) ; 이용할 수 있는 혼란이 없다.

○ 上之齎志, 不克大有爲者以此. 太子立, 是爲光宗皇帝. : 효종이 큰 뜻을 품고서도 큰 성과를 내지 못한 것은 이 때문이었다. 태자가 즉위하니, 이가 光宗皇帝이다.

– 齎 가져올 재. 갖추다. 齎志(재지) ; 큰 뜻을 품다. 그 뜻을 버리지 않다. 不克(불극) ; ~할 수 없다. 이기지 못하다.
– 有爲(유위) ; 성과가 있다(有所作爲也). 능력이 있다. 여기서는 失地 恢復(회복)의 큰 업적. 不克大有爲者以此(불극대유위자이차) ; 큰 성과(大有爲)를 내지 못한(不克) 것은(者) 이것 때문이다.(以此, 효종 재위 중 金에도 유능한 통치자가 재위.)

(11) 光宗皇帝, 名惇, 年四十四, 自東宮受禪. 尊太上皇帝, 爲至尊壽皇聖帝. 周必大罷, 留正 · 葛邲, 爲左右相. 改元曰紹熙. 皇后李氏, 大將李道女也, 悍而妬, 欲亟立太子嘉王爲儲嗣. 衵內宴請於壽皇, 不許. 后不遜, 壽皇有怒語. 后銜之, 乃造誣罔, 謂壽皇有廢立意. 致上驚恐得疑疾, 及聞後宮有暴死者, 上震懼, 疾愈甚. 不復過重華宮, 近兩載始一至,

壽皇彌不懌, 上亦不能視疾. 壽皇居重華踰五載, 壽六十八而崩. 上不能執喪, 一日忽仆於地, 中外危懼. 太皇太后立嘉王, 是爲寧宗皇帝.

광종황제의 이름은 돈이며, 나이 44세에 동궁으로서 효종의 뒤를 이어 선양을 받았다. (孝宗을) 태상황제로 높이며 지존수황성제라 했다. 재상 주필대를 해임하고, 유정과 갈필을 좌, 우상으로 삼았다. 개원하여 소희라 하였다.

황후 이씨는 대장 이도의 딸인데, 성격이 사납고 질투가 심했으며 빨리 아들 가왕을 태자로 세우려 했다. 그래서 궁에서 잔치를 열고 수황을 청했으나 許諾하지 않았다. 황후가 불손하자, 수황이 노하여 꾸짖었다. 황후는 원한을 품었고, 수황이 (광종을) 폐입하려는 뜻이 있다고 거짓말로 무고했다.

皇后李氏(황후이씨, 李鳳娘)

광종은 놀라고 두려워 신경쇠약으로 병이 되었는데, 궁녀들 거처에서 급사한 사람이 있다는 말을 듣고서 놀라고 두려워 병은 더욱 심해졌다. 광종은 다시 중화궁에 가지도 않아 2년 가까이에 겨우 한 번 갔기에 수황은 더욱 싫어했고, 광종 또한 효종의 병문안을 갈 수도 없었다.

수황은 중화궁에 거처한 지 5년이 지나, 나이 68세에 죽었다. 광종은 복상을 하지도 못하다가 어느 날 갑자기 쓰러졌는데 궁중이나 조정이 모두 크게 걱정을 하였다. 태황태후가 가왕을 즉위케 하니, 이가 영종황제이다.

어구 설명

○ 光宗皇帝, 名惇, 年四十四, 自東宮受禪. 尊太上皇帝, 爲至尊壽皇聖帝. 周必大罷, 留正 · 葛邲, 爲左右相. 改元曰紹熙. : 光宗皇帝의 이름은 惇(돈)이며, 나이 四十四에 東宮으로서 선양을 받았다. (孝宗을) 太上皇帝로 높이며 至尊壽皇聖帝(지존수황성제)라 했다. 周必大를 해임하고, 留正과 葛邲(갈필)을 左, 右相으로 삼았다. 改元하여 紹熙(소희)라 하였다.

- 光宗(광종) ; 재위 1189~1194년. 宋朝에서 비교적 어리석고 우매한 황제. 신체 허약 多病. 奸臣(간신) 참언에 따라 辛弃疾(신기질) 등 주전파 대신을 밀어냈다. 이미 질투로 소문났고 악랄하기도 했던 皇后 李鳳娘(이봉랑)이 권력을 행사했고, 자신은 주색에 빠졌다. 선양해 주고 물러난 孝宗이 병이 들었는데 간병하지도 않았고 효종이 죽었을 때 건강도 나빴지만 服喪(복상 = 상례를 집행하다.)하지도 않았다. 결국 자신의 뜻과 상관없이 아들에게 양위하고 물러났다.

- 惇 도타울 돈. 留正(유정), 葛邲(갈필) ; 인명. 邲 땅 이름 필. 紹熙(소희) ; 1190~1194년.

○ 皇后李氏, 大將李道女也, 悍而妬, 欲亟立太子嘉王爲儲嗣. 因內宴請於壽皇, 不許. 后不遜, 壽皇有怒語. 后銜之, 乃造誣罔, 謂壽皇有廢立意. : 皇后 李氏는 大將 李道의 딸인데, 사납고 질투가 심했으며 빨리 아들 嘉王을 태자로 세우려 했다. 그래서 궁에서 잔치를 열고 壽皇(퇴위한 효종)을 청했으나 (효종은) 許諾하지 않았다. 황후가 不遜(불손)하자, 壽皇(수황)이 怒하여 꾸짖었다. 황후는 원한을 품었고, 壽皇이 (광종을) 廢立하려는 뜻이 있다고 거짓말로 무고했다.

– 皇后李氏(황후이씨) ; 李鳳娘(이봉랑, 1144~1200년), 빼어난 미모가 알려져 高宗이 손자며느리로 간택. 乾道 四年(1168년)에 아들 趙擴(조확, 뒷날 寧宗)을 출산.

– 大將李道(대장이도) ; 慶遠軍節度使. 悍 사나울 한. 妬 강샘할 투. 황후 李氏의 질투 ; 光宗이 어느 날 마실 물을 올리는 궁녀의 하얀 손을 보고 '好!' 라며 한마디 감탄을 했는데, 다음 날 찬합에 그 궁녀의 두 팔이 담겨 광종에게 보내졌다는 이야기가 있다.

– 太子嘉王(태자가왕) ; 아직 태자로 정해지지 않았기에 '皇子' 라고 해야 한다. 嘉王(가왕) ; 자신의 소생인 趙擴(조확).

– 儲嗣(저사) ; 太子. 壽皇(수황) ; 효종. 遜 겸손할 손. 不遜(불손) ; 驕慢(교만). 銜 재갈 함. 머금다.

– 誣 무고할 무. 없는 사실을 만들어내다. 罔 그물 망. 없다(亡). 덮어 씌워 속이다. 誣罔(무망) ; 誣妄(무망). 허위 사실을 꾸며 남을 속임.

○ 致上驚恐得疑疾, 及聞後宮有暴死者, 上震懼, 疾愈甚. 不復過

重華宮, 近兩載始一至, 壽皇彌不懌, 上亦不能視疾. : 광종은 놀라고 두려워 신경쇠약으로 병이 되었는데, 궁녀들 거처에서 급사한 사람이 있다는 말을 듣고서 놀라고 두려워 병은 더욱 심해졌다. 광종은 다시 重華宮에 가지도 않아 2년 가까이에 겨우 한 번 갔기에 壽皇(수황, 孝宗)은 더욱 싫어했고, 광종 또한 孝宗의 병문안을 갈 수도 없었다.

– 疑疾(의질) ; 공포증. 신경쇠약.　後宮(후궁) ; 妃嬪(비빈)들의 거처.　暴 사나울 폭. 갑자기.　暴死(폭사) ; 갑자기 죽다. 急死. 光宗의 총애를 받던 黃貴妃가 황후의 질투에 의해 암살당한 것이고, 다른 張貴妃와 符婕好(부첩여) 두 사람은 황후의 질투로 평민에게 개가하였다고 한다.

– 震懼(진구) ; 놀라 두려워하다.　重華宮(중화궁) ; 효종의 거처.　載 실을 재. 실은 것. 일. 제사 지내다. 해(年).

– 彌 두루 미. 더욱.　懌 기뻐할 역.　視疾(시질) ; 병문안하다. 疾 병 질. 병. 질병.

○ 壽皇居重華踰五載, 壽六十八而崩. 上不能執喪, 一日忽仆於地, 中外危懼. 太皇太后立嘉王, 是爲寧宗皇帝. : 壽皇은 重華宮에 거처한 지 5년이 지나, 나이 六十八세에 죽었다. 광종은 服喪을 하지도 못하다가 어느 날 갑자기 쓰러졌는데 궁중이나 조정이 모두 크게 걱정을 하였다. 太皇太后가 嘉王을 즉위케 하니, 이가 寧宗皇帝이다.

– 踰 넘을 유.　執喪(집상) ; 상례를 집행하다. 服喪하다.　仆 엎드릴 부(복). 자빠지다.

제2장 南宋의 발전

1) 寧宗 ; 경제 안정

(1) 寧宗皇帝, 名擴. 初封嘉王, 孝宗崩, 光宗疾病, 知樞密院事趙汝愚, 密建翼戴之議. 知憲聖慈烈吳太皇太后, 以宗社爲憂, 將白事, 而難其人. 有知閤門事韓侂冑者, 琦之曾孫, 而太皇女弟之子也, 乃裀以入白. 太皇垂簾, 引嘉王入卽位, 代執孝宗之喪, 中外危疑者乃定. 光宗居壽康宮, 後六年而崩, 壽五十四.

영종황제의 이름은 조확이다. 애초에 嘉王(가왕)에 봉해졌다가 효종이 붕어하고, 광종은 병이 위독하자, 지추밀원사인 조여우는 비밀리에 가왕을 추대할 의논을 하였다.

헌성자열오태황태후(高宗의 皇后)가 종사를 매우 걱정하는 줄을 알고 아뢰려 해도 그 적임자를 찾기가 어려웠다. 때마침 지합문사인 한탁주는 한기의 증손으로, 태황후 여제의 아들이었기에 궁중에 들어가 아뢰도록 했다. 태황후는 수렴(발을 치고)하고 가왕을 인견한 뒤에, (가왕이) 입궁하여 즉위하고 효종의 상(장례)을 대리 집행토록 하니,

궁중과 조정에서 위기라며 걱정하던 자들이 안정되었다. 광종은 수강궁에 거처하다가 6년 뒤에 죽으니, 나이는 54세였다.

어구 설명

○ 寧宗皇帝, 名擴. 初封嘉王, 孝宗崩, 光宗疾病, 知樞密院事趙汝愚, 密建翼戴之議. : 寧宗皇帝의 이름은 趙擴(조확)이다. 애초에 嘉王에 봉해졌다가 孝宗이 붕어하고, 光宗은 병이 위독하자, 知樞密院事인 趙汝愚는 비밀리에 嘉王을 추대할 의논을 하였다.

– 寧宗(영종) ; 재위 1194~1224년. 光宗의 次子. 재위 중에 宋朝 비교적 안정 유지하며 百姓들은 어느 때보다 富裕했었다.

– 擴 넓힐 확. 趙汝愚(조여우, 1140~1196년) ; 宋朝의 宗室. 寧宗 시 宰相 역임. 뒤에 權臣 韓侂胄(한탁주)에 밀려 유배 중 사망.

– 疾病(질병) ; 疾은 病患(병환), 病은 고통스럽다는 뜻의 형용사로 쓰였다. 翼 날개 익. 戴 머리에 일 대. 翼戴(익대) ; 보좌하여 받들다.

○ 知憲聖慈烈吳太皇太后, 以宗社爲憂, 將白事, 而難其人. 有知閤門事韓侂胄者, 琦之曾孫, 而太皇女弟之子也, 乃因以入白. : 憲聖慈烈吳太皇太后가 宗社를 매우 걱정하는 줄을 알고 (후사를 세우는 일을) 아뢰려 해도 그 적임자를 찾기가 어려웠다. 知閤門事(지합문사)인 韓侂胄(한탁주)는 韓琦의 曾孫으로, 太皇后 女弟의

아들이었기에 궁중에 들어가 아뢰도록 했다.

– 憲聖慈烈吳太皇太后(헌성자열오태황태후) ; 高宗의 2번째 황후(1143년)가 되어 1197년까지 장수했다. 宗社(종사) ; 종묘사직. 국가.

– 爲憂(위우) ; 걱정하다. 難其人(난기인) ; 적임자를 찾기가 어렵다.

– 侂 부탁할 탁. 冑 투구 주. 韓侂冑(한탁주, 1152~1207년) ; 北宋名臣 韓琦의 曾孫, 母親은 宋 高宗 吳皇后의 여동생. 吳황후는 한탁주의 姨母(이모).

○ 太皇垂簾, 引嘉王入卽位, 代執孝宗之喪, 中外危疑者乃定. 光宗居壽康宮, 後六年而崩, 壽五十四. : 太皇后는 垂簾(수렴)하고 嘉王을 引見한 뒤, (嘉王이) 입궁하여 즉위하고 孝宗의 喪을 대리 집행토록 하니, 宮中과 外朝에서 위기라며 걱정하던 자들이 안정되었다. 光宗은 壽康宮에 거처하다가 6년 뒤에 죽으니, 나이는 54세였다.

– 太皇(태황) ; '太皇后'가 되어야 함. 垂簾(수렴) ; 발을 내리다. 引 ; 引見하다. 入 ; 入宮하다. 代執(대집) ; 대신 집행하다. 危疑(위의) ; 위기라며 의심하다.

寧宗(영종, 宋)

(2) 上之爲嘉王也, 黃裳爲翊善, 講說開導. 光宗嘗宣諭曰, 嘉王進學, 皆卿之功. 裳曰, 若欲進德修業, 追蹤古先哲王, 須尋天下第一人乃可. 問, 爲誰, 以朱熹對. 彭龜年繼爲宮僚, 裀講每及熹說, 上傾心已久. 熹在光宗時, 守漳州, 後守潭州, 爲湖南安撫. 至上登極, 首被召除待制兼侍講. 熹未至, 已聞近習用事, 御筆指揮皆有漸, 深憂之. 留正罷, 汝愚爲相. 韓侂胄自負有定策功, 希不次之賞, 汝愚不肯驟除, 遂怨.

영종이 가왕으로 있을 때, 황상이라는 학자가 태자를 보좌하면서 경전을 강설하고 가르쳤다. 광종은 "가왕의 학문 진보는 모두 경의 공이요."라고 칭찬했다. 황상은 "만약 덕을 쌓고 학업을 닦으려면 옛 현인의 자취를 따라야 하는데, 모름지기 천하제일의 인물을 찾으면 이룰 수 있습니다."라고 말했다. 광종이 어떤 사람이 있느냐고 묻자, '주희입니다' 라고 대답했다.

팽귀년이 뒤를 이어 궁료가 되어 강론하면서 매번 주희의 학설을 언급하였기에 강왕의 마음이 기운 지는 오래 되었다. 주희는 광종 시에 장주와 담주의 지방관을 하다가 호남안무사로 있었다. 강왕이 등극하면서 먼저 주희를 불려 대제 겸 시강을 제수하였다. 주희는 부임하기 전에 이미 근신들이 정치를 오로지 하면서 황제의 필치로 정사를 지휘하는 일이 점점 심해진다는 이야기를 듣고 깊이 우려하였다. 유정을 파직하고 조여우를 재상으로 삼았다.

한탁주는 영종이 즉위하는데 공이 있다고 자부하면서 차례를 뛰어넘는 상을 희망했지만, 조여우는 급격한 승진을 인정하지 않아 결국 원망하게 되었다.

어구 설명

○ 上之爲嘉王也, 黃裳爲翊善, 講說開導. 光宗嘗宣諭曰, 嘉王進學, 皆卿之功. 裳曰, 若欲進德修業, 追蹤古先哲王, 須尋天下第一人乃可. 問, 爲誰, 以朱熹對. : 영종이 嘉王으로 있을 때, 黃裳(황상)은 翊善(익선)으로 경전을 강설하고 가르쳤다. 光宗은 "嘉王의 학문 진보는 모두 卿의 공이요."라고 칭찬했다. 황상은 "만약 進德하고 修業하려 한다면 옛 현인의 자취를 따라야 하는데, 모름지기 天下第一의 인물을 찾으면 이룰 수 있습니다."라고 말했다. 광종이 어떤 사람이 있느냐고 묻자, '朱熹입니다'라고 대답했다.

– 裳 치마 상. 翊 도울 익. 돕다. 翊善(익선) ; 관직명. 太子 輔佐(보좌). 宣諭(선유) ; 황제의 訓諭(훈유 = 가르쳐 타이름)를 널리 알리다. 여기서는 칭찬하다.

– 進學(진학) ; 학문이 진보하다. 進德修業(진덕수업) ; 덕을 쌓

고 학업을 닦으려면. 蹤 자취 종. 뒤를 쫓다. 追蹤(추종) ; 뒤따르다.

– 古先(고선) ; 古代. 哲王(철왕) ; 賢人. 尋 찾을 심. 乃可(내하) ; 그러면 可할 것이다.

○ 彭龜年繼爲宮僚, 因講每及熹說, 上傾心已久. 熹在光宗時, 守漳州, 後守潭州, 爲湖南安撫. 至上登極, 首被召除待制兼侍講. 熹未至, 已聞近習用事, 御筆指揮皆有漸, 深憂之. 留正罷, 汝愚爲相. : 彭龜年이 뒤를 이어 궁료가 되어 강론하면서 매번 주희의 학설을 언급하였기에 강왕의 마음이 기운 지는 오래 되었다. 주희는 光宗 時에 漳州(장주)와 潭州(담주)의 지방관을 하다가 湖南安撫使로 있었다. 강왕이 등극하면서 먼저 주희를 불러 待制(대제) 兼侍講(시강)을 제수하였다. 주희는 부임하기 전에 이미 근신들이 정치를 오로지 하면서 御筆로 政事를 지휘하는 일이 점점 심해진다는 이야기를 듣고 깊이 우려하였다. 유정을 파직하고 조여우를 재상으로 삼았다.

– 彭 성 팽, 나라 이름 팽. 宮僚(궁료) ; 東宮의 관리. 傾心(경심) ; 마음을 기울이다. 登極(등극) ; 제위에 오르다.

– 待制(대제) ; 6품 이상의 관리가 윤번으로 황제의 조서 작성이나 자문을 위해 대기하는 직책. 侍講(시강) ; 황제에게 經書를 강의하는 일.

– 近習(근습) ; 近臣(근신). 御筆(어필) ; 황제 측근이 재상과 상의도 없이 황제에게 직소하여 황제가 친필로 명령을 내리는 것.

– 有漸(유점) ; 점차 퍼지다. 심해지다.

○ 韓侂胄自負有定策功, 希不次之賞, 汝愚不肯驟除, 遂怨. : 韓侂胄(한탁주)는 영종이 즉위하는데 공이 있다고 자부하면서 차례를 뛰어넘는 상을 희망했지만, 조여우는 급격한 승진을 인정하지 않아 결국 원망하게 되었다.

– 自負(자부) ; 자부하다. 자랑으로 생각하다. 定策(정책) ; 황제로 책봉하다, 황제로 모시다. 希 바랄 희.

– 不次之賞(불차지상) ; 次序를 뛰어넘는 상. 특별한 승진. 驟 달릴 취. 빠르다. 驟除(취제) ; 빠른 승진.

(3) 汝愚爲政, 方務引進善類, 裁抑僥倖. 小人滋不悅, 相與共排之. 朱熹旣至, 上疏忤侂胄, 在朝甫四十六日而罷. 言者以爲, 熹有宮祠之命. 遠近相弔, 天下大老去之, 誰不欲去. 若正人盡去, 何以爲國. 汝愚袖還內批, 且諫且拜不聽. 侂胄欲併逐汝愚, 而難其名. 或敎之曰, 彼宗姓, 誣以謀危社稷, 則一網盡矣. 侂胄然之, 汝愚在相位數月罷, 連貶竄, 服藥以死.

조여우는 재상으로서 확실하게 현자를 등용하거나 승진시키고 눈치나 보려는 자를 자르고 억눌렀다. 소인들은 점점 싫어하면서 서로 함께 더불어 조여우를 배척하였다. 주희는 부임 후에 한탁주를 비판하는 상소를 올려 조정에 있은 지 겨우 46일에 해직되었다.

어떤 사람은 (그래도) 주희가 궁사에 임명되었다고 말하였다. 원근의 여러 사람은 안타깝게 여기면서 '천하의 원로들이 다 떠난다면, 누군들 떠나려 하지 않겠는가? 만약 바른 사람이 다 가버린다면, 어떻게 나라가 돌아가겠는가?' 라고 하였다. 조여우는 소매에서 결재된 문서를 도로 올리며 간하고 재배하며 간청했으나 (영종은) 허락지 않았다.

한탁주는 주희와 조여우까지 함께 축출하려 했으나 명분이 없었다. 어떤 사람이 한탁주에게 '조여우가 종실이면서 사직을 위태롭게 할 모의를 꾸몄다고 모함하면 일망타진할 수 있다.' 고 일러주었다. 한탁주는 그렇게 하였고, 조여우는 재상에 있은 지 몇 달 만에 파직되었고, 이어 멀리 쫓겨나 독약을 마시고 죽었다.

어구 설명

○ 汝愚爲政, 方務引進善類, 裁抑僥倖. 小人滋不悅, 相與共排之. 朱熹旣至, 上疏忤侂胄, 在朝甫四十六日而罷. : 趙汝愚(조여우)는 재상으로서 확실하게 賢者를 등용하거나 승진시키고 눈치나 보려는 자를 자르고 억눌렀다. 小人들은 점점 不悅하면서 서로 더불어 같이 조여우를 배척하였다. 주희는 부임 후에 한탁주를 비판하는 상소를 올려 조정에 있은 지 겨우 46일에 해직되었다.

– 주희는 먼저 조여우에게, 한탁주의 공로에 대해서는 두터운 상을 내리고 정치에는 전혀 관여하지 못하게 해야 한다 하고 황제에게는 글을 올려 '폐하께서는 즉위하시고 얼마 안되서 재상을 바꾸고 臺諫(대간)을 교대시킨 것은 獨斷(독단)입니다. 제가 부임해서 정치를 하더라도 도리어 문란해질 것입니다.' 고 했다. 그리고 주희는 곧 서울을 떠나 建陽(건양)으로 돌아가서 竹森精舍(죽삼정사)를 세워 제자 교육에 전념했다.

– 善類(선류) ; 다수의 賢者. 裁抑(재억) ; 制裁하고 抑制하다. 僥倖(요행) ; 실격이 없고 아부에 의해 승진하려는 사람.

– 滋 불을 자. 늘어나다. 점점. 忤 거스를 오.

※ 韓侂胄(한탁주)는 '朱熹가 迂腐(우부)하고, 時務를 不識〈불식 = ①알지 못함. 알리지 않음. ②알지 못하고 범한 罪(죄)〉하니, 不宜再用(불의재용, 마땅히 다시 쓰지 않는다.)' 하다고 朱熹를 배척하였다. 迂 멀 우. 멀다. 옳지 않다. 잘못하다. 腐 썩을 부. 썩다. 멸망하다. 썩히다.

○ 言者以爲, 熹有宮祠之命. 遠近相弔, 天下大老去之, 誰不欲去. 若正人盡去, 何以爲國. 汝愚袖還內批, 且諫且拜不聽. : 어떤 사람은 (그래도) 朱熹가 宮祠에 임명되었다고 말하였다. 遠近의 여러 사람은 안타깝게 여기면서 '天下의 원로들이 다 떠난다면, 누군들 떠나려 하지 않겠는가? 만약 正人이 다 가버린다면, 어떻게 나라가 돌아가겠는가?' 라고 하였다. 趙汝愚는 소매에서 內批를 도로 올리며 諫하고 재배하며 간청했으나 (영종은) 허락지 않았다.

– 宮祠(궁사) ; 宮觀使, 奉祠와 같음. 官職名. 宮觀이란 離宮이

나 別館의 황제 유락을 위한 건물이란 뜻과 도교의 도관을 지칭한다. 이런 건물들의 관리인을 궁관사 또는 奉祠라고 하는데, 朱熹가 어느 곳의 무슨 宮祠였는가는 譯者가 찾지 못했다.

– 相弔(상조) ; 서로 조문하다. 여기서는 사람들이 주희가 배척당한 것을 안타깝게 여기다. 大老(대노) ; 연령, 학덕, 지위가 높은 사람.

– 袖 소매 수. 內批(내비) ; 친자의 친필 서류. 不聽(불청) ; 들어주지 않다. 불허하다.

○ 侂冑欲倂逐汝愚, 而難其名. 或敎之曰, 彼宗姓, 誣以謀危社稷, 則一網盡矣. 侂冑然之, 汝愚在相位數月罷, 連貶竄, 服藥以死. : 한탁주는 조여우까지 함께 축출하려 했으나 명분이 없었다. 어떤 사람이 한탁주에게 '조여우가 종실이면서 사직을 위태롭게 할 모의를 꾸몄다고 모함하면 일망타진할 수 있다.' 고 일러주었다. 한탁주는 그렇게 하였고, 조여우는 재상에 있은 지 몇 달 만에 파직되었고, 이어 멀리 쫓겨나 독약을 마시고 죽었다.

– 倂 아우를 병. 逐 쫓을 축. 難其名(난기명) ; 명분을 찾기가 어렵다. 명분이 없다. 敎之(교지) ; 일러주다.

– 宗姓(종성) ; 國姓. 服藥(복약) ; 服毒藥(복독약).

(4) 侂冑用李沐 · 何澹 · 劉德秀 · 胡紘 · 沈繼相等, 爲鷹犬, 搏擊善類無遺. 彭龜年 · 劉光祖 · 章穎 ·

葉適・徐誼・沈有開・吳獵・黃由・黃度・鄧馹・陳傅良・樓鑰・鄭湜・李祥・楊簡・呂祖儉・曾三聘・游仲鴻・項安世・孫元德・袁燮・陳武・汪逵・范仲黼・黃灝・詹體仁等, 貶逐, 不可勝紀. 籍記黨人姓名, 目曰僞學, 以朱熹爲首, 在籍者數十人. 蔡元定坐熹累, 道州編管, 大學生楊宏中等六人, 亦坐上書救黨人編管. 留正以嘗引用黨人亦黜竄. 兪端禮・京鏜・謝深甫, 相繼爲相.

한탁주는 이목, 하담, 유덕수, 호굉, 심계상 등을 등용하여 심복으로 삼아 현인들을 남김없이 잡아 족쳤다. 팽귀년, 유광조, 장영, 섭적, 서의, 심유개, 오렵, 황유, 황탁, 등일, 진부량, 누약, 정식, 이상, 양간, 여조검, 증삼빙, 유중홍, 항안세, 손원덕, 원섭, 진무, 왕규, 범중보, 황호, 첨체인 등이 폄직되고 쫓겨났는데 다 적을 수가 없다.

또 당인이라 하여 그 성명을 장부에 기록하고서는 위학이라 지목하였는데, 주희를 우두머리로 하여 장부에 올라간 자가 수십 명이었다. 채원정은 주희 사건에 연좌되어 도주로 편관되었고, 태학생 양굉중 등 6인 역시 상서하여 당인들을 구하려 했다고 편관되었다. 유정은 전에 당인들을 이끌어 등용되게 했다고 축출당해 유배되었다. 유단례, 경당, 사심보 등이 뒤를 이어 재상이 되었다.

어구 설명

○ 侂胄用李沐 · 何澹 · 劉德秀 · 胡紘 · 沈繼相等, 爲鷹犬, 搏擊善類無遺. : 韓侂胄(한탁주)는 李沐(이목), 何澹(하담), 劉德秀(유덕수), 胡紘(호굉), 沈繼相(심계상) 등을 등용하여 심복으로 삼아 賢人들을 남김없이 잡아 족쳤다.

- 沐 머리 감을 목. 澹 담박할 담. 紘 갓 끈 굉. 鷹 매 응. 鷹犬(응견) ; 사냥매와 사냥개. 심복. 搏 잡을 박.

○ 彭龜年 · 劉光祖 · 章穎 · 葉適 · 徐誼 · 沈有開 · 吳獵 · 黃由 · 黃度 · 鄧馹 · 陳傅良 · 樓鑰 · 鄭湜 · 李祥 · 楊簡 · 呂祖儉 · 曾三聘 · 游仲鴻 · 項安世 · 孫元德 · 袁燮 · 陳武 · 汪逵 · 范仲黼 · 黃灝 · 詹體仁等, 貶逐, 不可勝紀. : 彭龜年(팽귀년), 劉光祖(유광조), 章穎(장영), 葉適(섭적), 徐誼(서의), 沈有開(심유개), 吳獵(오렵), 黃由(황유), 黃度(황탁), 鄧馹(등일), 陳傅良(진부량), 樓鑰(누약), 鄭湜(정식), 李祥(이상), 楊簡(양간), 呂祖儉(여조검), 曾三聘(증삼빙), 游仲鴻(유중홍), 項安世(항안세), 孫元德(손원덕), 袁燮(원섭), 陳武(진무), 汪逵(왕규), 范仲黼(범중보), 黃灝(황호), 詹體仁(첨체인) 등이 폄직되고 쫓겨났는데 다 적을 수가 없다.

- 穎 이삭 영. 獵 사냥 엽(렵). 度 법도 도. 헤아릴 탁. 諡號(시호) 탁. 馹 역말 일. 驛馬. 傅 스승 부. 樓 다락 누(루). 鑰 자물쇠 약.

- 湜 물 맑을 식. 聘 찾아갈 빙. 鴻 큰 기러기 홍. 燮 불꽃 섭. 爕의 俗字. 逵 큰 길 규. 黼 수 보.

- 灝 넓을 호. 詹 이를 첨. 不可勝紀(불가승기) ; 다 적을 수

가 없다. 紀는 記와 通.

○ 籍記黨人姓名, 目日僞學, 以朱熹爲首, 在籍者數十人. 蔡元定坐熹累, 道州編管, 大學生楊宏中等六人, 亦坐上書救黨人編管. 留正以嘗引用黨人亦黜竄. 兪端禮 · 京鏜 · 謝深甫, 相繼爲相. : 또 黨人이라 하여 그 姓名을 장부에 기록하고서는 僞學이라 지목하였는데, 朱熹를 우두머리로 하여 장부에 올라간 자가 數十人이었다. 蔡元定은 주희에 연좌되어 道州에 編管되었고, 태학생 楊宏中 등 6人 역시 上書하여 黨人들을 구하려 했다고 編管되었다. 留正은 전에 黨人들을 이끌어 등용되게 했다고 축출당해 유배되었다. 兪端禮(유단례), 京鏜(경당), 謝深甫(사심보) 등이 뒤를 이어 재상이 되었다.

– 籍 책 적, 장부 적. 기록하다. 目 ; 지목하다. 僞學(위학) ; 거짓 학문. 正學의 반대. 二程과 朱熹의 理學을 僞學이라 지목했다. 이 사건은 慶元 2년(1196년)에 일어났는데, '慶元黨禁(경원당금)' 이라고도 부른다.

– 蔡元定(채원정, 1135~1198년) ; 朱熹門人, 世稱 西山先生.

– 編管(편관) ; 宋代 형벌의 하나. 入墨하지는 않고 지방에 유배시키는 형벌. 楊宏中(양굉중) 등 六人을 당시에 '六君子' 라 불렀다.

– 黜 물리칠 출. 관직에서 축출하다. 鏜 종소리 당.

(5) ○ 朱熹以慶元庚申卒. 時僞學黨禁雖嚴, 會葬者亦數千人. 呂祖泰上書, 論雪僞學, 乞誅侂冑及其

黨蘇師旦 · 周筠, 罷逐陳自强之徒, 召用周必大, 不然事將不測. 書出, 中外大駭, 杖一百, 不刺面配欽州, 必大亦坐謫降. 熹沒踰年, 黨禁稍解, 諸人或復官自便. 然消沮變化之餘, 風俗已大壞矣.

朱熹(주희, 朱子畵像)

○ 주희는 경원 경신년에 죽었다. 그때는 위학으로 찍힌 당인에 대한 금압이 엄했다지만, 그래도 장례에 모인 사람이 수천 명이었다. 여조태는 '논설위학' 이라는 글을 올려 '한탁주 및 그 무리인 소사단과 주균을 죽이고, 진자강의 무리를 파직 축출하며 주필대를 불러 등용할 것을 청원' 하면서, 그렇지 않으면 사태를 예측할 수 없다고 하였다. 상소문이 들어가자, 중앙과 지방이 크게 시끄러웠는데, (여조태는) 곤장 1백 대에 얼굴에 먹물을 들이지는 않고 흠주로 유배되었고, 주필대 역시 연좌되어 항주로 유배되었다.

주희가 죽은 다음 해, 당인에 대한 금압은 점차 풀려 여러 사람들이 복관되거나 자유롭게 되었다. 그러나 소멸되거나 막혀 버린 변화의 결과나 풍속은 이미 크게 허물어졌다.

어구 설명

○ 朱熹以慶元庚申卒. 時僞學黨禁雖嚴, 會葬者亦數千人. 呂祖泰上書, 論雪僞學, 乞誅侂胄及其黨蘇師旦 · 周筠, 罷逐陳自强之徒, 召用周必大, 不然事將不測. 書出, 中外大駭, 杖一百, 不刺面配欽州, 必大亦坐謫降. : 朱熹는 慶元 庚申년에 죽었다. 그때는 僞學(위학)으로 찍힌 黨人에 대한 禁壓(금압)이 엄했다지만, 그래도 장례에 모인 사람이 수천 명이었다. 呂祖泰는 '論雪僞學(논설위학)' 이라는 글을 올려 '한탁주 및 그 무리인 蘇師旦(소사단)과 周筠(주균)을 죽이고, 陳自强의 무리를 파직 축출하며 周必大를 불러 등용할 것을 청원' 하면서, 그렇지 않으면 사태를 예측할 수 없다고 하였다. 상소문이 들어가자, 中外가 크게 시끄러웠는데, (呂祖泰는) 棍杖(곤장) 一百에 얼굴에 먹물을 들이지는 않고 欽州(흠주)로 유배되었고, 周必大 역시 연좌되어 降州(항주)로 유배되었다.

– 慶元(경원) ; 寧宗 첫 연호. 1195~1200년. 庚申(경신) ; 서기 1200년. 黨禁(당금) ; 黨人에 대한 禁壓(금압 = 억눌러서 못하게 함.).

– 論雪僞學(논설위학) ; 위학의 억울함을 씻기 위한 논술. 雪은 雪恥〈설치 = 雪辱(설욕) = 부끄러움을 씻음〉.

– 筠 대나무 균. 陳自强(진자강) ; 한탁주 젊었을 때의 스승. 不然事將不測(불연사장불측) ; 그렇지 않으면 사태가 장차 예측할 수 없다.

– 駭 놀랄 해. 騷 떠들 소. 杖 지팡이 장. 형벌 도구. 笞(태), 杖(장), 徒(도, 징역), 流(유배), 死를 5刑이라 한다.

– 刺 찌를 자. 墨刺(묵자). 刺面(자면) ; 얼굴에 먹물을 들임. 配 아내 배,짝 배. 流配(유배). 謫 귀양 갈 적.

– 坐謫降(좌적강) ; 연좌되어 降州로 귀양을 가다.

○ 熹沒踰年, 黨禁稍解, 諸人或復官自便. 然消沮變化之餘, 風俗已大壞矣. : 朱熹가 죽은 다음 해, 黨人에 대한 금압은 점차 풀려 여러 사람들이 復官되거나 자유롭게 되었다. 그러나 소멸되거나 막혀 버린 변화의 끝이나 풍속은 이미 크게 허물어졌다.(국운의 쇠퇴를 언급하였다.)

– 踰年(유년) ; 다음 해. 稍 작을 초. 점점. 消 사라질 소. 沮 막을 저. 막히다. 壞 무너질 괴.

(6) ○ 謝深甫罷, 陳自強爲相. 侂冑以太師平原郡王, 平章軍國事, 權傾人主, 威制上下, 服御擬於乘輿, 土木侈於禁苑. 諛者至稱爲恩王聖相, 或作詩九章, 每章用一錫字, 侂冑亦不辭. 稔積罪惡, 至於生事開邊而極. 先是, 有蒙古部, 興於北方, 在金世宗時, 已強盛, 稱帝. 至璟立, 蒙古兵來輒長驅, 金始多事. 侂冑聞金有此釁, 謂中原可圖.

○ 사심보가 해임되고, 진자강이 재상이 되었다. 한탁주는 태사로서 평원군왕이며 평장군국사로 그 권력은 황제보다 강했고, 위세는 상하를 제압하였으며, 복식과 수레는 황제의 수레와 비슷했고, 집과 정원은 황궁의 정원보다 더 했다.

아첨하는 자들은 '은왕'이니 '성상'이라고 불렀으며, 어떤 자는 九章의 시를 지으며 각 장마다에 '錫' 자를 쓰기도 하였는데 한탁주도 이를 싫어하지 않았다. 죄악이 쌓이고 모여져 변경(금나라와의 문제)에서 일이 생겨 끝으로 치달았다.

이에 앞서, 몽고 부족이 북방에서 일어나 金 세종 시에는 이미 강성하여 칭제했었다. 金의 장종이 즉위하면서 몽고 군사가 거침없이 공격을 해 와서 金은 위기에 내몰렸다. 한탁주는 금나라에 이러한 변고가 있다는 소식을 듣고 잃어버린 땅(황하 유역의 중원의 땅)을 수복할 수 있다고 생각했다.

어구 설명

○ 謝深甫罷, 陳自强爲相. 侂胄以太師平原郡王, 平章軍國事, 權傾人主, 威制上下, 服御擬於乘輿, 土木侈於禁苑. : 謝深甫(사심보)가 해임되고 陳自强이 재상이 되었다. 한탁주는 太師 겸 平原郡王이며 平章軍國事로 그 권력은 황제보다 강했고, 威勢(위세)

는 上下를 제압하였으며, 복식과 수레는 황제의 수레와 비슷했고, 정원(土木工事)은 황실의 禁苑(금원)보다 더 튼튼하고 화려했다.

– 平章軍國事(평장군국사) ; 정식 명칭은 '同中書門下平章事'. 政事를 주관하는 재상. 知樞密院事(樞密使)는 兵權을 장악. 度支(탁지), 鹽鐵(염철), 戶部(호부)의 三司는 財務를 장악. 북송 神宗 때 官制개혁을 통해 左僕射兼門下侍郎(좌복야겸문하시랑), 右僕射兼中書侍郎을 재상으로 삼았었다가 南宋에서는 (효종 때를 제외하고) 同中書門下平章事를 재 설치했다.

– 傾 기울 경. 뒤집다. 높다. 밀쳐내다. 人主(인주) ; 황제. 임금. 服御(복어) ; 의복과 車馬(거마). 擬 헤아릴 의. 본뜨다.

– 乘輿(승여) ; 황제의 수레. 侈 사치할 치. 분수에 넘치다. 苑 나라 동산 원. 禁苑(금원) ; 궐 안의 동산.

○ 諛者至稱爲恩王聖相, 或作詩九章, 每章用一錫字, 侂胄亦不辭. 稔積罪惡, 至於生事開邊而極. : 아첨하는 자는 '恩王'이니 '聖相'이라고 불렀으며, 어떤 자는 九章의 詩를 지으며 每章에 '錫'字를 쓰기도 하였는데 한탁주도 이를 싫어하지 않았다. 罪惡이 쌓이고 모여 변경에서 일이 생겨 끝으로 치달았다.

– 諛 아첨할 유. 恩王(은왕), 聖相(성상) ; 은혜를 베푸는 王이며, 聖人같은 재상. 每章用一錫字(매장용일석자) ; 九錫〈구석 = 공로가 있는 신하에게 임금이 내리는 아홉 가지 恩典(은전). 곧 車馬(거마) · 衣服(의복) · 樂器(악기) · 朱戶(주호 ; 대문을 붉은색으로 칠함) · 納陛〈납폐 ; 中陛(중폐)에서 올라갈 수 있음〉. 虎賁〈호분 ; 從者(종자) 300명〉 · 弓矢(궁시) · 鈇戉(부월 ; 도끼) · 秬

醵(거창 ; 기장과 향초로 빚은 술)〉을 의미.

– 稔 곡식 익을 임. 쌓이다. 生事(생사) ; 일이 터지다. 開邊(개변) ; 국경 넓히기. 失地(실지) 회복으로 명성을 날리겠다는 야망.

○ 先是, 有蒙古部, 興於北方, 在金世宗時, 已强盛, 稱帝. 至璟立, 蒙古兵來輒長驅, 金始多事. 侂胄聞金有此釁, 謂中原可圖. : 이에 앞서, 몽고 부족이 北方에서 일어나 金 世宗時에는 이미 强盛하여 稱帝했었다. 金의 章宗이 즉위하면서 蒙古 군사가 거침없이 공격을 해 와서 金은 위기에 내몰렸다. 한탁주는 金에 이러한 변고가 있다는 소식을 듣고 잃어버린 땅(중원)을 수복할 수 있다고 생각했다.

– 金 世宗時 ; 1161~1189년. 璟(경) ; 章宗 完顔璟〈女眞名 麻達葛(마달갈)〉. 재위 1189~1208년. 金 世宗의 손자.

– 輒 문득 첩. 갑자기. 長驅(장구) ; 거침없이 내닫다. 말을 타고 먼 거리를 달림. 멀리 적을 추격함. 釁 틈 흔. 다툼. 분쟁. 中原(중원) ; 여기서는 失地. 여기서는 황하 유역의 땅.

(7) 有吳曦者, 前蜀帥吳挺之子, 璘之孫也. 吳氏世職西陲, 威行西蜀. 留其子孫於京, 蓋累朝遠慮. 曦有異志久, 欲歸蜀而不許. 侂胄遣歸數年, 蓋欲使西蜀出兵. ○ 開禧二年丙寅, 以伐金詔, 告四方諸路進師. 曦首以關外四州獻金, 求封爲蜀王, 尋卽稱帝. 賴李好義 · 楊巨源與安丙密謀, 曦僭號踰月而誅.

오희는 그전 촉의 장수인 오정의 아들이며, 오린의 손자였다. 오씨는 대대로 서부 변경에서 벼슬하면서 서촉에서 위세를 부렸다. 그 자손을 수도에 머물게 했었는데 아마 여러 대에 걸친 깊은 뜻이라 할 수 있다. 오희는 오래 전부터 반역의 뜻을 품고 있었는데 돌아가려 해도 허락을 받지 못했었다. 한탁주가 몇 년 전에 돌려보냈는데 아마 그가 서촉에서 금을 치기 위해 출병하기를 바랬기 때문일 것이다.

○ 개희 2년 병인년에, 金을 공격하라는 조서에 의거 사방의 각 路에 군사를 진격하라고 했다. 오희는 먼저 장성 외의 4주를 金에 바치면서 촉왕으로 봉해달라고 구걸했고, 곧 칭제했다. 이호의와 양거원과 안병의 밀모 덕분에 오희는 황제를 참칭한 지 한 달을 좀 지나 주살되었다.

어구 설명

○ 有吳曦者, 前蜀帥吳挺之子, 璘之孫也. 吳氏世職西陲, 威行西蜀. 留其子孫於京, 蓋累朝遠慮. 曦有異志久, 欲歸蜀而不許. 侂冑遣歸數年, 蓋欲使西蜀出兵. : 吳曦(오희)라는 者는 그전 蜀의 장수인 吳挺(오정)의 아들이며, 吳璘(오린)의 孫子였다. 吳氏는 대대로 서부 변경에서 벼슬하면서 西蜀에서 위세를 부렸다. 그 子孫을 수도에 머물게 했었는데 아마 여러 대에 걸친 遠慮라 할 수 있다. 吳曦(오희)는 오래 전부터 반역의 뜻을 품고 있었는데 돌아가려 해도 허락을 받지 못했었다. 한탁주가 몇 년 전에 돌려보냈

는데 아마 그가 西蜀에서 出兵하기를 바랬기 때문일 것이다.

– 曦 햇빛 희. 吳曦(오희, 1162~1207년) ; 南宋 抗金名將 吳璘(오린)의 孫. 太尉 吳挺(오정)의 子. 陲 경계(境界) 수. 부근, 근처.

– 蓋 ; 덮을 개. 어찌(曷). 아마. 어찌 ~아니 하리오. 累朝遠慮(누조원려) ; 누대에 걸친 遠慮(원려 = 앞날에 대한 깊은 생각). 지방세력 억제책. 異志(이지) ; 반역의 뜻.

○ 開禧二年丙寅, 以伐金詔, 告四方諸路進師. 曦首以關外四州獻金, 求封爲蜀王, 尋卽稱帝. 賴李好義 · 楊巨源與安丙密謀, 曦僭號踰月而誅. : 開禧(개희) 二年 丙寅年에, 伐金의 조서에 의거 四方諸路에 군사를 진격하라고 했다. 오희는 먼저 關外의 四州를 金나라에 바치면서 蜀王으로 봉해달라고 구걸했고, 곧 稱帝했다. 李好義와 楊巨源과 安丙의 밀모 덕분에 오희는 황제 참칭한 지 한 달을 좀 지나 주살되었다.

– 開禧(개희) ; 寧宗 연호. 1205~1207년. 關外四州(관외사주) ; 長城 外地의 4주 ; 階州(계주), 秦州(진주), 成州(성주), 鳳州(봉주). 今 甘肅省의 땅.

– 稱帝(칭제) ; 오희는 1207년 칭제하고, 40여일 만에 피살되었다.

(8) ○ 是歲, 元太祖卽位於斡難河之源. 太祖姓奇渥溫氏, 諱鐵木眞, 蒙古部人也. 其先世爲蒙古部長, 至太祖之父, 曰也速該, 始倂呑諸部落, 愈强大,

後追諡曰烈祖神元皇帝. 初神元征塔塔兒部, 獲其部長鐵木眞. 宣懿后月倫, 適生太祖, 手握凝血, 如赤石, 神元異之, 袒以所獲鐵木眞名之, 志武功也. 元年, 大會諸王羣臣, 建九游白旗卽位. 羣臣共上尊號, 曰成吉思皇帝, 時金章宗泰和六年也.

○ 이 해에, 元 太祖가 알난하의 상류에서 즉위하였다. 태조의 성은 기악온씨이며, 이름은 테무진〈鐵木眞(철목진)〉이며 몽고부족이다. 그 선조는 대대로 몽고 부족장이었는데 太祖(테무진)의 아버지는 也速該(야속해)인데, 처음으로 여러 부락을 병탄하여 더욱 강대해졌고 뒷날 '烈祖神元皇帝' 라는 시호를 올렸다.

그전에 神元황제(야속해)가 타타르 부족을 정벌하면서 그 부족장 테무진(철목진)을 생포하였다. 마침 (야속해의 아내) 선의 황후 월륜은 太祖를 출산했는데, 아이는 손에 마치 붉은 돌 같은 응혈을 쥐고 있었는

칭기즈칸(테무진)

데, 신원은 이를 기이하다고 생각하면서 생포한 테무진(철목진)으로 이름을 지었는데, 이는 자신의 무공을 남기려 한 것이다.

원년에, 테무진은 여러 부족 왕과 신하를 다 모아 구유백기를 세우고 즉위하였다. 군신들이 모두 칭기즈칸(성길사황제)이라는 존호를 올렸는데, 때는 金의 장종 태화 6년이었다.(1206년)

어구 설명

○ 是歲, 元太祖卽位於斡難河之源. 太祖姓奇渥溫氏, 諱鐵木眞, 蒙古部人也. 其先世爲蒙古部長, 至太祖之父, 曰也速該, 始倂呑諸部落, 愈强大, 後追諡曰烈祖神元皇帝. : 이 해에, 元 太祖가 斡難河(알난하)의 상류에서 즉위하였다. 太祖의 姓은 奇渥溫氏(기악온씨)이며, 이름은 테무진(鐵木眞)이며 蒙古部族이다. 그 선조는 대대로 蒙古 部族長이었는데 太祖의 父는 也速該(야속해)인데, 처음으로 諸 部落을 倂呑(병탄)하여 더욱 强大해졌고 뒷날 烈祖神元皇帝(열조신원황제)라는 시호를 올렸다.

– 是歲(시세) ; 南宋 寧宗 開熙 2年. 金 章宗 泰和 6年. 1206년.

– 元(원) ; 공식적인 중국식 국호로, 元은 世祖 忽必烈(홀필렬)이 1271年에 건국하고, 1272년에 大都(今 北京市)에 定都하여 1279년에 南宋을 멸망시키고 전 중국을 지배한 나라. 元朝의 前身은 蒙古帝國인데, 몽고제국은 1206년 成吉思汗(성길사한, 칭기

즈칸)이 漠北(막북)의 여러 부족을 통일하고 세운 나라이다. 당시 몽고족은 金의 지배하에 있었다. 몽고 제국은 1227년 西夏를 멸망시켰고, 1234년 金을 멸망시키면서 華北을 차지했다. 이후 3차례에 걸친 서방 원정을 통해 유라시아에 걸친 대 제국을 건설했다.

– 太祖(태조) ; 成吉思皇帝, 成吉思可汗(성길사가한, 蒙古語로 Čінggis. 可汗(가한)은 '父主' 라는 의미. 연합 부족장에 대한 호칭). 본명, 鐵木眞〈철목진, Te mü J̌in(테무진)〉. 재위 1206~1227년. 太祖라는 중국식 묘호는 元 世祖가 1265년에 추존하였다.

– 斡難河〈알난하, 今 鄂嫩河(악눈하), ènèn hé〉 ; 흑룡강 상류. 源(원) ; 발원지. 상류. 渥 두터울 악. 젖다. 嫩 어린(릴) 눈. 연약하다. 예쁘다.

– 奇渥溫(기악온) ; 몽고족 姓氏. 也速該(야속해) ; 鐵木眞(철목진)의 父. 呑 ; 삼킬 탄. 倂呑(병탄) ; 아우르거나 합치다.

○ 初神元征塔塔兒部, 獲其部長鐵木眞. 宣懿后月倫, 適生太祖, 手握凝血, 如赤石, 神元異之, 因以所獲鐵木眞名之, 志武功也. : 그전에 神元(야속해)이 塔塔兒 部族을 정벌하면서 그 부족장 鐵木眞을 생포하였다. 마침 (야속해의 아내) 宣懿皇后 月倫(선의황후 월륜)은 太祖를 출산했는데, 아이는 손에 마치 붉은 돌 같은 凝血(응혈)을 쥐고 있었는데, 神元은 이를 기이하다고 생각하면서 생포한 아이를 鐵木眞으로 이름을 지었는데, 이는 자신의 武功을 남기려 한 것이다.

– 神元(신원) ; 元 太祖의 父親. 塔 불탑(佛塔) 탑. 音譯字. 塔

塔兒部(탑탑아부) ; 韃靼人(달단인, Tatars), 中國의 少數民族. 主로 新疆省(신강성) 거주.

– 宣懿皇后月倫(선의황후월륜) ; 宣懿(선의)는 태조 母親에 대한 시호. 月倫은 이름. 握 손에 쥘 악. 凝 엉길 응. 凝血(응혈) ; 핏덩어리. 핏덩어리를 쥐고 있는 것을 하늘이 이 아이에게 생사의 대권을 준 것이라 믿었다고 한다.

– 因以所獲鐵木眞名之(인이소획철목진명지) ; 몽고인들은 적의 장수를 생포하거나 죽일 때 그 이름을 따오면 상대방의 용기와 힘이 어린아이한테로 온다는 믿음이 있었다고 한다. 그래서 타타르의 부족장 이름을 그대로 따서 지었다. 獲 얻을 획. 얻다. 손에 넣다. 빼았다. 잡히다.

– 志武功也(지무공야) ; 神元 자신의 무공의 표시이다.

○ 元年, 大會諸王羣臣, 建九游白旗卽位. 羣臣共上尊號, 曰成吉思皇帝, 時金章宗泰和六年也. : 元年에, 諸王과 羣臣(군신)을 다 모아 九游白旗를 세우고 즉위하였다. 羣臣들이 모두 칭기즈칸(成吉思皇帝)이라는 존호를 올렸는데, 때는 金의 章宗 泰和 六年이었다.

– 元年(원년) ; 1206년. 九游白旗(구유백기) ; 游는 깃대 끝에 다는 작은 천. 몽고족은 白色을 숭상했다고 한다. 九游(구유)는 별 이름.

– 成吉思皇帝(싱길사황제) ; 몽고어로 '강대한 황제' 라는 의미. 칭기즈칸. 칸(可汗)은 부족의 황제를 의미한다.

(9) ○ 丁卯, 開僖三年, 時北伐諸軍所向, 無不潰敗而退. 金人大發兵, 連陷蜀 · 漢 · 荊 · 襄 · 兩淮諸郡, 東南大震. 亟遣使通謝於金, 而侂冑弄兵之意猶未已. 中外患之, 遂有誅兇之議. 皇后楊氏, 知書史, 通古今. 當時, 侍郎史彌遠建密策, 而旨從中出者, 皆后實爲之. 一日侂冑入朝, 彌遠使殿帥夏震, 以兵邀之途, 擁出玉津園, 椎殺之.

정묘년, 개희 3년, (원나라 태조 2년) 그때 금의 북벌에 나선 송의 각 군은 향하는 곳마다 궤멸하여 패퇴하지 않은 부대가 없었다. 金에서는 크게 발병하여 연이어 촉주, 한주, 형주, 양주와 회동과 회서의 여러 군을 함락시키니 송나라 동남 지방이 몹시 두려워하였다. 급히 사신을 보내 金에 사과하였지만 한탁주의 원정 의지는 없어지지 않았다. 궁중과 조정 모두가 걱정하면서 결국 원흉을 죽여야 한다는 논의를 하게 되었다.

황후 양씨는 경서와 사서를 읽어 고금에도 밝았다. 당시에, 시랑 사미원이 밀책을 건의했는데 궁중에서 나오는 밀지는 사실 양후가 내리는 것이었다. 어느 날, 한탁주가 입조하는데 사미원은 전수인 하진을 시켜 군사들로 하여금 한탁주를 길에서 가로막아 옥진원으로 데리고 가서 때려 죽이게 하였다.

어구 설명

○ 丁卯, 開禧三年, 時北伐諸軍所向, 無不潰敗而退. 金人大發兵, 連陷蜀 · 漢 · 荊 · 襄 · 兩淮諸郡, 東南大震. 亟遣使通謝於金, 而侂胄弄兵之意猶未已. 中外患之, 遂有誅兇之議. : 丁卯年, 開禧 3年, 그때 北伐에 나선 諸軍은 향하는 곳마다 궤멸하여 敗退하지 않은 부대가 없었다. 金에서는 크게 發兵하여 연이어 蜀州, 漢州, 荊州, 襄州, 兩淮의 여러 군을 함락시키니 東南 지방이 몹시 두려워하였다. 급히 사신을 보내 金에 사과하였지만 한탁주의 원정 의지는 없어지지 않았다. 궁중과 조정 모두가 걱정하면서 결국 원흉을 죽여야 한다는 논의를 하게 되었다.

– 開禧三年(개희삼년) ; 1207년. 潰 무너질 궤. 東南(동남) ; 金을 북으로 표기하였기에 남송은 東南쪽이다.

– 弄兵之意(농병지의) ; 遠征하려는 의지. 弄 구경할 농. ~을 행하다. 猶未已(유미이) ; 오히려 그치지 않았다. 誅兇(주흉) ; 元兇을 죽이다.

○ 皇后楊氏, 知書史, 通古今. 當時, 侍郎史彌遠建密策, 而旨從中出者, 皆后實爲之. 一日侂胄入朝, 彌遠使殿帥夏震, 以兵邀之塗, 擁出玉津園, 椎殺之. : 皇后 楊氏는 書史를 읽어 古今에도 밝았다. 當時에, 侍郞(귀인을 곁에서 모시고 있는 사람.) 史彌遠(사미원)이 密策을 건의했는데 궁중에서 나오는 밀지는 사실 楊后가 내리는 것이었다. 어느 날, 한탁주가 入朝하는데 史彌遠은 殿帥(전수=궁궐을 지키는 장수.)인 夏震(하진)을 시켜 군사들로 하여금 한탁주를 길에서 가로막아 玉津園(옥진원)으로 데리고 가서

때려죽이게 하였다.

– 皇后楊氏(황후양씨) ; 寧宗(영종)의 황후 恭聖仁烈皇后 楊氏. 본래의 성씨를 모를 정도로 미천하였지만 빼어난 미모로 寧宗의 후궁이 되었다. 楊次山이라는 會稽(회계) 사람이 자신의 여동생이라 주장해서 楊氏가 되었다고 한다. 寧宗의 恭淑皇后 韓氏가 1200년에 병사하자, 한탁주가 寧宗에게 강력히 추천하여 정식 황후에 올랐지만 한탁주를 제거한다. 稽 상고할 계. 의론할 계. 성(姓) 계. 稽 상고할 계의 本字.

– 史彌遠(사미원, 1164~1233년) ; 孝宗時代 宰相 史浩의 아들. 密策(밀책) ; 비밀 책략. 旨(지) ; 聖旨. 황제의 密旨.

– 邀 맞을 요. 邀擊(요격)하다. 塗 진흙 도. 길(道). 玉津園(옥진원) ; 御苑의 이름. 椎 망치 추. 방망이.

【참고】 征服王朝(Dynasties of Conquest) 이론의 대략

❖ 미국의 경제학자 비트포겔(Karl Wittfogel)은 중국 역사에서 漢人의 나라(中原王朝)와 북방 유목민이 건국하고 지배한 나라를 구분하여 정복왕조 이론을 처음으로 제시하였다.

정복왕조란 중국 북방의 소수민족이 무력으로 중국을 침략하여 나라를 세우고 중국인을 지배하는 왕조를 말하는데 그 통치 방법에 의거, 이를 다시 滲透(삼투)王朝와 征服王朝로 구분하였다.

삼투왕조는 後漢 이후 서서히 중국에 이주하여 살다가 건국하여 중국을 차지한 국가로 5胡16國 중에서 前趙, 後趙, 後秦, 前秦과 前燕 등등의 국가이며, 北朝의 北魏와 北周도 여기에 포함된다. 또

唐 멸망 이후 5代10國 시대의 後唐과 後晉도 삼투왕조로 분류된다. 이들은 중국문화를 흡수하였고 또 중국식 통치제도를 채택했다는 공통점이 있다. 물론 이들은 漢文化에 同化되었고 소멸하였다.

정복왕조는 唐 이후의 거란족의 遼(요), 黨項族의 西夏(서하), 여진족의 金朝, 몽고족의 元朝과 만주족의 淸朝가 해당된다. 이들은 중국의 일부 또는 전체를 지배하였는데, 지배 초기에는 자신의 지배체제와 문화를 유지하면서 漢人은 漢人의 방식으로 지배하는 곧 서로 다른 지배체제를 유지하였다. 이들은 우선 자신들의 고유한 전통과 문화를 유지하려 자신들의 문자와 언어를 유지하면서 중국 문화를 선택적으로 채용하였다.

遼朝에서는 北面官과 南面官(한족을 통치)이라는 이원통치 조직을 유지했었다. 金에서는 猛安(맹안), 謀克制(모극제)로 여진족을 통치하고, 州縣(주현)제도로 漢人을 통치하였다. 元朝에서는 蒙古의 고유 제도로 蒙古族을 관리하였고, 漢法에 의해 漢地를 통치하면서 철저한 민족 차별정책을 편 것도 결국 자신의 전통을 지키려는 방책이었다. 이들 중 漢문화를 가장 적게 수용했던 것은 草原本位의 政策을 끝까지 폈던 몽고족의 元나라였다.(물론 지배기간도 짧았다.)

자신의 전통을 유지하고 한 문화에 대한 동화를 막기 위해 遼에서는 거란문자, 金나라에서는 女眞문자, 元에서는 八思巴(팍스파)文字, 淸에서는 滿文(만문)을 사용했다. 특히 청나라에서 온 중국에 剃髮(체발, 剃頭辮髮 체두변발)과 복장을 강요하여 성공을 거둔 것은 청의 지배 기간이 길기도 했지만 滿漢(만한) 융화정책의 성공이라 볼 수 있다.

정복왕조의 이원적 통치나 문화정책은 근본적으로 중국문화에 대한 저항이었지만 人口와 문화적 전통과 역량 앞에 정복왕조는 동화되었고 결국 무너질 수밖에 없었다.

(10) ○ 先是, 元太祖征西夏, 拔力吉里塞而還. 至是秋, 再征之. ○ 戊辰, 嘉定元年, 陳自强竄死, 蘇師旦處斬, 周筠決配. 侂冑函首謝金, 和議復成. 錢象祖爲相, 史彌遠累遷, 與象祖竝相. 象祖罷, 彌遠獨相. ○ 金章宗璟, 在位二十年而殂. 無子, 立世宗之別子允濟, 於璟爲叔. ○ 己巳, 嘉定二年春, 元太祖入河西, 屢破西夏兵. 夏主李安全納女請和.

○ 이보다 앞서 元 태조는 서하를 원정하여 역길리새를 함락시키고 돌아왔었다. 이 가을에 다시 정벌에 나섰다.

○ 무진, 가정 원년에, 진자강은 유배지에서 죽었고 소사단은 참형에 처했으며, 주균은 유배키로 결정되었다. 조정에서는 한탁주의 수급을 상자에 넣어 보내 금에 사과하여 화의가 다시 성립되었다. 전상조가 재상이 되었고, 사미원은 연이어 승진하여 전상조와 나란히 재상이 되었다. 전상조가 해직되자 사미원이 홀로 재상이 되었다.

○ 金 장종 완안경이 재위 20년에 죽었다. 아들이 없어 세

종의 서자인 완안윤제가 즉위하였는데, 장종의 숙부이다.

○ 기사년, 가정 2년 봄에, 元 태조 테무진은 하서에 침입하여 서하병을 여러 차례 격파하였다. 하주 이안전은 딸을 바치며 강화를 요청했다.

어구 설명

○ 先是, 元太祖征西夏, 拔力吉里塞而還. 至是秋, 再征之. : 이보다 앞서 元 太祖는 西夏를 원정하여 力吉里塞를 함락시키고 돌아왔었다. 이 가을에 다시 정벌에 나섰다.

– 西夏(서하) ; 감숙성과 섬서성의 북쪽, 韃靼族(달단족).

– 拔 뽑을 발. 공격하여 함락시키다.　塞 변방 새. 막을 색.　力吉里塞(역길리새) ; 서하 북변의 성채 이름.

○ 戊辰, 嘉定元年, 陳自强竄死, 蘇師旦處斬, 周筠決配. 侂胄函首謝金, 和議復成. 錢象祖爲相, 史彌遠累遷, 與象祖竝相. 象祖罷, 彌遠獨相. : 戊辰(무진), 嘉定(가정) 元年에, 陳自强은 유배지에서 죽었고, 蘇師旦(소사단)은 참형에 처했으며, 周筠(주균)은 유배키로 결정되었다. 한탁주의 수급을 상자에 넣어 보내 金에 사과하여 和議가 다시 성립되었다. 錢象祖(전상조)가 재상이 되었고, 史彌遠(사미원)은 연이어 승진하여 錢象祖와 나란히 재상이 되었다. 전상조가 해직되사, 사미원이 홀로 재상이 되었다.

– 戊辰(무진).　嘉定(가정) ; 1208~1224년.　竄死(찬사) ; 유배지에서 죽다.　函 상자 함.　函首(함수) ; 참수한 목을 상자에 담다.

- 遷 옮길 천. 累遷(누천) ; 연달아서 승진하다.

○ 金章宗璟, 在位二十年而殂. 無子, 立世宗之別子允濟, 於璟爲叔. 己巳, 嘉定二年春, 元太祖入河西, 屢破西夏兵. 夏主李安全納女請和. : 金 章宗 完顔璟이 在位 二十年에 죽었다. 無子하여 世宗의 庶子인 完顔允濟(완안윤제)가 즉위하였는데 장종의 숙부이다. 己巳年, 嘉定 二年 春에, 元 太祖는 河西에 침입하여 西夏兵을 여러 차례 격파하였다. 夏主 李安全은 딸을 바치며 강화를 요청했다.

- 在位 二十年 ; 재위 1189~1208년. 別子(별자) ; 庶子. 於璟爲叔(어경위숙) ; 完顔璟에게는 숙부가 된다. 완안경의 숙부뻘.

- 嘉定(가정) 二年 ; 1209년. 河西(하서) ; 황하의 서쪽. 西夏의 영토. 李安全(이안전) ; 西夏의 襄宗. 昏庸(혼용=아무것도 모르고 어리석다.) 無能. 在位 1206~1211년.

- 納女請和(납녀청화) ; 딸을 바치며 講和를 請하다는 항복하고 그 지배 아래로 들어간 것이다.

(11) ○ 庚午, 嘉定三年, 金謀討元, 築烏沙堡. 太祖遣將, 襲殺其衆, 遂略地而東. 初太祖貢歲幣于金, 金主使衛王允濟受貢于靜州. 太祖見允濟不爲禮, 允濟怒歸欲請兵攻之. 會金主璟殂, 允濟嗣位, 有詔, 至國傳言. 當拜, 太祖問金使曰, 新君爲誰. 曰, 衛王也. 太祖遽南唾曰, 我謂, 中原皇帝, 是天上人做. 此

等亦爲之耶. 何以拜爲. 卽策馬去. 金使還言, 允濟益怒. 欲俟太祖再入貢而害之, 太祖知之, 遂與金絕.

○ 경오, 가정 3년에, 金은 元을 토벌하려고 오사보를 쌓아 국경의 방비를 강화했다. (元의) 太祖 테무진은 장수를 보내 습격하여 금의 군사와 사람들을 죽이고 그 땅을 차지한 뒤 동쪽으로 진출했다. 그 전에 太祖 테무진은 金에 세폐를 바치러 갔었는데, 癸酉(계유) 가정 6년, 金主는 위왕 완안윤제에게 공물을 정주에서 받으라고 시켰다. 태조는 윤제를 만나서 예를 표하지 않았고, 윤제는 화가 나서 돌아와 元(원)의 태조를 치겠다고 군사를 요청했었다.

때마침 金主 완안경이 죽고, 윤제가 제위에 올라 조서를 몽고에 보내 말을 전하게 하였다. 당연히 절을 해야 하지만 太祖가 金의 사자에게 물었다. "새 황제는 누가 되었는가?" "(前의) 위왕입니다." 태조는 갑자기 남쪽을 향해 침을 뱉으며 말했다. "내 생각에, 중원의 황제는 하늘이 낸 사람이 하는 줄 알았었다. 이런 사람도 황제가 된단 말인가? 어찌 절을 하겠는가?" 그리고는 곧바로 말을 달려 돌아갔다.

金의 사자가 돌아와 보고하니, 완안윤제는 더욱 분노했다. 다음에 태조가 다시 입공할 때를 기다려 죽이려 했지만 태조는 이를 알고 金과의 관계를 단절했다.

어구 설명

○ 庚午, 嘉定三年, 金謀討元, 築烏沙堡. 太祖遣將, 襲殺其衆, 遂略地而東. 初太祖貢歲幣于金, 金主使衛王允濟受貢于靜州. 太祖見允濟不爲禮, 允濟怒歸欲請兵攻之. : 庚午, 嘉定 三年에, 金은 元을 토벌하려고 烏沙堡(오사보)를 쌓았다. (元의) 太祖는 將帥를 보내 습격하여 사람들을 죽이고 그 땅을 차지한 뒤 東쪽으로 진출했다. 그 전에 太祖는 金에 歲幣(세폐)를 바치러 갔는데, 金主는 衛王 完顔允濟(완안윤제)에게 貢物을 靜州에서 받으라고 시켰다. 太祖는 允濟를 만나서 禮를 표하지 않았고, 允濟는 화가 나서 돌아와 太祖를 치겠다고 군사를 요청했었다.

– 嘉定 三年 ; 1210년. 築 쌓을 축. 집을 짓다. 堡 작은 성보. 烏沙堡(오사보) ; 金의 西京 大同府를 방어하는 요새지.

– 襲殺(습살) ; 기습하여 죽이다. 略 다스릴 약(략). 略地(약지) ; 攻略(공략)하여 땅을 차지하다. 貢 바칠 공.

– 靜州(정주) ; 今 內蒙古自治區 동북쪽의 烏蘭浩特市(오란호특시).

○ 會金主璟殂, 允濟嗣位, 有詔, 至國傳言. 當拜, 太祖問金使曰, 新君爲誰. 曰, 衛王也. 太祖遽南唾曰, 我謂, 中原皇帝, 是天上人做. 此等亦爲之耶. 何以拜爲. 卽策馬去. : 때마침 金主 完顔璟이 죽고, 允濟가 帝位에 올라 詔書(조서)를 몽고에 보내 말을 전하게 하였다. 당연히 절을 해야 하지만 太祖가 金使에게 물었다. "新君은 누가 되었는가?" "(前의) 衛王입니다." 太祖는 갑자기 남쪽을 향해 침을 뱉으며 말했다. "내 생각에, 中原의 皇帝는 하늘이 낸

사람이 하는 줄 알았었다. 이런 사람도 황제가 되었는가? 어찌 절을 하겠는가?" 그리고는 곧바로 말을 달려 돌아갔다.

– 殂 죽을 조. 至國傳言(지국전언) ; 몽고에 가서 전언하다. 當拜(당배) ; 拜禮(배례 = 절하는 예절)를 해야 했다. 遽 갑자기 거. 南 ; 여기서는 南쪽을 향하다. 金의 황제가 있는 곳은 몽고의 남쪽이었다.

– 唾 침 타. 침을 뱉다. 謂 이를 위. 말하다. 생각하다. 天上人(천상인) ; 하늘에서 내려온 사람. 하늘이 낸 사람.

– 做 지을 주. 作과 同. 此等(차등) ; 이런 사람. 亦爲之耶(역위지야) ; 하는 것인가? 何以拜爲(하이배위) ; 어찌 절을 하겠는가?

○ 金使還言, 允濟益怒. 欲俟太祖再入貢而害之, 太祖知之, 遂與金絕. : 金使가 돌아와 보고하니, 完顔允濟(완안윤제)는 더욱 분노했다. 다음에 太祖가 다시 入貢할 때를 기다려 죽이려 했지만 太祖는 이를 알고 金과 관계를 단절했다.

– 俟 기다릴 사. 絕 ; 絕交(절교)하다. 斷絕(단절)하다.

(12) ○ 辛未, 嘉定四年春, 元太祖南侵, 敗金兵, 襲羣牧監, 驅其馬而還. 自是連歲, 攻取金州郡. ○ 癸酉, 嘉定六年, 金主衛紹王允濟, 在位五年, 無歲不受兵, 幾不能支. 且失將士心, 爲大將所弒. 追廢爲東海郡侯, 立豐王珣, 璟之兄也, 是爲宣宗. 太

祖分兵三道, 竝進取燕南·山東·河北五十餘郡.

○ 신미년, 가정 4년 봄, 元 태조 테무진은 남침해서 金兵을 패퇴시키며 군목감을 습격하여 그 말들을 몰고 돌아갔다. 이로부터 해마다 金의 주군을 공략하여 탈취하였다.

○ 계유년, 가정 6년, 金主 위소왕 완안윤제는 재위 5년 동안에 해마다 몽고의 침략을 받지 않은 해가 없었기에 거의 버틸 수가 없었다. 거기다가 장사들로부터 인심을 잃어 대장에게 시해되었다. 또 폐위되어 동해군후로 격하되었고 풍왕 순이 즉위하였는데, 완안경의 형으로 이가 선종이다. 태조는 3갈래로 군사를 나누어 함께 진격케 하여 연남, 산동, 하북의 50여 군을 탈취하였다.

어구 설명

○ 辛未, 嘉定四年春, 元太祖南侵, 敗金兵, 襲羣牧監, 驅其馬而還. 自是連歲, 攻取金州郡. : 辛未, 嘉定 4年 봄, 元 太祖는 南侵해서 金兵을 패퇴시키며 羣牧監을 습격하여 그 말들을 몰고 돌아갔다. 이로부터 해마다 金의 州郡을 공략하여 탈취하였다.

- 嘉定(가정) 四年 ; 1211년. 羣牧監(군목감) ; 中都(중도-北京)에 있는 官立(관립) 牛馬를 사육하는 곳. 驅 몰 구. 몰고 가다.

○ 癸酉, 嘉定六年, 金主衛紹王允濟, 在位五年, 無歲不受兵, 幾不能支. 且失將士心, 爲大將所弑. 追廢爲東海郡侯, 立豐王珣, 璟之

兄也, 是爲宣宗. 太祖分兵三道, 竝進取燕南 · 山東 · 河北五十餘郡. : 癸酉(계유), 嘉定 六年, 金主 衛紹王 允濟(위소왕 윤제)는 在位 五年 동안에 해마다 몽고의 침략을 받지 않은 해가 없었기에 거의 버틸 수가 없었다. 거기다가 將士들로부터 인심을 잃어 大將에게 弑害되었다. 또 폐위되어 (帝에서) 東海郡侯로 격하되었고 豐王 珣이 즉위하니, 이는 完顔璟(章宗)의 兄으로 이가 宣宗이다. 太祖는 3갈래로 군사를 나누어 함께 진격케 하여 燕南, 山東, 河北의 五十餘郡을 탈취하였다.

- 嘉定 六年 ; 1113년.　幾不能支(기불능지) ; 거의 버틸 수가 없었다.　爲大將所弑(위대장소시) ; 大將(胡沙虎)에게 시해되었다.
- 珣 옥 이름 순.　宣宗(선종) ; 完顔珣(완안경). 女眞名 吾睹補(오도보). 世宗 完顔雍(완안옹)의 長孫. 金 8대 황제. 재위 1213~1223年. 수도를 中都(今 北京)에서 汴京으로 천도했고 이 때문에 몽고의 침입을 계속 받았다.

(13) ○ 甲戌, 嘉定七年, 元太祖駐蹕燕北. 金主以岐國公主及童男女五百, 馬三千兼金帛, 以獻乞和. 雖見許, 度不能自立於燕, 五月, 遷于汴. 留丞相完顔福興, 輔太子守忠居燕. 太祖遣兵圍之, 守忠走汴. 後一年而燕京陷, 元兵自河東渡河而南, 距汴二十里而去. 金人自是地勢益蹙, 山東叛

之, 東阻河, 西阻潼關而已. 欲窺宋川·蜀·淮·漢, 以自廣, 遂敗盟來侵. 宋以黃榜募忠義人, 進討京東路. 忠義李全, 以歲戊寅, 率衆來歸. 全本漣水縣弓手, 在開禧乙丑間, 已嘗應募焚其縣矣.

○ 갑술, 가정 7년에, 元 태조 테무진은 연경(北京) 북쪽에 머물렀다. 金主는 기국공주와 동남동녀 5백 명, 말 3천 필과 함께 비단을 보내 화의를 구걸하였다. 비록 화의를 허락받았으나 연경에서는 자립할 수 없다고 생각하여 5월에 변경으로 천도하였다.

승상 완안복흥을 남겨두어 태자 수충을 보필하여 연경을 지키라 하였다. 太祖가 군사를 보내 연경을 포위하니 수충은 변경으로 달아났다. 그 일 년 뒤 연경은 함락되었고, 元兵은 하동에서 도하, 남하하여 변경 20리 되는 곳까지 왔다가 돌아갔다.

金은 이로부터 지세가 더욱 줄어들었으니 산동지방에서는 반란이 있었고, 동으로 황하에 막혔고, 서로는 동관에서 막혀버렸다. 宋의 사천과 촉과 회남과 한중을 엿보다가 자국의 땅을 넓히려 화의의 맹약을 깨고 宋을 침략하였다. 송은 황방을 걸어 충의인을 모집하여 경동로 지방을 토벌하려 하였다. 충의군의 李全은 무인년에 무리를 거느리고 宋에 귀순해 왔다. 이전은 본래 연수현의 弓手로 개희 을 축년에 이미 의용군을 응모하여 금의 군사를 괴롭혀 연수현을 화공으로 회복했었다.

어구 설명

○ 甲戌, 嘉定七年, 元太祖駐蹕燕北. 金主以岐國公主及童男女五百, 馬三千兼金帛, 以獻乞和. 雖見許, 度不能自立於燕, 五月, 遷于汴. : 甲戌, 嘉定 七年에, 元 太祖는 燕北에 머물렀다. 金主는 岐國公主와 童男女 五百 명, 말 三千 필과 아울러 金帛을 보내 화의를 구걸하였다. 비록 화의를 허락받았으나 연경에서는 自立할 수 없다고 생각하여 五月에 汴京으로 천도하였다.

- 甲戌, 嘉定 七年 ; 1214년. 蹕 길 치울 필. 駐蹕(주필) ; 천자가 행차하여 머무르다. 燕北(연북) ; 연경 북쪽.

- 岐國公主(기국공주) ; 전의 皇帝였던 完顔允濟의 딸. 度 헤아릴 탁. 燕(연) ; 中都 燕京. 汴(변) ; 金의 南京인 汴京(변경).

○ 留丞相完顔福興, 輔太子守忠居燕. 太祖遣兵圍之, 守忠走汴. 後一年而燕京陷, 元兵自河東渡河而南, 距汴二十里而去. : 丞相 完顔福興을 남겨두어 太子 守忠을 보필하여 燕京을 지키라 하였다. 太祖가 遣兵〈견병 = 군대를 파견(派遣 = 보내다.)하다.〉하여 연경을 포위하니 守忠은 汴京으로 달아났다. 그 一年 뒤 燕京은 함락되었고, 元兵은 河東에서 渡河, 南下하여 汴京 二十里되는 곳까지 왔다가 돌아갔다.

- 距 떨어질 거.

○ 金人自是地勢益蹙, 山東叛之, 東阻河, 西阻潼關而已. 欲窺宋川 · 蜀 · 淮 · 漢, 以自廣, 遂敗盟來侵. 宋以黃榜募忠義人, 進討京東路. 忠義李全, 以歲戊寅, 率衆來歸. 全本漣水縣弓手, 在開禧乙丑間, 已嘗應募焚其縣矣. : 金은 이로부터 地勢가 더욱 줄어들었으니 山東지방에서는 반란이 있었고, 東으로 황하에 막혔고, 西로는 潼關(동관)에서 막혀버렸다. 宋의 四川과 蜀과 淮南과 漢中을 엿보다가 자국의 땅을 넓히려 和議(화의)의 盟約(맹약)을 깨고 宋을 침략하였다. 송은 黃榜(황방)을 걸어 忠義人을 모집하여 京東路 지방을 토벌하려 하였다. 忠義軍의 李全은 戊寅年에 무리를 거느리고 宋에 귀순해 왔다. 李全은 본래 漣水縣(연수현)의 弓手로 開禧 乙丑(개희을축)년에 이미 應募(응모)하여 연수현을 火攻으로 회복했었다.

- 蹙 오그라들 축. 줄어들다. 阻 험할 조. 막다(沮 막을 저). 막히다. 潼關(동관) ; 金 陝西省 地. 동관에서 元과 접경하다.

- 窺 엿볼 규. 川 · 蜀 · 淮 · 漢(천 · 촉 · 회 · 한) ; 四川, 蜀, 淮南, 漢中의 땅. 以自廣(이자광) ; 자국의 땅을 넓히다.

- 黃榜(황방) ; 黃紙에 써서 내건 榜文(방문). 누른 종이에 쓴 詔書(조서)를 黃勅(황칙)이라 하고 이것을 널쪽에 붙여 거리에 내건 것을 황방이라고 한다. 전에는 흰 종이에 썼었는데, 흰 종이는 좀이 쓸므로 이를 방지하기 위해 누른 종이에 쓰게 되었다. 京東路(경동로) ; 京東東 · 西路. 李全(이전) ; 본래 山東人으로 金의 장수, 宋에 귀순하였다.

- 漣水縣(연수현) ; 今 江蘇省 淮安市 관할의 縣. 弓手(궁수) ;

兵種으로서 弓手가 아니라 捕盜(포도=도적의 무리를 잡는 일)하는 軍人.

- 開禧乙丑(개희을축) ; 영종의 연호. 1205년. 應募(응모) ; 모병에 호응하다. 焚其縣矣(범기현의) ; 그 현을 화공으로 공격하다.

(14) ○ 丁丑, 嘉定十年, 元以木華黎爲太師, 封國王. 率諸軍南征, 克大名府, 定益都·淄·萊等州. ○ 戊寅, 嘉定十一年, 元木華黎, 自西京入河東, 克太原·平陽及忻·代·澤·潞等州. 是歲伐西夏, 圍其王城, 夏主李遵頊走西京. ○ 高麗王㬚降于元, 請歲貢方物. ○ 己卯, 嘉定十二年, 西域殺元使者, 太祖親征. ○ 庚辰, 嘉定十三年, 元木華黎, 徇地至眞定, 又徇河北諸郡.

○ 정축, 가정 10년에, 元은 목화려를 태사로 삼고 국왕에 봉했다. 목화려는 많은 군사를 거느리고 남정하여 대명부를 점령하고, 익도, 치주, 내주 등을 평정하였다.

○ 무인, 가정 11년에, 元 목화려는 (金의) 서경을 경유하여 하동 땅에 침입하여 태원, 평양 및 흔주, 대주, 택주, 노주 등을 차지했다. 이 해에 서하를 정벌하여 그 왕성을 포위하니 서하의 왕 이준욱은 서량으로 도주하였다.

○ 고려왕 돈(高宗)이 元에 항복하고, 세공으로 방물을 바치겠다고 하였다.

○ 기묘, 가정 12년, 서역에서 元의 사자가 피살당하자 태조가 친정했다.

○ 경진, 가정 13년, 元의 목화려가 영토를 순찰하여 眞定(진정, 河北省) 정부에 도착했다가 다시 하북의 여러 군을 순행했다.

어구 설명

○ 丁丑, 嘉定十年, 元以木華黎爲太師, 封國王. 率諸軍南征, 克大名府, 定益都 · 淄 · 萊等州. : 丁丑, 嘉定 十年에, 元은 木華黎(목화려)를 太師로 삼고 國王에 봉했다. 목화려는 諸軍을 거느리고 南征하여 大名府를 점령하고, 益都(익도), 淄州(치주), 萊州(내주) 等을 평정하였다.

- 嘉定 十年 ; 1217년. 黎 검을 여(려). 木華黎(목화려, 1170~1223년) ; 木合里, 摩和賚(마화뢰) 等으로도 표기된다. 元 太祖 成吉思汗 휘하의 大將. 博爾朮(박이출), 博爾忽(박이홀), 赤老溫(적노온)과 함께 成吉思汗의 四傑로 꼽힌다. 賚 줄 뢰. 래. 주다. 하사하다. 하사품.

- 太師(태사) ; 최고 군 지휘관. 大名府(대명부) ; 北宋의 北京 大名府. 今 河北省 邯鄲市(한단시) 大名縣. 益都, 淄州, 萊州 ; 모두 今 山東省의 땅.

○ 戊寅, 嘉定十一年, 元木華黎, 自西京入河東, 克太原 · 平陽及忻 · 代 · 澤 · 潞等州. 是歲伐西夏, 圍其王城, 夏主李遵頊走西京. 高麗王暾降于元, 請歲貢方物. : 戊寅, 嘉定 十一年에 元 木華黎는 (金의) 西京을 경유하여 河東 땅에 침입하여 太原, 平陽 및 忻州(흔주), 代州(대주), 澤州(택주), 潞州(노주) 등을 차지했다. 是歲(시세 = 이해에)에 西夏를 정벌하여 그 王城을 포위하니 서하의 왕 李遵頊(이준욱)은 西涼으로 도주하였다. 高麗王 暾(돈 = 고종)이 元에 항복하고, 歲貢(세공)으로 方物(방물)을 바치겠다고 하였다.

- 嘉定 十一年 ; 1218년. 西京(서경) ; 金의 西京. 大同府. 今 山西省 북쪽 大同市. 太原(태원) ; 今 山西省의 太原市.
- 忻 기뻐할 흔. 潞 강 이름 노(로). 山西省의 땅. 圍 둘레 위. 에워싸다. 포위하다. 李遵頊(이준욱) ; 재위 1211~1223년.
- 走西京(주서경) ; 走西涼(주서량)의 착오. 今 甘肅省 武威市.
- 暾 아침 해 돈. 高麗王 暾(고려왕 돈) ; 高麗 高宗. 1218년은 고려 高宗 5년. 이때 몽고에 쫓긴 거란족이 침입하자, 고려는 이를 江東城에 몰아넣었다. 거란족을 추격해온 몽고군은 겨울이라면서 고려에 군량지원을 요청하였는데 이때 집권자 崔瑀(최우)는 몽고군에게 군량을 지원했다. 다음 해 봄 고려와 몽고군은 강동성을 함락시켰는데(江東의 役), 이것이 고려와 몽고의 첫 접촉이었다. 여기서 '降(굴복하다)'은 고려-몽고의 和議의 착오이다. 이후 고려는 몽고의 무리한 요구를 들어주지 않아 모두 6차례 침략을 받았고, 최우는 1232년 江華(江都)로 천도하고 항쟁을 계속했다. 高麗가 개경으로 환도하여 몽고에 항복한 것은 1259년 高宗이 죽

은 후의 일이다.

– 方物(방물) ; 土産物(토산물).

○ 己卯, 嘉定十二年, 西域殺元使者, 太祖親征. 庚辰, 嘉定十三年, 元木華黎, 徇地至眞定, 又徇河北諸郡. : 己卯, 嘉定 12년, 西域에서 元의 使者가 피살당하자 太祖가 親征했다. 庚辰, 嘉定 13년, 元의 木華黎(목화려)가 영토를 순찰하여 眞定府에 도착했다가 다시 河北의 여러 군을 순행했다.

– 嘉定 十二年 ; 1219년. 徇 두루 순. 巡行(순행=①두루 돌아다님. ②여행이나 공무를 위해 여러 지역을 돌아다님.)하다. 따라 죽다(殉). 眞定(진정) : 今 河北省.

(15) ○ 壬午, 嘉定十五年, 元太子拖雷, 克西域諸城, 遂與太祖會. 秋金主復遣使請和. 太祖時在回鶻國, 謂之曰, 我向令汝主授我河朔地, 令汝主爲河南王, 彼此罷兵, 汝主不從. 今木華黎已盡取之, 乃始來請耶. 遂不許. ○ 癸未, 嘉定十六年, 春三月, 元太師, 魯國王木華黎卒. ○ 五月, 元初置達魯花赤, 監治郡縣. ○ 金章宗珣, 在位十二年而殂. 子守緒立, 是爲哀宗.

○ 임오, 가정 15년, 元 태자 타뢰가 서역의 여러 성을 점

령하고, 드디어 太祖와 합류했다. 가을에 金主가 다시 사자를 보내 강화를 요청했다. 태조는 그때 위구르〈回紇(회흘)〉 땅에 있었는데 金의 사자에게 말했다. "나는 그 전에 너의 왕에게 하북의 땅은 나에게 주고 너희 왕을 하남王으로 하되, 피차 전쟁을 끝내려고 하였으나 너의 왕이 따르지 않았다. 지금 목화려가 너의 땅을 거의 다 차지하였는데 이제 와서 강화를 요청하는가?" 끝내 허락하지 않았다.

○ 계미, 가정 16년, 춘 삼월, 元의 태사인 노국왕 목화려가 죽었다.

○ 5월에, 元은 처음으로 達魯花赤〈달노화적(다루가치)〉라는 벼슬을 설치하여 군현을 감독케 하였다.

○ 金 장종인 완안순이 재위 12년에 죽었다. 아들 완안수서가 즉위하였는데, 이가 애종이다.

어구 설명

○ 壬午, 嘉定十五年, 元太子拖雷, 克西域諸城, 遂與太祖會. 秋金主復遣使請和. 太祖時在回鶻國, 謂之曰, 我向令汝主授我河朔地, 令汝主爲河南王, 彼此罷兵, 汝主不從. 今木華黎已盡取之, 乃始來請耶. 遂不許. : 임오, 가정 15년, 元 태자 拖雷(타뢰)가 서역의 여러 성을 점령하고, 드디어 太祖와 만났다. 가을에 金主가 다시 사자를 보내 講和를 요청했다. 太祖는 그때 위구르 땅에 있었는데 金의 사자에게 말했다. "나는 그 전에 너의 왕에게 河北의 땅

은 나에게 주고 너희 왕을 河南王으로 하되, 피차 전쟁을 끝내려고 하였으나 너의 왕이 따르지 않았다. 지금 木華黎(목화려)가 너의 땅을 거의 다 차지하였는데 이제 와서 강화를 요청하는가?" 끝내 허락하지 않았다.

- 嘉定 十五年 ; 1122년. 拖 끌 타. 끌어당기다.
- 拖雷(타뢰, Tului. 1192~1232년) 成吉思汗의 막내아들(4子). 成吉思汗의 총애를 독차지했다. 蒙哥(몽가), 忽必烈(홀필열, 元世祖), 旭烈兀(욱렬올), 阿里不哥(아리불가) 등은 拖雷(타뢰)의 아들들이다. 1227~1229년 蒙古帝國을 監國〈감국 ; ①諸侯(제후)의 나라를 감시함. ②國事(국사)를 감독함. ③太子(태자). 君主(군주)가 있지 않을 때에 태자가 代行(대행)한데서 온 말.〉했다. 蒙古 習俗에 의하면, 가장 어린 아들이 父業을 계승하고, 年長의 아들들은 땅을 갈라 독립하여 각자 생계를 찾도록 되어 있어, 拖雷가 成吉思汗의 지위를 계승했다.
- 鶻 송골매 골. 回鶻國(회골국) ; 回紇(회흘), 위구르. 西夏의 서쪽에 살고 있었다. 朔 초하루 삭. 북쪽. 河朔地(하삭지) ; 河北의 땅.
- 罷兵(파병) ; 전쟁을 그치다. 始來(시래) ; 이제 와서.

○ 癸未, 嘉定十六年, 春三月, 元太師, 魯國王木華黎卒. 五月, 元初置達魯花赤, 監治郡縣. 金章宗珣, 在位十二年而殂. 子守緒立, 是爲哀宗. : 癸未, 嘉定 十六年, 春三月, 元의 太師인 魯國王 木華黎가 죽었다. 五月에, 元은 처음으로 達魯花赤(달로화적)을 설치하여 郡縣을 감독케 하였다. 金 宣宗인 完顔珣이 在位 12년에 죽

었다. 아들 守緖가 즉위하였는데, 이가 哀宗이다.

- 癸 열째 천간 계. 헤아리다. 嘉定 十六年 ; 1223년.

- 達魯花赤(달로화적, 다루가치) ; 몽고어로 '印章을 장악한 사람(掌印者)'. 몽고는 정복지를 직접 통치할 수 없어 현지인에게 통치행위를 맡기었고, 그 통치자를 감독하고 軍政을 장악하는 임무를 띤 達魯花赤(다루가치)을 두었다.

元朝의 중국 지방 행적 조직은 路, 府, 州, 縣으로 각각에 總管(총관), 府尹이나 知府, 知州, 知縣이 있었는데, 각 행정 단위에 達魯花赤이 있었다. 품계는 지방관과 같으나 그 지방관을 감독하였다. 각 路의 達魯花赤은 正三品이었고 차등을 두어 縣의 達魯花赤은 從六品이나 從七品이었다. 達魯花赤의 '~치(赤)'는 '사람'이란 뜻인데, 우리말에서 '장사치', '벼슬아치', '양아치' 등 멸시하는 의미를 담고 있는 語尾 '~치'는 '다루가치'의 '치'에서 온 것으로 몽고어의 잔재이다.

- 金章宗珣(금장종순) ; 金宣宗珣. 章宗(完顔璟)은 6대 황제이고, 1208년에 죽었다. 위의 (10)참조. 守緖(수서) ; 完顔守緖, 女眞名 寧甲速.

- 哀宗(金) ; 재위 1223~1234년. 國破 後 自縊而死(국파 후 자액이사). 縊 목맬 액. 목매다.

(16) ○ 甲申, 嘉定十七年, 元太祖至東印度, 駐鐵門關. 有一獸, 鹿形馬尾, 綠色而一角, 能作人言,

謂侍衛者日, 汝主宜早還. 太祖以問耶律楚材, 曰, 此獸名角端, 能言四方語, 好生而惡殺. 此天降符, 以告陛下. 願承天心, 宥此數國人命. 太祖卽日班師.

耶律楚材(야율초재)

○ 갑신, 가정 17년에, 元 태조는 인도의 동쪽에 이르러 철문관에 머물고 있었다. 사슴 형체에 말 꼬리를 갖고 녹색의 털에 외뿔을 갖고 사람 말을 할 수 있는 짐승이 시위자에게 말했다. "너의 주군은 빨리 돌아가야 한다."

태조가 이것을 야율초재에게 물었고, 야율초재가 대답했다. "이 짐승의 이름은 각단이며 여러 말을 할 줄 알며, 살리기를 좋아하며 죽이기를 싫어합니다. 이는 하늘이 내린 계시를 폐하에게 전한 것입니다. 천심에 따라 여러 나라 백성의 생명을 살려 주시기 바랍니다." 태조는 그날로 회군했다.

어구 설명

○ 甲申, 嘉定十七年, 元太祖至東印度, 駐鐵門關. 有一獸, 鹿形馬尾, 綠色而一角, 能作人言, 謂侍衛者日, 汝主宜早還. ; 甲申, 嘉定

17년에, 元 太祖는 東印度에 이르러 鐵門關에 머물고 있었다. 사슴 형체에 말 꼬리를 갖고 綠色(녹색) 털에 一角을 갖고 사람 말을 할 수 있는 짐승이 侍衛者(시위자 = 임금을 모시어 호위하는 사람.)에게 말했다. "너의 주군은 빨리 돌아가야 한다."

- 嘉定 十七年 ; 1224년.　鐵門關(철문관) ; 파미르(帕米爾, Pamir) 고원 서쪽, 우즈베키스탄의 사마르칸트(Samarkand) 남쪽.
- 獸 짐승 수.

○ 太祖以問耶律楚材, 曰, 此獸名角端, 能言四方語, 好生而惡殺. 此天降符, 以告陛下. 願承天心, 宥此數國人命. 太祖卽日班師. : 太祖가 이를 耶律楚材에게 물었고, 야율초재가 대답했다. "이 짐승의 이름은 角端(각단)이며 여러 말을 할 줄 알며, 살리기를 좋아하며 죽이기를 싫어합니다. 이는 하늘이 내린 계시를 陛下에게 전한 것입니다. 天心에 따라 여러 나라 백성의 생명을 살려주시기 바랍니다." 太祖는 그날로 회군했다.

- 耶律楚材(야율초재, 1190~1244) ; 거란인 야율아보기의 먼 후손. 金末元初. 30여 년간 元의 여러 제도문물을 완성한 학자, 정치가. 태조의 각별한 신임을 받았다.
- 惡 미워할 오.　天降符(천항부) ; 하늘이 내려준 징조.　宥 용서할 유.　班師(반사) ; 군사를 철수하다. 回軍하다.

(17) ○ 自歲丁丑以後, 宋與金戰, 雖迭有勝敗, 然三邊無歲不被其擾. 上在位三十年, 改元者四. 謙恭

仁儉, 終始如一. 然慶元 · 嘉泰 · 開禧, 凡十三年, 則侂冑之政, 嘉定十七年, 則彌遠之政. 壽五十七而崩. 彌遠定策立嗣, 是爲理宗皇帝.

○ 정축년 이후로, 宋과 金은 전쟁에서 번갈아 승패가 달랐지만 송의 동, 서, 북쪽의 국경에서 시끄럽지 않은 해가 없었다. 영종은 재위 30년에 4번 개원을 했다. 겸양과 공경하며 인자하고 검소하기가 시종여일했다.

그러나 경원, 가태, 개희 연간의 총 13년은 한탁주의 정치였고, 가정 17년간은 사미원의 정치였었다. 나이 57세에 붕어하였다. 사미원이 후사를 정하는 책서로 후사를 세우니, 이가 理宗황제이다.

어구 설명

○ 自歲丁丑以後, 宋與金戰, 雖迭有勝敗, 然三邊無歲不被其擾. 上在位三十年, 改元者四. 謙恭仁儉, 終始如一. : 丁丑년부터 그 以後로, 宋과 金은 전쟁에서 번갈아 勝敗가 달랐지만 동, 서, 북쪽의 국경에서 시끄럽지 않은 해가 없었다. 寧宗은 在位 三十年에 4번 改元을 했다. 겸양과 공경하며 인자하고 검소하기가 始終如一(시종여일)했다.

- 歲丁丑(세정축) ; 嘉定 10년, 1217년. 迭 갈마들 질. 번갈아. 三邊(삼변) ; 남송의 동, 서, 북변. 擾 어지러울 요. 소요. 적의

침입.

– 謙 겸손할 겸. 恭 공손할 공.

○ 然慶元 · 嘉泰 · 開禧, 凡十三年, 則侂冑之政, 嘉定十七年, 則彌遠之政. 壽五十七而崩. 彌遠定策立嗣, 是爲理宗皇帝. : 그러나 慶元, 嘉泰, 開禧 年間의 총 13년은 韓侂冑(한탁주)의 정치였고, 嘉定 17년간은 史彌遠(사미원)의 정치였었다. 나이 五十七세에 붕어하였다. 史彌遠이 후사를 정하는 策書(책서)로 후사를 세우니, 이가 理宗皇帝이다.

– 嘉定(가정) 17년(1224년), 寧宗의 病이 위독하자, 寧宗의 養子 濟國公 趙竑(조횡)이 자신에게 불만이 많은 것을 알고 조서를 위조하여 趙貴誠(조귀성)을 皇子로 정했다가, 寧宗(영종)이 붕어하자 楊皇后를 설득하여 貴誠이 대를 이어 즉위케 하니, 이가 理宗이다. 史彌遠(사미원)은 理宗을 옹립한 이후 1233년 죽을 때까지 실권을 완전 장악하였다.

– 定策(정책) ; 천자를 결정하는 策書. 立嗣(입사) ; 후사를 정하다.

– 理宗皇帝(이종황제) ; 1222년 寧宗의 아우 沂王(기왕)의 嗣子 〈사자 = 대를 이을 아들 長子(장자)〉가 되어 貴誠이라는 이름을 하사받았다. 1224년 寧宗의 皇子가 되어 이름을 趙昀(조윤)으로 고치고 즉위하였다. 재위 1224~1264년.

2) 理宗(1) ; 몽고 강성

(1) 理宗皇帝, 初名與莒, 宗室追封榮王, 謚文恭, 希瓐之子, 太宗十世孫也. 寧宗子多而不育, 鞠宗室子, 名詢, 立爲太子, 薨. 初皇從弟沂靖惠王柄無子, 嘗以宗室子, 賜名貴和, 爲之後. 及失太子詢, 遂立貴和爲皇子, 賜名竑, 封濟國公. 竑慧而輕, 嘗疾史彌遠專權, 謂異日不可容, 彌遠聞而惡之, 故陰爲之計.

理宗황제의 초명은 여거로, 종실이면서 형왕으로 추봉되고, 시호가 문공인 조희로의 아들이며 太祖(태종은 잘못된 원문)의 10세손이었다. 영종에게는 아들이 많았지만 성인으로 자라지 못하여 종실의 아들을 데려다 키우며 이름을 순이라 하고, 태자로 삼았으나 죽었다. 전에 영종의 사촌동생인 沂(기)의 정혜왕인 조병이 아들이 없어 종실의 아들 趙均(조균)을 데려다가 귀화라는 이름을 내리고 후사로 삼았었다. 태자 순이 죽자, 귀화를 황자로 삼고 竑(횡)이라 이름을 하사했고, 제국공에 봉했었다.

조횡은 똑똑했으나 경솔했는데 전부터 사미원의 전권을 미워하여 "뒷날 수용할 수 없을 것이다."라고 말했었는데, 사미원이 이 말을 듣고서는 조횡을 증오하며 몰래 (제거하려는) 계략을 꾸몄다.

어구 설명

○ 理宗皇帝, 初名與莒, 宗室追封滎王, 諡文恭, 希瓐之子, 太宗十世孫也. : 理宗皇帝의 初名은 與莒(여거)로, 宗室이면서 滎王(형왕)으로 追封되고, 諡가 文恭인 趙希瓐(조희노)의 아들이며 太宗의 十世孫이었다.

- 莒 감자 거, 나라 이름 거. 滎 실개천 형, 못 이름 형, 물결일 영. 瓐 비취옥 노(로). 太宗 十世孫也 ; 太祖의 착오.

○ 寧宗子多而不育, 鞠宗室子, 名詢, 立爲太子, 薨. 初皇從弟沂靖惠王柄無子, 嘗以宗室子, 賜名貴和, 爲之後. 及失太子詢, 遂立貴和爲皇子, 賜名竑, 封濟國公. : 寧宗에게 아들이 많았지만 성인으로 자라지 못하여 宗室의 아들을 데려다 키우며 이름을 詢(순)이라 하고, 太子로 정했으나 죽었다. 전에 寧宗의 從弟인 沂(기)의 靖惠王인 柄이 아들이 없어 宗室의 아들을 데려다가 貴和라는 이름을 내리고 後嗣〈후사=代(대)를 잇는 자식. 後承(후승)〉로 삼았었다. 太子 詢이 죽자, 貴和를 皇子로 삼고 賜名(사명=하사한 이름)을 竑(횡)으로 하고, 濟國公(제국공)에 봉했었다.

- 不育(불육) ; 성인으로 자라지 못하다. 어려서 죽다. 鞠 기를 국. 공. 국문하다. 詢 물을 순. 자문하다.

- 薨 죽을 훙. 제후의 죽음. 從弟(종제) ; 사촌 동생. 沂 물 이름 기. 地名. 竑 넓을 횡.

○ 竑慧而輕, 嘗疾史彌遠專權, 謂異日不可容, 彌遠聞而惡之, 故陰爲之計. : 趙竑(조횡)은 똑똑했으나 경솔했는데 전부터 史彌遠(사미원)의 專權(전권=마음대로 권력을 휘두름)을 미워하여 "뒷날 收容할 수 없을 것이다."라고 말했었는데, 사미원이 듣고서는 조횡을 증오하며 몰래 (제거하려는) 계략을 꾸몄다.

– 慧而輕(혜이경) ; 똑똑하나 경솔하다. 疾(질) ; 미워하다. 싫어하다. 異日(이일) ; 뒷날. 容 ; 받아들이다. 容恕(용서)하다.

(2) 與莒幼不好弄, 羣兒聚嬉, 輒獨登高, 坐不動. 長上見者, 指以語羣兒曰, 汝曹不效此人. 恰一大王相似. 羣兒每羅拜其下, 遂有趙大王之號. 彌遠物色得之, 嘗取應得擧矣, 特旨補官. 竑旣爲寧宗子, 遂以與莒爲沂王後, 賜名貴誠, 除邵州防禦使. 寧宗大漸, 乃白中宮, 以貴誠爲皇子, 改名昀, 宣遺詔卽位, 進竑濟陽郡王, 出判寧國府. 恭聖仁烈楊后, 同聽政, 事定然後撤簾.

여거는 어려서도 장난을 좋아하지 않았는데, 여러 아이들이 모여 즐길 때에도 문득 홀로 높은 곳에 올라가 움직이지 않고 앉아 있었다. 이것을 본 어른들이 여러 아이들을 보고 말했다. "너희들은 왜 이 아이를 본받지 않느냐?

마치 대왕과 비슷하구나!" 여러 아이들은 그 아래 줄을 지어 절을 하였기에 조대왕이라고 별명을 얻었다. 사미원이 찾아내어 데리고 가서 과거에 응시케 하여 합격하게 한 뒤 特旨(특지)로 관직에 임명하였다.

조횡이 이미 영종의 아들이 되었으므로 드디어 여거를 沂王(기왕)의 후사로 삼아 귀성이라는 이름을 하사하고 소주방어사를 제수하였다. 영종이 위독하자, 곧 황후에게 아뢰어 귀성을 황자로 삼아 趙昀(조윤)으로 개명한 뒤 유조를 내려 즉위시키고, 조횡을 제양군왕으로 승진시켜 영국부의 판관으로 내보냈다. 공성인열 양후가 같이 청정하다가 안정된 뒤에는 수렴청정을 거두었다.

어구 설명

○ 與莒幼不好弄, 羣兒聚嬉, 輒獨登高, 坐不動. 長上見者, 指以語羣兒曰, 汝曹不效此人. 恰一大王相似. 羣兒每羅拜其下, 遂有趙大王之號. 彌遠物色得之, 嘗取應得擧矣, 特旨補官. : 與莒(여거)는 어려서도 장난을 좋아하지 않았는데, 여러 아이들이 모여 즐길 때에도 문득 홀로 높은 곳에 올라가 움직이지 않고 앉아 있었다. 이것을 본 어른들이 여러 아이들을 보고 말했다. "너희들은 왜 이 아이를 본받지 않느냐? 마치 大王과 비슷하구나!" 여러 아이들은 그 아래 줄을 지어 절을 하였기에 趙大王이라고 별명을 얻었다. 사미원이 찾아내어 데리고 가서 과거에 응시케 하여 합격하게 한

뒤 特旨(특지)로 관직에 임명하였다.

- 弄〈롱(농)〉; 완구를 가지고 놀다. 희롱하다. 聚 모일 취. 嬉 즐길 희. 登高(등고); 높은 곳에 오르다.

- 曹 마을 조. 관아. 무리. 汝曹(여조); 너희들. 效 본받을 효. 恰 마치 흡. 恰似(흡사). 似 같을 사.

- 羅 새 그물 라. 벌리다. 줄지어 서다. 物色(물색); 어떤 기준에 맞는 사람이나 물건을 고르다. 取; 골라잡다.

- 應得(응득); 응시하여 합격하다. 擧(거); 과거. 인재 등용을 위한 시험. 特旨(특지); 황제의 특별한 지침.

○ 竑旣爲寧宗子, 遂以與莒爲沂王後, 賜名貴誠, 除邵州防禦使. 寧宗大漸, 乃白中宮, 以貴誠爲皇子, 改名昀, 宣遺詔卽位, 進竑濟陽郡王, 出判寧國府. 恭聖仁烈楊后, 同聽政, 事定然後撤簾. : 趙竑(조횡)이 이미 寧宗의 아들이 되었으므로 드디어 與莒(여거)를 沂王(기왕)의 後嗣(후사)로 삼아 貴誠이라는 이름을 하사하고 邵州防禦使(소주방어사)를 제수하였다. 寧宗이 위독하자, 곧 황후에게 아뢰어 貴誠을 皇子로 삼아 昀(윤)으로 개명한 뒤 유조를 내려 즉위시키고, 조횡을 濟陽郡王(제양군왕)으로 승진시켜 寧國府의 판관으로 내보냈다. 恭聖仁烈 楊后(공성인열 양후)가 같이 聽政(청정)하다가 안정된 뒤에는 수렴청정을 거두었다.

- 除; 제수하다. 邵 고을 이름 소. 邵州(소주); 今 湖南省 邵陽市. 大漸(대점); 병세가 위독하다. 中宮(중궁); 寧宗의 楊皇后.

- 昀 햇빛 윤. 撤 거둘 철. 簾 발 렴. 垂簾聽政(수렴청정).

(3) ○ 乙酉, 寶慶元年, 時外議籍籍. 有謀作亂立竑者, 事不克皆死. 李全在楚州, 與制置許國相失, 殺國, 亦以問罪爲辭, 擧兵南向, 圍楊州幾陷. ○ 丙戌, 寶慶二年, 元太祖伐西夏, 取甘肅等州, 遂踰沙陀, 至黃河九渡.

○ 을유, 보경 원년, 당시 외지에서 사미원이 황자 횡을 폐해버린 일을 비난하는 여론이 자자하였다. 난을 일으켜 조횡을 옹립하려 모의하는 자도 있었지만, 모사가 성공하지 못해 모두 죽음을 당했다. 李全(이전)은 초주에서 제치사인 허국과 불화하여 허국을 죽이고, 또 (史彌遠을) 단죄한다는 구실로 군사를 일으켜 남으로 내려와 양주를 포위하여 거의 함락시키려 했었다.

○ 병술, 보경 2년, 元 태조(테무진)가 서하를 공격하여 감주, 숙주 등을 차지하고 사주를 지나 황하의 구도란 곳까지 왔다.

어구 설명

○ 乙酉, 寶慶元年, 時外議籍籍. 有謀作亂立竑者, 事不克皆死. 李全在楚州, 與制置許國相失, 殺國, 亦以問罪爲辭, 擧兵南向, 圍楊州幾陷. : 乙酉, 寶慶 元年, 당시 外地에서 사미원이 황자 횡을 폐

해버린 일을 비난하는 여론이 자자하였다. 난을 일으켜 趙竑(조횡)을 옹립하려 모의하는 자도 있었지만, 모사가 성공하지 못해 모두 죽음을 당했다. 李全은 楚州에서 制置使인 許國과 불화하여 허국을 죽이고, 또 (史彌遠을) 단죄한다는 구실로 군사를 일으켜 남으로 내려와 양주를 포위하여 거의 함락시키려 했었다.

- 寶慶(보경) ; 理宗의 연호. 1225~1227년. 外議(외의) ; 조정 외에서의 의론. 여론. 史彌遠이 趙竑(조횡)을 내쫓았다는 비난 여론.

- 籍 문서 적. 온화할 자(藉 깔개 자 通). 籍籍(자자) ; 藉藉(자자). 여러 사람의 입에 오르내리는 모양.

- 不克(불극) ; 不能也(불능야). 不可也(불가야). 不得也(불득야). 戰而不勝皆死也(전이불승개사야 = 싸워서 승리하지 못하면 모두 죽는다.). 李全(이전) ; 人名. 忠義軍의 장수. 위의 嘉定 七年(1214년) 記事 참조.

- 楚州(초주) ; 今 江蘇省 中北部 淮安市. 淮水의 운하와 상업의 요지. 制置(제치) ; 制置使. 許國(허국) ; 人名. 相失(상실) ; 불화하다.

- 爲辭(위사) ; 口實(구실). 楊州(양주) ; 揚州(양주)의 착오. 楊州는 대한민국 경기도의 지명이라고 중국 백과사전에도 수록.

○ 丙戌, 寶慶二年, 元太祖伐西夏, 取甘肅等州, 遂踰沙陀, 至黃河九渡. : 丙戌, 寶慶 二年, 元 太祖가 西夏를 공격하여 甘州, 肅州等을 차지하고 沙州를 지나 黃河의 九渡까지 왔다.

- 寶慶(보경) 二年 ; 1226년. 甘州(감주), 肅州(숙주) ; 今 甘肅

省의 땅. 踰 넘을 유. 지나가다. 沙陀(사타) ; 甘肅省의 지명. 沙州. 九渡(구도) ; 황하 상류의 지명.〈황하의 근원은 9줄기의 支流(지류)로 나뉘어 있으므로 아홉 군데를 건너서 저편 언덕에 닿을수 있기 때문에 九渡(구도)라 했다.〉

(4) ○ 丁亥, 寶慶三年, 元滅夏, 以夏主李晛歸. ○ 七月, 元太祖殂于六盤山. 臨殂謂左右曰, 金精兵在潼關, 南據連山, 北限太河, 難以遽破. 莫若假道于宋, 宋·金世讐, 必能許我. 則下兵唐·鄧, 直擣汴京, 汴急必徵兵潼關. 然以數萬之衆, 千里赴援, 人馬疲弊, 雖至弗能戰, 破之必矣. 言訖而殂. 在位二十二年, 壽六十六, 葬起輦谷. 至元二年冬, 追謚曰聖武皇帝, 廟號太祖. 太祖深沈有大略, 用兵如神, 故能滅國四十, 其勛續甚衆, 史之紀載不備, 惜哉.

○ 정해, 보경 3년에, 元은 서하를 멸망시키고 하주(夏主-君主-임금) 이현을 잡아서 돌아갔다.

○ 7월에, 元 태조(칭기즈칸, 成吉思汗)는 甘肅(감숙)의 육반산 陣營(진영)에서 죽었다. 죽기 전에 측근들에게 말했다. "金의 정병은 동관에 있는데, (동관은) 남으로는 산에 접해 있고, 북쪽은 큰 강이 막아주고 있어 갑자기 격파

하기가 어렵다. 그러니 宋에 假道(가도, 송나라를 통해 가는 것이 상책이다.)를 요청하는 것이 좋을 것이니, 宋과 金은 대대로 원수사이라서 틀림없이 우리 요구를 들어줄 것이다. 그러면 우리 병력이 당주와 등주를 지나 바로 汴京(변경)을 공격하면, 변경에서는 다급하여 틀림없이 동관의 병력을 징발할 것이다. 그러나 수만의 무리가 천 리를 달려 구원하러 오면 인마가 지치고 병들어 도착하더라도 싸울 수가 없을 것이니 틀림없이 격파할 수 있을 것이다." 말을 마치고서는 죽었다.

(태조는) 재위 22년에 나이는 66세였고, 케르렌강 상류 기련곡에 장사를 지냈다. 지원 2년 겨울에, 聖武皇帝라는 추가 시호를 올렸고 묘호는 태조이다. 태조는 생각이 깊고 침착하면서도 큰 책략을 품었으며, 용병을 쓰면 신과도 같았기에 40여 나라를 멸망시킬 수 있었고, 그 공적은 매우 많은데도 역사 기록이 상세하지 않으니 애석하도다!

어구 설명

○ 丁亥, 寶慶三年, 元滅夏, 以夏主李晛歸. : 丁亥, 寶慶 三年에, 元은 西夏를 멸망시키고 夏主 李晛을 잡아서 돌아갔다.

– 寶慶 三年 ; 1227년. 元滅夏(원멸하) ; 西夏는 1038년 李元昊(이원호)가 칭제한 이후 금 · 송, 서하가 정립되어 존속하다가 몽고의 침략을 받아 1227년에 멸망하였다.

- 以夏主(이하주)~ ; 以는 여기서 ~와 함께(與也). 晛 불거진 눈 현. 李晛(이현, 재위 1226년~1227년) ; 西夏 末主 南平王.

○ 七月, 元太祖殂于六盤山. 臨殂謂左右曰, 金精兵在潼關, 南據連山, 北限太河, 難以遽破. 莫若假道于宋, 宋·金世讐, 必能許我. 則下兵唐·鄧, 直擣汴京, 汴急必徵兵潼關. 然以數萬之衆, 千里赴援, 人馬疲弊, 雖至弗能戰, 破之必矣. 言訖而殂. : 七月에, 元 太祖는 六盤山에서 죽었다. 죽기 전에 측근들에게 말했다. "金의 精兵은 潼關에 있는데, (동관은) 南으로는 산에 접해 있고, 북쪽은 큰 강이 막아주고 있어 갑자기 격파하기가 어렵다. 그러니 宋에 假道(가도)를 요청하는 것이 좋을 것이니, 宋과 金은 대대로 원수 사이라서 틀림없이 우리 요구를 들어줄 것이다. 그러면 우리 병력이 唐州와 鄧州(등주)를 지나 바로 汴京을 공격하면, 변경에서는 다급하여 틀림없이 潼關(동관)의 병력을 징발할 것이다. 그러나 수만의 무리가 천 리를 달려 구원하러 오면 人馬가 지치고 병들어 도착하더라도 싸울 수가 없을 것이니 틀림없이 격파할 수 있을 것이다." 말을 마치고서는 죽었다.

- 六盤山(육반산) ; 寧夏回族自治區 南部의 固原市 隆德縣의 山. 2,943m. 潼關(동관) ; 今 陝西省(섬서성) 渭南市(위남시) 潼關縣. 西安의 東쪽.

- 連山(연산) ; 큰 산에 닿아 있다. 太河(태하) ; 큰 강. 황하. 遽 갑자기 거. 莫若(막약) ; 莫如(막여). ~하는 것만 못하다. ~하는 것이 더 낫다.

- 假道(가도) ; 길을 빌리다. 다른 나라를 통과하다. 世讐(세

수) ; 대대로 내려온 원수. 唐州(당주) ; 今 河南省 唐河縣.

- 鄧州(등주) ; 今 河南省 西南部, 湖北省과 접경 지격. 擣 찧을 도. 衝(찌를 충)과 同. 徵兵(징병) ; 군사를 징발하다.

- 赴援(부원) ; 구원에 나서다. 疲弊(피폐) ; 지치고 쇠약하다.

- 弗 아닐 불. 목적어를 필요로 하지 않는 동사를 부정하며 '不' 보다 의미가 강하다. 弗能(불능) ; 不能. 訖 마칠 흘.

○ 在位二十二年, 壽六十六, 葬起輦谷. 至元二年冬, 追謚曰聖武皇帝, 廟號太祖. 太祖深沈有大略, 用兵如神, 故能滅國四十, 其勛績甚衆, 史之紀載不備, 惜哉. : 在位 二十二年에, 壽는 六十六이었고, 起輦谷(기련곡)에 묻었다. 至元 二年 冬에 聖武皇帝로 추가 시호를 올렸고 廟號(묘호)는 太祖이다. 太祖는 생각이 깊고 침착하면서도 큰 책략을 품었으며, 用兵을 쓰면 神과도 같았기에 四十여 나라를 멸망시킬 수 있었고, 그 공적은 매우 많은데도 역사 기록이 상세하지 않으니 애석하도다!

- 起輦谷(기련곡) ; 內蒙古自治州의 黃河 남쪽에 있는 Ordos Desert〈오르도스 사막, 중국명 毛烏素沙地(모오소사지)〉에 있다는 山. 《元史》에는 太宗도 起輦谷(기련곡)에 묻혔다고 기록되어 있지만 그 위치 미상.

- 至元(지원) ; 원 세조의 연호 1264~1294년. 至元 二年 ; 1265년. 深沈(심침) ; 생각이 깊고 침착하다.

- 大略(대략) ; 큰 뜻. 勛 공 훈. 勳의 古字. 續 ; 이을 속. 功績(공적). 衆 무리 중. 많다.

- 哉 어조사 재. 종결 어미. 감탄, 의문, 反語의 뜻 표현.

(5) ○ 太祖旣殂, 時皇子窩闊台, 留霍博之地, 國事無所屬. 皇子拖雷監國, 以俟皇太子至, 而立之. 越二年, 皇太子始立, 是爲太宗. ○ 己丑, 紹定二年, 元太宗名窩闊台, 太祖第三子, 母曰光獻皇后弘吉剌氏. 是歲夏奔喪, 至忽魯班雪不只之地, 皇弟拖雷來見, 大會諸王百官, 以太祖遺詔卽位. 始立朝儀, 皇族尊屬, 皆就班以拜. ○ 元始置倉廩, 立驛傳命.

○ 太祖가 죽었을 때, 황자인 오고타이〈窩闊台(와활태＝셋째아들)〉는 곽박의 땅에 있었기에 국정의 주관자가 없었다. 황자인 타뢰는 감국하면서 황태자가 돌아와 즉위하기를 기다렸다. 2년 뒤에, 황태자가 비로소 즉위하니, 이가 태종이다.

窩闊台(와활태, 元 太宗)

○ 기축, 소정 2년. 元 태종의 이름은 오고타이(와활태)이고, 태조의 제3자로 모후는 광헌황후홍길랄씨이다. 이 해 여름에 상

을 치르러 왔는데 忽魯班雪不只(홀노반설부지)의 땅에 도착하자 아우 황제인 타뢰가 와서 만났고, 제왕과 백관이 모두 모여 태조의 유조에 따라 즉위하였다. 처음으로 조정의 의례를 정한 뒤 황족과 그 친척들이 정해진 차례에 의거 모두 절을 했다.

○ 元에서 처음으로 창고를 지었고, 역참을 세워 명령을 전달케 하였다.

어구 설명

○ 太祖旣殂, 時皇子窩闊台, 留霍博之地, 國事無所屬. 皇子拖雷監國, 以俟皇太子至, 而立之. 越二年, 皇太子始立, 是爲太宗. : 太祖가 죽었을 때, 皇子인 窩闊台(와활태)는 霍博(곽박)의 땅에 있었기에 국정의 주관자가 없었다. 皇子인 拖雷(타뢰)는 監國(감국)하면서 皇太子가 돌아와 즉위하기를 기다렸다. 2년 뒤에, 皇太子가 비로소 즉위하니, 이가 太宗이다.

- 窩 움집 와. 闊 트일 활. 台 별 이름 태. 窩闊台(와활태, wōkuòtái, 오고타이) ; 太祖 成吉思汗의 第三子, 蒙古帝國 大汗(몽고제국 대한). 太宗 재위 1229~1241년.

- 霍 빠를 곽. 霍博(곽박) ; 今 外蒙古 和林(카라코름, 원 世祖가 大都로 천도하기 전의 수도. 중국에서 明에 쫓긴 원나라, 곧 北元의 수도)의 북쪽.

- 國事無所屬(국사무소속) ; 나라의 정사를 주관할 사람이 없다.

- 拖雷(타뢰, Tului) ; 太祖의 막내아들(四子) ; 막강한 군사와 본거지를 차지하고 2년 동안 監國을 하고 있었지만 오고타이를 황제로 추대.
- 俟 기다릴 사. 越 넘을 월.

○ 己丑, 紹定二年, 元太宗名窩闊台, 太祖第三子, 母曰光獻皇后弘吉剌氏. 是歲夏奔喪, 至忽魯班雪不只之地, 皇弟拖雷來見, 大會諸王百官, 以太祖遺詔卽位. 始立朝儀, 皇族尊屬, 皆就班以拜. 元始置倉廩, 立驛傳命. : 己丑(기축), 紹定(소정) 二年. 元 太宗의 이름은 窩闊台(와활태)이고, 太祖의 第三子로 母는 光獻皇后弘吉剌氏(광헌황후홍길랄씨)이다. 이 해 여름에 상을 치르러 왔는데 忽魯班雪不只(흘노반설부지)의 땅에 도착하자 皇弟인 拖雷가 와서 만났고, 諸王과 百官이 모두 모여 太祖의 遺詔(유조)에 따라 卽位하였다. 처음으로 조정의 의례를 정한 뒤 皇族과 그 친척들이 정해진 차례에 의거 모두 절을 했다. 元에서 처음으로 창고를 지었고, 역참을 세워 명령을 전달케 하였다.

- 紹定(소정) 二年 ; 1229년.(己丑) 元大宗元年 光獻皇后弘吉剌(광헌황후홍길랄) ; 成吉思汗(성길사한)의 황후. 태종의 생모. 奔喪(분상) ; 상을 치르기 위해 오거나 가다. 忽魯班雪不只(홀노반설부지) ; 몽고의 케룬강 부근의 지명.
- 廩 곳집 늠(름). 창고. 驛 역참 역. 驛傳=驛院, 驛. 站 우두커니 실 참. 역마을. 驛站(역참) ; 元의 경우, 25~30邁耳(만이, mile)마다 역참을 설치했었다.

(6) ○ 庚寅, 紹定三年, 元遣兵取京兆. 七月, 太宗自將伐金, 皇弟拖雷 · 姪蒙哥, 帥師從. ○ 辛卯, 紹定四年春, 趙范 · 趙葵, 大敗李全于楊州城下. 時屬上元張燈, 全置酒高會于平山堂. 城中諜知, 夜遣兵, 出其不意劫之. 全走陷于濠, 爲亂槍所斃, 其餘奔走北去. ○ 二月, 元太宗克鳳翔, 攻洛陽 · 河中諸城, 下之. 五月, 元遣使來假道, 宋殺之.

○경인, 소정 3년, 元의 오고타이는 군사를 보내 (金의) 경조를 빼앗았다. 7월에 태종은 직접 군사를 거느리고 金 정벌에 나섰는데, 동생인 타뢰와 조카 몽가도 군사를 거느리고 원정에 참가했다.

○ 신묘, 소정 4년 정월, 조범과 조규가 이전을 양주성 아래에서 크게 패퇴시켰다. 이때는 상원절이라서 집집마다 등불을 켜고 즐기는데, 이전은 평산당에서 술을 마시며 성대하게 잔치를 벌였다. 성중의 첩자가 알려오자, 밤중에 군사를 들여보내 의외의 공격으로 성을 빼앗았다. 이전은 도주하다가 참호에 빠져 난창에 찔려 죽었고, 그 나머지는 북쪽으로 달아나 버렸다.

○ 2월에, 원 태종(오고타이)은 봉상을 점령하고, 낙양과 하중 등 여러 성을 공격하여 함락시켰다. 5월에, 元에서 사자를 보내와 길을 빌려 달라 하였는데 송에서 거절하고

사신을 죽여 버렸다.

어구 설명

○ 庚寅, 紹定三年, 元遣兵取京兆. 七月, 太宗自將伐金, 皇弟拖雷·姪蒙哥, 帥師從. : 庚寅(경인), 紹定(소정) 三年, 元은 군사를 보내 (金의) 京兆(경조)를 빼앗았다. 7월에, 太宗은 직접 군사를 거느리고 金 정벌에 나섰는데, 皇弟인 拖雷(타뢰)와 조카 蒙哥(몽가)도 군사를 거느리고 원정에 참가했다.

- 紹定 三年 ; 1230년. 京兆(경조) ; 今 陝西省 西安 부근.
- 蒙哥(몽가, Möngke) ; 拖雷의 長子. 태종에게는 조카. 뒷날 元 憲宗. 재위 1251~1259년.

○ 辛卯, 紹定四年春, 趙范·趙葵, 大敗李全于楊州城下. 時屬上元張燈, 全置酒高會于平山堂. 城中諜知, 夜遣兵, 出其不意劫之. 全走陷于濠, 爲亂槍所斃, 其餘奔走北去. : 辛卯, 紹定 四年 春(정월), 趙范(조범)과 趙葵(조규)가 李全을 楊州城 아래에서 크게 패퇴시켰다. 이때는 上元節이라서 등불을 켜고, 李全은 平山堂에서 술을 마시며 성대하게 잔치를 벌였다. 城中의 諜者가 알려오자, 밤중에 군사를 들여보내 의외의 공격으로 성을 빼앗았다. 이전은 도주하다가 참호에 빠져 난창에 찔려 죽었고, 그 나머지는 북쪽으로 달아나 버렸다.

- 紹定 四年 ; 1231년. 葵 해바라기 규. 楊州(양주) ; 揚州. 上元(상원) ; 음력 정월 보름. 張燈(장등) ; 등불을 달다.
- 置酒(치주) ; 술상을 준비하다. 高會(고회) ; 성대한 잔치.

城中諜知(성중첩지) ; 城中의 첩자가 알려주다. 劫 위협할 겁. 빼앗다. 오랜 세월(永劫). 濠 해자 호. 亂槍(난창) ; 여럿이 마구 질러대는 창. 斃 넘어질 폐. 넘어져 죽다.

○ 二月, 元太宗克鳳翔, 攻洛陽 · 河中諸城, 下之. 五月, 元遣使來假道, 宋殺之. : 二月에, 元 太宗은 鳳翔을 점령하고, 洛陽과 河中 등 여러 성을 공격하여 함락시켰다. 5月에, 元에서 使者를 보내와 길을 빌려 달라 하였는데 宋에서 죽여 버렸다.

– 鳳翔(봉상) ; 今 陝西省(섬서성) 寶鷄市(보계시)의 縣 이름. 河中(하중) ; 今 山西省 일대의 땅. 永濟市 西南 蒲州鎭(포주진).

(7) ○ 八月, 元始立中書省, 改從官名. 以耶律楚材爲中書令, 粘合重山爲左丞相, 鎭海爲右丞相. ○ 十二月, 元太宗, 取河中. 太弟拖雷, 發騎六萬, 分兵自西和州入興元, 由金房道襄陽至唐 · 鄧, 與金人鏖戰於陽翟. 潼藍之戍亦潰, 西兵畢至, 合圍於汴.

○ 8월에, 元은 처음으로 중서성을 설치하고 속관(벼슬 이름을 고쳐)의 명칭을 바꾸었다. 야율초재를 중서령으로, 점합중산을 좌승상으로, 진해를 우승상으로 삼았다.

○ 12월에, 元 태종(오고타이)은 하중을 공취했다. 태종의 아우인 타뢰는 기병 6만을 거느리고, 분병하여 서쪽 화

주로부터 흥원으로 공격했고, 금방을 거쳐 양양을 지나 당주와 등주에 와서 金의 군사와 양적에서 치열하게 싸웠다. 동관과 남관의 방어를 궤멸시키고 모든 병력이 다 모여(金의 수도) 변경을 사방에서 포위했다.

어구 설명

○ 八月, 元始立中書省, 改從官名. 以耶律楚材爲中書令, 粘合重山爲左丞相, 鎭海爲右丞相. : 八月에, 元은 처음으로 中書省을 설치하고 屬官〈속관(벼슬이름을 고침)〉의 명칭을 바꾸었다. 耶律楚材를 中書令으로, 粘合重山(점합중산)을 左丞相으로, 鎭海(진해)를 右丞相으로 삼았다.

- 中書省(중서성) ; 중서성이란 이름은 曹魏(조위) 때부터 시작되어 明(명)나라 초까지 계속돼왔는데, 시대에 따라 그 명칭의 내용이 약간 다르다. 처음엔 궁중의 書記(서기)를 中書(중서)라 하고 그 장관을 中書令(중서령)이라 했는데, 나중에는 中書(중서), 門下(문하), 尙書(상서)의 세 省(성)이 정부의 중요기관이 되자, 그 장관은 재상과 같은 지위가 되었다. 원나라는 중서성만으로 정치의 中樞(중추)를 삼았으므로, 중서령 야율 초재는 총리대신과 같았고, 그 아래 좌우 승상, 參知政事(참지정사)가 있었다. 뒤에 가서는 황태자만이 중서령이 될 수 있었다.

- 改從官名(개종관명) ; 종속된 관직의(從官) 명칭을 바꾸다. 粘合重山(점합중산), 鎭海(진해) ; 人名.

○ 十二月, 元太宗, 取河中. 太弟拖雷, 發騎六萬, 分兵自西和州入

興元, 由金房道襄陽至唐 · 鄧, 與金人鏖戰於陽翟. 潼藍之戍亦潰, 西兵畢至, 合圍於汴. : 十二月에, 元 太宗은 河中을 攻取했다. 太弟인 拖雷(타뢰)는 기병 六萬을 거느리고, 分兵하여 西和州로부터 興元으로 공격했고, 金房(금방)을 거쳐 襄陽(양양)을 지나 唐州와 鄧州(등주)에 와서 金의 군사와 陽翟(양적)에서 치열하게 싸웠다. 潼關(동관)과 藍關(남관)의 방어를 궤멸시키고 모든 병력이 다 모여 (金의 수도) 汴京을 사방에서 포위했다.

- 河中 ; 今 山西省 일원. 西和州 ; 今 甘肅省 西和縣. 興元 ; 今 陝西省 漢中市. 金房(금방) ; 위치 不明.
- 道 ; 경유하다. 거치다. 襄陽(양양) ; 今 湖北省 襄陽市. 鏖 무찌를 오. 전멸시키다. 鏖戰(오전) ; 격렬하게 싸우다.
- 翟 꿩 적. 陽翟(양적) ; 今 河南省의 古 地名. 潼藍(동람) ; 潼關(동관)과 藍田關(남전관). 今 陝西省의 관문.
- 西兵(서병) ; 金의 서쪽을 공격한 元의 군사. 畢 마칠 필. 모두. 合圍(합위) 사방을 포위하다.

(8) ○ 壬辰, 紹定五年, 元太宗由白坡渡河次鄭州, 攻鈞州克之, 遂取商 · 虢 · 嵩 · 汝等十四州. 使速不臺圍金汴京, 金主遣其弟訛可入質. 太宗還, 留速不臺守河南. 八月, 金兵救汴, 諸軍與戰敗之. 九月, 太弟拖雷卒于師. 金主守緒突圍出, 走歸德府.

○ 임진, 소정 5년, 元 태종은 백파에서 황하를 건너 정주에 주둔하고 균주를 공격하여 함락시켰으며, 상주, 괵주, 숭주, 여주 등 14주를 차지했다. 속불대를 시켜 金의 변경을 포위하자, 金의 애종은 그의 동생 와가를 인질로 보냈다. 태종은 돌아오면서 속불대를 남겨 하남을 수비하게 했다. 8월에, 金兵이 변경을 구원하러 오자, 元의 여러 부대가 이들을 격퇴시켰다. 9月에, 태제인 타뢰가 진영에서 죽었다. 金主인 애종(완안수서)은 포위를 뚫고 나가 귀덕부로 달아났다.

어구 설명

○ 壬辰, 紹定五年, 元太宗由白坡渡河次鄭州, 攻鈞州克之, 遂取商 · 虢 · 嵩 · 汝等十四州. 使速不臺圍金汴京, 金主遣其弟訛可入質. 太宗還, 留速不臺守河南. : 壬辰, 紹定 五年, 元 太宗은 白坡에서 황하를 건너 鄭州에 주둔하고 鈞州(균주)를 공격하여 함락시켰으며, 商州(상주), 虢州(괵주), 嵩州(숭주), 汝州(여주) 等 14州를 차지했다. 速不臺(속불대)를 시켜 金의 汴京을 포위하자, 金의 哀宗은 그의 동생 訛可(와가)를 인질로 보냈다. 태종은 돌아오면서 速不臺(속불대)를 남겨 河南을 수비하게 했다.

– 紹定 五年(소정 5년) ; 1232년. 白坡(백파) ; 今 河南省 白坡津. 次(차) ; 자리. 위계. 머무르다. 나아가지 못하다. 陣營.

– 鄭州 ; 河南省 省都. 交通 要地. 鈞州(균주) ; 今 河南省 禹州市. 商州, 虢州, 嵩州, 汝州 ; 今 河南省의 땅.

– 速不臺(속불대) ; 人名.　金主 ; 哀宗〈完顔守緖(완안수서). 9대, 재위 1224 ~1234년〉 ; 女眞名 寧甲速(영갑속). 國破 後 自縊而死(자액이사 = 스스로 목을 메어 죽다).

– 訛 그릇될 와.　訛可(와가) ; 人名.　入質(인질) ; 인질로 가다.

○ 八月, 金兵救汴, 諸軍與戰敗之. 九月, 太弟拖雷卒于師. 金主守緖突圍出, 走歸德府. : 八月에, 金兵이 汴京을 구원하러 오자, 元의 여러 부대가 이들을 격퇴시켰다. 九月에, 太弟인 拖雷(타뢰)가 진영에서 죽었다. 金主인 完顔守緖는 포위를 뚫고 나가 歸德府(귀덕부)로 달아났다.

– 金主守緖(금주수서) ; 金의 哀宗. 完顔守緖.　突圍(돌위) ; 포위를 뚫다.　歸德府(귀덕부) ; 今 河南省 商丘市.

(9) ○ 元再使王檝來議夾攻伐金. 京湖制置使史嵩之以聞, 朝臣皆以爲, 可遂復讎之擧. 獨趙范不喜曰, 宣和海上之盟, 厥初甚堅, 迄以取禍, 不可不鑑. 帝不從, 詔嵩之報使許之. 嵩之乃遣鄒伸之報謝, 且議夾攻汴京. 元人許俟成功, 以河南地歸宋.

○ 元이 다시 사자 왕즙을 송으로 보내 金을 협공하자고 제의했다. 경호제치사인 사숭지가 이를 보고하자, 조정의 신하들은 모두 복수를 할 기회라고 생각하였다. 오직 조범

만은 좋아하지 않으며 말했다. "선화 연간에 (金과) 해상지맹은 그 시작은 매우 확실한 것 같았지만 결과적으로 화를 초래했었으니 거울로 삼지 않을 수 없다."

理宗은 듣지 않고 사숭지에게 허락한다며 사자에게 통보하라고 하였다. 사숭지는 바로 추신지를 보내 사례하며 변경을 협공하는 의논을 하였다. 元은 모든 계획이 성공하면 하남의 땅을 宋에 귀속시키겠다고 약속하였다.

어구 설명

○ 元再使王檝來議夾攻伐金. 京湖制置使史嵩之以聞, 朝臣皆以爲, 可遂復讎之擧. 獨趙范不喜曰, 宣和海上之盟, 厥初甚堅, 迄以取禍, 不可不鑑. : 元이 다시 사자 王檝(왕즙)을 보내 金을 夾攻(협공)하자고 제의했다. 京湖制置使인 史嵩之(사숭지)가 이를 황제에게 보고하자, 朝臣들은 모두 복수를 할 기회라고 생각하였다. 오직 趙范(조범)만은 좋아하지 않으며 말했다. "宣和 연간에 (金과) 海上之盟은 그 시작은 매우 확실한 것 같았지만 결과적으로 화를 초래했었으니 거울로 삼지 않을 수 없다."

– 檝 노 즙. 夾攻(협공) ; 敵(적)을 가운데에 두고 양쪽에서 침. 挾攻(협공). 嵩 높을 숭. 史嵩之(사숭지, 1189~1257년) ; 南宋 大臣.

– 以聞(이문) ; 천자에게 상주하다. 以爲(이위) ; 생각하다. 讎 원수 수. 원수를 갚다. 宣和(선화) ; 北宋 휘종의 연호.

– 海上之盟(해상지맹) ; 金과 연합하여 遼를 협공키로 한 맹약. 厥 그 궐. 그것의. 그의. (예, 厥女 그녀). 迄 이를 흘. 마침내.

– 不可不鑑(불가불감) ; 거울로 삼지 않을 수 없다.

○ 帝不從, 詔嵩之報使許之. 嵩之乃遣鄒伸之報謝, 且議夾攻汴京. 元人許俟成切, 以河南地歸宋. : 理宗은 듣지 않고 史嵩之에게 허락한다며 使者에게 통보하라고 하였다. 사숭지는 바로 鄒伸之(추신지)를 보내 사례하며 汴京(변경)을 협공하는 의논을 하였다. 元은 모든 계획이 성공하면 河南의 땅을 宋에 귀속시키겠다고 약속하였다.

– 鄒 나라 이름 추. 俟 기다릴 사. 切 끊을 절. 모두 체. 成切(성절) ; 모든 것이 성공하면.

(10) ○ 癸巳, 紹定六年, 金主奔歸德, 糧絕, 乃趨蔡州. 其將崔立, 以汴京降元. 四月, 元速不臺進至靑城, 崔立以金太后王氏 · 皇后徒單氏 · 荊王從恪等至軍, 速不臺遣送北還. ○ 元以孔子五十世孫元楷, 襲封衍聖公, 整修孔子廟及渾天儀.

○ 계사, 소정 6년, 金의 애종은 귀덕부로 옮겨갔으나 양식이 떨어지자 바로 채주로 달아났다. 金의 장수 최립은 변경을 들어 元에 투항하였다. 4월에, 元의 속불대가 청성을 공격하자, 최립은 金의 태후 왕씨와 황후 도단씨, 형왕인 종각 등과 함께 군문에 투항했고, 속불대는 그들을 북

으로 보냈다.

○ 元은 孔子의 50세손인 공원해를 연성공에 대를 이어 봉했고 ,공자묘와 혼천의를 수리하였다.

어구 설명

○ 癸巳, 紹定六年, 金主奔歸德, 糧絕, 乃趨蔡州. 其將崔立, 以汴京降元. 四月, 元速不臺進至青城, 崔立以金太后王氏 · 皇后徒單氏 · 荊王從恪等至軍, 速不臺遣送北還. : 癸巳, 紹定 六年, 金의 哀宗은 歸德府로 옮겨갔으나 糧食이 떨어지자 바로 蔡州(채주)로 달아났다. 金의 장수 崔立은 汴京을 들어 元에 투항하였다. 四月에, 元의 速不臺가 青城을 공격하자, 崔立(최립)은 金의 太后 王氏와 皇后 徒單氏(황후 도단씨), 荊王 從恪(형왕 종각) 등과 함께 軍門에 투항했고, 速不臺는 그들을 북으로 보냈다.

- 紹定 六年 ; 1233년. 趨 달릴 추. 도주하다. 蔡州(채주) ; 今 河南省 汝南縣. 恪 삼갈 각.

- 北으로 보냈다 ; 몽고의 캐라코람(和林=바이칼호 남쪽에 있는 도시).

○ 元以孔子五十世孫元楷, 襲封衍聖公, 整修孔子廟及渾天儀. : 元은 孔子의 五十世孫인 孔元楷(공원해)를 衍聖公(연성공)에 대를 이어 봉했고, 孔子廟(공자묘)와 渾天儀(혼천의)를 수리하였다.

- 楷 나무 이름 해. 모범. 法式. 본받다. 襲封(습봉) ; 先代의 封侯(봉후)의 지위를 세습하다. 衍 넘칠 연. 많다. 널리 퍼지다.

– 衍聖公(연성공) ; 公爵 爵位 이름. 孔子 후손의 世襲封號(세습봉호). 연성공이라는 작위는 北宋 인종 때부터 시작. 1920年 출생한 孔德成이 중화민국의 마지막 연성공이었다. 1935년부터 장개석의 國民政府는 '大成至聖先師奉祀官(대성지성선사봉사관)'으로 이름을 고쳤다. 2008年 孔德成이 죽었고, 現任 大成至聖先師奉祀官(대성지성선사봉사관)은 孔子의 79대손인 孔垂長(공수장)이다.
– 整修(정수) ; (토목공사 등을 통해) 보수하다. 수리하다. 渾 흐릴 혼. 渾天儀(혼천의) ; '渾象(혼상)'이라고도 부른다. 天體의 운행을 보여주는 기구.

(11) ○ 宋丞相史彌遠卒. 鄭淸之爲相, 史嵩之爲京湖制帥. 在襄陽, 南北有夾攻蔡州之約. 嵩之遣孟珙, 以兵四萬人, 先至圍其東南, 元兵圍其西北. ○ 甲午, 端平元年. 正月, 金主守緖, 傳位於宗室子承麟. 宋孟珙入蔡州, 元師從之. 守緖自經死, 函其首送于宋, 獲承麟殺之. 金自完顔旻稱帝, 至是九世, 一百一十七年而亡.

○ 宋 승상 사미원이 죽었다. 정청지가 승상이 되었고, 사숭지는 경호제수가 되었다. 양양에서, 송은 남쪽에서 원은 북쪽에서 채주를 협공하기로 맹약했다. 사숭지는 맹

공을 보내 4만의 병력으로 먼저 도착하여 채주의 동남을 포위했고, 원병은 그 서북을 포위했다.

○ 갑오, 단평 원년(1234년). 정월, 금주 완안수서(애종)는 종실의 자제(아들)인 승린에게 전위하였다. 宋의 맹공이 채주에 입성했고, 元의 군사가 뒤따랐다. 수서는 목을 매 죽었는데 그 머리를 상자에 담아 宋으로 보냈고 완안승린도 잡아 죽였다. 金은 완안민이 칭제한 뒤로 9세, 117년에 멸망했다.

어구 설명

○ 宋丞相史彌遠卒. 鄭淸之爲相, 史嵩之爲京湖制帥. 在襄陽, 南北有夾攻蔡州之約. 嵩之遣孟珙, 以兵四萬人, 先至圍其東南, 元兵圍其西北. : 宋 丞相 史彌遠(사미원)이 죽었다. 鄭淸之가 승상이 되었고, 史嵩之(사숭지)는 京湖制帥(경호제수)가 되었다. 襄陽(양양)에서, 송과 원은 蔡州(채주)를 협공하기로 맹약했다. 史嵩之는 孟珙(맹공)을 보내 4만의 병력으로 먼저 도착하여 채주의 동남을 포위했고, 元兵은 그 西北을 포위했다.

- 南北 ; 宋과 元. 珙 큰 옥 공.

○ 甲午, 端平元年. 正月, 金主守緖, 傳位於宗室子承麟. 宋孟珙入蔡州, 元師從之. 守緖自經死, 函其首送于宋, 獲承麟殺之. 金自完顔旻稱帝, 至是九世, 一百一十七年而亡. : 갑오, 단평 원년(1234년). 정월, 金主 完顔守緖(완안수서, 哀宗)는 宗室의 자제인 承麟

(승린)에게 전위하였다. 宋의 孟珙(맹공)이 蔡州에 입성했고, 元의 군사가 뒤따랐다. 守緖(수서)는 목을 매 죽었는데 그 머리를 상자에 담아 宋으로 보냈고 完顏承麟(완안승린)도 잡아 죽였다. 金은 完顏旻(완안민)이 稱帝(칭제)한 뒤로 9세, 117년에 멸망했다.

– 端平(단평) ; 理宗 연호. 1234~1236년. 麟 기린 인(린).

– 完顏承麟(완안승린) ; 完顏守緖(哀宗)는 자신이 '亡國之君' 이라는 이름을 듣기 싫어 마지막 위기 순간에 양위했다고 하는데, 사실 그렇다면 비겁한 사람이다. 哀宗을 마지막 帝位로 기록한 史書가 많지만 完顏承麟을 '10代 金 末帝' 라 부르기도 한다. 哀宗은 金國의 將帥인 이 사람에게 전위했고 正月 己酉日에 즉위식을 거행하는데 式이 끝나기도 전에 宋元軍이 들이닥쳤고 完顏承麟은 그래도 싸우다가 죽었다고 한다. 하여튼 재위 시간이 한 시간이 채 안 되었기에 중국사에서 가장 짧은 시간 재위했던 기록으로 남았다.

– 自經(자경) ; 스스로 목을 매다(縊 목맬 액). 完顏旻(완안민) ; 태조 阿骨打. 稱帝 ; 1115년. 一百一十七年 ; 117년 → 119년의 착오. 아골타는 1115년 會寧府〈今 黑龍江省 哈爾濱市(합이빈시) 阿城區〉에서 建都 立國하며 國号를 大金. 연호를 '收國' 이라 했다.

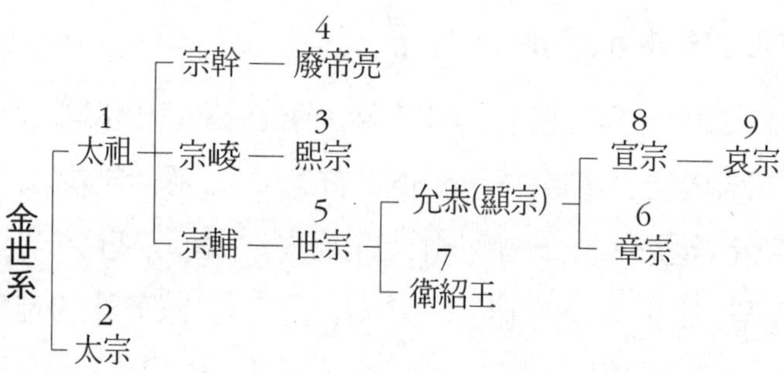

(12) ○ 夏四月, 獻金俘于太廟. 會淮帥趙范·趙葵, 乘金人之亡, 爲恢復計. 朝臣多以爲未可, 獨鄭淸之力主其說. 帝乃命范移司黃州, 刻日進兵. 范參議官丘岳曰, 方興之敵, 新盟而退, 氣盛鋒銳, 寧肯捐所得, 以與人耶. 我師若往, 彼必突至. 非惟進退失據, 開釁致兵, 必自此始. 且千里長驅, 以爭空城, 得之當勤饋餉, 後必悔之.

○ 여름 4월에, 송은 金의 포로를 종묘에 바치고 제사했다. 당시 회수의 사령관인 조범과 조규는 金의 멸망을 이용하여 (中原을) 회복할 계략을 세웠다. 많은 조신들이 옳지 않다고 생각했지만 유독 정청지는 그 계획을 강력 주장하였다. 理宗은 조범에게 명하여 지휘소를 황주로 이동하고 정해진 날짜에 출병하라고 분부했다.

조범의 참의관인 구악이 말했다. "한창 흥성하는 적이 맹약을 체결하고 물러갔지만 기세가 한창 강하고 무력이 강성한데, 어찌 얻은 것을 남에게 주려 하겠습니까? 우리 군사들이 만약 (중원으로) 진격한다면 적은 갑자기 공격할 것입니다. 아니면 진군이나 후퇴를 하다 보면 근거지를 잃을 수도 있고, 분쟁으로 적을 불러들이는 일이 여기서 벌어질 것입니다. 또 천 리 먼 길을 가서 빈 성을 놓고 다투어 차지하더라도 군량을 대는 것이 어려울 것이니 뒷날 틀림없이 후회할 것입니다.

어구 설명

○ 夏四月, 獻金俘于太廟. 會淮帥趙范·趙葵, 乘金人之亡, 爲恢復計. 朝臣多以爲未可, 獨鄭清之力主其說. 帝乃命范移司黃州, 刻日進兵. : 夏 四月에, 金의 포로를 종묘에 바치고 제사했다. 당시 淮帥(회수)인 趙范(조범)과 趙葵(조규)는 金의 멸망을 이용하여 (中原을) 恢復(회복)할 계략을 세웠다. 많은 朝臣들이 옳지 않다고 생각했지만 유독 鄭清之는 그 계획을 강력 주장하였다. 理宗은 조범에게 명하여 지휘소를 黃州로 이동하고 정해진 날짜에 출병하라고 분부했다.

– 俘 사로잡을 부. 포로.　太廟(태묘) ; 宗廟〈종묘 = ①조상을 모시는 祠堂(사당). 임금이나 諸侯(제후)가 그 조상에게 제사를 올리는 사당. ②국가. 社稷(사직)〉.　淮帥(회수) ; 淮水 지역의 장수.　恢 넓을 회. 넓히다. 도로 하다(回).

– 移司(이사) ; 관할 기관을 옮기다.　黃州(황주) ; 今 湖北省 黃岡市(황강시).　刻日(각일) ; 날짜를 정하다. 정해진 날짜.

○ 范參議官丘岳日, 方興之敵, 新盟而退, 氣盛鋒銳, 寧肯捐所得, 以與人耶. 我師若往, 彼必突至. 非惟進退失據, 開釁致兵, 必自此始. 且千里長驅, 以爭空城, 得之當勤饋餉, 後必悔之. : 조범의 參議官(참의관)인 丘岳(구악)이 말했다. "한창 흥성하는 적이 맹약을 체결하고 물러갔지만 기세가 한창 강하고 무력이 강성한데, 어찌 얻은 것을 남에게 주려 하겠습니까? 우리 군사들이 만약

(중원으로) 진격한다면 적은 갑자기 공격할 것입니다. 아니면 진군이나 후퇴를 하다 보면 근거지를 잃을 수도 있고, 분쟁으로 적을 불러들이는 일이 여기서 벌어질 것입니다. 또 千里 먼 길을 가서 空城을 놓고 다투어서 차지하더라도 군량을 대는 것이 어려울 것이니 뒷날 틀림없이 후회할 것입니다.

- 參議官(참의관) ; 상담역. 肯 옳게 여길 긍. ~하려 하다. 捐 버릴 연. 남에게 주다. 寧肯捐所得(영긍연소득) ; 어찌 얻은 것을 버리려 하겠는가?
- 突至(돌지) ; 갑자기 들어오다. 급습하다. 失據(실거) ; 거점을 잃다. 釁 피 바를 흔. 틈 흔. 開釁致兵(개흔치병) ; 분쟁을 만들어 적병을 불러들이다.
- 千里長驅(천리장구) ; 河南은 수복했지만 낙양과 장안은 元의 영토이니 그곳을 수복하려면 천 리를 달려가야 한다는 뜻.
- 饋 먹일 궤. 餉 건량 향. 軍糧(군량). 饋餉(궤향) ; 軍糧을 보급하다.

(13) 范不聽. 史嵩之亦言. 荊襄方爾饑饉, 未可興師. 杜杲復陳出師之害, 范・葵故荊湖制帥趙方之子, 習於兵, 銳意攻取. 募山東忠義, 皆響應. 仲之未回, 而宋師出矣. 仲之等幾被羈留於燕, 詭辭得與檝俱來. 檝曰, 何爲而敗盟也. 自是淮漢之閒無寧日矣. 不數

日, 汴人以城附宋, 宋師入汴, 卽趨洛. 元兵戍洛者無幾, 姑避去. 宋師入洛, 不數日糧絕. 聞元生兵且大至, 潰而歸, 咎嵩之主和, 不肯運糧致誤事.

그러나 조범은 듣지 않았다. 사숭지도 같은 말을 했다. "형주와 양양에 이처럼 기근이 들었기에 군사를 일으킬 수 없습니다." 두고도 거듭 출사의 해로움을 설명하였지만 조범과 조규는 이전 형호제수였던 조방의 아들이라서 군사 업무에 익숙하여 (중원을) 탈취하려고 단단히 마음먹고 있었다. 산동에서 충의군을 모집하니 많은 사람들이 호응하였다.

(元에 갔던) 추신지가 아직 돌아오지도 않았는데 宋의 군사는 출병했다. 추신지 등은 거의 연경에서 잡혀 억류될 뻔 했으나 궤변으로 (元의 사자) 왕즙과 함께 들어왔다. 왕즙은 "무엇 때문에 맹약을 어겼습니까?"라고 물었다. 이로부터 회수와 한수 사이에는 평온한 나날이 없었다.

며칠 되지 않아, 변경 사람들이 변성을 열어 귀부하여 宋의 군사는 변성에 들어갔다가 바로 낙양으로 진군했다. 낙양을 지키는 元兵이 많지 않아, 元 군사는 일단 물러났다. 宋의 군사가 낙양에 들어간 지 수일이 지나지 않아서 군량이 떨어졌다. 또 元에서 새로 모집한 군사가 대거 온다는 소식을 듣고서는 궤멸하여 돌아왔는데, 사숭지가 화의를 주장하면서 군량을 운반하려 하지 않아 일을 그르쳤다고 허물을 돌렸다.

어구 설명

○ 范不聽. 史嵩之亦言. 荊襄方爾饑饉, 未可興師. 杜杲復陳出師之害, 范·葵故荊湖制帥趙方之子, 習於兵, 銳意攻取. 募山東忠義, 皆響應. : 그러나 조범은 듣지 않았다. 史嵩之(사숭지)도 같은 말을 했다. "형주와 양양에 이처럼 기근이 들었기에 군사를 일으킬 수 없습니다." 杜杲(두고)도 거듭 出師〈출사 = 軍隊(군대)를 싸움터로 내보냄. 出兵(출병).〉의 해로움을 설명하였지만 조범과 조규는 이전 荊湖制帥〈형호제수 = 형호 지방을 다스리는 우두머리(장수)〉였던 趙方의 아들이라서 군사 업무에 익숙하여 (중원을) 탈취하려고 단단히 마음먹고 있었다. 山東에서 忠義軍을 모집하니 많은 사람들이 호응하였다.

- 荊襄(형양) ; 형주와 양양. 爾 너 이. 이것(是. 此) 方爾(방이) ; 이와 같이. 饑 주릴 기. 饉 흉년들 근.
- 杲 밝을 고. 習於兵(습어병) ; 군사 업무에 익숙하다. 銳意(예의) ; 마음을 굳게 먹다. 단단히 먹은 마음.
- 響 울림 향. 울리다. 소리가 나게 하다. 響應(향응) ; 호응하다. 응답하다.

○ 伸之未回, 而宋師出矣. 伸之等幾被羈留於燕, 詭辭得與檝俱來. 檝曰, 何爲而敗盟也. 自是淮漢之閒無寧日矣. : (元에 갔던) 鄒伸之(추신지)가 아직 돌아오지도 않았는데 宋의 군사는 출병했다. 추신지 등은 거의 연경에서 잡혀 억류될 뻔 했으나 궤변으로 (元의 使者) 왕즙과 함께 들어왔다. 왕즙은 "무엇 때문에 맹약을 어겼습니까?"라고 물었다. 이로부터 淮水와 漢水 사이에는 평온한 나날이 없었다.

– 伸之(신지) ; 鄒伸之(추신지). 人名.　羈 굴레 기. 羈留(기유) ; 붙잡혀 억류당하다.　詭 속일 궤.　詭辭(궤사) ; 궤변. 궤변을 늘어놓다.

– 敗盟(패맹) ; 맹약을 깨트리다.　寧日(영일) ; 편안한 나날. 평화로운 세월.

○ 不數日, 汴人以城附宋, 宋師入汴, 卽趨洛. 元兵戍洛者無幾, 姑避去. 宋師入洛, 不數日糧絕. 聞元生兵且大至, 潰而歸, 咎嵩之主和, 不肯運糧致誤事. : 며칠 되지 않아, 변경 사람들이 변성을 열어 귀부하여 宋師(송사=송나라 군사)는 汴城(변성)에 들어갔다가 바로 낙양으로 진군했다. 낙양을 지키는 元兵이 많지 않아, 元 군사는 일단 물러났다. 宋의 군사가 낙양에 들어간 지 수일이 지나지 않아서 군량이 떨어졌다. 또 元에서 새로 모집한 군사가 대거 온다는 소식을 듣고서는 궤멸하여 돌아왔는데, 史嵩之가 和議를 주장하면서 군량을 운반하려 하지 않아 일을 그르쳤다고 허물을 돌렸다.

– 卽趨洛(즉추락) ; 곧바로 낙양으로 진군하다.　無幾(무기) ; 얼마 없어서. 거의 없다.　生兵(생병) ; 新兵. 새로 모집한 군사.

– 咎 허물 구. ~탓이라 하다. 재앙.　致誤事(치오사) ; 일을 그르치다.

(14) ○ 乙未, 端平二年, 春, 元城和林, 作萬安宮. 遣諸王拔都 · 太子貴由 · 姪蒙哥, 征西域, 太子闊端侵蜀漢, 太子曲出及胡士虎侵宋, 唐吉征高麗. ○ 丙

申, 端平三年, 元印造交鈔行之. 六月, 耶律楚材請於燕京立編修所, 於平陽立經籍所, 編集經史, 召儒生梁陟充長官, 以王萬慶 · 趙著副之. 秋, 闊端取宋關外數州, 十月, 入成都, 取秦 · 鞏等四十餘州.

○ 을미, 단평 2년 봄에, 元은 和林(카라코름=캐라코람)에 성을 쌓고 만안궁을 지었다. 왕족인 拔都(바투)와 태자인 貴由(구유크), 태종의 조카인 蒙哥(몽케) 등을 보내 서쪽 지역을 원정케 하였고, 태자 闊端(쿠탄)은 촉과 한중 지역을 정벌했으며, 태자 곡출 및 호사호는 南宋에 침입하였고, 당길은 고려 원정에 나섰다.

○ 병신, 단평 3년에, 元에서는 교초(紙幣)를 인쇄하여 유통케 하였다. 6월에, 야율초재가 황제에게 연경에 편수소를, 평양에 경적소를 세워 경서와 사서를 편집할 것을 요청하면서 유생 양척을 불러 장관에 임명하고 왕만경과 조저를 부장관으로 삼았다. 가을에, 활단은 宋의 함곡관 밖의 여러 주를 점령하고, 10월에는 성도에 입성하면서 진주와 공주 등 40여 주를 차지했다.

어구 설명

○ 乙未, 端平二年, 春, 元城和林, 作萬安宮. 遣諸王拔都 · 太子貴由 · 姪蒙哥, 征西域, 太子闊端侵蜀漢, 太子曲出及胡士虎侵宋, 唐

吉征高麗. : 乙未, 端平 二年, 春, 元은 和林에 城을 쌓고 萬安宮을 지었다. 諸王인 拔都〔바투〕와 太子 貴由〔구유크〕, 태종의 조카인 蒙哥〔몽케〕 등을 보내 서쪽 지역을 원정케 하였고, 太子 闊端〔쿠탄〕은 蜀漢 지역을 정벌했으며, 太子 曲出 및 胡士虎는 남송에 침입하였고, 唐吉은 高麗 원정에 나섰다.

– 端平(단평) 二年 ; 1235년. 城 ; 성을 쌓다. 동사로 쓰였음. 和林(화림) ; Qaraqorum, 太祖 15年(1220년)에 國都로 정함. 이때 築城(축성).

– 萬安宮(만안궁) ; 둘레가 5리, 종래 몽고의 도시는 성을 쌓지 않았는데, 원나라는 중국의 城市(성시)를 본받아서 캐라코람 성을 쌓은 것이다.

– 諸王(제왕) ; 王族. 拔都〈발도, 바투(Batu) 1207~1255년〉 ; 鐵木眞의 長子인 朮赤(출적)의 次子. 태조의 손자. 유럽 원정(長子西征). 킵차크 한국(金帳汗國)의 건국자.

– 太子(태자) ; 몽고제국에서는 忽里勒臺〈홀리늑대, 쿠룰다이(Khuruldai) 또는 庫力臺(고력대). 쿠릴타이〉 회의에서 다음 황제를 선출하는데 황제 후보자를 太子(태자)라 호칭했다. 때문에 다수의 太子가 있었다. 勒 굴레 륵. 재갈. 억지로 하다. 다스리다.

– 貴由〈귀유, 구유크(Guyuk) 1206~1248년〉 ; 태조의 손자. 오고타이(태종)의 맏아들이자 후계자. 元 定宗(재위, 1246~1248년).

– 蒙哥〈몽가, 몽케(Möngke)〉 ; 太祖 成吉思汗의 막내아들인 拖雷(타뢰)의 長子. 太宗 窩闊台(와활태)의 養子, 蒙古帝國 4대 大汗, 憲宗 재위 1251~1259년.

– 征西域(정서역) ; 여기서 서역은 멀리 러시아와 동유럽까지를 지칭.

– 西征(서정) ; 이것이 역사상에 유명한 拔都(발도)의 西征(서정)으로, 50만의 대군이 성난 파도와 같이 유럽을 휩쓸어 러시아, 헝가리, 도이취, 폴란드 등을 모조리 항복 받았다. 이때, 원나라는 속국으로 러시아에 키프차크 汗國(한국)을 세워서, 칭기즈칸이 서정할 때의 속국 오고타이한국, 차카타이한국과 합하여 세 나라를 가지고, 몽고 · 시베리아 · 만주 · 중앙아시아 · 페르시아 · 북지나에 걸친 역사상 최대의 제국을 이룩했다.

– 闊端〈활단, 쿠탄(Köden, Kūtān) 1206~1247년〉; 太宗 窩闊台(와활태)의 二子, 貴由(Guyuk)의 異母弟(이모제 = 배가 다른 형제, 어머니가 다른 형제). 1236年에 大擧伐蜀(대거벌촉).

○ 丙申, 端平三年, 元印造交鈔行之. 六月, 耶律楚材請於燕京立編修所, 於平陽立經籍所, 編集經史, 召儒生梁陟充長官, 以王萬慶 · 趙著副之. 秋, 闊端取宋關外數州, 十月, 入成都, 取秦 · 鞏等四十餘州. : 丙申, 端平 三年에, 元에서는 交鈔(교초)를 인쇄하여 유통케 하였다. 六月에, 耶律楚材가 燕京에 編修所(편수소)를, 平陽에 經籍所(경적소)를 세워 經史를 편집할 것을 요청했고 儒生 梁陟(양척)을 불러 長官에 임명하고 王萬慶과 趙著를 副長官으로 삼았다. 가을에, 闊端(활단)은 宋의 함곡관 밖의 여러 주를 점령하고, 十月에는 成都(성도)에 입성하면서 秦州(진주)와 鞏州(공주) 등 40여 州를 차지했다.

– 端平(단평) 三年 ; 1236년.　鈔 노략질할 초, 지폐 초. 베끼

다. 그대로 옮겨 쓰다.

– 交鈔(교초) ; 元朝에서 發行, 流通된 紙幣(지폐). 中統鈔, 至元鈔, 至正鈔 등 발행 당시의 연호에 따라 명칭을 달리했는데 화폐 가치가 가장 안정되었던 교초는 中統鈔(중통초)이고, 가장 오랫동안 유통된 것은 至元鈔이며, 末元 順帝 至正 연간의 至正鈔는 심각한 통화팽창을 가져왔다.

– 燕京(연경) ; 今 北京. 編修所(편수소) ; 문서 편집, 기록 또는 사료편찬을 담당하는 기관. 平陽(평양) ; 今 山西省 臨汾市 일대.

– 經籍所(경적소) ; 경서를 모아 비치하는 기관. 陟 오를 척. 梁陟(양척) ; 人名. 鞏 묶을 공. 鞏州(공주) ; 今 甘肅省 定西市 일대.

(15) ○ 時和議既不復諧, 蜀遂破陷, 荊 · 襄 · 淮 · 甸, 無歲不受攻哨. ○ 元以耶律楚材言, 始定天下賦稅. 上田每畝稅三升, 中田二升半, 下田二升, 水田一畝五升, 商稅三十分之一, 五戶出絲一斤, 以給諸王功臣湯沐之賜. 鹽每銀一兩四十斤, 永爲定額. 朝臣皆謂太輕, 耶律楚材曰, 將來必有以利進者, 則已爲重矣.

○ 그때는 원나라와의 화의가 다시 이루어질 수 없었기에 촉 지방도 공격당해 함락되었고, 형주, 양주, 회주, 전주 등이 공격받지 않는 해가 없었다.

○ 元에서는 야율초재의 말에 따라 천하의 부세를 처음으로 제정했다. 稅는 상전 매 1무에 3되, 중전은 2승반, 하전은 2승이고, 水田(논)은 일무에 5승(되)이며, 商稅는 (이익의) 30分의 1이며, 5호에서 명주실 1근을 바치기로 했으며, 그것들을 왕족과 공신들에게 탕목 비용(녹봉=급료)으로 주었다. 소금은 은 1량에 40근으로 영구히 정액으로 정하였다. 조신들이 모두 너무 가볍다고 하였으나 야율초재는 말했다. "뒷날 나라에 이롭다며 (각종의) 세금을 걷자는 자가 틀림없이 있을 것이고, (백성들은) 이것도 너무 무겁다고 할 것입니다."

어구 설명

○ 時和議旣不復諧, 蜀遂破陷, 荊 · 襄 · 淮 · 甸, 無歲不受攻哨. : 그때는 和議가 다시 이루어질 수 없었기에 蜀 지방도 공격당해 함락되었고, 荊州(형주), 襄州(양주), 淮州(회주), 甸州(전주) 등이 공격받지 않는 해가 없었다.

- 諧 화할 해. 잘 어울리다. 익살을 부리다. 이루어지다. 甸 경기(京畿) 전. 수도 주변. 哨 망볼 초. 攻哨(공초) ; 공격과 약탈.

○ 元以耶律楚材言, 始定天下賦稅. 上田每畝稅三升, 中田二升半,

下田二升, 水田一畝五升, 商稅三十分之一, 五戶出絲一斤, 以給諸王功臣湯沐之賜. 鹽每銀一兩四十斤, 永爲定額. 朝臣皆謂太輕, 耶律楚材日, 將來必有以利進者, 則已爲重矣. : 元에서는 耶律楚材의 말에 따라 天下의 賦稅를 처음으로 제정했다. 稅는 上田 每 1畝(무)에 三升, 中田은 二升半, 下田은 二升이고, 水田은 一畝에 五升이며, 商稅는 (이익의) 三十分之一이며, 五戶에서 명주실 一斤을 바치기로 했으며, 그것들을 諸王과 功臣들에게 湯沐(탕목) 비용(녹봉)으로 주었다. 소금은 銀 一兩에 四十斤으로 영구히 定額으로 정하였다. 朝臣들이 모두 너무 가볍다고 하였으나 耶律楚材는 말했다. "뒷날 나라에 利롭다며 (각종의) 세금을 걷자는 자가 틀림없이 있을 것이고, (백성들은) 이것도 너무 무겁다고 할 것입니다."

- 賦稅(부세) ; 조세. 세금.　畝 이랑 묘(本音 무). 田畓(전답)의 면적 단위.　絲 실 사. 명주실.　湯 끓인 물 탕. 몸을 씻다. 방탕하다.

- 沐 머리감을 목.　湯沐(탕목) ; 俸祿(봉록)의 다른 이름.　鹽 소금 염.　已 그칠 이. 이미. 너무.

(16) ○ 丁酉, 嘉熙元年, 詔經筵, 進講朱熹通鑑綱目. ○ 八月, 元試諸路儒士. 中選者, 除本貫議事官, 得四千三十人. 元兵略地至黃州, 宋孟珙敗之. ○ 戊戌, 嘉熙二年, 先是, 杜杲卻元人安豐之兵, 復

破察罕八十萬兵於廬州, 後解儀眞之圍. 以功權刑部尙書, 復進敷文閣學士. ○ 呂文德總統兩淮出戰軍馬, 進淮西招撫使. 文德安豐人, 魁梧勇悍, 微時鬻薪城中. 趙帥葵, 道傍見遺屨長尺有咫, 驚訝, 訪求得之, 留之麾下, 後以邊功至顯官.

○ 정유, 가희 원년, 조칙으로 경연을 열고 주희의 통감강목을 강의케 하였다.

○ 8월에, 元에서는 각 지방의 유생을 시험하였다. 선발된 자는 본적지의 의사관을 제수하였는데 4,030명이었다. 元兵이 침략하여 황주에 이르렀는데 宋의 맹공이 격퇴하였다.

○ 무술, 가희 2년, 이전에 두고가 안풍에 있는 元의 군사를 물리쳤었는데 다시 여주에서 찰한의 80萬 군사를 격파하고 의진의 포위를 풀었다. 그 공으로 권형부상서에 임명되었다가 다시 부문각 학사로 승진하였다.

○ 여문덕은 양회출전군마를 총지휘하다가 회서초무사로 승진하였다. 여문덕은 안풍 사람으로 신체가 건장하고 용감하였고 미천할 때 성내에서 장작을 팔았었다. 장수인 조규가 길가에 벗어 놓은 신발이 1자가 훨씬 넘는 것을 보고 놀라 의아해하며 찾아가 등용하여 휘하에 거느렸는데, 뒷날 무공을 세워 높은 벼슬에 올랐다.

어구 설명

○ 丁酉, 嘉熙元年, 詔經筵, 進講朱熹通鑑綱目. 八月, 元試諸路儒士. 中選者, 除本貫議事官, 得四千三十人. 元兵略地至黃州, 宋孟珙敗之. : 丁酉, 嘉熙 元年, 詔勅(조칙)으로 經筵(경연)을 열고 朱熹의 通鑑綱目을 강의케 하였다. 八月에, 元에서는 각 지방의 유생을 시험하였다. 선발된 자는 본적지의 議事官을 제수하였는데 四千三十人이었다. 元兵이 침략하여 黃州에 이르렀는데 宋의 孟珙이 격퇴하였다.

- 酉 닭 유. 술. 嘉熙(가희) ; 1237~1240년.

- 通鑑綱目 ; 司馬光(사마광)이 지은 資治通鑑(자치통감)을 註釋(주석)한 책. 《資治通鑒綱目》; 朱熹 生前에 다 완성하지 못한 史學 巨著. 門人 趙師淵(조사연)이 樊川書院(번천서원)에서 완성. 共 59卷. 역사적 사건에 대한 정통과 비 정통을 명확히 구분하고, 倫理綱常(윤리강상)을 밝히고, 春秋筆法에 의한 褒貶(포폄)을 했다. 本書를 偉大한 歷史 저술이라 할 수 없는 것은 朱熹가 司馬光의 正統觀을 수정하면서 자신의 道德信念에 따른 해석을 했기 때문이다. 예를 들면, 王莽(왕망) 政權을 인정하지 않은 것이라든지 三國에서 蜀漢을 正統으로 삼은 것 등이 대표적인 사례이다. 이 책에서 '綱目體〈강목체=사물을 분류, 정리하는 대단위(大綱)와 소단위(細目).〉' 라는 史書의 한 틀이 만들어지는데, 이는 編年體〈편년체=年代(연대)의 순서를 따라서 역사를 編次(편차)한 역사 편찬의 한 體裁(체재). 春秋(춘추)에서 비롯함.〉 史書의 變種(변종)이라 할 수 있다.

- 儒士(유사) ; 儒生. 除(제) ; 제수하다. 本貫(본관) ; 본적지.
- 褒貶(포폄) ; 褒는 襃(포)의 속자. 襃貶(포폄) ; ① 칭찬과 나무람. ② 是非善惡(시비선악)을 판단하여 결정함.

○ 戊戌, 嘉熙二年, 先是, 杜杲卻元人安豐之兵, 復破察罕八十萬兵於廬州, 後解儀眞之圍. 以功權刑部尙書, 復進敷文閣學士. : 무술, 가희 2년, 이전에 杜杲(두고)가 安豐에 있는 元의 군사를 물리쳤었는데 다시 廬州(여주)에서 察罕(찰한)의 八十萬兵을 격파하고 儀眞(의진)의 포위를 풀었다. 그 공으로 權刑部尙書(권형부상서)에 임명되었다가 다시 敷文閣(부문각) 學士(학사)로 승진하였다.

- 戊 다섯 째 천간 무. 무성하다. 杲 밝을 고. 卻 물리칠 각. 安豐(안풍) ; 今 安徽省. 察罕(찰한) ; 몽고 장수.
- 儀眞(의진) ; 금 江蘇省 지명. 權 ; 임시 겸직. 敷 펼 부. 敷文閣(부문각) ; 高宗 紹興 10년(1140)에 처음 설치하여 북송 徽宗의 御製文集을 편찬하고, 詩, 詞, 賦, 政事, 手札 등을 모아 편집하기 위한 관청.

○ 呂文德總統兩淮出戰軍馬, 進淮西招撫使. 文德安豐人, 魁梧勇悍, 微時鬻薪城中. 趙帥葵, 道傍見遺屨長尺有咫, 驚訝, 訪求得之, 留之麾下, 後以邊功至顯官. : 呂文德은 兩淮出戰軍馬를 총지휘하다가 淮西招撫使(회서초무사)로 승진하였다. 여문덕은 安豐人으로 신체가 건장하고 용감하였는데 미천할 때 성내에서 장작을 팔았었다. 장수인 趙葵(조규)가 길가에 버려진 신발이 1자가 훨씬 넘는 것을 보고 놀라 의아해하여 물어 찾아가 등용하고 휘하에

거느렸는데, 뒷날 무공을 세워 높은 벼슬에 올랐다.

– 總統(총통) ; 전체를 통솔하다. 총지휘하다. 魁 으뜸 괴. 크다. 梧 벽오동나무 오. 크다. 魁梧(괴오) ; 체구가 몹시 크다. 魁偉(괴위).

– 悍 사나울 한. 勇悍(용한) ; 용감하면서도 사납다. 微時(미시) ; 미천한 시절. 鬻 팔 죽. 판매하다.

– 薪 땔나무 신. 장작. 趙帥葵(조사규) ; 將帥 趙葵(조규). 傍 곁 방. 옆. 道傍(도방) ; 길. 길가. 屨 신 구. 짚신(履). 遺屨(유구) ; 낡아서 버린 신발.

– 咫 길이 지. 8寸. 짧은 거리. 長尺有咫(장척유지) ; 길이가 1尺하고도 1咫가 남다. 訝 의아할 아. 邊功(변공) ; 변방에서의 공적. 武功. 顯官(현관) ; 높은 벼슬.

(17) ○ 元塔思軍至北峽關, 宋將汪統制降. 先是曲出率張柔等, 攻郢州拔之, 至是宋孟珙復取襄陽. ○ 元領中書行省楊惟中, 建太極書院于燕京, 延趙復爲師. 時濂溪周子之學, 未至於河朔. 惟中用師于蜀湖京漢, 得名士數十人, 始知其道之粹, 乃收集伊洛諸書, 載送燕京. 及師還, 遂建太極書院, 及周子祠, 以二程·張·楊·游·朱六子配食. 由是河朔始知道學.

○ 元의 탑사군이 북협관에 이르자, 송의 장수인 왕통제는 항복하였다. 이에 앞서 원나라의 태자 곡출은 장유 등을 거느리고 영주를 공격하여 점령했었는데, 이때 宋의 맹공은 다시 양양을 탈취하였다.

○ 元의 영중서행성인 양유중이 연경에 태극서원을 설립하고 조복을 스승으로 모셨다. 그 당시 염계 周子의 학문은 하북 지역에 알려지지 않았었다. 양유중은 촉, 호, 경, 한수 지역에 출병하면서 유명한 유학자 수십 명과 교제하여 처음으로 그 학문의 순수를 알았고 정주학의 여러 서적을 수집하여 수레에 실어 연경으로 보냈다. 출병에서 돌아온 뒤 마침내 태극서원과 周子祠(주자사=주자의 사당)를 건립하였고, 정씨 형제와 장재, 양시, 유작, 주희 등 六子를 배향하였다. 이로 인해 하북지역에 처음으로 도학이 알려졌다.

어구 설명

○ 元塔思軍至北峽關, 宋將汪統制降. 先是曲出率張柔等, 攻郢州拔之, 至是宋孟珙復取襄陽. : 元의 塔思軍(탑사군)이 北峽關(북협관)에 이르자, 宋將인 汪統制(왕통제)는 항복하였다. 이에 앞서 曲出은 張柔(장유) 等을 거느리고 郢州(영주)를 공격하여 점령했었는데, 이때 宋의 孟珙(맹공)은 다시 襄陽을 탈취하였다.

- 北峽關(북협관) ; 今 安徽省(안휘성) 中部의 舒城縣(서성현)

인근으로 추정. 汪 넓을 왕. 汪統制(왕통제) ; 汪씨 統制使. 人名 未詳.

– 塔思(탑사), 曲出(곡출), 張柔(장유) ; 人名. 郢 땅 이름 영. 郢州(영주) ; 今 湖北省 中部의 鐘祥市(종상시).

○ 元領中書行省楊惟中, 建太極書院于燕京, 延趙復爲師. 時濂溪周子之學, 未至於河朔. 惟中用師于蜀湖京漢, 得名士數十人, 始知其道之粹, 乃收集伊洛諸書, 載送燕京. : 元의 領中書行省인 楊惟中(양유중)이 燕京에 太極書院을 설립하고 趙復을 스승으로 모셨다. 그 당시 濂溪(염계) 周子의 학문은 河北 지역에 알려지지 않았었다. 楊惟中은 蜀, 湖, 京, 漢水 지역에 出兵하면서 名士 수십 명과 교제하여 처음으로 그 학문의 純粹(순수)를 알았고 程朱學의 여러 서적을 수집하여 수레에 실어 燕京으로 보냈다.

– 領中書行省(영중서행성) ; 中書行省의 장관. 中書行省을 行中書省이라고도 한다. 楊惟中(양유중) ; 전후 문맥으로 보아 漢人으로 몽고에 협조한 人物.

– 燕京(연경) ; 今 北京. 趙復(조복) ; 字 仁甫. 보통 江漢先生이라 칭함. 周子(주자) ; 〈太極圖說〉을 지은 周敦頤(주돈이). 濂溪(염계)는 호. 周敦頤(주돈이)라는 마을 이름을 따서 그대로 지은 作名(작명).

– 河朔(하삭) ; 河北. 用師(용사) ; 出兵하다. 蜀(촉), 湖(호), 京(경), 漢(한) ; 地域名. 名士(명사) ; 여기서는 유학자. 其道(기도) ; 理學. 粹 순수할 수. 참된 의미.

– 伊洛(이락) ; 伊水(伊川)와 洛水. 程子의 학문. 二程의 학통을

이은 朱子까지 포함하여 程朱學(정주학)이라고도 부른다.

○ 及師還, 遂建太極書院, 及周子祠, 以二程·張·楊·游·朱六子配食. 由是河朔始知道學. : 출병에서 돌아온 뒤 마침내 太極書院과 周子祠를 건립하였고, 二程과 張載(장재), 楊時, 游酢(유작), 朱熹(주희) 등 六子를 配享(배향)하였다. 이로 인해 河北지역에 처음으로 道學이 알려졌다.

– 周子祠(주자사) ; 周敦頤(주돈이) 사당. 二程 ; 程顥(정호)와 程頤(정이) 형제. 張載. 楊時. 이수와 낙수 가에서 살고 있었으므로, 그들 저서와 그 제자들의 저서를 伊洛濟書(이락제서)라고 한다.

– 游酢(유작, 1053~1123년) ; 福建 建陽(今, 建陽市)人. 程門 四大弟子의 한 사람으로 楊時와 함께 '程門立雪〈정문입설 ; 제자가 스승을 받듦이 지극함. 故事 宋代(송대)의 游酢(유작)과 楊時(양시)가 스승인 程頤(정이)를 처음 찾아갔을 때 정이가 눈을 감고 명상에 잠겨 있었으므로 서서 기다렸는데, 정이가 이들에게 물러가라고 했을 때에는 문 밖에 눈이 한 자나 쌓여 있었다는 고사에서 온 말.〉' 의 주인공. 보통 廣平先生이라 호칭.

– 配食(배식) ; 配享〈배향=①서로 배합하여 짝이 됨. ②宗廟(종묘)에 功臣(공신)을 祔祭(부제)함. ③文廟(문묘)나 祠院(사원)에 학덕이 있는 사람을 부제함. 配食(배식).〉하다. 祔祭(부제) ; 3년 상을 마치고 신주를 그 조상의 신주 곁에 모실 때 지내는 제사. 道學(도학) ; 理學, 宋學, 程朱學.

(18) ○ 庚子, 嘉熙四年, 春, 元太子貴由, 克西域未下諸部. 元敕州郡, 失盜不獲, 以官物償之. 國初多盜, 下令, 凡失盜去處, 令本路民戶代償. 民苦之多亡命, 至是罷徵. 又官民貸回鶻金銀, 償之者歲加倍, 謂之羊羔利. 往往破家, 至以妻子爲質, 終不能償. 耶律楚材請悉以官物代還, 凡七萬六千錠. 仍令, 凡假貸歲久, 惟子本相侔而止, 著爲令.

경자, 가희 4년, 봄에 元의 태자 귀유는 서역의 정복하지 못한 여러 부족을 평정했다. 元에서는 주군에 칙령을 내려 도둑맞은 물건을 되찾지 못한 것은 관물로 배상해 주라고 하였다. 국초에 도둑이 많아 명령을 내리기를 도둑질이 발생한 모든 지역에서는 그 지역 민호가 대신 갚아 주라고 하였었다. 백성들은 이것이 힘들어 도망하는 자가 많았기에 이때 그런 징수를 없애버렸다.

또 관민이 위구르 인의 돈을 빌리면 이자가 1년에 2배가 되는데, 이를 양고리라고 하였다. (이 때문에) 왕왕 파가하거나 처자를 인질로 잡히더라도 끝내 변상하지 못하였다. 야율초재는 이런 고리대를 전부 관물로 대신 변상했는데 모두 7만 6천 정이었다. 이로 인해서 모든 대출금이 오래되어 이자와 원금이 같아지면 중지하라 명령했고, 이를 적어 법령으로 삼았다.

어구 설명

○ 庚子, 嘉熙四年, 春, 元太子貴由, 克西域未下諸部. 元敕州郡, 失盜不獲, 以官物償之. 國初多盜, 下令, 凡失盜去處, 令本路民戶代償. 民苦之多亡命, 至是罷徵. : 庚子, 嘉熙 4年, 春에 元의 太子 貴由는 西域의 정복하지 못한 여러 부족을 평정했다. 元에서는 州郡에 칙령을 내려 도둑맞은 물건을 되찾지 못한 것은 官物로 배상해 주라고 하였다. 國初에 도둑이 많아 명령을 내리기를 도둑질이 발생한 모든 지역에서는 그 지역 민호가 대신 갚아 주라고 하였었다. 백성들은 이것이 힘들어 도망하는 자가 많았기에 이때 그런 징수를 없애버렸다.

– 庚 일곱째 천간 경. 나이. 嘉熙(가희) 四年 ; 1240년. 敕 조서 칙. 칙령(을 내리다.) 失盜不獲(실도불획) ; 도둑에게 잃어 찾지 못한 것.

– 償 갚을 상. 보상하다. 失盜去處(실도거처) ; 도적에게 분실된 것이 있는 곳. 절도사건이 일어난 곳. 去는 여기서 '後', '了'의 의미를 담고 있는 助詞로 쓰였다.

– 本路民戶代償(본로민호대상) ; 본 지역의 거주자들이 대신 갚아주다. 일종의 공동책임 변상제도라 할 수 있다.

○ 又官民貸回鶻金銀, 償之者歲加倍, 謂之羊羔利. 往往破家, 至以妻子爲質, 終不能償. 耶律楚材請悉以官物代還, 凡七萬六千錠. 仍令, 凡假貸歲久, 惟子本相侔而止, 著爲令. : 또 官民이 回鶻(회골)인의 돈을 빌리면 이자가 1년에 2배가 되는데, 이를 羊羔利(양

고리)라고 하였다. (이 때문에) 왕왕 破家(파가)하거나 妻子를 인질로 잡히더라도 끝내 변상하지 못하였다. 耶律楚材는 이런 고리대를 전부 官物로 대신 변상했는데 모두 七萬 六千 錠(정)이었다. 이로 인해서 모든 대출금이 오래되어 이자와 원금이 같아지면 중지하라 명령했고, 이를 적어 법령으로 삼았다.

– 貸 돈을 빌리다. 回鶻(회골)人 ; 위구르인. 상업과 理財에 밝았다. 金銀(금은) ; 돈. 償之者(상지자) ; 변상하는 것. 利子.

– 歲加倍(세가배) ; 1년에 2배가 되다. 羔 새끼 양 고. 羊羔利(양고리) ; 양이 새끼를 낳듯 불어나는 이자. 破家(파가) ; 敗家(패가)를 하는 것.

– 錠 은화 정. 銀 10냥을 덩어리 만들어 1錠이라 했다. 仍 인할 잉. 이로 인하여. 假貸(가대) ; 돈을 빌리다. 借金(차금).

– 子本(자본) ; 利子와 元金. 侔 가지런할 모. 相侔(상모) ; 이자 총액과 원금이 같다. 止(지) ; 더 이상 이자 지급을 멈추다.

– 著爲令(저위령) ; 글로 써서 법령으로 삼다.

(19) ○ 辛丑, 淳祐元年, 宋詔追封周敦頤汝南伯, 張載郿伯, 程顥河南伯, 程頤伊陽伯, 朱熹徽國公, 竝從祀孔子廟庭, 黜王安石從祀. 帝謁孔子, 遂臨大學. ○ 十一月, 元太宗出獵, 殂于鈋鐵鎋胡蘭. 年五十六, 葬起輦谷, 後追諡曰英文皇帝, 廟號太宗. 太

宗, 自寬弘之量, 仁恕之心, 量時度物, 擧無過事. 華夏殷富, 庶民樂業, 行旅不齎糧, 時稱治平. 元自太宗殂後, 皇后乃馬眞氏, 臨朝稱制凡五年, 不立君.

○ 신축, 순우 원년에, 宋에서는 조칙으로 주돈이를 여남백에, 장재를 미백, 정호를 하남백, 정이를 이양백, 주희를 휘국공으로 추봉하고 모두를 같이 공자묘정에 종사하기로 하였고, 왕안석을 종사에서 제외하였다. 理宗은 공자묘를 배알하고 태학(大學=대학)에 왕림했다.

周敦頤(주돈이)

11월에, 元 태종(오고타이)은 사냥을 하다가 와철고의 호란이란 곳에서 죽었다. 나이는 56세였고, 기련곡에 장사했으며 뒤에 영문황제라는 추가 시호를 올렸고, 묘호는 태종이다. 太宗은 스스로 광대한 도량과 인애와 관서의 마음을 갖고 때와 사물을 헤아렸으며 행동거지에 지나침이 없었다. 중원(華夏=중원) 땅은 번창하고 부유해졌으며 서민들은 생업을 즐겼고, 여행자는 양식을 갖고 다니지 않아도 되었기에 무사태평한 세월이라 일컬었다. 元은 태종이 죽은 뒤에, 황후 내마진씨가 조정에 나가 천자 역할을 5년 동안 계속했기에 황제를 세우지 못했다.

어구 설명

○ 辛丑, 淳祐元年, 宋詔追封周敦頤汝南伯, 張載郿伯, 程顥河南伯, 程頤伊陽伯, 朱熹徽國公, 竝從祀孔子廟庭, 黜王安石從祀. 帝謁孔子, 遂臨大學. : 辛丑(신축), 淳祐(순우) 元年에, 宋에서는 조칙으로 周敦頤(주돈이)를 汝南伯에 張載를 郿伯(미백), 程顥(정호)를 河南伯, 程頤(정이)를 伊陽伯, 朱熹를 徽國公(휘국공)으로 追封(추봉)하고 모두를 같이 孔子廟庭(묘정)에 從祀〈종사=宗廟(종묘)나 文廟(문묘)에 신주를 모심. 配享(배향). 從享(종향).〉하기로 하였고, 王安石을 從祀에서 제외하였다. 理宗은 孔子廟를 배알하고 大學(태학)에 왕림했었다.

- 淳祐(순우) ; 1241~1252년. 汝南伯(여남백) ; 汝南의 伯. 《禮記 王制》에 의하면, '王者之制의 祿爵(녹작)은 公(공), 侯(후), 伯(백), 子(자), 男(남) 凡五等' 이라 하였다. 秦과 漢朝에서는 二十等 爵位(작위)에 伯이란 爵位가 없었으나 唐朝에서 縣伯(현백)을 두었고 宋朝에서도 이를 답습하였다.

- 郿 땅 이름 미. 顥 클 호. 頤 턱 이. 徽 아름다울 휘. 從祀 ; 공자를 제사할 때, 같이 제사를 받다.

- 廟庭(묘정) ; 廟堂. 黜 물리칠 출.

○ 十一月, 元太宗出獵, 殂于鈋鐵鎋胡蘭. 年五十六, 葬起輦谷, 後追謚曰英文皇帝, 廟號太宗. 太宗, 自寬弘之量, 仁恕之心, 量時度物, 擧無過事. 華夏殷富, 庶民樂業, 行旅不齎糧, 時稱治平. 元自太宗殂後, 皇后乃馬眞氏, 臨朝稱制凡五年, 不立君. : 十一月에, 元 太宗은 出獵(출렵)하다가 鈋鐵鎋胡蘭(화철고호란)에서 죽었

다. 나이는 56세였고, 起輦谷(기련곡)에 장사했으며 뒤에 英文皇帝라는 추가 시호를 올렸고, 廟號는 太宗이다. 太宗은 스스로 廣大한 度量과 仁愛와 寬恕(관서)의 마음을 갖고 때와 사물을 헤아렸으며 행동거지에 지나침이 없었다. 華夏(화하)는 번창하고 부유해졌으며 庶民들은 생업을 즐겼고, 行旅者는 양식을 갖고 다니지 않아도 되었기에 무사태평한 세월이라 일컬었다. 元은 太宗이 죽은 뒤에, 皇后 乃馬眞氏(내마진씨)가 조정에 나가 天子 역할을 5년 동안 계속했기에 황제를 세우지 못했다.

– 出獵(출렵) ; 사냥을 나가다. 鈋鐵鐸胡蘭(와철고호란) ; 지명. 和林의 동북쪽. 몽고 지명의 漢字 音譯이기에 별 의미가 없다. 鐸 화살이름 고.

– 後追謚(후추시) ; 元日(원일=설날) 世祖 때 追謚(추시)했다. 謚號(시호) ; 諸王(제왕) · 公卿(공경) · 儒賢(유현) 등의 생전의 공적을 査定(사정)하여 死後(사후)에 임금이 내려주는 칭호. 寬弘之量(관홍지량) ; 廣大한 度量. 仁恕之心(인서지심) ; 仁愛와 寬恕(관서)의 마음.

– 量時度物(양시탁물) ; 때(時機)를 헤아리고 사물의 輕重(경중)을 헤아려 행동하다. 擧無過事(거무과사) ; 行動擧止(행동거지)에 지나침이 없었다.

– 華夏(화하) ; 중국. 殷富(은부) ; 번창하고 부유하다. 行旅(행여) ; 여행. 不齎糧(부재량) ; 양식을 준비해 가다. 治平(치평) ; 태평무사.

– 皇后乃馬眞氏(황후내마진씨) ; 昭慈皇后(소자황후). 몽고 이름 脫列哥那(탈열가나). 1242~1246년, 臨朝稱制(임조칭제). 稱

制(칭제) ; 황후가 천자 역할을 하다. 황제가 어린 경우에 태후가 정사를 대신하는 중국의 수렴청정과 다름.

(20) ○ 甲辰, 淳祐四年. 先是, 鄭淸之罷相, 喬行簡 · 李宗勉等, 繼爲政, 無所決斷. 上思史嵩之之言, 自督府入爲相, 雖欲議和, 輒爲衆論所沮. 嵩之丁父彌遠憂, 聞訃數日乃行, 詔起復爲相. 言者目爲權姦, 力攻之, 遂不復相. 范鍾 · 游侶 · 鄭淸之 · 謝方叔 · 吳潛 · 董槐 · 程元鳳 · 丁大全等, 相繼爲相, 每歲以防秋爲常事.

○ 갑진, 순우 4년. 이보다 앞서 송나라에서는 정청지를 재상에서 해임하고 교행간, 이종면 등이 이어 정사를 폈으나 결단하질 못했다. 理宗은 사숭지의 말을 생각하여 도감부에서 입조시켜 재상으로 삼으려 했었고 화의를 바랬으나 그때마다 중론에 저지당했었다. 사숭지가 부친 사미원의 상을 당하여 부음을 듣고 친가에 내려 가 있는데, 조칙으로 복상을 면제하고 재상으로 등용하려 했었다. 그러나 언관들은 사숭지를 권간으로 지목하고 강력히 공격하여 결국 재상으로 등용할 수 없었다. 범종, 유려, 정청지, 사방숙, 오잠, 동괴, 정원봉, 정대전 등이 서로 이어 재상이

되었으나 해마다 가을 전쟁 대비는 늘 하는 일이었다.

어구 설명

○ 甲辰, 淳祐四年. 先是, 鄭淸之罷相, 喬行簡·李宗勉等, 繼爲政, 無所決斷. 上思史嵩之之言, 自督府入爲相, 雖欲議和, 輒爲衆論所沮. : 甲辰, 淳祐 4年. 이보다 앞서 鄭淸之를 재상에서 해임하고 喬行簡(교행간), 李宗勉(이종면) 等이 이어 정사를 폈으나 決斷하질 못했다. 理宗은 史嵩之(사숭지)의 말을 생각하여 督府(독부)에서 入朝시켜 재상으로 삼으려 했었고 和議를 바랬으나 그때마다 衆論에 저지당했었다.

- 祐 도울 우. 淳祐(순우) 四年 ; 1244년. 喬 높을 교. 史嵩之(사숭지, 1189~1257년) ; 남송 大臣.
- 督府(독부) ; 都監府(도감부) 지방에 있는 総督府(총독부)를 말한다. 사숭지는 和議를 주장. 당시 京湖制置使로 지방 군진에 있었다. 輒 문득 첩. 爲衆論所沮(위중론소저) ; 衆論(중론)에 의해 저지당하다. 沮 막을 저. 저지하다. 가로막다.

○ 嵩之丁父彌遠憂, 聞訃數日乃行, 詔起復爲相. 言者目爲權姦, 力攻之, 遂不復相. 范鍾·游侶·鄭淸之·謝方叔·吳潛·董槐·程元鳳·丁大全等, 相繼爲相, 每歲以防秋爲常事. : 史嵩之(사숭지)가 父親 史彌遠(사미원)의 상을 당하여 부음을 늗고 친가에 내려 가 있는데, 조칙으로 服喪(복상)을 면제하고 재상으로 등용하려 했었다. 그러나 언관들은 사숭지를 權姦(권간)으로 지목하고 강력히 공격하여 결국 재상으로 등용할 수 없었다. 范鍾(범종),

游侶(유려), 鄭淸之, 謝方叔(사방숙), 吳潛(오잠), 董槐(동괴), 程元鳳(정원봉), 丁大全 等이 서로 이어 재상이 되었으나 해마다 가을 전쟁 대비는 늘 하는 일이었다.

- 丁 넷째 천간 정. 당하다. 씩씩하다. 장정.　丁憂(정우) ; 부모상을 당하다.　聞訃數日乃行(문부수일내행) ; 訃音〈부음=訃告(부고)〉을 듣고 수일간 친가에 가다. 訃 부고 부. 죽음을 알리는 통지.
- 起復(기복) ; 忌服(기복)을 면하게 하여 관직에 등용하다. 복상 중에는 관직을 떠나 있어야 하지만 사숭지에게 喪中에도 등용하려 했다.
- 目爲權姦(목위권간) ; 權姦이라 지목하다.　權姦 ; 권력만을 좇는 奸邪(간사=성품이 간교하고 바르지 못함)한 사람.　防秋(방추) ; 가을에는 북방 이민족의 침입이 늘 있기에 전쟁에 대비하는 일.

(21) ○ 元中書令耶律楚材卒. 后嘗以儲嗣事問楚材, 對曰, 此非外臣所敢知. 自有太宗遺詔在, 守而行之, 社稷之幸也. 后嘗以御寶空紙, 付幸臣奧都剌合蠻, 令自書塡行之. 楚材奏曰, 天下者先帝之天下, 朝廷自有憲章. 今欲紊之, 臣不敢奉詔. 事遂止. 復有旨, 凡奧都剌合蠻所奏准, 令史不爲之書者, 斷其手. 楚材曰, 軍國之事, 先帝悉委老臣. 令史何與焉. 事若合理, 自當奉行, 如不可行, 死且不避, 況斷手乎. 后以其先朝勳舊, 曲加敬憚焉.

元의 중서령인 야율초재가 죽었다. 황후는 황태자 문제를 야율초재에게 물었었는데, 야율초재가 말했다. "이는 조정 신하가 알 바 아닙니다. 태종의 유조가 있다면 지키고 따르는 것이 사직에 좋은 일입니다." 황후가 전에 어보가 날인된 빈 종이를 행신인 오도랄합만에게 주면서 마음대로 써 넣어 실행하라고 하였다. 이에 야율초재가 상주하였다. "천하는 선제의 天下였으며, 조정에는 법이 있습니다. 지금 이를 문란하게 한다면, 신은 감히 뜻을 받들지 않겠습니다." 그 일은 결국 중지되었다.

또 교지를 내려, 오도랄합만이 상주하는 모두를 인준하되 그것을 기록 실행하지 않는 史官(사관)은 모두 그 손을 잘라버리겠다고 하였다. 야율초재는 "군국의 일은 선제께서 모든 것을 저에게 위임하셨습니다. 하급 관료가 무엇을 관여하겠습니까? 그 일이 이치에 맞는다면 당연히 뜻을 따라 행하겠지만, 만약 해서는 안될 일이라면 죽음도 피하지 않는데 손 잘리는 것을 두려워하겠습니까?"라고 말했다. 황후는 야율초재가 태조 때부터 훈구대신이기에 곡진하게 공경하면서도 꺼렸다.

어구 설명

○ 元中書令耶律楚材卒. 后嘗以儲嗣事問楚材, 對日, 此非外臣所敢知. 自有太宗遺詔在, 守而行之, 社稷之幸也. 后嘗以御寶空紙,

付幸臣奧都剌合蠻，令自書塡行之．楚材奏日，天下者先帝之天下，朝廷自有憲章．今欲紊之，臣不敢奉詔．事遂止．：元의 中書令인 耶律楚材가 죽었다．황후는 황태자 문제를 야율초재에게 물었었는데，야율초재가 말했다．"이는 조정 신하가 알 바 아닙니다．太宗의 遺詔〈유조=임금의 遺言(유언)〉가 있다면 지키고 따르는 것이 社稷〈사직=①土地神(토지신)과 穀神(곡신)．②국가．〉에 좋은 일입니다．"皇后가 전에 御寶가 날인된 空紙를 幸臣인 奧都剌合蠻(오도랄합만)에게 주면서 마음대로 써 넣어 실행하라고 하였다．耶律楚材(야율초재)가 상주하였다．"天下란 先帝의 天下였으며，朝廷에는 법이 있습니다．지금 이를 문란하게 한다면，臣은 敢히 뜻을 받들지 않겠습니다．"그 일은 결국 중지되었다．

– 耶律楚材(야율초재，1190~1244)．　后(후)；태종의 황후(昭慈皇后)；乃馬眞氏(내마진씨)．　儲嗣(저사)；皇太子．　外臣(외신)；朝廷 臣下．　儲 쌓을 저；①비축하다．②태자．세자．　嗣 이을 사；①계승하다．②상속자．임금의 자리나 家系(가계)를 잇는 사람．

– 御寶空紙(어보공지)；御寶(天子의 印)가 찍혀 있는 用紙．　幸臣(행신)；총애를 받는 측근．　奧 속 오．안쪽．　剌 어그러질 날(랄)．수라 라．

– 蠻 오랑캐 만．미개 민족．　塡 메울 전．채우다．　憲章(헌장)；법．법적인 규범．　紊 어지러울 문．어지럽히다．

○ 復有旨，凡奧都剌合蠻所奏准，令史不爲之書者，斷其手．楚材日，軍國之事，先帝悉委老臣．令史何與焉．事若合理，自當奉行，如不可行，死且不避，況斷手乎．后以其先朝勛舊，曲加敬憚焉．：

또 교지를 내려, 奧都剌合蠻(오도랄합만)이 상주하는 모두를 인준하되 그것을 기록 실행하지 않는 史官(사관)은 모두 그 손을 잘라버리겠다고 하였다. 야율초재는 "軍國之事는 先帝께서 모든 것을 저에게 위임하셨습니다. 令史가 무엇을 관여하겠습니까? 그 일이 이치에 맞는다면 당연히 뜻을 따라 행하겠지만, 만약 해서는 안될 일이라면 죽음도 피하지 않는데 손 잘리는 것을 두려워하겠습니까?"라고 말했다. 황후는 그가 太祖 때부터 勳舊〈훈구=代代(대대)로 훈공이 있는 집안. ②累代(누대)의 공로자.〉이기에 곡진하게 공경하면서도 꺼렸다.

- 旨 맛있을 지. 뜻. 天子의 의향, 명령. 准 승인할 준. 令史(영사) ; 政令을 起草하는 관리. 不爲之書者(불위지서자) ; 그것을(之, 오도랄합만이 上奏한 것) 기록하려(書) 하지 않는(不爲) 令史(者). 그가 결정한 것을 실행하지 않는 관료.
- 悉 다 실. 전부. 令史何與焉(영사하여언) ; 令史가 무엇을 관여하겠습니까? 令史에게 무슨 책임이 있겠습니까?
- 如不可行(여불가행) ; 만약 行해서는 안된다면. 死且不避(사저불피), 況斷手乎(황단수호) ; 죽음조차 피하지 않을 것인데, 하물며 斷手(단수=손을 자르다.)를 두려워하겠습니까? 況 하물며 황. 더구나. 더욱더.
- 先帝(선제) ; 太祖. 야율초재는 太祖 成吉思汗(칭기스칸)의 각별한 신임을 받았었다. 勛舊(훈구) ; 勳舊. 큰 공적을 쌓은 舊臣. 勛 ; 勳의 古字(고자).
- 曲(곡) ; 마음을 다하여. 비위를 참다. 憚 꺼릴 탄. 敬憚(경

탄) ; 공경하면서도 두려워하다.

(22) 楚材天資英邁, 夐出人表. 雖案牘滿前, 酬答不失其宜. 正色立朝, 不爲勢屈, 欲以身徇天下, 每陳國家利病, 生民休戚, 辭色懇切. 太宗嘗曰, 汝又欲爲百姓哭耶. 楚材每言, 興一利不若除一害, 生一事不若減一事. 平居不妄言笑, 及接士人, 溫恭之容溢于外, 莫不感其德焉.

야율초재의 천성은 영특하여 다른 사람보다 아주 뛰어났었다. 비록 문서가 앞에 가득 쌓였더라도 응수와 답변이 언제나 바르고 옳았다. 조정에서는 정색을 하고 권세에 굴하지 않았으며, 천하를 위해 몸 바치려 했으며, 매번 국가의 이로움과 병폐, 백성의 기쁨과 슬픔을 말할 때마다 언사와 표정이 간절하였다. 전에 太宗이 말했었다. "너는 또 백성을 위해 호소하려고 하는가?" 야율초재는 하나의 이득을 만들어 내는 것은 폐해 하나를 제거하는 것만 못하고, 일거리 하나를 만들어 내는 것은 일거리 하나를 없애는 것만 못하다고 자주 말했었다. 평소 생활에 함부로 담소하지 않았으며 남들을 만날 때면 온화하고 공손한 모습이 밖으로 드러났기에 그의 덕에 감동하지 않는 사람이 없었다.

어구 설명

○ 楚材天資英邁, 敻出人表. 雖案牘滿前, 酬答不失其宜. 正色立朝, 不爲勢屈, 欲以身徇天下, 每陳國家利病, 生民休戚, 辭色懇切. : 楚材의 천성은 영특하여 다른 사람보다 아주 뛰어났었다. 비록 문서가 앞에 가득 쌓였더라도 응수와 답변이 언제나 바르고 옳았다. 조정에서는 정색을 하고 권세에 굴하지 않았으며, 천하를 위해 몸 바치려 했으며, 매번 국가의 이로움과 병폐, 백성의 기쁨과 슬픔을 말할 때마다 언사와 표정이 간절하였다.

– 天資(천자) ; 타고난 자질. 天性. 邁 힘쓸 매. 멀리 가다. 英邁(영매) ; 영특하고 비범하다. 敻 멀 형. 아득하다.

– 人表(인표) ; 남의 모범. 모범이 되는 사람. 牘 편지 독. 문서. 酬 갚을 수. 酬答(수답) ; 응수하고 대답하다.

– 徇 두루 순. 주장하다. 지키다. 따라 죽다. 戚 겨레 척. 슬퍼하다. 休戚(휴척) ; 기쁨과 슬픔. 懇 정성 간.

○ 太宗嘗曰, 汝又欲爲百姓哭耶. 楚材每言, 興一利不若除一害, 生一事不若減一事. 平居不妄言笑, 及接士人, 溫恭之容溢于外, 莫不感其德焉. : 이전에 太宗이 말했었다. "너는 또 百姓을 위해 호소하려고 하는가?" 야율초재는 一利를 주는 것은 一害를 제거하는 것만 못하고, 一事를 만들어 내는 것은 一事를 없애는 것만 못하다고 자주 말했었다. 평소 생활에 함부로 말하지 않았으며 남들을 만날 때면 온화하고 공손한 모습이 밖으로 드러났기에 그의 덕에 감동하지 않는 사람이 없었다.

– 哭 울 곡. 큰 소리로 호소하다. 不若(불약) ; ~만 못하다.

妄 허망할 망. 함부로.　言笑(언소) ; 談笑(담소).
– 溢 넘칠 일.　莫不(막불) ; ~하지 않는 자가(것이) 없다. 모두 ~하다.

(23) ○ 元便宜總帥汪世顯卒. 世顯善兵能將, 重儒愛民, 勤儉自持, 有古名將之風. ○ 丙午, 淳祐六年, 元定宗卽位于速蔑禿都. 定宗名貴由, 太宗長子也, 母曰六皇后, 乃馬眞氏. 初太宗有旨, 以皇孫失烈門爲嗣. 及殂, 后臨朝稱制者五年, 乃議立定宗.

○ 元의 편의총수인 왕세현이 죽었다. 왕세현은 전투를 잘하고 통솔력이 뛰어난데다가 학자를 중히 여기고 백성을 사랑하며 근검한 생활을 하여 옛 명장의 풍모가 있었다.

○ 병오, 순우 6년에, 元 정종이 속멸독도에서 즉위하였다. 정종의 이름은 귀유로 태종(오고타이)의 장자이며, 모후는 육황후인 내마진씨이다. 그전에 태종은 황손인 실렬문을 후사로 정한다고 교지를 내렸었다. 태종이 죽자, 황후는 5년 동안 임조 칭제했는데 논의를 거쳐 정종이 즉위하였다.

어구 설명

○ 元便宜總帥汪世顯卒. 世顯善兵能將, 重儒愛民, 勤儉自持, 有

古名將之風. : 元의 便宜總帥(편의총수)인 汪世顯(왕세현)이 죽었다. 왕세현은 전투를 잘하고 통솔력이 뛰어난데다가 학자를 중히 여기고 백성을 사랑하며 근검한 생활을 하여 옛 名將의 풍모가 있었다.

- 善兵(선병) ; 전투를 잘하다. 能將(능장) ; 통솔력이 뛰어나다. 風(풍) ; 風貌〔풍모=風采〈풍채=드러나 보이는 의젓한 모습. 人品(인품)〉와 용모〕.

○ 丙午, 淳祐六年, 元定宗卽位于速蔑禿都. 定宗名貴由, 太宗長子也, 母曰六皇后, 乃馬眞氏. 初太宗有旨, 以皇孫失烈門爲嗣. 及殂, 后臨朝稱制者五年, 乃議立定宗. : 丙午, 淳祐 6년에, 元 定宗이 速蔑禿都(속멸독도)에서 즉위하였다. 定宗의 이름은 貴由로 太宗의 長子이며, 母后는 六皇后인 乃馬眞氏이다. 그전에 太宗은 皇孫인 失烈門(실렬문)을 후사로 정한다고 교지를 내렸었다. 태종이 죽자, 황후는 五年 동안 臨朝 稱制했는데 논의를 거쳐 定宗이 즉위하였다.

- 淳祐(순우) 六年 ; 1246년. 定宗(정종) ; 재위 1246~1248년. 태종 長子.

- 速蔑禿都(속멸독도) ; 和林(화림 근방).

- 貴由〈귀유, 구유크(Guyuk)〉. 皇孫 失烈門〈황손 실렬문, 쉬라문(Shīrāmūn)〉; 太宗의 三子인 屈出(굴출, 闊出) 太子의 아들. 屈出(闊出 활출)이 1236년에 南宋 원정 중에 죽자, 太宗은 失烈門(실렬문)을 자신의 후계자로 세우고 1241年에 죽었다. 太宗의 昭慈皇后(乃馬眞后)가 臨朝 稱制(임조 칭제)하면서 失烈門의 繼承權(계승권)을 박탈했다가 마지막에 자신의 아들 貴由를 즉위시킨다.

그러나 貴由가 1248年에 죽으면서 후계자를 정해 놓지 않아 貴由의 欽淑皇后〈흠숙황후 海迷失后(해미실후)〉가 失烈門(실렬문)을 안고 臨朝稱制한다. 나중에 拖雷(타뢰)의 嫡長子인 蒙哥(몽가)가 大汗이 되면서(憲宗) 海迷失이 失烈門을 즉위시키려 했으나 실패하여 1252년 海迷失后는 물에 던져 익사시키고 失烈門은 유배된다.

– 六皇后(육황후) ; 제6황후, 곧 대궐 안에서 순위가 여섯째인 황후를 일컬은 말.

– 臨朝(임조) ; 조정에 나가 다스리다. 정치를 하다.

(24) ○ 戊申, 淳祐八年, 元定宗尸位三年而殂. 壽四十三, 葬起輦谷, 追謚簡平皇帝. ○ 元自馬眞氏臨朝以來, 法制不一, 內外離心. 定宗旣殂, 皇后海迷失抱子失烈門, 垂簾聽政. 諸王大臣不服, 共議立太弟蒙哥, 後二年, 是爲憲宗, 卽位. ○ 辛亥, 淳祐十一年, 元憲宗名蒙哥, 太祖第四子拖雷之長子. 先是諸大臣欲奉屈出之子失烈門, 久而不決. 至是兀良哈歹以, 太祖諸孫, 惟憲宗謙愼, 宜立. 遂大會于闊帖兀阿蘭之地, 而卽位焉. 失烈門不服, 憲宗裀察諸王有異同者, 竝羈縻之, 取主謀者誅夷之, 由是始定. ○ 余玠大敗元人于興元.

○ 무신, 순우 8년, 元 정종이 시위에 있은 지 3년에 죽었다. 나이는 43세이고, 기련곡에 장사를 지냈고 나중에 올린 시호는 간평황제이다.

○ 元은 내마진씨가 임조 칭제한(정권을 잡은) 이래로, 법제가 통일되지 않아 내외의 인심이 갈라졌었다. 정종이 죽고 나서, 황후 해미실은 태종의 遺詔(유조)에 따라 曲出(곡출)의 아들 실렬문을 양자로 하고 그 아들을 옹립하여 수렴청정을 하였다. 제왕과 대신들이 불복하여 함께 의논한 뒤 타뢰의 아들 태제인 몽가를 즉위키로 하였는데, 2년 뒤에야 즉위하니, 이가 헌종이다.

○ 신해, 순우 11년, 元 헌종의 이름은 몽가이며, 태조의 넷째 아들인 타뢰의 장자이다. 이보다 앞서 여러 大臣 중에 굴출의 아들 실렬문을 받들려는 자가 있어 오랫동안 결말이 나지 않았다. 이때에 올량합태는 태조의 여러 손자 중에 오직 헌종이 겸손하고 신중하니 옹립하는 것이 옳다고 하였다. 그래서 활첩올아란의 땅에서 대회를 열어 즉위하였다. 실렬문이 불복하자, 헌종은 여러 왕족 중에서도 의견을 달리하는 자가 있다는 것을 알고서 모두 묶어 감금하고 주모자를 골라 죽여 버리자 그때서야 안정이 되었다.

○ (宋의) 余玠(여개)는 興元(흥원)에서 몽고군을 크게 이겼다.

어구 설명

○ 戊申, 淳祐八年, 元定宗尸位三年而殂. 壽四十三, 葬起輦谷, 追諡簡平皇帝. : 戊申(무신), 淳祐 8년, 元 定宗이 尸位에 있은 지 3년에 죽었다. 壽는 四十三이고, 起輦谷(기련곡)에 장사를 지냈고 追諡(추시=나중에 올린 시호)는 簡平皇帝(간평황제)이다.

– 淳祐(순우) 八年 ; 1248년. 尸 주검 시. 尸位(시위) ; 尸童을 앉히는 자리. 이름뿐인 자리. 虛位. 황제란 이름뿐인 지위. 정종은 황제의 자리에 있기는 했지만 실제로는 어머니 내마진 씨가 정치를 했기 때문에 명목만의 황제였다.

○ 元自馬眞氏臨朝以來, 法制不一, 內外離心. 定宗旣殂, 皇后海迷失抱子失烈門, 垂簾聽政. 諸王大臣不服, 共議立太弟蒙哥, 後二年, 是爲憲宗, 卽位. : 元은 乃馬眞氏가 임조 칭제한 이래로, 法制가 통일되지 않아 內外가 離心(이심=마음을 달리 먹고 등을 돌림. 배반함. 또는 배반하려는 마음.)하였다. 定宗이 죽고 나서, 皇后 海迷失은 아들 失烈門을 안고 垂簾聽政(수렴청정)을 하였다. 諸王과 大臣들이 不服하여 함께 의논한 뒤 太弟 蒙哥를 즉위키로 하였는데, 2년 뒤에야 즉위하니, 이가 憲宗이다.

– 海迷失(해미실) ; 元 定宗 貴由의 第三皇后. 太弟(태재) ; 천자의 아우.

– 蒙哥(몽가, Möngke) ; 太祖의 막내아들인 拖雷(타뢰)의 長子. 憲宗 재위 1251~1259년. 後二年(후이년) ; 後三年이어야 한다.

○ 辛亥, 淳祐十一年, 元憲宗名蒙哥, 太祖第四子拖雷之長子. 先是諸大臣欲奉屈出之子失烈門, 久而不決. 至是兀良哈歹以, 太祖

諸孫, 惟憲宗謙愼, 宜立. 遂大會于闊帖兀阿蘭之地, 而卽位焉. 失烈門不服, 憲宗因察諸王有異同者, 竝羈縻之, 取主謀者誅夷之, 由是始定. 余玠大敗元人于興元. : 辛亥, 淳祐 11년, 元 憲宗의 이름은 蒙哥(몽가)이며, 太祖의 第四子인 拖雷(타뢰)의 長子이다. 이보다 앞서 여러 大臣 중에 屈出(굴출)의 아들 失烈門(실렬문)을 받들려는 자가 있어 오랫동안 결말이 나지 않았다. 이때에 兀良哈歹(올량합태)는 太祖의 여러 孫子 중에 오직 憲宗이 겸손하고 신중하니 옹립하는 것이 옳다고 하였다. 그래서 闊帖兀阿蘭(활첩올아란)의 땅에서 대회(쿠릴타이 회의)를 열어 즉위하였다. 失烈門이 不服하자, 憲宗은 諸王 중에서도 의견을 달리하는 자가 있다는 것을 살펴보고서 모두 묶어 감금하고 主謀者를 골라 죽여 버리자 그때서야 안정이 되었다. (宋의) 余玠(여개)는 興元(흥원)에서 몽고군을 크게 이겼다.

- 淳祐(순우) 十一年 ; 1251년. 拖雷(타뢰, Tului, 1192~1232년) ; 太祖의 막내아들(四子). 태조가 죽고 태종이 즉위하기 전 2년 동안 監國으로 있었다.

- 屈出(굴출) ; 太宗의 長男. 兀 우뚝할 올. 哈 웃음소리 합. ① 歹. ② 歹〈多改反, 一. 二. 台(태)로 作(읽는다. 쓴다.)〉한다. 兀良哈歹(올량합태) ; 人名. 謙愼(겸신) ; 겸손하며 신중하다.

- 異同(이동) ; 相異. 의견을 달리하다. 이때 同은 異에 따라붙는 글자(帶字)로 특별한 의미가 없다.

- 羈 굴레 기. 縻 고삐 미. 羈縻(기미) ; 포박하여 감금하다. 誅夷(주이) ; 죽이다. 余 나 여. 餘의 俗字. 玠 큰 홀 개.

- 余玠(여개, ?~1253년) ; 몽고군을 격퇴시킨 南宋 名將.

3) 理宗(2) ; 元의 남하

(1) ○ 元憲宗, 命太弟忽必烈, 總治蒙古 · 漢地民戶事, 開府于金蓮川. 先是, 姚樞隱居蘇門, 以道自任. 太弟召之, 樞至, 見太弟聰明, 才不世出, 虛己受言, 將大有爲. 乃盡其平日所學, 爲書數千言上之. 首以二帝三王爲學之本, 爲治之序, 與治國平天下之大經, 彙爲八目. 曰, 修身 · 力學 · 尊賢 · 親親 · 畏天 · 愛民 · 好善 · 遠佞. 次及時政之弊, 爲條三十, 本末兼該, 細大不遺. 太弟太奇其才, 動必見詢. ○ 元以史天澤 · 趙璧爲河南經略使.

○ 元 헌종(몽가)은 태제 쿠빌라이(홀필렬)에게 명해서, 몽고와 중국 땅의 백성과 재정에 대한 정사를 총괄 통치케 하며 관청을 금련천에 설치토록 했다. 이에 앞서, 요추는 蘇門(소문)에 은거하며 道學(도학)으로 자신의 임무로 하고 있었다. 태제 쿠빌라이(홀필렬)가 부르자, 요추는 찾아가서 태제가 총명하며 불세출의 재능을 갖고 있으며, 자신을 낮추고 남의 말을 수용하는 것을 보고 크게 유망하다 생각하였다. 그래서 자신이 평소의 학문을 다 기울여 장문의 글로 써서 바치었다.

요추는 먼저 二帝(堯, 舜)와 三王(禹, 湯, 文 · 武王)을

학문의 근본으로 하고, 통치의 순서와 치국과 평천하의 큰 도리에 대하여 8가지 영역으로 분류하였다. 그 8영역은, 수신(몸을 닦고), 면학(학문을 힘쓰고), 현인 존중(어진 이를 존경하고), 어버이 섬김(부모에게 효도하고), 외천(하늘을 두려워하고), 애민(백성을 사랑하고), 선인과 친하기(착한 일을 좋아하고), 간사한 무리를 멀리하기(망녕된 것을 멀리하기) 등이었다. 다음으로는 時政(시정)의 병폐를 30개 조항으로 나누어 설명하였는데, 본말이 다 갖추어졌고 미세하거나 큰 영역에까지 빠트린 것이 없었다. 태제(쿠빌라이)는 요추의 재주를 아주 기이하다 생각하여 일을 시작하려면 꼭 불러 의견을 물었다.

○ 元이 사천택과 조벽을 하남경략사로 삼았다.

어구 설명

○ 元憲宗, 命太弟忽必烈, 總治蒙古 · 漢地民戶事, 開府于金蓮川. 先是, 姚樞隱居蘇門, 以道自任. 太弟召之, 樞至, 見太弟聰明, 才不世出, 虛己受言, 將大有爲. 乃盡其平日所學, 爲書數千言上之. : 元 憲宗은 太弟〈태제=憲宗(헌종)의 친동생〉 忽必烈(홀필렬)에게 명해서, 蒙古와 漢地의 民戶事를 총괄 통치케 하며 官府를 金蓮川(금련천)에 두도록 했다. 이에 앞서, 姚樞(요추)는 蘇門(소문)에 隱居(은거)하며 道學으로 自任(자임)하고 있었다. 太弟 홀필렬이 부르자, 요추는 찾아가서 太弟가 聰明(총명)하며 不世出의 재능

을 갖고 있으며, 자신을 낮추고 남의 말을 수용하는 것을 보고 크게 유망하다 생각하였다. 그래서 자신이 평소의 학문을 다 기울여 장문의 글로 써서 바치었다.

– 忽必烈〈홀필렬, 쿠빌라이(Qubilai)〉; 拖雷(타뢰)의 嫡次子. 憲宗의 親弟. 1260년 蒙古帝國 大汗으로 즉위. 1271년 국호를 大蒙古國에서 '大元'으로 변경. 大元皇帝로 즉위. 1276년 南宋 수도 臨安 入城, 宋 恭帝(공제)는 傳國玉璽(전국옥새)와 降表(항표)를 바침, 南宋 일단 멸망. 1279年 3月, 南宋 海上 流亡政權(남송 해상 유망정권=남송은 바다를 떠돌아 다니다 망한 정권) 소멸. 元朝 全國 統一. 在位 34年, 元 世祖.

– 民戶事(민호사); 내치. 軍事 이외의 전권 장악.　金蓮川(금련천); 호북성의 지명. 灤河〈난하, 내몽고에서 발원하여 北京과 天津(천진)의 동북방을 흘러 발해로 들어가는 강〉 상류.

– 姚樞(요추, 1201~1278년); 號 雪齋(설제). 元朝 政治家, 理學家. 太子太師, 中書左丞, 翰林學士承旨(한림학사승지).

– 蘇門(소문); 今 河南省 許昌의 地名.　自任(자임); 자신의 임무로 여기다. 자신의 능력을 자랑하다.

– 才不世出(재불세출); 세상에 나온 적이 없는 재주. 아주 뛰어난 재능.　將大有爲(장대유위); 장차 아주 유망하다.　有爲(유위); 유망하다. 장래성이 있다.

○ 首以二帝三王爲學之本, 爲治之序, 與治國平天下之大經, 彙爲八目. 日, 修身·力學·尊賢·親親·畏天·愛民·好善·遠佞. 次及時政之弊, 爲條三十, 本末兼該, 細大不遺. 太弟太奇其才, 動

必見詢. 元以史天澤 · 趙璧爲河南經略使. : 먼저 二帝와 三王을 학문의 근본으로 하고, 統治의 순서와 治國과 平天下의 큰 도리에 대하여 8가지 영역으로 분류하였다. 그 8영역은 修身, 力學, 尊賢〈존현 = 賢者(현자)를 존경하여야 한다.〉, 親親, 畏天(외천 = 하늘을 두려워하다.), 愛民, 好善, 遠佞(원녕) 등이었다. 다음으로는 時政의 병폐를 30개 조항으로 나누어 설명하였는데, 本末이 다 갖추어졌고 미세하거나 큰 영역에까지 빠트린 것이 없었다. 太弟는 그 재주를 아주 기이하다 생각하여 일을 시작하려면 꼭 불러 의견을 물었다. 元이 史天澤(사천택)과 趙璧(조벽)을 河南經略使(하남경략사)로 삼았다.

– 二帝三王 ; 二帝(堯, 舜)와 三王(禹王, 湯王, 文 · 武王.) 大經(대경) ; 불변의 도리. 常道. 彙 무리 휘. 同類를 모으다. 분류하다.

– 親親(친친) ; 마땅히 친해야 할 사람을 가까이 하다. 친척을 친애함. 어버이를 친애하다. 遠佞(원녕) ; 간사한 무리를 멀리하기. 佞 아첨할 녕. 간사하다. 바르지 못하다.

– 本末兼該(본말겸해) ; 本과 末이 모두 다 갖추다. 본말을 다 겸비하다. 該 그 해. 갖추다. 겸하다. 詢(순) ; 물을 순. 見詢(견순) ; 상담하다. 의견을 묻다.

(2) ○ 壬子, 淳祐十二年, 元定宗后及失烈門母, 以厭禳事覺竝賜死, 謫失烈門及其黨於沒脫赤之地. ○ 六月, 元憲宗, 以中州漢地封同姓, 太弟於汴

京 · 關中自擇其一. 姚樞曰, 南京河徙無常, 土薄水淺, 瀉鹵生之, 不若關中. 厥田上上, 古名天府陸海. 太弟遂請關中, 由是, 太弟有關中 · 河南之地.

○ 임자, 순우 12년, 元의 정종의 황후(해미실)과 실렬문의 생모가 몽가를 저주하여 죽이고자 저주하는 푸닥거리를 한 일이 발각되어 죽음을 내렸고, 실렬문과 그 무리들을 몰탈적의 땅으로 귀양을 보냈다.

○ 6월에, 元 헌종(몽가)은 중국 본토를 동성들에게 〈宗室(종실)들에게〉 분봉하면서 태제(홀필렬=쿠빌라이)에게 변경이나 관중 중에 하나를 택하라고 하였다. 이에 요추가 말했다. "남경(변경)은 황하의 물길이 수시로 바뀌고, 땅은 척박하고 물이 얕으며 염분이 있으니 관중만 못합니다. 관중 땅의 전답은 上의 上이기에 예로부터 천부니 육해〈천연의 府庫(부고)요 陸上(육상)의 大海(큰 바다)〉라고 합니다. 태제(쿠빌라이)는 마침내 관중 땅을 요청하였고, 이로부터 태제는 관중과 하남의 땅을 차지했다.

어구 설명

○ 壬子, 淳祐十二年, 元定宗后及失烈門母, 以厭禳事覺竝賜死, 謫失烈門及其黨於沒脫赤之地. : 壬子, 淳祐 十二年, 元의 定宗后(海迷失)과 失烈門(실렬문)의 母가 (헌종을) 저주하는 푸닥거리를

한 일이 발각되어 죽음을 내렸고, 失烈門과 그 무리들을 沒脫赤(몰탈적)의 땅으로 귀양을 보냈다.

- 淳祐(순우) 十二年 ; 1252년. 厭 싫을 염. 神에게 빌어 재앙을 물리치다. 禳 제사 이름 양. 푸닥거리하다.

- 厭禳(염양) ; 저주하는 기도나 푸닥거리. 謫 귀양 갈 적. 沒脫赤(몰탈적) ; 和林 서북쪽 地名.

○ 六月, 元憲宗, 以中州漢地封同姓, 太弟於汴京 · 關中自擇其一. 姚樞曰, 南京河徙無常, 土薄水淺, 瀉鹵生之, 不若關中. 厥田上上, 古名天府陸海. 太弟遂請關中, 由是, 太弟有關中 · 河南之地. : 六月에, 元 憲宗은 중국 본토를 同姓들에게 분봉하면서 太弟(忽必烈)에게 汴京이나 關中 중에 하나를 택하라고 하였다. 이에 姚樞(요추)가 말했다. "南京은 황하의 물길이 수시로 바뀌고, 땅은 척박하고 물이 얕으며 염분이 있으니 關中만 못합니다. 關中 땅의 전답은 上의 上이기에 예로부터 天府(천부)니 陸海(육해)라고 합니다. 太弟는 마침내 關中땅을 요청하였고, 이로부터 태제는 關中과 河南의 땅을 차지했다.

- 中州(중주) ; 중국 자칭. 漢地(한지) ; 漢人이 사는 곳. 中州漢地(중주한지) ; 중국본토. 南京(남경) ; 북송의 東京, 金의 南京인 汴京(변경).

- 徙 옮길 사. 河徙(하사) ; 황하의 물길이 바뀌다. 薄 엷을 박. 瘠薄(척박)하다. 淺 얕을 천.

- 瀉 개펄 석. 鹵 소금 노(로). 瀉鹵(사로) ; 염분이 많은 땅. 바닷물이 들어와 소금기가 있는 땅.

- 關中(관중) ; 長安을 중심으로 하는 지역. 厥田(궐전) ; 그곳의 전답. 天府(천부) ; 하늘의 창고. 먹을 것 걱정이 없는 땅. 陸海(육해) ; 땅의 바다. 대평원.

(3) ○ 癸丑, 寶祐元年, 四川制置使余玠卒. 以余晦, 爲四川宣諭使. ○ 元太弟忽必烈平大理國. ○ 甲寅, 寶祐二年, 時余晦宣撫四川, 以私恨誣奏, 利路安撫王惟忠, 潛通北境. 大理陳大方承旨鍛成之. 惟忠將斬於市, 色不變. 謂大方曰, 吾死訴於天. 旣斬, 血逆流而上. 未幾大方入朝, 恍惚與惟忠還. 遂卒.

○ 계축, 보우 원년, 사천제치사인 여개가 죽었다. 여회를 사천선유사로 임명했다.

○ 元 태제 홀필렬(쿠빌라이)이 대리국을 평정했다.

○ 갑인, 보우 2년, 이때 여회는 사천의 선무사로 있으면서, 사적인 원한으로 利州西路(이주서로)의 안무사인 왕유충을 몽고와 밀통했다는 무고를 올렸다. 송나라 대리시의 진대방은 여회의 뜻대로 교묘히 왕유충의 죄를 얽어 만들었다. 왕유충이 거리에서 참수되기 전, 두려운 기색도 없이 진대방에게 말했다. "나는 죽은 뒤 하늘에 억울함을 호소할 것이다." 참수되자, 피가 하늘로 솟구쳤다. 얼마 안

되어 진대방이 입조할 때 정신이 어지럽더니 양유충이 돌아온 것 같았다. 진대방은 곧 죽었다.

어구 설명

○ 癸丑, 寶祐元年, 四川制置使余玠卒. 以余晦, 爲四川宣諭使. 元太弟忽必烈平大理國. : 계축, 寶祐(보우) 元年, 四川制置使인 余玠(여개)가 죽었다. 余晦(여회)는 四川宣諭使(사천선유사)가 되었다. 元 太弟 忽必烈이 大理國을 평정했다.

- 寶祐(보우) ; 1253~1258년.　制置使(제치사) ; 변방의 군사를 지휘하고 군진을 관리하는 관직. 상설 기구.

- 晦 그믐 회.　余晦(여회, ~1256년) ; 남송 奸臣(간신). 尙書 역임.

- 大理國(대리국) ; 937~1254년, 段平思(단평사)가 南詔國(남조국)을 멸망시키고 建國. 영역이 지금의 雲南省, 雲州省, 四川省西南部, 미얀마 북부 일대. 佛敎 숭상. 妙香國(묘향국)이라고도 호칭. 忽必烈이 '革囊(혁낭=가죽 주머니)으로 渡江' 하여 云南(운남)을 정벌했다. 1252년 段智興(단지흥)이 쿠빌라이에게 패하여 멸망하였다.

○ 甲寅, 寶祐二年, 時余晦宣撫四川, 以私恨誣奏, 利路安撫王惟忠, 潛通北境. 大理陳大方承旨鍛成之. 惟忠將斬於市, 色不變. 謂大方曰, 吾死訴於天. 旣斬, 血逆流而上. 未幾大方入朝, 恍惚與惟忠還. 遂卒. : 甲寅, 寶祐(보우) 二年, 이때 余晦(여회)는 四川의 선무사로 있으면서, 私的인 怨恨(원한)으로 利州 西路의 안무사

인 王惟忠(왕유충)을 몽고와 밀통했다고 무고로 상주하였다. 大理寺(대리시)의 陳大方은 여희의 뜻대로 교묘히 왕유충의 죄를 얽어 만들었다. 王惟忠이 거리에서 참수되기 전, 두려운 기색도 없이 陳大方에게 말했다. "나는 죽은 뒤 하늘에 억울함을 호소할 것이다." 참수되자, 피가 하늘로 솟구쳤다. 얼마 안 되어 진대방이 入朝할 때 정신이 어지럽더니 양유충이 돌아온 것 같았다. 진대방은 곧 죽었다.

– 寶祐(보우) 二年 ; 1254년. 私恨(사한) ; 私的 怨恨(원한). 誣 무고할 무. 誣奏(무주) ; 무고로 상주하다. 중상모략으로 상주하다.

– 利路(이로) ; 利州 西路의 略. 南宋은 전국을 16路로 나누고 各 路에 安撫使(안무사)를 보내 관할 지역의 兵事와 民戶업무를 총괄케 하였다. 利州路는 治所를 興元府(今 陝西省 漢中市)에 두고 金과 접경한 서북부의 3府 11州를 관할케 하였다. 高宗 紹興(소흥) 14년(1144년)에 利州路를 東, 西路로 분리하였었다.

– 王惟忠(왕유충, ?~1254년) ; 抗金(항금), 抗元(항원)의 전투를 지휘하여 누차 승리를 거둔 南宋의 名將. 金庸의 소설《神雕俠侶, 신조협려》의 등장인물. 당시의 간신 余晦(여회) 등의 무고로 大理寺(대리시)의 감옥에 갇혔다가 臨安에서 처형, 棄市(기시)되었다.

– 潛通北境(잠통북경) ; 몰래 北境(몽고)과 通交하다.

– 大理(大理寺, 대리시) ; 刑獄(형옥 = 형벌. 감옥)을 관장하는 中央의 審理(심리 = 상세하게 조사하여 처리함.) 관청. '理'는 고대 法官의 稱呼. 秦과 漢에서는 廷尉(정위). 宋에서는 左, 右

大理寺(대리시)로 구분. 左寺(좌시)는 各 地方的(지방의) 左寺(좌시)에서 올라온 사건을 재심하고 확정. 右寺(우시)는 京師 百官의 刑獄을 관장. 책임자를 卿이라 했고, 그 아래 少卿, 丞(승)을 두었다. 寺 ①절 사. 절〈승려가 불상을 모시고 수도하면서 敎法(교법)을 펴는 집〉. ②내시 시. 內侍(내시). 宦官(환관). 관청. 공무를 집행하는 기관이나 곳. 的 과녁 적. 표준. 확실하게. 的確(적확)히. 조사로서 '~의'의 뜻으로 쓰임.

– 承旨(승지) ; 뜻을 받다. 부탁을 받다. 鍛 쇠를 불에 달군 단. 교묘하게 죄에 얽어 넣다. 未幾(미기) ; 얼마 안 있다가.

– 恍 황홀할 황. 惚 황홀할 홀. 恍惚(황홀) ; 정신이 얼떨떨하다. 몽롱하다.

(4) 先是, 朝廷用彭大雅理蜀, 甚有威名, 重築重慶城. 余玠遷蜀郡平曠之地, 分治險要, 如合州治釣魚山之類. 在蜀二十年, 民藉以安. 至余晦貪繆罔功, 敗失要地. 以和州守劉雄飛, 爲四川制置. 胡穎每見淫祠, 卽毁之, 人謂之胡打鬼, 經略廣東. 廣有僧寺, 佛像中有巨蛇, 時出享人祭祀. 僧托之題疏, 得數千緡. 穎至, 毁佛擊蛇, 其怪遂息.

이에 앞서, 조정에서는 팽대아를 등용하여 촉을 다스리

게 하였었는데, 위명이 매우 높았으며 중경성을 중축하였다. 그 뒤 여개는 촉군을 평평한 지역으로 옮겨 험한 요지와 나누어 다스렸는데 마치 합주에서 조어산을 나누어 다스린 것과 같았다. 그가 촉에 있는 20년 동안 백성들은 그 덕에 편안하였었다. 여개가 죽고 여회가 부임해서는 공연히 공명을 얻으려고 욕심내다가 패전하여 요지를 상실하였다. 그래서 和州(화주) 수령인 유웅비를 등용하여 사천 제치사에 임명하였다.

호영은 미신 사당을 볼 때마다 바로 헐어버렸기에 사람들은 그를 '귀신 잡는 호씨'라 불렀는데, 그가 광동경략사로 있을 때였다. 광주에 어떤 불사(절)가 있었는데, 불상 속에 큰 뱀이 살면서 가끔 사람들이 바치는 제사음식을 먹었다. 불승은 이를 빙자하여 시주를 권장하는 글을 지어 수천 緡(민)의 돈을 거두었다. 그 말을 들은 호영이 가서 불상을 부수고 뱀을 죽여 버려 그 괴이한 소동은 가라앉았다.

어구 설명

○ 先是, 朝廷用彭大雅理蜀, 甚有威名, 重築重慶城. 余玠遷蜀郡平曠之地, 分治險要, 如合州治釣魚山之類. 在蜀二十年, 民藉以安. 至余晦貪繆罔功, 敗失要地. 以和州守劉雄飛, 爲四川制置. : 이에 앞서, 朝廷에서는 彭大雅(팽대아)를 등용하여 蜀을 다스리

게 하였었는데, 威名(위명)이 매우 높았으며 重慶城(중경성)을 重築(중축)하였다. 余玠(여개)는 蜀郡을 平曠(평광)한 지역으로 옮겨 險(험)한 要地와 구분하여 다스렸는데 마치 合州에서 釣魚山(조어산)을 나누어 다스린 것과 같았다.(평상시에는 평지의 관아에서 전시에서 험한 산성에서 다스렸다는 뜻.) 그가 蜀에 있는 20년 동안 백성들은 그 덕에 편안하였었다. 余晦(여회)가 부임해서는 공연히 功名을 얻으려고 욕심내다가 敗戰하여 要地를 상실하였다. 和州守令〈화주지방의 수령 = 太守(지방 장관을 이르는 말)〉인 劉雄飛(유웅비)를 등용하여 四川制置使에 임명하였다.

- 理蜀(이촉) ; 蜀을 다스리다. 威名(위명) ; 위엄이 있는 명성.
- 重築(중축) ; 다시 축성하다. 重慶城(중경성) : 도시 이름의 뜻은 '거듭된 慶事'. 宋 光宗(재위, 1189~1194년)이 恭州에 分封된 것이 一慶이고, 뒷날 孝宗의 양위를 받아 恭州에서 天子大位에 오른 것이 二慶이라서 '重慶'이라 하였다. 오늘의 重慶市는 중국의 中央直轄市로 長江 上流地域의 經濟中心이며, 보통 '三千萬重慶市'라 하는데, 도시(城市)만의 인구가 1,300만이 넘는다. 簡稱은 渝(넘칠 투). 四川省의 省都인 成都(chéng dū)는 重慶과 다른 도시이다.
- 曠 밝을 광. 넓다. 들판(曠野). 合州(합주) ; 今 重慶市의 合川區. 釣 낚시 조. 釣魚山(조어산) : 重慶市 合川區 東쪽 5Km 嘉陵江 南岸(가릉강 남안)의 釣魚山. 여기에 山城을 쌓고 蒙古大軍과 전투를 벌였고 몽고제국의 蒙哥可汗(몽가가한, 憲宗)이 여기서 화살에 맞아 죽었기에 유명해졌다.

– 藉 깔개 자. 의지하다. 힘입어.　貪 탐할 탐.　繆 잘못할 류(本音 무). 졸라맬 규. 얽어맬 무.　罔 그물 망, 없을 망. 망령되다.

– 貪繆罔功(탐류망공) ; 공적을 쌓으려고 욕심을 내다.　敗失要地(패실요지) ; 싸움에 패해 要地를 빼앗기다.

○ 胡穎每見淫祠, 卽毁之, 人謂之胡打鬼, 經略廣東. 廣有僧寺, 佛像中有巨蛇, 時出享人祭祀. 僧托之題疏, 得數千緡. 穎至, 毁佛擊蛇, 其怪遂息. : 胡穎(호영)은 淫祠(음사)를 볼 때마다 바로 헐어버렸기에 사람들은 그를 '귀신 잡는 호씨'라 불렀는데, 廣東經略使였다. 廣州에 어떤 불사가 있었는데, 佛像 속에 큰 뱀이 살면서 가끔 사람들이 바치는 제사음식을 먹었다. 佛僧은 이를 빙자하여 시주를 권장하는 글을 지어 數千 緡(민)의 돈을 거두었다. 胡穎(호영)이 가서 불상을 부수고 뱀을 죽여 버려 그 괴이한 소동이 가라앉았다.

– 穎 이삭 영.　淫祠(음사) ; 백성들을 현혹하거나 혹세무민하는 미신이나 사당. 잡귀를 모시어 놓은 집.　淫 음란할 음. 간사하다. 어지럽다. 迷惑(미혹)하다. 방탕하다.　毁 헐 훼.　打鬼(타귀) ; 귀신을 잡다.　經略(경략) ; 경략하다. 통치하다.

– 廣(광) ; 廣州.　蛇 뱀 사.　享 누릴 향. 제사를 받다. 대접받다. 饗과 同.　托 밀 탁. 핑계대다.

– 題疏(제소) ; 어떤 행위나 기부를 권장하는 글.　緡 돈 꿰미 민.　息 숨 쉴 식. 쉬다. 잠잠해지다. 없어지다.

(5) ○ 丙辰, 寶祐四年, 高麗王細嵯甫 · 雲南酋長摩合羅嵯, 及素州諸國朝于元. ○ 元憲宗欲建城市爲都會之所. 太弟忽必烈言, 劉秉忠精於天文 · 地理之術. 乃命相宅, 秉忠以桓州東, 灤水北之龍岡爲吉. 乃命秉忠營之, 名日開平府, 三年而畢功.

○ 병진, 보우 4년, 고려왕 세차보와 운남추장 마합라차 및 소주 여러 나라가 元에 入朝(입조)하여 조공을 하였다.

○ 元 헌종(몽가)은 사람과 물자의 집산지로 도시를 건설하려고 했다. 태제(아우)인 홀필렬(쿠빌라이)은 "유병충이 천문과 지리의 기술에 뛰어납니다."라고 추천하였다. 이에 (유병충에게) 택지를 고르라고 명했는데, 유병충은 환주의 동쪽, 난수의 북쪽인 용강이 좋다고 하였다. 이에 병충에게 건설케 하였고 이름은 개평부라 하였는데, 3년 만에 일을 마치었다.

어구 설명

○ 丙辰, 寶祐四年, 高麗王細嵯甫 · 雲南酋長摩合羅嵯, 及素州諸國朝于元. : 丙辰, 寶祐 4年, 高麗王 細嵯甫와 雲南酋長 摩合羅嵯 및 素州 여러 나라가 元에 조공을 하였다.

– 寶祐(보우) 四年 ; 1256년. 高麗王(고려왕) ; 高宗 43년.

1231년 몽고의 1차 침입 이후, 몽고의 5차 침입을 받고 있었다. 細嵯甫(세차보) ; 高麗 高宗의 이름은 晊(클 질)인데, 이를 몽고어로 번역하고 한자로 표기한 것 같다.

– 酋 두목 추. 嵯 우뚝 솟을 차. 素州(소주) ; 위치 不明. 朝(조) ; 朝貢(조공)하다.

○ 元憲宗欲建城市爲都會之所. 太弟忽必烈言, 劉秉忠精於天文·地理之術. 乃命相宅, 秉忠以桓州東, 灤水北之龍岡爲吉. 乃命秉忠營之, 名曰開平府, 三年而畢功. : 元 憲宗은 사람과 물자의 집산지로 도시를 건설하려고 했다. 太弟인 忽必烈(홀필렬)은 "劉秉忠(유병충)이 天文과 地理의 기술에 뛰어납니다."라고 추천하였다. 이에 (유병충에게) 宅地를 고르라고 명했는데, 유병충은 桓州(항주)의 東쪽, 灤水(난수)의 북쪽인 龍岡(용강)이 좋다고 하였다. 이에 秉忠에게 건설케 하였고 이름은 開平府라 하였는데, 三年 만에 일을 마치었다.

– 建(건) ; 건설하다. 城市(성시) ; 都市. 우리는 '都市' 라 쓰지만, 중국인은 城市(chéngshì)라는 말을 많이 쓴다.

– 都會之所(도회지소) ; 사람과 물자의 집합장소. 都會는 '모이다' 라는 의미. 劉秉忠(유병충, 1216~1274년) ; 金國 瑞州〈서주, 今 遼寧省(요령성) 綏中縣(수중현)〉 출신. 原名 侃(간), 賜名(사명) 秉忠. 元 世祖의 유능한 참모. 綏 편안할 수. 편안하다. 수레 손잡이 줄. 안심하다.

– 相宅(상택) ; 집 자리를 고르다. 桓 푯말 환. 桓州(환주) ; 今 內蒙古 正藍旗(정남기) 西北. 灤 강 이름 난(란). 岡 산등성이 강.

– 營 ; 경영할 영. 도시를 건설하다. 공사를 감독하다.

– 開平府(šanadu) ; 元의 上都. 今 內蒙古自治區 錫林郭勒盟(석림곽늑맹)의 正藍旗 境內(정남기 경내, 盟과 旗는 행정구역 단위이다). 뒷날 1260年, 忽必烈이 여기서 즉위. 1267年, 忽必烈은 中都〈1272年 改称(개칭) 大都〉로 천도하면서 이곳은 避暑(피서) 行宮으로 활용. 1359年, 紅巾賊(홍건적)에 의해 소실.

– 勒 굴레 륵(늑). 마소의 머리에 씌워 고삐에 연결하는 물건. 재갈. 다스리다.

– 盟 맹세할 맹. 땅이름 맹. 취미 · 기호가 비슷한 사람끼리의 모임. 藍 쪽 람(남). 남색. 초무침 람(남). 채소의 초무침.

– 畢 마칠 필. 畢功(필공) ; 일을 마무리 짓다.

(6) ○ 丁巳, 寶祐五年, 元回鶻獻水精盆 · 珍珠傘, 可直銀三萬餘錠. 憲宗曰, 方今百姓疲弊, 所急者錢耳. 朕獨有此何用, 卻之. ○ 十月, 元兀良哈歹, 伐安南, 屠其城. ○ 戊午, 寶祐六年二月, 安南王, 傳國於長子光昺, 遣使以方物獻于元.

○ 정사, 보우 5년, 元의 回紇(회흘 = 위구르)에서 수정으로 만든 화분과 진주로 만든 일산(우산)을 바쳤는데, 그 값이 은 3만여 錠(정)에 해당하는 것이었다. 헌종은 "지금 백

성들이 피폐하여 급히 필요한 것은 구제할 돈이다. 짐이 홀로 이것을 가진들 어디에 쓰겠는가?"라 하고서 그것들을 받지 않았다.

○ 10월, 元의 올량합태가 안남을 정벌하면서 성 내 사람들을 도륙(많이 죽였다)했다.

○ 무오, 보우 6년 2월에, 안남왕이 장자 光昺(광병)에게 양위하였고, 사신을 원나라에 보내 토산물을 元에 헌상했다.

어구 설명

○ 丁巳, 寶祐五年, 元回鶻獻水精盆·珍珠傘, 可直銀三萬餘錠. 憲宗日, 方今百姓疲弊, 所急者錢耳. 朕獨有此何用, 卻之. : 丁巳, 寶祐 五年, 元의 回鶻(회홀)에서 水精(수정)으로 만든 花盆(화분)과 珍珠(진주)로 만든 日傘(일산)을 바쳤는데, 그 값이 銀 三萬餘錠이 되었다. 憲宗은 "지금 百姓들이 疲弊(피폐)하여 급히 필요한 것은 구제할 돈이다. 짐이 홀로 이것을 가진들 어디에 쓰겠는가?"라 하고서 그것들을 받지 않았다.

– 寶祐(보우) 五年 ; 1257년. 鶻 송골매 골. 나라이름 홀. 回紇(회흘) 위구르(uigur). 回鶻(회홀). 獻 바칠 헌. 盆 동이 분. 水精(수정) ; 水晶(수정). 傘 우산 산. 日傘(일산) ; ①들 놀이 때에 볕을 가리기 위한 큰 양산. 비단으로 만듦. ②(고제) 儀杖(의장)의 한 가지. 자루가 긴 양산으로 皇帝(황제)는 누른색. 王(왕). 皇太子(황태자)는 붉은색. 王世子(왕세자)는 검은색임. ③

(고제) 흰 바탕에 푸른 선을 두른 긴 양산. 監司(감사). 留守(유수). 守令(수령) 등이 부임할 때에 받음. 直(직) ; 値(값 치) 同.

- 疲 지칠 피. 弊 해질 폐. 卻 물리칠 각.

○ 十月, 元兀良哈歹, 伐安南, 屠其城. 戊午, 寶祐六年二月, 安南王, 傳國於長子光昺, 遣使以方物獻于元. : 十月, 元의 兀良哈歹(올량합태)가 安南을 정벌하면서 城內 사람들을 도륙했다. 戊午, 寶祐 六年 二月에, 安南王이 長子 光昺(광병)에게 양위하였고, 使臣을 보내 方物(방물)을 元에 獻上(헌상)했다.

- 安南(안남) ; 越南(월남 = 베트남), 中國에서 越南에 대한 雅稱(아칭 = 본디부터 항상 부르던 바른 호칭). 屠其城(도기성) ; 성내 사람들을 도륙하다. 屠 잡을 도. 屠戮(도륙)하다. 方物(방물) ; 그 지방의 특산물.

- 寶祐 六年 ; 1258년. 昺 밝을 병.

(7) ○ 元, 討回回哈里發平之. 九月, 憲宗親帥大軍入蜀, 攻苦竹隘, 宋守將楊立 · 張實死之. 是時, 元人勢欲順流東下, 一軍自大理國斡服南來, 歷邕 · 桂之境, 以至潭州, 一軍渡江圍鄂州. ○ 罷丁大全, 以吳潛爲左相, 卽軍中, 拜賈似道爲右相, 趙葵樞密策應使, 杜庶兩淮制置, 夏貴總領舟師. 呂文德等, 乘風戰勝. 潛以向士璧守潭. 適南來二哥元帥, 遇宋

候騎而死, 潭圍先解. 高逵等守鄂, 似道駐漢陽, 爲鄂援.

○ 元은, 회회족의 합리발(Calif)을 쳐 이를 평정하였다. 9월에, 헌종(몽가)은 친히 대군을 거느리고 촉에 침입하여 고죽애를 공격하였는데 송나라 수장 양립과 장실이 이를 막아 싸우다 전사했다. 이때에, 元의 군사의 형세는 장강을 따라 동쪽으로 내려가고 한 편은 대리국 알복에서 남으로 내려오면서 옹주와 계주의 땅을 지나 담주에 이르고, 다른 한 편은 장강을 건너 악주를 포위하려 했다.

賈似道(가사도)

○ 송나라는 정대전을 파직시키고, 오잠을 좌승상으로 삼았고, 軍中(군중)에 있던 가사도를 우승상으로 임명하고, 조규를 추밀책응사, 두서를 양회제치사, 하귀는 총령주사로 임명하였다. 여문덕 등은 바람을 이용하여 원나라와 싸워 승전했다. 오잠은 상사벽에게 명하여 담주를 방어했다. 마침 남하한 元(원)나라의 이가원수는 갑자기 나타난 송의 척후 기병에게 전사하여 이 때문에 원의 군사가

퇴각하기 시작하여 담주의 포위가 먼저 풀렸다. 고규 등은 악주를 지켰고, 가사도는 한양에 주둔하면서 악주를 구원하였다.

어구 설명

○ 元, 討回回哈里發平之. 九月, 憲宗親帥大軍入蜀, 攻苦竹隘, 宋守將楊立 · 張實死之. 是時, 元人勢欲順流東下, 一軍自大理國斡服南來, 歷邕 · 桂之境, 以至潭州, 一軍渡江圍鄂州. : 元은, 回回族의 哈里發(합리발)을 평정하였다. 九月에, 憲宗은 親히 大軍을 거느리고 蜀에 침입하여 苦竹隘(고죽애)를 공격하였는데 宋의 守將 楊立과 張實이 전사했다. 이때에, 元의 군사의 형세는 長江을 따라 東쪽으로 내려가서 一軍은 大理國 斡服(대리국 알복)에서 남으로 내려오면서 邕州(옹주)와 桂州(계주)의 땅을 지나 潭州(담주)에 이르고, 一軍은 장강을 건너 鄂州(악주)를 포위하려 했다.

- 回回(회회) ; 回族. 回教徒. 이슬람교 信者〈Muslim(무슬림) 또는 Moslem(모스램). 穆斯林(목사림)〉를 직접 상면한다면 '淸眞人(청진인)' 이라고 호칭. 참고로 이슬람교는 '伊斯蘭教(이사란교)', '穆罕默德(목한묵덕)' 은 마호메트.

- 哈里發(합리발) ; 칼리프(Calif, 마호메트를 계승한 종교, 군사의 지도자. 이슬람 세계의 통치자).

- 隘 좁을 애. 苦竹隘(고죽애) ; 四川省의 지명. 斡 빙빙 돌 알. 돌봐 주다. 歷 지낼 역(력). 거치다. 邕 화할 옹. 鄂 땅 이

름 악.

– 원의 군사는 모두 騎兵(기병)이다. 복장이 간단하고 활을 잘 쏘았다.

– 遠征(원정)을 갈 때는, 군사 한 사람에 대해 말 대여섯 마리가 무기, 옷, 식량 등을 싣고 뒤를 따랐다. 이것이 원의 군사가 아무리 먼 원정이라도 가능하게 한 원동력이었다.

○ 罷丁大全, 以吳潛爲左相, 卽軍中, 拜賈似道爲右相, 趙葵樞密策應使, 杜庶兩淮制置, 夏貴總領舟師. 呂文德等, 乘風戰勝. 潛以向士璧守潭. 適南來二哥元帥, 遇宋候騎而死, 潭圍先解. 高逵等守鄂, 似道駐漢陽, 爲鄂援. : 丁大全을 파직시키고, 吳潛(오잠)을 左承相으로 삼았고 軍中에 있던 賈似道(가사도)를 右承相으로 임명하고, 趙葵(조규)를 樞密策應使(추밀책응사), 杜庶(두서)를 兩淮制置使(양회제치사)로, 夏貴(하귀)는 總領舟師(총령주사)로 임명하였다. 呂文德 등은 바람을 이용하여 勝戰했다. 오잠은 向士璧(상사벽)에게 潭州(담주)를 방어하게 했다. 마침 남하한 二哥元帥는 갑자기 나타난 宋의 척후 기병에게 전사하여 潭州(담주)의 포위가 먼저 풀렸다. 高逵(고규) 등은 鄂州(악주)를 지켰고, 가사도는 漢陽에 주둔하면서 鄂州를 구원하였다.

– 拜 절 배. 임명하다(拜命). 賈似道(가사도, 1213~1275년) ; 남송 멸망의 직접 책임이 있는 大臣. 金과의 항쟁에서는 奸臣 秦檜(진회), 몽고와의 싸움에서는 賈似道가 그 역할을 다했다. 이때 가사도는 京湖南北四川의 宣撫使(선무사)로 있었다.

– 葵 해바라기 규. 舟師(주사) ; 水軍. 璧 둥근 옥 벽. 向 ;

姓氏로 쓸 때는 상. 向士璧(상사벽) ; 人名. 遇 만날 후. 갑자기 마주치다.

- 候 물을 후. 기다리다. 斥候兵(척후병). 파수꾼. 騎 ; 기병. 逵 큰 길 규.

(8) ○ 己未, 開慶元年, 元憲宗圍合州, 遣使招諭守將王堅. 堅殺使者, 固守拒之. ○ 七月, 元憲宗殂於釣魚山. 在位九年, 壽五十二. 後追謚曰桓肅皇帝. 憲宗, 剛明雄毅, 沈斷寡言, 不樂宴飮, 不好侈靡, 雖后妃亦不過制. 太宗末年, 羣臣擅權, 政出多門, 至憲宗, 凡詔旨必親起草, 更易數四, 然後行之. 御羣臣甚嚴, 嘗諭曰, 汝輩, 若得朕奬諭, 卽志氣驕逸, 災禍未有不隨至者, 汝輩其戒之. 時太弟進攻鄂州, 宋守將張堅, 守不下, 遂死之.

○ 기미, 개경 원년, 元의 헌종(몽가)은 合州(합주)를 포위하고, 사자를 보내 수장 왕견에게 투항을 권유했다. 왕견은 사자를 죽이고 굳게 지키며 견디었다.

○ 7월, 元의 헌종(몽가)이 조어산에서 전사했다. 재위 9년에, 나이는 52세였다. 뒤에 올린 시호는 환숙황제이다.

헌종은 의지가 굳고 명철했으며, 큰 뜻에 결단성이 있었고 침착 단호하면서도 말수가 적었으며, 잔치나 음주도 좋아하지 않았고 사치와 화려한 것도 싫어하였기에, 비록 황후와 비빈들이라도 그런 한계를 넘어설 수 없었다.

태종(오고타이) 말년에, 군신들이 권력을 행사하면서 정치적 명령이 여러 곳에서 나왔으나, 헌종 때에는 모든 명령은 필히 헌종이 초안을 잡은 뒤에 두세 번씩 검토하며 고친 뒤에 실행되었다. 군신들을 거느리는데 매우 엄격하였는데 일찍이 "너희들은 만약 내가 칭찬이라도 하면 바로 마음이 교만하고 풀어지는데, 그러고서도 재앙이 따라오지 않을 수 없는 것이니, 너희들은 그런 것을 조심하여야 한다."고 말했었다. 당시에 태제(홀필렬=쿠빌라이)는 악주를 공격하고 있었는데, 宋의 수장 장견은 잘 지키며 항복하지 않았으나 결국은 전사했다.

어구 설명

○ 己未, 開慶元年, 元憲宗圍合州, 遣使招諭守將王堅. 堅殺使者, 固守拒之. : 己未, 開慶(개경) 元年, 元의 憲宗은 合州를 포위하고, 使者를 보내 守將 王堅(왕견)에게 투항을 권유했다. 왕견은 使者를 죽이고 굳게 지키며 견디었다.

– 開慶(개경) ; 1259년. 合州(합주) ; 今 重慶市(중경시)의 合川區. 合州의 싸움은 원의 군사로서는 말할 수 없는 苦戰(고전)이

었다. 송나라도 이 싸움에 지면 나라가 멸망할 판이라 결사적으로 대항했다. 招諭(초유) ; 항복을 권유하다. 堅 굳을 견.

○ 七月, 元憲宗殂於釣魚山. 在位九年, 壽五十二. 後追諡日桓肅皇帝. 憲宗, 剛明雄毅, 沈斷寡言, 不樂宴飮, 不好侈靡, 雖后妃亦不過制. : 七月, 元의 憲宗이 釣魚山(조어산)에서 전사했다. 在位九年에, 나이는 五十二세였다. 뒤에 올린 시호는 桓肅皇帝(환숙황제)이다. 憲宗은 의지가 굳고 명철했으며, 큰 뜻에 결단성이 있었고 침착 단호하면서도 말수가 적었으며, 잔치나 음주도 좋아하지 않았고 사치와 화려한 것도 싫어하였기에, 비록 황후와 비빈들이라도 그런 한계를 넘어설 수 없었다.

– 釣魚山(조어산) ; 合州의 山城. 剛 굳셀 강. 剛明(강명) ; 의지가 굳고 明哲하다. 雄毅(웅의) ; 강한 의지에 과감하다. 결단력이 있다. 毅 굳셀 의. 굳세다. 의지가 강하다.

– 沈斷寡言(침단과언) ; 침착하고 단호하며 말수가 적다. 宴飮(연음) ; 잔치와 음주. 侈靡(치미) ; 사치와 화려한 치장.

○ 太宗末年, 羣臣擅權, 政出多門, 至憲宗, 凡詔旨必親起草, 更易數四, 然後行之. 御羣臣甚嚴, 嘗諭日, 汝輩, 若得朕奬諭, 卽志氣驕逸, 災禍未有不隨至者, 汝輩其戒之. 時太弟進攻鄂州, 宋守將張堅, 守不下, 遂死之. : 太宗 末年에, 羣臣(군신)들이 擅權(천권)하면서 정치적 명령이 여러 곳에서 나왔으나, 憲宗 때에는 모든 황제의 지침은 꼭 헌종이 초안하고서도 두세 번씩 검토하며 고친 뒤에 실행되었다. 羣臣(군신)들을 거느리는데 매우 嚴格(엄격)하였는데 일찍이 "너희들은 만약 내가 칭찬이라도 하면 바로 마음

이 교만하고 풀어지는데, 그러고서도 재앙이 따라오지 않을 수 없는 것이니, 너희들은 그것(교만심)을 조심하여야 한다."고 말했었다. 당시에 太弟(忽必烈)는 鄂州(악주)를 공격하고 있었는데, 宋의 守將 張堅(장견)은 잘 지키며 항복하지 않았으나 결국은 전사했다.

- 羣은 群의 본자. 群臣(군신) ; 많은 신하. 여러 신하.
- 擅 멋대로 할 천. 擅權(천권) ; 권력을 멋대로 휘두르다. 詔旨(소지) ; 황제의 지침. 易 바꿀 역. 고치다. 御 거느릴 어.
- 奬 권장할 장. 장려하다. 諭 깨우칠 유. 명확히 하다. 타이름. 奬諭(장유) ; 칭찬하는 말. 驕逸(교일) ; 교만하고 나태하다. 逸 달아날 일. 숨다. 도주하다. 방자하다. 제멋대로 하다. 隨至(수지) ; 따라오다.

(9) ○ 似道自漢陽至鄂督師, 而太弟忽必烈攻城益急. 城中死傷者至萬三千人, 似道大懼, 密遣宋京詣元營, 請稱臣納幣, 太弟不許. 會合州守王堅, 遣人走鄂, 以憲宗訃聞于似道, 似道再遣宋京往元營.

○ 가사도는 한양에서 악주로 와 군사를 감독하였고, 태제 홀필렬(쿠빌라이)은 더욱 맹렬하게 성을 공격했다. 성중에 사상자가 13,000명이나 되자, 가사도는 크게 겁을 먹

고 몰래 송경을 元의 군영에 보내 칭신하고 납폐하겠다고 요청했으나 태제(쿠빌라이)는 허락하지 않았다.

때마침 합주를 지키던 왕견이 악주로 사람을 보내 헌종이 죽었다는 소식을 가사도에게 알려주자, 가사도는 다시 송경을 元의 군영에 보냈다.

어구 설명

○ 似道自漢陽至鄂督師, 而太弟忽必烈攻城益急. 城中死傷者至萬三千人, 似道大懼, 密遣宋京詣元營, 請稱臣納幣, 太弟不許. : 賈似道(가사도)는 漢陽에서 鄂州로 와 군사를 감독하였고, 太弟 忽必烈은 더욱 맹렬하게 성을 공격했다. 城中에 死傷者가 萬三千人에 이르자, 가사도는 크게 겁을 먹고 몰래 宋京을 元의 軍營에 보내 稱臣(칭신)하고 納幣(납폐)하겠다고 요청했으나 太弟는 허락하지 않았다.

- 似 같을 사. 비슷하다. 督師(독수) ; 군사(부대)를 감독하다.
- 懼 두려울 구. 詣 이를 예. 稱臣(칭신) ; 신하를 자칭하다. 宋이 元에 稱臣하다. 가사도가 元의 신하가 되겠다는 뜻이 아니다. 稱臣과 納幣〈납폐 = 納徵(납징) ; 금품을 거두어들임.〉는 가사도 혼자의 의견이었다.

○ 會合州守王堅, 遣人走鄂, 以憲宗訃聞于似道, 似道再遣宋京往元營. : 때마침 合州를 지키던 王堅(왕견)이 鄂州(악주)로 사람을 보내 憲宗이 죽었다는 소식을 가사도에게 알려주자, 가사도는 다

시 宋京을 元의 군영에 보냈다.

– 訃 부고 부. 죽음을 알리다. 訃聞(부문) ; 죽었다는 소식.

(10) 太弟亦聞阿里不哥欲襲尊號. 郝經曰, 若彼果稱遺詔, 便正位號, 下詔中原, 行赦江上, 欲歸得乎. 願大王以社稷爲念, 班師議和, 置輜重, 率輕騎而歸, 直造天都. 遣二軍, 逆大行靈舁, 收皇帝璽, 遣使召旭烈·阿里不哥諸王, 會喪和林. 差官諸路安輯, 命王長子眞金, 鎭守燕都, 示以形勢, 則大寶有歸, 而社稷安矣. 太弟然之, 乃許似道和, 且約歲幣之數, 遂拔寨而去. 留張傑·閻旺·以偏師候湖南兀良哈歹之兵.

太弟(쿠빌라이) 또한 아리부가가 황제의 칭호를 이어받으려 한다는 소식을 들었다. 이에 학경이 태제에게 말했다. "만약 저쪽에서 감히 先帝(선제=憲宗)의 遺詔(유조)라 칭하면서 바로 정위(천자의 위치)를 차지하고 중원에 조서를 내려 장강 지역에 大赦免(대사면)을 행한다면 돌아갈 수 있겠습니까? 바라건대, 대왕께서는 사직을 염두에 두시고 군사를 철수하고 화의를 체결하며, 치중은 놓아두고 경무장 기병만을 데리고 돌아가 바로 천도로 들어가십시오. 또 다른 군사를 보내어 헌종의 영가를 맞이하시고, 황제의 옥새를 거두시면서 사자를 보내 旭烈兀(욱렬올=후라그)과 阿里不哥(아리부가=아리부카) 등 여러 왕족을 소집하여 和林(화림=캐라코람)에 모여 상례를 치르십시오."

"또 관리를 보내어 각 지방을 안정시키며 대왕의 큰아들 眞金(진금)에게 명하여, 연경에 머물며 지키게 하여 천하의 형세가 바뀔 수 없음을 알게 하면 황제 자리가 저절로 돌아올 것입니다." 태제(쿠빌라이)는 그러하다고 생각하여 가사도에게 화의를 수락하며 세폐의 액수를 정한 뒤, 성채를 철수하여 북으로 돌아갔다. 장걸과 염왕 두 장수를 남겨 소수의 부대로 호남의 올량합태의 군사를 감시하게 하였다.

어구 설명

○ 太弟亦聞阿里不哥欲襲尊號. 郝經曰, 若彼果稱遺詔, 便正位號, 下詔中原, 行赦江上, 欲歸得乎. 願大王以社稷爲念, 班師議和, 置輜重, 率輕騎而歸, 直造天都. 遣二軍, 逆大行靈舁, 收皇帝璽, 遣使召旭烈·阿里不哥諸王, 會喪和林. : 太弟 또한 阿里不哥(아리부가)가 황제의 칭호를 이어받으려 한다는 소식을 들었다. 이에 郝經(학경)이 태제에게 말했다. "만약 저쪽에서 감히 先帝(선제=憲宗)의 遺詔(유조)라 칭하면서 바로 正位(천자의 위치)를 차지하고 中原에 조서를 내려 長江 지역에 大赦免(대사면)을 행한다면 돌아갈 수 있겠습니까? 바라건대, 大王께서는 社稷(사직)을 염두

에 두시고 班師(반사=군대를 철수함)하고 議和(의화=화의를 체결하다)하되, 輜重〈치중=군대의 荷物(하물). 군수품〉은 놓아두고 輕騎(경기=경무장한 기병)만을 데리고 돌아가 바로 天都로 들어가십시오. 또 다른 군사를 보내어 憲宗의 영가를 맞이하시고, 皇帝의 玉璽(옥새)를 거두시고 使者를 보내 旭烈兀(욱렬올=후라그)과 阿里不哥(아리부가=아리부카) 등 諸王을 소집하여 和林에 모여 상례를 치르십시오."

– 阿里不哥(Ariq Böke, 아리부가, 1219~1266년) ; 拖雷(타뢰)의 막내아들. 蒙哥(헌종), 忽必烈(홀필렬=쿠빌라이), 旭烈兀(욱렬올=후라그)의 同母弟(4명 모두 친형제). 憲宗 재위 중에 수도 哈拉和林(합납화림=카라코름)을 지키면서 평소에도 忽必烈의 漢化政策에 반대하고 있었다. 1259년 8월, 헌종이 죽고, 忽必烈이 1260년 帝位에 오르자, 아리부가는 蒙古 本土 貴族들의 쿠릴타이 회의를 소집하여 大蒙古國大汗(대몽고국대한)에 즉위하였다. 홀필렬과 4년 동안 내전을 벌리다가 1264년에 투항하였다. 홀필렬은 아리부가(아리부카)의 사죄는 면해주고 禁錮〈금고=①감옥에 가두고 勞役(노역)은 시키지 않는 형벌. ②벼슬길을 막아 등용하지 않던 일.〉에 처했었는데 아리부가는 1266년에 죽었다.

– 郝 고을 이름 학. 성씨. 郝經(학경, 1223~1275년) ; 漢人 儒學者. 金末 亂世에 今 河北 保定에서 가난한 생활을 하면서도 학문에 힘써 나중에 順天府 左副守帥 機賈輔(기가보)의 가정교사가 되었다가 忽必烈을 섬겼다.

– 彼(피) ; 홀필렬의 아우. 阿里不哥. 正位(정위) ; 황제의 자

리. 行赦(행사) ; 大赦令〈대사령, 사면의 명령, 恩赦(은사)의 명령〉을 내리다. 赦免(사면) ; 지은 죄를 용서하여 벌을 면제하는 일. 국가 원수의 특권에 의하여, 公訴權(공소권)을 소멸하거나 형의 언도의 일부 또는 전부를 소멸하는 일. 恩赦〈은사=①赦免(사면) ②나라에 경사가 있을 때 輕罪人(경죄인)을 석방하는 일.〉 江上(강상) ; 長江 유역. 중국.

– 大王(대왕) ; 忽必烈(홀필렬). 班師(반사) ; 군사를 거느리고 돌아가다. 輜 짐수레 치. 輜重(치중) ; 군사용 重裝備(중장비). 말에 실은 군사 물자. 輕騎(경기) ; 경무장한 騎兵(기병).

– 造 지을 조. 이르다. 가다. 天都(천도) ; 元의 國都. 二軍(이군) ; 별도의 군사. 逆 거스를 역. 맞이하다.

– 大行(대행) ; 천자가 죽은 뒤 시호가 정해지기 전의 호칭. 舁 마주들 여. 靈舁(영여) ; 靈駕〈영가=天子(천자)의 수레〉, 靈柩〈영구=시체를 넣은 棺(관)〉. 璽 도장 새.

– 旭烈(욱렬) ; 홀필렬의 바로 아래 동생. 旭烈兀(욱렬올=후라그). 拉 꺾을 랍. 꺾다. 데려가다. 會喪(회상) ; 모여 喪禮를 치루다.

○ 差官諸路安輯, 命王長子眞金, 鎭守燕都, 示以形勢, 則大寶有歸, 而社稷安矣. 太弟然之, 乃許似道和, 且約歲幣之數, 遂拔寨而去. 留張傑 · 閻旺 · 以偏師候湖南兀良哈歹之兵. : "관리를 보내어 각 지방을 안정시키며 大王의 長子 眞金에게 명하여, 燕都에 머물며 지키게 하여 천하의 형세가 바뀔 수 없음을 알게 하면 황제 자리가 저절로 돌아올 것입니다." 太弟는 그러하다고 생각하

여 가사도에게 화의를 수락하며 세폐의 액수를 정한 뒤, 성채를 철수하여 북으로 돌아갔다. 張傑(장걸)과 閻旺(염왕)을 남겨 소수의 부대로 湖南의 兀良哈歹(올량합태)의 군사를 감시하게 하였다.

– 差官(차관) ; 심부름으로 가는 관리. 관리를 파견하다. 差 어긋날 차. 참람할 차. 보내다. 파견하다. 심부름 가는 벼슬아치. 安輯(안집) ; 백성들은 안정시키다. 輯 모을 집. 하나가 되게 하다. 모여 화목하다.

– 眞金〈진금, 징짐(jinggim) 1243~1286년〉; 忽必烈의 嫡子(적자), 세조 다음에 즉위한 元 成宗(鐵穆耳)의 生父. 1273年, 皇太子에 피봉되었으나 1286年에 죽었다. 嫡 정실 적. 맏아들(長子). 嫡長子(적장자) ; 정실(본처)이 낳은 맏아들로서 대를 이을 사람.

– 燕都(연도) ; 燕京. 示以形勢(시이형세) ; 천하의 형세가 홀필렬 자신에게 있음을 과시하라는 뜻. 大寶(대보) ; 황제의 지위.

– 拔寨(발채) ; 성채를 철수하다. 拔(발 = 빼다. 빠지다) 寨(채 = 울타리. 작은 성. 성채) 閻 마을 염. 성씨. 偏師(편사) ; 작은 규모의 군사. 候 물을 후. 감시하다. 偵探(정탐)하다.

(11) ○ 庚申, 景定元年, 元世祖, 名忽必烈憲宗同母弟也. 憲宗旣殂, 阿藍答兒 · 渾都海等, 謀立世祖弟阿里不哥. 憲宗后聞之, 遣使馳至鄂, 請速還. 春

三月, 至開平, 諸王大臣同勸進, 三讓乃卽位. ○ 元兀良哈歹, 會張傑于鄂州, 帥師北還. 宋賈似道命夏貴, 敗其後軍于新生磯. 遂匿其議和, 稱臣納幣之事, 上表言, 鄂圍始解, 江面肅淸, 宗社危而復安, 實萬世無疆之休. 帝以, 似道有再造功, 下詔褒美, 賞賚甚厚.

○ 경신, 경정 원년, 元 세조의 이름은 홀필렬(쿠빌라이)로 헌종(몽가)의 同母의 아우이다. 헌종이 죽은 뒤, 아람답아와 혼도해 등은 세조의 아우인 아리부가(카)의 즉위를 꾀했다. 헌종의 황후가 이를 알고 사자를 급히 악주로 보내 빨리 귀환하라고 요청했다. 그해 봄 삼월에, 개평부에 도착하니, 여러 황족과 대신들이 모두 보위에 오를 것을 권하자, 세조는 3번 사양하다가 곧 즉위하였다.

○ 元의 장수 올량합태가 장걸과 악주에서 만나 군사를 거느리고 북으로 돌아갔다. 宋의 가사도는 장수 하귀에게 명하여 올량합태의 후군을 신생기란 곳에서 습격하여 패퇴시켰다. (가사도는) 끝내 쿠발라이에게 화해를 하면서 신하라 칭하고 납폐를 주기로 한 일을 숨기고 표문을 올려 말했다. "악주의 포위는 겨우 풀렸고 국토는 조용하고 깨끗해졌으며, 종사가 위태로웠으나 다시 안정되었으니 실로 만세에 이르도록 끝이 없는 기쁨입니다." 理宗은 가

사도가 재조(나라를 다시 일으킴)의 공적을 이룩했다고 생각하여 조서를 내려 포상하고 매우 많은 상금을 내렸다.

어구 설명

○ 庚申, 景定元年, 元世祖, 名忽必烈憲宗同母弟也. 憲宗旣殂, 阿藍答兒·渾都海等, 謀立世祖弟阿里不哥. 憲宗后聞之, 遣使馳至鄂, 請速還. 春三月, 至開平, 諸王大臣同勸進, 三讓乃卽位. : 庚申, 景定 元年, 元 世祖의 이름은 忽必烈로 憲宗의 同母弟이다. 憲宗이 죽은 뒤, 阿藍答兒(아람답아)와 渾都海(혼도해) 등은 世祖의 아우인 阿里不哥의 즉위를 꾀했다. 憲宗의 황후가 이를 알고 使者를 급히 鄂州로 보내 빨리 귀환하라고 요청했다. 그해 봄 三月에, 開平府에 도착하니, 여러 황족과 大臣들이 모두 寶位에 오를 것을 권하자, 世祖는 3번 사양하다가 곧 즉위하였다.

- 景定(경정) ; 1260~1264년. 元 世祖(원 세조) ; 大蒙古國 皇帝(1260~1271年 12月)+大元 皇帝(1271~1294년).

- 馳 달릴 치. 開平(개평, 開平府, šanadu) ; 元의 上都. 今 內蒙古自治區 錫林郭勒盟(석림곽늑맹)의 正藍旗 境內(정남기 경내)의 古 지명.

- 勸進(권진) ; 寶位(보위=임금의 자리)에 등극하기를 권하다. 讓 사양할 양.

○ 元兀良哈歹, 會張傑于鄂州, 帥師北還. 宋賈似道命夏貴, 敗其後軍于新生磯. 遂匿其議和, 稱臣納幣之事, 上表言, 鄂圍始解, 江

面肅淸, 宗社危而復安, 實萬世無疆之休. 帝以, 似道有再造功, 下詔褒美, 賞賚甚厚. : 元의 兀良哈歹(올량합태)는 張傑과 鄂州에서 만나 군사를 거느리고 북으로 돌아갔다. 宋의 賈似道(가사도)는 夏貴에게 명하여 그 後軍을 新生磯(신생기)란 곳에서 패퇴시켰다. (가사도는) 끝내 議和〈의화 ; 논의하여 事宜(사의)를 정하여 허락하다.〉하여 稱臣(칭신=신하로서 상대를 섬기겠다는 것)하고 納幣(歲幣)를 주기로 한 일을 숨기고 表文을 올려 말했다. "鄂州(악주)의 포위는 겨우 풀렸고 국토는 조용하고 깨끗해졌으며, 宗社가 위태로웠으나 다시 안정되었으니 실로 萬世에 이르도록 끝이 없는 기쁨입니다." 理宗은 가사도가 再造의 공적을 이룩했다고 생각하여 조서를 내려 포상하고 매우 많은 상금을 내렸다.

－ 磯 물가 기. 강가의 자갈밭. 新生磯(신생기) ; 今 湖北省 黃岡縣(황강현) 지역. 匿 숨은 익(닉). 숨기다. 始解(시해) ; 비로소 풀렸다. 겨우 풀렸다.

－ 江面(강면) ; 長江의 水面. 영자강 유역. 남송의 국토. 肅淸(숙청) ; 난을 평정하여 조용하고 깨끗해지다.

－ 宗社(종사) ; 종묘와 사직. 疆 지경 강. 境界. 변방. 끝. 無疆(무강) ; 끝이 없는. 한없는. 萬世無疆(만세무강) ; 書經(서경)에 있는 말, 오래 오래 언제까지나 경사스럽고 편안함. 休 ; 쉬다. 그치다. 아름답다. 기쁨. 慶事(경사).

－ 再造功(재조공) ; 멸망하게 될 나라를 다시 일으킨 공적. 再興. 褒 기릴 포. 포상하다. 褎의 속자. 褒美(포미) ; 칭찬하고 기리다.

－ 賚 줄 뇌(뢰). 하사하다. 위로하다.

(12) ○ 元阿里不哥, 僭號于和林城曲. ○ 五月十九日, 元, 建元中統. ○ 進中統交鈔. ○ 元世祖, 自將討阿里不哥. ○ 元廉希憲, 大敗西軍于姑臧, 斬阿藍答兒及渾都海. ○ 元, 以梵僧八合思八爲國師. ○ 元, 遣郝經來尋盟, 且徵前日請和之議. 賈似道, 旣還朝, 使其客廖瑩中撰福華編, 稱頌鄂功, 朝廷不知其求和也.

○ 元의 아리부가(카)가 화림성의 서쪽에서 제호(황제)를 참칭(일컬음)했다.

○ 5월 19일에, 元은 중통이라 건원(새로 연호를 제정)하였다.

○ 중통 교초라는 종이돈(紙幣)을 발행하였다.

○ 元 세조(쿠빌라이)는 직접 군사를 거느리고 아리부가(카)를 토벌하였다.

○ 元의 염희헌이 서군〈아리부가(카)군〉을 姑藏(고장)에서 패퇴시키고 아람답아와 혼도해를 죽였다.

○ 원은 범승 팔합사팔(팍스파)을 국사로 삼았다.

○ 元은 학경을 송나라에 보내어 화의를 다시 언급하며 전날 강화할 때 약속한 것을 요구하게 하였다. 가사도는 조정에 돌아와 근무하면서 그의 객인 요영중으로 하여금 《복화편》이라는 책을 지어 악주에서의 자기의 공적을 칭

송케 하였는데, 조정에서는 어떻게 강화했는가를 모르고 있었다.

어구 설명

○ 元阿里不哥, 僭號于和林城曲. 五月十九日, 元, 建元中統. 進中統交鈔. 元世祖, 自將討阿里不哥. 元廉希憲, 大敗西軍于姑臧, 斬阿藍答兒及渾都海. : 元의 阿里不哥가 和林城의 서쪽에서 帝號를 참칭했다. 五月 十九日에, 元은 中統이라 建元하였다. 中統 交鈔(교초)를 발행하였다. 元 世祖는 직접 군사를 거느리고 阿里不哥〈아리부가(카)〉를 토벌하였다. 元의 廉希憲(염희헌)이 西軍(阿里不哥軍)을 姑臧(고장)에서 패퇴시키고 阿藍答兒(아람답아)과 渾都海(혼도해)를 죽였다.

– 僭號(참호) ; 王號나 帝號를 멋대로 사용하다. 僭稱(참칭). 城曲(성곡) ; 城西의 오류. 阿里不哥의 軍을 西軍이라 기록했다.

– 建元(건원) ; 연호를 정하다. 中統(중통) ; 元 世祖의 연호. 1260~1264년. 進 ; 進用하다. 財用으로 쓰다. 造의 誤字일 수도 있음.

– 臧 착할 장. 姑臧(고장) ; 今 甘肅省 武威市(무위시). 歷史上 凉州(양주)의 治所〈치소=政務(정무)를 보는 관청이 있는 곳〉. 五胡十六國 前涼, 後涼의 首都.

○ 元, 以梵僧八合思八爲國師. 元, 遣郝經來尋盟, 且徵前日請和之議. 賈似道, 旣還朝, 使其客廖瑩中撰福華編, 稱頌鄂功, 朝廷不

知其求和也. : 元은 梵僧(범승) 八合思八(八思巴=팍스파)을 國師(국사)로 삼았다. 郝經(학경)을 보내어 和議를 다시 언급하며 전날 講和할 때 약속한 것을 요구하게 하였다. 賈似道는 조정에 돌아와 근무하면서 그의 客人 廖瑩中(요영중)으로 하여금 福華編(복화편)을 지어 자기의 鄂州(악주)에서의 공적을 칭송케 하였는데, 朝廷에서는 어떻게 강화했는가를 모르고 있었다.

- 梵 범어 범. 불교 관련 용어로 사용. 梵僧(범승) ; 佛僧.
- 八合思八(팔합사팔) ; 八思巴〈팔사파, 팍스파(Phags pa) 1235~1280년〉; 이름의 의미는 '聖者慧幢(성자혜동)'. 西藏佛敎(서장불교) 薩迦派(살가파)의 第五代 祖師(조사). 中統 元年(1260년) 忽必烈의 帝師(제사=임금의 스승)가 되었다. 中原法王으로 全國의 佛敎를 統領(통령)하였다.
- 郝經(학경) ; 人名. 위의 (10) 참고. 尋 찾을 심. 여기서는 燖(삶을 심. 따뜻하게 하다)과 같은 의미. 곧 '두절된 왕래를 되살리다.' 라는 뜻.
- 尋盟(심맹) ; 과거의 맹약을 따지다. 徵 부를 징. 요구하다. 旣還朝(기환조) ; 이미 조정으로 돌아와 근무하다.
- 廖 공허할 요(료). 姓氏. 廖瑩中(요영중) ; 人名. 撰 지을 찬. 福華編(복화편) ; 書名. 鄂功(악공) ; 鄂州에서의 공적.

(13) ○ 元世祖旣立, 廉希憲請遣使以息兵講好, 命軍北歸, 俾恩威竝著. 世祖善之, 而未得其人. 王文

統素忌郝經才德, 乃遣經行. 或謂經曰, 盍以疾辭. 經曰, 自南北構難, 江淮遺黎, 弱者被俘略, 壯者死原野, 兵連禍結, 斯亦久矣. 聖上一視同仁, 務通兩國之好. 雖以微軀蹈不測之淵, 苟能弭兵靖亂, 活百萬生靈於鋒鏑之下, 吾學爲有用矣. 遂行.

世祖(세조, 元)

○ 元 세조(쿠빌라이)가 즉위하자, 염희헌은 쿠빌라이에게 아뢰었다. (남송에) 사신을 보내 전쟁을 그치고 강화〈友好(우호)를 맺음〉하여 모든 군사를 북으로 귀환하게 하며, 남송에 대하여 은혜와 무력의 위엄을 함께 보여주어야 한다고 요청했다. 世祖는 옳다고 여겼지만 보낼 사람을 찾지 못했다. 왕문통은 평소에 학경의 재학과 덕행을 시기하였기에 학경을 보내게 하였다.

어떤 이가 학경에게 말했다. “왜 병을 핑계로 사양하지 않았습니까?” 그러자 학경이 대답했다. “남과 북이 전쟁 이후에 장강과 회수 지역의 백성들 중, 약자는 포로로 잡히거나 약탈 당했고, 젊은 사람들은 들판에서 죽어가는 병

화가 이어진 지 오래 되었습니다. 성상께서도 적과 우리를 한가지로 자애롭게 대하면서 양국의 우호를 이루려 애쓰고 계십니다. 미천한 이 몸이 위험한 곳에 가서 만약 병란이 그치고 백 만 생령들이 전쟁의 피해에서 살아날 수만 있다면 내 학문이 쓸모가 있는 것입니다." 그리고서 학경은 송나라로 출발했다.

어구 설명

○ 元世祖既立, 廉希憲請遣使以息兵講好, 命軍北歸, 俾恩威竝著. 世祖善之, 而未得其人. 王文統素忌郝經才德, 乃遣經行. : 元 世祖가 즉위하자, 廉希憲(염희헌)은 (南宋에) 사신을 보내 전쟁을 그치고 강화하여 군사를 북으로 귀환하게 하며, 남송에 대하여 施恩(시은)과 示威(시위)를 함께 보여주어야 한다고 요청했다. 世祖는 옳다고 여겼지만 보낼 사람을 찾지 못했다. 王文統은 평소에 郝經(학경)의 才德을 시기하였기에 郝經을 보내게 하였다.

- 廉希憲(염희헌, 1231~1280년) ; 몽고인. 廉訪使 布魯海牙(염방사 포노해아)의 아들. 官職名을 姓으로 했다. 經史에 능통, '廉孟子(염맹자)' 라 별칭.

- 息兵(식병) ; 전쟁을 그치다.　講好(강호) ; 화목하게 하다. 俾 더할 비. ~을 시키다.　恩威(은위=은혜와 위력) ; 施恩(시은=은혜를 베품)과 示威(시위=위력을 보임. 위력이나 기세를 드러내어 보임).　才德(재덕) ; 才學과 德行.

○ 或謂經曰, 盍以疾辭. 經曰, 自南北構難, 江淮遺黎, 弱者被俘略, 壯者死原野, 兵連禍結, 斯亦久矣. 聖上一視同仁, 務通兩國之好. 雖以微軀蹈不測之淵, 苟能弭兵靖亂, 活百萬生靈於鋒鏑之下, 吾學爲有用矣. 遂行. : 어떤 이가 학경에게 말했다. "왜 병을 핑계로 사양하지 않았습니까?" 그러자 학경이 대답했다. "南과 北이 전쟁 이후에 江淮(강회) 지역의 백성들은 弱者는 포로로 잡히거나 약탈 당했고, 젊은 사람들은 들판에서 죽어가는 兵禍(병화)가 이어진 지 오래 되었습니다. 聖上께서도 一視同仁(일시동인=멀고 가까운 사람을 친함에 관계없이 똑같이 대하여 줌. 누구나 차별 없이 평등하게 사랑함.)으로 兩國의 우호를 이루려 애쓰고 계십니다. 미천한 이 몸이 위험한 곳에 가서 만약 兵亂이 그치고 百萬 生靈(생령)들이 전쟁의 피해에서 살아날 수만 있다면 내 학문이 쓸모가 있는 것입니다." 그리고서 학경은 出行했다.

– 盍 덮을 합, 어찌 합. 어찌 ~ 하지 않는가?(의문의 뜻을 표현하는 反語). '何不' 의 合音. 盍以疾辭(합이질사) ; 왜 병을 핑계로 사양하지 않는가?

– 自 ; ~로부터, ~이래로. 構難(구난) ; 전쟁을 시작하다. 서로 禍難(화난)을 일으킴. 構(얽을 구. 일으키다. 도모하다. 맺다. 꾀하다.)는 結(맺을 결. 끝내다. 막다. 물리치다. 바로잡다. 연결하다.) 江淮(강회) ; 長江과 淮水, 남송.

– 遺黎(유려) ; 남겨진 백성들. 黎 검을 여(려). 黎民. 生民. 被俘略(피부략) ; 포로로 사로잡히거나 약탈당했다. 略(략) ; 빼앗다.

– 壯者(장자) ; 건강한 사람. 젊은이. 原野(원야) ; 들판. 山野.

兵連禍結(병련화결) ; 兵禍〈병화, 戰禍(전화=전쟁으로 말미암은 災禍(재화)〉가 連結(연결)되다. 전쟁의 피해가 계속되다.

- 一視同仁(일시동인) ; 적과 아군 구별없이 한가지로 仁慈하게 대하다. 微軀(미구) ; 미천한 몸. 늙은 몸. 자신에 대한 謙辭(겸사).

- 蹈 밟을 도. 不測之淵(불측지연) ; 깊이를 알 수 없는 연못. 위험한 지역. 苟 진실로 구. 가령, 만약, 만일.

- 弭 활고자 미. 활시위를 매는 부분. 그치다. 중지하다(止). 靖 편안할 정. 그치다. 弭兵靖亂(미병정란) ; 병란을 그치다.

- 生靈(생령) ; 百姓. 生民. 鋒 칼끝 봉. 鏑 화살촉 적. 鋒鏑(봉적) ; 무기, 전쟁. 爲有用矣(위유용의) ; 쓸모가 있는 것이다.

(14) 王文統陰諷李壇, 侵宋以沮撓之, 欲假手以害經. 經踰淮, 賈似道懼姦謀呈露, 遂以李壇爲辭, 拘留經于眞州之忠勇軍營. 驛吏防守, 嚴於獄犴. 介佐或不能堪, 經語之曰, 將命至此, 死生進退, 聽其在彼, 守節不屈, 盡其在我. 豈能不忠不義, 以辱中州士大夫乎. 但公等不幸, 須忍死以待. 揆之天時人事, 宋祚殆不遠矣. 衆感其言, 皆自振勵.

그가 떠나자 왕문통은 이단에게 넌지시 말해 宋을 침입케 하여 학경을 방해하고 남의 손을 빌려 학경을 해치려

하였다. 학경이 회수를 건너자, 가사도는 간악한 모의가 드러날 것이 두려워 이단이 침입한 것을 핑계로 학경을 진주의 충용군영에 가두게 하였다. 역리와 수졸들은 감옥에서 일행을 엄하게 대했다.

이를 견디지 못하는 수행원에게 학경이 말했다. "명을 받고서 이 지경에 이르렀으니, 우리의 죽고 살기와 가고 못 가느냐는 아마도 저들에게 달렸으나, 절의를 지켜 굽히지 않는 것은 모두가 우리에게 있을 것이다. 어찌 불충불의하여 中州(중주=漢)의 우리 땅의 사대부들을 욕되게 할 수 있겠는가? 다만 여러분들이 겪는 불행은 모름지기 죽도록 참으면서 버티어야 한다.(기다려야 한다) 천시와 인사를 헤아려 보면 宋의 국운도 거의 얼마 남지 않았다." 여러 수행원들은 그 말에 감동하여 모두 스스로 용기를 내며 버티었다.

어구 설명

○ 王文統陰諷李壇, 侵宋以沮撓之, 欲假手以害經. 經踰淮, 賈似道懼姦謀呈露, 遂以李壇爲辭, 拘留經于眞州之忠勇軍營. 驛吏防守, 嚴於獄犴. : 王文統은 李壇(이단)에게 넌지시 말해 宋을 침입케 하여 郝經(학경)을 방해하고 남의 손을 빌려 학경을 해치려 하였다. 학경이 淮水를 건너자, 賈似道(가사도)는 姦謀(간모)가 드러날 것이 두려워 李壇(이단)이 침입한 것을 핑계로 학경을 眞州의 忠勇軍營에 가두게 하였다. 驛吏(역리)와 守卒들은 감옥에서 일행

을 엄하게 대했다.

– 諷 외울 풍. 풍자하다. 비꼬다. 陰諷(음풍) ; 몰래 넌지시 말해 일러주다. 壇 흙을 쌓아올린 단. 沮 막을 저. 撓 구부릴 요(뇨).

– 郝經(학경)의 자는 仲常(중상)으로 魯州(노주) 사람이다. 쿠빌라이가 즉위하자 그는 翰林侍讀學士(한림시독학사)가 되었다. 7년 동안을 眞州(진주)에 갇혀 있었고, 남녀 수행원 6사람과 함께 다시 다른 데로 옮겨져 또 9년 동안 억류되어 있다가, 원나라 장수 伯顔(백안)이 南下(남하)했을 때 송나라는 그들을 돌려보내 주었다. 그 해 7월 그는 53세로 죽었다. 續漢書撰(속한서찬), 易春秋外傳(역춘추외전) 등 저서가 있다.

– 沮撓(저뇨) ; 방해하다. 假手(가수) ; 남의 손을 빌려. 姦謀(간모) ; 간악한 모의. 제멋대로 칭신납폐를 약속한 일.

– 呈 드릴 정. 露 이슬 로. 드러나다. 李壇爲辭(이단위사) ; 元의 李壇이 침입을 구실로 삼아. 眞州(진주) ; 今 江蘇省 儀征市(의정시).

– 忠勇軍營(충용군영) ; 忠勇軍의 營內. 犴 들개 안. 감옥. 獄犴(옥안) ; 감옥. 국가의 감옥은 獄. 犴은 鄕里의 감옥.

○ 介佐或不能堪, 經語之曰, 將命至此, 死生進退, 聽其在彼, 守節不屈, 盡其在我. 豈能不忠不義, 以辱中州士大夫乎. 但公等不幸, 須忍死以待. 揆之天時人事, 宋祚殆不遠矣. 衆感其言, 皆自振勵. : 이를 견디지 못하는 수행원에게 학경이 말했다. "命을 받고서 이 지경에 이르렀는데, 우리의 死生과 進退는 아마 저들에게 있겠지만, 節義(절의)를 지켜 굽히지 않는 것은 모두가 우리에게 있을 것이다. 어찌 不忠不義하여 中州(중주=漢)의 우리 땅의 士大夫

들을 욕되게 할 수 있겠는가? 다만 여러분들이 겪는 불행은 모름지기 죽도록 참으면서 버티어야 한다. 天時와 人事를 헤아려 보면 宋의 국운도 거의 얼마 남지 않았다." 여러 수행원들은 그 말에 감동하여 모두 스스로 용기를 내며 버티었다.

– 介佐(개좌) ; 使臣의 수행원. 堪 견딜 감. 將命(장명) ; 使命을 받아. 命을 받아서. 聽(청) ; 맡기다. 다른 것의 작용에 따르다.

– 聽其在彼(청기재피) ; 아마도 저들에게(宋나라 측) 달려 있다. 盡其在我(진기재아) ; 모두가 우리에게 있을 것이다. 豈(개) ~乎(호) ; 어찌 ~하겠는가?

– 辱 욕되게 할 욕. 명예를 더럽히다. 中州(중주) ; 中國. 여기서는 元 자신. 자신이 중심이고, 南宋은 '중앙의 남쪽' 으로 인식.

– 但公等不幸(단공등불행)~ ; 다만 여러분이 당하는 불행은 ~. 須忍死以待(수인사이대) ; 오직 죽도록 참으면서 견디어야 한다.

– 揆 헤아릴 규. 考察(고찰)하다. 宋祚(송조) ; 宋의 운명. 宋의 國運. 殆 위태할 태. 거의, 아마도. 振勵(진려) ; 용기를 내다.

(15) 帝聞有北使, 謂宰執曰, 北朝使來, 事體當議. 似道奏, 和出彼謀, 豈容一切輕徇. 倘以交鄰國之道來, 當令入見. 賈似道忌害閫臣, 兵退, 行打算費用法欲以此汙之. 向士璧 · 趙葵 · 史岩之 · 杜庶等, 皆坐侵盜掩匿, 罷官徵償. 而士璧所償尤多, 竟安置

而死, 復拘其妻妾而徵之, 猶不能足. 信州謝枋得, 以趙葵檄給錢粟, 募民兵守禦. 枋得曰, 不可以累趙宣撫也, 自償萬緡, 餘不能辨. 乃上書似道有云. 千金而募徙木, 將取信於市人, 二卵而棄干城, 豈可聞於鄰國. 遂得免徵餘者.

○ 呂文德, 制置荊湖, 知鄂州.

理宗은 元의 사신이 온다고 하자, 재상들에게 사안을 잘 협의하라고 말했다. 가사도는 "강화는 저들이 주장한 것이니, 어찌 모든 것을 가볍게 동의할 수 있겠습니까? 만약 이웃나라와 교류하는 뜻으로 온다면 당연히 불러 만날 것입니다."라고 상주하였다.

가사도는 변방의 일을 맡은 장수를 싫어하여 부대가 귀환하면 비용을 정산하는 법을 적용하여 돈이 모자라면 장군들을 죄에 얽어 넣었다. 그리하여 상사벽, 조규, 사암지, 두서 등이 모두 비용을 빼먹고 숨겼다는 죄에 걸려들어 파관되거나 변상케 하였다. 상사벽이 변상할 것이 특히 많아 끝내 귀양을 가서 죽었는데, 다시 그 아내까지 잡아넣고 징수하였지만 채울 수가 없었다.

이보다 앞서 신주의 사방득은 조규의 격문에 의거 관용의 돈과 곡식을 풀어 민병을 모집하여 원나라 적을 방어했었다. 사방득은 "이런 일로 조규 선무사에게 누가 되어서는 안 된다."면서 자신이 1만 緡(민)을 변상하였으나 나머지는 변상할 수가 없었다. 그래서 가사도에게 글을 보내 말했다. 옛날 秦(진)나라 商君(상군, 商鞅=상앙)은 "천금의 현상금을 주고 나무토막을 옮길 사람을 구했던 상앙의 일은 백성들에게 신의를 얻으려 했던 일이고, 子思(자사=孔子의 손자)는 '계란 2개 때문에 나라의 干城(간성)이 될 인물을 버렸다고, 어찌 이웃나라에 알리겠는가?' 라는 말도 있었습니다." 결국 나머지 변상을 면제받았다.

○ 여문덕이 형호(荊州, 湖州)의 제치사로 악주의 지사를 겸임하여 다스렸다.

어구 설명

○ 帝聞有北使, 謂宰執曰, 北朝使來, 事體當議. 似道奏, 和出彼謀, 豈容一切輕徇. 倘以交鄰國之道來, 當令入見. : 理宗은 元의 사신이 온다고 하자, 재상들에게 사안을 잘 협의하라고 말했다. 가사도는 "講和(강화=①화해함. ②싸우던 나라끼리 전쟁을 마치고 평화를 회복하기 위한 합의.)는 저들이 주장한 것이니, 어찌 모든 것을 가볍게 동의할 수 있겠습니까? 만약 이웃나라와 교류하는 뜻으로 온다면 당연히 불러 만날 것입니다."라고 상주하였다.

- 北使(북사) ; 元의 使臣. 宰執(재집) ; 宰相과 執政官. 재상과 실무책임의 高官. 事體(사체) ; 事案. 업무. 當議(당의) ; 잘 협의하다.

- 和出彼謀(화출피모) ; 강화는 저들이 주창한 일이다. 徇(순)

; 주창할 순. 同意하다.　倘 혹시 당. 가령, 만약.　交鄰國(교린국) ; 이웃나라와 교류하다.

○ 賈似道忌害閫臣, 兵退, 行打算費用法欲以此汙之. 向士璧 · 趙葵 · 史岩之 · 杜庶等, 皆坐侵盜掩匿, 罷官徵償. 而士璧所償尤多, 竟安置而死, 復拘其妻妾而徵之, 猶不能足. : 賈似道(가사도)는 外任을 맡은 장수를 싫어하여 부대가 귀환하면 費用을 정산하는 법을 적용하여 장군들을 죄에 얽어 넣었다. 그리하여 向士璧(상사벽), 趙葵(조규), 史岩之(사암지), 杜庶(두서) 등이 모두 비용을 빼먹고 숨겼다는 죄에 걸려들어 罷官(파관=관직에서 쫓겨나다. 파면 당하다.)되거나 변상케 하였다. 상사벽이 변상할 것이 특히 많아 끝내 漳州(장주)로 귀양을 가서 죽었는데, 다시 그 아내까지 잡아넣고 징수하였지만 채울 수가 없었다.

– 忌害(기해) ; 싫어하여 해치다.　閫 문지방 곤.　閫臣(곤신) ; 閫外의 신하. 外任을 담당하는 장수나 지방관.

– 兵退(병퇴) ; 출병했던 군사가 돌아오다.　打算(타산) ; 계산하다. 勘定(감정)하다. 精算하다.　汙 더러울 오. 죄에 빠트리다. 向 향할 향.　姓(성) 상.

– 坐(좌) ; 연좌되다. 연루되다.　掩 가릴 엄.　匿 숨을 익(닉). 은익하다.　侵盜掩匿(침도엄익) ; 조금씩 훔치고 빼돌리다.

– 徵償(징상) ; 보상을 徵求(징구)하다. 변상케 하다.　尤多(우다) ; 특히 더 많다.　竟 다할 경. 끝내.　安置(안치) ; 宋代에 大臣을 귀양 보내다.

– 徵 부를 징. 강제 징수하다.

○ 信州謝枋得, 以趙葵檄給錢粟, 募民兵守禦. 枋得曰, 不可以累趙宣撫也, 自償萬緡, 餘不能辨. 乃上書似道有云. 千金而募徙木, 將取信於市人, 二卵而棄干城, 豈可聞於鄰國. 遂得免徵餘者. 呂文德, 制置荊湖, 知鄂州. : 信州의 謝枋得(사방득)은 趙葵(조규)의 檄文(격문)에 의거 官用의 돈과 곡식을 풀어 民兵을 모집하여 적을 방어했었다. 사방득은 "이런 일로 조 선무사에게 누가 되어서는 안 된다."면서 자신이 一萬 緡(민)을 변상하였으나 나머지는 辨償(변상)할 수가 없었다. 그래서 가사도에게 글을 보내 말했다. "千金을 주고 나무토막을 옮길 사람을 구했던 商鞅(상앙)의 일은 백성들에게 信義를 얻으려 했던 일이고, 子思(자사=孔子의 손자)는 '계란 2개 때문에 나라의 干城 같은 인물을 버렸다고, 어찌 이웃나라에 알리겠는가?' 라는 말도 있었습니다." 결국 나머지 변상을 면제받았다. 呂文德(여문덕)이 荊湖制置使(형호제치사)로 鄂州(악주)를 다스렸다.

- 信州(신주) ; 今 江西省 上饒市(상요시). 枋 뗏목 방, 고기 잡는 어살 방. 謝枋得(사방득, 1226~1289년) ; 南宋 文學家.

- 檄(격) ; 격문. 給錢粟(급전속) ; 官用의 돈과 곡식을 풀어. 辨 분별할 변. 辨償(변상)하다. 千金而募徙木(천금이모사목) ; 秦 商鞅(상앙)이 變法(변법)을 시행하기 전에 나무토막을 옮기는 사람에게 천금을 주었다는 故事. 鞅(앙) ; 가슴걸이 앙. 교활할 앙.

- 二卵而棄干城(이란이기간성) ; 계란 2개를 치웠다 하여 국가의 干城(간성)을 잃다. 사소한 살봇을 이유로 큰 인재를 잃어버려서는 안 된다는 의미. 孔子의 손자인 子思가 衛侯(위후)에게 한 말.

- 荊湖(형호) ; 荊州와 湖州.

(16) ○ 辛酉, 景定二年, 瀘州守劉整, 叛降于元. 先是止遷蹕之議者吳潛, 盡守城之力者向士璧, 奏斷橋之功者曹世雄·劉整. 旣而似道妬功, 譖士璧·世雄, 皆貶死, 整已懼禍. 而蜀帥鄭興, 復以宿憾遣吏至瀘, 打算軍前錢粮. 適北軍壓境, 遂叛去.

○ 신유, 경정 2년, 노주를 수비하던 유정이 배반하여 元에 투항하였다. 이보다 앞서 천도해야 한다는 논의를 중지케 한 사람은 오잠이었고, 또 이 해 담주성 수비에 진력한 사람은 상사벽이었으며, 교량을 끊어 元의 군사를 공격해야 한다고 상주했던 사람은 조세웅과 유정이었다. 얼마 있다가 가사도는 이들의 공을 질투하여 상사벽과 조세웅을 참소하여 다 폄직시켜 죽게 하였기에 유정은 화가 자신에게 미칠 것을 두려워하고 있었다. 그리고 촉의 장수인 정흥은 다시 지난 악감정으로 관리를 노주에 보내 출동 전의 돈과 군량을 계산하게 하였다. 마침 원의 군사가 국경을 압박하자, 유정은 결국 배반하고 원나라로 떠나버렸다.

어구 설명

○ 辛酉, 景定二年, 瀘州守劉整, 叛降于元. 先是止遷蹕之議者吳潛, 盡守城之力者向士璧, 奏斷橋之功者曹世雄·劉整. : 辛酉, 景定 2年, 瀘州(노주)를 수비하던 劉整(유정)이 배반하여 元에 투항

하였다. 이보다 앞서 천도해야 한다는 논의를 중지케 한 사람은 吳潛(오잠)이었고, 潭州城(담주성) 수비에 진력한 사람은 向士璧(상사벽)이었고, 斷橋(단교)하여 원의 군사를 공격해야 한다고 상주했던 사람은 曹世雄(조세웅)과 劉整(유정)이었다.

– 景定(경정) 二年 ; 원나라 世祖(세조) 中統(중통) 2년. 1261년. 瀘 강 이름 노(로). 遷 옮길 천. 遷都(천도). 蹕 길 치울 필. 遷蹕之議(천필지의) ; 元 침입 대비한 천도 논의.

– 守城(수성) ; 潭州城(담주성) 방어. 斷橋(단교) ; 북으로 퇴각하는 元軍을 공격하기 위한 교량 절단. 이때 원나라 군사 170명을 죽이게 함.

○ 旣而似道妬功, 譖士璧 · 世雄, 皆貶死, 整已懼禍. 而蜀帥鄭興, 復以宿憾遣吏至瀘, 打算軍前錢粮. 適北軍壓境, 遂叛去. : 얼마 있다가 賈似道는 이들의 공을 질투하여 向士璧(상사벽)과 曹世雄(조세웅)을 참소하여 다 폄직시켜 죽게 하였기에 劉整(유정)은 화가 미칠 것을 두려워하고 있었다. 그리고 蜀의 장수인 鄭興은 다시 宿憾(숙감)으로 관리를 瀘州(노주)에 보내 출동 전의 錢粮〈전량=돈과 군량(군대의 양식), 粮(양)은 糧(양)과 동자이다.〉를 계산하게 하였다. 마침 元의 군사가 국경을 압박하자, 결국 배반하고 떠나버렸다.〈원나라는 이때부터 송나라 조정의 虛實(허실)을 자세히 알 수 있게 되었다.〉

– 妬 강샘(질투)할 투. 譖 참소할 참. 憾 서운해 할 감. 宿憾(숙감) ; 오래전부터 품은 惡感(악감=악한 감정). 軍前(군전) ; 軍이 출동하기 이전. 전쟁 이전.

(17) ○ 元命軍中, 所俘儒士, 聽贖爲民. 七月, 元初立翰林國史院. ○ 立諸路提擧學校官. ○ 元諸將敗西軍. 阿里不哥北遁. ○ 元封皇子眞金爲燕王, 領中書省事. ○ 壬戌, 景定三年, 呂文德復瀘州. ○ 元江淮大都督李壇, 以京東漣海來歸. 詔封壇爲齊郡王, 復其父全官爵. ○ 元宰臣王文統, 坐與壇通謀伏誅. ○ 元史天澤, 圍李壇于濟南. 壇復降于元, 元人誅之. ○ 元以董文炳爲山東路經略使. ○ 元立十路宣慰司, 立諸路轉運司.

○ 元은 군부대에 명하여 포로 중 유생이 속전을 내면 평민으로 풀어주라고 하였다. 7월에, 元은 처음으로 한림국사원을 설치하였다.

○ 각 지방에 유학자들과 제거(특수 업무를 담당하던 관리)를 뽑아서 학교관을 임명케 하였다.(학문을 장려하였다.)

○ 元의 제장들이 서군을 패퇴시켰다. 아리부가(카)는 북으로 도주하였다.

○ 元은 황자인 진금을 연왕에 봉하였고, 중서성 업무를 통솔케 하였다.

○ 임술, 경정 3년에, 유정이 원에 항복하므로 여문덕은 노주를 수복했다.

○ 元의 강회대도독인 이단은 理宗(이종)에게로 돌아와 경동로의 연주, 해주를 가지고 귀부하였다. 아버지의 잘못을 사과했으므로 조서로 이단을 제군왕에 봉하고, 그의 부친 李全(이전)의 관작을 회복시켰다.

○ 元의 재상인 왕문통은 이단과 통모했다 하여 처형되었다.

○ 元의 사천택이 이단을 제남에서 포위하였다. 이단이 다시 元에 투항하였지만 元에서 죽여 버렸다.

○ 元은 동문병을 산동로의 경략사로 삼았다.

○ 元은 10개 路(로)에 선위사를 두었고, 각 路에 전운사를 설치하였다.

어구 설명

○ 元命軍中, 所俘儒士, 聽贖爲民. 七月, 元初立翰林國史院. 立諸路提擧學校官. 元諸將敗西軍. 阿里不哥北遁. 元封皇子眞金爲燕王, 領中書省事. : 元에서는 軍中에 명하여 포로 중 儒生이 속전을 내면 평민으로 풀어주라고 하였다. 七月에, 元은 처음으로 翰林國史院(한림국사원)을 설치하였다. 각 路에 提擧學校官(제거학교관)을 임명하였다. 元의 諸將(제장)들이 西軍을 패퇴시켰다. 阿里不哥〈아리부가(카)〉는 北으로 도주하였다. 元은 皇子인 眞金을 燕王에 봉하였고, 中書省 업무를 통솔케 하였다.

– 所俘儒士(소부유사) ; 포로가 된 유생. 일반 백성은 모두 끌려

가 몽고인의 노비가 되어야 했는데 유생들은 贖錢(속전)을 받고 풀어주었다. 俘 사로잡을 부. 포로.

– 聽贖爲民(청속위민) ; 贖錢〈속전 = 돈을 내고 형벌을 벗어남, 또는 그 돈. 贖金(속금)〉을 내고 평민이 되는 것을 수락하다. 翰林國史院(한림국사원) ; 여기서 《遼史》, 《金史》를 편찬하였다.

– 立(립) ; 두다. 설치하다. 提擧學校官(제거학교관) ; 교육 업무 담당관.

– 提擧(제거) ; 宋代 특수 업무 담당관리.〈例, 提擧常平倉, 提擧茶鹽(제거다염 = 차와 소금을 담당하던 관리), 提擧水利.〉 元代에도 이를 답습. 遁 달아날 둔. 숨다.

○ 壬戌, 景定三年, 呂文德復瀘州. 元江淮大都督李壇, 以京東漣海來歸. 詔封壇爲齊郡王, 復其父全官爵. 元宰臣王文統, 坐與壇通謀伏誅. : 壬戌(임술), 景定 三年에, 呂文德은 瀘州(노주)를 수복했다. 元의 江淮大都督인 李壇(이단)은 京東路의 漣州, 海州를 가지고 來歸하였다. 詔書로 李壇을 齊郡王에 봉하고, 그의 父親 李全의 官爵을 회복시켰다. 元의 宰臣인 王文統은 李壇과 通謀(통모)했다 하여 처형되었다.

– 景定(경정) 三年 ; 1262년. 京東(경동) ; 今 山東지역 행정단위. 京東路. 京東東路와 京東西路. 漣 물놀이 연(련). 漣州(연주) ; 今 江蘇省 漣水縣(연수현).

○ 元史天澤, 圍李壇于濟南. 壇復降于元, 元人誅之. 元以董文炳爲山東路經略使. 元立十路宣慰司, 立諸路轉運司. : 元의 史天澤(사천택)이 李壇을 濟南에서 포위하였다. 이단이 다시 元에 투항

하였지만 元에서 죽여 버렸다. 元은 董文炳(동문병)을 山東路經略使(산동로경략사)로 삼았다. 元은 十路에 宣慰司(선위사)를 두었고, 각 路에 轉運司(전운사)를 임명하였다.

- 濟南(제남) ; 今 山東省 城都 濟南市. 宣慰司(선위사) ; 民政담당관. 군사와 백성을 통치하는 관청. 轉運司(전운사) ; 徵稅(징세) 담당관. 세금 징수와 물자의 수송을 맡아보는 관청.

(18) ○ 癸亥, 景定四年, 二月, 元以王德素爲使, 劉公諒爲副, 致書來詰其稽留郝經之故. ○ 三月, 元始建太廟. 五月, 初立樞密院, 以太子燕王眞金, 守中書令, 兼 判樞密院事. 以開平府爲上都. 元以姚樞爲中書左丞. 樞曰, 陛下於基業爲守成, 於治道爲創始. 正宜睦親族以固本, 建儲副以重祚, 定大臣以當國, 開經筵以格心, 修邊備以防虞, 蓄粮餉以待歉, 立學校以育才, 勸農桑以厚生. 世祖, 納之.

○ 계해, 경정 4년, 2월에, 元은 왕덕소를 정사, 유공량을 부사로 하여 국서를 보내와 학경을 억류시켰던 이유를 힐문했다.

○ 3월에, 元은 쿠빌라이가 처음으로 태묘를 지었다. 5월에, 처음으로 추밀원을 설치하고 태자인 연왕 진금으로 하

여금 중서령 겸 판추밀원사를 맡아보게 하였다. 개평부를 상도라 하였다.

元은 요추를 중서좌승으로 임명했다. 요추는 세조 쿠빌라이에게 "폐하는 건국의 대업을 수성해야 하지만, 治道(치도=나라를 다스리는 방법)에서는 창시자이십니다. 첫째로 친족의 화목을 바르게 하여 근본을 확고히 세워야 하며, 둘째로 태자를 세워 제위를 튼튼히 하고, 셋째로 대신(유능한 신하)을 정해 나라를 경영케 하고, 넷째로 經書(경서) 연구소를 열어 폐하께서 친히 마음을 바로 잡고, 다섯째 변방을 강화하여 침입을 예방하며, 여섯째 곡식과 군량을 비축하여 흉년에 대비하고, 일곱째 학교를 세워 인재를 육성하며, 여덟째 농업과 양잠을 장려하여 백성들 생활을 안정시켜야 합니다."라고 말했다. 세조는 이를 받아들였다.

어구 설명

○ 癸亥, 景定四年, 二月, 元以王德素爲使, 劉公諒爲副, 致書來詰其稽留郝經之故. 三月, 元始建太廟. 五月, 初立樞密院, 以太子燕王眞金, 守中書令, 兼判樞密院事. 以開平府爲上都. : 癸亥(계해), 景定 4年, 2月에, 元은 王德素(왕덕소)를 正使, 劉公諒(유공량)을 副使로 하여 國書를 보내와 郝經(학경)을 억류시켰던 이유를 힐문했다. 3月에, 元은 처음으로 太廟(태묘)를 지었다. 5月에, 처음

으로 樞密院(추밀원)을 설치하고 太子인 燕王 眞金으로 하여금 中書令(중서령) 兼(겸) 判樞密院事(판추밀원사)로 삼았으며 開平府를 上都라 하였다.

- 景定 四年 ; 1263년. 致書(치서) ; 국서를 보내다.
- 詰 물을 힐. 따지다. 詰問(힐문)하다. 稽 머무를 계. 쌓다. 머리를 조아리다. 稽留(계류) ; 붙잡아 머물게 하다. 滯留(체류)와 同.
- 太廟(태묘) ; 宗廟. 칭기즈칸으로부터 네 왕의 시호를 太祖(태조) · 太宗(태종) · 定宗(정종) · 憲宗(헌종)으로 하고, 宗廟(종묘)를 세워 타뢰 · 자카타이 등 조상을 함께 모시어 제사 지내서 모두 중국의 왕조 제도를 취했다. 樞密院(추밀원) : 唐代, 五代, 宋代, 遼代, 元代 등 朝代의 官署〈관서 = 官廳(관청)〉 名稱. 長官은 樞密使. 朝代에 따라 기능이 약간씩 다르지만 대체로 軍事관련 업무를 주관하였다.
- 兼 겸할 겸.

○ 元以姚樞爲中書左丞. 樞曰, 陛下於基業爲守成, 於治道爲創始. 正宜睦親族以固本, 建儲副以重祚, 定大臣以當國, 開經筵以格心, 修邊備以防虞, 蓄粮餉以待歉, 立學校以育才, 勸農桑以厚生. 世祖, 納之. : 元은 姚樞(요추)를 中書左丞으로 임명했다. 요추는 "陛下(폐하)는 건국의 대업을 守成해야 하지만, 治道에서는 創始를 해야 합니다. 親族의 화목을 바르게 하여 근본을 확고히 세워야 하며, 태자를 세워 제위를 튼튼히 하고, 大臣을 정해 나라를 경영케 하고, 經筵(경연)을 열어 마음을 바로 잡고, 변방을 강화하여 침입

을 예방하며, 곡식과 군량을 비축하여 흉년에 대비하고, 學校를 세워 인재를 육성하며, 農桑(농상)을 권장하여 백성들 생활을 안정시켜야 합니다."라고 말했다. 세조는 이를 採納(채납=의견 요구 등을 받아들임)하였다.

- 姚樞(요추, 1201~1278년) ; 號 雪齋(설제), 敬齋(경제), 政治家, 理學家. 太子太師, 中書左丞 역임. 基業(기업) ; 建國의 大業.
- 守成(수성) ; 太祖와 太宗은 창업, 憲宗과 世祖는 守成의 군주.
- 治道爲創始(치도위창시) ; 治道에서는 創始者이어야 한다. 守成을 위해 治道를 마련해야 한다는 뜻.
- 儲 쌓을 저. 버금. 太子. 儲副(저부) ; 太子, 儲君(저군) 同. 重祚(중조) ; 자리를 튼튼히 하다. 황제가 유고할지라도 太子가 정해져 있으면 제위가 안정된다는 의미.
- 當國(당국) ; 국정을 담당하게 하다. 格心(격심) ; 바른 마음. 마음을 바로 갖게 하다. 虞 헤아릴 우. 근심 걱정. 蓄 쌓을 축. 비축하다.
- 粮 양식 량. 糧과 同. 餉 ; 마른 밥 량. 乾糧(건량=①먼 길 가는 데 가지고 다니기 쉽게 만든 양식. ②흉년에 곤궁한 사람을 구제할 때 죽을 쑤어 주지 않고 대신 주던 곡식). 군량. 待 기다릴 대. 대비하다. 歉 흉년들 겸. 厚生(후생) ; 생활을 넉넉하게 하다.

(19) ○ 呂文德, 復瀘州. 文德號黑灰團. 劉整獻言於元曰, 南人惟恃黑灰團, 然可以利誘. 乃遣使獻玉

帶於文德, 求置榷場於襄城外. 文德許之, 使曰, 南人無信, 願築土城以護貨物. 文德不許, 使者復至, 文德請於朝許之. 開榷場於樊城外, 築土墻於鹿門山. 外通互市, 內築堡. 文德弟呂文煥知被欺, 兩申制置, 爲吏所匿. 元人又於白鶴城, 築第二堡. 文煥再申, 方達. 文德大驚曰, 誤朝廷者我也, 卽請自赴援, 會病卒.

○ 여문덕이 노주를 수복했다. 여문덕의 별호는 '흑회단' 이었다. 원에 항복한 장군 유정이 元에 건의하였다. "남송 사람들은 오직 흑회단을 믿고 있지만, 利權(이권)으로 꾈 수(유인할 수) 있습니다." 그리고서는 사자를 보내 여문덕에게 옥대(옥을 박아 장식한 허리띠)를 바치면서 양양성 밖에 교역장을 설치해 달라고 요청하였다. 문덕이 허락하자, 사자가 다시 와서 말했다. "남송 사람들이 신의가 없으니 토성을 쌓아 화물을 보관하겠습니다." 문덕이 불허하자, 사자가 거듭 와서 요청하여 여문덕은 조정에 물어 본 뒤에 허락해 주었다. 원은 곧 양양성 북쪽 번성 밖에 교역장을 개설하자, (元은) 녹문산에 토장을 쌓았다. 밖으로는 호시와 연결되지만, 안에는 보루를 만들었다. 문덕의 아우인 여문환은 속은 것을 알고 2번이나 제치사에게 보고했지만 관리들이 감추어 보고되지 않았다. 元人들은 또 백

학성에 제2의 보를 만들었다. 여문환이 다시 알려 겨우 보고가 되었다. 여문덕이 대경하며 "조정을 잘못하게 한 자가 바로 나로구나." 하면서, 바로 직접 나가 구원하겠다고 했으나 마침 병이 나서 죽었다.

어구 설명

○ 呂文德, 復瀘州. 文德號黑灰團. 劉整獻言於元日, 南人惟恃黑灰團, 然可以利誘. 乃遣使獻玉帶於文德, 求置榷場於襄城外. 文德許之, 使日, 南人無信, 願築土城以護貨物. 文德不許, 使者復至, 文德請於朝許之. : 呂文德이 瀘州(노주)를 수복했다. 여문덕의 별호는 黑灰團(흑회단)이었다. 劉整(유정)이 元에 건의하였다. "南宋 사람들은 오직 黑灰團을 믿고 있지만, 利權으로 꾈 수 있습니다." 그리고서는 사자를 보내 呂文德에게 玉帶를 바치면서 襄陽城(양양성) 밖에 교역장을 설치해 달라고 요청하였다. 文德이 허락하자, 사자가 다시 와서 말했다. "南宋 사람들이 신의가 없으니 土城을 쌓아 貨物을 보관하겠습니다." 文德이 不許하자, 使者가 거듭 와서 요청하여 呂文德은 조정에 물어 본 뒤에 허락해 주었다.

– 呂文德(여문덕) ; 발이 굉장히 커서 등용된 장수. 위 嘉熙(가희) 2年 기록 참조.

– 復瀘州(복노주) ; 景定 3년의 기록. 회복한 瀘州(노주)를 상실했다는 기록은 없음. 저자의 착오가 분명하다. 灰 재 회. 재가

되다. 모두 태워버리다.

- 團 둥글 단. 덩어리. 둥글게 뭉친 알갱이(團子). 黑灰團(흑회단) ; 검은 잿빛 알갱이. 劉整(유정) ; 원래 南宋 장수. 가사도가 두려워 元에 투항.

- 南人(남인) ; 南宋 군인. 恃 믿을 시. 利誘(이유) ; 利(이익을 얻게되는 권리)로 유인하다. 誘 꾈 유. 유혹하다. 유인하다. 榷 외나무다리 각. 專賣하다.

- 榷場(각장) ; 교역을 허가한 交易場. 商稅(交易稅)를 징수하는 교역장소. 襄城(양성) ; 襄陽城, 1268~1273년까지 元과 6년간 대치〈襄樊之戰(양번지전)〉.

○ 開榷場於樊城外, 築土墻於鹿門山. 外通互市, 內築堡. 文德弟呂文煥知被欺, 兩申制置, 爲吏所匿. 元人又於白鶴城, 築第二堡. 文煥再申, 方達. 文德大驚曰, 誤朝廷者我也, 卽請自赴援, 會病卒. : 元에서는 樊城(번성) 밖에 榷場(각장)을 개설하자, 鹿門山(녹문산)에 土墻(토장)을 쌓았다. 밖으로는 互市(호시)와 연결되지만, 안에는 堡壘(보루)를 만들었다. 文德의 아우인 呂文煥은 속은 것을 알고 2번이나 制置使에게 보고했지만 관리들이 감추어 보고되지 않았다. 元人들은 또 白鶴城(백학성)에 第二의 堡(보)를 만들었다. 呂文煥이 다시 알려 겨우 보고가 되었다. 여문덕이 大驚(대경)하며 "朝廷(조정)을 잘못하게 한 자가 바로 나로구나."하면서, 바로 식섭 나가 구원하겠다고 했으나 마침 병이 나서 죽었다.

- 樊 울타리 번. 에워싸다. 樊城(번성) ; 湖北省 襄陽(양양) 근처.

- 互市(호시) ; 異國(이국=다른 나라)과의 交易場. 국가 간의 상

품거래. 互 서로 호. 함께. 堡 작은 성 보. 呂文煥(여문환) ; 襄陽을 6年 동안 鎭守(진수)하며 1268년부터 1273年까지 저항, 고립무원상태에서 결국 원에 투항. 元世祖에게 重用되어 參知政事, 中書左丞 등을 역임했다.

- 被欺(피기) ; 속임을 당하다. 속다. 被 이블 피. 당할 피(당하다). 欺 속일 기. 兩申制置(양신제치) ; 〈荊湖(형호)〉 制置使(呂文德)에게 두 차례 보고하다. 匿 숨을 익(닉).

- 白鶴城(백학성) ; 襄陽의 남쪽에 있는 작은 성. 方達(방달) ; 겨우 보고되다.

(20) ○ 甲子, 景定五年, 七月, 彗星長十數丈, 芒角燭天, 自四更從東見, 日高方斂, 月餘乃不見. 楊棟, 衵指言蚩尤旗, 衵此遭論去國. ○ 八月, 元以燕京爲中都大興府. 劉秉忠請定都于燕, 世祖從之. ○ 元, 改元至元. 時阿里不哥兵, 屢敗. 至是, 與諸王王龍答失 · 罕速帶 · 音里吉合, 及其謀臣不魯花 · 脫忽思等來歸. 詔, 諸王皆太祖之裔, 竝釋不問, 其謀臣不魯花伏誅. ○ 元立諸路行中書省.

○ 갑자, 경정 5년, 7월, 길이가 열 몇 길이나 되는 혜성의 빛이 하늘을 밝혔는데, 그것은 4경(새벽 2시)에 동쪽에

서 나타나 해가 높이 떠서야 겨우 사라지기를 한 달여 지속하다가 보이지 않았다. 양동은 이를 가리켜 '蚩尤旗(치우의 깃발)' 이라고 했다가 논란이 일어나자 벼슬을 그만두었다.

○ 8월에, 元은 연경을 중도대흥부라 칭하였다. 유병충이 연경에 정도할 것을 건의하여 世祖가 이에 따랐다.

○ 元은 지원으로 개원하였다. 그때 아리부가(카)의 군사들은 여러 번 패하였다. 이에 황족인 왕룡답실과 한속대, 음리길합과 그 참모인 불노화, 탈홀사 등이 세조에게 귀부(항복)하였다. 조서에 의해 '제왕은 다 태조의 후예' 라 하여 모두 풀어주고 죄를 묻지 않았으나 그의 참모인 불노화는 주살되었다.

○ 元은 여러 路(로)와 행중서성을 설치했다.

어구 설명

○ 甲子, 景定五年, 七月, 彗星長十數丈, 芒角燭天, 自四更從東見, 日高方斂, 月餘乃不見. 楊棟, 因指言蚩尤旗, 因此遭論去國. : 甲子, 景定 5年, 七月, 길이가 十數 丈이나 되는 彗星(혜성)의 빛이 하늘을 밝혔는데, 四更에 동쪽에서 나타나 해가 높이 떠서야 겨우 사라지기를 한 달여 지속하다가 보이지 않았다. 楊棟(양동)은 이를 가리켜 '蚩尤(치우)의 깃발' 이라고 했다가 논란이 일자 벼슬을 그만두었다.

– 景定 五年 ; 1264년. 彗 빗자루 혜. 쓸다. 꼬리별. 彗星(혜성) ; 꼬리별. 芒 까끄라기 망. 털 끝. 芒角(망각) ; ① 별의 빛살 끝. ② 모. 모서리.

– 燭天(촉천) ; 하늘을 밝히다. 四更(4경) ; 오전 2시. 東見(동견) ; 동쪽에서 보이다. 斂 거둘 염(렴). 사라지다.

– 月餘(월여) ; 한 달 정도 지나. 楊棟(양동) ; 人名. 簽書樞密院事兼權參知政事(첨서추밀원사겸권참지정사)였었다. 蚩 어리석을 치. 尤 더욱 우. 簽 농 첨. ① 竹籠(죽롱). ② 찌. 쪽지. ③ 서명하다.

– 蚩尤(치우) ; 涿鹿(탁록)에서 黃帝와 싸웠다는 신화 속의 인물. 치우는 戰爭과 同義語로 쓰여 戰神으로 숭배되거나 재앙의 상징으로 인식된다. 혜성을 '치우의 깃발'이라 한 것은 '새로운 王者가 四方을 平定할 前兆(전조)'로 본 것이다. 이는 결국 宋의 멸망을 의미하는 것이고, 그래서 논란이 있었을 것이다.

– 旗 깃발 기. 표지. 遭 만날 조. 去國(거국) ; 조정(관직)을 떠나다.

○ 八月, 元以燕京爲中都大興府. 劉秉忠請定都于燕, 世祖從之. : 八月에, 元은 燕京을 中都 大興府라 칭하였다. 劉秉忠이 燕京에 定都할 것을 건의하여 世祖가 이에 따랐다.

– 中都 大興府(중도 대흥부) ; 今 北京. 中都(1267~1272년), 大都로 다시 개명(1272). 이전 수도인 開平府는 上都라 하여 세조의 夏季(4~8, 9월)의 離宮〈이궁 = 천자의 별장. 行宮(행궁)〉으로 활용.

– 劉秉忠(유병충, 1216~1274년) ; 金國 출신. 賜名 秉忠(사명

병충).

○ 元, 改元至元. 時阿里不哥兵, 屢敗. 至是, 與諸王王龍答失 · 罕速帶 · 音里吉合, 及其謀臣不魯花 · 脫忽思等來歸. 詔, 諸王皆太祖之裔, 竝釋不問, 其謀臣不魯花伏誅. 元立諸路行中書省. : 元은 至元으로 改元하였다. 그때 阿里不哥(아리부가)의 군사들은 여러 번 패하였다. 이에 諸王인 王龍答失(왕용답실)과 罕速帶(한속대), 音里吉合(음리길합)과 그 謀臣(모신=참모)인 不魯花(불노화), 脫忽思(탈홀사) 등이 세조에게 귀부하였다. 詔命으로 '諸王은 다 太祖의 후예'라 하여 모두 풀어주고 죄를 묻지 않았으나 그의 謀臣인 不魯花(불노화)는 주살되었다. 元은 여러 路와 행중서성을 설치했다.

- 至元(지원) ; 1264~1294년. 諸王(제왕)은 皇族(황족)이다. 王龍答失, 罕速帶, 音里吉合, 不魯花, 脫忽思 ; 모두 인명. 裔 후손 예. 옷자락.

- 元의 政務 최고 기관은 中書省이다. 이 중서성의 직할지(지금의 요령성, 북경시, 천진시, 하북성, 하남성, 산서성, 산동성, 강소성, 안회성 등 중국 주요부)가 있고, 그 외 지역은 6개의 行中書省(약칭 行省 ; 陝西四川行省, 雲南行省, 江淮行省, 江西行省, 福建行省, 湖廣行省)을 두었다. 中書省과 行中書省 아래에는 路, 府, 州, 縣의 4급 행정단위를 두었다. 이는 1300년대에 11개 行省, 185路, 33府, 359州, 1127개 縣으로 늘어난다.

(21) ○ 冬十月, 上崩. 在位四十一年, 改元者八. 寶慶·紹定, 則彌遠十年之政. 端平初元, 善類滿朝, 有眞德秀·魏了翁等, 爲執政侍從人, 以比慶曆·元祐. 自嘉禧以後, 至于淳祐, 則有嵩之數年之政. 嵩之旣去, 自淳祐至寶祐, 正人指邪爲邪, 邪人指正爲邪, 互爲消長. 而狼狽, 莫如開慶丁大全之政. 景定改元, 大全與吳潛, 雖人品不同, 各以竄死. 似道獨相, 遂執國政, 末年寖有君臣相猜之跡, 未及更變而崩, 壽六十一. 上臨御以來, 終始崇奬周程張氏及朱張呂氏諸儒義理之學. 故廟號理宗. 太子立, 是爲度宗皇帝.

○ 이 해(1264년) 冬(겨울) 10월에, 理宗이 붕어했다. 재위 41년에, 개원은 8번이었다. 보경과 소정 연간은 사미원이 10년간 정치를 했었다. 단평 초년에는, 현인들이 조정에 가득해서 진덕수와 위료옹 등이 執政(집정)이 되거나 侍從(시종)이었기에 북송의 인종, 철종 때와 비슷하였다.

가희 이후로부터 순우에 이르기까지는 사숭지가 수년간 정치를 했다. 사숭지가 물러나고 순우에서 보우 연간에 正人은 사악한 사람을 邪人(사인)이라 하고, 사악한 사람은 정인을 사인이라 하면서 서로 강성과 쇠퇴를 반복했다. 그리고 개경 연간에 정대전이 정치할 때처럼 허둥댄 적이 없었다.

경정으로 개원하고, 정대전과 오잠은 재상이 되었다. 비록 인품이 같지는 않았지만 각각 멀리 쫓겨나 죽었다. 가사도가 홀로 재상으로 있으면서 국정을 장악했지만, 말년에는 점차 군신이 서로 시기하는 행적이 나타났으나 (그런 폐단을) 바꿔놓지 못하고 붕어하니, 理宗(이종)의 나이는 61세였다. 理宗의 즉위와 통치 이후로 끝까지 주돈이, 정씨 형제와 장재 및 주희와 장식, 여조겸 등 여러 유학자의 의리의 학문을 숭상하고 장려하였다. 그래서 묘호도 理宗이었다. 태자가 즉위하니, 이가 도종황제이다.

어구 설명

○ 冬十月, 上崩. 在位四十一年, 改元者八. 寶慶 · 紹定, 則彌遠十年之政. 端平初元, 善類滿朝, 有眞德秀 · 魏了翁等, 爲執政侍從人, 以比慶曆 · 元祐. : 冬 十月에, 理宗이 붕어했다. 在位 41年에, 改元은 8번이었다. 寶慶(보경)과 紹定(소정) 연간은 史彌遠(사미원)이 十年간 정치를 했었다. 端平 初年에는, 賢人들이 조정에 가득해서 眞德秀와 魏了翁(위료옹) 등이 執政이 되거나 侍從人이었기에 北宋의 仁宗, 哲宗 때와 비슷하였다.

– 在位 四十一年 ; 1224~1264년. 寶慶(보경) · 紹定(소정) ; 1225~1227년. 1228~1233년. 初元(초원) ; 연호의 제 1년. 善

類(선류) ; 善人, 賢人.

- 慶曆(경력) ; 北宋 仁宗의 연호. 1041~1048년.　元祐(원우) ; 北宋 哲宗의 연호 1086~1094년.

○ 自嘉禧以後, 至于淳祐, 則有嵩之數年之政. 嵩之旣去, 自淳祐至寶祐, 正人指邪爲邪, 邪人指正爲邪, 互爲消長. 而狼狽, 莫如開慶丁大全之政. : 嘉禧(가희) 以後로부터 淳祐(순우)에 이르기까지는 史嵩之(사숭지)가 數年간 정치를 했다. 사숭지가 물러나고 淳祐에서 寶祐 연간에 正人은 邪人(사인=간사한 사람. 나쁜 사람. 악한 사람)을 邪人이라 하고, 邪人은 正人을 邪人이라 하면서 서로 강성과 쇠퇴를 반복했다. 그리고 開慶(개경) 연간에 丁大全이 정치할 때처럼 허둥댄 적이 없었다.

- 嘉禧(가희) ; 1237~1240년.　淳祐(순우) ; 1241~1252년. 寶祐(보우) ; 1253~1258년.　指邪爲邪(지사위사) ; 邪人(사인)을 가리켜 邪人이라고 한다.

- 互爲消長(호위소장) ; 서로 강성과 쇠약을 반복하다.　狼狽(낭패) ; 허둥대다.　開慶(개경) ; 1259년.

○ 景定改元, 大全與吳潛, 雖人品不同, 各以竄死. 似道獨相, 遂執國政, 末年寖有君臣相猜之跡, 未及更變而崩, 壽六十一. 上臨御以來, 終始崇奬周程張氏及朱張呂氏諸儒義理之學. 故廟號理宗. 太子立, 是爲度宗皇帝. : 景定으로 改元하고, 丁大全과 吳潛(오잠)은 비록 人品이 不同했지만 각각 멀리 쫓겨나 죽었다. 賈似道(가사도)가 홀로 재상으로 있으면서 國政을 장악했지만, 末年에는 점점 君臣이 서로 시기하는 행적이 나타났으나 (그런 폐단을) 更

變하지 못하고 붕어하니, 나이는 六十一이었다. 理宗의 즉위와 통치 이후로 始終 周敦頤(주돈이), 二程과 張載(장재) 및 朱熹와 張載, 呂祖謙(여조겸) 등 여러 유학자의 義理之學을 숭상하고 장려하였다. 그래서 廟號(묘호)도 理宗이었다. 太子가 즉위하니, 이가 度宗皇帝(도종황제)이다.

- 景定(경정) ; 1260~1264년. 人品(인품) ; 人格. 竄死(찬사) ; 쫓겨나서 죽다. 寖 잠길 침. 점점. 猜 샘할 시. 猜忌(시기)하다. 跡 자취 적.
- 更變(갱변) ; 경질하다. 更正하다. 臨御(임어) ; 천자의 자리에서 국정을 이끌다. 終始(종시) ; 始終, 끝까지.
- 崇奬(숭장) ; 숭상하고 장려하다. 周程張氏(주정장씨) ; 주돈이와 정이 · 정호 형제와 張載(장재). 朱張呂氏(주장여씨) ; 朱熹(朱子), 張栻(장식), 呂祖謙(여조겸).
- 義理之學(의리지학) ; 理學, 宋學, 程朱學. 唐代에 가장 흥성했던 訓詁學(훈고학)과는 크게 다른 유학이기에 '新儒學'이라고 했다.

제3장 南宋의 멸망

1) 度宗 ; 무능한 황제

⑴ 度宗皇帝, 初名孟啓, 福王與芮之子, 理宗之猶子也. 理宗子多而不育, 鞠孟啓於宮中, 改名孜, 又改名禥, 立爲皇子, 封忠王. 已而建儲, 改名䄠, 歲甲子卽位. ○ 時則蒙古部, 國號大元, 紀元至元之初也. 賈似道專政, 進平章軍國重事 · 魏國公, 立相以自副. ○ 臨安府士人葉李 · 蕭規等, 上書詆似道專權害民誤國. 似道怒, 以他事罪, 竄遠州.

도종 황제의 초명은 맹계인데, 복왕 여예의 아들이니 理宗의 조카이다. 理宗의 아들은 많았으나 성인으로 자라지 못하여 맹계를 궁중에서 키우며 孜(자)로 개명하였다가 다시 禥(기)로 개명하였고, 황자가 되어 忠王(충왕)으로 봉해졌다. 곧 태자로 책봉되어 다시 䄠(예)로 이름을 바꾸었다가 갑자년에 즉위하였다.

○ 이때는 몽고부가 국호를 大元으로 하고, 연호를 지원으로 하는 첫해였다. 조정에서는 가사도가 정사를 마음대로 하면서 승진하여 평장군국중사 · 위국공이 되었는데 별

도의 재상을 두어 자신의 보좌역으로 삼았다.

○ 임안부의 유생인 섭이와 소규 등은 상소하여 가사도가 정치를 마음대로 하면서 백성을 해치고 나라를 그르친다고 공격하였다. 가사도는 화를 내며 그들에게 다른 죄를 만들어 먼 지방으로 귀양을 보냈다.

어구 설명

○ 度宗皇帝, 初名孟啓, 福王與芮之子, 理宗之猶子也. 理宗子多而不育, 鞠孟啓於宮中, 改名孜, 又改名禥, 立爲皇子, 封忠王. 已而建儲, 改名𥎊, 歲甲子卽位. : 度宗 皇帝의 初名은 孟啓(맹계)인데, 福王 與芮(복왕여예=理宗의 아우)의 아들이니 理宗의 조카이다. 理宗의 아들은 많았으나 성인으로 자라지 못하여 孟啓를 宮中에서 키우며 孜(자)로 개명하였다가 다시 禥(기)로 개명하였고, 皇子가 되어 忠王으로 봉해졌다. 곧 태자로 책봉되어 다시 𥎊(예)로 이름을 바꾸었다가 甲子년에 즉위하였다. 𥎊 밝을 예. 叡의 古字.

- 度宗(도종) ; 재위 1264~1274년. 趙孟啓(조맹계), 賜名(사명) 孜(자), 1253년 立爲皇子, 賜名 禥(기), 宋 太祖 十一世孫, 理宗弟 趙與芮(조여예)의 아들이니 理宗의 조카. 어릴 적에 聰敏(총민)하여 理宗이 기뻐하고 사랑했지만 장성해 즉위한 이후 昏庸(혼용=사리에 어둡다. 어지럽고 우매하다. 깨닫지 못하고 헤매고 어리석다.)하고 無能했다. 唐 太宗 만큼이나 영명한 군주라 일컬

어지는 元 世祖가 국력을 키워 남하할 때, 도종은 軍國大權을 간신 賈似道에게 통째로 넘겨주어 정치는 부패 암울했으며 백성들은 곤궁하기만 했다. 도종은 奢侈(사치)와 酒色에 푹 빠져 宋朝의 병은 膏肓(고황)에까지 들었기에 南宋은 멸망할 날만 기다려야 했다.

– 孟啓(맹계) ; 度宗의 初名孟啓 人名.

– 芮 풀 뾰족하게 날 예. 猶子(유자) ; 형제의 아들. 조카. 孜 힘쓸 자. 禥 상서 기. 叡 밝을 예. 叡의 古字.

– 膏肓(고황) ; ① 심장과 횡격막 사이 '膏'는 심장의 아랫부분. ② '肓'은 횡경막의 윗부분. 이 사이에 병이 들면 고치기 어렵다고 함. 명치. 고치기 어려운 병폐. 굳어진 習癖(습벽 = 버릇).

○ 時則蒙古部, 國號大元, 紀元至元之初也. 賈似道專政, 進平章軍國重事 · 魏國公, 立相以自副. : 이때는 蒙古部가 國號를 大元으로 하고, 紀元을 至元으로 하는 첫해였다. 賈似道가 정사를 마음대로 하면서 승진하여 平章軍國重事 · 魏國公이 되었는데 별도의 재상을 두어 자신의 보좌역으로 삼았다.

– 國號大元(국호대원) ; 周易 乾卦〈건괘 = 八卦(팔괘)의 하나. 象形(상형)은 「三」인데, 하늘을 象徵(상징)함.〉의 '大哉! 乾元!'에서 大元. 국호를 大元으로 정한 것은 1271년 도종 咸淳(함순) 7년이었다. 원 저자의 착오. 至元之初 ; 1264년.

○ 臨安府士人葉李 · 蕭規等, 上書詆似道專權害民誤國. 似道怒, 以他事罪, 竄遠州. : 臨安府의 士人인 葉李(섭이)와 蕭規(소규) 等은 상소하여 가사도가 專權(전권)하면서 害民誤國(해민오국 = 백성을 해치고 나라를 그르친다.)한다는 것을 공격하였다. 가사도

는 화를 내며 다른 죄로 먼 지방으로 귀양을 보냈다.

– 士人(사인) ; 태학의 學生. 葉 성씨로 쓰일 때는 '섭'. 葉李(섭이), 蕭規(소규) ; 人名. 詆 꾸짖을 저. 害民誤國(해민오국) ; 백성을 해치고 나라를 위태롭게 함. 誤國(오국) ; 나라의 前途(전도)를 그르침. 나라를 위태롭게 함.

(2) 詔馬廷鸞·留夢炎, 兼侍讀, 李伯玉·陳宗禮·范東叟兼侍講, 何基·徐幾兼崇政殿說書. ○ 元以王盤爲翰林學士承旨. ○ 乙丑, 咸淳元年, 元以安童爲右丞相, 伯顔爲左丞相, 以劉秉忠爲太保, 參中書省事. ○ 丙寅, 咸淳二年, 呂文煥守襄陽. 元人自開互市以來, 築城置堡, 江心起萬人臺·撒星橋, 以遏南兵之援, 時出師哨掠襄·樊城外, 兵威漸振.

○ 조서를 내려 마정란과 유몽염에게 시독을 겸하게 하고, 이백옥과 진종례, 범동수는 시강을 겸하게 하였으며, 하기와 서기는 숭정전의 설서를 겸직케 하였다.

○ 元은 왕반을 한림학사승지로 임명했다.

○ 을축, 함순 원년에, 元은 안동을 우승상에, 백안을 좌승상으로 삼았고, 유병충을 태보로 삼아 중서성 업무에 참예케 하였다.

○ 병인, 함순 2년에, 여문환은 양양을 지켰다. 元의 군사들은 호시(시장)를 개장한 이래로 성보를 구축했으며, 양자강 가운데에 만인대와 살성교를 쌓고 남으로부터 오는 송의 응원군이나 지원을 막았고, 수시로 군대를 출동시켜 양양과 번성 밖을 닥치는 대로 노략질하였는데 원 군사들의 행패는 점점 심해졌고 강대해졌다.

어구 설명

○ 詔馬廷鸞 · 留夢炎, 兼侍讀, 李伯玉 · 陳宗禮 · 范東叟兼侍講, 何基 · 徐幾兼崇政殿說書. : 詔書(조서)를 내려 馬廷鸞(마정란)과 留夢炎(유몽염)에게 侍讀(시독)을 겸하게 하고, 李伯玉과 陳宗禮(진종례), 范東叟(범동수)는 侍講(시강)을 겸하게 하였으며, 何基와 徐幾는 崇政殿說書(숭정전설서)를 겸직케 하였다.

- 鸞 난새 난. 叟 늙은이 수. 侍讀(시독), 侍講(시강), 說書(설서) ; 天子에게 經書를 강설하는 직책. 崇政殿(숭정전) 說書(설서)는 書史를 進讀(진독=천자 앞에서 글을 읽음)하고, 經義(경의=경서의 뜻)를 講釋(강석=해석하고 강의하여 그 바른 뜻을 밝힘).

- 何基(하기) ; 金華人, 號北山, 諡文定(시문정). 徐幾(서기) ; 字 子與, 號 進齊, 建陽人. 諡號(시호) ; 제왕 · 公卿(공경) · 儒賢(유현) 등의 생전의 공적을 査定(사정)하여 死後(사후)에 임금이 내려주는 칭호.

○ 元以王盤爲翰林學士承旨. 乙丑, 咸淳元年, 元以安童爲右丞相,

伯顔爲左丞相, 以劉秉忠爲太保, 參中書省事. : 元은 王盤(왕반)을 翰林學士承旨로 임명했다. 乙丑, 咸淳(함순) 元年에, 元은 安童을 右丞相에, 伯顔(백안)을 左丞相으로 삼았고, 劉秉忠(유병충)을 太保로 삼아 中書省 업무에 參預〈참예=參與(참여 : 참가하여 관계함.)〉케 하였다.

– 承旨(승지) ; 旨命〈지명=천자(황제)의 意向(의향). 상관의 명령〉의 전달과 報告 및 樞密院이나 翰林院의 일반 업무를 담당하는 직위. 學士丞旨는 일반 學士보다 고위직.

– 咸淳(함순) ; 度宗의 연호. 1265년.

– 安童(안동, 1248~1293년) ; 少年 時부터 忽必烈(홀필렬)의 원정을 수행하였다. 원 세조 즉위 이후 宿衛(숙위=밤에 숙직하여 지킴.)를 전담할 만큼 신임을 받았고 적극적인 漢化(한화)정책을 추진했다고 한다. 至元 2年(1265년)에 中書右丞相에 임명되었는데, 木華黎(목화려)의 4대 손으로 당시 13세이었다고 하는데 아무리 영특한 소년이었다지만 하여튼 명쾌하게 설명할 수 없는 일이다.

– 太保(태보) ; 大官(대관=고위관리)에게 추가되는 職衛(직위)로 實務를 담당하지 않고 황제 자문에 응하는 일종의 명예직.

○ 丙寅, 咸淳二年, 呂文煥守襄陽. 元人自開互市以來, 築城置堡, 江心起萬人臺 · 撒星橋, 以遏南兵之援, 時出師哨掠襄 · 樊城外, 兵威漸振. : 丙寅, 咸淳 2年에, 呂文煥은 襄陽을 지켰다. 元의 군사들은 互市〈호시=市場(시장)〉를 개장한 이래로 城堡(성보)를 쌓았으며, 長江 가운데에 萬人臺(만인대)와 撒星橋(살성교)를 쌓고 南으로부터 오는 원군이나 지원을 막았고, 수시로 군대를 출

동시켜 襄陽과 번성 밖을 닥치는 대로 노략질하였는데 元 군사들의 행패는 점점 심해졌다.

- 咸淳 二年 ; 元 世祖 至元 3年 1266년. 呂文煥(여문환) ; 呂文德의 弟. 築城置堡(축성치보) ; 城이나 보루를 쌓거나 만들다. 江心(강심) ; 장강 가운데.
- 撒 뿌릴 살. 遏 막을 알. 南兵之援(남병지원) ; 남쪽에서 올라오는 援軍(원군)이나 군수 지원. 哨 망볼 초, 도둑 지킬 초.
- 哨掠(초략) ; 보이는 대로 닥치는 대로 약탈하다. 兵威(병위) ; 병사들의 威勢(위세). 행패. 몽고군은 언제 어디서나 잔인한 살육을 감행했다.

※ 參考 ; 哨 서 또는 소로 읽음(所女反, 又所教反) = 원주(原本語). 咸淳二年 注 哨所女反, 當所交反으로 作함 = 原注(원주) 근대에 와서 굳이 이 경우에는 원주를 따를 필요가 없다.

(3) ○ 似道建第西湖葛嶺自娛. 五日一乘湖船入朝, 不赴堂治事. 吏抱文書, 就第呈署, 他相書紙尾而已. 內外諸司彈劾 · 薦辟 · 擧削, 非關白不敢行. 一時正人端士, 斥罷殆盡, 吏爭納賂, 以來美職. 圖爲帥閫 · 監司 · 郡守者, 貢獻至不可勝計. 趙溍輩爭獻寶玉, 貪風大肆. 兵喪于外, 匿不以聞, 民怨于下, 誅責無稽, 莫敢言者.

○ 가사도는 서호의 갈령에 저택을 짓고 제멋대로 호화롭게 즐겼다. 5일에 한 번 호수에서 배를 타고 조정에 들어가지만 정사당에 가서 업무를 처리하지는 않았다. 관리가 문서를 가지고 집에 가서 바치고 서명을 받았고, 다른 재상들은 문서 말미에 이름만 쓸 뿐이었다. 내외의 모든 기관에서 탄핵이나 추천, 승진과 강등에 대해 미리 말하지 않고서는 감히 행할 수도 없었다.

당시의 바르고 성실한 인사들은 배척을 받아 거의 사라졌고, 관리들은 다투어 뇌물을 바치고 좋은 자리로 옮겨갔다. 지방의 장수나 감사나 수령(군수)을 원하는 자들이 바쳐오는 것을 이루 셀 수도 없었다. 조진 같은 무리들이 다투어 보옥을 헌상하니, 탐욕의 풍조가 크게 성행하였다. 가사도는 송나라 부대가 외지에서 패전을 해도 숨겨서 보고되지 않았으며, 아래로부터 원망하는 백성들을 죽이고 형벌에 처하면서 아무 근거가 없어도 감히 말하는 자가 없었다.

어구 설명

○ 似道建第西湖葛嶺自娛. 五日一乘湖船入朝, 不赴堂治事. 吏抱文書, 就第呈署, 他相書紙尾而已. 內外諸司彈劾 · 薦辟 · 擧削, 非關白不敢行. : 賈似道(가사도)는 西湖의 葛嶺(갈령)에 저택을 짓고 제멋대로 즐겼다. 五日에 한 번 호수에서 배를 타고 조정에 들어가지만 정사당에 가서 업무를 처리하지는 않았다. 관리가 문서

를 가지고 집에 가서 바치고 서명을 받았고, 다른 재상들은 문서 말미에 이름만 쓸 뿐이었다. 내외의 모든 기관에서 탄핵이나 추천, 승진과 강등에 대해 미리 말하지 않고서는 감히 행할 수도 없었다.

- 第 차례 제, 집 제(邸 同). 西湖(서호) ; 杭州(항주)의 西湖(서쪽에 있는 호수). 風光이 좋기로 유명하다. 湖船(호선) ; 호수에 띄운 배.

- 自娛(자오) ; 제 생각대로 즐기다. 不赴堂治事(부부당치사) ; 정사당에 가 업무를 처리하지는 않았다. 황제만 만나보았다는 뜻. 赴 나아갈 부. 들어가다. 참여하다. 가서 알리다.

- 就第(취제) ; 저택에 가다. 呈署(정서) ; 문서를 올려 서명을 받다. 紙尾(지미). 서류의 끝. 문서의 末尾.

- 薦辟(천벽) ; 薦擧(천거)하거나 불러서 벼슬을 내리는 일. 擧削(거삭) ; 승진과 削官(삭관=벼슬과 품계를 빼앗다). 關 빗장 관. 여기서는 사전에 아뢰다.

- 關白(관백) ; 뜻을 묻기 위하여 업무내용을 사전에 말하다.

○ 一時正人端士, 斥罷殆盡, 吏爭納賂, 以來美職. 圖爲帥閫 · 監司 · 郡守者, 貢獻至不可勝計. 趙溍輩爭獻寶玉, 貪風大肆. 兵喪于外, 匿不以聞, 民怨于下, 誅責無藝, 莫敢言者. : 한때의 正人이나 성실한 인사들은 배척을 받아 거의 사라졌고, 관리들은 다투어 뇌물을 바치고 좋은 자리로 옮겨갔다. 外任의 장수나 轉運使(전운사)나 지방관을 원하는 자들이 바쳐오는 것을 이루 셀 수도 없었다. 趙溍(조진) 같은 무리들이 다투어 寶玉(보옥)을 헌상하

니, 탐욕의 풍조가 크게 성행하였다. 부대가 외지에서 패전을 해도 숨겨서 보고되지 않았으며, 아래로부터 원망하는 백성들을 죽이고 형벌에 처하면서 아무 근거가 없어도 감히 말하는 자가 없었다.

- 端士(단사) ; 성실한 선비. 端 바를 단. 바르다. 곧다. 진실. 자세함. 賂 뇌물 줄 뇌(뢰). 美職(미직) ; 괜찮은 직책. 閫 문지방 곤. 外任. 帥閫(수곤) ; 지방에 주둔하는 부대의 장군.
- 監司(감사) ; 宋代 各 路의 轉運使(전운사)에게 지방관의 근무나 실적을 감찰할 수 있는 임무를 부여했기에 監司라고도 불렀다.
- 貢獻(공헌) ; 바치다. 貪風大肆(탐풍대사) ; 탐욕의 풍조가 크게 성행하다. 肆 방자할 사. 극에 달하다.
- 兵喪于外(병상우외) ; 군사가 외지에서 패전하다. 民怨于下(민원우하) ; 아래에서 일어나는 백성들의 원망. 誅責(주책) ; 사형에 처하거나 형벌에 처하다.
- 稽 머무를 계. 헤아리다. 無稽(무계) ; 근거가 없다. 터무니없다. 莫 ; 아무도 ~을 하지 않다. ~하는 자가 없다.

(4) ○ 元立制國用使司, 以阿合馬爲使. 封世子南木合, 爲北平王. ○ 賜日本國王書. ○ 初給官吏俸及職田. ○ 元封太子忽哥赤, 爲雲南王. ○ 丁卯,

咸淳三年, 元以史天澤爲左丞相. 忽都答兒 · 耶律鑄, 降爲平章政事, 伯顔降右丞, 廉希憲降左丞. ○ 戊辰, 咸淳四年, 襄陽受圍. 文煥告急. 遣高達 · 范文虎赴援, 道不通, 二將亦不用命. ○ 三學士人, 上書乞調諸道兵, 併力救襄, 不報.

○ 元은 제국용사사를 설치하고, 아합마를 그 장관으로 임명했다. 世子인 남목합을 북평왕에 봉했다.

○ 원나라가 일본국왕에게 국서를 보냈다.

○ 원나라는 처음으로 관리 녹봉과 직전을 지급했다.

○ 元은 태자 홀가적을 운남왕으로 삼았다.

○ 정묘, 함순 3년, 元은 사천택을 좌승상으로 삼았다. 홀도답아와 야율주를 강등(벼슬을 낮추어)시켜 평장정사로, 백안을 강등시켜 우승으로, 염희헌을 강등시켜 좌승으로 임명했다.

○ 무진, 함순 4년, 양양성이 포위당했다. 여문환이 위급 상황을 알려왔다. 고달과 범문호를 파견하여 구원에 나서게 했는데 원나라 대군에 길이 막혔다 하여 두 장수는 명을 따르지 않았다.

○ 삼학의 사인(선비)들이 황제에게 글을 올려 각 도의 병력을 모아 양양성을 구원하겠다고 하였으나 아무런 회답을 받지 못했다.

어구 설명

○ 元立制國用使司, 以阿合馬爲使. 封世子南木合, 爲北平王. 賜日本國王書. 初給官吏俸及職田. 元封太子忽哥赤, 爲雲南王. : 元은 制國用使司를 설치하고, 阿合馬(아합마)를 그 장관으로 임명했다. 世子인 南木合을 北平王에 봉했다. 日本國王에게 국서를 보냈다. 처음으로 官吏 祿俸(녹봉)과 職田(직전)을 지급했다. 元은 太子 忽哥赤(홀가적)을 雲南王(운남왕)으로 삼았다.

– 制國用使司(제국용사사) ; 국가 재정을 관리하는 부서. 世子(세자) ; 황제의 다음을 이를 嫡子(적자). 南木合은 세조의 四子로 生母는 察必皇后(찰필황후), 곧 황태자 진금의 同母弟이다.

– 太子(태자) ; 여기서 태자는 제후의 뒤를 이을 자로 해석된다. 忽哥赤(홀가적)은 세조(쿠빌라이)의 五子(다섯째 아들)이지만 생모가 正室 황후가 아니었다.

– 職田(직전) ; 지위에 따라 관리에게 나누어 주는 논밭.

○ 丁卯, 咸淳三年, 元以史天澤爲左丞相. 忽都答兒 · 耶律鑄, 降爲平章政事, 伯顔降右丞, 廉希憲降左丞. 戊辰, 咸淳四年, 襄陽受圍. 文煥告急. 遣高達 · 范文虎赴援, 道不通, 二將亦不用命. 三學士人, 上書乞調諸道兵, 併力救襄, 不報. : 丁卯, 咸淳(함순) 3年, 元은 史天澤을 左丞相으로 삼았다. 忽都答兒(홀도답아)와 耶律鑄(야율주)를 降等(강등)시켜 平章政事로, 伯顔(백안)을 강등시켜 右丞으로, 廉希憲(염희헌)을 강등시켜 左丞으로 임명했다. 戊辰(무진), 咸淳 4年, 襄陽城이 포위당했다. 呂文煥이 위급 상황을 알려왔다. 高達(고달)과 范文虎(범문호)를 파견하여 구원에 나서

게 했는데 길이 막혔다 하여 두 장수는 명을 따르지 않았다. 三學의 士人들이 글을 올려 각 도의 병력을 모아 襄陽城을 구원하겠다고 하였으나 회답을 받지 못했다.

– 咸淳(함순) 三年 ; 1267년. 鑄 쇠를 부어 만들 주.

– 咸淳 四年 ; 1268년. 范文虎(범문호) ; 賈似道(가사도)의 사위로 알려졌다. 不用命(불용명) ; 명령을 따르지 않다. 三學(삼학) ; 文學, 宗學(宗室의 태학), 武學. 문학은 이른바 書經(서경) 武學은 武藝(무예)와 兵法(병법). 宗學은 宗室(종실)의 자제들을 가르치는 귀족 학교.

– 士人(사인) ; 儒生. 調(조) ; 징발하다. 不報(불보) ; 회답을 받지 못하다.

(5) ○ 弓量推排田畝. ○ 葉夢鼎辭位, 不允, 徑去. ○ 江萬里 · 馬廷鸞爲相. ○ 元立御史臺及諸道提刑按察司. 行新製蒙古字. 更號僧八合思馬, 爲帝師. 築堡鹿門山. 立諸路蒙古字學. ○ 庚午, 咸淳六年, 江萬里請援兵救襄, 議不合罷去. ○ 上一日問似道曰, 襄陽受圍三年, 奈何. 對曰, 北兵已退, 陛下得何人之言. 上曰, 適有女嬪言之. 詰問, 誣以佗事賜死. 自是無敢以邊事言者.

○ 조정은 弓尺(궁척)으로 토지를 측량하고 추배법에 의하여 과세했다.

○ 섭몽정이 사직원을 내고 윤허가 나지 않자, 곧바로 시골로 떠나갔다.

○ 강만리와 마정란이 재상이 되었다.

八思巴(팍스파)

○ 元은 어사대 및 각 도에 제형안찰사를 설치하였다. 새로 만든 몽고문자를 널리 사용케 하였다. 더욱이 이 글자를 고안해낸 승려 팔합사마를 황제의 스승이라 호칭했다. 녹문산에 작은 성채를 신축했다. 각 路에 몽고자학(몽고 문자를 가르치는 학교)을 설치하였다.

○ 경오, 함순 6년, 강만리가 원병을 보내 양양성을 구원하라고 요청했으나 합의를 보지 못하자 사직하고 떠나갔다.

○ 도종이 하루는 가사도에게 말했다. "양양성이 포위된 지 3년이 되었다는데, 어찌 되었는가?" 가사도는 "북병은 이미 물러났는데, 폐하께서는 누구의 말을 들으셨습니까?"라고 말했다. 도종은 "마침 여관이 그런 말을 했다." 고 하였다. (가사도는) 그 여관을 찾아내어 다른 핑계로 죄를 만들어 죽여 버렸다. 이로부터는 감히 변방의 일을 말

하려는 자가 없었다.

어구 설명

○ 弓量推排田畝. 葉夢鼎辭位, 不允, 徑去. 江萬里・馬廷鸞爲相. 元立御史臺及諸道提刑按察司. 行新製蒙古字. 更號僧八合思馬, 爲帝師. 築堡鹿門山. 立諸路蒙古字學. : 弓量(궁량)으로 토지를 측량하고 推排法(추배법)에 의하여 課稅했다. 葉夢鼎(섭몽정)이 辭任한 뒤, 윤허가 나지 않자, 곧바로 시골로 떠나갔다. 江萬里와 馬廷鸞(마정란)이 재상이 되었다. 元은 御史臺 및 各 道에 提刑按察司(제형안찰사)를 설치하였다. 새로 만든 蒙古字를 사용케 하였다. 더욱이 이 글자를 고안해낸 僧侶(승려) 八合思馬(팔합사마)를 帝師(제사=황제의 스승)로 호칭했다. 鹿門山에 堡를 신축했다. 각 路에 蒙古字學을 설치하였다.

- 弓量(궁량) ; 측량을 위해 만든 8척의 자. 一弓八尺. 推排(추배) ; 推排法에 의해 세금을 부과하다. 추배법은 남송 理宗 景定 5년에 처음 실시한 것인데, 본래는 농민들의 토지를 측량하고 농민들의 합의하에 賦稅(부세)를 정하는 제도였다. 그런데 이때 賈似道(가사도)가 이를 강행하면서 一尺一寸의 땅에도 가혹하게 세금을 부과하여 民力이 피폐했다는 기록이 있다.(宋史 賈似道傳) 田畝(전무) ; 경작지.

- 徑 지름길 경. 곧바로. 八合思馬(팔합사마) ; 팍스파(八思巴), 위 理宗 景定 元年의 記事에는 八合思八로 기록. 그 기사에도 帝師(제사=황제의 스승)로 임명했다는 내용이 있다.

- 御史臺(어사대) ; 관리를 監察(감찰)하고 彈劾(탄핵)하는 일을 맡아 본다. 元나라는 三權(삼권)을 分立(분립)시킨 것이니, 곧 행정을 中書省(중서성)이, 군사는 樞密院(추밀원)이, 감찰은 御史臺(어사대)가 맡아 보게한 것이다.

- 築堡鹿門山(축보녹문산) ; 理宗 景定 四年 기사에도 같은 내용이 있다. 녹문산에 작은 성채를 신축했다.

- 蒙古字學(몽고자학) ; 몽고 글자를 가르치는 학교. 1269년, 팍스파(八思巴)는 吐蕃(토번) 文字를 기초로 하여 자신이 창안한 蒙古 新文字를 만들어 世祖에게 올렸다. 이는 모두 41개 字母로 구성되었는데, 이를 八思巴 文字 또는 方體字라 부른다.

○ 庚午, 咸淳六年, 江萬里請援兵救襄, 議不合罷去. 上一日問似道曰, 襄陽受圍三年, 奈何. 對曰, 北兵已退, 陛下得何人之言. 上曰, 適有女嬪言之. 詰問, 誣以佗事賜死. 自是無敢以邊事言者. : 庚午, 咸淳 6年, 江萬里가 援兵(원병 = 구원병)을 보내 襄陽城(양양성)을 구원하라고 요청했으나 합의를 보지 못하자 사직하고 떠나갔다. 度宗이 하루는 賈似道에게 말했다. "襄陽城이 포위된 지 3年이 되었다는데, 어찌 되었는가?" 가사도는 "北兵은 이미 물러났는데, 폐하께서는 누구의 말을 들으셨습니까?"라고 말했다. 度宗은 "마침 女官이 그런 말을 했다."고 하였다. (가사도는) 그 女官을 찾아내어 다른 핑계로 죄를 만들어 죽여 버렸다. 이로부터는 감히 변방의 일을 말하려는 자가 없었다.

- 咸淳 六年 ; 1270년. 奈何(나하) ; 어떠한가? 어찌 되었는가? 北兵(북병) ; 몽고군. 女嬪(여빈) ; 宮中 女官. 詰問(힐문) ; 캐묻다.

(6) ○ 似道權傾人主. 諛者動以周公輔成王擬之, 親王·外戚·宦官·近習, 皆箝制不敢恣. 當世望士亦引用, 登朝爲儀羽, 而服心不在焉. 在外監司郡守, 亦參用廉介, 非其人而得進者, 各有蹊徑. 最以吝賞誅貨, 失將帥心. 劉整降北, 獻策取東南, 謂緩取則經營自蜀而下, 急則由襄淮直進. 時諸將北降, 知國虛實者相繼. 似道方以粉飾太平爲事, 略不爲意.

○ 가사도의 권력은 황제보다도 강했다. 아첨하는 무리들은 걸핏하면 周公이 成王을 보좌하는 것과 같다고 하였으며 皇族(황족)이나 외척, 환관과 근신들 모두 견제 당하여 감히 마음대로 할 수 없었다. 당세에 명망 있는 인사들을 불러 등용시켰는데 그들은 조정에서 장식용 깃털이 되었지만 속마음은 가사도 편에 있지 않았다. 지방에 근무하는 전운사 같은 감사나 군수에 청렴정직한 사람들을 끼워 등용하였는데 그렇지 못한 사람들로 높은 자리에 오른 사람은 각자 나름대로 지름길(부정한 줄)이 있었다. 최고로 공로에 대해 상 주는데 인색하고 재물을 심하게 챙겨 장수들의 신임을 얻지 못했다.

유정은 元에 투항한 뒤, 南宋을 취할 방책으로 "전천히 차지하려면 촉에서부터 강을 따라가는 방법으로 경영하고, 급히 취하려면 양양과 회수지역으로 곧바로 진격해야 합니다."라고 건의하였었다. 당시 여러 장수들이 元에 투항하며 나라의 허실을 아는 자들이 뒤를 이었다. 가사도는 태평무사하다고 거짓으로 꾸미는 것을 일삼았기에 (장수들의 투항을) 전혀 마음에 두지 않았다.

어구 설명

○ 似道權傾人主. 諛者動以周公輔成王擬之, 親王·外戚·宦官·近習, 皆箝制不敢恣. 當世望士亦引用, 登朝爲儀羽, 而服心不在焉. 在外監司郡守, 亦參用廉介, 非其人而得進者, 各有蹊徑. 最以吝賞誅貨, 失將帥心. : 賈似道의 권력은 황제보다도 강했다. 아첨하는 무리들은 걸핏하면 周公이 成王을 보좌하는 것이라고 하였으며 親王(皇族)이나 外戚(외척), 宦官(환관)과 近臣들 모두 견제당하여 감히 마음대로 할 수 없었다. 當世에 명망 있는 인사들을 불러 등용시켰는데 그들은 조정에서 장식용 깃털이 되었지만 속마음은 가사도 편에 있지 않았다. 지방에 근무하는 전운사 같은 監司나 군수에 청렴정직한 사람들을 끼워 등용하였는데 그렇지 못한 사람들은 각자 나름대로 지름길이 있었다. 최고로 상에 인색하고 재물을 심하게 챙겨 장수들의 신임을 얻지 못했다.

- 傾 기울 경. 기울어지게 하다. 傾人主(경인주) ; 人主(황제)를 넘어지게 하다. 황제보다 더 세다.

- 諛 아첨할 유. 動 ; 곧잘, 걸핏하면, 늘. 擬 비길 의. 近習(근습) ; 近臣. 箝 끼울 겸. 재갈을 물리다.

- 箝制(감제) ; 속박하여 자유를 주지 않다. 恣 방자할 자. 마

음대로 하다. 儀羽(의우) ; 장식용 깃털. 모범이 될 만한 훌륭한 자태. 羽 깃 우. 날개. 깃털 장식.

– 服心(복심) ; 腹心(속마음)이어야 함. 在外(재외) ; 지방에 파견되어 근무하다. 監司(감사) ; 宋代 各 路의 轉運使에게 지방관 按察(안찰=자세히 살펴 바로잡음.)의 임무를 부여했기에 監司라고도 불렀다.

– 參 간여할 참. 섞이다. 參用(참용) ; 섞어(끼어) 등용하다. 廉 청렴할 염(렴). 廉介(염개) ; 결백하고 올바르다.

– 蹊 지름길 혜. 徑 지름길 경. 蹊徑(혜경) ; 출세를 위한 지름길. 賂物(뇌물)이나 情實〈정실=①實情(실정)의 사실적인 내막. ②사사로운 인정에 얽힌 사실.〉에 기대는 것. 賂物(뇌물) ; 職權(직권)을 이용하여 특별한 편의를 보아 달라는 뜻으로 몰래 주는 부정한 金品(금품). 賄賂(회뢰).

– 吝 아낄 인. 吝賞(인상) ; 賞(상)에 인색하다. 誅 벨 주. 책망하다. 심하게 재촉하다. 誅貨(주화) ; 돈(재물)을 심하게 챙기다.

○ 劉整降北, 獻策取東南, 謂緩取則經營自蜀而下, 急則由襄淮直進. 時諸將北降, 知國虛實者相繼. 似道方以粉飾太平爲事, 略不爲意. : 劉整(유정)은 元에 투항한 뒤, 남송을 취할 방책으로 "천천히 차지하려면 蜀에서부터 강을 따라가는 방법으로 경영하고, 급히 취하려면 襄陽과 회수지역으로 곧바로 진격해야 합니다."라고 건의하였었다. 당시 여러 장수들이 元에 투항하며 나라의 허실을 아는 자들이 뒤를 이었다. 賈似道는 태평무사하다고 거짓으로 꾸미는 것을 일삼았기에 (장수들의 투항을) 전혀 마음에 두지 않았다.

– 降北(항북) ; 元에 투항하다. 東南(동남) ; 중국의 동남 지역.

南宋. 緩 느릴 완. 緩取(완취) ; 서서히 빼앗다. 經營(경영) ; 통치하다.

– 自蜀而下(자촉이하) ; 蜀에서부터 강을 따라 내려가다. 襄淮直進(양회직진) ; 양양과 淮水 지역으로 바로 진격하다.

– 粉飾(분식) ; 분을 발라 모양을 내다. 거짓으로 꾸미다. 略(략) ; 대강, 대략. 不爲意(불위의) ; 마음에 두지 않다.

(7) ○ 元平章政事廉希憲罷. 世祖嘗令受帝師戒, 希憲對曰, 臣已受孔子戒. 世祖曰, 汝孔子亦有戒耶. 對曰, 爲臣當忠, 爲子當孝, 是也. 有方士, 請鍊大丹, 敕中書, 給其所需. 希憲奏曰, 前世人主, 多爲方士誑惑. 堯舜得壽, 不假靈大丹也. 世祖善之. 以許衡爲中書左丞.

○ 元의 평장정사 염희헌이 퇴임했다. 세조가 전에 황제의 스승으로부터 계를 받으라고 하니, 염희헌이 대답하였다. "저는 이미 공자의 계를 받았습니다." 세조가 "너의 공자도 계율이 있는가?" 물었다. 염희헌이 대답했다. "신하는 응당 충성해야 하며 자식이라면 당연히 효도해야 하는 것이 계율입니다."

어떤 방사(신선의 술법을 하는 사람)가 불로장수하는 단

許衡(허형)

약(선약)을 제조하겠다고 요청하자, 중서성에 필요한 비용을 내주라고 명했다. 염희헌은 "전대의 많은 황제들이 방사에게 속거나 현혹 당했습니다. 요와 순은 장수했지만 영험하다는 단약의 힘을 빌리지 않았습니다."라고 말했다. 세조는 그 말이 옳다고 했다. 방사의 약 만드는 일을 중지 시켰다. 허형을 중서좌승으로 삼았다.

어구 설명

○ 元平章政事廉希憲罷. 世祖嘗令受帝師戒, 希憲對日, 臣已受孔子戒. 世祖曰, 汝孔子亦有戒耶. 對曰, 爲臣當忠, 爲子當孝, 是也.
: 元의 平章政事 廉希憲(염희헌)이 퇴임했다. 世祖가 전에 帝師로부터 戒를 받으라고 하니, 염희헌이 대답하였다. "저는 이미 孔子戒를 받았습니다." 世祖가 "너의 孔子도 계율이 있는가?" 물었다. 염희헌이 대답했다. "臣下는 응당 충성해야 하며 자식이라면 당연히 효도해야 하는 것이 계율입니다."
– 帝師(제사) ; 八合思馬(八思巴, 팍스파). 戒(계) ; 계율. 라마교의 신도가 지켜야 할 계율. 耶 어조사 야. 의문 어미.

○ 有方士, 請鍊大丹, 敕中書, 給其所需. 希憲奏曰, 前世人主, 多爲方士誑惑. 堯舜得壽, 不假靈大丹也. 世祖善之. 以許衡爲中書左

丞. : 어떤 方士가 丹藥(단약=仙藥)을 제조하겠다고 요청하자, 中書省에 필요한 비용을 내주라고 명했다. 염희헌은 "전대의 많은 황제들이 方士에게 속거나 현혹 당했습니다. 堯(요임금)와 舜(순임금)은 장수했지만 영험하다는 단약의 힘을 빌리지 않았습니다."라고 말했다. 세조는 그 말이 옳다고 했다. 許衡(허형)을 中書左丞으로 삼았다.

- 方士(방사) ; 養氣, 蓄精〈축정=①생명의 근원인 남자의 精液(정액)을 간직하다. ②만물을 생성하는 음양의 氣(기)를 양성하다(기르다).〉, 煉丹〈연단=옛날 중국에서 道士(도사)가 辰砂(진사)로 황금이나 藥(약) 같은 것을 만들었다고 하는 일종의 연금술.〉 등으로 長生不老와 飛昇成仙(비승성선=높이 올라 선을 이루다.)을 추구하는 사람. 때로는 道敎의 道士나 陰陽五行家를 의미.
- 大丹(대단) ; 不老長壽를 위한 丹藥〈단약=仙術(선술)을 지닌 道士(도사)가 丹砂(단사)를 이겨 만든 환약. 먹으면 오래살고 죽지 않는다고 함〉. 需 구할 수, 기다릴 수. 所需(소수) ; 필요로 하는 것. 誑 속일 광.
- 誑惑(광혹) ; 속이거나 현혹시키다. 假 빌리다. 靈(영) ; 영험한. 許衡(허형, 1209~1281년) ; 元의 性理學者. 魯齋先生(노제선생).

(8) 時阿合馬專權無上, 蠹國害民, 嘗欲以其子典兵柄. 衡曰, 國家事權, 兵 · 民 · 財三者而已. 父位尙

書省, 典民典財. 而子又典兵太重. 世祖曰, 卿慮阿合馬反耶. 衡對曰, 此反道也. 古者姦邪未有不由此者. 世祖以衡語語阿合馬. 阿合馬由是怨衡. ○ 辛未, 咸淳七年, 元劉秉忠 · 許衡, 進所定朝儀. ○ 立司農司, 以張文謙爲司農卿. ○ 敎水軍七萬, 造戰艦五千, 築環城, 以逼襄陽. ○ 以許衡爲集賢大學士 · 國子祭酒.

당시에 아합마는 황제도 없는 듯 전권을 행사하며 나라와 백성에게 해를 끼치며 일찍부터 아들을 통해 병권을 장악하려고 하였다. 허형이 말했다. "나라 정치권력은 병권, 민정권, 재정권 셋뿐입니다. 아버지가 상서성의 우두머리이니 민정과 재정을 장악한 것입니다. 그리고 아들이 또 병권을 장악한다면 너무 막중합니다." 세조가 "경은 아합마가 반기를 들까 염려하는가?"라고 물었다. 허형은 "삼권을 잡는 것은 반란으로 갈 수 있는 길입니다. 예로부터 간사한 자가 이런 과정을 거치지 않은 경우가 없습니다."라고 대답했다. 세조는 허형의 말을 아합마에게 말했다. 아합마는 이 때문에 허형에게 원한을 가졌다.

○신미, 함순 7년, 元에서는 유병충과 허형이 제정한 조정 의식전례를 올렸다.

○ 사농사를 설치하고, 장문겸을 사농경에 임명했다.

○ 수군 7만 명을 훈련시키고, 전함 5천 척을 제조했다. 환성을 축조하여 양양성을 압박했다.

○ 허형을 집현전 대학사 겸 국자좨주로 임명했다.

어구 설명

○ 時阿合馬專權無上, 蠹國害民, 嘗欲以其子典兵柄. 衡曰, 國家事權, 兵 · 民 · 財三者而已. 父位尙書省, 典民典財. 而子又典兵太重. 世祖曰, 卿慮阿合馬反耶. 衡對曰, 此反道也. 古者姦邪未有不由此者. 世祖以衡語語阿合馬. 阿合馬由是怨衡. : 당시에 阿合馬는 황제도 없는 듯 專權을 행사하며 나라와 백성에게 해를 끼치면서 전부터 아들을 통해 병권을 장악하려고 하였다. 許衡(허형)이 말했다. "나라 정치권력은 兵權, 民政權, 財政權 三者뿐입니다. 父가 尙書省의 우두머리이니 민정과 재정을 장악한 것입니다. 그리고 아들이 또 병권을 장악한다면 너무 막중합니다." 世祖가 "卿은 阿合馬가 반기를 들까 염려하는가?"라고 물었다. 허형은 "이는 반란으로 갈 수 있는 길입니다. 예로부터 간사한 자가 이런 과정을 거치지 않은 경우가 없습니다."라고 대답했다. 世祖는 허형의 말을 阿合馬에게 말했다. 阿合馬는 이 때문에 허형에게 원한을 가졌다.

- 蠹 좀 벌레 두. 나무굼벵이. 해치다. 蠧는 蠹의 속자. 蠹國(두국) ; 나라를 해치다. 典 법 전. 주관하다. 兵柄(병병) ; 병마의 권한.

- 事權(사권) ; 政事의 權力. 典民典財(전민전재) ; 국가의 民政과 財政을 집행한다. 慮 생각할 여(려). 걱정하다.

– 反道(반도) ; 謀反으로 가는 길. 道程. 以衡語語阿合馬(이형어어아합마) ; 許衡의 말을 阿合馬에게 말하다.

○ 辛未, 咸淳七年, 元劉秉忠 · 許衡, 進所定朝儀. 立司農司, 以張文謙爲司農卿. 教水軍七萬, 造戰艦五千. 築環城, 以逼襄陽. 以許衡爲集賢大學士 · 國子祭酒. : 辛未, 咸淳 7年, 元에서는 劉秉忠과 許衡이 제정한 조정 의식전례를 올렸다. 司農司를 설치하고, 張文謙(장문겸)을 司農卿에 임명했다. 水軍 七萬명을 훈련시키고, 戰艦(전함) 5千 척을 제조했다. 環城을 축조하여 襄陽城을 압박했다. 許衡을 集賢殿 大學士 겸 國子祭酒로 임명했다.

– 咸淳 七年 ; 1271년. 朝儀(조의) ; 朝廷 儀式典禮. 司農司(사농사) ; 농업 관련 업무 관장. 教 ; 教鍊(교련)하다. 環城(환성) ; 기존의 성을 둘러싸는 또 다른 성.

– 國子(국자) ; 國子學. 太學. 祭酒(제주, 좨주) ; 제사에 쓰는 술. 나이가 많고 덕망이 높은 사람. 고려 國子監의 관직. 大學長.

– 國子祭酒(국자좨주) ; 大學教授(대학교수) 같은 것으로서 특히 왕실의 자제를 교육했다.

(9) ○ 十月, 建國號大元. 詔曰, 誕膺景命, 奄四海以宅尊, 必有美名, 紹百王而紀統. 肇從隆古, 匪獨我家. 且唐之爲言蕩也, 堯以之而著稱. 虞之爲言樂也, 舜裀之而作號. 馴致禹興而湯造, 互名夏大以殷中. 世降以還, 事殊非古. 雖乘時而有國, 不以義而

制稱. 爲秦爲漢者, 蓋從初起之地名. 曰隋曰唐者, 又卽始封之爵邑. 是皆徇百姓見聞之狃習, 要一時經制之權宜, 槪以至公, 得無少貶.

○ 10월에, 元은 국호를 大元으로 정했다. 쿠빌라이가 내린 조서는 "큰 천명(景命)을 받아 천하(四海)를 차지하고 존위를 누리려면(宅尊), 반드시 좋은 이름을 갖고 백왕(여러 세대의 임금)의 자취를 잇고 제위의 기강을 세워야 한다(紀統). 융성했던 옛일(隆古)을 따르는 것은 우리 황실만 그러한 것은 아니다.

그뿐만 아니라 唐이라는 말은 '넓다'는 뜻인데, 堯임금은 이를 취해 국호를 정했었다. 虞라는 말은 '즐겁다'인데, 舜(순)임금은 이로써 국호를 삼았었다. 이어서 禹(우)가 흥기하고 湯(탕)이 즉위하면서 우임금이 정한 夏(하)는 '크다'로 탕임금이 정한 殷(은)은 '알맞다' 또는 가운데라는 뜻으로 이름을 지었다. 세대가 내려오고 순환하면서 국호를 정하는 일이 옛날과는 같지는 않았다. 비록 시대를 타고나 나라를 세우더라도 글자의 뜻으로 국호를 지어 부르지 않았다.

국호를 秦이나 漢이라 한 것은 대개 최초에 흥기한 지명을 따른 것이다. 隋와 唐은 역시 최초로 봉해진 작읍(영토의 지명)의 이름이다. 이 모두가 백성들이 보고 들어 익숙해진 것을 따른 것이니, 일시적으로 나라의 제도를 마련하면서 임시적인 편의에 좇았기에 전체적으로 公共의 관점

에서는 많이 부족한 것이다."(이하 계속)

어구 설명

○ 十月, 建國號大元. 詔曰, 誕膺景命, 奄四海以宅尊, 必有美名, 紹百王而紀統. 肇從隆古, 匪獨我家. : 十月에, 國號를 大元으로 정했다. 詔書(조서)는 "큰 天命(景命)을 받아 天下(四海)를 차지하고 尊位를 누리려면(宅尊), 반드시 좋은 이름을 갖고 百王의 자취를 잇고 帝位의 기강을 세워야 한다(紀統). 융성했던 옛일〈隆古(융고)〉을 따르는 것은 우리 황실만 그러한 것은 아니다.

– 建 ; 건물을 짓다. 법을 정하다. 나라나 기관을 건립하다. 의견을 말하다. 誕 태어날 탄. 광활하다. 크다(大)

– 膺 가슴 응. 안다. 받다. 景 볕 경. 경치. 햇살. 크다. 景命(경명) ; 하늘이 내리는 大命. 天命. 奄 가릴 엄. 차지하다.

– 宅尊(택존) ; 尊位(天子의 位)에 居하다. 天子가 되어 통치하다. 紹 이을 소. 紀 ; 기강을 세우다. 統(통) ; 帝位. 천자의 系譜.

– 肇 시작할 조. 꾀하다. 비롯하다. 隆 클 융. 융성하다. 匪 아닐 비, 도적 비. 我家(아가) ; 元의 황실.

○ 且唐之爲言蕩也, 堯以之而著稱. 虞之爲言樂也, 舜因之而作號. 馴致禹興而湯造, 互名夏大以殷中. 世降以還, 事殊非古. 雖乘時而有國, 不以義而制稱. : 그뿐만 아니라 唐이라는 말은 '넓다' 는 뜻인데, 堯(요)는 이를 취해 국호를 정했었다. 虞(우)라는 말은 '즐겁다' 인데, 舜은 이로써 국호를 삼았었다. 이어서 禹가 興起하고 湯(탕)이 즉위하면서 각각 夏는 '크다' 로, 殷은 '알맞다' 는 뜻으

로 이름을 지었다. 세대가 내려오고 순환하면서 국호를 정하는 일이 옛날과는 같지는 않았다. 비록 시대를 타고나 나라를 세우더라도 글자의 뜻으로 국호를 지어 부르지 않았다.

– 唐(당) ; 堯(요)의 도읍. 蕩 넓을 탕. 쓸어버리다. 堯(요) ; 堯는 21세(일설, 16세)에 唐縣(今 河北 唐縣)을 都城으로 건국. 唐에 도읍하였기에 唐堯라 부르며, 火德으로 帝位에 올랐기에 赤帝(적제)라 한다.

– 著稱(저칭) ; 칭호를 정하다. 虞 헤아릴 우. 편안하다. 즐기다. 舜(순) ; 五帝之一. 名 重華, 姓은 姚(요), 蒲阪(포판, 今 山西省 永濟市) 도읍. 堯의 禪讓(선양)을 받아 稱帝. 國號는 有虞(유우).

– 馴致(순치) ; 시대에 따라 변하다. 禹(우) ; 禹王, 夏의 건국자. 夏(하) ; 여름 하. 크다. 중국(華夏. 大夏). 나라 이름 夏(기원전 21세기~기원전 16세기. 傳統史書에 기록된 첫 번째 세습왕조.)

– 湯 넘어질 탕. 殷朝 건국자. 殷 번성할 은. 바르다. 中正. 殷(은) ; 商朝, 기원전 17세기 ~ 기원전 11세기. 17代 31王. 당시의 자기 기록을 가진 歷史시대의 왕조.

– 世降以還(세항이환) ; 세대가 내려오면서 순환하여. 事殊非古(사수비고) ; 국호를 정하기가(事) 달라져(殊) 옛날과 다르다(非古).

– 不以義而制稱(불이의이제칭) ; 글자의 뜻으로 국호를 정하거나 부르지는 않았다.

○ 爲秦爲漢者, 蓋從初起之地名. 曰隋曰唐者, 又卽始封之爵邑. 是皆徇百姓見聞之狃習, 要一時經制之權宜, 槪以至公, 得無少貶.
: 국호를 秦이나 漢이라 한 것은 대개 최초에 흥기한 지명을 따른

것이다. 隋와 唐은 역시 최초로 봉해진 爵邑(작읍)의 이름이다. 이 모두가 백성들이 보고 들어 익숙해진 것을 따른 것이니, 일시적으로 나라의 제도를 마련하면서 임시적인 편의에 좇았기에 전체적으로 至公의 관점에서는 많이 부족한 것이다.

- 爲秦爲漢者(위진위한자) ; 秦이라 하고 漢이라 한 것은. 徇 두루 순. 따르다. 狃 친압할 뉴(유). 익숙하다. 狃習(유습) ; 되풀이하여 익숙하다.
- 經制(경제) ; 나라를 경영하는 제도. 權宜(권의) ; 일시적 편의. 쉽고 편하게 정하다. 槪 평평하게 할 개. 대강, 대개. 전체적으로.
- 至公(지공) ; 극히 공평하다. 得無少貶(득무소폄) ; 적지 않은 폄하를 얻다. 많이 부족하다.

(10) 我太祖聖武皇帝, 握乾符而起朔土, 以神武而膺帝圖, 四振大聲, 大恢土宇. 輿圖之廣, 歷古所無. 頃者耆宿詣廷, 奏章伸請謂, 旣成於大業, 宜早定於鴻名. 在古制以當然, 於朕心乎何有. 可建國號曰大元, 蓋取易經乾元之義. 玆大冶流形於庶品, 孰名資始之功. 予一人底寧爲萬邦, 尤切體仁之要. 事從裍革, 道協天人. 於戱, 稱義而名, 固匪爲之溢美. 孚休惟永, 尙不負於投艱. 嘉與敷天共隆大號. 咨, 爾有衆, 體予至懷. 從太保劉秉忠之議也.

"우리 태조 성무황제는 하늘의 길조를 받고 북방에서 흥기하여 신령스러운 무예로 천명에 응해 제위에 올랐고, 위대한 명성을 사방에 떨치었으며 영토를 크게 넓히셨다. 영토가 이처럼 넓었던 적은 예로부터 없었다. 근자에 노인이 대궐에 와서 글을 올려 '이미 대업을 이루었으니, 빨리 나라의 이름을 정하는 것이 옳다.' 고 주청하였다. 옛 제도에 비춰보더라도 짐의 마음에 무슨 부끄러움이 있겠는가? 국호를 大元으로 정하였는데, 대저 易經 乾元의 뜻을 취한 것이다. 이는 하늘의 조화로 만물이 형체를 갖추고 모든 이름이 하늘의 힘을 바탕으로 이루어지는 것이로다. 짐이 만방을 다스려 편안에 이르게 하려면 더더욱 간절히 仁을 체득해야 할 것이로다. 국사는 하늘 뜻을 따라 변혁하고, 治道는 天意와 인심에 따를 것이로다."

"아아! 이런 뜻에 의거 이름을 지었지만 굳이 너무 칭송받을 것은 아니로다. 진실로 평안하고 영원할 것이니, 짐이 백성의 어려움을 구제하는 뜻을 져버리지는 않을 것이로다. 기뻐하며 천하와 함께 같이 번성할 국호로다. 아! 너희 백성들은 짐의 큰 뜻을 알아주기 바라노라!"고 하였다. 국호는 태보 유병충의 건의를 따른 것이다.

어구 설명

○ 我太祖聖武皇帝, 握乾符而起朔土, 以神武而膺帝圖, 四振大聲,

大恢土宇. 輿圖之廣, 歷古所無. : 우리 太祖 聖武皇帝는 하늘의 吉兆(길조)를 받고 북방에서 흥기하여 神武로 천명의 응해 제위에 올랐고, 위대한 명성을 사방에 떨치었으며 영토를 크게 넓히셨다. 영토가 이처럼 넓은 적은 예로부터 없었다.

– 太祖聖武皇帝(태조성무황제) ; 成吉思汗(성길사한). 握 손에 쥘 악. 乾符(건부) ; 하늘이 내려준 좋은 징표. 朔土(삭토) ; 북쪽의 땅.

– 膺帝圖(응제도) ; 천명에 따라 천자의 자리에 오르다. 大聲(대성) ; 위대한 명성. 土宇(토우) ; 토지. 국토.

– 輿 수레 여. 만물을 실은 수레. 영토. 歷古所無(역고소무) ; 예로부터 없었다.

○ 頃者耆宿詣廷, 奏章伸請謂, 旣成於大業, 宜早定於鴻名. 在古制以當然, 於朕心乎何有. 可建國號曰大元, 蓋取易經乾元之義. : 近者에 노인이 대궐에 와서 글을 올려 '이미 大業을 이루었으니, 빨리 나라의 이름을 정하는 것이 옳다.' 고 주청하였다. 옛 제도에 비춰보더라도 朕(짐)의 마음에 무슨 부끄러움이 있겠는가? 國號를 大元으로 정하였는데, 대저 易經 乾元의 뜻을 취한 것이다.

– 頃者(경자) ; 요사이. 近者에. 耆 늙은이 기. 耆宿(기숙) ; 年老하고 학덕이 있는 사람. 奏章(주장) ; 상주하는 글.

– 伸請(신청) ; 어떤 글을 올려 청하다. 鴻 큰 기러기 홍. 鴻名(홍명) ; 위대한 국호. 於朕心乎何有(어짐심호하유) ; 朕(짐)의 心(마음)에 何(무슨 부끄러움이)가 有하겠는가? 의문종결어미 乎를 도치하여 강조의 뜻을 표현.

- 可(가) ; 許可하다.   易經(역경) ; 周易.   乾(건) ; 하늘. 周易 64卦 중 첫 번째 괘.   元(원) ; 大也.   乾元(건원) ; 하늘의 덕. 주역 건괘의 첫 시작은 '乾은 元, 亨, 利, 貞하다'로 시작하며, 彖辭(단사)에서는 '大哉라! 乾元이여! 萬物이 資始(자시 = 쌓이기 시작)하나니 乃統天(내통천)이로다.' 라는 구절이 있다.

○ 玆大冶流形於庶品, 孰名資始之功. 予一人底寧爲萬邦, 尤切體仁之要. 事從因革, 道協天人. : 이는 하늘의 조화로 만물이 형체를 갖추고 모든 이름이 하늘의 힘을 바탕으로 이루어지는 것이로다. 朕이 萬邦(만방)을 다스려 편안에 이르게 하려면 더더욱 간절히 仁을 체득해야 할 것이로다. 國事는 하늘 뜻을 따라 변혁하고, 治道는 天意와 人心에 따를 것이로다.

- 玆 이 자. 이것. 이에.   大冶(대야) ; 造化. 하늘의 조화.   庶品(서품) ; 모든 事物이나 존재, 생명.   孰 누구 숙. 어느. 무엇. 發語辭.

- 予一人(여일인) ; 皇帝, 世祖.   底 ; 밑 저. 이르다(至).   寧(령) ; 안녕. 편히.   爲(위) ; 여기서는 다스리다.   尤 더욱 우.

- 切(절) ; 간절히.   體仁之要(체인지요) ; 인을 체득해야 할 필요성.   因革(인혁) ; 세월 따라 변해가다.   道協(도협) ; 治道로 따르다.   天人(천인) ; 天意와 人心.

○ 於戲, 稱義而名, 固匪爲之溢美. 孚休惟永, 尙不負於投艱. 嘉與敷天共隆大號. 咨, 爾有衆, 體予至懷. 從太保劉秉忠之議也. : 아아! 이런 뜻에 의거 이름을 지었지만 굳이 너무 칭송받을 것은 아니로다. 진실로 평안하고 영원할 것이니, 백성의 어려움을 구하

는 뜻을 져버리지는 않을 것이로다. 기뻐하며 천하와 함께 같이 번성할 국호로다. 아! 너희 백성들은 짐의 큰 뜻을 알아주기 바라노라!"고 하였다. 국호는 太保 劉秉忠의 건의를 따른 것이다.

– 戱 탄식할 희. 於戱(어희) ; 아아! 감탄하는 말. 稱義而名(칭의이명) ; 義를 일컬어 國名을 짓다. 名은 '이름 짓다' 동사로 쓰였다.

– 溢 넘칠 일. 溢美(일미) ; 너무 많이 칭송받다. 孚 미쁠 부. 진실로. 기르다. 休 쉴 휴. 편안하게 하다. 永(영) ; 국운이 장구하다.

– 尙 오히려 상. 艱 어려울 간. 投艱(투간) ; 백성을 구제하는 어려움에 황제 자신을 던지다. 백성의 어려움을 구제하는데 힘쓰다.

– 敷 펼 부. 敷天(부천) ; 普天, 넓은 하늘. 天下. 共隆(공륭) ; 함께 융성(번영)하다. 大號(대호) ; 國號.

– 咨 물을 자. 아! 감탄사. 有衆(유중) ; 有는 특별한 뜻이 없는 美稱. 萬民. 體(체) ; 몸으로 체득하다. 느끼다. 至懷(지회) ; 간절한 뜻.

(11) ○ 壬申, 咸淳八年, 葉夢鼎再相, 以與似道意不合去. ○ 襄陽陷. 先是理宗初年, 襄陽以制臣失撫御, 致王旻作亂而陷. 謝方叔爲相, 喩李曾伯, 遣將取之. 北方亦不苦爭, 及劉整策行, 重兵圍襄陽. 呂文煥守城六年, 扞禦備至, 而似道不肯調援. 雖糧食未乏, 衣裝薪芻, 無所措辨. 至撤廬舍爲薪, 緝關

楮爲衣. 援兵不至, 遂以城降, 爲元人之用.

○ 임신, 함순 8년, 宋(송)나라는 섭몽정이 다시 재상에 되었지만 가사도와 뜻이 맞지 않아 조정을 떠났다.

○ 양양성이 함락되었다. 이보다 앞서 理宗 초년에 양양성은 제치사 같은 관리가 사졸들을 잘 거느리지 못해 왕민이 반란을 일으켜 함락되었었다. 사방숙이 재상이 되자, 이증백에게 지시하여 장수를 보내 탈환하였다. 몽고군 또한 힘들여 빼앗으려 하지 않았는데 (투항한) 유정의 방책을 실행하면서 많은 군사로 양양성을 포위했었다.

여문환이 6년이나 수성하면서 방어시설을 잘 갖추었으나 가사도는 다른 병력을 보내 구원하지 않았다. 비록 양식은 모자라지 않았으나 옷이나 무장, 땔감이나 사료를 얻을 방법이 없었다. 그래서 집을 부수어 땔나무로 쓰고 문서를 꿰매어 옷으로 입기에 이르렀다. 구원병이 오지 않아 결국 성을 들어 항복하였고 (여문환은) 원나라에 등용되었다.

어구 설명

○ 壬申, 咸淳八年, 葉夢鼎再相, 以與似道意不合去. : 壬申, 咸淳 8年, 葉夢鼎(섭몽정)이 다시 재상에 되었지만 賈似道(가사도)와 뜻이 맞지 않아 조정을 떠났다.

- 壬申, 咸淳 八年 ; 1272년.

○ 襄陽陷. 先是理宗初年, 襄陽以制臣失撫御, 致王旻作亂而陷. 謝方叔爲相, 喩李曾伯, 遣將取之. 北方亦不苦爭, 及劉整策行, 重兵圍襄陽. : 襄陽城(양양성)이 함락되었다. 이보다 앞서 理宗 初年에 襄陽城은 制臣이 사졸들을 잘 거느리지 못해 王旻(왕민)이 반란을 일으켜 함락되었었다. 謝方叔(사방숙)이 재상이 되자, 李曾伯(이증백)에게 지시하여 장수를 보내 탈환하였다. 몽고군 또한 힘들여 빼앗으려 하지 않았는데 (투항한) 劉整(유정)의 方策을 실행하면서 많은 군사로 양양성을 포위했었다.

- 制臣(제신) ; 한 지방을 통제하는 신하. 制置使〈제치사, 經略安撫使(경략안무사)〉. 撫御(무어) ; 士卒을 慰撫(위무＝위로하고 어루만짐.)하면서 통제하다.

- 旻 하늘 민. 謝方叔爲相(사방숙위상) ; 理宗 淳祐 4년 기록 참조. 喩 깨우칠 유. 北方(북방) ; 몽고. 元.

- 不苦爭(불고쟁) ; 죽기 살기로 爭取(쟁취)하지는 않다. 重兵(중병) ; 大軍. 强兵.

○ 呂文煥守城六年, 扞禦備至, 而似道不肯調援. 雖糧食未乏, 衣裝薪芻, 無所措辨. 至撤廬舍爲薪, 緝關楮爲衣. 援兵不至, 遂以城降, 爲元人之用. : 呂文煥(여문환)이 6년이나 守城하면서 방어시설을 잘 갖추었으나 賈似道는 다른 병력을 보내 구원하지 않았다. 비록 양식은 모자라지 않았으나 옷이나 무장, 땔감이나 사료를 얻을 방법이 없었다. 그래서 집을 부수어 땔나무로 쓰고 문서를 꿰매어 옷으로 입기에 이르렀다. 구원병이 오지 않아 결국 성을 들어 항복하였고 (여문환은) 원나라에 등용되었다.

– 扞 막을 한. 禦 막을 어. 備至(비지) : 잘 대비하다. 調援(조원) ; 병력을 보내 구원하다. 衣裝(의장) ; 의복이나 武裝.
– 薪 땔나무 신. 芻 꼴 추. 건초. 撒 뿌릴 살. 흩다. 撤(거둘 철. 헐어버리다)의 誤字인 것 같음.
– 廬舍(여사) ; 가옥. 집. 緝 모을 집. 잇다. 楮 닥나무 저. 종이. 關楮(관저) ; 관청의 영수증이나 문서.

(12) ○ 賈似道累章出督, 而陰諷朝廷留之, 卒不行. ○ 元併尙書省. 封皇子忙哥剌爲安西王. ○ 直學士院文天祥致仕. 初賈似道稱疾乞致仕, 以爲要君. 似道諷張立志劾罷之, 天祥遂引錢若水例, 乞致仕, 時年三十七矣. ○ 癸酉, 咸淳九年, 平地産白毛, 如銀線菜, 臨安尤多. ○ 元侵樊城. 守將張漢英, 及都統制范天順·午富死之.

○ 가사도는 도성을 나가 군사를 지휘하겠다는 글을 올렸지만 은밀히 조정 중신들에게 귀띔하여 끝내 나가지 않았다.
○ 元은 상서성을 (중서성에) 합쳤다. 황자인 망가랄을 안서왕으로 삼았다.
○ 직학사원의 문천상이 사직했다. 그 전에 가사도는 병을 핑계로 사직을 허락해 달라고 했었는데 (문천상은) 그

것을 황제에게 강요하는 것이라고 말했다. 가사도가 장입지를 시켜 문천상을 탄핵하고 파직시키려 하자, 문천상은 전약수의 경우를 생각하며 사직을 요청하니, 그때 나이가 37세였었다.

○ 계유, 함순 9년, 평지에 흰털 같은 것이 났는데 모양이 은선채와 비슷한데 임안에 특히 많았다.

○ 元이 번성을 침략했다. 수장 장한영과 도통제사인 범천순과 오부가 싸우다 죽었다.

어구 설명

○ 賈似道累章出督, 而陰諷朝廷留之, 卒不行. : 賈似道는 도성을 나가 군사를 지휘하겠다는 글을 올렸지만 은밀히 조정 중신들에게 귀띔하여 끝내 나가지 않았다.

– 章出督(장출독) ; 都城을 떠나 군사를 지휘하겠다고 글을 올리다. 諷 외울 풍. 알리다. 넌지시 말하여 깨우치다.

– 諷朝廷(풍조정) ; 조종 중신들에게 귀띔하다. 자신을 지방에 가지 않게 건의하게 하다.

○ 元併尙書省. 封皇子忙哥剌爲安西王. : 元은 尙書省을 (중서성에) 합쳤다. 皇子인 忙哥剌(망가랄)을 安西王으로 삼았다.

– 併 아우를 병. 합치다. 尙書省을 中書省에 통합했다. 安西(안서) ; 今 甘肅省(감숙성)의 땅.

○ 直學士院文天祥致仕. 初賈似道稱疾乞致仕, 以爲要君. 似道諷

張立志劾罷之, 天祥遂引錢若水例, 乞致仕, 時年三十七矣. : 直學士院의 文天祥이 사직했다. 그 전에 賈似道는 병을 핑계로 사직을 허락해 달라고 하였었는데 (문천상은) 그것을 황제에게 강요하는 것이라고 말했었다. 가사도가 張立志(장입지)를 시켜 문천상을 탄핵하고 파직시키려 하자, 문천상은 錢若水(전약수)의 例를 생각하며 사직을 요청하니, 그때 나이가 37세였었다.

– 直學士院(직학사원) ; 龍圖閣(용도각)의 부속기관. 御製(어제)의 문집 등을 맡아 보았다. 文天祥(문천상, 1236~ 1283년) ; 忠烈로 名傳後世(충렬로 이름이 후세에 전해졌다), 元 포로가 되었을 때, 元 世祖가 高官厚祿(고관후록)으로 투항을 권유하였으나 끝까지 절조를 지켰다. 陸秀夫(육수부), 張世傑(장세걸)과 함께 '宋末三傑' 로 칭송되는 漢族의 영웅이다.

– 致仕(치사) ; 관직을 사퇴하다. 要君(요군) ; 주군에게 압력을 넣어 자신의 뜻을 관철하다. 諷張立志劾罷之(풍장입지핵파지) ; 張立志를 사주하여 문천상을 탄핵하여 파직시키다. 錢若水(전약수) ; 人名. 문천상 이전에 가사도의 사주에 의해 탄핵 파직되었던 사람.

○ 癸酉, 咸淳九年, 平地產白毛, 如銀線菜, 臨安尤多. 元侵樊城. 守將張漢英, 及都統制范天順 · 午富死之. : 癸酉, 咸淳 九年, 平地에 흰털 같은 것이 났는데 모양이 銀線菜(은선채)와 비슷한데 臨安에 특히 많았다. 元이 樊城(번성)을 침략했다. 守將(수장 = 성을 지키는 守卒의 將) 張漢英과 都統制使인 范天順(범천순)과 午富(오부)가 싸우다 죽었다.

– 咸淳 九年 ; 1273년. 銀線菜(은선채) ; 銀線草(은선초) ; 中韓辭典에는 '홀아비꽃대' 라 번역되었고, 日本語로는 '상어 지느러미' 라고 불리는 식물.

(13) ○ 元國子祭酒許衡乞罷, 許之. 衡居家勤儉, 强於自治, 公愛兼盡, 不嚴而整. 閨門之內, 若朝廷然, 夫婦相待如賓, 凡喪葬一遵古制, 不用佛老, 懷孟之間化之. 旁舍有僧德公者, 年百餘歲. 嘗謂其徒曰, 老僧苦行百年, 亦不能作佛, 徒爲不孝之人, 羞見祖宗于地下. 但願小僧輩, 還俗以壽汝祖宗之嗣. 自是不復度弟子, 蓋化之也. ○ 甲戌, 咸淳十年, 賈似道丁母憂, 隨起復. ○ 陳宜中, 僉書樞密院. ○ 七月, 上崩, 在位十年, 改元咸淳, 壽三十五. 似道立皇子㬎, 年四歲, 是爲孝恭懿聖皇帝.

○ 元은 국자학의 제주인 허형이 사직을 원해 허락했다. 허형은 가정생활에서 근면 검소했고 자신에게 엄격하였으며, 공평과 자애를 다하였기에 엄하지 않았어도 가정은 가지런했다. 가정의 안채는 조정과도 같아 부부가 손님을 대하듯 공경했으며 모든 상례와 장례에 옛 의례를 끝까지 준

수하면서 불교와 도가의 예를 채용하지 않으니 회주와 맹주의 지역이 이에 교화되었다.

옆집에 덕공이라는 승려가 살았는데, 나이 백 세가 넘었다. 전에 그 제자들에게 말하기를, "내가 백 년 가까이 고행을 했지만 부처가 되질 못했고, 공연히 불효자가 되어 죽은 뒤 조상 뵙기가 부끄러울 뿐이다. 그러니 젊은 중들은 환속하여 각자 조상들의 대를 잘 이어주길 바란다."고 하였다. 그러고서는 다시는 제자들을 받아들이지 않았으니 아마도 허형에게 감화되었을 것이다.

○ 갑술, 함순 10년, 가사도가 모친상을 당했지만, 곧 원직에 돌아왔다.

○ 진의중이 첨서추밀원사가 되었다.

○ 7月에 도종이 붕어하니, 재위 10년에 개원은 함순이었고 나이 35세였다. 가사도는 황자 㬎(현)을 옹립하였는데 나이는 4살이었고, 이가 효공의성황제(恭帝)이다.

어구 설명

○ 元國子祭酒許衡乞罷, 許之. 衡居家勤儉, 强於自治, 公愛兼盡, 不嚴而整. 閨門之內, 若朝廷然, 夫婦相待如賓, 凡喪葬一遵古制, 不用佛老, 懷孟之閒化之. : 元은 國子 祭酒〈제주 = 회합이나 잔치 때 연장자가 먼저 술로써 地神(지신)에게 제사 지내던 일.〉인 許衡(허형)이 사직을 원해 허락했다. 許衡(허형)은 가정생활에서 勤

勉(근면) 儉素(검소)했고 자신에게 엄격하였으며, 공평과 자애를 다하였기에 嚴하지 않았어도 가정은 가지런했다. 가정의 안채는 조정과도 같아 夫婦가 손님을 대하듯 공경했으며 모든 상례와 장례에 옛 의례를 끝까지 준수하면서 불교와 도가의 예를 채용하지 않으니 懷州(회주)와 孟州(맹주)의 지역이 이에 교화되었다.

– 居家(거가) ; 생활. 强於自治(강어자치) ; 자신의 몸가짐에 엄격했다. 公愛(공애) ; 公平과 慈愛. 兼盡(겸진) ; (公愛를) 끝까지 지켰다.

– 閨門(규문) ; 부녀자의 거실(안채)로 들어가는 문. 안채. 가정. 부부관계. 若朝廷然(약조정연) ; 조정과 같았다.

– 夫婦相待如賓(부부상대여빈) ; 부부가 손님처럼 대하다. 부부가 서로 존경하기를 손님 존경하듯 했다. 遵 좇을 준. 遵行하다.

– 佛老(불노) ; 불교와 老子(노자)의 교, 곧 도교의 제례. 懷孟(회맹) ; 懷州〈今 河南省 沁陽市(심양시)〉와 孟州〈今 河南省 西北部, 黃河北岸, 焦作市(초작시) 관할 縣級市〉.

○ 旁舍有僧德公者, 年百餘歲. 嘗謂其徒曰, 老僧苦行百年, 亦不能作佛, 徒爲不孝之人, 羞見祖宗于地下. 但願小僧輩, 還俗以壽汝祖宗之嗣. 自是不復度弟子, 蓋化之也. : 옆집에 德公이라는 승려가 살았는데, 나이 백 세가 넘었다. 전에 그 제자들에게 말하기를, "내가 百年 가까이 苦行을 했지만 부처가 되질 못했고, 공연히 不孝子가 되어 죽은 뒤 조상 뵙기가 부끄러울 뿐이다. 그러니 젊은 중들은 還俗하여 각자 조상들의 대를 잘 이어주길 바란다." 고 하였다. 그러고서는 다시는 제자들을 받아들이지 않았으니 아

마도 허형에게 감화되었을 것이다.

- 旁舍(방사) ; 옆집. 徒(도) ; 門徒, 제자. 老僧(노승) ; 德公 자신. 不能作佛(불능작불) ; 부처가 되질 못했다. 徒 무리 도. 한낱. 빈. 공연히.

- 小僧輩(소승배) ; 젊은 승려들, 어린 중들. 壽 목숨 수. 수명. 오래 살다. 보전하다. 嗣 이을 사. 代를 잇다. 度(도) ; 제도하다. 제자를 이끌다.

○ 甲戌, 咸淳十年, 賈似道丁母憂, 隨起復. 陳宜中, 僉書樞密院. : 甲戌, 咸淳 十年, 賈似道가 모친상을 당했지만, 곧 원직에 돌아왔다. 陳宜中(진의중)이 僉書樞密院事(첨서추밀원사)가 되었다.

- 咸淳 十年 ; 1274년. 丁母憂(정모우) ; 모친상을 당하다. 丁 넷째 천간 정. 당하다. 母憂(모우) ; 모친상. 隨 따를 수. 곧이어. 起復(기복) ; 장례를 마치면서 상복을 벗다. 그리고 관직에 복귀하다.

- 僉 모두 첨. 가려 뽑다. 僉書(첨서) ; 簽書(첨서) ; 宋代에는 直學士를 簽書院事라 하였다.

○ 七月, 上崩, 在位十年, 改元咸淳, 壽三十五. 似道立皇子㬎, 年四歲, 是爲孝恭懿聖皇帝. : 七月에 度宗이 붕어하니, 在位 10年에 改元은 咸淳이었고 나이 35세였다. 가사도는 皇子 㬎(현)을 옹립하였는데 나이는 4살이었고, 이가 孝恭懿聖皇帝(효공의성황제)이다.

- 㬎 드러날 현. 恭懿聖皇帝(공의성황제) ; 恭帝(재위 1274~1276년) ; 臨安(임안)이 함락되면서 元에 끌려갔고, 승려로서 53세에 죽었다.

2) 恭帝 ; 南宋의 멸망

(1) 孝恭懿聖皇帝, 名㬎, 皇后全氏出也. 太皇太后謝氏, 臨朝稱詔, 改元德祐. ○ 封兄建國公昰爲吉王, 弟永國公昺爲信王. ○ 元太保劉秉忠卒. 秉忠以天下爲己任. 知無不言, 言無不聽, 其薦人才各稱器使. 城開平城燕都, 皆秉忠相其地. 至是無疾端坐而卒. 世祖聞驚悼, 謂羣臣曰, 秉忠事朕三十餘年. 小心愼密. 其陰陽術數之精, 唯朕知之.

효공의성황제의 이름은 㬎(현)으로, 어머니는 度宗(도종) 황후 전씨 소생이다. 태황태후인 사씨〈理宗(이종)의 妃(비)〉가 임조(조정에 나와)하여 칭조(정치를)하였고, 그 이듬해 년호를 덕우로 개원하였다.

○ 황제의 형인 건국공 昰(시)를 길왕, 아우인 영국공 昺(병)을 신왕으로 봉했다.

○ 元의 태보인 유병충이 죽었다. 유병충은 천하태평을 자신의 임무로 생각했다. 아는 것을 말하지 않은 것이 없었고, 그가 말한 것을 (世祖가) 수락하지 않은 것이 없었으며, 그가 추천하는 인재는 능력에 맞춰 일을 맡겼다. 쿠빌라이가 개평과 연도에 성을 쌓은 것은 모두 유병충이 그 땅을 요긴하게 보아 고른 것이었다. 이때 그는 이렇다 할

병도 없이 단정히 앉아서 죽었다. 세조가 듣고 애도하면서 군신에게 말했다. "유병충은 나를 30여 년간 섬기었다. 조심성 있고 신중해서 무슨 일이나 치밀하게 처리했소. 그가 음양과 술수에 정통했던 것은 짐만이 알았었다."

어구 설명

○ 孝恭懿聖皇帝, 名㬎, 皇后全氏出也. 太皇太后謝氏, 臨朝稱詔, 改元德祐. 封兄建國公昰爲吉王, 弟永國公昺爲信王. : 孝恭懿聖皇帝(효공의성황제)의 이름은 㬎(현)으로, 皇后 全氏 所生이다. 太皇太后인 謝氏(사씨)가 臨朝(임조=조정에 나아가서)하여 稱詔하였고, 德祐로 개원하였다. 兄인 建國公 昰(시)를 吉王, 아우인 永國公 昺(병)을 信王으로 봉했다.

- 懿 아름다울 의. 孝恭懿聖皇帝(효공의성황제) ; 이는 諡號(시호)이다. 元에 가서 오래 생존했기 때문에 度宗, 理宗과 같은 廟號(묘호)가 없다.

- 太皇太后謝氏(태종태후사씨) ; 理宗의 皇后. 稱詔(칭조) ; 자신의 명〈命令(명령)〉을 詔라 하다. 代行天子之事(천자의 일을 대신 행하였다). 德祐(덕우) ; 1275~1276년.

- 兄建國公(형건국공) ; 度宗과 후궁(楊淑妃) 所生. 昰 ; 여름 하(夏의 俗字). 옳을 시(是의 本字). 趙昰(조시) ; 恭帝가 1276년에 元으로 끌려간 뒤, 南宋 부흥운동의 일환으로 福州에서 즉위하니, 이가 端宗(단종)이다. 昺 밝을 병(昞과 同字). 原註에 音은

是이다.

○ 元太保劉秉忠卒. 秉忠以天下爲己任. 知無不言, 言無不聽, 其薦人才各稱器使. 城開平城燕都, 皆秉忠相其地. 至是無疾端坐而卒. 世祖聞驚悼, 謂羣臣曰, 秉忠事朕三十餘年. 小心愼密. 其陰陽術數之精, 唯朕知之. : 元의 太保인 劉秉忠이 죽었다. 유병충은 天下태평을 자신의 임무로 생각했다. 아는 것을 말하지 않은 것이 없었고, 그가 말한 것을 (世祖가) 수락하지 않은 것이 없었으며, 그가 추천하는 인재는 능력에 맞춰 일을 맡겼다. 開平과 燕都에 城을 쌓은 것은 모두 유병충이 그 땅을 고른 것이었다. 이때 병도 없이 단정히 앉아서 죽었다. 世祖가 듣고 애도하면서 羣臣(군신)에게 말했다. "유병충은 나를 30여 년간 섬기었다. 조심성 있고 신중해서 무슨 일이나 치밀하게 처리했소. 그가 陰陽과 術數에 精通했던 것은 朕(짐)만이 알았었다."

– 太保(태보) ; 태보는 최고의 벼슬, 三公(삼공)의 한 사람. 유병충의 자는 仲晦(중회). 어릴 때부터 불교를 믿었다. 집은 邢州(형주)에 있었다. 이곳은 金(금)의 영토였으므로 元나라에 손쉽게 점령당하여, 그는 쿠빌라이가 왕이 되자 入朝(입조)해서 그대로 머물러 있게 되었다. 經世(경세) · 天文(천문) · 地理(지리) · 律歷(율력) 등 읽지 않은 책이 없었다. 그는 또 元나라 조정에서도 항상 중국 옷을 입고 있었다.

– 劉秉忠(유병충) ; 金國 출신 漢人. 知無不言(지무불언) ; 알면 말하지 않은 것이 없다. 言無不聽(언무불청) ; 말하면 수락하지(聽) 않은 것이 없다.

– 聽 들을 청. 수락하다. 받아들이다. 薦 천거할 천. 거적자리. 稱器(칭기) ; 그릇에 맞게. 능력과 임무를 맞추다. 적재적소.
– 城 ; 성을 쌓다. 悼 슬퍼할 도. 애도하다. 愼密(신밀) ; 신중하며 용의주도하다. 術數(술수) ; 인간의 운명을 예언하는 것.

(2) 元命中書平章史天澤·中書左丞相伯顏, 帥諸軍南侵. 陛辭, 世祖諭之曰, 古之善取江南者, 唯曹彬一人. 汝能不殺, 是吾曹彬也. 天澤有疾而還, 尋卒. 先是世祖遣醫馳視, 天澤附奏曰, 臣大限有終. 死不足惜, 第願天兵渡江, 以殺掠爲戒. 言訖而卒. 天澤, 忠亮有大節, 出入將相近五十年, 柱石四朝, 師表百辟, 可謂社稷之臣. 其視富貴權勢, 斂迹退避, 若將浼之者. 故能善始令終, 爲開國元臣.

元은 중서평장사 사천택과 중서좌승상 백안에게 명해 군사를 거느리고 남송을 공격케 하였다. 계단 아래에서 출발 인사를 하자, 세조(쿠빌라이)가 그들에게 말했다. "옛날 강남을 제대로 빼앗았던 사람은 조빈 한 사람뿐이다. 너희들이 (무고한 사람을) 죽이지 않는다면 나의 조빈이 되는 것이다."

사천택은 병이 들어 일선에서 돌아왔다가 곧 죽었다. 죽기 전에 세조는 의원을 보내 급히 가서 치료케 하였는데, 사천택은 다른 사람 편에 상주하기를 "저의 수명이 이제 끝나려 합니다. 죽는 것은 아쉽지 않지만 다만 우리 군사가 長江을 건너 살육과 약탈을 하지 않기를 바랄 뿐입니다."라고 하였다. 사천택은 말을 마치자 죽었다.

사천택은 충직하면서도 큰 지조를 가진 사람으로, 근 50년간 장상으로 출입하면서 4대〈太宗(태종) · 定宗(정종) · 憲宗(헌종) 및 世宗(세종)〉에 걸친 주춧돌 같은 대신으로 모든 신하의 사표였으니 사직을 지킬 신하라 할 수 있었다. 그는 부귀권세를 보면 자취를 감추거나 물러나 피하면서 마치 자신을 더럽힐 것으로 생각했다. 그러했기에 시작과 끝이 모두 좋았고, 개국 이후 으뜸가는 신하가 되었다.

어구 설명

○ 元命中書平章史天澤 · 中書左丞相伯顔, 帥諸軍南侵. 陛辭, 世祖諭之曰, 古之善取江南者, 唯曹彬一人. 汝能不殺, 是吾曹彬也. : 元은 中書平章使 史天澤과 中書左丞相 伯顔에게 명해 군사를 거느리고 남송을 공격케 하였다. 계단 아래에서 출발인사를 하자, 세조가 그들에게 말했다. "옛날 江南을 제대로 빼앗았던 사람은 曹彬(조빈) 一人뿐이다. 너희들이 (무고한 사람을) 죽이지 않는다면 나의 曹彬이 되는 것이다."

– 史天澤(사천택, 1202~1275) ; 元朝 初期 名將, 中書右丞相,

史天澤(사천택)

元朝 최초의 漢人 丞相. 요와 금의 지배를 받던 곳에서 출생 성장. 1213年, 부친 史秉直(사병직)을 따라 蒙古에 투항.

– 伯顔(백안) ; 南宋을 멸망시킨 몽고인. 陛 섬돌 폐. 陛辭(폐사) ; 섬돌 아래에서 출발인사를 하다.

– 曹彬(조빈, 931~999년) ; 北宋 初 大將. 北宋이 南唐을 멸망시킬 때(974년) 총지휘관으로서 部將들에게 金陵 백성들을 함부로 죽이지 말라고 지시했었다.

○ 天澤有疾而還, 尋卒. 先是世祖遣醫馳視, 天澤附奏日, 臣大限有終. 死不足惜, 第願天兵渡江, 以殺掠爲戒. 言訖而卒. : 사천택은 병이 들어 돌아왔다가 곧 죽었다. 죽기 전에 世祖는 醫員을 보내 급히 가서 치료케 하였는데, 사천택은 다른 사람 편에 상주하기를 "저의 수명이 이제 끝나려 합니다. 죽는 것은 아쉽지 않지만 다만 우리 군사가 長江을 건너 살육과 약탈을 하지 않기를 바랄 뿐입니다."라고 하였다. 사천택은 말을 마치자 죽었다.

- 馳 달릴 치. 大限(대한) ; 수명의 한계. 第(제) ; 차례, 등급. 급제하다. 만일. 다만. 天兵(천병) ; 천자의 군사. 元兵.
- 以殺掠爲戒(이살약위계) ; 살인과 약탈을 못하게 하다. 掠 노략질할 략. 탈취하다. 약탈(掠奪=폭력을 써서 남의 것을 억지로 빼앗음.)하다.

○ 天澤, 忠亮有大節, 出入將相近五十年, 柱石四朝, 師表百辟, 可謂社稷之臣. 其視富貴權勢, 斂迹退避, 若將浼之者. 故能善始令終, 爲開國元臣. : 史天澤은 충직하면서도 큰 지조를 가진 사람으로, 근 五十年간 出將入相하면서 四朝에 걸친 柱石 大臣으로 모든 신하의 師表였으니 社稷之臣(사직지신)이라 할 수 있었다. 그는 富貴權勢를 보면 자취를 감추거나 물러나 피하면서 마치 자신을 더럽힐 것으로 생각했다. 그러했기에 善始善終(선시선종=선으로 시작해서 선으로 끝내다.)하면서 開國의 元臣(개국공신)이 되었다.
- 亮 밝을 양. 진실 된. 忠亮(충량) ; 忠直하고 성실하다. 大節(대절) ; 굳은 지조. 柱石(주석) ; 주춧돌. 四朝(사조) ; 태조, 정종, 헌종, 세조.
- 百辟(백벽) ; 모든 제후. 大臣. 辟(벽) ; 임금 벽. 제후. 피할 피. 社稷之臣(사직지신) ; 나라의 운명을 책임질 신하.
- 斂 거둘 염(렴). 迹 자취 적. 斂迹退避(염적퇴피) ; 자취를 감추거나 도망쳐 피하다. 浼 더럽힐 매. 令終(영종) ; 善終(선종=①유종의 미를 거둠. ②天壽(천수)를 다함. ③남의 죽음에 애도의 정을 다하여 哭泣(곡읍)하는 일. ④죽음을 두려워하지 않고 이를 초월함.)

(3) ○ 元伯顏丞相, 大會兵于襄樊. 九月, 以降人劉整, 領騎兵出淮泗, 呂文煥領舟師出襄陽, 爭先向導, 水陸竝進, 攻沙市新城. 都統邊居誼, 帥所部三千人, 力戰死之. 策應使夏貴, 力戰, 元兵出其不意, 兵敗, 沿西南岸縱火, 歸廬州. 宣撫朱禩孫, 提重兵, 不戰歸江陵. ○ 鄂州降. ○ 天目山崩. ○ 詔天下勤王. ○ 乙亥, 德祐元年, 元伯顏留阿里海牙, 以兵四萬守鄂, 而與阿朮率大軍渡江, 順流東下. 時沿江諸將多呂氏部曲, 望風降附.

○ 元의 승상 백안은 양양과 번성에 대군을 집결시켰다. 9월, 전에 항복했던 유정은 기병을 거느리고 회주와 사주를 출발하고, 여문환은 수군을 거느리고 양양을 출발하여 앞 다투듯 길을 안내하며 수륙으로 병진하여 沙市(사시)의 신성을 공격하였다. 도통사인 변거의는 자신의 소속 부대 3천 명을 거느리고 힘써 싸웠으나 전사하였다. 책응사인 하귀는 분전하였으나 元 군사의 기습 공격에 패하여 장강의 서남안을 따라 불을 지르며 여주로 돌아왔다. 선무사 주사손은 대군을 거느렸지만 (하귀가 패하였기에) 싸우지 않고 강릉으로 달아나 돌아왔다.

○ 악주가 적(여문환)에게 항복했다.

○ (임안의) 천목산이 무너졌다.

○ 조서를 내려 천하에 근왕병을 모집했다.

○ 을해, 덕우 원년에, 元의 백안은 아리해아를 남겨 4만의 병력으로 악주를 지키게 하고서, 아출과 함께 대군을 거느리고 장강을 건너 강을 따라 동으로 진격하였다. 이때 장강을 곳곳의 여러 장수 중 呂氏(여씨) 가문 출신 장군이 많아 위세를 보고 싸우지도 않고 투항해왔다.

어구 설명

○ 元伯顔丞相, 大會兵于襄樊. 九月, 以降人劉整, 領騎兵出淮泗, 呂文煥領舟師出襄陽, 爭先向導, 水陸竝進, 攻沙市新城. 都統邊居誼, 帥所部三千人, 力戰死之. 策應使夏貴, 力戰, 元兵出其不意, 兵敗, 沿西南岸縱火, 歸廬州. 宣撫朱禩孫, 提重兵, 不戰歸江陵. : 元의 伯顔(백안) 丞相(승상)은 襄樊(양번)에 대군을 집결시켰다. 九月, 전에 항복했던 劉整(유정)은 騎兵(기병)을 거느리고 淮州(회주)와 泗州(사주)를 출발하고, 呂文煥은 舟師(주사)를 거느리고 襄陽을 출발하여 앞 다투듯 길을 안내하며 水陸으로 竝進(병진)하여 沙市의 新城을 공격하였다. 都統使인 邊居誼(변거의)는 자신의 소속 부대 3천 명을 거느리고 힘써 싸웠으나 전사하였다. 策應使(책응사)인 夏貴는 力戰하였으나 元兵의 기습 공격에 패하여 長江의 西南岸을 따라 불을 지르며 廬州(여주)로 돌아왔다. 宣撫使 朱禩孫(선무사 주사손)은 대군을 거느렸지만 (夏貴가 패하였기에) 싸우지 않고 江陵으로 돌아왔다.

– 襄樊(양번) ; 襄陽과 樊城(번성). 呂文煥(여문환) ; 양양성을

6년이나 지켰으나 구원병이 없어 투항했었고 元에 등용되었다.(咸淳 8年 ; 1272년)

- 向導(향도) ; 嚮導(향도)와 同. 길을 안내하다. 沙市(사시) ; 今 湖北省 荊州市 근처. 誼 옳을 의. 邊居誼(변거의) ; 人名.

- 沿 따를 연. 따라 가다. 縱火(종화) ; 불을 지르다. 祼 제사 사. 重兵(중병) ; 大軍

○ 鄂州降. 天目山崩. 詔天下勤王. 乙亥, 德祐元年, 元伯顏留阿里海牙, 以兵四萬守鄂, 而與阿朮率大軍渡江, 順流東下. 時沿江諸將多呂氏部曲, 望風降附. : 鄂州(악주)가 항복했다. (臨安의) 天目山이 무너졌다. 詔書(조서)를 내려 天下에 勤王兵(근왕병)을 모집했다. 乙亥, 德祐 元年에, 元의 伯顏은 阿里海牙(아리해아)를 남겨 4만의 병력으로 鄂州를 지키게 하고서, 阿朮(아출)과 함께 大軍을 거느리고 장강을 건너 강을 따라 동으로 진격하였다. 이때 長江을 곳곳의 여러 장수 중 呂氏 가문 출신 장군이 많아 위세를 보고 싸우지도 않고 투항해왔다.

- 天目山(천목산) ; 浙江省(절강성) 臨安市의 名山, 西天目山(1,505m), 東天目山(1,479m). 山이 崩壞(붕괴)되었다는 것은 산사태가 났다는 의미.

- 部曲(부곡) ; 魏晋南北朝(위진남북조) 시대에는 家兵, 私兵의 의미. 隋唐 時期 이후로는 奴婢(노비)와 良民 중간에 속하지만 賤民(천민)에 가까운 社會 階層(계층)을 뜻했다. 여기서는 部下, 또는 '그 가문 출신의 장수' 라는 의미로 쓰였다.

- 德祐 元年 ; 1256년. 望風降附(망풍항부) ; 위세에 눌려 싸

우지도 않고 투항하다.

(4) ○ 江州降, 運使錢眞孫自縊. ○ 劉整自愧出淮無功, 憤死無爲軍城下. ○ 似道都督軍馬, 遷延不出. 聞兵已下建康, 始率諸軍發行在. 迂道而行, 數日始達蕪湖. 將趨安慶府, 牽制下流之師. 未至三日, 安慶帥范文虎, 乃呂氏壻, 已降, 將士無復固志. 似道許竭轉官資, 諸軍詬曰, 要官資做甚, 己未庚申官資何在. 似道不能答. 鳴鑼一聲, 退兵于珠金砂, 十三萬衆, 一時潰散. 似道奔入楊州.

○ 江州가 함락되었고, 전운사 錢眞孫(전진손)은 스스로 목을 매어 죽었다.

○ 劉整은 淮州를 출발한 이후 아무 功을 세우지 못했는데, 無爲軍(淮西)의 城을 공격하다가 성과가 없자 분노를 못 참고 죽었다.

○ 가사도는 (남송) 군사의 도독으로 기일을 미루며 출전하지 않았다. 元이 이미 건강을 함락시켰다는 말을 듣고 겨우 대군을 거느리고 행재소를 출발하였다. 가사도는 먼 길을 돌아 행군하여 여러 날이 지나 겨우 무호에 도착하였다. 안경부로 진군하여 하유로 오는 軍師를 견제하려 했었

다. (무호에 도착하기) 3일 전에, 안경부의 장수인 범문호는 여문덕의 사위로 이미 투항하였기에 장사들은 수복하겠다는 굳은 의지도 없었다.

가사도는 장졸의 관등을 올려주겠다고 하였지만 군졸들은 욕을 하며 말했다. "관등이 올라가면 뭘 하는데? 기미, 경신년의 승진은 어디에 있는가?" 가사도는 대답을 하지 못했다. 징을 한 번 울려 군사들을 주금사로 퇴군하였지만 13만 대군은 일시에 무너져 흩어졌다. 가사도는 양주로 달아났다.

어구 설명

○ 江州降, 運使錢眞孫自縊. 劉整自愧出淮無功, 憤死無爲軍城下. : 江州가 함락되었고, 전운사 錢眞孫(전진손)은 스스로 목을 매어 죽었다. 劉整은 淮州를 출발한 이후 아무 功을 세우지 못했는데, 無爲軍(淮西)의 城을 공격하다가 분노를 못 참고 죽었다.

– 江州(강주) ; 今 江西省 九江市. 運使(운사) ; 轉運使. 愧 부끄러워 할 괴. 無爲軍(무위군) ; 행정단위. 淮西(회서).

○ 似道都督軍馬, 遷延不出. 聞兵已下建康, 始率諸軍發行在. 迂道而行, 數日始達蕪湖. 將趨安慶府, 牽制下流之師. 未至三日, 安慶帥范文虎, 乃呂氏壻, 已降, 將士無復固志. : 賈似道는 (南宋) 軍馬의 都督으로 기일을 미루며 출전하지 않았다. 元이 이미 建康을 함락시켰다는 말을 듣고 겨우 대군을 거느리고 行在所를 출발

하였다. 가사도는 먼 길을 돌아 행군하여 여러 날이 지나 겨우 蕪湖(무호)에 도착하였다. 安慶府로 진군하여 下流로 오는 軍師를 견제하려 했었다. (무호에 도착하기) 3일 전에, 안경부의 장수인 范文虎(범문호)는 여문덕의 사위로 이미 투항하였기에 將士들은 수복하겠다는 굳은 의지도 없었다.

– 遷延(천연) ; 기일을 미루다. 꾸물거리다. 建康〈建業(건업), 建康(건강), 秣陵(말릉)〉; 今 南京市. 始(시) ; 겨우. 비로소.

– 行在(행재) ; 행재소. 行府(都督의 本營). 迂 멀 우. 迂道(우도) ; 길을 돌아서 가다. 빠른 길이 있으면서도 먼 길을 택한다는 뜻.

– 蕪湖(무호) ; 今 安徽省(안휘성) 東南部의 蕪湖市. 長江 南岸. 安慶府(안경부) ; 금 安徽省의 安慶市. 蕪湖보다 長江 상류에 위치.

– 牽 당길 견. 呂氏壻(여씨서) ; 呂文德의 사위. 壻 사위 서. 사위.

○ 似道許竭轉官資, 諸軍詬曰, 要官資做甚, 己未庚申官資何在. 似道不能答. 鳴鑼一聲, 退兵于珠金砂, 十三萬衆, 一時潰散. 似道奔入楊州. : 賈似道는 將卒의 관등을 올려주겠다고 하였지만 군졸들은 욕을 하며 말했다. "관등이 올라가면 뭘 하는데? 己未 庚申년의 승진은 어디에 있는가?" 가사도는 대답을 하지 못했다. 징을 한 번 울려 군사들을 珠金砂로 퇴군하였지만 13萬 대군은 일시에 무너져 흩어졌다. 가사도는 楊州로 달아났다.

– 竭 다할 갈. 모두. 轉 구를 전. 옮겨가다. 관직이 바뀌다. 竭轉(갈전) ; 지혜를 다하여 신분(지위)을 轉移(전이)시키다. 승진하다.

– 官資(관자) ; 官位. 官等. 관리로서의 등급. 詬 꾸짖을 후. 욕을 하며 책망하다. 做 지을 주. 作과 同.

– 甚 심할 심. 무엇? 무슨. 甚麽(심마, 什么, shénmė, 의문을 나타내는 말. 무엇?) 麽는 麼(잘 마)의 속자. 잘다. 작다. 어찌~느냐? 做甚(주심) ; 무엇을 하는가?(白話文)

– 己未庚申官資何在(기미경신관자하재) ; 己未年과 庚申年의 승급은 어디에 있는가? 己未庚申年에 승급한다 해 놓고 왜 안올려주었는가? 己未와 庚申은 理宗의 재위기간이었다.

– 鑼 징 나(라). 一聲(일성) ; 군대는 북소리(鼓)에 진격하고 징(鑼)소리에 퇴각한다. 珠金砂(주금사) ; 地名. 위치 미상.

– 潰散(궤산) ; 무너져 흩어지다. 奔入楊州(분입양주) ; 양주로 달아났다. 楊州는 揚州의 오류.

※ 이 부분을 지도를 놓고 대조해 보면 서술에 상당한 모순이 있다. 建康(건강, 남경)이 이미 元에게 함락되었다는 소식을 듣고 蕪湖(무호)로 出陣하는 것도 그렇고, 蕪湖에서 揚州를 가려면 建康을 통과해야 하는데 揚州로 달아났다는 서술도 맞지 않는다. 또 혼자 가더라도 하루 이틀에 갈 수 있는 거리도 아니다. 원 저자가 다른 史書를 축약할 때 과정을 생략했거나 南方의 地理를 너무 모르는 상태에서 서술한 것 같다.

(5) ○ 江西提刑文天祥, 募兵勤王. 天祥吉州廬陵人也, 丙辰, 魁進士第. ○ 殿帥韓震, 謀劫遷都. 陳

宜中以計誅之. ○ 池州破. 通守趙昻發將死, 與其妻訣, 妻曰, 卿能爲忠臣. 妾顧不能爲忠臣妻耶. 昻發喜具衣冠, 與俱縊. 明日伯顔入城, 見而憐之, 具衣棺葬焉. ○ 建康破. 趙淮死之.

○ 강서 제형인 문천상이 근왕병을 모집했다. 문천상은 길주 여능 출신으로 병진년 진사과 과거에서 장원급제 했었다.〈進士(진사)가 됨.〉

○ 전전도지휘자인 한진이 천도를 계획하고 恭帝(공제)를 위협하고 강요했다. 參知政事(참지정사) 진의중이 계교를 써서 죽여 버렸다.

○ 지주가 격파되었다. 지주성의 통판인 조앙발이 자결하려 그 아내와 결별하려는데, 처 雍氏(옹씨)가 말했다. "당신께서는 충신이 될 수 있습니다. 첩은 충신의 처가 될 수 없다 생각하십니까?" 조앙발은 기꺼이 의관을 갖추고 함께 목을 매었다. 다음 날, 元(원)의 장수 백안이 입성하여 이를 보고 가엽게 여겨 수의와 관을 갖추어 정중하게 묻어주었다.

○ 건강이 함락되었다. 조회가 죽었다.(전사했다.)

어구 설명

○ 江西提刑文天祥, 募兵勤王. 天祥吉州廬陵人也, 丙辰, 魁進士

第. 殿帥韓震, 謀劫遷都. 陳宜中以計誅之. : 江西 提刑(제형)인 文天祥이 勤王兵을 모집했다. 문천상은 吉州 廬陵(여릉) 출신으로 丙辰年 진사과 과거에서 장원급제 했었다. 전전도지휘자인 韓震(한진)은 遷都(천도)를 계획하고 恭帝(공제)를 위협하고 강요했다. 陳宜中(진의중)이 계교를 써서 죽여 버렸다.

– 提刑(제형) ; 감옥과 소송 담당관. 文天祥(문천상) ; 理宗 寶祐 4年(1256년), 臨安(임안)에서 應試(응시)하여 殿試(전시)에서 '禦試策(어시책)' 을 지어 時弊(시폐)를 논하고, 改革 方案과 政治 抱負(포부)를 서술하여 理宗이 친히 수석으로 선발하였다.

– 吉州(길주) ; 今 江西省 吉安市. 魁 으뜸 괴. 과거에 장원급제하다. 進士第(진사제) ; 進士科 科擧.

– 殿帥(전수) ; 宮城 護衛(호위)를 담당하는 殿前都指揮使(전전도지휘사). 震 벼락 진. 謀劫(모겁) ; 계획하고 강요하다.

○ 池州破. 通守趙昻發將死, 與其妻訣, 妻曰, 卿能爲忠臣. 妾顧不能爲忠臣妻耶. 昻發喜具衣冠, 與俱縊. 明日伯顔入城, 見而隣之, 具衣棺葬焉. 建康破. 趙淮死之. : 池州가 격파되었다. 通判인 趙昻發(조앙발)이 자결하려 그 아내와 결별하려는데 妻가 말했다. "당신께서는 忠臣이 될 수 있습니다. 妾은 忠臣의 妻가 될 수 없다 생각하십니까?" 조앙발은 기꺼이 衣冠을 갖추고 함께 목을 매었다. 다음 날, 伯顔(백안)이 入城하여 이를 보고 가엽게 여겨 수의와 관을 갖추어 묻어주었다. 建康이 함락되었다. 趙淮(조회)가 죽었다.

– 池州(지주) ; 今 安徽省(안휘성) 서남부, 長江 南岸. 通守

(통수) ; 通判의 오류? 通守는 隋代의 관직으로 唐代 이후 폐지되었다.

– 趙昻發(조앙발) ; 人名. 訣 이별할 결. 永訣. 顧不能爲忠臣妻耶(고불능위충신처야) ; 忠臣의 妻가 되기를 바랄 수 없습니까? 같이 따라 죽고 싶다는 뜻. 顧 돌아볼 고. 마음에 두다. 마음에 새기다. 죽다. 떠나다.

– 具衣冠(구의관) ; 의관을 갖춰 입다. 俱縊(구액) ; 함께 목을 매다. 伯顔(백안) ; 몽고 장수. 建康(건강) ; 建業. 金陵. 今 南京.

(6) ○ 京師戒嚴, 朝臣接踵宵遁. ○ 王爚·陳宜中等, 劾似道不忠不孝之罪. 宜中本受賈恩, 至是亟劾賈以自解. ○ 似道赴貶, 鄭虎臣以父仇, 監押至漳州, 卽厠上拉其胸殺之. ○ 張世傑以兵入衛. 元兵在境, 陳宜中等, 惟攻擊賈黨, 略無備禦之策. 司馬夢求, 監江陵沙市鎭, 力戰死. 徵諸帥入衛, 夏貴·昝萬壽·黃萬石等不至. ○ 六月, 庚申朔, 日蝕, 晦冥, 鷄栖于塒, 咫尺不辨人物. 自巳至午, 明始復. ○ 留夢炎相.

○ 서울 임안이 위태롭게 되었으므로 도성을 엄히 경계하니, 조정대신들은 줄줄이 밤에 도주하였다.

○ 왕약과 진의중 등은 가사도의 불충불효한 죄를 탄핵하였다. 진의중은 본래 가사도의 은덕을 본 사람이지만 이때 재빨리 가사도를 탄핵하는 것으로 자신을 변명하였다.

○ 가사도는 폄직되어 지방으로 내쫓기었는데, 정호신은 아버지의 원수를 갚으려고 가사도를 호송하여 장주에 이르자, 뒷간에서 가사도의 가슴을 찔러 죽여 버렸다.

○ 장세걸이 군사를 거느리고 궁궐을 호위했다. 元(원)나라 군사가 가까이 있는데도 진의중 등은 오로지 가사도의 당인들을 공격하느라 적을 막을 대비책을 거의 세우지 못했다. 사마몽구는 강릉 사시진의 감군으로 끝까지 싸우다 전사하였다. 여러 군사들을 징발하여 도성을 호위케 하였으나 하귀와 잠만수, 황만석 등은 오지 않았다.

○ 6월, 경신 초하루에, 일식이 있어 천지가 컴컴해져서 닭이 밤이 된줄 알고 홰에 오르고 지척에서도 사람을 알아볼 수 없었다. 사시(오전 10시)에 시작하여 오시(정오, 곧 낮 12시)가 되자, 다시 밝아졌다.

○ 유몽염이 재상 右丞相(우승상)이 되었다.

어구 설명

○ 京師戒嚴, 朝臣接踵宵遁. 王爚·陳宜中等, 劾似道不忠不孝之罪. 宜中本受賈恩, 至是亟劾賈以自解. 似道赴貶, 鄭虎臣以父仇, 監押至漳州, 卽厠上拉其胸殺之. : 도성을 엄히 경계하니, 朝臣들

은 줄줄이 밤에 도주하였다. 王爚(왕약)과 陳宜中(진의중) 등은 가사도의 不忠不孝한 罪를 탄핵하였다. 진의중은 본래 가사도의 은덕을 본 사람이지만 이때 재빨리 가사도를 탄핵하는 것으로 자신을 변명하였다. 가사도는 폄직되어 지방으로 내쫓기었는데, 鄭虎臣은 아버지의 원수를 갚으려고 가사도를 호송하여 漳州(장주)에 이르자, 뒷간에서 가사도의 가슴을 찔러 죽여 버렸다.

– 師(사) ; 군사제도(周代 2,500명). 많다. 64卦의 하나로서 師는 임금이나 장수를 상징. 京師(경사) ; 天子의 도성. 臨安.

– 戒嚴(계엄) ; 戰時에, 事變(시변)에 대비하여 경계를 엄히 하다. 踵 발꿈치 종. 接踵(접종) ; 뒤를 이어. 줄줄이. 남의 뒤를 바싹 따름.

– 宵 밤 소. 遁 달아날 둔. 宵遁(소둔) ; 밤에 달아나다. 爚 불 사를 약. 劾 캐물을 핵. 탄핵하다. 亟 빠를 극.

– 自解(자해) ; 자신을 해명하다. 자신에 대한 변명거리로 삼다. 赴貶(부폄) ; 폄직(좌천)되어 지방으로 내려가다.

– 仇 원수 구. 押 누를 압. 監押(감압) ; 죄수를 호송하다. 漳州(장주) ; 今 福建省 漳州市. 厠 뒷간 칙. 화장실.

– 拉 꺾을 랍(납). 베다. 썰다. 拉其胸(납기흉) ; 가슴을 찔러 죽이다.

○ 張世傑以兵入衛. 元兵在境, 陳宜中等, 惟攻擊賈黨, 略無備禦之策. 司馬夢求, 監江陵沙市鎭, 力戰死. 徵諸帥入衛, 夏貴 · 昝萬壽 · 黃萬石等不至. 六月, 庚申朔, 日蝕, 晦冥, 鷄栖于塒, 咫尺不辨人物. 自巳至午, 明始復. 留夢炎相. : 張世傑(장세걸)이 군사를

거느리고 궁궐을 호위했다. 元兵이 가까이 있는데도 陳宜中(진의중) 등은 오로지 가사도의 黨人들을 공격하느라 적을 막을 대비책을 거의 세우지 못했다. 司馬夢求(사마몽구)는 江陵 沙市鎭의 監軍으로 끝까지 싸우다 戰死하였다. 諸帥(제수)를 징발하여 도성을 호위케 하였으나 夏貴와 昝萬壽(잠만수), 黃萬石 등은 오지 않았다. 六月, 庚申 초하루에, 日蝕(일식)이 있어 컴컴해져서 닭이 홰에 오르고 지척에서도 사람을 알아볼 수 없었다. 巳時(사시, 오전 10시)에 시작하여 午時(낮 12시)가 되자, 다시 밝아졌다. 留夢炎(유몽염)이 재상 右丞相(우승상)이 되었다.

- 張世傑(장세걸, ?~1279년) ; 金朝의 河北에서 출생. 1234년 金이 멸망한 뒤 元의 장수로 있다가 남송에 투항. 南宋의 抗元(항원) 大將이 되었다. 1276년 임안이 함락되고 恭帝 등이 원으로 끌려가자 장세걸은 陸秀夫(육수부)와 함께 宋朝의 益王 趙昰(조시)와 衛王 趙昺(조병)을 옹위하고 도주하여 文天祥(문천상), 陸秀夫 等이 7歲 趙昰(조시)를 皇帝로 즉위시키니, 이가 남송의 端宗이다. 陸秀夫, 文天祥과 함께 '宋末三傑'이라 일컫는다. 昰 ; ①是의 본자. ②夏의 고자. 대법원 지정 인명용 한자음은 '하'이다. 原註에는 本音古字 是로 읽음으로 되어 있다.

- 入衛(입위) ; 궁궐에 들어와 호위하다. 在境(재경) ; 가까이에 있다. 略 ; 다스릴 약(략). 간략히 하다. 대강. 대략.

- 昝 성 잠. 잠씨. 蝕 좀 먹을 식. 晦 그믐 회. 어둡다. 冥 어두울 명. 栖 깃들일 서. 塒 홰 시. 닭이 올라가 잠자는 막대.

- 咫尺(지척) ; 아주 가까운 거리. 自巳至午(자사지오) ; 巳時부터 午時까지. 오전 10시부터 정오, 곧 낮 12시까지.

(7) ○ 文天祥將民兵峒丁二萬餘人入衛. 與夢炎意不相樂, 以尙書除江浙制置, 守吳門. ○ 州郡連降. 元兵距臨安百里, 獨松關告急. 時張世傑軍五萬, 諸路勤王兵四十餘萬. 天祥與世傑議, 兩軍堅守閩·廣, 全城王師血戰, 萬一得捷, 猶可爲也. 世傑大喜, 議出師. 宜中以王師務持重, 降詔沮之, 遣使乞和. ○ 詔天祥等罷兵. ○ 潭州陷. 時一軍自湖南圍潭州. 守臣李芾, 戰守屢捷. 經八九月城將陷, 闔門死之.

○ 문천상은 민병과 계동산의 장정 2만여 명을 거느리고 들어와 도성을 지켰다. 재상 유몽염과 뜻이 맞지 않아 상서로서 강절제치사를 제수 받아 오문을 수비했다.

○ 각 주와 군이 연이어 원나라에 투항했다. 元兵은 임안에서 백 리 떨어진 곳까지 왔고, 독송관에서도 위급을 알려왔다. 그 때 장세걸의 군사 5만과 각지의 근왕병 40餘만 명이 있었다. 문천상과 장세걸은 양쪽 군사가 閩(민)과 광주 지역을 굳게 지키면서 도성의 모든 관군이 혈전을 펴 만일 이기기만 한다면 그래도 중흥을 이룰 수 있다고 의논하였다. 장세걸은 만족하면서 친위병의 출병을 건의하였다. 진의중은 친위군의 출동은 신중해야 한다면서 조서를

내려 출병을 막고 사자를 원나라 군에 보내 화해를 요청하였다.

○ 조서를 내려 문천상 등에게 군사를 해산하라고 했다.

○ 담주가 함락되었다. 그때 원나라의 일군이 호남으로부터 들어와 담주를 포위하였다. 담주의 수장인 이불은 잘 막아 여러 차례 승전하였다. 8, 9개월을 버티다 성이 함락되려 할 때 일족이 모두 죽었다.

어구 설명

○ 文天祥將民兵峒丁二萬餘人入衛. 與夢炎意不相樂, 以尙書除江浙制置, 守吳門. : 文天祥은 民兵과 溪峒山(계동산)의 壯丁 2萬餘명을 거느리고 들어와 도성을 지켰다. 재상 留夢炎(유몽염)과 뜻이 맞지 않아 尙書로 江浙制置使(강절제치사)를 제수받아 吳門(蘇州)을 수비했다.

– 峒 산 이름 동. 峒丁(동정) ; 溪峒山(위치 미상)에 주거하는 蠻人(만인)의 壯丁. 意不相樂(의불상락) ; 의견일치를 보지 못하다.

– 吳門(오문) ; 今 蘇州(소주)의 別稱. 수도 臨安의 동북쪽.

○ 州郡連降. 元兵距臨安百里, 獨松關告急. 時張世傑軍五萬, 諸路勤王兵四十餘萬. 天祥與世傑議, 兩軍堅守閩 · 廣, 全城王師血戰, 萬一得捷, 猶可爲也. 世傑大喜, 議出師. 宜中以王師務持重, 降詔沮之, 遣使乞和. : 각 州와 郡이 연이어 투항했다. 元兵은 臨

安에서 百里 떨어진 곳까지 왔고, 獨松關(독송관)에서도 위급을 알려왔다. 그때 張世傑(장세걸)의 軍士 五萬과 諸路의 勤王兵(근왕병) 四十餘 萬이 있었다.〈輯覽(집람)과 續通鑑(속통감)에는 3, 4만이라고 했다.〉 문천상과 장세걸은 兩軍이 閩(민)과 廣州 지역을 굳게 지키면서 도성의 모든 관군이 血戰을 전개하여 萬一 이기기만 한다면 그래도 중흥을 이룰 수 있다고 의논하였다. 장세걸은 만족하면서 친위병의 출병을 건의하였다. 진의중은 친위군의 출동은 신중해야 한다면서 詔書(조서)를 내려 출병을 막고 使者를 원나라 군에 보내 화해를 요청하였다.(이때 원의 백안은 거절했다.)

- 距 떨어질 거. 거리.　獨松關(독송관) ; 浙江省(절강성) 杭州市(항주시). 臨安 근교의 要衝(요충).　閩 종족 이름 민. 福建省 일대.　廣(광) ; 廣東省, 廣西省 일대.
- 王師(왕사) ; 官軍. 황제 친위군.　捷 이길 첩.　猶可爲也(유가위야) ; 그렇게만 되면 해볼 만하다. 宋朝를 다시 興隆(흥륭)케 할 수 있다.
- 議出師(의출사) ; 황제 친위군의 출전을 건의하다.　持重(지중) ; 신중히 고려하다.　遣使乞和(견사걸화) ; 원나라 군에 사자를 보내 화해를 요청하다.

○ 詔天祥等罷兵. 潭州陷. 時一軍自湖南圍潭州. 守臣李芾, 戰守屢捷. 經八九月城將陷, 闔門死之. : 詔書를 내려 文天祥 等에게 罷兵(파병)하라 했다. 潭州(담주)가 함락되었다. 그때 원나라의 一軍이 湖南으로부터 들어와 潭州를 포위하였다. 담주의 守將인

李芾(이불)은 잘 막아 여러 차례 승전하였다. 八, 九개월을 버티다 성이 함락되려 할 때 一族이 모두 죽었다.

- 一軍(일군) ; 원나라의 한 부대. 芾 우거질 불. 李芾(이불, ?~1275년) ; 字 叔章(숙장). 闔 문짝 합. 闔門(합문) ; 闔家(합가), 擧家(거가). 一家 전체.

(8) ○ 丙子, 德祐二年正月, 秀王與罣, 奉皇兄益王昰 · 皇弟廣王昺等航海. ○ 世傑去朝. ○ 元兵駐高亭山, 去都城三十里. ○ 宜中夜遁. ○ 文天祥右丞相, 辭不拜. ○ 賈餘慶 · 吳堅相. ○ 天祥, 出使軍前. 辭氣慷慨, 議論不屈, 伯顏留之. ○ 元兵入臨安, 賈餘慶等, 奉三宮以降. 手詔諭諸路內附. ○ 伯顏遣宰執, 先赴大都. 天祥亦登舟, 北行至鎭江, 得間逸去.

○ 병자, 덕우 2년 정월, 수왕인 여역은 황제의 형인 익왕 시와 황제의 아우인 광왕 병 등과 함께 배를 타고 바다로 피난했다.

○ 장세걸이 조정을 떠났다.

○ 元의 군사는 도성에서 30리 떨어진 고정산에 주둔했다.

○ 진의중은 밤에 도주했다.

○ 문천상이 우승상에 임명되었으나 문천상은 사양하고 받지 않았다.

○ 가여경과 오견이 재상이 되었다.

○ 문천상은 원나라의 군영에 사신〈講和使節(강화사절)〉으로 갔다. 문천상은 강개한 어조로 담판하며 뜻을 굽히지 않았고, 백안은 문천상을 억류했다.

○ 元의 군사가 임안에 입성했고, 가여경 등은 공제 및 태황태후 등을 모시고 항복하였다. 원나라는 태황태후가 친히 쓴 조서를 내려 각 지방에서 투항하라고 하였다.

○ 백안은 송나라 재상과 고관을 먼저 대도로 올려 보냈다. 문천상도 배를 타고 북으로 가다가 진강에 이르러 틈을 보아 탈출하였다.

어구 설명

○ 丙子, 德祐二年正月, 秀王與睪, 奉皇兄益王昰·皇弟廣王昺等航海. 世傑去朝. 元兵駐高亭山, 去都城三十里. 宜中夜遁. 文天祥右丞相, 辭不拜. 賈餘慶·吳堅相. : 丙子, 德祐 2年 正月, 秀王인 與睪(여역)은 皇兄인 益王 昰(시)와 皇弟인 廣王 昺(병) 등과 함께 배를 타고 바다로 피난했다. 장세걸이 조정을 떠났다. 元兵은 都城에서 30里 떨어진 高亭山(고정산)에 주둔했다. 陳宜中(진의중)은 밤에 도주했다. 文天祥이 右丞相에 임명되었으나 문천상

은 사양하고 받지 않았다. 賈餘慶(가여경)과 吳堅(오견)이 재상이 되었다.

– 德祐 二年 ; 1276년. 元(원)의 世祖(세조) 至元(지원) 13년. 睪 엿볼 역. 昰 ; ①是(옳을 시)의 本字(본자). 원주에 本音古字是(시)로 읽음으로 되어있다. ②夏 (여름 하, 중국 하)의 古字(고자). 昺 밝을 병. 航 배 항. 건너다. 航海(항해) ; 배를 타고 바다로 나가다.

– 世傑去朝(세걸거조) ; 장세걸은 황제 등 모두가 바다로 나가 최후의 일전을 시도해 볼 것을 건의했었으나 진의중은 투항을 주장하였기에 부하를 거느리고 조정을 떠나갔다.

– 辭不拜(사불배) ; 관직을 사양하고 받지 않다.

○ 天祥, 出使軍前. 辭氣慷慨, 議論不屈, 伯顔留之. 元兵入臨安, 賈餘慶等, 奉三宮以降. 手詔諭諸路內附. 伯顔遣宰執, 先赴大都. 天祥亦登舟, 北行至鎭江, 得閒逸去. : 文天祥은 원나라의 군영에 사신으로 갔다. 문천상은 강개한 어조로 담판하며 뜻을 굽히지 않았고, 伯顔(백안)은 문천상을 억류했다. 元兵이 臨安에 입성했고, 賈餘慶(가여경) 등은 三宮〈恭帝(공제)와 태황태후, 태황후〉을 받들고 항복하였다. 친히 쓴 조서를 내려 각 지방에서 투항하라고 하였다. 伯顔은 재상과 고관을 먼저 大都로 올려 보냈다. 문천상도 배를 타고 (운하를 따라) 북으로 가다가 鎭江에 이르러 틈을 보아 탈출하였다.

– 出使軍前(출사군전) ; 문천상은 사신으로 원나라 伯顔의 군진에 갔다. 辭氣(사기) ; 語氣. 慷 의기가 복받칠 강. 慨 분

개할 개.

– 慷慨(강개) ; 義憤(의분)이 복받쳐 분개하다. 議論不屈(의론불굴) ; (적장 백안과) 담판하면서 뜻을 굽히지 않다. 留(류) ; 抑留(억류)시키다.

– 三宮(삼궁) ; 理宗의 황후인 謝(사)황후, 度宗의 황후인 全황후. 孝恭帝. 南宋은 일단 1276년에 멸망하였다. 잔여 세력의 항쟁이 완전히 평정된 것은 1279년이다. 때문에 남송 멸망을 1279년으로 인정하고 있다.

– 手詔(수조) ; 직접 쓴 조서. 內附(내부) ; 복종하며 따르다. 항복하다. 宰執(재집) ; 재상과 高官. 大都(대도) ; 元의 都城. 燕京(연경).

– 鎭江(진강) ; 今, 江蘇省(강소성) 西南部, 長江 南岸의 鎭江市. 長江의 교통요지. 得閒(득간) ; 틈을 이용하다. 逸 달아날 일. 숨다.

(9) ○ 三宮北還. 宮室 · 駙馬 · 宮人 · 內侍 · 大學等數千人, 皆在遣中. 過眞州, 守苗再成奪駕, 幾遂不克. ○ 五月, 宋帝至上都, 降封瀛國公. 帝在位二年, 改元者一, 曰德祐. ○ 益王 · 廣王, 由海道至溫州. 蘇劉義 · 陸秀夫, 來會, 陳宜中 · 張世傑, 海舟亦至福州. 宣謝太后手詔, 以二王爲天下都副元帥,

召諸路忠義. 五月朔, 陳宜中 · 陸秀夫 · 張世傑等, 共立益王昰爲帝, 卽位于福州, 是爲端宗皇帝.

○ 三宮이 북으로 옮겨갔다. 종실과 부마, 궁녀, 내시와 태학생 등 수천 명이 다 북으로 끌려갔다. 일행이 진주를 지나갈 때 그곳의 지방관인 묘재성이 어가를 탈취하여 거의 성공할 수 있었으나 실패하였다.

○ 5월에, 宋의 공제는 원나라 상도에 도착해서 강등되어 영국공에 봉해졌다. 공제(孝恭皇帝)는 재위 2년에, 개원은 한 번 했는데 덕우이다.

○ 익왕과 광왕은 바닷길로 온주에 도착했다. 소유의와 육수부가 찾아와 합세했으며, 진의중과 장세걸은 바다로 해서 복주에 도착했다. 사태후의 손수 쓴 조서를 선포하여 익왕과 광왕을 천하도 원수와 부원수로 삼고 각지에서 충의군을 모집했다. 5月 초에, 진의중과 육수부, 장세걸 등이 함께 익왕 시를 황제로 옹립하여 복주에서 즉위하니, 이가 단종황제이다.

어구 설명

○ 三宮北還. 宮室 · 駙馬 · 宮人 · 內侍 · 大學等數千人, 皆在遣中. 過眞州, 守苗再成奪駕, 幾遂不克. 五月, 宋帝至上都, 降封瀛國公. 帝在位二年, 改元者一, 曰德祐. : 三宮이 북으로 옮겨갔다.

宗室과 駙馬(부마), 宮女, 內侍와 태학생 등 수천 명이 다 북으로 끌려갔다. 眞州를 지나갈 때 그곳의 지방관인 苗再成(묘재성)이 어가를 탈취하여 거의 성공할 수 있었으나 실패하였다. 五月에, 宋帝는 上都에 도착해서 강등되어 瀛國公(영국공)에 봉해졌다. 恭帝는 在位 二年에, 改元은 한 번 했는데 德祐(덕우)이다.

- 北還(북환) ; 北遷(북천). 북으로 끌려갔다.　宮室(궁실) ; 宗室. 황실 친족.　駙 견마 부.　駙馬(부마) ; 駙馬都尉(부마도위). 황제의 사위. 公主(공주)의 남편.　大學(태학) ; 太學生(태학생). 大 ①큰 대. ②클 태. ③클다.
- 皆在遣中(개재유중) ; 북으로 보낸 사람에 포함되다.　眞州(진주) ; 今 江蘇省 儀征市(의정시).　苗再成(묘재성) ; 인명.
- 奪駕(탈가) ; 어가를 빼앗다. 호송되는 황제 일행을 탈취하려 했다.　幾遂不克(기수불극) ; 거의 될 뻔했으나 성공하지 못하다.
- 上都 ; 上都 開平府. 今 內蒙古自治區 錫林郭勒盟(석림곽늑맹)의 正藍旗(정남기).　瀛 바다 영.

○ 益王 · 廣王, 由海道至溫州. 蘇劉義 · 陸秀夫, 來會, 陳宜中 · 張世傑, 海舟亦至福州. 宣謝太后手詔, 以二王爲天下都副元帥, 召諸路忠義. 五月朔, 陳宜中 · 陸秀夫 · 張世傑等, 共立益王昰爲帝, 即位于福州, 是爲端宗皇帝. : 益王과 廣王은 海道로 溫州에 도착했다. 蘇劉義(소유의)와 陸秀夫가 찾아와 합세했으며, 陳宜中과 張世傑은 바다로 해서 福州에 도착했다. 謝太后(사태후)의 手詔(수조)를 선포하여 二王을 天下都副元帥로 삼고 각지에서 忠

義軍을 모집했다. 五月 초에, 陳宜中과 陸秀夫, 張世傑 等이 함께 益王 昰(시)를 황제로 옹립하여 福州에서 즉위하니, 이가 端宗皇帝이다.

– 溫州(온주) ; 中國 東南部 浙江省(절강성)의 최대 도시. 항구도시. 온주상인으로 유명. 동남아 華僑(화교)들의 본 고향.

– 陸秀夫(육수부, 1237~1279년) ; 字 君實. 文天祥(문천상), 張世傑(장세걸)과 함께 '宋末三傑' 이라 일컬어진다.

– 福州(복주) ; 福建省의 省都. 별칭 榕城(용성), 三山, 閩都(민도). 謝太后(사태후) ; 본명, 謝道淸(사도청, 1210~1283년) ; 理宗皇后.

– 端宗(단종) ; 趙昰(조시) ; 재위 1276~1278년, 향년 11歲. 昰 원주에 古文 是(시)로 읽음. 여름 하.(音 夏, 古代人名用字)

3) 端宗 ; 실패한 재건

(1) 端宗皇帝, 名昰, 孝恭懿聖皇帝兄也. 卽位改元景炎, 遙上帝尊號, 爲孝恭懿聖皇帝, 太皇太后爲壽和聖福至仁太皇太后, 皇太后爲仁安皇太后, 尊度宗淑妃楊氏爲皇太后, 同聽政. ○ 封廣王昺爲衛王. 陳宜中左丞相, 張世傑少保. ○ 文天祥至, 除右丞相, 以與宜中·世傑異意, 不肯拜.

단종황제의 이름은 昰(시)로, 효공의성황제의 형이다. 즉위하고 경염으로 개원하고 멀리 북쪽 원나라의 上都(상도)에 있는 상제의 존호를 효공의성황제라 하고, 태황태후를 수화성복지인태황태후로 존칭하고, 황태후를 인안황태후라 존칭하였고, 도종의 숙비 양씨를 황태후라 존칭하여 함께 청정케(정치를 보게) 하였다.

○ 아우 광왕인 조병을 위왕으로 봉했다. 진의중을 좌승상으로, 장세걸을 소보로 삼았다.

○ 문천상이 도착하여 우승상에 제수하였지만 진의중, 장세걸과 뜻이 맞지 않아 관직을 받지 않았다.

어구 설명

○ 端宗皇帝, 名昰, 孝恭懿聖皇帝兄也. 卽位改元景炎, 遙上帝尊

號, 爲孝恭懿聖皇帝, 太皇太后爲壽和聖福至仁太皇太后, 皇太后爲仁安皇太后, 尊度宗淑妃楊氏爲皇太后, 同聽政. : 端宗皇帝의 이름은 昰(시)로, 孝恭懿聖皇帝(효공의성황제)의 兄이다. 卽位하고 景炎(경염)으로 改元하고 멀리 있는 上帝의 尊號를 孝恭懿聖皇帝라 하고, 太皇太后를 壽和聖福至仁太皇太后(수화성복지인태황태후)로, 皇太后를 仁安皇太后라 하였고, 度宗의 淑妃 楊氏(숙비 양씨)를 皇太后라 하여 聽政(청정)케 하였다.

- 端宗(단종) ; 度宗의 庶長子(서장자). 재위 1276~1278년. 孝恭懿聖皇帝兄也(효공의성황제야) ; 恭帝의 異腹(이복) 兄. 炎 불탈 염.

- 遙 멀 요. 恭帝는 元의 上都에 끌려갔다. 上帝(상제) ; 恭帝. 太皇太后(태황태후) ; 理宗의 황후. 皇太后(황태후) ; 度宗의 황후. 淑妃楊氏(숙비양씨) ; 단종의 生母. 聽政(청정) ; 政事(정사)를 듣고 처리함. 政務(정무)를 봄.

○ 封廣王昺爲衛王. 陳宜中左丞相, 張世傑少保. 文天祥至, 除右丞相, 以與宜中 · 世傑異意, 不肯拜. : 廣王인 趙昺(조병)을 衛王으로 봉했다. 陳宜中(진의중)을 左丞相으로, 張世傑(장세걸)을 少保로 삼았다. 文天祥이 도착하여 右丞相에 제수하였지만 진의중, 장세걸과 뜻이 맞지 않아 관직을 받지 않았다.

- 昺 밝을 병. 趙昺(조병) ; 衛王(위왕). 端宗의 異腹 弟(이복제). 少保(소보) ; 古代에 少師, 少傅(소부), 少保를 三孤(삼고)라 合稱하여 三公의 보좌관이지만 虛銜〈허함 = 허황된 職銜(직함). 허황된 관리의 位階(위계)〉로 重臣을 높이기 위한 從一品官

의 직함.

- 文天祥(문천상) ; 문천상은 伯顏(백안)에게 억류되어 북으로 끌려가다가 탈출하여 돌아왔다. 不肯拜(불긍배) ; 벼슬(관직)을 拜授하지 않다. 不肯(불긍) ; 응낙하지 아니함. 즐기어 하고자 아니함. 拜授(배수) ; 벼슬을 줌. 관직에 임명함.

(2) ○ 九月, 天祥開督南劍州, 募兵得數千, 遂復邵武軍. 冬十月, 天祥帥師次于汀州, 興化軍通判張日中等來會. 時, 贛寇猖獗, 血江·閩·廣之路. 日中等聞天祥開督勤王, 遂各起兵來應. 天祥遣趙時賞·張日中·趙孟濚, 將一軍趨贛, 以取寧都, 遣吳浚, 將一軍取雩都. 劉洙·蕭明哲·陳子敬, 皆自江西起兵來會. ○ 鄒渢與元人戰于寧都敗績. 武崗教授羅開禮, 起兵復永豐縣, 亦死. 天祥爲製服哭焉. ○ 十一月, 元阿剌罕·董文炳, 入建寧府, 遂侵福州. 宜中·世傑, 奉帝及衛王·楊太后等航海, 由潮州至廣州, 趨富陽, 遷謝女峽.

○ 9월에, 문천상은 남검주에 도독부를 개설하고 모병하여 수천 명의 군사를 모아 드디어 이들을 거느리고 소무군

을 수복(탈환)하였다. 겨울인 10월에, 문천상이 군사를 거느리고 정주에 주둔하자, 흥화군의 통판인 장일중 등이 모여들었다(합세했다). 그때에 감주의 도둑무리가 창궐하여 강남서로, 복건로, 광남로에서 살인을 자행하였다. 장일중 등은 문천상이 도독부를 설치하고 근왕병을 모집하는 소식을 듣고 각자 기병하여 문천상에게 내응(호응)한 것이다. 문천상은 조시상, 장일중, 조맹영 등에게 각각 한 부대를 거느리고 감주로 진격하여 영도를 수복케 하였고, 오준을 파견하여 일군을 거느리고 우도를 탈취하게 하였다. 유수와 소명철, 진자경 등이 모두 강서에서 기병하여 합세하였다.

○ 추풍은 元軍과 영도에서 싸웠지만 패했다. 무강의 교수인 나개례는 기병하여 영풍현을 수복했지만 전사하였다. 문천상은 그를 위해 상복을 입고 통곡했다.

○ 11월, 元의 아랄한과 동문병이 건녕부 邵武軍(소무군)에 입성하고 복주를 침략하였다. 진의중과 장세걸은 배를 정비하여 단종과 위왕, 양태후 등을 모시고 항해하여 조주를 거쳐 광주에 이르렀다가 부양을 거쳐 사녀협으로 옮겨갔다.

어구 설명

○ 九月, 天祥開督南劍州, 募兵得數千, 遂復邵武軍. 冬十月, 天祥

帥師次于汀州, 興化軍通判張日中等來會. 時, 贛寇猖獗, 血江·閩·廣之路. 日中等聞天祥開督勤王, 遂各起兵來應. : 九月에, 文天祥은 南劍州(남검주)에 도독부를 개설하고 募兵하여 수천 명의 군사를 모아 드디어 邵武軍(소무군)을 수복(탈환)하였다. 冬 十月에, 문천상이 군사를 거느리고 汀州(정주)에 주둔하자, 興化軍(흥화군=교화를 왕성하게 일으키는 군대.)의 通判〈통판=①사물을 밝게 판가름함. ②宋代(송대)에 州(주)의 정치를 감독하던 벼슬.〉인 張日中 等이 모여들었다. 그때에 贛州(감주)의 도둑무리가 猖獗(창궐)하여 江南西路, 福建路, 廣南路에서 살인을 자행하였다. 장일중 등은 문천상이 도독부를 설치하고 근왕병을 모집하는 소식을 듣고 각자 起兵하여 來應(내응=호응)한 것이다.

– 開督(개독) ; 都督府를 開設하다. 南劍州(남검주) ; 今, 福建省 南平市. 邵 고을 이름 소. 邵武軍(소무군) ; 행정 단위.

– 次(차) ; 멈추다(舍止也). 일시 주둔하다. 汀 물가 정. 汀州(정주) ; 今 福建省 長汀縣. 贛 줄 공. 땅 이름 감. 贛州(감주) ; 今 江西省의 남대문이라 하는 贛州市. 客家人〈객가인=①주로 廣東(광동). 廣西(광서)지방에 거주하는 漢族(한족)의 一派(일파). ②(現) 단골손님. 顧客(고객).〉 主要 聚居地(취거지)의 하나.

– 猖 미쳐 날뛸 창. 獗 날 뛸 궐. 猖獗(창궐) ; 사납게 날뛰다. 급속히 만연되다. 血(혈) ; 사람을 죽여 피가 흐르다.

– 江·閩(민)·廣之路 ; 당시 행정구역으로는 江南西路, 福建路, 廣南東·西路, 곧 요즈음의 江西省, 福建省, 廣東省 일대. 閩 종족이름 민. 지금의 福建省(복건성) 지역에 살던 소수 민족의

하나. 땅이름. 閩族(민족)이 살던 지금의 福建省(복건성) 지방. 복건성의 옛 이름.

○ 天祥遣趙時賞 · 張日中 · 趙孟濴, 將一軍趨贛, 以取寧都, 遣吳浚, 將一軍取雩都. 劉洙 · 蕭明哲 · 陳子敬, 皆自江西起兵來會. : 문천상은 趙時賞(조시상), 張日中(장일중), 趙孟濴(조맹영) 등에게 각각 一軍을 거느리고 贛州(감주)로 진격하여 寧都(영도)를 수복케 하였고, 吳浚(오준)을 파견하여 一軍을 거느리고 雩都(우도)를 탈취하게 하였다. 劉洙(유수)와 蕭明哲(소명철), 陳子敬(진자경) 등이 모두 江西에서 起兵하여 합세하였다.

- 濴 물 돌아나갈 영. 趨 달릴 추. 寧都(영도) ; 今 江西省 東南部의 寧都縣. 浚 깊을 준. 雩 기우제 우. 雩都(우도) ; 江西省의 지명.

○ 鄒渢與元人戰于寧都敗績. 武崗教授羅開禮, 起兵復永豐縣, 亦死. 天祥爲製服哭焉. : 鄒渢(추풍)은 元人과 寧都에서 싸웠지만 敗했다. 武崗(무강)의 教授인 羅開禮(나개례)는 起兵하여 永豐縣(영풍현)을 수복했지만 전사하였다. 문천상은 그를 위해 상복을 입고 통곡했다.

- 鄒 나라 이름 추. 성씨. 渢 물소리 풍(붕). 敗績(패적) ; 전투에서 패하다. 武崗(무강) ; 安徽省 滁州市(저주시)의 屬縣(속현).
- 教授(교수) ; 학교 교관. 製服(제복) ; 喪服을 입다.

○ 十一月, 元阿剌罕 · 董文炳, 入建寧府, 遂侵福州. 宜中 · 世傑, 奉帝及衛王 · 楊太后等航海, 由潮州至廣州, 趨富陽, 遷謝女峽. ; 11월, 元의 阿剌罕(하랄한)과 董文炳(동문병)이 建寧府에 입성하고 福州

를 침략하였다. 진의중과 장세걸은 단종과 衛王, 楊太后 等을 모시고 航海(항해)하여 潮州를 거쳐 廣州에 이르렀다가 富陽을 거쳐 謝女峽(사녀협)으로 옮겨갔다.

- 剌 ; ①어그러질 랄. ②水剌(수라=임금에게 올리는 밥의 존칭) 라. 티베트 어의 음역자〈例 ; 剌麻(라마)〉.
- 建寧府(건령부) ; 今 福建省 北部의 建甌市(건구시). 潮州(조주) ; 今 廣東省 東部, 福建省 접경 지역의 潮州市(조주시).
- 富陽(부양) ; 富場〈부장, 今 廣東省 深圳(심수) 인근〉의 오류. 圳 논도랑 수. 謝女峽(사녀협) ; 今 廣東省 珠海市(주해시) 橫琴島(횡금도).

(3) ○ 丁丑, 景炎二年, 阿剌罕入汀州. 文天祥奔漳州, 謀入衛, 道阻不通. 往來江廣間, 戰有勝負. ○ 吳浚降于元, 衵趨漳, 說天祥降. 天祥責以大義誅之. ○ 三月, 文天祥復梅州. ○ 四月, 天祥復興國縣. ○ 五月, 張世傑, 復潮州. ○ 天祥自梅州出江西, 遂復會昌縣. 與趙時賞 · 張日中之兵, 皆會之.

○ 정축, 경염 2년, 아랄한은 정주를 공격해서 입성했다. 문천상은 장주로 달아나서 단종을 찾아가 호위하려 했지만 길이 막혀 갈 수 없었다. 문천상은 강서나 광동 사이를

왕래하며 원나라와 싸워 이기거나 패하기도 하였다.

○ 오준은 힘이 다해 먼저 원나라에 투항하고서 이어 장주에 와서 문천상에게 투항을 권유하였다. 문천상은 大義(대의)로 오준을 꾸짖고 죽여 버렸다.

○ 3월, 문천상은 매주를 수복했다.

○ 4월에, 문천상은 흥국현을 수복했다.

○ 5월에, 장세걸은 조주를 수복했다.

○ 문천상은 매주에서 강서로 진출하여 마침내 회창현을 수복했다. 조시상, 장일중의 군사들과 모두 합세하였다.

어구 설명

○ 丁丑, 景炎二年, 阿剌罕入汀州. 文天祥奔漳州, 謀入衛, 道阻不通. 往來江廣間, 戰有勝負. 吳浚降于元, 因趨漳, 說天祥降. 天祥責以大義誅之. : 丁丑, 景炎 二年, 阿剌罕(아랄한)은 汀州에 입성했다. 文天祥은 漳州로 달아나서 단종을 찾아가 호위하려 했지만 길이 막혀 갈 수 없었다. 문천상은 江西나 廣東 사이를 왕래하며 원나라와 싸워 이기거나 패하기도 하였다. 吳浚(오준)은 힘이 다해 먼저 원나라에 투항하고서 이어 漳州(장주)에 와서 문천상에게 투항을 권유하였다. 문천상은 大義로 오준을 꾸짖고 죽여 버렸다.

- 景炎(경염) 二年 ; 1277년. 奔 달아날 분. 漳 강 이름 장. 漳州(장주) ; 福建省 最南端의 지명. 대만과 마주 보는 곳.

- 戰有勝負(전유승부) ; 싸워 이기거나 지다. 說(설) ; 유세하

다. 설득하다.

– 大義(대의) ; 사람으로서 꼭 지켜야 할 일. 正道(정도). 중대한 일. 大道(대도).

○ 三月, 文天祥復梅州. 四月, 天祥復興國縣. 五月, 張世傑, 復潮州. 天祥自梅州出江西, 遂復會昌縣. 與趙時賞 · 張日中之兵, 皆會之. : 3月, 문천상은 梅州(매주)를 수복했다. 四月에, 문천상은 興國縣을 수복했다. 五月에, 張世傑은 潮州(조주)를 수복했다. 문천상은 梅州에서 江西로 진출하여 마침내 會昌縣을 수복했다. 趙時賞(조시상), 張日中의 군사들과 모두 합세하였다.

– 梅州(매주) ; 今 廣東省 潮循道(조순도) 梅縣. 興國縣(흥국현) ; 今 江西省 贛南道(감남도) 興國縣. 會昌縣(회창현) ; 今 江西省 贛州市(감주시) 관하의 縣.

(4) ○ 元中書政事廉希憲卒. 希憲在江陵, 遠近向化. 及有疾召還, 民皆垂涕擁送, 建祠繪像, 以祠之. 卒, 世祖歎曰, 無復有決大事如廉希憲者矣. 伯顏亦曰, 廉公宰相中眞宰相, 男子中眞男子. 世以爲名言. ○ 六月, 天祥敗元人于雩都, 遂次于興國縣. 秋七月, 使張日中 · 趙時賞等帥師, 復吉贛諸縣, 遂圍贛州. ○ 張世傑回師, 由潮州圍泉州, 不克. ○ 帝舟遷于潮州之淺灣.

○ 元의 중서정사인 염희헌이 죽었다. 염희헌이 강릉을 다스릴 때 원근 백성들을 감화하였다. 병으로 본국으로 돌아갈 때 백성들이 눈물을 흘리며 에워싸 전송했으며 사당을 세우고 초상을 그려 제사하였다. 염희헌이 죽자, 세조는 탄식하며 "다시는 염희헌처럼 대사를 잘 결단하는 사람은 없을 것이다."라고 말했다. 백안 역시 "염공은 재상 중에 참된 재상이었고, 남자 중에 진짜 남자였다."고 말했다. 세상에서는 이를 지당한 말이라 여겼다.

○ 6월에, 문천상은 元의 군사를 우도에서 격퇴하고 드디어 흥국현에 주둔하였다. 가을인 7월에, 장일중과 조시상 등을 시켜 군사를 거느리고, 다시 감주의 여러 현을 수복케 한 뒤 마침내 감주를 포위하였다.

○ 장세걸은 군사를 멀리 돌려 조주를 거쳐 천주를 포위하였으나 함락시키지 못했다.

○ 단종은 배로 조주의 천만으로 옮겨갔다.

어구 설명

○ 元中書政事廉希憲卒. 希憲在江陵, 遠近向化. 及有疾召還, 民皆垂涕擁送, 建祠繪像, 以祠之. 卒, 世祖歎日, 無復有決大事如廉希憲者矣. 伯顔亦日, 廉公宰相中眞宰相, 男子中眞男子. 世以爲名言. : 元의 中書政事인 廉希憲(염희헌)이 죽었다. 염희헌이 江陵을 다스릴 때 遠近 백성들을 감화하였다. 병으로 돌아갈 때 백성들이

눈물을 흘리며 에워싸 전송했으며 祠堂을 세우고 초상을 그려 제사하였다. 염희헌이 죽자, 世祖는 탄식하며 "다시는 廉希憲처럼 大事를 잘 결단하는 사람은 없을 것이다."라고 말했다. 伯顔(백안) 역시 "廉公(염공)은 宰相 중에 참된 宰相이었고, 男子 중에 진짜 男子였다."고 말했다. 세상에서는 이를 지당한 말이라 여겼다.

- 廉希憲(염희헌, 1231~1280년) ; 몽고인, 廉訪使(염방사) 布魯海牙(포노해아)의 아들. 經史에 능통, '廉孟子(염맹자)'라 별칭.

- 江陵(강릉) ; 江西의 도읍. 금 호북성 중남부 강릉시 '地臨江近州無高山 皆陵阜(개릉부)'에서 유래. 李白의 詩 〈早發白帝城(조발백제성, 아침 일찍 백제성을 떠나며)〉에도 등장한다. '朝辭白帝彩云間(조사백제채운간, 아침에 채운 속의 백제성을 떠나), 千里江陵一日還(천리강릉일일환, 천리의 강릉 길을 하루에 돌아왔네). 兩岸猿聲啼不盡(양안원성제부진, 양안 원숭이 우는 소리 그치지 않는데), 輕舟已過萬重山〈경주이과만중산, 가벼운 배는 이미 만겹이나 되는 산속을 지나왔네. 彩雲(채운) ; 아름다운 구름. 채색을 한 모양의 구름. 啼不盡(제부진) ; 울기를 멈추지 않는다. 啼不住로 된 板本(판본)도 있다〉.' 이 詩(시)는 한마디로 멋진 풍경을 읊은 詩(시)이다.

- 垂 드리울 수. 涕 눈물 체. 擁 안을 옹. 名言(명언) ; 至言〈至當(지당)한 말. 훌륭한 말〉.

○ 六月, 天祥敗元人于雩都, 遂次于興國縣. 秋七月, 使張日中·趙時賞等帥師, 復吉贛諸縣, 遂圍贛州. 張世傑回師, 由潮州圍泉州, 不克. 帝舟遷于潮州之淺灣. : 六月에, 문천상은 元軍을 雩都

(우도)에서 격퇴하고 드디어 興國縣에 주둔하였다. 秋 七月에, 張日中과 趙時賞 等을 시켜 군사를 거느리고 다시 贛州(감주)의 여러 縣을 수복케 한 뒤 마침내 贛州를 포위하였다. 張世傑은 군사를 멀리 돌려 潮州(조주)를 거쳐 泉州를 포위하였으나 함락시키지 못했다. 端宗(단종)은 배로 潮州의 淺灣(천만)으로 옮겨갔다.

- 雩 기우제 우. 泉州(천주) ; 今 福建省 東南의 항구도시. '海上 絲綢之路(해상 사주지로, 실크로드)' 의 기점. 해외 무역을 감독하는 市舶司〈시박사=상업용 선박이 머물던 곳. 商船(상선)이 머물던 곳.〉가 설치(1087년)된 도시. 宋元時期에 泉州는 최대 번영. 《동방견문록》의 작가 이탈리아의 마르코 폴로〈馬可 波羅(마가 파라)〉가 머물렀던 도시. 綢 얽을 주. 얽히다. 빽빽하다. 絹織物(견직물). 絲綢之路(사주지로=비단길).

- 淺 얕을 천. 灣 물굽이 만. 淺灣(천만) ; 今 香港 新界 西南의 荃灣〔전만=임금이 옮겨간 만〈송대의 端宗(단종)이 배로 淺灣(천만)으로 옮겨갔다는 데서 유래해서 荃灣(전만)이라고 함.〉〕. 港灣(항만=바닷가가 굽어 들어가서 항구를 설치하기에 적당한 곳.)

(5) ○ 元李恆, 遣兵援贛, 而自將襲天祥于興國. 天祥不意恆猝至, 乃引兵走, 卽鄒渢于永豐. 渢兵先潰, 恆窮追天祥, 天祥至方石嶺. 恆及之, 鞏信拒戰, 箭被體而死. 天祥至空阬, 恆又及之. 張日中奮力

戰, 元兵少卻. 恆麾鐵騎橫擊之, 日中身被十餘創, 猶手刃十餘騎而死. 兵盡潰, 天祥妻歐陽氏, 男佛生·環生, 及二女皆見執. 趙時賞, 坐肩輿後. 元人問爲誰. 時賞曰, 我姓文. 衆以爲天祥禽之, 天祥由是得挺身, 與其長子道生, 及杜滸·鄒㵯, 乘騎逸去, 遂奔循州. 散兵頗集, 乃屯于南嶺, 幕僚客將皆被執.

○ 元의 이항은 군사를 보내 감주를 구원하면서 자신은 흥국현으로 문천상을 급습하였다. 문천상은 이항의 군사가 불의에 갑자기 들이닥치자, 병력을 이끌고 달아나 영풍의 추풍에게 갔다. 추풍의 병력은 이미 궤멸되었는데 이항이 문천상을 끝까지 추격하자, 문천상은 방석령으로 갔다. 이항이 또 추격하자, 宋의 장수 鞏信(공신)은 이를 막아 싸우다가 몸에 화살을 맞고 전사했다.

문천상이 공갱이란 곳까지 도주했는데, 이항은 또 추격해왔다. 장일중이 온 힘을 다해 싸워서 元兵을 잠시 물리쳤다. 이항은 철기를 지휘하여 측면에서 공격했고, 장일중은 몸에 10여 군데 상처를 입고서도 적의 기병 10여 병을 죽이고 전사하였다. 문천상의 군사는 다 궤멸되었고, 문천상의 처 구양씨와 아들 불생과 환생 및 두 딸도 모두 사로잡혔다.

조시상은 肩輿(견여=가마)를 타고 뒤에 도착하였다. 원병이 누구냐고 물었다. 조시상은 "나는 文氏이다."라고 말했다. 적들은 문천상이라 생각하고 생포하였기에 문천상은 이를 틈타 몸을 빼낼 수 있었고, 장자 도생과 두호와 추풍도 말을 타고 도주하여 순주로 달아났다. 이어 흩어졌던 병사들이 제법 다시 모이자 남령에 주둔하였지만 다른 막료와 객장(여러 장수)들은 모두 사로잡혔다.

어구 설명

○ 元李恒, 遣兵援贛, 而自將襲天祥于興國. 天祥不意恒猝至, 乃引兵走, 卽鄒渢于永豐. 渢兵先潰, 恒窮追天祥, 天祥至方石嶺. 恒及之, 鞏信拒戰, 箭被體而死. : 元의 李恒(이항)은 군사를 보내 贛州(감주)를 구원하면서 자신은 興國縣(흥국현)으로 文天祥을 급습하였다. 문천상은 이항의 군사가 不意에 갑자기 들이닥치자, 병력을 이끌고 달아나 永豐(영풍)의 鄒渢(추풍)에게로 나아갔다. 추풍의 병력은 이미 궤멸되었는데 이항이 문천상을 끝까지 추격하자, 문천상은 方石嶺(방석령)으로 갔다. 이항이 또 추격하자, 宋의 장수 鞏信(공신)은 이를 막아 싸우다가 몸에 화살을 맞고 전사했다.

- 恒 늘 항. 언제나. 뻗칠 긍. 襲 엄습할 습. 猝 갑자기 졸. 빠르다. 卽 곧 즉. 나아가다. 달려가다. 渢 물소리 풍.

- 窮追(궁추) ; 끝까지 추격하다. 方石嶺(방석령) ; 今 江西省 興國縣 東北. 鞏 묶을 공. 鞏信(공신) ; 남송의 장수. 공신은 문

천상이 달아날 수 있게 하려고 큰 바위 위에 올라 앉아 화살이 비오듯 하는 가운데 꼼짝도 하지 않았다. 이항이 이상히 생각하고 뒷길로 해서 돌아가 보니깐 그는 전신에 화살을 맞고 이미 죽어 있었다고 한다. 箭 화살 전.

○ 天祥至空阬, 恆又及之. 張日中奮力戰, 元兵少卻. 恆麾鐵騎橫擊之, 日中身被十餘創, 猶手刃十餘騎而死. 兵盡潰, 天祥妻歐陽氏, 男佛生 · 環生, 及二女皆見執. : 문천상이 空阬(공갱)이란 곳까지 도주했는데, 이항은 또 추격해왔다. 張日中이 온 힘을 다해 싸워서 元兵을 잠시 물리쳤다. 이항은 鐵騎(철기)를 지휘하여 측면에서 공격했고, 장일중은 몸에 10여 군데 상처를 입고서도 적의 기병 10여 명을 죽이고 전사하였다. 문천상의 군사는 다 궤멸되었고, 문천상의 처 歐陽氏(구양씨)와 아들 佛生과 環生(환생) 및 두 딸도 모두 사로잡혔다.

- 阬 구덩이 갱. 麾 대장기 휘. 鐵騎(철기) ; 정예 기병. 重武裝(중무장)한 騎兵(기병 ; 말 탄 병사). 橫擊之(횡격지) ; 적을 측면에서 공격하다. 創 ; 상처 입을 창.
- 手刃(수인) ; 손으로 죽이다. 見執(견집) ; 사로잡히다. 체포되다.

○ 趙時賞, 坐肩輿後. 元人問爲誰. 時賞曰, 我姓文. 衆以爲天祥禽之, 天祥由是得挺身, 與其長子道生, 及杜滸 · 鄒渢, 乘騎逸去, 遂奔循州. 散兵頗集, 乃屯于南嶺, 幕僚客將皆被執. : 趙時賞은 肩輿(견여)를 타고 뒤에 도착하였다. 元兵이 누구냐고 물었다. 조시상은 "나는 文氏이다."라고 말했다. 적들은 文天祥이라 생각하고

생포하였기에 문천상은 이를 틈타 몸을 빼낼 수 있었고, 長子 道生과 杜滸(두호)와 추풍도 말을 타고 도주하여 循州(순주)로 달아났다. 이어 散兵(산병)이 제법 다시 모이자 南嶺에 주둔하였지만 다른 幕僚(막료)와 客將(객장)들은 모두 사로잡혔다.

- 肩 어깨 견. 輿 수레 여. 肩輿(견여) ; 가마. 誰 누구 수. 衆(중) ; 여기서는 적의 무리. 禽 날짐승 금. 사로잡다(擒). 挺 뺄 정. 이탈하다.

- 循 좇을 순. 循州(순주) ; 今 廣東省 梅州 근처. 幕僚(막료) ; 參謀(참모). 客將(객장) ; 다른 부대 출신의 장수.

(6) 時賞至隆興, 奮罵不屈. 臨刑劉洙頗自辨, 時賞叱曰, 死耳. 何必然. 於是將佐幕屬, 被執者皆死. 而天祥妻子家屬送于燕, 二子死于道. ○ 廣州陷. ○ 十一月, 元劉深以舟師襲淺灣. 張世傑戰不利, 奉帝舟走秀山. 陳宜中之占城求兵, 遂不復還. 十二月, 帝再遷于井澳, 颶風作, 帝有疾. 元劉深復以舟師來襲井澳, 執俞如珪. 帝舟遷于謝女峽.

(사로잡힌) 조시상은 융흥에 끌려갈 때까지 분연히 욕을 해대며 굽히지 않았다. 유수가 처형을 당하기 전에 자꾸 변명을 늘어놓자, 조시상이 질책했다. "죽으면 돼! 꼭 그러

해야겠는가?" 이에 사로잡힌 부장과 막료들은 모두 죽음을 당했다. 문천상의 처자와 가속은 연경에 보내졌는데 두 아들은 도중에 죽었다.

○ 광주가 함락되었다.

○ 11월, 元의 유심은 수군으로 천만을 습격했다. 장세걸은 전황이 불리하여 단종을 받들고 배로 수산으로 옮겨갔다. 진의중은 안남 지방에 가서 군사를 모은다고 하였으나 끝내 돌아오지 않았다. 12월, 단종은 다시 병오로 이동했으나 태풍이 불고 단종은 병에 걸렸다. 元의 유심은 다시 수군으로 병오를 급습하여 유여규를 사로잡아 갔다. 단종의 배는 다시 사녀협으로 옮겨갔다.

어구 설명

○ 時賞至隆興, 奮罵不屈. 臨刑劉洙頗自辨, 時賞叱曰, 死耳. 何必然. 於是將佐幕屬, 被執者皆死. 而天祥妻子家屬送于燕, 二子死于道. 廣州陷. : (사로잡힌) 趙時賞(조시상)은 隆興(융흥)에 갈 때까지 분연히 욕을 해대며 굽히지 않았다. 劉洙가 처형을 당하기 전에 자꾸 변명을 늘어놓자, 조시상이 질책했다. "죽음뿐이야! 꼭 그러해야겠는가?" 이에 사로잡힌 將佐幕屬(장좌막속 = 부장과 막료들)이 모두 죽음을 당했다. 문천상의 妻子와 家屬(가속)은 燕京에 보내졌는데 두 아들은 도중에 죽었다. 廣州가 함락되었다.

– 隆興(융흥) ; 今 江西省의 南昌 일대.　奮罵(탈마) ; 울분으로

욕을 하다. 臨刑(임형) ; 處刑을 앞두고. 劉洙(유수) ; 人名. 頗 자못, 자꾸.

– 自辨(자변) ; 자신에 대한 변명. 將佐(장좌) ; 고급 장수. 幕屬(막속) ; 幕僚(막료). 將佐幕屬(장좌막속) ; 장군의 參謀. 燕(연) ; 燕京(연경).

○ 十一月, 元劉深以舟師襲淺灣. 張世傑戰不利, 奉帝舟走秀山. 陳宜中之占城求兵, 遂不復還. 十二月, 帝再遷于幷陝, 颶風作, 帝有疾. 元劉深復以舟師來襲幷陝, 執兪如珪. 帝舟遷于謝女峽. : 11월, 元의 劉深(유심)은 수군으로 淺灣(천만)을 습격했다. 張世傑(장세걸)은 戰況이 不利하여 단종을 받들고 배로 秀山으로 옮겨 갔다. 陳宜中(진의중)은 占城에 가서 군사를 모은다고 하였으나 끝내 돌아오지 않았다. 12月, 단종은 다시 幷陝(병오)로 이동했으나 태풍이 불고 단종은 병에 걸렸다. 元의 劉深(유심)은 다시 수군으로 병오를 급습하여 兪如珪(유여규)를 사로잡아 갔다. 단종의 배는 다시 謝女峽(사녀협)으로 옮겨갔다.

– 秀山(수산) ; 今 廣州 근처의 東莞市의 지명. 일명 虎頭山(호두산)이라고도 하는데 광주의 서남쪽 바다 가운데 있다. 占城(점성) ; 安南 南部. 베트남 北部. 陝 물굽이 오. 幷陝(병오) ; 今 廣東省 深圳市의 지명. 原文(원문)의 幷陝(병오)는 잘못. 井陝(정오)로 廣州府(광주부) 남쪽 바다 가운데 섬에 있는 灣(만 = 육지로 쑥 들어온 바다의 부분) 灣 물굽이 만.

– 颶 폭풍 구. 颶風(구풍) ; 颱風(태풍).

(7) ○ 戊寅, 景炎三年, 張世傑遣師討雷山, 不克. ○ 三月, 文天祥會兵, 次于麗江浦. ○ 元以張弘範爲都元帥, 李恆副之, 帥師入閩 · 廣. ○ 帝舟遷于碙州. 夏四月, 帝崩于碙州. 陸秀夫立衛王爲帝, 是爲帝昺.

○ 무인, 경염 3년, 장세걸은 군사를 보내 뇌산을 공격했으나 이기지 못했다.

○ 3월에, 문천상은 군사를 모아 여강포에 주둔하였다.

○ 元은 장홍범을 도원수로, 이항을 부원수로 삼아 군사를 거느리고 복건과 광주 지역에 들어왔다.

○ 단종의 배는 강주로 이동했다. 여름 4월에, 단종은 강주에서 죽었다. 육수부는 위왕을 제위에 옹립하니, 이가 帝昺(제병)이다.

어구 설명

○ 戊寅, 景炎三年, 張世傑遣師討雷山, 不克. 三月, 文天祥會兵, 次于麗江浦. 元以張弘範爲都元帥, 李恆副之, 帥師入閩 · 廣. 帝舟遷丁碙州. 夏四月, 帝崩于碙州. 陸秀夫立衛王爲帝, 是爲帝昺. : 戊寅, 景炎 3년, 張世傑은 군사를 보내 雷山을 공격했으나 이기지 못했다. 三月에, 文天祥은 군사를 모아 麗江浦(여강포)에 주둔

하였다. 元은 張弘範을 都元帥로, 李恒을 부원수로 삼아 군사를 거느리고 福建과 廣州 지역에 들어왔다. 단종의 배는 碙州(강주)로 이동했다. 夏 四月에, 단종은 碙州에서 죽었다. 陸秀夫는 衛王을 帝位에 옹립하니, 이가 帝昺(제병)이다.

– 景炎(경염) 三年 ; 1278년.   雷山(뇌산) ; 今 廣東省 西南端 雷州半島의 雷州市.   麗江浦(여강포) ; 今 廣東省 海豐縣.

– 閩 땅 이름 민. 복건성.   廣(광) ; 廣州, 廣東省.   碙 섬 이름 강.   碙州(강주) ; 廣東省 吳川市의 지명.

– 帝昺(제병) ; 황제 趙昺(조병). 謚號(시호)나 廟號도 없이 이름뿐이다. 1278~1279년까지 10개월간 재위.   謚 시호 시. 시호를 追贈(추증)하다.

– 謚號(시호) ; 제왕 · 公卿(공경) · 儒賢(유현) 등의 생전의 공적을 査定(사정)하여 死後(사후)에 임금이 내려주는 칭호.

(8) 帝昺, 端宗皇帝弟也, 名昺, 卽位改元祥興. 皇太后楊氏同聽政. 先是, 羣臣多欲散去, 陸秀夫曰, 度宗皇帝一子尙在, 將焉置之. 古人有以一旅一成中興者. 今百官有司皆具, 士卒數萬. 天若未欲絕宋, 此豈不可爲國耶. 乃與衆共立帝, 年八歲矣. 適有黃龍, 見海中. 遂改祥興, 而升碙州爲翔龍縣.

황제 조병은, 단종황제의 아우인데 이름은 昺(병)이며, 즉위하면서 상흥이라 개원하였다. 황태후 양씨가 함께 청정했다. 이에 앞서, 여러 신하가 뿔뿔이 떠나려 하자, 육수부가 그들에게 말했다. "도종황제의 아들이 아직 살아 있는데 그를 어떻게 모셔야 하겠는가? 옛날에 겨우 500명 군사와 사방 십 리의 땅으로도 나라를 중흥한 사람이 있었다. 지금 백관과 관청이 다 갖추어졌고 사졸 수만이 있다. 하늘이 만약 宋을 단절시키려 하지 않는다면, 이 어찌 나라를 만들 수 없겠는가?"

이에 여럿이 함께 황제로 옹립하니, 나이는 8살이었다. 마침 황룡이 바다에 모습을 드러내었다. 그래서 연호를 상흥으로 바꾸고 강주를 승격하여 상룡현이라 하였다.

어구 설명

○ 帝昺, 端宗皇帝弟也, 名昺, 卽位改元祥興. 皇太后楊氏同聽政.
: 황제 趙昺은, 端宗皇帝의 아우인데 이름은 昺이며, 卽位하면서 祥興(상흥)이라 개원하였다. 皇太后 楊氏가 함께 聽政(청정)했다.

- 昺 밝을 병. 1278년 8살에 즉위하여 10개월간 황제라는 이름을 달고 살다가 9살(1279년)에 他意에 의해 죽었다.

- 端宗皇帝弟也(단종황제제야) ; 端宗의 異腹弟. 生母는 兪氏.

○ 先是, 羣臣多欲散去, 陸秀夫曰, 度宗皇帝一子尙在, 將焉置之. 古人有以一旅一成中興者. 今百官有司皆具, 士卒數萬. 天若未欲

絕宋, 此豈不可爲國耶. : 이에 앞서, 羣臣(군신)이 뿔뿔이 떠나려 하자, 陸秀夫(육수부)가 그들에게 말했다. "度宗皇帝의 아들이 아직 살아 있는데 그를 어떻게 모셔야 하겠는가? 옛날에 겨우 500명 군사와 사방 십 리의 땅으로도 나라를 중흥한 사람이 있었다. 지금 百官과 관청이 다 갖추어졌고 士卒 數萬이 있다. 하늘이 만약 宋을 단절시키려 하지 않는다면, 이 어찌 나라를 만들 수 없겠는가?"

– 尙在(상재) ; 아직 세상에 있다. 焉 어찌 언. 어디에. 어조사. 將焉置之(장언치지) ; 어떻게 모셔야 하는가? 旅 군사 여, 갈 여. 一旅(일족) ; 보병 500명. 一成(일성) ; 사방 十里의 땅. 中興者(중흥자) ; 夏의 天子 少康. 少康은 夏朝의 第六代 天子. 有田一成(方十里), 有田一旅(五百人)으로 義師를 일으켜 夏를 中興하였다.

– 此豈不可爲國耶(차개불가위국야) ; 이를 가지고 어찌 나라를 만들 수 없겠는가?

○ 乃與衆共立帝, 年八歲矣. 適有黃龍, 見海中. 遂改祥興, 而升碙州爲翔龍縣. : 이에 여럿이 함께 황제로 옹립하니, 나이는 8살이었다. 마침 黃龍이 바다에 모습을 드러내었다. 그래서 연호를 祥興(상흥)으로 바꾸고 碙州(강주)를 승격하여 翔龍縣(상룡현)이라 하였다.

– 翔 빙빙 돌아 나를 상.

(9) 以陸秀夫爲左丞相, 兼樞密使. 時播越海濱, 庶事疎略, 每時節朝會, 獨秀夫儼然正笏立, 如治朝. 或在行中, 悽然泣下, 以朝衣拭淚, 衣盡濕, 左右無不悲慟者. 及拜首相, 與張世傑共秉政, 外籌軍旅, 內調工役, 凡出其手. 雖忽遽流離中, 猶日書大學章句, 以勸講. ○ 六月, 帝舟遷于新會之厓山. ○ 有大星, 南流墜海中. 小星千餘隨之, 聲如雷, 數刻乃止.

육수부를 좌승상 겸 추밀사로 삼았다. 그때는 바닷가를 옮겨 다닐 때라서 모든 일을 대충하거나 간략히 처리하였는데, 조정의 歲時〈세시 = 초하루(一日)〉, 望(15일), 慶節(경절) 등의 의식 때, 朝會(조회)는 朝廷(조정)의 集會(집회). 육수부는 홀로 의젓하게 홀을 잡고 황제가 정사를 처리하는 조정에 있는 것과 같이 서 있었다. 가끔 행차 중일 때면 슬퍼 눈물을 흘렸는데 관복으로 눈물을 닦아 옷이 다 젖으니 좌우에 비통해 하지 않는 자가 없었다. 육수부는 재상을 제수 받고 장세걸과

陸秀夫(육수부)

함께 정사를 맡아 처리했는데, 밖으로는 군사 업무를 계획하고, 안으로는 공사나 부역을 징발하는 일이 모두 그의 손에서 나왔다. 비록 갑자기 유랑하거나 떠나야 할 때라도 날마다 《대학장구》를 써서 황제에게 시강하였다.

○ 6월, 황제의 배는 신회의 애산으로 옮겨갔다.

○ 큰 별이 남쪽 하늘로 흘러가 바다로 떨어졌다. 천여 개의 작은 별들이 따라 떨어지면서 천둥소리가 났는데 한참 뒤에 그쳤다.

어구 설명

○ 以陸秀夫爲左丞相, 兼樞密使. 時播越海濱, 庶事疎略, 每時節朝會, 獨秀夫儼然正笏立, 如治朝. 或在行中, 悽然泣下, 以朝衣拭淚, 衣盡濕, 左右無不悲慟者. : 陸秀夫를 左丞相 兼 樞密使로 삼았다. 그때는 바닷가를 옮겨 다닐 때라서 모든 일을 대충하거나 간략히 처리하였는데, 조정의 歲時(세시), 望(15일), 慶節(경절) 등의 의식 때, 朝會(조회)는 朝廷(조정)의 集會(집회). 陸秀夫만이 홀로 의젓하게 홀을 잡고 황제가 정사를 처리하는 조정에 있는 것처럼 서 있었다. 가끔 행차 중일 때면 슬퍼 눈물을 흘렸는데 관복으로 눈물을 닦아 옷이 다 젖으니 左右에 비통해 하지 않는 자가 없었다.
– 播 뿌릴 파. 越 넘을 월 播越(파월) ; 播遷(파천), 정처 없이 떠돌아다니다. 임금이 도성을 떠나 피난하다. 濱 물가 빈. 海濱(해빈) ; 바닷가.

– 疎略(소략) ; 소홀하다. 거칠거나 간략하게 처리하다. 時節朝會(시절조회) ; 정월 初하루나 望(15일) 또는 계절에 따라 행하는 年中行事(연중행사) 등의 의식. 朝會(조회)는 朝廷(조정)의 集會(집회). 笏 홀 홀. 신하가 두 손에 쥐는 홀.

– 治朝(치조) ; 임금이 정사를 처리하는 곳. 中朝. 行中(행중) ; 천자의 행차. 悽 슬퍼할 처. 朝衣(조의) ; 관복. 拭 닦을 식. 문지르다.

– 淚 눈물 누(루). 悲慟(비통) ; 悲痛(비통).

○ 及拜首相, 與張世傑共秉政, 外籌軍旅, 內調工役, 凡出其手. 雖忽遽流離中, 猶日書大學章句, 以勸講. : 재상을 제수 받고 張世傑과 함께 정사를 맡아 처리했는데, 밖으로는 軍事 업무를 계획하고, 안으로는 공사나 부역을 징발하는 일이 모두 그의 손에서 나왔다. 비록 갑자기 유랑하거나 떠나야 할 때라도 날마다 《大學章句》를 써서 황제에게 侍講(시강)하였다.

– 秉政(병정) ; 정사를 처리하다. 籌 헤아릴 주. 계획하고 처리하다. 軍旅(군여) ; 군사. 調工役(조공역) ; 공사나 賦役〈부역=①국가나 공공단체가 국민에게 의무적으로 지우는 노역. ②淸代(청대)에는 田租(전조) 만을 이름.〉을 징발하다.

– 忽遽(홀거) ; 홀연히, 급작스레. 流離(유리) ; 유랑하거나 흩어지다. 大學章句(대학장구) ; 四書 중 《大學》에 대한 朱熹의 集註.

– 勸講(권강) ; 제왕에게 학문을 권하고 강의하다. 侍講(시강)하다.

○ 六月, 帝舟遷于新會之厓山. 有大星, 南流墜海中. 小星千餘隨

之, 聲如雷, 數刻乃止. : 六月, 황제의 배는 新會의 厓山(애산)으로 옮겨갔다. 큰 별이 남쪽 하늘로 흘러가 바다로 떨어졌다. 천여 개의 작은 별들이 따라 떨어지면서 천둥소리가 났는데 한참 뒤에 그쳤다.

- 新會(신회, 地名) ; 古稱 岡州(강주), 今 廣東省 江門市, 珠江三角洲 西部의 西江과 潭江(담강)의 합류지역.

- 厓 언덕 애.   厓山(애산) ; 廣東省 江門市 南部. 南宋과 元 최후 一戰이 있었던 곳.   墜 떨어질 추.

(10) ○ 天祥聞帝卽位, 上表自劾敗于江西之罪, 乞入朝, 不許. 而加少保, 封信國公. 會軍中大疫, 士卒多死. 天祥子道生復亡, 家屬俱盡. ○ 元以許衡爲集賢大學士, 兼領太史院事. ○ 文天祥屯潮陽. 鄒渢·劉子俊, 皆集師會之, 遂討盜陳懿·劉興于潮. 興死懿遁, 道張弘範兵濟潮陽. 天祥力不支, 帥其麾下, 走海豐, 張弘正追之. 天祥方飯五坡嶺, 弘正兵突至. 衆不及戰, 皆頓首伏草莽. 天祥被執, 呑腦子不死. 鄒渢自頸.

○ 문천상은 帝昺(제병)이 즉위한 소식을 듣고 표문을 올려 강서에서 패전한 죄를 스스로 탄핵하면서 입조를 원했

으나 (조정에서는) 불허했다. 문천상에게 소보의 직함을 보태어 신국공에 봉했다. 마침 군중에 전염병이 크게 돌아 많은 사졸이 죽었다. 문천상의 아들 도생도 죽으니 가족이 모두 죽은 셈이다.

○ 元에서는 허형을 집현전대학사 겸 태사원 영사로 삼았다.

○ 문천상은 조양에 주둔하였다. 추풍과 유자준이 모두 군대를 모아 합세하여 도적의 무리인 진의와 유흥을 조주에서 토벌하였다. 유흥은 죽었지만 진의는 도망하였는데, 진의는 장홍범의 군사를 안내하면서 조양을 치는데 가세하였다. 문천상은 무력으로 버틸 수 없어 그 휘하를 이끌고 해풍으로 달아났고 장홍정은 추격하였다. 문천상이 오파령에서 막 밥을 지어 먹는데, 장홍정의 군사가 갑자기 공격해왔다. 군사들은 싸우지도 못하고 모두 풀숲에 머리를 숙이고 숨었다. 문천상은 붙잡혔고 부자라는 독초를 먹었으나 죽지 못했다. 추풍은 스스로 목을 찔러 죽었다.

어구 설명

○ 天祥聞帝卽位, 上表自劾敗于江西之罪, 乞入朝, 不許. 而加少保, 封信國公. 會軍中大疫, 士卒多死. 天祥子道生復亡, 家屬俱盡. 元以許衡爲集賢大學士, 兼領太史院事. : 문천상은 帝昺(제병)이 즉위한 소식을 듣고 표문을 올려 강서에서 패전한 죄를 스스로

탄핵하면서 입조를 원했으나 (조정에서는) 불허했다. 문천상에게 소보의 직함을 보태어 신국공에 봉했다. 마침 군중에 전염병이 크게 돌아 많은 사졸이 죽었다. 문천상의 아들 도생도 죽으니 가족이 모두 죽은 셈이다.

– 疫 염병 역. 유행성 전염병.　復亡(부망) ; 또 죽다. 전에 두 아들이 원에 잡혀 연경에 가는 도중에 죽었고, 이번에 또 죽었다.　復 ①돌아올 복. 뒤집다. 채우다. ②다시 부. 다시 또 하다. 거듭하다.

– 家屬(가속) ; 가족.　俱盡(구진) ; 모두 다 죽다.

– 許衡(허형, 1209~1281년) ; 元代 理學者. 1261년 元의 國子祭酒〈제주(좨주)〉 역임.　太史院(태사원) ; 元의 국사 편찬 기관.

○ 文天祥屯潮陽. 鄒渢 · 劉子俊, 皆集師會之, 遂討盜陳懿 · 劉興于潮. 興死懿遁, 道張弘範兵濟潮陽. : 文天祥은 潮陽(조양)에 주둔하였다. 추풍과 劉子俊(유자준)이 다 군대를 모아 합세하여 도적의 무리인 陳懿(진의)와 劉興(유흥)을 조주에서 토벌하였다. 유흥은 죽었지만 진의는 도망하였는데, 진의는 張弘範의 군사를 안내하면서 潮陽을 치는데 가세하였다.

– 潮 조수 조.　潮陽(조양) ; 今 廣東省 東北 潮州市.　道(도) ; 導(도), 길을 안내하다.　濟(제) ; 더하다. 가세하다.

○ 天祥力不支, 帥其麾下, 走海豐, 張弘正追之. 天祥方飯五坡嶺, 弘正兵突至. 衆不及戰, 皆頓首伏草莽. 天祥被執, 呑腦子不死. 鄒渢自頸. : 문천상은 武力으로 버틸 수 없어 그 휘하를 이끌고 海豐(해풍)으로 달아났고 張弘正은 추격하였다. 문천상이 五坡嶺(오파령)에서 막 밥을 지어 먹는데, 장홍정의 군사가 갑자기 공격

해왔다. 군사들은 싸우지도 못하고 모두 풀숲에 머리를 숙이고 숨었다. 문천상은 붙잡혔고 부자라는 독초를 먹었으나 죽지 못했다. 추풍은 스스로 목을 찔러 죽었다.

- 不支(부지) ; 버티지 못하다.　張弘正(장홍정) ; 張弘範(장홍범)의 아우.
- 五坡嶺(오파령) ; 廣東省 海豐縣의 地名.　頓首(돈수) ; 이마를 땅에 대고 절을 하다. 여기서는 머리를 감추고 숨다.
- 莽 우거질 망.　草莽(초망) ; 풀숲.　呑 살필 탄.　腦子(뇌자) ; 附子(부자. 毒草) 또는 草烏(초오)라는 맹렬한 독이 있는 풀 뿌리.　頸 목 경.　自頸(자경) ; 自刎(자문). 스스로 찔러 죽다. 스스로 목을 베다.　刎 목 벨 문. 목을 베다. 자르다. 끊다. 쪼개다.

(11) 劉子俊, 自詭爲天祥, 冀可免天祥. 及執天祥至, 各爭眞僞. 遂烹子俊, 而執天祥見弘範. 左右命之拜, 天祥不屈. 弘範釋其縛, 以客禮見之. 天祥固請死, 弘範不許. 或謂弘範曰, 敵人之相, 不可測也, 不宜近之. 弘範曰, 彼忠義也, 保無他. 求族屬被俘者, 悉還之, 處舟中, 以自從. ○ 葬端宗于厓山. ○ 元阿里海牙, 自海南還師上都.

유자준은 자신이 문천상이라고 거짓말을 하여 문천상이

위기를 면하기를 바랐다. 문천상이 잡혀 오자, 서로 진짜, 가짜라고 다투었다. 유자준을 烹殺(팽살=끓는 물에 삶아 죽임)하고 문천상을 끌어다가 張弘範을 뵙게 하였다. 측근들이 문천상에게 절을 하게 시켰으나 문천상은 굽히지 않았다. 장홍범은 문천상의 포박을 풀어주며 손님을 대하는 예로 서로 만났다. 문천상은 죽여 달라고 굳이 말하였으나 장홍범은 불허했다.

어떤 사람이 장홍범에게 말했다. "적인의 얼굴을 보면 무슨 일을 저지를지 예측할 수 없으니 가까이 두는 것은 좋지 않습니다." 그러나 장홍범은 "저 사람은 忠義뿐이니 다른 짓은 안 한다고 믿는다."라고 말했다. (장홍범은) 문천상의 일족으로 포로가 된 자들을 풀어 모두 돌려보냈고 배 안에 거처하며 자신의 옆에 머물게 하였다.

○ 송나라 조정에서는 앞서 죽은 단종을 애산에 장사지냈다.

○ 元의 阿里海牙(아리해아)가 남쪽 해안에서 군사를 돌려 도성으로 돌아갔다.

어구 설명

○ 劉子俊, 自詭爲天祥, 冀可免天祥. 及執天祥至, 各爭眞僞. 遂烹子俊, 而執天祥見弘範. 左右命之拜, 天祥不屈. 弘範釋其縛, 以客禮見之. 天祥固請死, 弘範不許. : 劉子俊(유자준)은 자신이 문천

상이라고 거짓말을 하여 문천상이 위기를 면하기를 바랐다. 문천상이 잡혀 오자, 서로 진짜, 가짜라고 다투었다. 유자준은 팽살되었고 문천상을 끌어다가 張弘範을 뵙게 하였다. 左右에서 문천상에게 절을 하게 시켰으나 문천상은 굽히지 않았다. 장홍범은 문천상의 포박을 풀어주며 客禮로 서로 만났다. 문천상은 죽여 달라고 굳이 말하였으나 張弘範은 不許했다.

- 詭 속일 궤. 自詭爲天祥(자위위천상) ; 스스로 문천상이라고 거짓말을 하다. 冀 바랄 기. 各爭眞僞(각쟁진위) ; 서로 진짜, 가짜라고 다투다.

- 烹 삶을 팽. 烹殺(팽살)하다. 煮殺(자살). 끓는 물에 삶아 죽였다. 煮 삶을 자. (本音) 저. 不屈(불굴) ; 굽히지 않다. 縛 묶을 박. 客禮(객례) ; 손님을 맞이하는 예.

○ 或謂弘範曰, 敵人之相, 不可測也, 不宜近之. 弘範曰, 彼忠義也, 保無他. 求族屬被俘者, 悉還之, 處舟中, 以自從. : 어떤 사람이 장홍범에게 말했다. "적의 얼굴을 보면 무슨 일을 저지를 지 예측할 수 없으니 가까이 두는 것은 좋지 않습니다." 그러나 장홍범은 "저 사람은 忠義뿐이니 다른 짓은 안 한다고 믿는다."라고 말했다. (장홍범은) 문천상의 일족으로 포로가 된 자들을 풀어 모두 돌려보냈고 배 안에 거처하며 옆에 머물게 하였다.

- 敵人之相(적인지상) ; '敵軍의 재상' 으로 해석하면 좀 무리라고 생각한다. '敵人의 人相으로', '굳은 의지가 있는 人相(표정)'을 보면 예측할 수 없다고 해석하는 것이 자연스럽다.

- 保無他(보무타) ; 他意(타의 = 다른 뜻)가 無(없다)하다고 믿

는다.

○ 葬端宗于厓山. 元阿里海牙, 自海南還師上都. : 端宗을 厓山(애산)에 장사지냈다. 元의 阿里海牙가 남쪽 해안에서 군사를 돌려 도성으로 돌아갔다.

- 葬端宗于厓山(장단종우애산) ; 단종은 배가 뒤집히면서 익사했고 나중에 시신을 찾았다고 한다. 海南(해남) ; 바다의 남쪽의 연안.
- 上都(상도) ; 도성으로 올라가다.

(12) ○ 己卯, 祥興二年, 正月, 元張弘範兵至厓山. 張世傑力戰禦之, 弘範無如之何. 時世傑有甥韓, 在元師中. 弘範三使韓至宋師招世傑, 世傑不從曰, 吾知降生且富貴, 但義不可移耳. 裀歷數古忠臣以答之. 弘範乃命文天祥, 爲書招世傑. 天祥曰, 吾不能扞父母, 乃教人叛父母可乎.

○ 기묘, 상흥 2년, 정월, 元 장홍범의 군사가 애산을 공격했다. 장세걸이 역전하며 방어하니 장홍범은 어찌할 방법이 없었다. 그때 장세걸의 생질인 韓(한)이라는 사람이 원군에 있었다. 장홍범은 3번이나 한을 宋의 군진으로 보내 장세걸을 초빙케 하였으나 장세걸은 따르지 않으면서

말했다. "나도 투항하면 살아남고, 또 부귀를 누릴 거라 알고 있지만 의를 버릴 수 없다." 그러면서 옛 충신을 하나하나 꼽아가면서 답변을 대신하였다.

그러자 장홍범은 문천상에게 장세걸을 초치하는 글을 쓰라고 하였다. 문천상은 "내가 주군을 지키지도 못했거늘, 남에게 부모(주군)를 배신하라고 할 수 있는가?"라고 말했다.

어구 설명

○ 己卯, 祥興二年, 正月, 元張弘範兵至厓山. 張世傑力戰禦之, 弘範無如之何. : 己卯, 祥興 2年, 正月, 元 張弘範의 군사가 厓山을 공격했다. 張世傑이 力戰하며 방어하니 張弘範은 어찌할 방법이 없었다.

- 祥興(상흥) 二年 ; 1279년. 禦 막을 어. 無如之何(무여지하) ; 어찌할 바가 없었다.

○ 時世傑有甥韓, 在元師中. 弘範三使韓至宋師招世傑, 世傑不從曰, 吾知降生且富貴, 但義不可移耳. 因歷數古忠臣以答之. : 그때 張世傑(장세걸)의 생질인 韓이라는 사람이 元軍에 있었다. 張弘範(장홍범)은 3번이나 韓을 송의 군진으로 보내 장세걸을 초빙케 하였으나 장세걸은 따르지 않으면서 말했다. "나도 투항하면 살아남고, 또 부귀를 누릴 거라 알고 있지만 義를 버릴 수 없다." 그러면서 옛 충신을 하나하나 꼽아가면서 답변을 대신하였다.

- 甥韓(생한) ; 생질인 韓(姓 또는 名인지 알 수 없다). 降生且

富貴(항생차부귀) ; 투항하면 살 수 있고, 또 부귀할 수 있다.
– 歷數(역수) ; 하나하나 수를 세어가면서.

○ 弘範乃命文天祥, 爲書招世傑. 天祥日, 吾不能扞父母, 乃教人叛父母可乎. : 그러자 장홍범은 문천상에게 장세걸을 초치하는 글을 쓰라고 하였다. 문천상은 "내가 주군을 지키지도 못했거늘, 남에게 주군을 배신하라고 할 수 있는가?"라고 말했다.
– 爲書(위서) ; 글을 지어. 편지를 써서. 扞 막을 한. 지키다. 父母(부모) ; 여기서는 主君. 教(교) ; 시키다. 人(인) ; 他人.
– 叛父母可乎(반부모가호) ; 父母(主君)를 배반하라 하는 것이 옳은가?

(13) 固命之, 天祥遂書所過零丁洋詩與之. 其末有云, 人生自古誰無死, 留取丹心照汗靑. 弘範笑而置之. 弘範復遣人, 語厓山士民日, 汝陳丞相已去, 文丞相已執, 汝欲何爲. 士民亦無叛者. 弘範又以舟師據海口. 宋師樵汲道絕. 兵士茹乾糧十餘日, 而大渴, 乃下掬海水飮之. 水鹹, 飮卽嘔泄, 兵士大困. 世傑帥蘇劉義·方興等, 旦夕大戰. 元李恆, 自廣州以師會攻. 弘範命恆, 守厓山北面.

(장홍범이) 굳이 글을 쓰라고 하자, 문천상은 영정양을

지나면서 지었던 시를 적어 장홍범에게 주었다. 그 마지막 구절은 "자고로 사람으로 태어나 누가 아니 죽었는가? 나의 충성심 역사에 남겨 두고 싶을 뿐이라!"라 하였다. 장홍범은 웃고서 그만 두었다.

장홍범은 또 사람을 보내 애산의 백성들에게 말했다. "너희들의 진승상은 이미 떠나가 버렸고, 문승상은 벌써 잡혔는데, 너희들은 무엇을 하려 하는가?" 백성 역시 배반자가 없었다. 장홍범은 수군으로 하여금 해구를 막아버렸다. 宋의 군사들은 나무를 하고 물을 길을 길이 끊어졌다. 병사들은 건량을 십여 일간 먹었으나 너무 갈증이 나서 내려와 바닷물을 움켜 떠마셨다. 물이 짜기에 마시면 바로 구토하거나 설사를 하여 병사들은 크게 고생을 했다.

장세걸은 소유의와 방흥 등을 거느리고 아침이나 저녁으로 크게 싸웠다. 元의 이항은 광주로부터 군사를 거느리고 와서 공격에 합세하였다. 장홍범은 이항에게 애산의 북쪽을 지키라고 하였다.

어구 설명

○ 固命之, 天祥遂書所過零丁洋詩與之. 其末有云, 人生自古誰無死, 留取丹心照汗靑. 弘範笑而置之. : (장홍범이) 굳이 글을 쓰라고 하자, 문천상은 零丁洋(영정양)을 지나면서 지었던 시를 적어 장홍범에게 주었다. 그 末句에는 "自古로 사람으로 태어나 누가

아니 죽었는가? 나의 丹心〈단심 = 마음속에서 우러나오는 정성 어린 마음. 丹款(단관 = 진심. 참마음.)〉을 史書에 남겨 두고 싶을 뿐이라!"라 하였다. 張弘範은 웃고서 그만 두었다.

– 固命之(고명지) ; 강하게 명령하다. 零丁洋(영정양, 伶仃洋) ; 香港(홍콩) 新界와 맞은 편 육지인 珠海(주해 = 地名) 사이의 바다. 포로가 된 문천상이 장홍범의 군함에 실려 홍콩 앞 바다를 지나다가 過零丁洋(과령정양)이라는 제목의 시를 지어 결코 굽힐 수 없는 자신의 심경을 서술했다. 시의 원문은 아래와 같다.

영정양을 지나가다

신고를 만남이 일경에서 비롯해,
병장기 휘두르기 무릇 네 춘추.
산하는 무너져 버들 잎만 둥실,
몸은 떴다 잠겼다 물에 뜬 풀잎일세.
황공탄에서 황공함을 말하고,
영정양에서 영락함을 한탄해.
인생이 예로부터 그 누가 죽지 않았던가,
단심을 남겨 놓아 한청을 비추리.

辛苦遭逢起一徑, 干戈落落四周星.
신 고 조 봉 기 일 경 간 과 락 락 사 주 성

山河破碎水飄絮, 身世浮沈雨打萍.
산 하 파 쇄 수 표 서 신 세 부 침 우 타 평

惶恐灘邊說皇恐, 零丁洋裏歎零落.
황 공 탄 변 설 황 공 영 정 양 리 탄 영 락

人生自古誰無死, 留取丹心照汗靑.
인 생 자 고 수 무 사 유 취 단 심 조 한 청

- 辛苦(신고) ; 고되고 괴로움. 고생함. 매운맛과 쓴맛.
- 一徑(일경) ; 한 가닥의 길.
- 零落(영락) ; ①초목이 시들어 떨어짐. ②세력이나 살림이 아주 보잘것없이 됨. ③죽음. 留取(유취) ; 남겨둔다. 汗 땀 한. 丹心(단심) ; 마음속에서 우러나오는 정성어린 마음. 丹款(단관) = 진심. 참마음. 汗青(한청) ; 汗簡(한간), 푸른 대나무를 구워 진을 빼면 파란색이 없어진다. 거기에 글을 써서 엮으면 책이 된다. 竹簡(죽간, 대나무 쪽)으로 만든 책 → 서적 → 史書. 後漢(후한)의 吳祐(오우)가 대나무를 불에 구워 汗(한), 곧 기름을 뽑아 버리고 그 겉쪽 푸른데다가 經書(경서)를 썼다. 그런 일이 있은 뒤부터 기록이나 역사를 한청이라고 일컫게 되었다.

○ 弘範復遣人, 語厓山士民曰, 汝陳丞相已去, 文丞相已執, 汝欲何爲. 士民亦無叛者. 弘範又以舟師據海口. 宋師樵汲道絕. 兵士茹乾糧十餘日, 而大渴, 乃下掬海水飲之. 水鹹, 飲卽嘔泄, 兵士大困.
: 장홍범은 또 사람을 보내 厓山(애산)의 士民들에게 말했다. "너희들의 陳丞相(진승상)은 이미 떠나가 버렸고, 文丞相은 벌써 잡혔는데, 너희들은 무엇을 하려 하는가?" 백성 역시 배반자가 없었다. 장홍범은 수군으로 하여금 海口를 막아버렸다. 宋의 군사들은 나무를 하고 물을 길을 길이 끊어졌다. 兵士들은 乾糧(건량)을 十餘 日간 먹었으나 너무 갈증이 나서 내려와 바닷물을 움켜 떠마셨다. 물이 짜기에 마시면 바로 구토하거나 설사를 하여 병사들은 크게 고생을 했다.

- 士民(사민) ; 백성. 陳丞相(진승상) ; 陳宜中(진의중). 汝欲何爲(여욕하위) ; 너희들은 무엇을 하려 하는가? 據海口(거해구)

; 해구에 웅거하다. 海口를 封鎖(봉쇄)하다. 據 의거할 거. 의지하여 웅거하다. 덮쳐 누르다.

– 樵 땔나무 초. 나무하기. 汲 물을 길을 급. 물을 긷다. 茹 먹을 여. 탐내다. 乾糧(건량) ; 쌀을 쪄서 말린 식량. 밥을 짓지 않은 쌀, 조 따위 곧 마른 그대로의 양식.

– 渴 목마를 갈. 掬 움켜 쥘 국. 손으로 물을 떠먹다. 鹹 짤 함. 嘔 ; 토할 구. 嘔吐(구토). 泄 샐 설. 배설하다. 泄瀉(설사).

○ 世傑帥蘇劉義 · 方興等, 旦夕大戰. 元李恆, 自廣州以師會攻. 弘範命恆, 守厓山北面. : 張世傑은 蘇劉義(소유의)와 方興 等을 거느리고 아침이나 저녁으로 크게 싸웠다. 元의 李恆(이항)은 廣州(광주)로부터 군사를 거느리고 와서 공격에 합세하였다. 장홍범은 이항에게 애산의 북쪽을 지키라고 하였다.

– 旦夕(단석) ; 아침저녁으로.

(14) ○ 二月, 戊寅朔, 世傑將陳寶, 叛降于元. 己卯, 都統張達, 夜襲元師, 敗還. 元人進薄世傑之舟. 甲申, 弘範四分其軍, 自將一軍, 相去里許, 令諸將曰, 宋舟西艤厓山, 潮至必東遁. 急攻之, 勿令得去. 聞吾樂作乃戰, 違令者斬. 先麾北面一軍, 乘早潮而戰, 世傑敗之. 李恆等, 順潮退師. 午潮上, 元師樂作. 宋師以爲且懈, 不設備. 弘範以舟師犯其前, 南

師繼之. 宋師南北受敵, 兵士皆疲, 不能復戰.

○ 2월, 무인 초하루, 장세걸의 부장 진보가 배반하여 元에 투항하였다. 기묘일(초이틀)에는, 도통 장달이 밤에 元의 군사를 기습하였으나 패하고 돌아왔다. 元의 군사들이 장세걸의 배 가까이 공격해 왔다.

갑신일(초7일)에, 장홍범은 그 군사를 넷으로 나누어 스스로 1군을 거느렸는데, 서로 1리 정도 떨어지게 하고서 여러 장수들에게 말했다. "宋의 배들은 애산 서쪽에서 출항 준비를 하다가 조수가 들어오면 틀림없이 동쪽으로 도주할 것이다. 강하게 공격하여 도망하지 못하게 하라. 내가 풍악을 울리면 싸우는데 명령을 어기는 자는 斬(참)할 것이다." 장홍범은 먼저 북쪽의 한 부대에게 아침 물때를 이용하여 공격하게 하였는데 장세걸은 이들을 물리쳤다. 이항 등은 썰물을 타고 퇴군하였다.

한낮의 물때가 되자, 元의 진영에서 풍악이 울렸다. 宋의 군사들은 적이 잠시 쉬는 줄 알고 방비하지 않았다. 장홍범이 수군으로 하여금 전면을 침공하게 하고 남쪽의 군사들도 이어 공격하였다. 宋의 군사는 남북으로 적을 받았고 병사들은 모두 피곤하여 다시 싸울 수가 없었다.

어구 설명

○ 二月, 戊寅朔, 世傑將陳寶, 叛降于元. 己卯, 都統張達, 夜襲元

師, 敗還. 元人進薄世傑之舟. : 二月, 戊寅(무인) 초하루, 장세걸의 부장 陳寶(진보)가 배반하여 元에 투항하였다. 己卯(기유)일에는, 都統(도통) 張達(장달)이 밤에 元의 군사를 기습하였으나 패하고 돌아왔다. 元軍이 장세걸의 배에 가까이 공격했다.

– 叛降(반항) ; 배반하여 투항하다. 薄 엷을 박. 척박하다. 좁다. 다그치다. 접근하다.

○ 甲申, 弘範四分其軍, 自將一軍, 相去里許, 令諸將日, 宋舟西艤厓山, 潮至必東遁. 急攻之, 勿令得去. 聞吾樂作乃戰, 違令者斬. 先麾北面一軍, 乘早潮而戰, 世傑敗之. 李恆等, 順潮退師. : 甲申(갑신)일에, 張弘範(장홍범)은 그 군사를 넷으로 나누어 스스로 1군을 거느렸는데, 서로 1리 정도 떨어지게 하고서 여러 장수들에게 말했다. "宋의 배들은 애산 서쪽에서 출항 준비를 하다가 조수가 들어오면 틀림없이 동쪽으로 도주할 것이다. 강하게 공격하여 도망하지 못하게 하라. 내가 풍악을 울리면 싸우는데 명령을 어기는 자는 참할 것이다." 장홍범은 먼저 북쪽의 한 부대에게 아침물때를 이용하여 공격하게 하였는데 장세걸은 이들을 물리쳤다. 이항 등은 썰물을 타고 퇴군하였다.

– 相去里許(상거리허) ; 서로 1리 쯤 거리를 두다. 艤 배를 댈 의. 출항준비를 하다. 潮至(조지) ; 조수가 들어오면. 勿令得去(물령득거) ; 도망가게 하지 말라.

– 麾 대장기 휘. 지휘하다. 早潮(조조) ; 오전의 밀물. 順潮退師(순조퇴사) ; 조류를 타고 군사를 철수하다.

○ 午潮上, 元師樂作. 宋師以爲且懈, 不設備. 弘範以舟師犯其前,

南師繼之. 宋師南北受敵, 兵士皆疲, 不能復戰. : 한낮의 물때가 되자, 원의 진영에서 풍악이 울렸다. 송의 군사들은 적이 잠시 쉬는 줄 알고 방비하지 않았다. 장홍범이 수군으로 하여금 전면을 침공하게 하고 남쪽의 군사들도 이어 공격하였다. 宋의 군사는 南北으로 적을 받았고 兵士들은 모두 피곤하여 다시 싸울 수가 없었다.
– 午潮上(오조상) ; 한낮의 조수가 들어오다. 懈 게으를 해. 느슨해지다. 且懈(차해) ; 잠깐 쉬다. 不設備(불설비) ; 방비하지 않다.
– 犯 범할 범. 공격하다. 疲 지칠 피.

(15) 俄有一舟檣旗仆, 諸舟之檣旗皆仆. 世傑知事去, 乃抽精兵入中軍, 諸軍大潰. 元師薄宋中軍, 會日暮風雨, 昏霧四塞, 咫尺不辨. 世傑乃與蘇劉義斷維, 以十六舟奪港而去. 陸秀夫, 走帝舟. 帝舟大, 且諸舟環結, 度不得出走, 乃先驅其妻子入海, 卽負帝同溺焉. 帝崩, 後宮 · 諸臣, 從死者甚衆. 越七日, 屍浮海上者十餘萬人, 裀得帝屍及詔書之寶.

이때 갑자기 송나라의 한 배의 돛에 매단 깃발이 쓰러지자, 여러 배의 돛대 깃발이 다 쓰러졌다. 장세걸은 일이 틀어진 것을 알고 바로 정병을 추려 중군으로 진입했고 나머지 군사들은 모두 궤멸했다. 元의 군사가 宋의 중군에 들이닥쳤고, 마침 해가 지면서 풍우가 일어나고 진한 연무에 사방이 막혀 지척도 분별할 수가 없었다.

장세걸은 이에 소유의와 함께 밧줄을 끊고 16척의 배로 항구의 출입로를 탈취하고 도주하였다. 육수부는 황제의 배로 갔다. 황제의 배는 크고 또 여러 배들이 주위에 매어 있어 탈출할 수 없다는 것을 알고, 바로 처자들을 몰아 바다에 뛰어들게 하고 곧바로 황제를 업고 같이 빠졌다. 황제가 죽자, 후궁과 여러 신하로서 따라서 죽은 자가 매우 많았다. 七日이 지나자, 해상에 떠오른 시체가 10여만 명이나 되었고 황제의 시신과 조서에 찍는 어보를 찾아냈다.

어구 설명

○ 俄有一舟檣旗仆, 諸舟之檣旗皆仆. 世傑知事去, 乃抽精兵入中軍, 諸軍大潰. 元師薄宋中軍, 會日暮風雨, 昏霧四塞, 咫尺不辨. : 갑자기 한 배의 돛에 매단 깃발이 쓰러지자, 여러 배의 돛대 깃발이 다 쓰러졌다. 장세걸은 일이 틀어진 것을 알고 바로 精兵(정병)을 추려 中軍으로 진입했고 나머지 군사들은 모두 궤멸했다. 元의 군사가 宋의 中軍에 들이닥쳤고, 마침 해가 지면서 風雨가 일어나고 진한 연무에 사방이 막혀 지척도 분별할 수가 없었다.

- 俄 갑자기 아. 檣 돛대 장. 仆 엎드릴 부. 넘어지다. 죽다. 檣旗皆仆(장기개부) ; 돛대의 깃발이 모두 쓰러졌다.(이는 틀림없이 宋의 군사들이 투항했다는 뜻이다. 강한 바람에 쓰러졌다는

서술이 없다.) 旗(기)를 넘어 뜨리는 것은 항복한다는 뜻.

– 事去(사거) ; 일이 틀어지다. 日暮(일모) ; 해가 저물다. 昏霧(혼무) ; 진한 안개.

○ 世傑乃與蘇劉義斷維, 以十六舟奪港而去. 陸秀夫, 走帝舟. 帝舟大, 且諸舟環結, 度不得出走, 乃先驅其妻子入海, 卽負帝同溺焉. : 장세걸은 이에 蘇劉義(소유의)와 함께 밧줄을 끊고 16척의 배로 항구의 출입로를 탈취하고 도주하였다. 陸秀夫는 황제의 배로 갔다. 황제의 배는 크고 또 여러 배들이 주위에 매어 있어 탈출할 수 없다는 것을 알고, 바로 처자들을 몰아 바다에 뛰어들게 하고 곧바로 황제를 업고 같이 빠졌다.

– 維 바 유. 밧줄. 奪港而去(탈항이거) ; 港口의 출입로를 탈취하여 도주하다. 몽고군이 海口를 봉쇄했었다.

– 環結(환결) ; 에워싸고 매어져 있다. 驅 몰 구. 내 몰다. 入海(입해) ; 물에 뛰어들다.

– 卽負帝同溺焉(즉부제동익언) ; 곧바로 황제를 업고 같이 빠졌다.(9살의 황제를 업고 물에 뛰어들은 것을 충성심이라 할 수 있는가?) 溺 빠질 닉. 물에 빠져 죽다.

○ 帝崩, 後宮 · 諸臣, 從死者甚衆. 越七日, 屍浮海上者十餘萬人, 因得帝屍及詔書之寶. : 황제가 죽자, 後宮과 여러 신하로서 따라서 죽은 자가 매우 많았다. 七日이 지나자, 해상에 띠오른 시체가 10여만 명이나 되었고 황제의 시신과 조서에 찍는 御寶(어보)를 찾아냈다.

– 甚衆(심중) ; 매우 많다. 越 넘을 월. 屍 주검 시.

(16) 已而世傑復還厓山收兵. 遇楊太后, 欲奉以求趙氏後, 而復立之. 楊太后始聞帝崩, 撫膺大慟曰, 我忍死艱關至此者, 正爲趙氏一塊肉耳. 今無望矣. 遂赴海死, 世傑葬之海濱. 世傑將趨安南, 至平章山下, 遇颶風大作. 舟人欲艤岸, 世傑曰, 無以爲也. 焚香仰天呼曰, 我爲趙氏, 亦已至矣. 一君亡復立一君, 今又亡. 我未死者, 庶幾敵兵退, 別立趙氏, 以存祀耳. 今若此, 豈天意耶. 若天不欲我復存趙祀, 則大風覆吾舟. 舟遂覆, 世傑溺焉, 宋亡.

얼마 뒤에, 장세걸은 애산에 다시 돌아와 패잔병을 수습했다. 양태후를 만나 받들며 조씨의 후손을 구해 뒤를 이어 즉위케 하려 했다. 양태후는 그때서야 帝昺(제병)이 죽은 줄을 알고 가슴을 치면서 통곡하며 말했다. “내가 죽을 것을 참고 견디며 여태까지 살았던 것은 바로 조씨의 한 점 혈육 때문이었소. 이제 바랄 것이 없소이다.” 그리고서는 바다에 몸을 던져 죽었고, 장세걸은 양태후를 바닷가에 묻었다.

장세걸은 안남으로 가려고 평장산 아래에 이르렀는데 큰 태풍을 만났다. 사공들이 배를 해안으로 대려 하자, 장세걸이 말했다. “그럴 필요가 없다.” 장세걸은 향을 피워 하늘을 우러러 외쳤다. "이 몸은 조씨를 받들었지만 이 또한 끝입니다. 주군이 죽어 다른 주군을 세웠지만, 지금 또 죽었습니다. 내가 죽지 않는 것은 적병이 물러나기를 기다려 다른 조씨를 세워 제사를 이으려는 것입니다. 지금 이런 지경은, 어찌 하늘의 뜻이 아니겠습니까? 만약 하늘이 내가 조씨 제사를 잇게 하는 것을 바라지 않는다면 큰 바람으로 배를 뒤집어 주십시오!" 끝내 배는 뒤집혔고, 장세걸은 익사했고, 宋은 사라졌다.(1279년)

어구 설명

○ 已而世傑復還厓山收兵. 遇楊太后, 欲奉以求趙氏後, 而復立之. 楊太后始聞帝崩, 撫膺大慟曰, 我忍死艱關至此者, 正爲趙氏一塊肉耳. 今無望矣. 遂赴海死, 世傑葬之海濱. : 얼마 뒤에, 張世傑은 厓山에 다시 돌아와 패잔병을 수습했다. 楊太后를 만나 받들며 趙氏의 후손을 구해 뒤를 이어 즉위케 하려 했다. 楊太后는 그때서야 帝昺(제병)이 죽은 줄을 알고 가슴을 치면서 통곡하며 말했다. "내가 죽을 것을 참고 견디며 여태까지 살았던 것은 바로 趙氏의 한 점 혈육 때문이었소. 이제 바랄 것이 없소이다." 그리고서는 바다에 몸을 던져 죽었고, 장세걸은 양태후를 바닷가에 묻었다.

– 收兵(수병) ; 흩어진 군사들을 모으다. 遇 만날 우. 楊太后(양태후) ; 端宗의 생모. 膺 가슴 응. 撫膺(무응) ; 가슴을 치다.

撫 어루만질 무. 손으로 누르다.

– 艱 어려울 간. 艱關(간관) ; 間關(간관) 사람이 종종 艱難辛苦(간난신고=몹시 어려운 고생)를 겪는 일. 一塊肉(일괴육) ; 한 덩어리의 혈육. 塊 덩어리 괴.

– 赴海死(부해사) ; 바다에 몸을 던져 죽다. 赴 나아갈 부. 들어가다. 海濱(해빈) ; 바닷가. 濱 물가 빈. 물가 끝.

○ 世傑將趨安南, 至平章山下, 遇颶風大作. 舟人欲艤岸, 世傑曰, 無以爲也. 焚香仰天呼曰, 我爲趙氏, 亦已至矣. 一君亡復立一君, 今又亡. 我未死者, 庶幾敵兵退, 別立趙氏, 以存祀耳. 今若此, 豈天意耶. 若天不欲我復存趙祀, 則大風覆吾舟. 舟遂覆, 世傑溺焉, 宋亡. : 張世傑(장세걸)은 安南(안남)으로 가려고 平章山(평장산) 아래에 이르러 큰 태풍을 만났다. 사공들이 배를 해안으로 대려 하자, 장세걸이 말했다. "그럴 필요가 없다." 장세걸은 향을 피워 하늘을 우러러 외쳤다. "이 몸은 趙氏를 받들었지만 이 또한 끝입니다. 主君이 죽어 다른 주군을 세웠지만, 지금 또 죽었습니다. 내가 죽지 않는 것은 敵兵이 물러나기를 기다려 다른 趙氏를 세워 제사를 이으려는 것입니다. 지금 이런 지경이니, 어찌 하늘의 뜻이 아니겠습니까? 만약 하늘이 내가 조씨 제사를 잇게 하는 것을 바라지 않는다면 큰 바람으로 배를 뒤집어 주십시오!" 끝내 배는 뒤집혔고, 장세걸은 익사했고, 宋은 사라졌다.

– 趨 달릴 추. 빨리 가다. 安南(안남) ; 越南(월남), 越南에 대한 雅稱(아칭). 平章山(평장산) ; 今 廣東省 서남 연해의 陽江市의 山. 颶風(구풍) ; 颱風(태풍).

– 艤岸(의안) ; 연안에 배를 대다. 艤 배를 댈 의. 無以爲也(무이위야) ; 그리할 것 없다. 亦已至矣(역이지의) ; 또한 이미 여기에 이르다. 이제 끝이 났다.
– 庶幾(서기) ; 바라다. 거의 ~에 가깝다. 存祀(존사) ; 제사를 지내다. 사직을 이어오다. 豈天意耶(기천의야) ; 어찌 天意가 아니겠는가? 天意이다! 豈 ①어찌 기. 어찌. 어째서. 反語(반어)의 뜻을 나타내는 말. 安, 焉(언)과 같다. ②즐길 개. 즐기다. 凱歌(개가) 凱旋(개선)하여 부르는 노래.
– 覆 뒤집힐 복.

(17) ○ 厓山旣破, 元張弘範等, 置酒大會, 謂文天祥曰, 國亡, 丞相忠孝盡矣. 能改心, 以事宋者事今, 不失爲宰相也. 天祥泫然出涕曰, 國亡不能救, 爲人臣者死有餘罪. 況敢逃其死, 而貳其心乎. 弘範義之, 遣送于燕京. 道經吉州, 痛恨不食, 八日猶生, 乃復食. 十月, 天祥至燕, 不屈繫獄, 勵操愈堅.

애산이 격파되자, 元의 장홍범 등은 주연을 크게 열고 문천상에게 말했다. “나라가 망했으니 승상의 충효도 끝났습니다. 능히 개심하여 宋을 섬기는 마음으로 폐하를(世祖) 섬기면 재상 자리는 잃지 않을 것입니다.”

문천상은 주르르 눈물을 흘리며 말했다. "나라가 망하는데 구하지도 못하였으니 신하된 도리로 죽어도 죄가 남을 것입니다. 그런데도 죽음을 피하면서 두 마음을 먹을 수 있겠습니까?"

장홍범은 문천상을 의인이라 생각하며 연경으로 호송했다. 가는 길에 고향 길주를 지날 때 통한으로 곡기를 끊었는데 8일을 단식해도 죽지 않아 다시 먹었다. 10월에, 문천상은 연경에 도착했고 당당하게 옥에 갇혔으며 굳센 지조는 더욱 강해졌다.

어구 설명

○ 厓山旣破, 元張弘範等, 置酒大會, 謂文天祥曰, 國亡, 丞相忠孝盡矣. 能改心, 以事宋者事今, 不失爲宰相也. : 厓山이 격파되자, 元의 張弘範 等은 주연을 크게 열고 文天祥에게 말했다. "國亡했으니 丞相의 忠孝도 끝났습니다. 能히 改心하여 宋을 섬기는 마음으로 今上을 섬기면 재상 자리는 잃지 않을 것입니다."

- 置酒(치주) ; 酒宴(주연). 以事宋者事今(이사송자사금) ; 송을 섬기는 마음으로 今上(元 世祖)을 섬기면.

○ 天祥泫然出涕曰, 國亡不能救, 爲人臣者死有餘罪. 況敢逃其死, 而貳其心乎. 弘範義之, 遣送于燕京. 道經吉州, 痛恨不食, 八日猶生, 乃復食. 十月, 天祥至燕, 不屈繫獄, 勵操愈堅. : 文天祥은 주르르 눈물을 흘리며 말했다. "나라가 망하는데 구하지도 못하였

으니 신하된 도리로 죽어도 죄가 남을 것입니다. 그런데도 죽음을 피하면서 두 마음을 먹을 수 있겠습니까?" 張弘範은 문천상을 義人이라 생각하며 燕京으로 호송했다. 가는 길에 고향 吉州를 지날 때 통한으로 곡기를 끊었는데 8일을 단식해도 죽지 않아 다시 먹었다. 十月에, 문천상은 연경에 도착했고 당당하게 옥에 갇혔으며 굳센 지조는 더욱 강해졌다.

- 泫 눈물 흘릴 현. 泫然(현연) ; 주르르. 줄줄 눈물이 흘러내리는 모양. 死有餘罪(사유여죄) ; 죽더라도 죄가 남는다. 죽더라도 죄를 다 씻지 못한다.
- 況 하물며 황 痛恨(통한) ; 통렬한 悔恨(회한). 吉州(길주) ; 今 江西省 吉縣. 文天祥의 고향. 不屈繫獄(불굴계옥) ; 꿀림 없이 옥에 갇히다. 繫 맬 계. 구속하다. 죄수. 체포하다.
- 勵 힘쓸 여(려). 굳센. 操 잡을 조. 志操(지조). 愈 나을 유. 더욱.

【참고】 그 뒤의 文天祥

❖ 문천상은 연경에 4년간 갇혀 있으면서 옥중에서 《指南後錄(지남후록)》 3권을 저술하고 〈正氣歌〉를 지었다. 元 世祖 忽必烈(홀필렬)은 문천상의 才氣를 아껴 平章政事 阿合馬나 丞相 孛羅(승상 패라) 등을 보내 계속 항복을 권유하였었고, 至元 19년에는 世祖가 직접 文天祥을 만나 회유도 했었다. 문천상은 '한번 죽는 일 외에 할 수 있는 일은 없습니다(一死之外 無可爲者).' 라고 말했다. 元에서는 갖은 방법이나 사람을 통해 회유했지만 또 恭帝

(공제)를 보내 투항을 권유하였지만 문천상은 뜻을 바꾸지 않았다. 1283년 형장에 끌려가서는 남쪽을 향해 절을 한 뒤 조용히 처형당하니 그의 나이 47세였다. 형이 집행되자마자 세조의 특사가 집행을 중지하라며 달려 왔었으며, 元 世祖는 처형 소식을 듣고 매우 아쉬워하면서 "진짜 男子였다. 내가 등용하지는 못했지만 죽이기에는 참으로 아까웠다."라고 말했다. 文天祥의 아내 歐陽氏(구양씨)가 시신을 수습했으며, 그가 生前에 사용하던 벼루와 玉帶(옥대)가 지금까지 전해 온다고 한다.

– 孛 ①살별 패. 빛이 환히 빛나는 모양. 혜성. ②안색 변할 발. 어둡다. 밝지 않다. 무성해지다.

(18) ○ 宋之故臣, 亦有由嶺海走安南者. 安南自其國王李乾德卒於紹興, 子陽煥立. 陽煥卒, 子天祚立, 天祚卒於淳熙. 子龍翰立, 龍翰卒於嘉定, 子昊旵立, 世奉宋正朔. 當龍翰時, 有閩人陳京, 入其國, 得政爲國壻, 京子承, 再世執其國柄. 及昊旵時, 承奪其國, 傳子威晃. 理宗受其貢而封之. 威晃傳子日照, 宋亡, 乃改名日烜, 奉貢于元.

○ 宋의 옛 신하로서, 오령산맥 남쪽의 바다를 경유하여 안남으로 간 사람들이 있었다. 안남은 그 국왕 이건덕이

소흥 연간에 죽자, 아들 양환이 즉위하였다. 양환이 죽자, 아들 천조가 즉위하였고, 천조는 순희 연간에 죽었다. 아들 용한이 즉위하였다가 용한이 가정 연간에 죽었고, 아들 호참이 즉위하였는데 대대로 宋의 正朔(정삭)을 받들어 채용했다.

이용한이 재위 중에, 복건 출신인 진경은 안남국에 들어가 신임을 얻어 정치를 하면서 왕의 사위가 되었고, 진경의 아들 진승은 뒤를 이어 나라를 다스리는 권력을 장악하였다. 이호참이 재위 중에 나라를 빼앗아 아들 위황에게 전위하였었다. 宋 이종은 그들의 공물을 받고 책봉하였다. 위황은 아들 일조에게 전위했는데 宋이 멸망하자, 곧 日烜(일훤)으로 개명하고, 元에 조공하였다.

어구 설명

○ 宋之故臣, 亦有由嶺海走安南者. 安南自其國王李乾德卒於紹興, 子陽煥立. 陽煥卒, 子天祚立, 天祚卒於淳熙. 子龍翰立, 龍翰卒於嘉定, 子昊昆立, 世奉宋正朔. : 宋의 故臣으로, 오령산맥 남쪽의 바다를 경유하여 安南으로 간 사람들이 있었다. 安南은 그 國王 李乾德이 紹興(소흥) 연간에 죽자, 아들 陽煥(양환)이 즉위하였다. 陽煥이 죽자, 아들 天祚(천조)가 즉위하였고, 天祚는 淳熙 연간에 죽었다. 아들 龍翰(용한)이 즉위하였다가 龍翰이 嘉定(가정) 연간에 죽었고, 아들 昊昆(호참)이 즉위하였는데 대대로

宋의 正朔(정삭)을 받들어 채용했다.

– 故臣(고신) ; 舊臣(구신). 嶺海(영해) ; 五嶺(오령)산맥 남쪽의 바다. 廣東. 紹興(소흥) ; 남송 고종의 연호. 1131~1162년. 淳熙(순희) ; 孝宗의 연호. 1174~ 1189년.

– 翰 날개 한. 문서. 편지. 嘉定(가정) ; 寧宗(영종)의 연호. 1208~1224년. 昊 하늘 호. 旵 햇살이 비출 참. 正朔(정삭) ; ①정월과 朔日(초하루). ②曆法(역법) ; 옛날 제왕이 새로 나라를 세우면 歲首(세수)를 고쳐서 新曆(신력)을 천하에 발포하였음. ③正은 年의 始作이고, 朔은 月의 始作이다. 二字(正朔)로써 曆의 意, 宋의 曆을 받들다는 것은 宋의 臣下가 되는 것. 朔 초하루 삭.

○ 當龍翰時, 有閩人陳京, 入其國, 得政爲國壻, 京子承, 再世執其國柄. 及昊旵時, 承奪其國, 傳子威晃. 理宗受其貢而封之. 威晃傳子日照, 宋亡, 乃改名日烜, 奉貢于元. : 李龍翰이 재위 중에, 閩(민, 복건) 사람 陳京(진경)은 안남국에 들어가 정치를 하면서 왕의 사위가 되었고, 진경의 아들 陳承(진승)은 뒤를 이어 나라를 다스리는 권력을 장악하였다. 李昊旵(이호참)이 재위 중에 나라를 빼앗아 아들 威晃(위황)에게 傳位하였었다. 宋 理宗은 그들의 貢物을 받고 책봉하였다. 威晃은 아들 日照(일조)에게 전위했는데 宋이 멸망하자, 곧 日烜(일훤)으로 개명하고, 元에 조공하였다(즉 속국이 되었다).

– 當 ; 담당하다. 정권을 잡다. 國壻(국서) ; 국왕의 사위. 國柄(국병) ; 국가 권력. 晃 밝을 황. 烜 밝을 훤. 奉貢(봉공) ; 조공하다.

(19) 初邵雍, 與客語及國祚, 取晉出帝紀示之. 靖康驗矣, 至德祐益驗. 陳搏亦嘗有一汴, 二杭, 三閩, 四廣之說. 宋果至閩廣而盡. 自太祖建隆, 至欽宗靖康, 一百六十七年. 自高宗建炎, 至祥興, 又一百五十三年. 右宋自太祖建隆元年庚申, 至帝昺祥興己卯, 凡三百二十年而亡.

예전에 北宋의 소옹은, 손님과 더불어 나라의 운명을 이야기하다가 晋, 五代 후진 出帝의 본기를 보여 주었었다. 정강의 변으로 증명이 되었고, 덕우 연간의 사건도 또 맞았다. 진단도 일찍이 一汴(일변), 二杭(이항), 三閩(삼민), 四廣(사광)이라는 말을 했었다. 宋은 예언대로 민(복건)의 복주와 광주의 애산에서 수명을 다했다.

宋(송)은 太祖(조광윤)의 건융으로부터 흠종 징강까지는 167년 北宋(북송)이었다. 高宗 건염으로부터 帝昺(제병)의 상흥

邵雍(소옹)

까지는 다시 153년 南宋(남송)이었다. 이와 같이 宋은 태조 건륭 원년(960년) 庚申年(경신년)부터 帝昺(제병)의 상흥(1279년) 己卯年(기묘년)까지 모두 320년 만에 멸망했다.

어구 설명

○ 初邵雍, 與客語及國祚, 取晉出帝紀示之. 靖康驗矣, 至德祐益驗. : 예전에 北宋의 邵雍(소옹)은, 손님과 더불어 나라의 운명을 이야기하다가 後晉 出帝의 本紀를 보여 주었었다. 靖康(정강)의 변으로 증명이 되었고, 德祐(덕우) 年間의 사건도 또 맞았다.(증명이 되었다.)

- 邵雍(소옹, 1011~1077년) ; 諡(시) 康節, 後世 稱 邵康節(소강절). 北宋 五子의 한 사람. 國祚(국조) ; 국가의 운명.

- 晉出帝(진출제) ; 五代 後晉의 出帝(石重貴, 在位 942~946年). 출제는 거란 요나라에 잡혀갔다. 소옹은 그때 出帝가 遼(요)나라에 끌려간 일과 같은 일이 또 있을 것이라는 예언을 했었다.

- 靖康(정강) ; 北宋 欽宗(흠종)의 靖康의 變. 휘종, 흠종 부자가 金에 잡혀가고 北宋이 멸망한 사실. 驗 증험할 험. 증명되다. 예언이 맞다.

- 德祐(덕우) ; 南宋 恭帝의 연호(1275~1276) ; 南宋 恭帝는 元에 끌려갔다. 益驗(익험) ; 또 맞았다(증명되었다).

○ 陳摶亦嘗有一汴, 二杭, 三閩, 四廣之說. 宋果至閩廣而盡. : 陳摶(진단)도 일찍이 一汴(일변), 二杭(이항), 三閩(삼민), 四廣(사

광)하는 말을 했었다. 송은 예언대로 민(복건)의 복주와 광주의 애산에서 수명을 다했다.

– 摶 뭉칠 단. 搏(잡을 박)과 혼동하기 쉽다. 陳摶(진단, ?~989년) ; 五代~北宋 초기 인물. 보통 '希夷先生(희이선생)' 이라 호칭. 당시 사람들이 神仙이라고 생각했던 사람. 睡眠(수면=잠. 잠을 잚.)을 통한 休養生息을 주장하며 한번 잠들면 數日간 잠을 잤다고 하는 奇人.(그래서 '睡仙수선' 이라는 별칭도 있었다.)

– 一汴〈일변, 첫 번째 太祖(태조)는 汴京(변경)에 도읍하고, 고종은 杭州(항주)의 臨安(임안)으로 천도하고 端宗(단종)은 閩(민)땅 福州(복주)에서 즉위하고 帝昺(제병)은 廣州(광주)에서 죽음을 예언한 것〉, 二杭(이항, 두 번째는 杭州), 三閩(삼민, 세 번째는 閩, 福州), 四廣(사광, 네 번째는 廣州, 厓山)

– 盡 다할 진. 멸망하다.

○ 自太祖建隆, 至欽宗靖康, 一百六十七年. 自高宗建炎, 至祥興, 又一百五十三年. 右宋自太祖建隆元年庚申, 至帝昺祥興己卯, 凡三百二十年而亡. : 太祖(조광윤)의 建隆(건륭)으로부터 欽宗(흠종) 靖康(정강)까지는 167년이었다. 高宗〈趙構(조구)〉 建炎(건염)으로부터 祥興(상흥)까지는 다시 153년이었다. 이와 같이 宋은 太祖 建隆 元年(960년) 庚申년부터 帝昺의 祥興(1279년) 己卯년까지 모두 320년 만에 멸망했다.

– 建隆(건륭) ; 서기 960년. 靖康(정강) ; 서기 927년. 建炎(건염) ; 서기 927년, 祥興(상흥) ; 서기 1279년. 三百二十年 ; 서기 960~1279년.

【참고】 宋朝(960 ~ 1279年) 帝王 年表

『北宋 960 ~ 1127年』

廟號	姓名	在位	年號
太祖	趙匡胤(조광윤)	960 ~ 976	建隆 960 ~ 963 乾德 963 ~ 968 開宝 968 ~ 976
太宗	趙光義(조광의)	976 ~ 996	太平興國 976 ~ 984 雍熙 984 ~ 987 端拱 988 ~ 989 淳化 990 ~ 994 至道 995 ~ 997
眞宗	趙恒(조항)	997 ~ 1002	咸平 998 ~ 1003 景德 1004 ~ 1007 大中祥符 1008 ~ 1016 天禧 1017 ~ 1021 乾興 1022
仁宗	趙炡(조정)	1002 ~ 1063	天聖 1023 ~ 1032 明道 1032 ~ 1033 景祐 1034 ~ 1038 宝元 1038 ~ 1040 康定 1040 ~ 1041 慶曆 1041 ~ 1048 皇祐 1049 ~ 1054 至和 1054 ~ 1056 嘉祐 1056 ~ 1063
英宗	趙曙(조서)	1063 ~ 1067	治平 1064 ~ 1067
神宗	趙頊(조욱)	1067 ~ 1085	熙寧 1068 ~ 1077 元豐 1078 ~ 1085
哲宗	趙煦(조후)	1085 ~ 1100	元祐 1086 ~ 1094 紹聖 1094 ~ 1098 元符 1098 ~ 1100
徽宗	趙佶(조길)	1100 ~ 1125	建中靖國 1101 崇寧 1102 ~ 1106 大觀 1107 ~ 1110 政和 1111 ~ 1118 重和 1118 ~ 1119 宣和 1119 ~ 1125
欽宗	趙桓(조환)	1125 ~ 1127	靖康 1126 ~ 1127

〖南宋 1127～1279年〗

廟號	姓名	在 位	年 號
高宗	趙構(조구)	1127 ～ 1162	建炎 1127 ～ 1130 紹興 1131 ～ 1162 明受 1130(簡宗)
孝宗	趙昚(조신)	1162 ～ 1189	隆興 1163 ～ 1164 乾道 1165 ～ 1173 淳熙 1174 ～ 1189
光宗	趙惇(조돈)	1189 ～ 1194	紹熙 1190 ～ 1194
寧宗	趙擴(조확)	1194 ～ 1224	慶元 1195 ～ 1200 嘉泰 1201 ～ 1204 開禧 1205 ～ 1207 嘉定 1208 ～ 1224
理宗	趙昀(조윤)	1224 ～ 1264	宝慶 1225 ～ 1227 紹定 1228 ～ 1233 端平 1234 ～ 1236 嘉熙 1237 ～ 1240 淳祐 1241 ～ 1252 宝祐 1253 ～ 1258 開慶 1259 景定 1260 ～ 1264
度宗	趙禥(조기)	1264 ～ 1274	咸淳 1265 ～ 1274
恭帝	趙㬎(조현)	1274 ～ 1276	德祐 1275 ～ 1276
端宗	趙昰(조시)	1276 ～ 1278	景炎 1276 ～ 1278
	趙昺(조병)	1278 ～ 1279	祥興 1278 ～ 1279

【참고】 女眞 金(1115～1234) 帝王, 人物

이 름		지위	시호	관 계
여진족	중국식			
完顔烏古迺		부족장		
完顔盈歌		부족장	穆宗	오고내의 長子 아골타의 伯父
完顔劾里鉢			世祖	오고내의 次子 아골타의 父
烏雅束		부족장	康宗	완안핵리발의 長子 아골타의 형
阿骨打	完顔旻	건국자	太祖	완안핵리발의 次子
吳乞買	完顔晟	2대 황제	太宗	완안핵리발의 4子
撻辣	完顔昌			아골타의 사촌
兀朮	完顔宗弼			태조 아골타 4子
	完顔宗盤			태종의 장자
粘罕	完顔宗翰			아골타의 4촌
合剌	完顔亶	3대 황제	熙宗	아골타의 손자
迺古乃	完顔亮	4대 황제	海陵煬王	아골타의 손자
烏祿	完顔褎(수)	5대 황제	世宗	아골타의 손자
麻達葛	完顔璟	6대 황제	章宗	世宗의 손자
興勝	完顔允濟	7대 황제	衛紹王	세종의 아들
吾睹補	完顔珣	8대 황제	宣宗	세종의 손자
寧甲速	完顔守緒	9대 황제	哀帝	선종의 아들

이들의 姓인 完顔(완안)은 '王'의 의미.
太祖 阿骨打의 同輩〈동배＝班列(반열). 무리. 同類(동류). 동아리. 패〉는 '日'을 머리로 하는 漢字로 이름을 지었고,
阿骨打의 아들 항열은 '宗'으로 시작하는 두 글자 이름이며
孫子 항렬은 '亠' 혹은 '大'로 시작하는 외자 이름이고,
曾孫들은 '允'으로 시작하는 두 글자 이름이며
玄孫들은 '玉' 변의 외자 한 글자 이름을 지었다.

【 ㄱ 】

【 ㅁ 】

【 ㅂ 】

【 ㅅ 】

【 ㅇ 】

【 ㅈ 】

【 ㅊ 】

【 ㅋ 】

【 ㅌ 】

【 ㅍ 】

【 ㅎ 】

[신완역]

십팔사략 下卷(下)

北宋 · 南宋

초판 인쇄 ‖ 2014년 10월 25일
초판 발행 ‖ 2014년 10월 30일

역주(譯註) ‖ 진기환
디 자 인 ‖ 이명숙 · 양철민
발 행 자 ‖ 김동구
발 행 처 ‖ 명문당(1923. 10. 1 창립)
주 소 ‖ 서울시 종로구 윤보선길 61 (안국동)
우체국 010579-01-000682
전 화 ‖ 02)733-3039, 734-4798(영), 733-4748(편)
팩 스 ‖ 02)734-9209
Homepage ‖ www.myungmundang.net
E—mail ‖ mmdbook1@hanmail.net
등 록 ‖ 1977. 11. 19. 제1~148호

ISBN 979-11-85704-11-1 (94150)
ISBN 978-89-7270-052-4 (세트)
정 가 ‖ 30,000원